Lateiner am Kaiserhof in Konstantinopel

Mittelmeerstudien

BAND 22

Leonie Exarchos

Lateiner am Kaiserhof in Konstantinopel

Expertise und Loyalitäten zwischen Byzanz und dem Westen (1143–1204)

BRILL
SCHÖNINGH

Umschlagabbildung:
Johannes Skylitzes, Synopsis Historiarum
Kaiser Konstantin VII. wird vom Lehrer Theodoros beraten
Madrider Bilderhandschrift des Skylitzes, Biblioteca Nacional de España, Ms. Vitr. 26-2, fol. 123r

Bibliografische Information der Deutschen Nationalbibliothek

Die Deutsche Nationalbibliothek verzeichnet diese Publikation in der Deutschen Nationalbibliografie; detaillierte bibliografische Daten sind im Internet über http://dnb.d-nb.de abrufbar.

www.schoeningh.de

Einbandgestaltung: Evelyn Ziegler, München
Herstellung: Brill Deutschland GmbH, Paderborn

ISSN 2509-5048
ISBN 978-3-506-76098-2 (hardback)
ISBN 978-3-657-76098-5 (e-book)

Für meine Eltern

Inhalt

Vorwort XI

Abkürzungen XIII

Karte XV

1. **Einleitung** 1
   1.1 Gegenstand, Leitfragen und Untersuchungsgang 4
   1.2 Zum Forschungsstand 9
      1.2.1 *Lateiner in Byzanz als Forschungsaufgabe: Migrationsgeschichte im byzantinischen Kontext* 12
      1.2.2 *Der ost-westliche Wissens- und Kulturtransfer und seine Träger in der neueren Forschung* 16
   1.3 Der Lateinerbegriff: Ein Definitionsversuch 17
   1.4 Experten in der Fremde, Experten für das Fremde? 24
   1.5 Die Quellen 30

2. **Rahmenbedingungen – Wissensräume – Träger von Wissen: Die Lateiner im byzantinisch-höfischen Kontext** 35
   2.1 Zwischen Konfrontation und Kooperation: Rahmenbedingungen der byzantinisch-westlichen Beziehungen im 12. Jahrhundert 37
   2.2 Der byzantinische Hof als Raum des Wissens- und Kulturkontaktes 46
   2.3 Die Lateiner in Byzanz im höfischen Kontext 50
      2.3.1 *Hugo Etherianus und Leo Tuscus* 53
      2.3.2 *Burgundio von Pisa* 56
      2.3.3 *Moses von Bergamo* 57
      2.3.4 *Paschalis Romanus* 59
      2.3.5 *Anselm von Havelberg* 60
      2.3.6 *Johannes Rogerios Dalassenos und Alexander von Conversano* 61

3. **Die Sprache: Das Wirken von Lateinern als Dolmetscher und Übersetzer** 65
   3.1 Lateinische Dolmetscher und das Dolmetscherwesen in Byzanz 70
      3.1.1 *Die Einsatzgebiete und Auftraggeber der Dolmetscher* 72
      3.1.2 *Die Rekrutierung und das Wissen der Dolmetscher* 78
      3.1.3 *Die Arbeit und Technik des Dolmetschens* 89

3.2 Lateinische Übersetzer in Byzanz ... 92
3.2.1 *Die Arbeit als Übersetzer* ... 95
3.2.2 *Nachfrage, Auftragswerke und eigene Auswahl* ... 100
3.2.3 *Wege der Vermittlung* ... 111
3.3 Die Inszenierung lateinischer Übersetzer und Dolmetscher ... 116
3.3.1 *Die Inszenierung des Übersetzungswissens* ... 119
3.3.2 *Die Inszenierung als Übersetzungsexperte zwischen Ost und West* ... 129
3.4 Eine Frage des Vertrauens: Expertise, Versagen und das Risiko der Manipulation ... 145
3.4.1 *Das Versagen der Dolmetscher und Übersetzer* ... 145
3.4.2 *Manipulation: Das Beispiel des Isaak Aaron* ... 148

4. Die Religion: Das Wirken von Lateinern als Theologen ... 157
4.1 Die lateinischen Theologen und ihre Interaktion mit den Byzantinern ... 162
4.1.1 *Die mündliche Beratung: Hugo Etherianus als Berater des Kaisers* ... 164
4.1.2 *Schriftliche Abhandlungen für die Byzantiner* ... 174
4.1.3 *Das direkte Aufeinandertreffen: Disputationen und Unionsverhandlungen* ... 183
4.2 Die lateinischen Theologen und ihre Interaktion mit westlichen Auftraggebern ... 190
4.2.1 *Contra Graecos: Schriftliche Abhandlungen gegen die Byzantiner* ... 190
4.2.2 *Allgemeine theologische Abhandlungen* ... 202
4.2.3 *Verschriftete Streitgespräche: Anselm von Havelberg und sein Bericht über die Disputation von 1136* ... 214
4.2.4 *Wege der Vermittlung* ... 218
4.3 Die Inszenierung lateinischer Theologen: Das Beispiel des Hugo Etherianus ... 220
4.3.1 *Die Inszenierung des religiösen Wissens* ... 222
4.3.2 *Die Inszenierung als Religionsexperte zwischen Ost und West* ... 233
4.4 Eine Frage der Überzeugungskraft: Expertise, Erfolg und Misserfolg ... 242

5. Die Politik: Das Wirken von Lateinern als Gesandte 249
5.1 Lateiner als Gesandte des byzantinischen Kaisers: Tätigkeit und Einsatzgebiete 251
5.2 Auswahl und Inszenierung: Expertise und andere Faktoren 258
5.2.1 *Die Sprachkenntnisse und kulturelles Wissen* 259
5.2.2 *Das Wissen über die politische Situation* 261
5.2.3 *Der soziale Hintergrund* 263
5.2.4 *Die Treue und Zuverlässigkeit* 266
5.3 Versagen und Verrat: Gesandte und ihre eigenen Interessen 268

6. Die Verstetigung des Expertenstatus 273
6.1 Die Etablierung und Inszenierung als Autorität 274
6.2 Die Etablierung und Inszenierung als Expertenfamilie 279

7. Zwischen Byzanz und dem Westen: Konflikte, Loyalitäten und Identifikationen 289
7.1 Die Lateiner am Hof aus Sicht der byzantinischen Historiographie 292
7.2 Auseinandersetzungen und Konflikte 297
7.2.1 *Byzantinisch-lateinische Konflikte vor Ort* 299
7.2.2 *Konflikte am Hof* 303
7.2.3 *Gewaltsame Konflikte* 306
7.3 Die Integration in die byzantinische Gesellschaft 315
7.4 Der Kaiser als Förderer 323
7.5 *Tuae provideas civitati*: Verantwortung für und Identifikation mit der Heimatgesellschaft 333
7.6 Die Beziehung zur römischen Kirche 338
7.7 Der Kontakt zu verschiedenen westlichen Mächten 344

8. Expertise und Loyalitäten zwischen Byzanz und dem Westen: Eine zusammenfassende Betrachtung 351

9. Latins at the Byzantine Court: Expertise and Loyalties between Byzantium and the West, 1143-1204 – Summary in English 369

Anhang 391

Quellen- und Literaturverzeichnis 393

Orts-, Personen- und Sachregister 451

Vorwort

Das vorliegende Buch wurde im Sommersemester 2019 an der Philosophischen Fakultät der Georg-August-Universität Göttingen als Dissertation eingereicht. Für die Publikation wurde der Text überarbeitet.

Während meiner Promotionsphase habe ich an verschiedenen Einrichtungen und Orten geforscht und von der Unterstützung vieler Personen und Institutionen profitiert. An erster Stelle danke ich meinem Doktorvater Frank Rexroth, der meine Forschungen stets mit großem Engagement unterstützte, förderte und mir zahlreiche wichtige Hinweise gab. Die Ausrichtung der Dissertation wurde durch die Gespräche mit ihm maßgeblich bestimmt. Meinem Zweitgutachter Johannes Pahlitzsch bin ich ebenso zu Dank verpflichtet. Er war für mich immer ein wichtiger Ansprechpartner und Förderer, seine Expertise zum östlichen Christentum bot mir wichtige Einblicke und Vergleichspunkte. Meiner Drittgutachterin Hedwig Röckelein danke ich für die Bereitschaft, den Prüfungsvorsitz bei meiner Disputation zu übernehmen, sowie für ihre weiterführenden Hinweise und Anmerkungen.

Ich hatte die Möglichkeit, einen Großteil der Dissertation während meiner Zeit als wissenschaftliche Mitarbeiterin im DFG-Graduiertenkolleg „Expertenkulturen des 12. bis 18. Jahrhunderts" abzufassen. Die vielen Gespräche und der interdisziplinäre Austausch mit den dortigen Kollegiatinnen und Kollegiaten boten mir ideale Bedingungen, ohne die das vorliegende Buch in der heutigen Form nicht entstanden wäre. Ich danke besonders M. Elisabeth Schwab und Gion Wallmeyer, die mich und meine Forschungen während der Göttinger Zeit nicht nur sehr unterstützten, sondern auch Kapitel der Dissertation lasen.

Verschiedene Personen haben Teile des Buches mit mir diskutiert, Ideen und Gedanken ausgetauscht und die Arbeit um wichtige Facetten bereichert. Günter Prinzing war mir stets ein wohlwollender, engagierter und geduldiger Mentor, dem meine Forschungen und ich sehr viel zu verdanken haben. Jonathan Shepard nahm sich während meines Forschungsaufenthaltes in Oxford regelmäßig die Zeit, meine Thesen und Fragen zu diskutieren. Seine hilfreichen Anmerkungen hatten einen großen Einfluss auf die Dissertation und ich verdanke ihm viele neue Perspektiven und Ansätze. Ausdrücklich möchte ich Christian Gastgeber meinen Dank aussprechen, der mir unverzichtbare Hinweise insbesondere zu den Übersetzern der byzantinischen Kaiserkanzlei gab und von dessen innovativen Ansätzen und Vorarbeiten ich viel lernen konnte. Sebastian Kolditz nahm sich stets die Zeit, mit mir meine Arbeit zu diskutieren. Für seine Anregungen, Ratschläge und Unterstützung bin ich ihm in vielerlei Hinsicht dankbar. Darüber hinaus danke ich Marie-Hélène Blanchet,

Alessandra Bucossi, Julia Burkhardt, Stefan Burkhardt, Michael Grünbart, Ernst-Dieter Hehl, Catherine Holmes, Thomas Insley, Bettina Krönung, Birgit Kynast, Taisiya Leber, Ruth Macrides, Paul Magdalino, Sofia Milone, Ekaterini Mitsiou, Benjamin Müsegades, Alex Rodriguez Suarez, Jürgen Sarnowsky und Christopher Tyerman, von deren Hinweisen und Anmerkungen das vorliegende Buch vielfach profitierte.

Ich möchte an dieser Stelle auch den vielen Archiven, Bibliotheken und Einrichtungen danken, ohne die das Buch nicht möglich gewesen wäre. Ich danke insbesondere der Biblioteca Colombina, der Biblioteca Nacional de España, der Bodleian Library, der Dumbarton Oaks Research Library and Collection, der Niedersächsischen Staats- und Universitätsbibliothek Göttingen, der Österreichischen Nationalbibliothek sowie dem Ufficio Diocesano per i Beni Culturali di Pisa, der Universitätsbibliothek Heidelberg, der Universitätsbibliothek Mainz und dem Zisterzienserstift Zwettl.

Mein besonderer Dank gilt Nikolas Jaspert, der meine Dissertation von ihren Anfängen bis zum fertigen Buch stets mit großem Interesse begleitete, meine Forschungen mit mir diskutierte und sehr wichtige Impulse gab. Zusammen mit Martin Baumeister, Mihran Dabag und Achim Lichtenberger nahm er meine Dissertation zudem in die Reihe Mittelmeerstudien auf, wofür ich allen Herausgebern meinen herzlichen Dank aussprechen möchte. Diethard Sawicki, Lisa Sauerwald und Jehona Kicaj vom Verlag Ferdinand Schöningh danke ich für die hervorragende Unterstützung und Betreuung bei der Veröffentlichung.

Mein größter Dank kommt meiner Familie zu. Simon John danke ich dafür, dass er mir über die letzten Jahre nicht nur fachlich, sondern auch persönlich eine verlässliche Stütze war, die mich bei allen meinen Vorhaben bestärkte und begleitete. Meiner Schwester Julia Exarchos danke ich nicht nur für ihre Unterstützung bei der Dissertation und für ihren exzellenten fachlichen Rat, sondern auch für ihre Ermunterungen, die mir durch schwierigere Phasen halfen. Meine Eltern Gabriele Faust-Exarchos und Michael Exarchos haben mich und meinen eingeschlagenen Weg immer bedingungslos unterstützt. Für ihre Liebe und ihre Geduld verspüre ich große Dankbarkeit. Ihnen ist dieses Buch gewidmet.

Abkürzungen

AKG	Archiv für Kulturgeschichte
AUF	Archiv für Urkundenforschung
BMGS	Byzantine and Modern Greek Studies
Byz	Byzantion. Revue Internationale des Études Byzantines
ByzF	Byzantinische Forschungen. Internationale Zeitschrift für Byzantinistik
BZ	Byzantinische Zeitschrift
CCCM	Corpus Christianorum, Continuatio Mediaevalis
CCSG	Corpus Christianorum. Series Graeca
CFHB	Corpus Fontium Historiae Byzantinae
CICO	Pontificia Commissio ad redigendum Codicem Iuris Canonici Orientalis
CSHB	Corpus Scriptorum Historiae Byzantinae
DA	Deutsches Archiv für Erforschung des Mittelalters
DNP	Der Neue Pauly. Enzyklopädie der Antike
DOP	Dumbarton Oaks Papers
EO	Échos d'Orient. Revue d'histoire, de géographie et de liturgie orientales
GRBS	Greek, Roman, and Byzantine Studies
HJb	Historisches Jahrbuch
HZ	Historische Zeitschrift
JMH	Journal of Medieval History
JÖB	Jahrbuch der Österreichischen Byzantinistik
LexMA	Lexikon des Mittelalters
MGH	Monumenta Germaniae Historica
——— Briefe d. dt. Kaiserzeit	Die Briefe der deutschen Kaiserzeit
——— DD Germ.	Diplomata Regum et Imperatorum Germaniae
——— Epp.	Epistolae (in Quart)
——— SS	Scriptores (in Folio)
——— SS rer. Germ.	Scriptores rerum Germanicarum in usum scholarum separatim editi
——— SS rer. Germ. N.S.	Scriptores rerum Germanicarum, Nova series
——— QQ zur Geistesgesch.	Quellen zur Geistesgeschichte des Mittelalters
Migne	Patrologiae cursus completus, sive bibliotheca universalis, integra, uniformis, commoda, oeconomica, omnium ss. patrum, doctorum

	scriptorumque ecclesiasticorum, qui ab aevo apostolico ad usque Innocentii III tempora floruerunt.
——— PL	Migne, PL series Latina
——— PG	Migne, PG series Graeca
MIÖG	Mitteilungen des Instituts für Österreichische Geschichtsforschung
NDB	Neue Deutsche Biographie
ODB	The Oxford Dictionary of Byzantium
ÖNB	Österreichische Nationalbibliothek
ÖZG	Österreichische Zeitschrift für Geschichtswissenschaften
RA	Recherches Augustiniennes et Patristiques
REB	Revue des Études Byzantines
RGG	Die Religion in Geschichte und Gegenwart
RH	Revue Historique
RHC Occ	Recueil des Historiens des Croisades. Historiens occidentaux
RHE	Revue d'histoire ecclésiastique
RHGF	Recueil des Historiens des Gaules et de la France
RHT	Revue d'Histoire des Textes
ZKG	Zeitschrift für Kirchengeschichte
ZRVI	Zbornik radova Vizantološkog Instituta

Abb. 1 Europa in der zweiten Hälfte des 12. Jahrhunderts

KAPITEL 1

Einleitung

In einem wohl auf 1176/1177 zu datierenden Brief preist der lateinische Patriarch von Antiochia, Aimery von Limoges, ein Werk und dessen Autor in höchsten Tönen. Der Verfasser habe ein *antemurale fortissimum*, ein äußerst starkes Bollwerk, für die gesamte lateinische Christenheit (*Latinitas*) vorgelegt.[1] Der Adressat dieses Briefes war niemand geringerer als der gepriesene Autor selbst. Es handelte sich um den pisanischen Theologen Hugo Etherianus. Mit der Schrift war dessen Abhandlung *De sancto et immortali Deo* gemeint.

Die Entstehungsumstände dieses Werkes weisen zwei nennenswerte Besonderheiten auf. Erstens wurde diese für die lateinische Christenheit theologisch bedeutende Schrift nicht in Rom und auch nicht in einem anderen Teil des lateinischen Europas abgefasst, sondern im Herzen der byzantinischen Christenheit, in Konstantinopel um 1176/1177.[2] Noch erstaunlicher ist allerdings zweitens, dass Hugo Etherianus dieses zur Verteidigung römischer Positionen verfasste Werk nicht auf Veranlassung eines westlichen Auftraggebers erstellte, sondern für niemanden geringeren als den byzantinischen Kaiser Manuel I. Komnenos (1143-1180).[3] Der Inhalt des Textes ist auf den ersten Blick nicht leicht mit dem Entstehungsort und dem Auftraggeber zusammenzubringen. Hugo unternimmt darin den Versuch, mit Methoden aus der aristotelischen Philosophie und mithilfe der bei den Byzantinern hochgeschätzten heiligen Autoritäten die Positionen der römischen Kirche zum *Filioque*, dem lateinischen Zusatz beim nizäno-konstantinopolitanischen Glaubensbekenntnis, zu belegen und gegen Einwände der Byzantiner zu verteidigen.[4] So merkwürdig es klingt: ein Pisaner in Konstantinopel beabsichtigte

1 Aimery von Limoges, Brief an Hugo Etherianus, S. 7: …: *non solum enim uiuitis uobis, sed nobis et uniuersali Ecclesiae, proque tota Latinitate uos antemurale fortissimum opposuistis; unde non immerito, sicut diximus, nobis gaudendum est, utpote qui talem habemus mediatorem, cui nec docta Graecia resistere nec fabricatis sophismatum obiectionibus potest obuiare.*; zur Datierung des Briefes siehe auch die Angabe der Editoren des *De sancto et immortali Deo* und der dazugehörigen Briefe: Podolak/ Zago, Hvgonis Eteriani, S. XVIII.

2 Wahrscheinlich nach mehreren Jahren der Vorarbeit, ebd., S. XIX; zum *De sancto et immortali Deo* existiert auch eine *Compendiosa Expositio*, siehe ebd., S. XXXII-XXXIV, ediert ebd., S. 263-339.

3 Dondaine, Hugues Éthérien, S. 102; siehe zu Kaiser Manuel I. Komnenos grundlegend: Magdalino, The Empire.

4 Hugo Etherianus, De sancto, S. 11-260; vgl. auch Podolak/ Bucossi, Per una futura edizione, S. 274-346; vgl. auch Dondaine, Hugues Éthérien, S. 98-104.

 | DOI:10.30965/9783657760985_002

auf Wunsch des *Basileus*, die Byzantiner und ihre Positionen mit deren eigenen Waffen zu schlagen. Diese Konstellation mutet umso eigenartiger an, als der Kaiser nach oströmischen Vorstellungen qua Amt Stellvertreter und Nachfolger Christi auf Erden war und auch innerhalb der Kirche eine bedeutende Rolle einnahm.[5] Die Ausarbeitung einer Schrift, deren Inhalt sich gegen die Haltung der byzantinischen Kirche zum lateinischen *Filioque* richtet, erscheint vor diesem Hintergrund paradox, ergibt bei näherer Betrachtung aber einen Sinn. Im Kontext der unter Manuel Komnenos betriebenen Bemühungen um eine Verständigung mit der römischen Kirche war sie ein recht hilfreiches Mittel, um sich auf zähe Disputationen mit Rom adäquat vorbereiten zu können.[6]

Diese Schrift erfüllte also eine doppelte Funktion. Den Byzantinern half sie, die Ansichten und insbesondere die Argumente der römischen Kirche zum *Filioque* kennenzulernen, zu verstehen und zu nutzen. Für die lateinische Welt fungierte der Text als eine Art Materialsammlung, mit deren Hilfe die eigenen Lehren zu verteidigen und die gegnerischen Positionen zu widerlegen waren. Ein und derselbe Text diente also zwei sich miteinander in Konflikt befindlichen Parteien in der Form, dass er den speziellen Anforderungen beider Seiten gerecht wurde.

Doch ist es nicht nur diese Schrift, die diese teils widersprüchlichen Funktionen erfüllte, sondern auch ihr Verfasser selbst. Er war es, der beiden Seiten auf unterschiedliche Weise diente und von dem sowohl Byzantiner als auch Lateiner profitierten. Er selbst machte ihnen den Inhalt seiner Schrift erst durch eine griechische und lateinische Version zugänglich. Und er war es auch, der aktiv sein Werk in der lateinischen Welt bekannt machte, indem er es gezielt an angesehene und einflussreiche kirchliche Autoritäten wie Papst Alexander III. (1159-1181) und den lateinischen Patriarchen von Antiochia sandte.[7]

Verschiedene Motive sind für das Verfassen eines solchen Werkes denkbar. Eigener Ehrgeiz, Anerkennung und Profit mögen als Ansporn eine Rolle gespielt haben, ebenso wie ein ernstes Anliegen, die Byzantiner von den Argumenten der römischen Kirche zu überzeugen. Aus Aimerys Brief wird deutlich, dass

5 TREITINGER, Die Oströmische Kaiser- und Reichsidee, S. 124-157, besonders S. 124 und S. 219-227; zur Beziehung zwischen dem *Basileus* und der byzantinischen Kirche vgl. auch: DAGRON, Empereur, S. 290-322.

6 Als Überblick zu den Unionsbemühungen des 12. Jahrhunderts siehe z. B. immer noch grundlegend: NORDEN, Das Papsttum, S. 59-159; BUCOSSI, Dibattiti teologici, S. 311-321; HARRIS/TOLSTOY, Alexander III, S. 301-313; LILIE, Das ‚Zweikaiserproblem', S. 219-243; MAGDALINO, The Empire, S. 83-95; GASTGEBER, Das unexpedierte (zweite) Schreiben, S. 135-161, besonders S. 135-138; PRINZING, Das Papsttum, S. 137-183, besonders S. 137-152; für den Zusammenhang zwischen Unionsverhandlungen und den Kreuzzügen: BECK, Geschichte, S. 149-157.

7 Die Briefwechsel mit beiden zeugen davon: die Briefwechsel ediert durch PODOLAK/ZAGO, Hvgonis Eteriani, S. 3-8.

Hugo besonders als *mediator*, als Mittler, also als jemand, der übermittelt, der aber auch vermitteln kann, wahrgenommen wurde.[8] „Mittler" kann in diesem Zusammenhang auf zweierlei Weise verstanden werden. Zum einen ist es möglich, Hugo als Vermittler theologischen Wissens zu verstehen, da er dem Patriarchen seine Abhandlung zum *Filioque* sandte. Zum anderen kann er aber auch als genereller Mittler oder Vermittler zwischen Byzanz und dem Westen begriffen werden, und zwar in einem größeren Kontext. Abwegig ist dies nicht, da Aimery Hugo an einer späteren Stelle des Briefes bittet, ihm griechische Werke zukommen zu lassen, darunter auch eine säkulare Schrift, nämlich eine nicht näher bestimmte griechische Chronik.[9] Hugo fungierte demnach auch als Vermittler byzantinischer Kulturgüter, die nicht in einem direkten Bezug zur Theologie und somit zu seinem Spezialgebiet standen. Zweifelsfrei waren es sein Standort am Bosporus, seine Kontakte und nicht zuletzt sein Zugang zu wertvollen Manuskripten, die ihn aus westlicher Perspektive erst zum *mediator* werden ließen.

Hugo Etherianus, seine Werke und seine Stellung waren exzeptionell für eine aus dem lateinischen Europa stammende Person, die in Byzanz tätig war. Seine Situation ist gleichzeitig aber auch typisch für Individuen und Gruppen, die ihre Heimatgesellschaften verließen und woanders, fernab des Herkunftsgebietes, arbeiteten. Sie bewegten sich zwischen unterschiedlichen Regionen und konnten als Mittler im kulturellen, politischen oder religiösen Bereich fungieren. Nicht alle von ihnen agierten dabei absichtlich als Mittler oder Vermittler, aber im direkten Kontakt handelten sie häufig unbewusst doch als solche.

Die Situation, die Schwierigkeiten und Erfahrungen, die Personen erleben, die sich außerhalb ihrer Heimatgesellschaften aufhalten, sind unabhängig von dem Jahrhundert, dem Zeitraum, dem Grund und den Motiven ihrer Reise häufig ähnlich. Denn sie alle werden mit dem „Anderen", dem Fremden, konfrontiert, sehen und erleben mit eigenen Augen die Besonderheiten einer ihnen bis dahin fremden Umgebung und ziehen daraus ihre wie auch immer gearteten Schlussfolgerungen. Zwar unterscheiden sich je nach innerer Einstellung, äußeren Umständen und letztlich auch dem genauen Grund ihres Aufenthaltes die Reaktionen auf die für sie fremde Umwelt. Individuen und Gruppen, die beabsichtigen, sich dauerhaft in einem Gebiet niederzulassen, werden zwangsläufig anders mit der Situation umgehen als Personen, die

---

8 Aimery von Limoges, Brief an Hugo Etherianus, S. 7.

9 Aimery bittet um Abschriften dreier byzantinischer Schriften: erstens der Homilien des Johannes Chrysostomos über die Paulusbriefe; zweitens einer nicht näher genannten griechischen Chronik, die umschrieben wird als eine, die von der Teilung des römischen Kaiserreiches bis in die Zeit Aimerys und Hugos reichte; und drittens der Akten des Konzils von Nikaia, ebd., S. 7f.; DONDAINE, Hugues Éthérien, S. 88.

wissen, dass ihr Aufenthalt zeitlich begrenzt ist. Gemein ist aber allen, dass sie – wenn auch in einer jeweils unterschiedlichen Form – mit dem Fremden zusammentreffen.

1.1 Gegenstand, Leitfragen und Untersuchungsgang

Diese Studie untersucht eine spezielle Kategorie von Mittlern, nämlich Lateiner, die nach Byzanz kamen und dort ihr Wissen und Können einbrachten. Es ist sinnvoll, Kriterien zu entwickeln, die die Zusammenstellung einer angemessenen und in sich kohärenten Untersuchungsgruppe ermöglichen. Sie sollte weder zu weit noch zu eng gefasst sein. Zur Untersuchungsgruppe zählen daher Personen, die folgende vier Kriterien erfüllen:

Erstens sind nur Personen einzuschließen, die als Lateiner angesehen wurden.[10]

Zweitens müssen sie sich persönlich im byzantinischen Raum temporär oder dauerhaft aufgehalten haben.

Drittens muss ihnen eine bestimmte Expertise zugeschrieben worden sein.

Viertens müssen sie im byzantinisch-höfischen Kontext gewirkt haben.

Diese Eingrenzung ist offen genug, verschiedene Arten von Experten in die Untersuchung einzubeziehen, mit der Fokussierung auf den Kaiserhof ist aber dennoch ein klares Wirkungszentrum vorgegeben. Lateiner am byzantinischen Hof hatten allein aufgrund ihres Aufenthaltsortes eine Mittlerstellung zwischen verschiedenen Gesellschaften. Da der Experte in dieser Arbeit als jemand verstanden wird, der in einer bestimmten Kommunikationssituation „passgenaues Wissen" verspricht, stellt sich die Frage nach der Gesellschaft, mit der dieser Aushandlungsprozess erfolgte.[11] Dies betrifft das dritte Kriterium, denn hier kommen mehrere gesellschaftliche Kontexte in Frage. Deshalb sei hier gleich zu Beginn betont, dass unabhängig vom gegenwärtigen Aufenthaltsort, es nicht ausschließlich Teile der byzantinischen Gesellschaft sein mussten, die jemandem eine Expertise zuschrieben. Andere Gemeinschaften, beispielsweise die Heimatgesellschaften, konnten ebenso einen in Konstantinopel lebenden Lateiner als Experten heranziehen.

---

10 Siehe zur Problematik des Lateinerbegriffs Kapitel 1.3.

11 Zum Experten als einem kulturellen Typus: REXROTH, Systemvertrauen, S. 22-26, besonders S. 22; siehe auch Kapitel 1.4.

Um die Anzahl der Personen weiter einzuschränken, bietet sich zudem eine Konzentration auf drei Wirkungsfelder an: Sprache, Religion und Politik. Diese Schwerpunktsetzung hat neben der weiteren Schärfung der Untersuchungsgruppe auch den Vorteil, dass sich dadurch auf den ausgeübten Tätigkeitsbereich konzentriert und nicht zu sehr auf konkrete Positionen abgehoben wird, denen einzelne Personen zugeordnet werden. Letztere Möglichkeit ist gerade vor dem Hintergrund des hierarchisierten, byzantinischen Hofsystems mit seinen vielen Ämtern und Titeln verlockend, aber kaum praktizierbar, da am Kaiserhof beschäftigte Lateiner nicht zwangsläufig in die Ämterhierarchie aufgenommen wurden.[12] Neben diesem Aspekt erscheint es ohnehin sinnvoller, nach Tätigkeitsbereichen vorzugehen, zum einen, da jemand zur selben Zeit sogar mehrere Funktionen ausfüllen konnte, und zum anderen, da, wie das Beispiel des Hugo Etherianus eingangs zeigte, ein und dieselbe Person für verschiedene Auftraggeber eine ähnliche, wenn nicht sogar die gleiche Arbeit, ausüben konnte. Ausgehend von den drei Wirkungsfeldern lassen sich Lateiner als Übersetzer und Dolmetscher (Sprache), als Berater oder Gesandte bzw. religiöse Diskussionsteilnehmer (Religion) oder als Gesandte, Berater oder politische Amts- und Würdenträger (Politik) nachweisen. Im Rahmen dieser Arbeit wird sich im politischen Wirkungsbereich auf Gesandte im Dienst des *Basileus* konzentriert.

Der Untersuchungszeitraum erstreckt sich von dem Regierungsantritt des Kaisers Manuel I. Komnenos 1143 bis zur Eroberung Konstantinopels durch die Kreuzfahrer 1204. Für diese Eingrenzung sprechen einige Gründe. Erstens sind nach dem Regierungsantritt des Manuel Komnenos viele Lateiner am Hof dokumentiert. Keinem anderen Kaiser haben die mittelalterlichen Quellen und die moderne Forschung eine so dezidiert latinophile Haltung zugeschrieben.[13] Nach dem Tod Manuels 1180 sind weiterhin zahlreiche Lateiner am Kaiserhof nachweisbar, sodass der besagte Zeitraum bis 1204 ausreichend Fallbeispiele bietet.[14] Zweitens muss die Einnahme Konstantinopels als eine Zäsur angesehen werden. Die Kreuzfahrer besetzten von 1204 bis 1261 weite Teile des Byzantinischen Reiches, darunter die Hauptstadt Konstantinopel, das unbestrittene politische, religiöse, ökonomische und wissenschaftliche Zentrum. Die

12 Zu den Ämtern und Titeln in Byzanz vgl. GUILLAND, Recherches; ders. (Hrsg.), Titres.

13 Beispielsweise Niketas Choniates, Historia, VII, S. 204f.; siehe auch Wilhelm von Tyros, Chronicon, XXII, 11, S. 1020f.; Robert von Auxerre, Chronicon, a. a. 1182, S. 246; MAGDALINO, The Empire, S. 221-224; OSTROGORSKY, Geschichte, S. 314; RODRIGUEZ SUAREZ, From Greek, S. 91; auch schon vor der Regierungszeit des Manuel Komnenos arbeiteten Lateiner für den byzantinischen Hof, siehe dazu die Dissertation RODRIGUEZ SUAREZ, The Western Presence.

14 Siehe Kapitel 2.3.

großen politischen, territorialen, religiösen und ökonomischen Umwälzungen nach dem Vierten Kreuzzug veränderten die damalige byzantinische Welt nachhaltig.[15] In Konstantinopel gab es keinen Kaiserhof mehr, es entstanden andere höfische Zentren in Epiros, Nikaia und Trapezunt.[16] Der Wirkungsraum lateinischer Experten war damit einem grundlegenden Wandel unterzogen. Die Periode von 1143 bis 1204 bietet hingegen eine in sich weitgehend kohärente Zeitspanne, die so in den folgenden Jahrzehnten nicht mehr gegeben ist. Drittens spricht auch die Quellenlage für diesen zeitlichen Rahmen. Während das Quellenmaterial des 12. Jahrhunderts vergleichsweise reich an Informationen zu Lateinern in Byzanz ist, sind die Bestände für das 13. Jahrhundert lückenhaft und weit weniger dicht.[17]

Ausgehend von den mittelalterlichen Quellen stellt auch die moderne Forschung einen Zusammenhang zwischen der signifikanten Präsenz von Lateinern am Kaiserhof und dem lateinerfreundlichen Klima bestimmter höfischer Zirkel in der zweiten Hälfte des 12. Jahrhunderts fest.[18] Weit weniger Beachtung fanden hingegen die Lateiner selbst, ihre Biographien, Expertise und ihr Wirken.[19] Ihre Tätigkeit tangiert dabei einen übergeordneten Themenkomplex: die Beschäftigung und Förderung von Experten in Fremdheitskontexten.

Am Beispiel der am Hof tätigen Lateiner wird gezeigt werden, welches Wissen auswärtige Experten welchen Personen, Institutionen und Reichen

---

15 Zu Vorgeschichte, Verlauf und Auswirkungen des Vierten Kreuzzugs siehe z. B. folgende Literatur: ANGOLD, The Fourth Crusade; LAIOU (Hrsg.), *Urbs Capta*; ORTALLI/ RAVEGNANI/ SCHREINER (Hrsg.), Quarta Crociata; MADDEN (Hrsg.), The Fourth Crusade; der Vierte Kreuzzug und die Eroberung Konstantinopels durch das lateinische Kreuzfahrerheer 1204 wirken bis heute als eine Zäsur, nicht nur in einem historischen Sinne, sondern auch bezüglich der wissenschaftlichen Beschäftigung mit der byzantinischen Geschichte. Die meisten Studien widmen sich entweder der Zeit bis 1204 oder der Phase nach 1204, vgl. Sammelbände und Monographien für den Zeitraum vor 1204 wie: HOWARD-JOHNSTON (Hrsg.), Byzantium; SIMPSON (Hrsg.), Byzantium; LOUNGHIS, Byzantium; ANGOLD, The Byzantine Empire; und für nach 1204: HERRIN/ SAINT-GUILLAIN (Hrsg.), Identities; ARBEL/ HAMILTON/ JACOBY (Hrsg.), Latins; CHRISSIS, Crusading.

16 Vgl. zu den byzantinischen „Nachfolgereichen": ANGOLD, A Byzantine Government; MITSIOU, Untersuchungen; PRINZING, Epiros, S. 81-99; STAVRIDOU-ZAFRAKA, The Political Ideology, S. 311-323; BRYER, The Empire of Trebizond; EASTMOND (Hrsg.), Byzantium's other Empire.

17 KARAYANNOPULOS/ WEIß, Quellenkunde II, S. 428f. und S. 459f.

18 MAGDALINO, The Empire, S. 221-224; KAZHDAN/ EPSTEIN, Change, S. 180f.; CIGGAAR, Western Travellers, S. 13; GRABAR, L'Iconoclasme, S. 9 und S. 16.

19 Alex Rodriguez Suarez untersuchte die Lateiner am byzantinischen Hof unter Alexios I. Komnenos und Johannes II. Komnenos: RODRIGUEZ SUAREZ, The Western Presence.

versprachen und anboten. Von besonderer Bedeutung ist dabei die Frage, wie sich die Akteure der drei Wirkungsfelder dabei voneinander sowohl hinsichtlich ihres Wissens als auch hinsichtlich ihrer Stellung und ihres Ansehens als Experten unterschieden. Zudem ist zu untersuchen, für welchen Auftraggeber und Empfänger welches Wissen wirklich nützlich sowie auch nutzbar war und ob erwartetes und angebotenes Wissen deckungsgleich waren. Der Fokus wird dadurch auf die Akteure selbst, ihre Handlungsspielräume und Interaktionen mit den Gesellschaften gelenkt und ihr Wirken nicht nur als eine Folge bestimmter äußerer Umstände verstanden.

Experten aus der Fremde unterscheiden sich von einheimischen primär durch ihre Herkunft und Ausbildung, allerdings auch hinsichtlich anderer Faktoren, beispielsweise des Status und der Inszenierung. Die Anerkennung jedes Experten erfolgt in einem Aushandlungsprozess mit der jeweiligen Gesellschaft sowohl durch Zuschreibungen als auch durch eigene Inszenierung.[20] Ausgehend von diesen Überlegungen gilt zu fragen, welche Auswirkungen das Fremdsein auf den Expertenstatus und welchen Einfluss das Expertensein auf den Status als Auswärtiger hatte. Im Fokus stehen dabei auch die Strategien der Inszenierung: welche Strategien verfolgten die Lateiner, um ihr Wissen und sich selbst zu inszenieren, wie stellte ihr Umfeld sie dar und welche Rolle spielte dabei ihre besondere Situation zwischen Byzanz und dem Westen?

Die Lateiner am Hof bildeten keine homogene Gruppe. Sie unterschieden sich voneinander hinsichtlich ihrer sozialen und geographischen Herkunft, der Dauer und des Zwecks ihres Aufenthaltes sowie nicht zuletzt hinsichtlich ihres Wirkungsbereiches, ihrer Funktion und ihres Erfolges. Die unterschiedliche Integrationsbereitschaft in die byzantinische Gesellschaft sowie die damit verbundenen Konfliktpotenziale bestimmten das Wirken nicht unerheblich. Mögliche Interessenkonflikte, die Rolle von Loyalitäten und Identifikationen sowie Versagen, Manipulationen und Verrat sind bei der Tätigkeit von auswärtigen Experten in der Fremde ein wichtiges Thema und verdienen deshalb eine besondere Betrachtung.

Die Studie wird mit einem Überblick zu den Rahmenbedingungen für das Wirken der Lateiner beginnen.[21] In diesem Kapitel stehen die politischen, religiös-kulturellen und ökonomischen Beziehungen zwischen Byzanz und dem Westen im Fokus, welche die Beschäftigung von Lateinern begünstigten. Neben den äußeren Faktoren wird aber auch die Anziehungskraft Konstantinopels behandelt, insbesondere die Attraktivität des Kaiserhofes als Raum des Wissens- und Kulturkontaktes. Des Weiteren werden die in dieser

---

20 Rexroth, Systemvertrauen, S. 20, Hitzler, Wissen, S. 27.

21 Siehe Kapitel 2.

Arbeit behandelten Personen, ihre Biographien und wichtigsten Werke kurz vorgestellt.

Nach diesem einführenden Abschnitt folgen die empirischen Untersuchungskapitel, beginnend mit den drei Wirkungsfeldern: Sprache, Religion und Politik. Zunächst werden die Dolmetscher und Übersetzer behandelt (Wirkungsfeld Sprache).[22] Untersucht werden ihre Expertise, Einsatzgebiete sowie das Zusammenspiel mit ihren Auftraggebern. Ein besonderer Schwerpunkt liegt dabei auf der Inszenierung von Dolmetschern und Übersetzern. Neben der Expertise und dem Wirken werden auch das mögliche Versagen und mutwillige Manipulationen einbezogen und dadurch ein Einblick in die Macht und Einflussmöglichkeiten der Dolmetscher und Übersetzer gegeben.

Das Wirkungsfeld der Religion widmet sich den theologischen Beratern, aber auch lateinischen Kirchenmännern, die als Gesandte an religiösen Diskussionen teilnahmen.[23] Sowohl byzantinische als auch westliche Auftraggeber konnten die religiöse Expertise von Beratern oder Gesandten in Anspruch nehmen. Da sich je nach Abnehmer das Erkenntnisinteresse an deren Wissen unterschied, werden die byzantinische Gesellschaft und das lateinische Europa gesondert behandelt. Dabei stehen verschiedene Kommunikationssituationen im Zentrum: mündliche Beratungen, schriftliche Abhandlungen sowie Disputationen und Unionsverhandlungen und nicht zuletzt die Wege der Kontaktherstellung und Übermittlung. Im Einzelnen werden dabei die Expertise, die Beziehung zu den Auftraggebern und das Erkenntnisinteresse der Abnehmer untersucht. Anhand des Theologen Hugo Etherianus werden die Inszenierungselemente herausgearbeitet, die für einen religiösen Experten im westlich-byzantinischen Kontext von Bedeutung waren. Das Kapitel schließt mit der Frage nach dem Verhältnis von Expertise, Erfolg und Versagen.

Das dritte hier behandelte Wirkungsfeld ist das der Politik, bei dem in Form eines asymmetrischen Vergleichs mit den beiden vorausgegangenen Tätigkeitsbereichen Sprache und Religion die Besonderheiten der lateinischen Gesandten im Dienst des byzantinischen Kaisers untersucht werden.[24] Neben den Einsatzgebieten liegt ein besonderes Gewicht auf der Expertise und anderen Faktoren, die für die Auswahl von Lateinern ausschlaggebend waren. Die Inszenierung der Gesandten sowie die Rolle von Versagen und Verrat komplettieren das Kapitel.

Nach der ausführlichen Analyse der verschiedenen Wirkungsfelder folgt ein Synergiekapitel, das auf die Versuche der Verstetigung des Expertenstatus

22 Siehe Kapitel 3.

23 Siehe Kapitel 4.

24 Siehe Kapitel 5.

eingeht.[25] Zwei Formen der Verstetigung werden dabei untersucht, zum einen die Etablierung als Autorität und zum anderen die Inszenierung als Expertenfamilie. In beiden Fällen ist die Inszenierung auf eine besondere und langfristige Wirkung angelegt.

Ein letzter großer inhaltlicher Abschnitt befasst sich mit potenziellen Konflikten sowie der Integration, den Loyalitäten und Identifikationen.[26] Die Einstellung gegenüber den Lateinern seitens der byzantinischen Gesellschaft gibt Aufschluss darüber, wie die Aufnahmegesellschaft auf die fremden Experten reagierte. Konflikte und Integration stehen genauso im Fokus wie die Beziehungen, Loyalitäten und Identifikationen zu ausgewählten Auftraggebern und Förderern wie dem Kaiser, den Heimatgesellschaften, der römischen Kurie und anderen westlichen Mächten. Erst durch die vergleichende Untersuchung verschiedener Förderer und Mächte entsteht ein aussagekräftiges Bild über Loyalitäten und Identifikationen von Lateinern am Kaiserhof.

1.2 Zum Forschungsstand

Die Beziehungen zwischen Byzanz und dem Westen gehören zum Forschungsfeld zweier Disziplinen, der Byzantinistik und der historischen Mittelalterforschung. Als zwei voneinander unabhängige Fächer konzentrierten sich beide lange Zeit auf ihre jeweiligen geographischen Räume und Quellenbestände. In der Regel auch institutionell voneinander getrennt, waren sie lange nicht auf eine Kooperation miteinander angelegt, sodass es nicht selten der Initiative einzelner Byzantinistinnen und Byzantinisten sowie Mediävistinnen und Mediävisten zu verdanken war, dass dieser Themenkomplex als solcher überhaupt Beachtung fand.[27] In den letzten Jahrzehnten veränderte sich diese Ausgangslage erheblich. Unter dem Ruf nach mehr Interdisziplinarität arbeiten verschiedene Fächer zunehmend zusammen. Dadurch wurden auch die Gemeinsamkeiten zwischen Byzantinistik und Mediävistik

25 Siehe Kapitel 6.

26 Siehe Kapitel 7.

27 Siehe zur Geschichte des Verhältnisses von Byzantinistik und Mediävistik und zu einer zukünftigen engeren Kooperation den 2001 erschienenen Aufsatz: LILIE, Byzanz und das lateinische Europa, S. 19-39; auf der Seite der Mediävistik sind für die ältere Forschung beispielsweise Peter Classen, Walter Norden und Alfons Becker zu nennen, die die byzantinische Geschichte und ihre Bedeutung für den Westen beachteten. Unter den Byzantinisten ist besonders Werner Ohnsorge derjenige, der lange sehr prägend die Beziehungen zwischen Byzanz und dem Westen untersuchte: z. B. CLASSEN, Karl der Große; NORDEN, Das Papsttum; BECKER, Papst Urban II; OHNSORGE, Ost-Rom; ders., Konstantinopel; ders., Abendland; ders., Das Zweikaiserproblem.

betont und das Themenfeld „Byzanz und der Westen“ zum Gegenstand vieler Studien und Projekte.

Das hier verfolgte Forschungsanliegen kann daher auf eine Fülle an Vorarbeiten zugreifen. Grundlagenstudien ebenso wie überblicksartige Zusammenfassungen erfolgten zu verschiedenen Kommunikationsebenen byzantinisch-westlicher Begegnungen, sei es im politischen, militärischen, religiös-kulturellen oder ökonomischen Bereich.[28] Eine besonders lange Forschungstradition hat die politische Geschichte der Beziehungen. Unter diesem Aspekt wurden lange die Gegensätze, die Konkurrenz sowie die militärischen Auseinandersetzungen betont. Das Konfliktpotenzial angesichts der Kirchenspaltung, der Kreuzzüge und der ökonomischen Macht der italienischen Seestädte sowie nicht zuletzt die ideellen Konflikte um Suprematie und das sogenannte „Zweikaiserproblem“ waren maßgebliche Forschungsgegenstände. Vertreter dieser Richtung wie Werner Ohnsorge, Walter Norden oder Charles Brand legten mit ihren Arbeiten die Basis zur Erforschung dieser komplexen Beziehungen, auch wenn ihre Ergebnisse heute, teilweise auch schon in der Vergangenheit, partiell auf Widerspruch stießen.[29]

28 Hier nur eine Auswahl aus der Fülle an Studien, die sich mit dem Thema Byzanz und dem Westen befassen: zu den allgemeinen politischen Beziehungen: BECK, Byzanz, S. 227-241; SHEPARD, Byzantium, S. 605-623; DROCOURT/ KOLDITZ (Hrsg.), A Companion (im Druck); HOWARD-JOHNSTON (Hrsg.), Byzantium; zum religiös-kulturellen Bereich: NORDEN, Das Papsttum; SETTON, The Papacy I; KOLBABA, The Byzantine lists; PAHLITZSCH, Graeci; für den ökonomischen Bereich vgl. LILIE, Handel; PENNA, The Byzantine imperial acts; JACOBY, Italian privileges, S. 349-369.

29 Werner Ohnsorge legte eine Reihe von Studien zu verschiedenen Aspekten der byzantinisch-westlichen Beziehungen über das gesamte Mittelalter hinweg vor, die in verschiedenen Sammelbänden zusammengefasst sind: OHNSORGE, Ost-Rom; ders., Konstantinopel; ders., Abendland; eines seiner Hauptwerke ist seine Habilitationsschrift zum „Zweikaiserproblem“: ders., Das Zweikaiserproblem; siehe zur Relativierung des „Zweikaiserproblems“: HEHL, Zwei christliche Kaiser, S. 271-295, besonders S. 284-295; HEHL, Zwei Kaiser, S. 41-77; LILIE, „Das Zweikaiserproblem“, S. 219-244, besonders S. 240f.; aber vgl. für eine stärkere Bedeutung des „Zweikaiserproblems“ und der Rolle des Byzantinischen Reiches für den Westen des 12. Jahrhunderts wiederum die neuere Studie von Eleni Tounta: TOUNTA, Το δυτικό sacrum imperium; siehe auch den Aufsatz: dies., Thessaloniki, S. 167-214; Walter Norden betrachtete die Unionsbemühungen in seinem Werk von 1903 in einer Gesamtübersicht vom 11. bis 15. Jahrhundert und hob die politischen Motive für die Aufnahme von Kirchenunionsverhandlungen hervor: NORDEN, Das Papsttum; vgl. gegen die Betonung der politischen Motive: HALLER, Das Papsttum, S. 1-34, besonders S. 24; vgl. dagegen wiederum die Antwort Nordens auf die Einwände Hallers: NORDEN, Prinzipien, S. 277-303; Charles Brands Buch Byzantium confronts the West deutet bereits im Titel auf den konfrontativen Aspekt der Beziehungen hin. Seine Monographie ist bis heute eine grundlegende Studie zum ost-westlichen Verhältnis im letzten Viertel des 12. Jahrhunderts.

In den letzten Jahrzehnten verlagerte sich das Gewicht vieler Studien auch im Zuge des *cultural turn* in zweierlei Hinsicht. Zum einem verlor der politische Bereich zunehmend an Bedeutung zugunsten des kulturellen Kontaktes und kultureller Austauschprozesse und zum anderen wandelte sich der Blickwinkel von einem überwiegend konfrontativen Ansatz hin zu einer mehr die Gemeinsamkeiten betonenden Perspektive.[30] Für den ökonomischen Bereich war es Ralph-Johannes Lilie, der bereits 1984 als erster deutlich herausstellte, dass Byzanz selbst von den Handelsprivilegien für die italienischen Seestädte enorm profitierte, trotz der vielen Probleme, die die Präsenz der italienischen Seestädte im östlichen Mittelmeerraum mit sich brachte.[31] Im religiös-kirchlichen Bereich tendiert die Forschung heute dazu, nicht mehr von einem Ereignis als Eskalationshöhepunkt auszugehen, das zur Spaltung der byzantinischen und römischen Kirche führte, sondern den Bruch beider Kirchen als Resultat eines schleichenden, jahrhundertelangen Entfremdungsprozesses einzuordnen, in dem nicht nur dogmatische, sondern auch religiös-kulturelle Unterschiede eine Rolle spielten.[32] In den letzten Jahrzehnten fanden gerade hinsichtlich der Erforschung des Mittelmeerraums Begrifflichkeiten wie „Transkulturalität" und „Hybridität" Eingang in die Mittelalterforschung, um Konzepte zur Beschreibung von Austauschprozessen und Kulturkontakten für einen Raum anwendbar zu machen, in dem unterschiedliche Religionen, Völker und Sprachen nebeneinander und miteinander existierten.[33] Zwei Bereiche der jüngeren Mittelalterforschung sind für diese Arbeit besonders ergiebig: zum einen handelt es sich dabei ausgehend von der Untersuchungsgruppe um die Migrationsgeschichte und zum anderen um den Wissens- und Kulturtransfer.

---

30 Einhergehend mit dem allgemeinen Trend in der Mittelalterforschung: BORGOLTE/ SCHNEIDMÜLLER (Hrsg.), Hybride Kulturen; BORGOLTE/ TISCHLER (Hrsg.), Transkulturelle Verflechtungen; siehe z. B. auch die Betonung des Kulturkontaktes bei: SCHEEL, Skandinavien; ANCA, Herrschaftliche Repräsentation; NEOCLEOUS, Greeks, S. 221-250; ders., Heretics.

31 LILIE, Handel, besonders die Schlussfolgerungen S. 596-612; dazu auch ZEILLINGER, Friedrich I. Barbarossa, S. 53f.; zu den Handelsprivilegien auch: PENNA, The Byzantine imperial acts.

32 Grundlegend hierzu: BAYER, Spaltung, besonders S. 203-213; ders., Das sogenannte Schisma, S. 27-39, besonders S. 28f.; LILIE, Byzanz. Das zweite Rom, S. 264; AVVAKUMOV, Die Entstehung, S. 51 und S. 85f.; zur Betonung der religiös-kulturellen Aspekte: KOLBABA, The Byzantine lists; zur Entwicklung auch: PAHLITZSCH, Graeci, S. 19-60.

33 Zu Transkulturalität: MACKENTHUN/ JOBS, Introduction, S. 7-22; BORGOLTE/ SCHIEL, Mediävistik, S. 15-23; zur Hybridisierung: SCHIEL/ SCHNEIDMÜLLER/ SEITZ, Hybride Kulturen, S. 9-24; BURKHARDT/ MERSCH/ RITZERFELD/ SCHRÖDER, Hybridisierung, S. 467-557.

1.2.1 *Lateiner in Byzanz als Forschungsaufgabe: Migrationsgeschichte im byzantinischen Kontext*

Die historische Migrationsforschung bietet gerade für den byzantinischen Kontext viele Anknüpfungspunkte. Sie betont seit geraumer Zeit, dass Migration eine menschliche Konstante und „Geschichte auch immer Migrationsgeschichte" sei.[34] Für den Raum des Byzantinischen Reiches trifft dies im Besonderen zu. Dort hielten sich über Jahrhunderte hinweg viele Einzelpersonen und Gruppen auf, die entweder nach Byzanz reisten oder durch Einwanderung oder im Zuge territorialer Veränderungen dauerhaft dort lebten und Untertanen des *Basileus* wurden.[35] Die historische Migrationsforschung entwickelte diverse Ansätze, den Prozess des „Grenzüberschreitens" genauer auszudifferenzieren und Migration zu klassifizieren. Harald Kleinschmidt plädiert dafür, die Trennung zwischen Migration und Reisen an der Rückkehrabsicht festzumachen, wobei er zugleich betont, dass dies gerade in der historischen Perspektive mangels Quelleninformationen schwierig sei.[36] Historische Migrationsforscherinnen wie Sigrid Wadauer problematisieren allgemein die verschiedenen Definitionen und Typologien für Migration, da sich häufig Veränderungen und Mischformen im Laufe der Wanderung ergeben. Aus einer beabsichtigten Reise kann ein dauerhafter Wechsel des Wohnortes werden und aus einem beabsichtigen Wohnortswechsel wieder die Rückkehr in die zurückgelassene Heimat.[37] Der Soziologe Petrus Han spricht sich für eine weit gefasste Definition des Migrationsbegriffs aus und gebraucht ihn anstelle des deutschen Wortes „Wanderung".[38] Michael Borgolte führte im Rückgriff auf die entwickelte Geschichtsphilosophie von Walter Benjamin den Begriff der „Passage" in die Diskussion ein, der Vorstellung der Konstruktion mentaler und realer Grenzen zwischen zumindest zwei Seiten. Gemäß Borgolte eignet sich dieser Terminus im Vergleich zur „Migration" besser für die Untersuchung von Einzelpersonen und kleinen Gruppen.[39]

In der Byzantinistik ist die Beschäftigung mit Migration und dem Umgang mit Fremden nicht neu. In der Geschichte des Byzantinischen Reiches stellen

---

34 WADAUER, Historische Migrationsforschung, S. 9; BADE, Enzyklopädie, S. 19-27, hier S. 19; BORGOLTE/ TISCHLER, Einleitung, S. 9; HAHN, Historische Migrationsforschung, S. 15f.

35 PAHLITZSCH, Byzanz, S. 93-106; EXARCHOS/ PREISER-KAPELLER/ DÖNITZ/ CHITWOOD, Minderheiten, Sp. 1143-1154; siehe auch bis zum 8. Jahrhundert: MEIER, Geschichte.

36 KLEINSCHMIDT, Menschen in Bewegung, S. 45.

37 WADAUER, Historische Migrationsforschung, S. 6f.; ähnliche Kritik für andere Typologisierungsvorschläge durch Jan und Leo Lucassen, siehe: LUCASSEN/ LUCASSEN, Migration, S. 10-21.

38 HAN, Soziologie, S. 6.

39 BORGOLTE/ TISCHLER, Einleitung, S. 13f.

Fremde und Einwanderer über Jahrhunderte hinweg ein vertrautes Phänomen dar und wurden deshalb zu einem wichtigen Forschungsfeld.[40] Trotz der de facto multiethnischen Zusammensetzung wurde in den letzten Jahren der Wahrnehmung von Byzanz als einer multikulturellen Gesellschaft oder einem multikulturellen „Vielvölkerstaat" von Anthony Kaldellis widersprochen.[41] Das Byzantinische Reich definierte sich demnach weniger nach ethnischen Kriterien, sondern verstand sich vielmehr als römisches Reich, das die vollständige Assimilation von Minderheiten anvisierte.[42] Als einende Elemente der Gesellschaft, die auch die Bausteine für eine „byzantinische Identität" lieferten, können die griechische Sprache, die römischen Gesetze, Sitten und Bräuche, die Kirche (chalkedonische Orthodoxie), und die Aneignung einer auf der griechischen Antike beruhenden Kultur/ Bildung (*paideia*) gelten.[43] Zu bedenken ist allerdings, dass selbst wenn die byzantinische Gesellschaft die Assimilation von Minderheiten anstrebte, dies nicht gleichbedeutend mit dem Gelingen dieses Vorhabens war.[44]

Bei der Erforschung der Lateiner in Byzanz standen bisher besonders bestimmte soziale Kategorien im Fokus.[45] David Jacoby, Angeliki Laiou, Michel Balard, Peter Schreiner, Ralph-Johannes Lilie und Daphne Penna untersuchten speziell die lateinischen Kaufleute, ihre Quartiere, ihren rechtlichen Status und ihren ökonomischen Nutzen für das Byzantinische Reich.[46] Für den militärischen Bereich leisteten Krjnie Ciggaar, Jonathan Shepard und Mark

---

40 Vgl. z. B.: BALARD/ DUCELLIER (Hrsg.), Migrations; AHRWEILER/ LAIOU (Hrsg.), Studies; PAGÈS/ BALARD/ MALAMUT/ SPIESER (Hrsg.), Byzance et le monde extérieure; SMYTHE (Hrsg.), Strangers; vgl. auch den bereits 1979 erschienenen Sammelband: THIRIET (Hrsg.), Mouvements.

41 KALDELLIS, Hellenism, S. 82-100, besonders S. 95 und S. 99f.; in der Byzantinistik gibt es seit Jahren eine Diskussion, ob das Byzantinische Reich ein „Nationalstaat" oder ein multiethnisches Reich im Sinne von multikulturell gewesen sei, vgl. für den „Nationalstaat": VRYONIS, The Greek Identity, S. 21-36; vgl. für Byzanz als multiethnisches Reich: KODER, Byzanz, S. 103-111; zu dieser Diskussion auch mit einem guten Überblick: STOURAITIS, Roman Identity, S. 175-220.

42 KALDELLIS, Hellenism, S. 95; siehe generell zum Verhältnis von religiösen Mehrheiten und Minderheiten im Mittelalter: WELTECKE, Minderheiten.

43 KALDELLIS, Hellenism, S. 95; PAHLITZSCH, Byzanz, S. 91f.

44 Gerade für die Lateiner in Byzanz im 12. Jahrhundert betont Lilie, dass sie im Vergleich zu anderen Minderheiten keinen „Anpassungswillen" gehabt hätten, LILIE, Die Auswirkungen, S. 46.

45 Für allgemeinere Darstellungen z. B. zu Reisen nach Byzanz siehe: CIGGAAR, Western Travellers; MACRIDES (Hrsg.), Travel; LAIOU, Byzantium, S. 61-79.

46 JACOBY, Houses, S. 269-282; ders., The Byzantine social elite, S. 67-86; LAIOU, L'étranger de passage, S. 69-88; BALARD, Les Latins; SCHREINER, Untersuchungen, S. 175-191; LILIE, Handel; siehe auch: PENNA, Legal autonomy, S. 70-81; dies., The Byzantine imperial acts.

Bartusis wichtige Beiträge zu lateinischen Söldnern sowie deren Integration.[47] Die Lateiner am Kaiserhof haben bis auf wenige Einzelfiguren in geringerem Maße die Aufmerksamkeit auf sich gezogen oder wurden nur am Rande in überblicksartigen Zusammenfassungen behandelt. Bei den Übersetzern ist die Biographie des Burgundio von Pisa durch Peter Classen herauszustellen sowie die als immer noch grundlegend geltende zusammenfassende Darstellung bei Charles Homer Haskins.[48] Eine neuere Studie zu den Übersetzern unter den Kaisern Alexios I. Komnenos (1081-1118) und Johannes II. Komnenos (1118-1143) legte Alex Rodriguez Suarez vor, er untersuchte hauptsächlich den Einfluss der westlichen Kultur auf Byzanz.[49] Unverzichtbar ist Christian Gastgebers Behandlung der Lateiner in der kaiserlichen Übersetzungskanzlei des 12. Jahrhunderts, in der es ihm gelang, Auslandsschreiben und Verträge lateinischen Übersetzern zuzuordnen.[50] Einzelstudien zu weiteren Persönlichkeiten, die am byzantinischen Hof weilten, sind selten.[51] Bis heute fehlt eine umfassende biographische Darstellung des pisanischen Theologen Hugo Etherianus, daher ist auf die zwei grundlegenden Aufsätze des französischen Historikers Antoine Dondaine aus den 1950er Jahren zurückzugreifen.[52] Etwas anders verhält es sich bei den westlichen Gesandtschaften. Nicolas Drocourt analysierte in seinen Studien umfassend ausländische Gesandtschaften, die nach Byzanz kamen.[53] Dank des von Franz Dölger geschaffenen Regestenwerkes

47 Ciggaar, Flemish mercenaries, S. 44-74; Shepard, The Uses, S. 275-305; Bartusis, The Kavallarioi, S. 343-350; zu den Warägern und ihrer Bedeutung für Byzanz siehe: Blöndal, The Varangians; vgl. auch Scheel, Skandinavien, S. 77-287.

48 Classen, Burgundio von Pisa; Haskins, Studies, S. 194-222.

49 Rodriguez Suarez, The Western Presence, S. 123-149; siehe auch seinen Artikel: ders., From Greek, S. 91-109.

50 Die Dissertationsschrift ist noch nicht veröffentlicht: Gastgeber, Die lateinische „Übersetzungsabteilung“; siehe auch seinen Aufsatz dazu: ders., Die lateinische Übersetzungsabteilung, S. 105-122.

51 Siehe aber zu dem Übersetzer und Autor Moses von Bergamo: Cremaschi, Mosè del Brolo; Pontani, Mosè del Brolo, S. 143-175 sowie Gorni, Il 'Liber Pergaminus', S. 409-460; Haskins, Moses of Bergamo, S. 133-142; zu dem Übersetzer Jakob von Venedig siehe: Rodriguez Suarez, The Western Presence, S. 133-137; Minio-Paluello, Iacobus Veneticus, S. 265-304.

52 Dondaine, Hugues Éthérien, S. 67-134; ders., Hugues Éthérien et le concile, S. 473-483; einen Überblick zum Leben des Hugo Etherianus liefert auch die Edition von Bernard, Sarah und Janet Hamilton, Hugh Eteriano, S. 109-148.

53 Hier nur eine Auswahl seiner Untersuchungen: Drocourt, Diplomatie; ders., Ambassades latines, S. 348-381; ders., Ambassadeurs étrangers, S. 107-134; ders., Peut-on parler d'un réseau, S. 147-176; ders., Ambassadors, S. 81-93; ders., La Place de l'écrit, S. 25-43; ders., Passing on Political Information, S. 91-112; ders., Les contacts diplomatiques, S. 243-271; siehe auch: Koder, Die Sicht, S. 113-129.

sind zudem viele Gesandtschaften erfasst und bieten eine solide Grundlage zur Erforschung.[54]

Der Umgang mit den Fremden aus der Perspektive des Ziellandes sowie auch die Prozesse und Wirkungen auf diejenigen, die die Grenzen überschritten, sind Themen, die seit Jahren in der historischen, sowohl in der mediävistischen als auch byzantinistischen, Forschung Konjunktur haben.[55] Kulturhistorische Studien betonen im besonderen Maße den Zusammenhang von Identität und Alterität. Identität wird dabei als eine durch Eigen- und Fremdzuschreibungen „reflexiv gewordene gesellschaftliche Zugehörigkeit“ begriffen.[56] Die Auseinandersetzung mit und die Abgrenzung vom „Anderen“ seien für die Bildung oder eher Konstruktion von Identitäten essenziell.[57] Diese Annahmen und Vorstellungen können besonders ertragreich auf Personen angewendet werden, die als „Grenzgänger“ zwischen den Kulturen wanderten, da sie unmittelbar persönlich mit dem Fremden in Kontakt traten.[58] Neben den Themen der Identifikation, Selbst- und Fremdbilder ist auch der Bereich des Zusammenlebens und der Integration im Aufnahmeland ein wichtiger Forschungsgegenstand. Mittelalterliche Gesellschaften sind als sozial differenziert zu begreifen, die durch bestimmte Differenzierungsprinzipien wie beispielsweise dem gesellschaftlichen Rang oder der Zugehörigkeit zum Christentum die Exklusion oder Inklusion von Individuen und Gruppen begünstigten.[59]

Für die Integration und Akkulturationsprozesse lateinischer Gruppen oder Personen in Byzanz legten Angeliki Laiou, Dennis Nicol und Ralph-Johannes Lilie wichtige Überlegungen vor.[60] Während Laiou, wohl auch aufgrund der besseren Quellenlage, ihr Augenmerk auf die venezianischen Kaufleute richtete, untersuchte Nicol die vorwiegend normannischen Exilanten, ihre Nachkommen sowie ihre Verbindungen und ihre Integration in die byzantinische Aristokratie.

---

54 DÖLGER/WIRTH, Regesten der Kaiserurkunden II.

55 Siehe als Überblick zu dem Fremdheitsdiskurs: JASPERT, Fremdheit, S. 31-62; MÜNKLER, Erfahrung; MÜNKLER/ RÖCKE, Der *ordo*-Gedanke, S. 701-766, hier S. 701-716; SCIOR, Das Eigene, S. 17-23.

56 ASSMANN, Das kulturelle Gedächtnis, S. 134; JÖRG/ PARKER/ PLEUGER/ ZWANZIG, Soziale Konstruktion, S. 22.

57 Vgl. ASSMANN, Das kulturelle Gedächtnis, S. 134; vgl. auch JASPERT, Fremdheit, S. 31-61; SCIOR, Das Eigene, S. 9-28; GEHRKE, Einleitung, S. 15.

58 Ebd., S. 15-24.

59 SCHELLER, Die Stadt, S. 22f.

60 LAIOU, The foreigner, S. 71-97; dies., L'étranger de passage, S. 69-88; dies., Institutional mechanisms, S. 161-181; LILIE, Die Auswirkungen, S. 41-54; ders., Fremde, S. 93-107; NICOL, Symbiosis, S. 113-135.

Die Forschung sieht mehrheitlich im religiösen Gegensatz sowie in den gesteigerten antilateinischen bzw. antibyzantinischen Ressentiments wichtige Faktoren für die im Vierten Kreuzzug eskalierende Auseinandersetzung mit den Kreuzfahrern.[61] Gegen diese Anschauungen richtete sich jüngst Savvas Neocleous. Er plädiert dafür, die Beziehungen stärker unter dem Aspekt des Zusammenlebens zu betrachten und die Übergriffe des 12. Jahrhunderts nicht als Lateinerhass und Vorzeichen des Vierten Kreuzzugs zu interpretieren.[62]

1.2.2 *Der ost-westliche Wissens- und Kulturtransfer und seine Träger in der neueren Forschung*

Die außergewöhnliche Stellung von Byzanz als „Knotenpunkt" zwischen Ost und West ist in der Forschung seit Langem anerkannt. Etliche Studien und Tagungen weisen auf die Bedeutung der Byzantiner für die Vermittlung antiken, religiösen und kunsthandwerklichen Wissens sowie wertvoller Kulturgüter im gesamten Mittelalter hin, auch als Mittler zwischen Orient und Okzident.[63] Dabei wurden verschiedene Wege der Vermittlung thematisiert, ob durch Einzelpersonen (z. B. Ciggaar, Haskins), durch Handel (z. B. Jacoby, Drauschke), durch Geschenkaustausch (z. B. Cutler, Schreiner) oder durch Eroberungen (z. B. Tounta, Barber).[64] Der Wissens- und Kulturtransfer in die andere Richtung, vom Westen in den Osten, fand in der Forschung gerade für das 12. Jahrhundert weit weniger Beachtung. Im Gegenteil, die meisten schreiben dem Westen einen geringen Einfluss auf die byzantinische Kultur zu, die Wirkung sei eher oberflächlich gewesen, so beispielsweise Kazhdan/ Epstein, Ciggaar und Grabar.[65] Dennoch ist nicht zu bezweifeln, dass einige westliche Sitten und Gewohnheiten besonders bei der Aristokratie Anklang fanden, wie das Abhalten von Turnieren. Alex Rodriguez Suarez betont in

---

61 Beispielsweise: TYERMAN, God's War, S. 422; CIGAAR, Western Travellers, S. 101; ANGOLD, The Fourth Crusade, S. 60 und siehe auch BRAND, Byzantium.

62 NEOCLEOUS, Greeks, S. 221-250, besonders S. 250; ders., Heretics.

63 Siehe GASTGEBER (Hrsg.), Byzantium; SPEER/ STEINKRÜGER (Hrsg.), Knotenpunkt; CIGGAAR, Western Travellers; KLEIN, Byzanz; MAZAL, Byzanz.

64 CIGGAAR, Western Travellers; HASKINS, Studies; zum Handel: JACOBY (Hrsg.), Commercial exchange; ders., Oriental silks, S. 92-123; zum Austausch in der Merowingerzeit: DRAUSCHKE, Zwischen Handel; zu Geschenken: CUTLER, Gifts, S. 247-278; SCHREINER, Diplomatische Geschenke, S. 251-282; für den Austausch in Süditalien z. B.: TOUNTA, Süditalien, S. 432-445; dies., Saints, S. 429-455; für die Auswirkungen der Eroberung Konstantinopels 1204: BARBER, The impact, S. 325-334.

65 KAZHDAN/ EPSTEIN, Change, S. 180f.; CIGGAAR, Western Travellers, S. 13; GRABAR, L'Iconoclasme, S. 9 und S. 16.

seiner Dissertation im besonderen Maße die westlichen Einflüsse auf die byzantinische Kultur, gerade durch die starke Präsenz von Lateinern vor Ort.[66]

Die Wissens- und Kulturtransferforschung bietet als Gebiet, das „den raum- und gesellschaftsübergreifenden Austausch und die wechselseitige Durchdringung von Kulturen" untersucht, wichtige Ansatzpunkte.[67] Diese Prozesse setzen gewissermaßen die Rahmenbedingungen, stehen selbst allerdings nicht im Zentrum des Erkenntnisinteresses dieser Untersuchung. Denn die klassische Kulturtransferforschung untersucht den Prozess der Übermittlung und der Implementation fremder kultureller Elemente in die eigene Gesellschaft sowie die innovative Wirkung und die Folgen, die diese Übernahme auf die Aufnahmegesellschaft hatte.[68] Der Fokus liegt in dieser Studie aber mehr auf den Trägern dieser Prozesse, d. h. auf Einzelpersonen und nicht auf dem Prozess selbst. Deshalb versprechen akteurszentrierte Konzepte wie die des „Cultural Broker", des „Go-between" oder des „Grenzgängers" sehr fruchtbare Anknüpfungspunkte, da sie die Rolle von Akteuren im Kulturtransferprozess untersuchen.[69] Alle drei Konzepte zielen auf etwas sehr Ähnliches, nämlich die Rolle einzelner Personen als Mittler und Vermittler, die sich zwischen Räumen bewegen und bewusst oder unbewusst interkulturelle Vermittlung leisten.[70] Besonders die mediterrane Hofforschung nahm sich der unterschiedlichen Wirkungsräume kultureller Vermittler an und gab in den letzten Jahren für die Erforschung verschiedener höfischer Zentren wichtige Impulse.[71]

1.3 Der Lateinerbegriff: Ein Definitionsversuch

Die heutige Forschung verwendet häufig den Begriff „Lateiner", „Westeuropäer" oder „Franken", im Englischen „Latins", „Westerners" oder „Franks", als Sammelbezeichnungen für Personen, die im weitesten Sinne aus westlichen

66 Rodriguez Suarez, The Western Presence, S. 161-194.

67 Eisenberg, Kulturtransfer, S. 399; Gerogiorgakis/ Scheel/ Schorkowitz, Kulturtransfer, S. 393; siehe auch Pahlitzsch, Cultural encounters, S. 83-86 und den Band von Christ/ Dönitz/ König (Hrsg.), Transkulturelle Verflechtungen.

68 Gerogiorgakis/ Scheel/ Schorkowitz, Kulturtransfer, S. 393.

69 Zum Cultural Broker: von der Höh/ Jaspert/ Oesterle, Courts, S. 9-31; zu den Go-Betweens siehe z. B.: Höfele/ von Koppenfels (Hrsg.), Renaissance Go-Betweens; zu Grenzgängern siehe: Fludernik/ Gehrke (Hrsg.), Grenzgänger.

70 Siehe dazu die möglichen Klassifikationen bei von der Höh/ Jaspert/ Oesterle, Courts, S. 9f.

71 Zur Hofforschung ebd., S. 10-18; zu islamischen Höfen vgl. z. B.: Drews, The emergence, S. 47-61; Oesterle, Missionaries, S. 63-72; für den byzantinischen Hof in spätbyzantinischer Zeit siehe: Kolditz, Cultural Brokers, S. 183-215; siehe auch Kapitel 2.2.

Gesellschaften stammten und im östlichen Mittelmeerraum aktiv waren. In der Regel geschieht dies ohne näher zu definieren, wer und was genau unter diesen Begriffen zu verstehen ist und wie sich die Bezeichnungen voneinander unterscheiden.[72] Offensichtlich dienen alle drei dazu, Individuen oder Gruppen europäischer Herkunft in Abgrenzung zu „Anderen", den „Orientalen", zu beschreiben. Doch bleibt meistens offen, nach welchen Kriterien diese Begriffe verwendet werden. Ist die religiöse Zugehörigkeit zur römischen Kirche, die geographische Herkunft aus dem im weitesten Sinne „Westen" oder gar die lateinische Sprache oder der „westliche" kulturelle Hintergrund oder eine Kombination aus allem für die Definition ausschlaggebend? Lassen sich außerdem die Termini „Lateiner", „Westeuropäer" oder „Franken" voneinander sinnvoll trennen oder können sie synonym verwendet werden? Diese Begriffsproblematik ist dabei keineswegs nur eine Angelegenheit der Byzantinistik oder der Forschungen, die sich mit Byzanz und dem Westen beschäftigen. Die gleichen Fragen ergeben sich für alle Disziplinen, die sich mit Kulturkontakten zwischen dem Orient und dem Westen befassen und im Besonderen für die Kreuzzugsforschung.[73]

Es ist sinnvoll, zunächst zu erläutern, was in dieser Arbeit überhaupt als „Westen" verstanden wird bzw. was ihn vom „Osten" abgrenzt. Es gibt verschiedene Möglichkeiten, ersteren zu definieren. Er kann als geographischer Raum, als religiös-konfessionelles Gebiet, als Sprachraum oder als Werte- und Normengemeinschaft begriffen werden. Zum Teil ist der Westen bis heute auch durch die Kontrastierung oder Gegenüberstellung mit dem Osten determiniert. Huntington lässt seine Bruchlinie der Kulturkreise „Westen" und „Orthodoxie" sehr genau an der Stelle verlaufen, die die historisch byzantinischen Kern- und Einflussgebiete von dem des lateinischen Europas trennte.[74] Bei aller Kritik an Huntingtons Kulturkreisen und seinen daraus entwickelten Thesen für das 21. Jahrhundert – die Auffassung, dass Byzanz und der Westen im Mittelalter jeweils zwei Kulturräume darstellten, ist sowohl in der Mediävistik als auch Byzantinistik weit verbreitet.[75] Dies wird häufig als das Resultat einer

---

72 Eine Ausnahme ist z. B. Alex Rodriguez Suarez, der in seiner Dissertation eine knappe, nähere Bestimmung vornimmt. Nach ihm basiert der Begriff „Westerner" auf drei Elementen, nämlich der geographischen Herkunft, der Religion und der Sprache, RODRIGUEZ SUAREZ, The Western Presence, S. 10; aber normalerweise werden solche Bezeichnungen ohne nähere Erläuterungen verwendet, vgl. z. B.: BALARD, Les Latins; TSOUGARAKIS, The Latins, S. 1-22; ARBEL/ HAMILTON/ JACOBY (Hrsg.), Latins.

73 Siehe zur Kreuzzugsforschung: MURRAY, Ethnic identity, S. 59-73; KIRSCHBERGER, Erster Kreuzzug.

74 HUNTINGTON, Kampf der Kulturen, S. 260-268.

75 Nicht umsonst gründete sich die Byzantinistik zur Erforschung der byzantinischen Kultur, Sprache und Geschichte, wobei in der deutschsprachigen Byzantinistik ein

jahrhundertelangen Auseinanderentwicklung beider Regionen erklärt. Unter dem „Westen" verstehen die meisten Studien grob das geographische Gebiet, das sich westlich vom Byzantinischen Reich befand und (auch religiös) außerhalb des oströmischen Einflusses lag. Als Höhepunkt des Antagonismus gilt generell das 12. und 13. Jahrhundert.[76] Eine Vielzahl von Ansatzpunkten eignet sich, um die Unterschiede beider Gesellschaftssysteme zu kontrastieren: die dominierende Sprache (Griechisch vs. Latein), die Schrift/ Schriftlichkeit (griechisches vs. lateinisches Alphabet/ schriftliche Gesellschaft vs. orale Gesellschaft), die Religion (byzantinische Kirche/ Orthodoxie vs. römische Kirche/ Katholizismus), das Herrschaftssystem (autokratisch vs. konsensual geprägt), und vieles mehr.[77]

Gegen diese Vorstellung der Gegensätze ist aber einiges einzuwenden. Wenn von Byzanz und dem Westen als zwei unterschiedlichen Kulturräumen die Rede ist, besteht die Gefahr, beide in sich zu sehr als eine Einheit aufzufassen. Dies trifft insbesondere für das mittelalterliche Lateineuropa gerade nicht zu, da hier kulturelle und politische Unterschiede zweifelsfrei existierten.[78] Es geht hier schließlich um ein Gebiet, das sich von den Britischen Inseln bis nach Ungarn erstreckte und von Skandinavien bis nach Italien reichte. Bestimmte Regionen, beispielsweise Süditalien, das zweifelsfrei ab dem 11. Jahrhundert politisch zum Westen gerechnet werden kann, sind schon allein aufgrund ihrer griechischen Bevölkerungsteile kulturell nicht ohne Weiteres dem Westen zuzuordnen.[79] Grenzregionen, zu denen auch Ungarn zählt, bieten allein aufgrund ihrer geographischen Lage Räume, in denen Byzanz kulturell seine Spuren hinterließ. Sie sind somit Sonderfälle. Eigentlich werden sie als lateineuropäisch angesehen, dennoch ist nicht klar zu bestimmen, ob sie nun

---

klarer Fokus auf der Philologie lag, LILIE, Byzanz und das lateinische Europa, S. 19-40, besonders S. 20-24; siehe zu Byzanz und dem Westen als zwei „christlichen Kulturkreisen" auch SCHIEFFER, Die Einheit, S. 63.

76 BRAND, Byzantium; LAIOU, Byzantium and the Crusades, S. 17-40.

77 KAZHDAN, Latins, S. 83; siehe auch LAIOU, Byzantium, S. 67-78; WHITTOW, How the east was lost, S. 56-63; DAGRON, Aux origines, S. 23-56; ALTANER, Die Kenntnis, S. 444-449; ders., Sprachkenntnisse, S. 83-126, besonders S. 92-94; KODER, Byzanz, S. 43-58, besonders S. 44f.; SCHIEFFER, Die Einheit, S. 63-72; vgl. KOLBABA, The Byzantine lists, S. 32-87; dies., Byzantine perceptions, S. 293-320; siehe auch BAYER, Spaltung.

78 KAZHDAN, Latins, S. 83; siehe zur politischen Vielfalt: SCHIEFFER, Die Einheit, S. 63-72.

79 TOUNTA, Süditalien, S. 432-445, hier S. 432; zu Süditalien und der byzantinischen Herrschaft vom 9. bis ins 11. Jahrhundert: VON FALKENHAUSEN, Untersuchungen; ein gutes Beispiel für die Präsenz des orthodoxen Ritus und des orthodoxen Mönchtums in Süditalien noch im 13. Jahrhundert ist Nikolaos von Otranto, Abt von Casole, zu ihm: HOECK/ LOENERTZ, Nikolaos-Nektarios von Otranto.

kulturell eher dem östlichen oder dem westlichen Kulturraum angehörten.[80] Außerdem werden heute nur wenige dem Byzantinischen Reich eine Teilhabe an Europa absprechen.[81]

Diese Einwände haben ohne Zweifel ihre Berechtigung. Weder soll die kulturelle Vielfalt im Westen noch die Rolle des Byzantinischen Reiches in und für Europa geleugnet werden. Dies widerspräche auch aktuellen Studien gerade zum Mittelmeerraum oder den byzantinisch-westlichen Kontaktzonen, die überzeugend belegen, wie intensiv die wechselseitigen kulturellen Beziehungen und Austauschprozesse waren.[82] In dieser Studie werden Byzanz und der Westen dennoch als zwei Kulturräume bezeichnet, und zwar in Anlehnung an ein konstruktivistisches Kulturverständnis. Kulturräume oder Kulturkreise sind dabei als Konstruktionsleistung zu verstehen, die durch Zuschreibung geschaffen werden. Das Fremde, das „Andere", wird nicht als faktisch existent begriffen, sondern als zugeschrieben und damit konstruiert. In den Worten von Marina Münkler und Werner Röcke geht es bei der „Fremdheitsrelation" um eine „Aussagerelation" und nicht um eine „Existenzrelation".[83] Dies bedeutet, dass die Wahrnehmung bzw. die Beschreibung von Byzanz als fremd und andersartig durch lateinische Quellen und ebenso umgekehrt für das Verständnis und die Relation beider zueinander wesentlich ist.

Voraussetzung für die Fremdzuschreibungen ist die Begegnung mit dem „Anderen". Ab dem 11./12. Jahrhundert intensivierten sich durch Händler, Kreuzfahrer, Pilger und viele andere die Kontakte. Unterschiede wurden nicht nur sichtbar, sondern auch erfahrbar. Untersuchungen byzantinischer Quellen kamen zu dem Ergebnis, dass ausgerechnet ab dem 11./12. Jahrhundert „Lateiner"

---

80 Ungarn befand sich kulturell zwischen Byzanz und dem Westen: MEZEY, Ungarn, S. 255-272.

81 HERRIN, Byzantium, S. 323 stellt die Bedeutung des Byzantinischen Reiches für Europa heraus: „Without Byzantium there would have been no Europe."; AHRWEILER, Byzance, S. 35-44; wobei Byzanz und Europa doch noch gegenübergestellt werden: SEGL (Hrsg.), Byzanz – das andere Europa, darin der Aufsatz von TINNEFELD, Abendland, S. 19-38; Peter Schreiner betont auf der einen Seite, dass Byzanz ein Teil Europas war, aber auf der anderen Seite stellt er die „vielfach andere Entwicklung" heraus, die Byzanz im Vergleich zu dem restlichen Europa eingeschlagen hatte, gerade aufgrund seiner Rolle als Brücke zu Asien: SCHREINER, Byzanz, S. 132; siehe auch zu Byzanz und Europa: OSCHEMA, Bilder, S. 71f.

82 MALAMUT/ QUERFELLI (Hrsg.), Les échanges; BORGOLTE/ JASPERT (Hrsg.), Maritimes Mittelalter; BORGOLTE/ SCHNEIDMÜLLER (Hrsg.), Hybride Kulturen; MERSCH/ RITZERFELD (Hrsg.), Lateinisch-griechisch-arabische Begegnungen; TOUNTA, Süditalien, S. 432-445.

83 MÜNKLER/ RÖCKE, Der *ordo*-Gedanke, S. 707.

(Λατῖνοι) zu einer Sammelbezeichnung für alle aus dem Westen wurde, also gerade zu einer Zeit, in der die Kontakte zum Westen äußerst rege waren.[84] Davor, als dies weit weniger der Fall war, neigten byzantinische Autoren eher dazu, die Vielfalt der lateinischen Welt nach ethnogeographischen Gesichtspunkten widerzuspiegeln und verwendeten Ethnonyme wie *Germanoi* oder *Italoi*.[85] Die Lateiner- und Frankenbezeichnung konnte synonym gebraucht werden, dennoch meint „Franken" meistens nur einen Teil der westlichen Völker, häufig die Normannen.[86] Eigentlich wäre zu vermuten, dass der persönliche Kontakt mit den unterschiedlichen westlichen Individuen und Gruppen sowie Sprachen in Byzanz eine differenziertere Beschreibung des Gegenübers zur Folge hatte. Dies wäre vor dem Hintergrund der Präsenz vieler westlicher *nationes* in der Hauptstadt Konstantinopel gut vorstellbar. Schließlich hatten nicht nur Venezianer, Pisaner und Genuesen eigene Viertel in Konstantinopel, sondern auch Deutsche, Provenzalen, Dänen, Engländer und viele andere waren dort anzutreffen.[87] Konflikte unter ihnen, wie der Übergriff der Pisaner und Venezianer auf das genuesische Viertel in Konstantinopel, führten den Byzantinern die Spannungen und die Konkurrenz gerade innerhalb der italienischen Seestädte deutlich vor Augen.[88] Doch trotz der Feindseligkeiten wiesen die Lateiner offensichtlich genug vermeintliche Gemeinsamkeiten bzw. ähnliche Merkmale auf, um auf sie diese Sammelbezeichnung anzuwenden. In seiner Untersuchung des Lateinerbegriffs kam Johannes Koder zu dem Ergebnis, dass byzantinische Quellen vom 11. bis zum 15. Jahrhundert diesen Terminus für Personen oder Gruppen benutzen, die entweder eine romanische Muttersprache hatten, der römischen Kirche angehörten und/oder im politischen und/oder ethnischen Sinne aus dem Westen stammten.[89]

Eine eindeutige Definition, wer genau ein Lateiner sei, bieten die byzantinischen Autoren nicht, da sie zwischen religiöser, ethnischer und sprachlicher Konnotation des Begriffs stark schwankten.[90] Ein ähnlicher Umgang findet sich im Gegenzug auch bei den westlichen Autoren des Mittelalters. Sie

---

84 KAZHDAN, Latins, S. 86; LAIOU, Byzantium and the Crusades, S. 17.

85 KAZHDAN, Latins, S. 93-100; wobei auch hier die Frage ist, ob mit *Italoi* wirklich nur Personen gemeint sind, die aus Italien stammten. Koder verweist darauf, dass der Geschichtsschreiber Niketas Choniates als Ἰταλοί auch beispielsweise alemannische Kreuzfahrer oder Lateiner in Antiochia bezeichnete, KODER, Latinoi, S. 32.

86 Bei Anna Komnene ist dies beispielsweise der Fall, KAZHDAN, Latins, S. 90f.

87 JANIN, Constantinople, S. 245-260; JACOBY, The Venetian quarter, S. 153-170; ders., The minor Western nations, S. 319-332; SCHREINER, Untersuchungen, S. 175-191; NEOCLEOUS, Greeks, S. 221-250.

88 HAMILTON, Hugh Eteriano, S. 113; BRAND, Byzantium, S. 207.

89 KODER, Latinoi, S. 31-34 und S. 39.

90 Ebd., S. 31f.

bezeichnen die Byzantiner als *Graeci*, Griechen, nicht als Römer (Ῥωμαῖοι) – als die sich die Byzantiner selbst verstanden – und wechseln zwischen religiöser, geographischer, ethnischer und sprachlicher Bedeutung dieses Begriffs. Damit fassten auch sie das Byzantinische Reich, in dem viele verschiedene Volkssprachen und Ethnien existierten, als eine Einheit auf. Die Fremdbezeichnungen verwendeten beide Seiten gegenbegrifflich, *Latini* und *Graeci* bzw. Λατῖνοι und Ῥωμαῖοι wurden als Gemeinschaften einander gegenübergestellt und dadurch eine Nicht-Zugehörigkeit der jeweils „Anderen" ausgedrückt, ob im religiösen, kulturellen oder ethnischen Sinne.[91] Dies hatte auch Auswirkungen auf das Eigene. Es beschwor nämlich gleichzeitig ein Zusammengehörigkeitsgefühl, ein Wir-Gefühl der „Byzantiner" bzw. der „Römer" auf der einen und der „Lateiner" auf der anderen Seite. In einem solchen Abgrenzungsprozess vom „Anderen" konstruierten sie ein Gemeinschaftsgefühl.[92]

Im Fall der Termini *Latini* und *Franci* ist es nicht leicht nachzuverfolgen, ob sie ursprünglich Fremd- oder Eigenbezeichnungen waren. Natürlich sind Begriffe wie *Latini* und *Franci* Ausdrücke, die ihren Ursprung im Lateinischen haben. *Franci* war die Bezeichnung für die Franken.[93] *Latini* meinte ursprünglich die Bewohner Latiums, im 11. Jahrhundert war dieser Terminus im Westen als kollektive Bezeichnung für Angehörige der römischen Kirche in Gebrauch.[94] Die allgemeine Verwendung dieser Begriffe für aus dem Westen stammende Individuen und Gruppen kam aber im östlichen Mittelmeerraum als Mittel zur Abgrenzung auf. *Franci* war ein Ausdruck, den sehr wahrscheinlich zuerst Byzantiner (Φράγγοι) und Araber für Westeuropäer benutzten.[95] Während in den Kreuzfahrerreichen *Franci* und auch *Latini* sehr früh bereits zu Eigenbezeichnungen wurden, um sich wiederum von den „Orientalen" abzugrenzen und um eventuell als Herrschende ein Gemeinschaftsgefühl und einen Zusammenhalt unter den Siedlern aus Westeuropa zu generieren, ergibt sich für Byzanz ein differenzierteres Bild.[96] Dies ist auch mit der unterschiedlichen Situation der Lateiner als nicht nur zahlenmäßige, sondern auch politische

---

91 Fremdheit kann auch als nicht gegenbegrifflich (Nicht-Zugehörigkeit) verstanden werden, sondern eher als komplementärbegrifflich mit Unvertrautheit gleichgesetzt werden, dadurch wird die Unterscheidung verschiedener Stufen von Fremdheit möglich, SCIOR, Das Eigene, S. 19; STAGL, Grade, S. 86; WALDENFELS, Das Eigene, S. 611-620; MÜNKLER/RÖCKE, Der *ordo*-Gedanke, S. 714.

92 ASSMANN, Das kulturelle Gedächtnis, S. 134.

93 Siehe zum Frankenbegriff und seiner Entwicklung SCHNEIDMÜLLER, Nomen Patriae.

94 KAZHDAN, Latins, S. 84; FÜGEDI, Art. „Latini", Sp. 1746.

95 MURRAY, Ethnic Identity, S. 61.

96 Ebd.; zu den Begriffen *Franci* und *Latini* in der Historiographie der Kreuzfahrerreiche siehe auch: KIRSCHBERGER, Erster Kreuzzug, S. 75-102.

Minderheit in Byzanz zu erklären. Dennoch findet sich auch hier „Lateiner" als Eigenbezeichnung.[97]

Die häufige Uneindeutigkeit des Lateiner- und Frankenbegriffs in der heutigen Forschungsliteratur resultiert gewissermaßen aus der bereits in den mittelalterlichen Quellen unklaren und uneinheitlichen Verwendung. Noch heute wenden Historikerinnen und Historiker Termini wie „Lateiner", „Franken" oder „Westeuropäer" als Abgrenzungsbegrifflichkeiten an, um sie von den „Griechen", den „Orientalen" oder „Byzantinern" zu unterscheiden. Dabei ist die Bezeichnung „Byzantiner" ohnehin ein von der modernen Historiographie geschaffener Ausdruck. Praktisch dienen sie also bis heute der Vereinfachung der westlichen und auch östlichen Diversität. Diese Bezeichnungen meinen im Großen und Ganzen das gleiche, wenn auch der Begriff „Lateiner" eine eher religiöse Konnotation vermuten lässt, bei „Westeuropäer" eine mehr geographische Bedeutung anzunehmen ist und bei den „Franken" nur ein bestimmter Teil der Westeuropäer beschrieben sein könnte, nämlich die Französischstämmigen. Diese Differenzierungen werden in der Forschungsliteratur aber in der Regel nicht oder nur sehr rudimentär vorgenommen.

Es ist unerlässlich, zu Beginn dieser Arbeit verbindlich festzulegen, welche Begrifflichkeiten für Personen, die in den Quellen häufig als *Latini, Franci* oder *Occidentales* bzw. Φράγγοι und Λατῖνοι beschrieben werden, hier benutzt werden und welche Merkmale oder Eigenschaften hinter diesen Termini stehen. An dieser Stelle sei darauf hingewiesen, dass es hier nur um Bezeichnungen im byzantinischen Kontext geht. Aus einem „Lateiner" kann in einem anderen geographischen oder sozialen Kontext schnell wieder ein „Pisaner" oder „Italiener" werden.

Neben den heute gebräuchlichen Ethnonymen wird in dieser Studie in der Regel auf den Begriff „Lateiner", seltener „Westeuropäer", die synonym zu verstehen sind, zurückgegriffen. Beide Termini dienen – wie in der Forschung üblich – der Abgrenzung von den Byzantinern und somit als Beschreibung einer Gesamtheit, die nicht derart klar existierte, wie diese Bezeichnung es vermuten lässt. Die Untersuchung bleibt also größtenteils in der begrifflichen Tradition anderer Forschungsarbeiten, möchte aber an dieser Stelle den Versuch unternehmen, zu definieren, wer genau hier als „Lateiner" zu bezeichnen und somit zur Untersuchungsgruppe zu zählen ist.

Vier Kriterien kommen ausgehend von Quellenbeschreibungen als Unterscheidungsmerkmale zwischen „Byzantinern" und „Lateinern" in Frage: geographische Herkunft, Religion, Sprache und/oder Kultur (darunter Sitten,

97 Hugo Etherianus benutzt diesen Begriff beispielsweise auch für in Byzanz lebende Lateiner, siehe Kapitel 7.3.

Gebräuche, Kleidung). Zwei Definitionsmöglichkeiten sind in Betracht zu ziehen: entweder die Erfüllung aller Kriterien oder die Fokussierung auf ein oder einige ausgewählte. Die zu starke Gewichtung jedes einzelnen von ihnen birgt Probleme in sich. Wenn die geographische Herkunft entscheidend ist, könnte potenziell auch ein Jude aus dem Westen als Lateiner gelten, was angesichts der zeitgenössischen Haltungen doch mehr als fraglich ist. Wenn die Zugehörigkeit zur römischen Kirche das Hauptkriterium darstellt, bleiben zur byzantinischen Kirche übergelaufene Personen unberücksichtigt, auch wenn sie ursprünglich aus dem lateinischen Europa stammten. Ähnliche Schwierigkeiten treffen auch auf Individuen zu, die sich so weit in die Gesellschaft integriert haben, dass kulturell und sprachlich kaum bis keine Unterschiede zwischen ihnen und den Byzantinern festzustellen sind. Dennoch war ihre ursprünglich „lateinische" Herkunft sichtbar, beispielsweise durch ihre Namen, und somit wurde sie auch zum Thema.[98] Sie von vornherein auszusortieren, könnte sich als vorschnell erweisen. Ratsam scheint hier eher eine Auswahl zu sein, die offen genug ist, niemanden voreilig auszuschließen und die die Bedeutung der „lateinischen" Herkunft ausreichend berücksichtigt, d. h. auch Personen der zweiten und dritten Generation einbezieht.

Innerhalb dieser vier Kriterien gibt es zwei, die die Quellen im 12. Jahrhundert am häufigsten mit Lateinern verbinden. Es handelt sich dabei erstens um die ursprünglich geographische Herkunft aus dem Westen und zweitens um die religiöse Zugehörigkeit zur römischen Kirche. Unter Lateinern werden in dieser Arbeit also all diejenigen gefasst, die oder deren Vorfahren aus dem Westen stammten und die oder deren Vorfahren der römischen Kirche angehören oder angehörten. Dies ist eine sehr offene Definition mit einer Fokussierung auf die ursprünglich geographische Herkunft und den religiösen Faktor. Sie ist aber diejenige, die eine solide Arbeitsgrundlage schafft, um der Heterogenität der Lateiner in Byzanz gerecht zu werden.

1.4 Experten in der Fremde, Experten für das Fremde?

Neben dem „Lateinersein" ist das „Expertendasein" ebenfalls ein Definitionsmerkmal der hier untersuchten Individuen, das einer näheren Erklärung bedarf. Unter „Experten" werden hier Personen gefasst, die in einer bestimmten

98 Dies trifft z. B. auf normannische Adelsfamilien wie die Rogerios-Familie, Petraliphas-Familie oder die Raoul/Ralles zu, die sich in die byzantinische Aristokratie integrierten, durch ihren Familiennamen aber dennoch ihre ursprünglich lateinische Herkunft offenbarten.

Kommunikationssituation „passgenaues Wissen" versprechen.[99] Dem liegt die Annahme zugrunde, dass die Interaktion zwischen dem Einzelnen und seiner sozialen Umwelt jemanden zum Experten werden lässt und zwar durch äußere Zuschreibungen und eigene Selbstdarstellung.[100] Die gesellschaftliche Anerkennung und die eigene Inszenierung sind demnach wesentlich, um als Experte zu gelten. Hervorzuheben ist, dass jemand nicht zwangsläufig wirklich über Sonderwissen auf einem bestimmten Gebiet verfügen muss, er muss nur sozial plausibel machen, dass er dieses Wissen hat.[101] Dies ist gerade im interkulturellen Kontakt eine sehr wichtige Feststellung. Recht schnell kann jemand aufgrund seiner Ausbildung oder seines Aufenthaltes in einem anderen Land sowie aufgrund seiner Religion, geographischen Herkunft oder Ethnie Sonderwissen für sich postulieren oder zugesprochen bekommen, das so eventuell gar nicht existierte. Dies trifft umso mehr auf Zeitalter zu, in denen Wissen über den „Anderen" nicht derart leicht in Erfahrung zu bringen war wie heute.

Mobile Experten, die ihre gewohnte soziale Umgebung verlassen und in fremde Länder ziehen, befinden sich wie alle Migranten in einer besonderen Situation. Ausgehend von ihrer besonderen Rolle als Personen, denen Sonderwissen zugeschrieben wird, kann ihnen Vertrauen, aber auch Skepsis oder Kritik entgegentreten.[102] Der Umstand, dass sie Auswärtige und Fremde sind, kann alle drei Reaktionen an ihrem gegenwärtigen Aufenthaltsort verstärken. Sie gehören gewissermaßen in einem doppelten Sinne zu einer gesellschaftlichen Minderheit, als Experten und als „Ausländer". Die fremde Herkunft kann dabei beides, sowohl ihre Rolle als Experten stärken als auch schwächen. Das Fremde kann den Einzelnen und sein vermeintliches Sonderwissen als unglaubwürdig und unzuverlässig erscheinen lassen. Hier vermischt sich das mangelnde Vertrauen in die Fähigkeiten mit Zweifeln an der Loyalität des „Ausländers". Zudem können dem Auswärtigen Schwächen unterstellt werden, zum Beispiel mangelnde sprachliche Fähigkeiten oder ein zu starker Akzent, der wie ein Makel an ihm lastet und sein ganzes Können abwertet.[103] Unabhängig vom Gebiet der Expertise stellt sich außerdem die Frage, ob dem Fremden zu trauen sei und ob er nicht vielleicht eigene Interessen oder die einer anderen Macht verfolge, die ihn zu seinen Aussagen, Ratschlägen und Ergebnissen veranlassen.

---

99 REXROTH, Systemvertrauen, S. 22.

100 Ebd., S. 20, HITZLER, Wissen, S. 27.

101 Ebd.

102 REXROTH, Systemvertrauen, S. 20; vgl. auch zur Rolle von Experten in transkultureller und komparativer Perspektive den Sammelband GRÜNBART (Hrsg.), Unterstützung; und insbesondere die darin enthaltene Einführung: ders., Einleitung, S. 7-21.

103 Siehe dazu Kapitel 7.1.

Das Stigma des „Ausländers“ kann das Vertrauen in ihn umgekehrt auch stärken. Zum einen bringt der Einzelne Wissen mit, das es vermeintlich nicht im Aufnahmeland gibt und zum anderen kann gerade die scheinbar schwache, isolierte Stellung als Fremder dazu führen, dass einige höfische Kreise in ihm eine besonders vertrauenswürdige und zuverlässige Person sehen, da er nicht in höfische Intrigen verstrickt und in Faktionen eingebunden ist. Letzteres ist vor allem im byzantinisch-höfischen Kontext gut vorstellbar.[104]

Die Beziehungen der Experten zu den „alten“ Heimatregionen sind von einer sehr ähnlichen Ausgangslage gekennzeichnet. Vom Sonderwissen der Lateiner konnten beispielsweise auch die Heimatgesellschaften oder ein breiterer Adressatenkreis profitieren. Gleichzeitig stellt sich aber die Frage, inwieweit sie überhaupt anderen außerhalb des Byzantinischen Reiches ihr Wissen zugänglich machten und inwieweit sie selbst byzantinische Ansichten und Meinungen soweit übernommen hatten, dass ihnen mit Skepsis und Vorbehalten begegnet wurde.

Wie auch andere Experten in der Fremde zeichnen sich die Lateiner in Byzanz in dreifacher Hinsicht durch besondere Kompetenzen aus.

Erstens wurde ihnen Sonderwissen auf einem bestimmten Gebiet zugeschrieben. Ohne dies konnten sie nicht als Experten gelten.

Zweitens waren sie aus Sicht ihres gegenwärtigen Aufenthaltsortes Kenner ihrer Herkunftsregion oder sogar eines weit größeren geographischen und kulturellen Raumes.

Drittens entwickelten sie sich für die alte Heimat durch ihre Erfahrungen und ihr angeeignetes Wissen zu „Verstehern“, im Sinne von Erfassen und nicht unbedingt von Verständnis, der Angelegenheiten eines fremden Gebietes, sei es bezüglich der Sprache, der Sitten, der Religion, der Kultur oder der politischen Situation.

Diese dreifache Expertise trifft in der Theorie auf alle hier untersuchten Personen zu, sofern es sich um Individuen handelt, die tatsächlich noch außerhalb von Byzanz geboren und aufgewachsen waren. Während es sich beim ersten um angeeignetes Sonderwissen handelt, können die beiden anderen

---

104 Ein Paradebeispiel sind die Schilderungen der byzantinischen Quellen über die Warägergarde, die als besonders loyal galt, auch wenn sie es vielleicht gar nicht war. Die Waräger fallen nicht in die Untersuchungsgruppe, da sie zunächst keinem der Wirkungsbereiche Sprache, Religion und Politik zuzuordnen sind und zudem fraglich erscheint, ob sie wirklich als Experten mit Sonderwissen gelten können oder doch nur einfache Söldner waren; als Beispiel für die positive Bewertung in den Quellen z. B.: Anna Komnene, Alexias, II, 9, S. 79; EXARCHOS/ PREISER-KAPELLER/ DÖNITZ/ CHITWOOD, Minderheiten, Sp. 1144; Roland Scheel zeigt in seinem Buch, dass das Bild der treuen Waräger nicht unbedingt der Wahrheit entsprach, SCHEEL, Skandinavien, S. 259-271.

als Erfahrungswissen bezeichnet werden: Wissen, das erst durch Migration von Bedeutung (zweitens) war oder erworben (drittens) wurde. Für die zweite und dritte Generation ist dies hingegen weit weniger gegeben, da hier oft die Verbindung zur Heimat der Vorfahren fraglich und in der Regel nicht nachvollziehbar ist. Zu bedenken ist außerdem, dass in der Praxis nicht jeder jedem sein Wissen auch zur Verfügung stellte. Alle Lateiner am Kaiserhof hatten Erfahrungswissen über Byzanz, aber nicht jeder musste dieses Wissen anderen zugänglich machen. Dies trifft insbesondere auf Personen zu, die ihre Heimatregion aus politischen Gründen verlassen mussten und deren Integrationswille in die byzantinische Gesellschaft besonders groß war.[105] Gesandte einer ausländischen Macht oder Institution sind ein besonderer Fall. Sie hatten einen bestimmten Dienstherrn und einen speziellen Auftrag, gleichzeitig wurden sie von der byzantinischen Gesellschaft aber zweifelsfrei als Experten für ihre Heimatregion, häufig auch für den gesamten Westen, angesehen. Durch bewusste oder unbewusste Übermittlung ließen auch sie die Byzantiner von ihrem Wissen profitieren.

Ausgehend von dieser dreifachen Expertise können die Lateiner am Kaiserhof in das Konzept des „Grenzgängers“, des „Go-Between“ oder des „Cultural Broker“ eingeordnet werden.[106] Es gibt verschiedene Möglichkeiten, diese Begriffe zu präzisieren, die je nach Fokussierung bestimmter Gruppen differieren.[107] Für Lateiner im byzantinisch-höfischen Kontext bietet es sich an, all diejenigen als kulturelle Mittler zu bezeichnen, die in einer kulturellen Umgebung lebten, die sich von ihrer eigenen unterschied und in der sie durch Kommunikation mit den „Anderen“ bewusst oder unbewusst interkulturell vermittelten.[108] Bei Konzepten wie denen des „Cultural Broker“ steht der Prozess der kulturellen Vermittlung im Vordergrund. Untersucht wird in erster Linie, welchen Anteil welche Individuen und Gruppen am Übermitteln von Wissen, Kultur und materiellen Gütern hatten und welche Wege dazu genutzt wurden.

Die Lateiner am Kaiserhof, die in dieser Studie untersucht werden, können dank dieser weit gefassten Definition als kulturelle Vermittler bezeichnet werden. Dies ist unbewusst oder bewusst auch ein wesentlicher Teil ihres

---

105 Als Beispiel sind die normannischen Adligen zu nennen, die nach Byzanz ins Exil gingen: NICOL, Symbiosis, S. 113-135.

106 Zu dem Begriff des Grenzgängers: GEHRKE, Einleitung, S. 15-24; zu Go-Betweens am Beispiel der Renaissance siehe den Sammelband: HÖFELE/ VON KOPPENFELS (Hrsg.), Renaissance Go-Betweens; zu dem Begriff des Cultural Broker: VON DER HÖH/ JASPERT/ OESTERLE, Courts, S. 9-31.

107 Siehe zu möglichen weiteren Klassifikationen ebd., S. 9f.

108 Ebd., S. 9.

Wirkens. Dennoch ist zu betonen, dass interkulturelle Vermittlung nicht der primäre Zweck ihres Aufenthaltes in Byzanz war. Ihr Wirken wird deshalb nicht vorrangig in den Prozess des Wissens- und Kulturtransfers eingeordnet, denn dies wäre zu kurz gegriffen. Im byzantinisch-lateinischen Kontext ist es beispielsweise nicht die primäre Aufgabe von Gesandten, Wissen über den „Anderen" in Erfahrung zu bringen oder Wissen und Kultur zu vermitteln. Dies war sicherlich ein unvermeidbarer Nebeneffekt der Gesandtschaften, aber sie sollten nicht auf diese Funktion reduziert werden. Sie hatten meistens einen konkreten Auftrag, wie etwa Handelsverträge auszuhandeln, den Durchzug von Kreuzzugsheeren zu sichern, Bündnisse zu schließen oder Kirchenunionsverhandlungen zu führen.[109] Ihre Auswahl zeigt außerdem, dass bereits vorhandene interkulturelle Kompetenzen nicht diejenigen sein mussten, die sie dazu prädestinierten, bestimmte Missionen durchzuführen. Andere Faktoren wie ihr diplomatisches Können, ihre Expertise beispielsweise in theologischen Fragen, ihre soziale Stellung oder das Vertrauen in ihre Loyalität konnten ebenso ausschlaggebend sein.[110] Das „Wissen" und der „soziale Stand" stehen dabei in einem besonderen Spannungsverhältnis. Die Mittler zwischen Byzanz und dem Westen konnten sowohl nach ihrem sozialen Rang als auch nach ihren spezifischen Kompetenzen ausgesucht werden. Dieser Umstand ist für Gesellschaften typisch, die noch segmentär-stratifikatorisch organisiert sind, aber bereits über Elemente funktionaler Differenzierung verfügen.[111]

Als Schlüsselkompetenz für alle Lateiner in Byzanz kann die Beherrschung des Griechischen gelten. Dies ist deshalb explizit hervorzuheben, da Kenntnisse des Griechischen im lateinischen Europa des 12. Jahrhunderts selten anzutreffen waren.[112] Umgekehrt gilt Ähnliches auch für die Verbreitung der lateinischen Sprache im byzantinischen Raum.[113] Für die Kommunikation mit der byzantinischen Gesellschaft war die aktive Verständigungsbefähigung von Vorteil, aber nicht unentbehrlich. Gesandte einer auswärtigen Macht oder Institution waren nicht immer imstande, mit dem Kaiser oder dem Hof auf Griechisch direkt zu kommunizieren. Umso wichtiger war der

109 In anderen Kulturkontaktsituationen z. B. mit Ostasien kann das Sammeln von Wissen über das „Andere" und den „Anderen" tatsächlich der primäre Zweck gewesen sein, MÜNKLER, Erfahrung, S. 19 und S. 30; BORGOLTE, Experten, S. 948f.

110 Siehe Kapitel 5.

111 SCHELLER, Die Stadt, S. 22f.; siehe dazu auch LUHMANN, Soziale Systeme, S. 260-265.

112 ALTANER, Die Kenntnis, S. 444-449; ders., Sprachkenntnisse, S. 83-126, besonders S. 92-94; siehe dazu ausführlich Kapitel 3.

113 KODER, Byzanz, S. 44f.; SCHREINER, Bilinguismus, S. 403f.; vgl. zum sprachlichen Pluralismus in Byzanz: DAGRON, Formes, S. 233-265.

Einsatz von Dolmetschern, unter denen sich häufig Lateiner befanden.[114] Beim byzantinischen Griechisch sind verschiedene Sprachebenen zu unterscheiden: erstens die Hochsprache, die nur in Schriftform verwendet wurde, zweitens die im Hellenismus entstandene Verkehrssprache, die auch die Sprache des Neuen Testaments wurde und drittens eine alltägliche Gebrauchs- und Umgangssprache.[115] Diese Differenzierung ist wichtig, weil sich daraus die Frage ergibt, welche dieser Sprachebenen Lateiner am Kaiserhof beherrschten. Die, die sich längere Zeit in Byzanz aufhielten, verfügten nach einer gewissen Zeit vermutlich über Kenntnisse der alltäglich gesprochenen Sprache, dies trifft wohl auch auf die italienischen Kaufleute zu.[116] Einige Lateiner am Hof beherrschten zudem das klassische Griechisch wie auch die Kirchensprache. Dies zeigt sich insbesondere an den von ihnen übersetzten theologischen und antiken Werken und an der Rezeption antiker Autoren.[117] Eine andere Frage ist allerdings, wie gut die Kenntnisse Einzelner wirklich waren. Das Sprachniveau konnte von passiven Kenntnissen (Lesen und Verstehen) über aktive Sprachbefähigung bis hin zum Verfassen eigener anspruchsvoller Texte auf Griechisch reichen. Für die Akzeptanz von Teilen der Gesellschaft machte es dann noch einen Unterschied, wie stark der Akzent oder wie fehlerhaft die Aussprache war.[118]

Die Sprache nimmt bei der Integration aller Migranten eine Schlüsselfunktion ein. Gemeinsam mit anderen Faktoren ist sie für die Integration in eine Gesellschaft zentral. Der Eintritt in byzantinische Dienste, die Annahme der griechischen Sprache, die Zugehörigkeit zur orthodoxen Kirche, die Heirat mit einer Einheimischen sowie die Übernahme griechischer Vornamen und/ oder Familiennamen können Aufschluss über den Grad der Gräzisierung einer Person geben.[119] Für Lateiner am Kaiserhof ist die Sprache zudem eine Schlüsselkompetenz, denn selbst wenn manche einen nicht allzu großen Integrationswillen in die byzantinische Gesellschaft zeigten, für diejenigen, die im Dienst des Herrschers standen, war die Beherrschung des Griechischen

---

114 GASTGEBER, Die lateinische „Übersetzungsabteilung" I, S. I-XII und S. CXXV-CXLVI; und sein Artikel: ders., Die lateinische Übersetzungsabteilung, S. 105-122; siehe Kapitel 3.1.

115 SCHREINER, Bilinguismus, S. 400-402.

116 Überliefert sind griechisch-lateinische Sprachlisten, in denen die wichtigsten Wörter für Pilger und Reisende aufgezeichnet wurden, CIGGAAR, Bilingual word lists, S. 165-178; dies., Sprachliche Verständigung, S. 425-427.

117 Hier nur Beispiele: Jakob von Venedig übersetzte Aristoteles und Leo Tuscus tat sich unter anderem als Übersetzer der Chrysostomosliturgie hervor, HASKINS, Studies, S. 223-241; STRITTMATTER, Missa Grecorum, S. 80-138.

118 Siehe dazu Kapitel 7.1.

119 Die ersten vier Punkte bei NICOL, Symbiosis, S. 119.

von enormem Vorteil, um sich am kaiserlichen Hof gegen die byzantinische Konkurrenz behaupten und etablieren zu können.

1.5 Die Quellen

Das 12. Jahrhundert bietet für den byzantinischen Raum ein recht dichtes Quellenmaterial, insbesondere im Vergleich zum nachfolgenden 13. Jahrhundert.[120] Dennoch sind die Informationen zu den hier zu untersuchenden Individuen häufig fragmentarisch und unvollständig. Die Untersuchung konzentriert sich deshalb auf gut ausgewählte Fallbeispiele, die ausgehend von der Quellenlage geeignet und aussagekräftig für die Fragestellungen und Ziele dieser Studie sind.

Die Auswahl der Quellen ist dabei sehr heterogen und orientiert sich ausdrücklich nicht an einer bestimmten Quellengattung. Die hier behandelten – sehr unterschiedlichen – Wirkungsbereiche Sprache, Religion und Politik lassen ein solches Vorgehen auch kaum zu. Im Mittelpunkt stehen Texte und materielle Quellen, die von der Untersuchungsgruppe selbst stammen oder mit ihr direkt verbunden sind, wenngleich diese durch das Hinzuziehen weiterer griechischer und lateinischer Quellen ergänzt werden. Aber es sind dennoch die Hinterlassenschaften der hier behandelten Personen, die für das Erkenntnisinteresse dieser Studie unverzichtbar sind. Im Rahmen dieses Unterkapitels wird ein kurzer allgemeiner Überblick über das Quellenmaterial und seinen Aussagewert gegeben, an anderer Stelle werden die Hauptakteure und ihre Werke detailliert vorgestellt.[121]

Überlieferungsträger von generell großem Wert sind Briefwechsel oder Briefvorworte häufig mit entsprechenden Widmungen, da sie über die sozialen Kontakte, über Auftraggeber und Mittelsmänner informieren. In Briefen treten die Autoren mit ihren Auftraggebern, Förderern oder Lesern in Kontakt, sie bieten deshalb einen direkten Zugang zum Förderer-Geförderten-Verhältnis bzw. der Leser-Autor-Beziehung und gehören damit für diese Studie zu den bedeutsamsten Quellen. Zudem ermöglichen Briefe teilweise auch einen Einblick in die Lebenswirklichkeiten der Lateiner in Konstantinopel, in ihre Besitz- und Vermögensverhältnisse, Schwierigkeiten und Erfolge vor Ort sowie ihre Ansichten und ihr Handeln.

Für den Wirkungsbereich der Sprache sind die von der Untersuchungsgruppe angefertigten Übersetzungen, gewissermaßen als Ergebnisse ihres

120 Karayannopulos/ Weiß, Quellenkunde II, S. 428f. und S. 459f.

121 Siehe dazu ausführlich die Kapitel 2.3, 3. und 4.

Wirkens, grundlegend. Dazu zählen eine Vielzahl an Übersetzungen, die von theologischen Schriften und Liturgie, über wissenschaftliche, medizinische sowie philosophische Abhandlungen bis hin zu Auslandsschreiben oder Verträgen der Kaiserkanzlei reichen. Diese Bandbreite zeigt bereits, wie vielseitig die Arbeit von Übersetzern in Byzanz war. Die von Christian Gastgeber für die Kaiserkanzlei des 12. Jahrhunderts geleisteten Vorarbeiten bieten eine wichtige Grundlage für die Untersuchung lateinischer Übersetzer, da es ihm gelang, die von Lateinern übersetzten Auslandsschreiben überhaupt erst zu identifizieren.[122] Dadurch erschloss Gastgeber einen für diese Arbeit sehr wichtigen Quellenbestand. Die Tätigkeit von Dolmetschern ist im Vergleich zu den Übersetzern weniger gut anhand bestimmter Quellengattungen zu verfolgen. Da ihre Arbeit in der mündlichen Übertragung lag, hielten sie selbst nichts schriftlich fest, es sei denn in Form einer späteren Verschriftung beispielsweise von Verhandlungsergebnissen. Schilderungen von Dolmetscherszenen sind zwar selten und auf verschiedene Quellengattungen verteilt, sie erlauben aber wertvolle Einblicke in Übersetzungstechniken und das Übersetzungsprozedere.[123]

Im religiösen Bereich sind es ebenso die schriftlichen Zeugnisse, die einen bedeutenden Fundus an Informationen bereithalten. In ihnen legen die Theologen ihre Positionen und Ansichten auch zu strittigen Themen dar. Zudem demonstrieren sie darin, welches Wissen sie hatten oder für sich postulierten, welches Material sie nutzten, wie sie argumentierten und welche Rolle der byzantinische Aufenthaltsort spielte. Ohne Zweifel sind an dieser Stelle die theologischen Abhandlungen des Hugo Etherianus und des Leo Tuscus besonders hervorzuheben.[124] Neben diesen schriftlich verfassten Werken sind auch die mündlichen Kommunikationssituationen im religiösen Bereich in Form von Beratungsgesprächen oder religiösen Disputationen ebenso wichtig, wenn auch weit weniger gut greifbar. Ihre Inhalte und Abläufe können manchmal mehr oder weniger anhand schriftlicher Informationen nachvollzogen werden.[125] Bei der schriftlichen Wiedergabe von Disputationen

122 Gastgeber edierte diese Schreiben auch in Band 3; siehe zur Identifizierung: GASTGEBER, Die lateinische „Übersetzungsabteilung" II; siehe zur Edition: ders., Die lateinische „Übersetzungsabteilung" III.

123 Siehe dazu genau Kapitel 3.

124 Hier die theologischen Werke des Hugo Etherianus: *De minoritate ac equalitate filii hominis ad Deum Patrem* (um 1165/1166); *De anima corpore iam exuta* (um 1170); *De sancto et immortali Deo* (1176/1177), *De differentia naturae et personae* (um 1179), *Contra Patarenos* (keine Datierung möglich); Leo Tuscus, *De haeresibus et praevaricationibus Graecorum* (nach 1177); zu ihnen und ihren wichtigsten Werken siehe Kapitel 2.3.1.

125 Beispielsweise ist dies bei der Diskussion des Anselm von Havelberg mit byzantinischen Vertretern der Fall. Anselm schrieb die Inhalte und den Verlauf des Streitgesprächs Jahre später nieder, siehe dazu besonders Kapitel 4.1.3, 4.2.3 und 4.4.

ist allerdings zu beachten, dass jede Seite sich und ihre Positionen als überlegen und überzeugend darstellen möchte, sodass diese Berichte häufig kein authentisches Bild der Gesprächssituation liefern.

Die Lateiner des politischen Wirkungsfelds, insbesondere die Gesandten im Dienst des Kaisers, erscheinen in diplomatischen Quellen, offiziellen Schreiben und Verträgen sowie auch in der Historiographie. Die byzantinischen Geschichtsschreiber Niketas Choniates und Johannes Kinnamos gehören zu den bedeutendsten historiographischen Quellen des 12. Jahrhunderts. Niketas Choniates hatte als Hofbeamter, der bis zum Großlogotheten aufstieg, eine gute Kenntnis der Lage am Kaiserhof.[126] Seine *Historia* liegt in verschiedenen Versionen vor, die teilweise vor bzw. nach 1204 geschrieben wurden.[127] Der Vierte Kreuzzug 1204 beeinflusste ihn in seiner Interpretation der politischen Geschehnisse und in seinen Urteilen über die Zeitgenossen.[128] Johannes Kinnamos gehörte ebenso zur byzantinischen Hofaristokratie. Er war unter Manuel Komnenos dessen Sekretär und verfasste seine *Epitome* Anfang der 1180er Jahre.[129] Ein Sonderfall, der einer Erklärung bedarf, ist die Einbeziehung der *Alexias* der Anna Komnene. Ein Geschichtswerk aus der Feder einer Frau ist ohnehin außergewöhnlich, als Tochter des Kaisers Alexios I. Komnenos war sie zudem ein Mitglied der Kaiserfamilie.[130] Die von Anna Komnene verfasste *Alexias* behandelt die Regierungszeit des Kaisers Alexios I. Komnenos (1081-1118), also eine Zeit, die vor dem eigentlichen Untersuchungszeitraum dieser Studie liegt. Anna verfasste dieses Werk aber erst in den Jahren ab 1136/1137 bis zu ihrem Tod (nach 1148 und vor 1155).[131] Dies bedeutet, der Abfassungszeitraum der *Alexias* fällt zweifelsfrei auch in den hier gewählten Untersuchungszeitraum. Gerade ihre allgemeinen Äußerungen und Schilderungen vermitteln einen Eindruck von den Haltungen und Vorstellungen gegenüber Lateinern, die sehr wahrscheinlich auch in dieser Zeit noch existierten und deshalb in diesem

126 Zum Amt des Großlogotheten siehe: KAZHDAN, Art. „Logothetes", S. 1247; zu Niketas Choniates und seiner Karriere siehe SIMPSON, Niketas Choniates, S. 11-23; siehe zur kritischen Haltung des Niketas Choniates gegenüber dem Kaiser Manuel Komnenos: MAGDALINO, Aspects, S. 326-346.

127 SIMPSON, Niketas Choniates. Before and after 1204, S. 189-221.

128 Dies., Niketas Choniates, S. 26-31.

129 BRAND, Deeds, S. 1-11; DABROWSKA, Die Herrschaft, S. 419-431; TOCCI, Zur Überlieferung, S. 121-130; zu Niketas Choniates und Johannes Kinnamos im Vergleich: LILIE, Niketas Choniates, S. 89-101.

130 Zu Anna Komnene siehe: NEVILLE, Anna Komnene; REINSCH, Women's Literature, S. 83-105; und die Edition von REINSCH/ KAMBYLIS: Anna Komnene, Alexias.

131 Siehe die Einleitung in der Übersetzung von Reinsch: Anna Komnene, Alexias, übersetzt von REINSCH, S. 10f.; zu Alexios I. Komnenos: BRAND/ CUTLER/ GRIESON, Art. „Alexios I Komnenos", S. 63.

Rahmen von Interesse sind. Neben den byzantinisch-historiographischen Quellen bieten auch lateinische Geschichtswerke wichtige Einblicke. Die Chronik des Wilhelm von Tyros und die *Gesta Friderici I. Imperatoris* des Otto von Freising sind für die politische Geschichte als besonders wichtige historiographische Werke hervorzuheben.[132]

Die bereits genannte Auswahl zeigt, dass hauptsächlich schriftliche Quellen für die Untersuchung herangezogen werden. Zeugnisse der materiellen Kultur sind dennoch nicht zu vernachlässigen. Zwar ist das Material hierfür sehr dürftig, ergänzend können aber bereits einige wenige Fragmente bestimmte Deutungen stützen und bekräftigen. Hervorzuheben sind dabei insbesondere die Siegel, denn diese sind ein Mittel der Inszenierung nach außen, sie haben einen offiziellen Charakter und zeigen, wie der Siegelführer dargestellt und bezeichnet werden wollte.[133] Es sind nur für wenige Lateiner am Kaiserhof Siegel erhalten, aber diese sind für diese Untersuchung zweifelsfrei wichtig.[134] Monumente geben ebenso eine Vorstellung davon, wie ein Experte in Erinnerung behalten werden wollte bzw. auch wie ihn sein Umfeld für die Nachwelt gewürdigt sehen wollte. Das Grabmal des Übersetzers Burgundio von Pisa ist ein solches Monument, das gerade hinsichtlich der Inszenierung von Experten über ihren Tod hinaus beispielhaft ist.[135]

Die Vielfalt der hier behandelten Quellengattungen bietet sowohl Schwierigkeiten als auch Chancen. Da bestimmte Quellengattungen eigene Spezifika aufweisen, sind sie miteinander nicht immer vergleichbar und in ihrer Intention und Aussagekraft teilweise sehr unterschiedlich. Gerade das Zusammenspiel der vielen unterschiedlichen Quellengattungen spiegelt aber die verschiedenen Facetten der am Hof tätigen Lateiner wider. Die zusammenhängende Betrachtung verschiedener Quellen und ihrer unterschiedlichen Kontexte sind deshalb wichtig, um dem komplexen Wirken von Lateinern gerecht zu werden. Dies trifft umso mehr auf ein Thema zu, das gleichermaßen griechische wie lateinische Quellen einbezieht und dadurch sowohl die byzantinischen als auch lateineuropäischen Hintergründe und Traditionen gebührend berücksichtigen muss.

132 Wilhelm von Tyros, Chronicon; Otto von Freising, Gesta Friderici I. Imperatoris.

133 Zu den Siegeln von Lateinern in Byzanz siehe z. B.: CHEYNET/ WASSILIOU-SEIBT, Adelige, S. 205-224.

134 Siehe Kapitel 3.3.1 und 7.3.

135 Zur Grabinschrift des Burgundio von Pisa: CLASSEN, Burgundio von Pisa, S. 7-11; siehe auch Kapitel 3.3.1.

KAPITEL 2

Rahmenbedingungen – Wissensräume – Träger von Wissen: Die Lateiner im byzantinisch-höfischen Kontext

Das östliche Mittelmeer galt seit der Antike als einer der bedeutendsten Räume des Wissens- und Kulturaustauschs.[1] Viele Träger, Vermittler und Abnehmer von Wissen profitierten von der besonderen kulturellen und wirtschaftlichen Dynamik einer Region, die unterschiedliche Mächte und Religionen über Jahrhunderte hinweg prägten. Byzanz verkörperte, auch durch die politische Kontinuität des Kaisertums, wie kein zweites Reich das Bindeglied von der Antike zum Mittelalter und erfüllte im kulturellen Sinne eine Art Brückenfunktion.[2] Dort blieb Wissen bewahrt, welches in anderen Regionen mit der Zeit verloren ging, nur vereinzelt erhalten blieb oder in Vergessenheit geriet. Viele im lateinischen Europa des Früh- und Hochmittelalters betrachteten das Reich am Bosporus als Hort des Wissens und der Gelehrsamkeit, auch dank der dort ungebrochenen Traditionslinie antiken, sowohl heidnischen als auch christlichen, Wissens.[3] Die Byzantiner waren sich ihres Erbes bewusst und rezipierten antike Werke und Autoren, die griechische Kultur war Teil ihrer Identität und die klassische *paideia* das Bildungsideal.[4]

Zu unterscheiden ist in der Wahrnehmung des „griechischen" Wissens zwischen dem der antiken Griechen und dem der zeitgenössischen Byzantiner.

---

1 Vgl. zur Bedeutung des Mittelmeeres für den Wissens- und Kulturaustausch beispielsweise die Sammelbände: KOUREMENOS (Hrsg.), Insularity; VON DER HÖH/ JASPERT/ OESTERLE (Hrsg.), Cultural Brokers; BORGOLTE/ JASPERT (Hrsg.), Maritimes Mittelalter; AMITAI/ CLUSE (Hrsg.), Slavery; THEOTOKIS/ YILDIZ (Hrsg.), A military History; und die Monographie: ABULAFIA, The Great Sea.

2 Siehe dazu: ANGOLD, Byzantium. The bridge; WHITTOW, The Making; WILSON, The manuscripts, S. 379-389; BROWNING, The Continuity, S. 111-128.

3 Als Überblick hierfür grundlegend siehe: RENTSCHLER, Griechische Kultur und Byzanz im Urteil westlicher Autoren des 10. Jahrhunderts, S. 324-355; ders., Griechische Kultur und Byzanz im Urteil westlicher Autoren des 11. Jahrhunderts, S. 112-155; SCHIEFFER, Byzanzbilder, S. 43-57; zur antiken Bildung im Westen siehe auch GEMEINHARDT, Das Erbe, S. 13-44; zum Kloster Lorsch als Wissenszentrum vgl. den Sammelband BECKER/ LICHT/ WEINFURTER (Hrsg.), Karolingische Klöster.

4 Hier nur eine Auswahl an Literatur: BROWNING, The Continuity, S. 111-128; ders., Church, S. 5-24; KALDELLIS, Hellenism, besonders S. 389-397; ders., Aristotle's Politics, S. 121-143; CACOUROS, La philosophie, S. 1-51; ders., Survie culturelle, S. 177-210.

 | DOI:10.30965/9783657760985_003

Galt im lateinischen Europa das Wissen der antiken Hellenen als Inbegriff der Bildung und der Gelehrsamkeit, so sahen viele die Bildung zeitgenössischer Byzantiner immer noch als hervorragend und im Westen unerreicht an. Dies trifft insbesondere auf lateinische Autoren des 10. und 11. Jahrhunderts zu.[5] Die Bewunderung der griechischen *sapientia* begegnet einem genauso wie die Anschauung, die Lehren der *Graeci* seien gar der Ursprung der Bildung. Das Bild von dem *fons Graecorum*, der Quelle der Griechen, aus der das Wissen hervorfließt, ist eine Formulierung, die im 10. Jahrhundert Gerbert von Aurillac in seinem berühmten Brief an Otto III. gebraucht. Die rednerische Fähigkeit Ottos sei demnach von „der Quelle der Griechen" (*a Grecorum fonte*) hervorgeflossen, zudem hole Otto, der der Sohn der Byzantinerin Theophanu war, wie durch Erbrecht die Schätze der griechischen und römischen Weisheit hervor.[6] Hugo von Honau beschreibt im 12. Jahrhundert ähnlich wie Gerbert von Aurillac den *fons Graecorum* als Ausgangspunkt allen Wissens.[7] Der *Scholasticus* und Pfalzdiakon des Kaisers Friedrich Barbarossa betont, dass „einst aus den Quellen der Griechen alle Lehren der Lateiner hervorströmten",[8] auch konstatiert er, dass die „Quelle der ganzen Weisheit von den Griechen entsprang".[9] Der Pfalzdiakon fordert Hugo Etherianus in einem Brief sogar auf, den Mangel (an Wissen) bei den Lateinern durch den Reichtum der Griechen

5 RENTSCHLER, Griechische Kultur und Byzanz im Urteil westlicher Autoren des 10. Jahrhunderts, S. 353f.; ders., Griechische Kultur und Byzanz im Urteil westlicher Autoren des 11. Jahrhunderts, besonders S. 154f.; SCHIEFFER, Byzanzbilder, S. 44f.; siehe auch FRANCE, Byzantium, S. 3-16.

6 Gerbert von Aurillac, Brief 187, S. 223-225, hier S. 224f.: *Non tamen animi bene sibi conscii tacita est subtilitas, cum eius, ut ita dicam, oratoriam facultatem et a se et a Grecorum fonte profluentem oratorie docuistis. Ubi nescio, quid divinum exprimitur, cum homo genere Grecus, imperio Romanus quasi hereditario iure thesauros sibi Grecie ac Romane repetit sapientie.*; zu Otto III. und seiner Mutter Theophanu siehe den Sammelband: DAVIDS (Hrsg.), The Empress; darin besonders ENGELS, Theophano, S. 28-48.

7 Zu Hugo von Honau siehe z. B. CLASSEN, Art. „Hugo von Honau", S. 17; BERSCHIN, Griechisch-Lateinisches Mittelalter, S. 264; KOBUSCH, Die Philosophie, S. 136-139; ERISMANN, From Byzantium, S. 232-245; HÄRING, The Liber de Diversitate, S. 104-109; HUTH, Staufische „Reichshistoriographie, S. 129-140.

8 Hugo von Honau, De diversitate, I, 4, S. 121: *Et quoniam ex Graecorum fontibus omnes Latinorum disciplinae profluxerunt, precibus meis adieci, ut, eius opitulante gratia, si quo modo fieri posset, per auctoritates irrefragabiles sapientum Graeciae nostrarum dissensionum decisionem aliquando consequi mererer.*

9 Ders., Erster Brief an Hugo Etherianus, 7, S. 18: *Sed quia a Graecis sapientiae totius fons emanavit teque Deus non tam Latinae quam Graecae eloquentiae titulis florentissimum his temporibus exhibuit, rogo ut has Latinorum periculosas dubitationes, etiam in Sabellianum dogma personam et naturam confundens deducentes, Graecorum doctorum auctoritatibus, qui de his expressius quam nostri locuti sunt, amputes et huic liti sententiis illorum finem imponas.*

zu beseitigen.[10] Laut dieser Vorstellung hatte das Wissen seinen Ursprung im Osten und wurde von dort in den Westen übermittelt.

Formulierungen wie das Schöpfen aus den Quellen der Griechen, Verweise auf die griechischen Lehrer und auf das „gelehrte Griechenland", mit dem auch das zeitgenössische Byzanz gemeint sein konnte, zeugen von dem Stellenwert der antik-griechischen und der byzantinischen Kultur für die lateinische Welt.[11] Dieser Ruf als Wissenszentrum erklärt auch die Faszination, die dem Reich am Bosporus im Westen lange zu eigen war. Je intensiver der Austausch wurde, desto mehr ergänzten weitere Bilder diese positive Vorstellung, und zwar nicht selten in einem negativen Sinne. Gerade im Zuge der Kreuzzüge und den dabei auftretenden Konflikten gerieten die Byzantiner in den Ruf hinterlistig und verweichlicht zu sein.[12]

Diese Bilder sind nicht zu unterschätzen. Denn die Vorstellungen sowie Erwartungen vom „Anderen" beeinflussen auch die Interdependenzen von „Wissensraum", „Wissensträgern" und „Abnehmern" und bilden dadurch die Grundlage für das Wirken der Lateiner im byzantinisch-höfischen Kontext. Diese Bedingungen und Voraussetzungen aufzuzeigen, steht deshalb am Anfang der Untersuchung.

2.1 Zwischen Konfrontation und Kooperation: Rahmenbedingungen der byzantinisch-westlichen Beziehungen im 12. Jahrhundert

Das 12. Jahrhundert ist wie kaum eine andere Zeitspanne zuvor von äußerst intensiven Kontakten und gegenseitigem Austausch zwischen Byzanz und den westlichen Mächten in politischer, religiös-kultureller und ökonomischer Hinsicht gekennzeichnet.[13] Die mal freundschaftlichen, mal konfliktbehafteten

10 Ders., Zweiter Brief an Hugo Etherianus, 4, S. 19: *..., deprecor tuam bonitatem ut in his quaestionibus, quas per Rudegerum praefatum et Constantinopoli tibi porrexi et postea per eundem a Germania in memoriam reduxi, de Graecorum opulentia penuriam non tam meam quam omnium Latinorum adiuves.*

11 Hugo Etherianus, Brief an Aimery von Limoges, S. 6 (*quoniam hoc inter Graecorum fontes haustum est*); Hugo von Honau, Erster Brief an Hugo Etherianus, 5, S. 17 (*Graecorum doctorum auctoritates*); Aimery von Limoges, Brief an Hugo Etherianus, S. 7 (*docta Graecia*).

12 SEITZ, Das lange Ende, S. 77-81; KINDLIMANN, Die Eroberung; bereits bei Liudprand von Cremona finden sich sehr negative Beschreibungen der Byzantiner, was allerdings eine Ausnahme für das 10. Jahrhundert darstellt: RENTSCHLER, Liudprand von Cremona, S. 9-20, besonders S. 17.

13 Als Überblick für die byzantinisch-westlichen Beziehungen im 12. Jahrhundert siehe: LAIOU, Byzantium and the Crusades, S. 17-40; LILIE, Byzanz – Staat, S. 10-42; KAZHDAN,

wechselseitigen Beziehungen bildeten den Rahmen für das Wirken der Lateiner in Byzanz.

Die im Laufe des 12. Jahrhunderts intensivierten Begegnungen mit dem Westen waren die Folge einiger etwa zur gleichen Zeit sowohl in Lateineuropa als auch in Byzanz eintretenden Entwicklungen. Auf beiden Seiten fand eine politische Interessenverlagerung bzw. -erweiterung statt. Für die Byzantiner rückten ihre westlichen Provinzen und als Konsequenz auch ihre Politik gegenüber dem Westen mehr und mehr in den Fokus, da sie große Teile Kleinasiens im 11. Jahrhundert an die Seldschuken verloren hatten. Die Sicherung der westlichen Reichsteile und somit auch die Kontrolle westlicher Nachbargebiete wie Ungarn und Italien waren deshalb äußerst wichtig.[14] Zeitgleich expandierte das lateinische Europa im Zuge der Kreuzzugsbewegung und der ökonomischen Ausdehnung der italienischen Seestädte in den östlichen Mittelmeerraum. Beide Interessensphären tangierten sich dadurch wie selten zuvor.[15] Zwei Entwicklungen waren für die Beziehungen besonders prägend: die Kreuzzüge und die Beziehungen zu Italien.

Seit dem Ende des 11. Jahrhunderts sind die Kreuzzüge ein Phänomen, das die Beziehung zum Westen vielleicht am nachhaltigsten veränderte. Das Verhältnis der Byzantiner zu den Kreuzzügen ist ein in der Forschung viel diskutierter Gegenstand. Die Mitwirkung des an Papst Urban II. (1088-1099) gerichteten byzantinischen Hilfsgesuchs bei der Entstehung der Kreuzzüge, die Kooperationen und Behinderungen beim Durchzug der Kreuzfahrerheere, die Beziehungen zu den entstandenen Kreuzfahrerherrschaften bis hin zur Frage, inwieweit die Byzantiner mit Vorstellungen vom „Heiligen Krieg"

Latins, S. 83-100; für ökonomische Aspekte: LILIE, Handel; PENNA, The Byzantine imperial acts; für kulturelle und religiöse Gesichtspunkte: CIGGAAR, Western Travellers; KAZHDAN/ EPSTEIN, Change, S. 167-196; NORDEN, Das Papsttum, S. 58-159; HARRIS/ TOLSTOY, Alexander III, S. 301-313; PRINZING, Das Papsttum, S. 137-183; KOLBABA, The Byzantine lists.

14 LILIE, Byzanz – Staat, S. 16; ders., Manuel I. Komnenos, S. 160; vgl. auch ANGOLD, The Byzantine Empire, S. 12-58.

15 Siehe für Byzanz und die Normannen z. B.: NORWICH, The Normans, besonders S. 220-233; LOUD, Byzantine Italy, S. 215-233; MCQUEEN, Relations, besonders S. 427-476; für Byzanz und das römisch-deutsche Reich im 12. Jahrhundert siehe: EXARCHOS, Komnenoi (im Druck); DENDORFER, Konrad III., S. 58-73; GÖRICH, Friedrich Barbarossa und Byzanz, S. 74-85; KÖLZER, Byzanz, S. 86-109; MALECZEK, Philipp von Schwaben, S. 110-140; für Byzanz und Venedig vgl. NICOL, Byzantium; MADDEN, Enrico Dandolo; zu Byzanz und den Kreuzzügen bzw. Kreuzfahrerreichen siehe z. B.: HARRIS, Byzantium; LILIE, Byzanz und die Kreuzzüge; zur Beziehung zu den italienischen Seestädten: LILIE, Handel; PENNA, The Byzantine imperial acts.

vertraut waren, sind nur eine Auswahl an Forschungsthemen, die kontrovers diskutiert wurden und werden.[16]

Ohne Zweifel bedeuteten die Kreuzzüge nicht nur eine Bedrohung byzantinischer Einflusssphären, sondern auch eine permanente Gefahr für das Reichsterritorium. Das Ziel der Kreuzzüge war die Rückeroberung des Heiligen Landes, das bis zu den muslimischen Eroberungen im 7. Jahrhundert zum Oströmischen Reich gehört hatte.[17] Die Byzantiner erhoben über Jahrhunderte hinweg historische Ansprüche auf dieses Gebiet.[18] Die Kreuzzüge stellten also eine unmittelbare Bedrohung dieser Anrechte dar und griffen faktisch in die Machtverhältnisse im Nahen Osten ein. Zudem erwies sich die Etablierung lateinischer Herrschaften in dieser Region nicht nur als eine Gefährdung historischer Ansprüche, sondern auch als faktische Bedrohung des Reichsgebiets, besonders in Kombination mit den politischen Interessen des Byzantinischen Reiches im Westen. Wie Ralph-Johannes Lilie wiederholt betonte, ist die Ostpolitik der *Basileis* nur angesichts der Westpolitik zu verstehen und umgekehrt.[19] Dies hängt nicht zuletzt mit den familiären Verbindungen zwischen dem lateinischen Europa und den im Nahen Osten herrschenden westlichen Adelsfamilien zusammen. Sie bedrohten gewissermaßen von beiden Seiten, von Ost und West, das Reichsterritorium.[20]

Zu dieser allgemeinen Bedrohungslage kamen akute, unmittelbare Risiken hinzu, die mit dem Durchzug großer, fremder, militärischer Truppenverbände durchs eigene Herrschaftsgebiet einhergingen. Gewaltsame Übergriffe des Kreuzfahrerheeres auf die lokale Bevölkerung, an die Byzantiner gerichtete Vorwürfe der mutwilligen Behinderungen des Unternehmens und sogar die Drohung, Konstantinopel anzugreifen, sind als signifikante Beispiele für die

16 Siehe zu diesen Fragen: LAIOU, Byzantium and the Crusades, S. 17-40; LILIE, Byzanz und die Kreuzzüge, besonders S. 24-32 und S. 181-199; FRANKOPAN, The First Crusade; KALDELLIS, Streams, S. 280-301; NEOCLEOUS, Heretics, S. 98-131; BUCK, The Principality of Antioch, S. 189-217; KOLBABA, Fighting, S. 194-221; vgl. BECKER, Papst Urban II, S. 177-205.

17 WHITTOW, The Making, S. 82-89.

18 BEIHAMMER, Byzanz und die islamische Staatenwelt, S. 174; Ralph-Johannes Lilie zufolge betrachteten die Byzantiner das Heilige Land weiter als ihr Territorium, LILIE, Byzanz und die Kreuzzüge, S. 15f.: „Für Byzanz galten die infolge der islamischen Expansion verlorenen Gebiete weiter als Teile des Reiches, auch wenn sie aufgrund der äußeren Umstände nicht unter der unmittelbaren Herrschaft des Kaisers standen."; STOURAITIS, Krieg, S. 201-204; vgl. zum griechisch-orthodoxen Patriarchat von Jerusalem: PAHLITZSCH, Graeci.

19 LILIE, Manuel I. Komnenos, S. 160.

20 Teile der normannischen Herrscherfamilie der Hauteville regierten beispielsweise sowohl im Königreich Sizilien als auch im Fürstentum Antiochia; allerdings bleibt die Frage, wie normannisch eigentlich Antiochia war und welche Rolle die Selbstwahrnehmung als Antiochener spielte: KIRSCHBERGER, Erster Kreuzzug, besonders S. 93f.

Missstimmungen und gegenseitigen Feindseligkeiten bereits vor der Einnahme Konstantinopels 1204 anzuführen.[21] Der Vierte Kreuzzug und die Eroberung der Hauptstadt durch die Kreuzfahrer muss als ein historischer Einschnitt betrachtet werden, wobei hier zu bedenken ist, dass dies letztlich eine Folge der Entwicklungen war, die bereits im 12. Jahrhundert oder noch früher begonnen hatten.[22]

Die Kreuzzüge und die Etablierung der Kreuzfahrerherrschaften im Nahen Osten hatten Auswirkungen auf das Byzantinische Reich und die Tätigkeit von Lateinern dort. Zum einen begünstigte der unmittelbare Kontakt im östlichen Mittelmeerraum die Beschäftigung von Lateinern am Hof, besonders im Dolmetscherwesen. Diese wirkten als Garanten für die ost-westliche Kommunikation. Die Kreuzzüge konnten sich zum anderen aber auch negativ auf alle Lateiner in Byzanz auswirken. Seit dem Ersten Kreuzzug kam es auf dem Reichsterritorium zu Übergriffen auf die lokale Bevölkerung, was sich auf das Bild der Kreuzfahrer und generell der Lateiner auswirkte und entsprechende Ressentiments förderte.[23]

Die Konflikte in und um Italien sind der zweite politische Komplex, der im 12. Jahrhundert die Beziehungen stark prägte. In Italien war Byzanz mit vielen verschiedenen Akteuren konfrontiert: das Papsttum, die italienischen Städte, die Normannen und nicht zuletzt das römisch-deutsche Reich waren mal Partner, mal Feinde der byzantinischen Politik. Die Byzantiner betrachteten besonders die Normannen und das römisch-deutsche Reich als Gefahr für ihre eigenen Ansprüche auf Italien bzw. ihre westlichen Provinzen und Einflusssphären.

---

21 Odo von Deuil berichtet bereits zum Zweiten Kreuzzug (1147-1149), dass infolge der Auseinandersetzungen mit den Byzantinern im französischen Kreuzfahrerheer Stimmen laut wurden, Konstantinopel einzunehmen. Odo von Deuil, De profectione Ludovici VII in Orientem, IV, S. 68 und S. 70; siehe zu ihm und seinem Werk als Quelle für den Zweiten Kreuzzug auch PHILIPPS, Odo of Deuil's De profectione, S. 80-95; für den Dritten Kreuzzug berichtet die *Historia de expeditione Friderici imperatoris* davon, dass Friedrich Barbarossa seinen Sohn Heinrich in einem Brief aufforderte, Gesandte nach Genua, Venedig, Ancona und Pisa zu schicken, um deren Hilfe für einen koordinierten Angriff auf Konstantinopel anzufordern: Historia de expeditione Friderici imperatoris, S. 42: ..., *regie nobilitatis tue commonentes rogamus prudentiam, quatenus idoneos serenitatis tue legatos Ianuam, Venetias, Anchonam atque Pisam et ad alia loca pro galearum atque vascellorum transmittas presidio, ut Constantinopolim circa medium martium nobis occurentes ipsi per mare, nos vero per terram civitatem oppugnemus.*

22 LAIOU, Byzantium and the Crusades, S. 17-40.

23 Versorgungsengpässe, gebrochene Versprechungen sowie die Angst vor Übergriffen kennzeichneten den Durchzug von Kreuzfahrerheeren seit dem Ersten Kreuzzug: vgl. HARRIS, Byzantium, S. 53- 71; LILIE, Byzanz und die Kreuzzüge, besonders S. 181-190.

Im Laufe des 11. Jahrhunderts eroberten die Normannen Süditalien, samt den letzten in Italien bestehenden byzantinischen Gebieten. Der erbitterte Kampf gegen die Normannen war lange Zeit eine Kontinuität der byzantinischen Politik. 1158 kam es allerdings zum Friedensschluss mit den Normannen. Dieser Schritt bedeutete eine politische Zäsur, die ähnlich bemerkenswert war wie der Vertrag von Benevent 1156, in dem Papst Hadrian IV. (1154-1159) Frieden mit den Normannen schloss.[24]

Die Auseinandersetzungen mit den Normannen im 11. und 12. Jahrhundert führten dazu, dass das Reich am Bosporus als erbitterter Feind der Normannen und besonders der Familie Hauteville zu einer Anlaufstelle süditalienischer und normannischer Flüchtlinge wurde, die aus ihren vormaligen Herrschaftsgebieten vertrieben worden waren bzw. die Seiten gewechselt hatten. Diese Personen und ihre Nachkommen standen in der Folgezeit im Dienst der *Basileis*, gelangten teilweise zu hohem Ansehen innerhalb der Aristokratie und wurden von den Kaisern mit Titeln, Funktionen und Ländereien belohnt sowie auch als Gesandte eingesetzt.[25] Aus den Unzufriedenen Süditaliens wurden ergebene Untertanen und ihr eigener Hass auf die normannischen Herrscher ließ sie zu treuen Unterstützern der Italienpolitik werden.

In den 1140er und 1150er Jahren fanden die Byzantiner im römisch-deutschen Reich einen Verbündeten gegen die Normannen. Gemeinsam plante man Angriffe auf Süditalien, ein gemeinsames militärisches Vorgehen kam allerdings nicht zustande. Die Byzantiner versuchten zwei Mal alleine in Süditalien einzugreifen, 1155/1156 und 1173, beim letzten Versuch kam es zu einem direkten militärischen Zusammenstoß mit dem römisch-deutschen Reich, das eine Einmischung aus dem Osten mit aller Kraft verhindern wollte. Erzbischof Christian von Mainz beendete mit der Belagerung von Ancona den byzantinischen Vorstoß.[26] Aus einstigen Verbündeten wurden Rivalen, die ihre jeweiligen Machtansprüche in Italien aufrechterhielten und den jeweils anderen als Gefahr betrachteten. Ab Ende der 1150er bis Ende der 1170er Jahre verfolgte Kaiser Manuel Komnenos die Strategie, die Feinde Friedrich Barbarossas (1152-1190) aufzustacheln, um die deutschen Ansprüche auf Italien zu bekämpfen. Er wandte sich dabei insbesondere dem Lombardenbund und Papst Alexander III. zu.[27] Beim Frieden von Venedig 1177 versöhnten

---

24 DÖLGER/WIRTH, Regesten der Kaiserurkunden II, Nr. 1420, S. 230f.; LILIE, Handel, S. 444-447; MAGDALINO, The Empire, S. 63.

25 Siehe Kapitel 5.

26 EXARCHOS, Komnenoi; CARILE, Federico Barbarossa, S. 3-31; ABULAFIA, Ancona, S. 195-216; LILIE, Handel, S. 496.

27 Niketas Choniates, Historia, VII, S. 200; LILIE, Byzanz. Das zweite Rom, S. 407-409; ders., Handel, S. 455; siehe auch: CLASSEN, Mailands Treueid, S. 147-153; RACCAGNI, The

sich schließlich alle in Italien beteiligten Kriegsparteien mit Ausnahme des Byzantinischen Reiches. Es war nicht in den Aussöhnungsprozess einbezogen worden und war in seiner Italienpolitik von da an isoliert.[28] Die weiteren Beziehungen mit den staufischen Herrschern gestalteten sich schwierig und erreichten während des Kreuzzugs Friedrich Barbarossas 1189/1190, als es beinahe zu einer kriegerischen Auseinandersetzung kam, eine neue Eskalationsstufe.[29]

Wenn die Beziehungen zwischen dem römisch-deutschen Reich und Byzanz von der älteren Forschung betrachtet wurden, stand oftmals das sogenannte „Zweikaiserproblem" im Fokus der Untersuchungen.[30] Die Vorstellung, es könne nur einen römischen Kaiser geben, habe demnach zu einer Konkurrenz beider Reiche geführt, die sich auch auf die Realpolitik ausgewirkt habe. Neue Forschungen bezweifeln die Relevanz dieser Zwei-Kaiser-Konstellation für das politische Handeln beider Reiche.[31] Anredestreitigkeiten und die Aberkennung des römischen Kaisertums des jeweils anderen hatten dennoch politische Implikationen und konnten zu einem effektiven Mittel werden, dem Gegner ideologisch zu schaden.[32]

Der Konflikt zwischen Friedrich Barbarossa und Papst Alexander III. (1159-1181), den Normannen und den italienischen Kommunen mit den sich daraus ergebenden Konstellationen war für die byzantinische Politik in der zweiten Hälfte des 12. Jahrhunderts bedeutsam. Der Austausch von Gesandtschaften zwischen Konstantinopel und dem römisch-deutschen Reich, selbst in den 1170er Jahren, zeigt, dass man durchaus miteinander im Gespräch blieb. In den 1140er und Anfang der 1150er Jahre bestanden sogar überaus gute Beziehungen, die sich auch in Konstantinopel bemerkbar machten. Das Freundschaftsbündnis zwischen dem römisch-deutschen König Konrad III. (1138-1152) und

---

Lombard League, S. 58; GEORGI, Friedrich Barbarossa, S. 179-181; HARRIS/ TOLSTOY, Alexander III, S. 301-313.

28 KÖLZER, Art. „Venedig, Friede v.", Sp. 1471; LILIE, Byzanz. Das zweite Rom, S. 420; zur Vorgeschichte und zu den Folgen des Friedens von Venedig vgl. z. B. GEORGI, Friedrich Barbarossa, S. 296-345; WEINFURTER, Venedig 1177, S. 9-25.

29 Zum Kreuzzug des Kaisers Friedrich Barbarossa: MURRAY, Finance, S. 357-368; GÖRICH, Friedrich Barbarossa und Byzanz, S. 74-85.

30 OHNSORGE, Das Zweikaiserproblem, besonders S. 7-15 und S. 121-133; KAHL, Römische Krönungspläne, S. 259-320; aber auch für die neuere Forschung: TOUNTA, Thessaloniki, S. 167-214; dies., Το δυτικό *sacrum imperium*.

31 Siehe für eine Relativierung des sogenannten „Zweikaiserproblems": LILIE, Das ‚Zweikaiserproblem', S. 219-243, besonders S. 240f.; HEHL, Zwei christliche Kaiser, S. 271-295, besonders S. 284-295; ders., Zwei Kaiser, S. 41-77.

32 EXARCHOS, Komnenoi; KRESTEN, Der ‚Anredestreit', S. 65-109; siehe auch: TOUNTA, Thessaloniki, S. 167-214.

dem Kaiser Johannes II. Komnenos (1118-1143) hatte wohl die Errichtung eines eigenen Viertels für die Reichsangehörigen Konrads sowie den Bau einer Kirche in Konstantinopel zur Folge.[33] Die Dreierkonstellation Papst – *Basileus* – (westlicher) Kaiser/ König war für die byzantinische Politik des 12. Jahrhunderts von großer Bedeutung und beeinflusste auch das Wirken von Lateinern. Denn die gemeinsame Feindschaft gegenüber Friedrich Barbarossa beförderte bei Papst Alexander III. und Manuel Komnenos die Bemühungen um eine Kirchenunion und dadurch auch die Konsultierung von Experten auf diesem Gebiet.

Die religiösen Beziehungen des Byzantinischen Reiches zum Westen sind schwer von den politischen zu trennen, da das Papsttum auch politisch handelte. Im 12. Jahrhundert hatten die Päpste durch das Reformpapsttum eine Machtausdehnung erreicht, die zu Konflikten mit westlichen Herrschern führte.[34] Die Byzantiner standen den weltlichen päpstlichen Machtansprüchen ohnehin ablehnend gegenüber. Generell sahen sie in der Ausführung weltlicher Aufgaben durch Geistliche ein großes Problem. Die Schilderungen der Geschichtsschreiberin Anna Komnene zu den sich am Krieg beteiligenden lateinischen Geistlichen sind dafür beispielhaft:

> „Bei uns gelten nämlich, was die Priester angeht, nicht dieselben Überzeugungen wie bei den Lateinern. […] Der lateinische Barbar [Geistliche, Anm. d. Verf.] aber verwaltet die Sakramente, und gleichzeitig streift er den Schild über die Linke, nimmt die Lanze in die Rechte und teilt so den Leib und das Blut Gottes aus, und gleichzeitig ist sein Blick voller Mordgier, und er wird nach den Worten des Psalmes Davids zu einem Mann des Blutes.“[35]

Die Byzantiner lehnten jegliche Beteiligung von Klerikern am Krieg oder an gewaltsamen Handlungen strikt ab. Dabei sind ihnen auch die weltlichen Machtansprüche der lateinischen Geistlichkeit und besonders des Papstes

---

33 Otto von Freising, Gesta Friderici I. Imperatoris, I, 25, S. 39; JANIN, Constantinople, S. 253f.; siehe zum Kaiser Johannes II. Komnenos den Sammelband: BUCOSSI/ RODRIGUEZ SUAREZ (Hrsg.), John II Komnenos.

34 Vgl. zu dem Reformpapsttum, dem Investiturstreit und den Folgen: JOHRENDT, Der Investiturstreit; ZEY, Der Investiturstreit; SCHIEFFER, Das Reformpapsttum, S. 99-110; WEINFURTER, Canossa.

35 Anna Komnene, Alexias, übersetzt von REINSCH, X, 8, S. 344f.; dies., Alexias, X, 8, S. 306f.: οὐ γὰρ κατὰ τὰ αὐτὰ ἡμῖν τὲ καὶ τοῖς Λατίνοις περὶ τῶν ἱερωμένων δέδοκται· […] ὁ δέ τοι βάρβαρος Λατῖνος ἅμα τὲ τὰ θεῖα μεταχειριεῖται καὶ τὴν ἀσπίδα ἐπὶ τοῦ λαιοῦ θέμενος καὶ τὸ δόρυ τῇ δεξιᾷ ἐναγκαλισάμενος ὁμοῦ τὲ μεταδίδωσι τοῦ θείου σώματός τε καὶ αἵματος καὶ φόνιον ὁρᾷ καὶ αἱμάτων ἀνὴρ κατὰ τὸν δαυιτικὸν ψαλμὸν γίνεται.

völlig unverständlich.[36] Trotz dieser ablehnenden Haltung gegenüber den päpstlichen Ansprüchen konnten gute Beziehungen nach Rom die eigene Position stärken und Gegner schwächen. Beispielhaft ist dies im Papstschisma (1159 bis 1177) zu sehen, in dem Manuel Papst Alexander III. unterstützte, während sich Friedrich Barbarossa an die Gegenpäpste hielt.[37] In dieser Zeit, besonders in den 1160er Jahren, kam es zu intensiven Kirchenunionsverhandlungen zwischen römischer und byzantinischer Kirche, in deren Rahmen auch weitere politische Themen diskutiert wurden.[38] Byzanz stellte militärische und finanzielle Unterstützung für Papst Alexander bereit und verhandelte sogar darüber, Manuel Komnenos als (alleinigen) rechtmäßigen römischen Kaiser anzuerkennen.[39]

Als Anfangsdatum der Spaltung beider Kirchen galt lange, teilweise bis heute, das sogenannte „Morgenländische Schisma" von 1054. Die Forschung wies aber schon lange auf einen schleichenden Entfremdungsprozess zwischen beiden Kirchen hin und tendiert heute eher dazu, von einer festen Datierung der Spaltung abzusehen.[40] Im 12. Jahrhundert wurden die Unterschiede besonders sichtbar und erfahrbar, da lateinische Christen, ob als Söldner, Händler oder Kreuzfahrer, im östlichen Mittelmeerraum mit Byzantinern direkt zusammentrafen. Der religiöse Gegensatz war nicht mehr nur das theologische Problem eines bestimmten Personenkreises, welches entweder im Rahmen eines exklusiven byzantinisch-lateinischen Dialogs diskutiert oder in polemischen Schriften verarbeitet wurde.[41] Im Gegenteil, es tangierte jetzt das Zusammenleben. Lateinische Christen im östlichen Mittelmeerraum sowie ihre eigenen Kirchen und Klöster samt Priestern und Mönchen vor Ort ließen die römische Kirche für die Byzantiner im Reich sichtbar werden, führten die Unterschiedlichkeit vor Augen und boten Konfliktpotenziale.[42] Zur Entfremdung trugen

36 Siehe dazu auch ebd., I, 13, S. 43-47; Johannes Kinnamos, Epitome, V, 7, S. 219f.; Johannes Kinnamos' Epitome liegt in einer englischen Übersetzung vor: BRAND, Deeds.

37 GEORGI, Friedrich Barbarossa, S. 56f.; vgl. zum Papstschisma ausführlich: LAUDAGE, Alexander III., S. 1-221.

38 NORDEN, Das Papsttum, S. 88-122; HARRIS/ TOLSTOY, Alexander III, S. 301-313; siehe auch zur Kirchenunion als wichtiges Thema der byzantinisch-westlichen Beziehungen Kapitel 4.

39 Boso, Vita Alexandri III, S. 415; KAHL, Römische Krönungspläne, besonders S. 316-320.

40 BECK, Geschichte, S. 147; BAYER, Spaltung, besonders S. 203-213; ders., Das sogenannte Schisma, S. 27-39, besonders S. 28f.; AVVAKUMOV, Die Entstehung, S. 51 und S. 85f.; RUNCIMAN, The Eastern Schism, S. 159-170; LILIE, Byzanz. Das zweite Rom, S. 264.

41 Zu den polemischen Schriften sind besonders die antilateinischen Listen der Byzantiner zu zählen: KOLBABA, The Byzantine lists; siehe auch Kapitel 4.2.1.

42 LILIE, Die lateinische Kirche, S. 202-220; zu den italienischen Vierteln in Konstantinopel auch: SCHREINER, Untersuchungen, S. 175-191; JACOBY, Houses, S. 269-282; HAMILTON,

auch die in den Kreuzfahrerreichen gegründeten lateinischen Patriarchate in Jerusalem und Antiochia bei, die im Zuge der Kreuzzüge etabliert wurden und die die byzantinischen Patriarchen verdrängten.[43]

Viele der in dieser Studie behandelten Personen blieben lateinische Christen und einige verteidigten die Vorstellungen der römischen Kirche offensiv gegen byzantinische Einwände. Die religiösen Gegensätze und Spannungen boten daher einen wichtigen Wirkungsrahmen, speziell für die Experten des religiösen Bereiches.

Die wirtschaftlichen Beziehungen zwischen Byzanz und den italienischen Seestädten waren im 12. Jahrhundert besonders intensiv. Die italienischen Seerepubliken Venedig, Pisa und Genua genossen ab dem 11. Jahrhundert spezielle Handelsprivilegien im byzantinischen Raum. Die Venezianer erhielten 1082, die Pisaner 1111 und die Genuesen 1155 für ihre Kaufleute sogar eigene Viertel in Konstantinopel.[44] In anderen Teilen des Reiches wurden ihnen auch eigene Quartiere gewährt. Während die einheimischen Kaufleute die regulären Abgaben zahlen mussten, waren die italienischen Händler davon ganz oder teilweise befreit.[45] Die Präsenz lateinischer Kaufleute im 12. Jahrhundert hatte, wie Ralph-Johannes Lilie zeigt, auch Vorteile für Byzanz. Im Gegenzug für die Handelsprivilegien erklärten sich die Seerepubliken beispielsweise bereit, dem Reich im Kriegsfall beizustehen.[46] Die begünstigte Stellung auswärtiger Kaufleute gegenüber den lokalen bot aber auch den Nährboden für Neid und Konflikte.[47] Zudem konkurrierten die italienischen Seerepubliken

---

Hugh Eteriano, S. 11f.; vgl. auch grundlegend LILIE, Handel, S. 1-102; zu der Struktur byzantinischer Städte mit ausführlichen bibliographischen Angaben siehe auch: DARK, Houses, S. 83-107; und zu den lateinischen Vierteln Konstantinopels siehe auch: JANIN, Constantinople, S. 245-260.

43 PAHLITZSCH, Graeci, besonders S. 290-297; siehe auch: HAMILTON, The Latin Church, S. 18-85.

44 LILIE, Handel, S. 9, S. 73 und S. 84f.; vgl. auch PENNA, The Byzantine imperial acts, besonders S. 204-230; EXARCHOS/ PREISER-KAPELLER/ DÖNITZ/ CHITWOOD, Minderheiten, Sp. 1144f.

45 LILIE, Handel, S. 535 und S. 601f.; siehe auch: JACOBY, The Byzantine Outsider, S. 129-147.

46 LILIE, Handel, S. 11, S. 70, S. 86 und S. 107f.

47 Lilie zeigt in seinem Buch, entgegen der bis dahin vorherrschenden Meinung von der negativen Wirkung lateinischer Kaufleute auf das Byzantinische Reich, die Vorteile durch die Präsenz lateinischer Kaufleute für das Byzantinische Reich im 12. Jahrhundert: vgl. ebd., S. 596-612; vgl. zu den italienischen Kaufleuten und ihrem rechtlichen Status in Byzanz auch die Monographie von PENNA, The Byzantine imperial acts, sowie die Aufsätze: dies., From „douloi", S. 209-225; dies., Legal Autonomy, S. 70-81.

untereinander um die besseren Konditionen, was zu gewaltsamen Ausschreitungen führen konnte.[48]

Die ihnen gewährten eigenen Viertel in Konstantinopel bedeuteten allerdings nicht, dass Lateiner ausschließlich dort wohnten. Der Geschichtsschreiber Johannes Kinnamos beklagt, dass gerade die Venezianer nicht nur byzantinische Frauen ehelichten, sondern auch außerhalb der ihnen gewährten Wohnviertel lebten.[49] Dies zeigt, dass ein Austausch besonders zwischen den italienischen Bewohnern und der byzantinischen Gesellschaft existierte. Die ökonomischen Verbindungen mit den italienischen Seerepubliken wirkten sich auch positiv auf die Beschäftigung von Lateinern am Hof aus. Es ist signifikant, dass ein Großteil von ihnen aus Italien stammte, besonders aus den Seestädten Pisa und Genua.[50]

Die politischen, religiös-kulturellen und ökonomischen Beziehungen sowie die zunehmenden Verflechtungen im 12. Jahrhundert erforderten aus byzantinischer Sicht den Rückgriff auf Personen, die Wissen und Qualifikationen mitbrachten, um gegen lateinische Mächte zu bestehen. Im Umkehrschluss musste aber auch der Kaiserhof einen gewissen Reiz ausgeübt haben. Er bot Möglichkeiten, die diesen Standort zu einer attraktiven Wirkungsstätte werden ließen.

2.2 Der byzantinische Hof als Raum des Wissens- und Kulturkontaktes

Der mittelalterliche Hof als Raum des Wissens- und Kulturkontaktes wird in der Forschung seit Langem als ein wichtiger Motor für die sich entwickelnde Wissensgesellschaft gesehen. Nach Johannes Fried befand sich der Fürstenhof im Mittelpunkt einer Gesellschaft, „die auf Wissen in jeglicher Gestalt ausgerichtet war".[51] An ihm kamen Wissen und (teilweise weitgereiste) Experten zusammen, er bot deshalb eine wichtige Grundlage der sich bildenden lateineuropäischen Wissenschaftskultur.[52] Für die Höfe des Mittelmeerraums kann

48 EXARCHOS/ PREISER-KAPELLER/ DÖNITZ/ CHITWOOD, Minderheiten, Sp. 1144f.; NICOL, Byzantium, S. 96f.; siehe auch BRAND, Byzantium, S. 207-221.

49 Johannes Kinnamos, Epitome, VI, 10, S. 281f.; NEOCLEOUS, Greeks, S. 227.

50 MAGDALINO, The Empire, S. 94.

51 FRIED, In den Netzen, S. 165.

52 Ebd., S. 145 und 165; vgl. gegen die herausragende Bedeutung des Fürstenhofes im 12. Jahrhundert für die Herausbildung einer Wissenschaftskultur am Beispiel der deutschen Fürstenhöfe: REUVEKAMP-FELBER, Experten, S. 19-38; siehe zur Beziehung zwischen Experten und Höfen auch FÜSSEL, Höfe, S. 7-18.

dies umso mehr gelten, da an ihnen im besonderen Maße kultureller Austausch stattfand.[53]

Der byzantinische Kaiserhof hatte weit über die eigenen Reichsgrenzen hinaus eine besondere Anziehungskraft. Dies lag nicht zuletzt an seinem Standort in der Hauptstadt Konstantinopel, dem „Neuen Rom" (Νέα Ῥώμη), in der die Kaiser residierten. Konstantinopel galt im Mittelalter als ein wichtiges geschichtsträchtiges und kulturelles Zentrum. Für die Byzantiner war es zudem der unbestrittene politische und als Sitz des Patriarchen von Konstantinopel auch religiöse Mittelpunkt. Das kulturelle Erbe des Imperium Romanum, die prachtvollen Bauwerke und öffentlichen Plätze und nicht zuletzt die Vielzahl an Bibliotheken und damit auch der Zugang zu antikem und (früh)christlichem Wissen ließen die Stadt selbst zum Anziehungspunkt für Gelehrte sowohl aus Byzanz als auch aus anderen Regionen werden.[54]

Der kaiserliche Hof befand sich, bis auf die Phase der Kreuzfahrerherrschaft (1204-1261), in Konstantinopel und prägte die Stadt durch enorme Palastanlagen und offizielle Gebäude.[55] In Konstantinopel fungierte er nochmals als besonderer Raum des Wissens- und Kulturkontaktes, wofür verschiedene Faktoren verantwortlich sind.

Erstens war der Hof ein Ort, an dem ein Wissens- und Kulturaustausch funktionieren konnte, da an ihm Einheimische und Auswärtige aufeinandertrafen. Ob auswärtige Gesandtschaften, die beim Kaiser vorsprachen, oder Personen aus anderen Reichen, die ihre Dienste anboten, sie alle kamen dort zusammen. Sie trafen auf einheimische Eliten, lernten die byzantinische Kultur kennen und viele von ihnen kehrten in ihre Heimatregionen mit neuen Eindrücken und zuweilen auch seltenen Handschriften zurück. Ein gutes Beispiel, wie der Kaiserhof ausgewähltes Wissen dem Westen zugänglich machte und als Vermittler im Wissens- und Kulturtransfer wirkte, ist das astronomische Werk *Almagest* des Ptolemaios. Manuel Komnenos schenkte dem sizilischen König Wilhelm I. eine griechische Handschrift dieses Werkes und schickte es mit einer Gesandtschaft nach Sizilien, dort wurde es dann um 1160 ins Latein übersetzt.[56] Dies zeigt nicht nur, dass der Hof bestimmte Bücher als wertvolle

53 VON DER HÖH/ JASPERT/ OESTERLE, Courts, S. 9-31.

54 LILIE, Byzanz. Das zweite Rom, S. 14-20; CIGGAAR, Western Travellers, S. 45-101; RENTSCHLER, Griechische Kultur und Byzanz im Urteil westlicher Autoren des 10. Jahrhunderts, S. 324-355; ders., Griechische Kultur und Byzanz im Urteil westlicher Autoren des 11. Jahrhunderts, S. 112-155; SCHIEFFER, Byzanzbilder, S. 43-57.

55 Zur urbanen Entwicklung: JANIN, Constantinople; SCHREINER, Konstantinopel: Kaiserhof, S. 319-347.

56 Diese Übersetzung erfolgte früher als die durch Gerhard von Cremona, HASKINS/ LOCKWOOD, The Sicilian Translators, S. 75-102; LINDBERG, Science, S. 72f.

diplomatische Geschenke für fremde Herrscher erachtete. Da Byzanz diese Präsente selten vergab und sie exklusiv hielt, sicherte es sich auch seine eigene kulturelle Bedeutung nach außen.[57]

Zweitens bot Konstantinopel auch die entsprechenden Ressourcen für den Wissens- und Kulturaustausch. Zu nennen ist dabei die kaiserliche Bibliothek. Es ist nicht viel über sie bekannt, sie selbst war im Laufe der Jahrhunderte mit Umbrüchen konfrontiert, wie der Einnahme Konstantinopels durch die Kreuzfahrer 1204.[58] Es gibt eine weit spätere Beschreibung der kaiserlichen Bibliothek durch den spanischen Reisenden Pero Tafur 1437. Sie befand sich demnach in der Nähe des Eingangs des Palastes hinter einigen Räumen. Darin haben sich viele sehr alte Bücher und Geschichtswerke befunden.[59] Über ihre Größe und Bestände ist nichts Weiteres bekannt, es ist aber davon auszugehen, dass es sich für die damaligen Verhältnisse um eine große Bibliothek handelte, in der sich die meisten Standardwerke befanden.[60] Dafür spricht auch ihr entsprechender Ruf. Der Patriarch von Antiochia, Aimery von Limoges, wusste im 12. Jahrhundert wohl um bestimmte Manuskripte, die dort aufbewahrt wurden. Zielgerichtet verlangte er gegenüber Hugo Etherianus nach den Akten des Konzils von Nikaia und fügte hinzu: … *quam audiuimus esse penes dominum imperatorem*.[61] Er hatte also davon gehört, dass sich dieser Text beim Kaiser befand, damit ist sehr wahrscheinlich die Bibliothek des Palastes gemeint. Es ist nichts darüber bekannt, inwieweit sie für die Öffentlichkeit zugänglich war, sie war in erster Linie für die kaiserliche Familie und sehr wahrscheinlich für die höfischen Amtsträger bestimmt.[62] Personen, die am Hof beschäftigt waren, hatten wohl Zugriff auf die Bibliothek. Dazu würde auch der Wunsch

---

57 Kaiser Alexios I. Komnenos unterstützte Bartholomäus von Simeri auch im Aufbau von Klosterbibliotheken in Süditalien, WILSON, The Libraries, S. 56; zum Geschenkaustausch zwischen Byzanz und dem Westen vgl. SCHREINER, Diplomatische Geschenke, besonders S. 269-282.

58 Zudem gab es verschiedene Paläste in Konstantinopel, die dem Hof als Residenzen dienten. Im 12. Jahrhundert wurden beispielsweise sowohl der Große Palast als auch der Blachernenpalast benutzt und dienten als Orte für Synoden und Audienzen, MACRIDES, The „other" palace, S. 159f.; siehe auch MAGDALINO, Manuel Komnenos, S. 101-114.

59 Pero Tafur, Andanças, 17, S. 180; WILSON, The Libraries, S. 54; siehe auch VASILIEV, Pero Tafur, S. 75-122.

60 WILSON, The Libraries, S. 55; es gibt sehr wenige Manuskripte, die einen entsprechenden Besitzvermerk enthielten, eines davon ist aber Paris, Bibliothèque Nationale, Parisinus Graecus, Ms. 1115, eine theologische Sammlung, die 1276 erstellt wurde und den Vermerk enthielt, dass sie einst in der kaiserlichen Bibliothek aufbewahrt worden war, WILSON, The Libraries, S. 57; es gibt einen Auszug aus dem Katalog der kaiserlichen Bibliothek, siehe dazu HASKINS, Studies, S. 221.

61 Aimery von Limoges, Brief an Hugo Etherianus, S. 8.

62 WILSON, The Libraries, S. 55.

des Aimery von Limoges passen, der den kaiserlichen Berater Hugo Etherianus darum bat, ihm den entsprechenden Text zukommen zu lassen.

Drittens profitierte auch der Hof vom Standort Konstantinopel. Neben der kaiserlichen Bibliothek standen auch viele weitere Büchersammlungen zur Verfügung. In der byzantinischen Hauptstadt befanden sich verschiedene Klosterbibliotheken, Einrichtungen von Schulen und viele private Sammlungen.[63] Als gut ausgestattet wird wohl auch die Bibliothek des Patriarchen in Konstantinopel gelten können, in der anscheinend auch eine Kopie von Hugo Etherianus' *De sancto et immortali Deo* aufbewahrt worden war.[64] Burgundio von Pisa berichtet wiederum ausführlich darüber, wie er in den Klöstern Konstantinopels nach den Homilien des Johannes Chrysostomos zum Johannesevangelium suchte und dort auch fündig wurde.[65]

Einige Beispiele sind bekannt, in denen Personen aus dem lateinischen Europa gezielt nach Konstantinopel kamen, um bestimmte Texte zu erwerben oder zu kopieren, sei es aus den Bibliotheken oder vom lokalen Buchmarkt.[66] Ein Pilgerbericht aus dem 12. Jahrhundert schildert, dass man in Konstantinopel in der *scola Grecorum* Griechisch lernen konnte, dort soll sich ebenfalls eine Bibliothek befunden haben, da der Autor dort zwei Heiligenviten fand, die er ins Latein übersetzte.[67] In Konstantinopel befanden sich auch weitere Schulen.[68]

Viertens war der kaiserliche Hof nicht nur der politische Mittelpunkt, sondern auch eines der intellektuellen Zentren Konstantinopels, in dem Gelehrte verkehrten und miteinander diskutierten. Die Aristokratie war ohnehin Förderer der Künste und der Wissenschaften und auch einige Kaiser des 12. Jahrhunderts zeigten sich am wissenschaftlichen und theologischen Austausch überaus interessiert, dies gilt insbesondere für Manuel Komnenos. Der Kaiser förderte maßgeblich die wissenschaftlichen Auseinandersetzungen und Debatten und dadurch auch den Austausch mit auswärtigen Experten. Aber auch bereits vor seiner Regierungszeit wurde der Bischof Anselm von Havelberg 1136 eingeladen, öffentlich mit byzantinischen Gelehrten die

63 MAGDALINO, The Empire, S. 323-325; HUNGER, Schreiben, S. 130-136.

64 Florenz, Biblioteca Medicea Laurenziana, Ms. Plut. 23 dex. 3, fol. 1v; vgl. auch DONDAINE, Hugues Éthérien, S. 102; siehe Kapitel 4.1.2.

65 Er durfte sie allerdings nicht käuflich erwerben: Burgundio von Pisa, Einleitung zur Übersetzung der Homilien des Johannes Chrysostomos zum Johannesevangelium, S. 84f.; siehe auch Kapitel 3.3.2.

66 CIGGAAR, Western Travellers, S. 75.

67 Le Guide du pèlerin, S. 64; CIGGAAR, Western Travellers, S. 75; es ist nichts Weiteres über diese Schule bekannt: ebd., S. 35.

68 Vgl. MAGDALINO, The Empire, S. 325-330; SPECK, Die Kaiserliche Universität; BROWNING, Enlightenment, S. 3-23.

Differenzen zwischen beiden Kirchen zu diskutieren. Es waren der Kaiser Johannes II. Komnenos und sein Hof, die um einen solchen Austausch ausdrücklich gebeten und diesen organisiert hatten.[69] Leo Tuscus berichtet, dass sein Bruder Hugo Etherianus häufig mit den herausragendsten byzantinischen Gelehrten sowohl über Theologie als auch über die *artes liberales* in Anwesenheit des Kaisers Manuel Komnenos debattierte.[70]

Der Hof fungierte als ein wichtiger Raum des byzantinisch-westlichen Wissens- und Kulturaustausches. Er bot dabei nicht nur den Rahmen, sondern ermöglichte auch durch die Bereitstellung bestimmter Ressourcen, durch seinen Standort Konstantinopel und nicht zuletzt durch die aktive Förderung bestimmter höfischer Kreise den intellektuellen Austausch und eine wissenschaftliche Debatte zwischen Byzantinern und lateinischen Gesprächspartnern. Von dieser Atmosphäre profitierten die Lateiner enorm und dieses Angebot förderte ihr Wirken am Kaiserhof.

2.3 Die Lateiner in Byzanz im höfischen Kontext

Im gesamten 12. Jahrhundert wirkten Lateineuropäer am byzantinischen Hof. Selbst in der Phase ab den 1180er Jahren, in der sich Ausschreitungen gegen sie häuften, sind sie nachzuweisen. Leo Tuscus ist noch 1182 als Übersetzer zu finden, Jakob (von Pisa) war 1189, 1190 und 1194 für den Kaiser als Dolmetscher und Gesandter tätig, der Venezianer Johannes Georgius war 1198 und 1199 als Gesandter bei Papst Innozenz III. (1198-1216), 1198 zusammen mit einem gewissen Hildebrand.[71] Dies sind nur einige Beispiele, die aber bereits zeigen, dass Lateiner weiterhin für den Kaiser arbeiteten, selbst ein wirklich spürbarer Rückgang in den 1180er Jahren ist zu bezweifeln.[72]

---

69 Anselm von Havelberg, Anticimenon, II, 1, Sp. 1163; siehe dazu und zu den Hintergründen Kapitel 3.1, 4.1.3 und 4.2.3.

70 Leo Tuscus, De haeresibus, zit. n. DONDAINE, Hugues Éthérien, S. 126.

71 Zu Leo Tuscus: Lucius III., Brief an Leo Tuscus, Nr. XXI, S. 24f.; zum Einsatz von Jakob (von Pisa): DÖLGER/WIRTH, Regesten der Kaiserurkunden II, Nr. 1600, S. 302; Nr. 1602, S. 303; Nr. 1618, S. 315; Isaak II. Angelos, Schreiben an die Kommune Pisa September 1194, Nr. XLI, S. 66f. (Datierung des Schreibens von DÖLGER/WIRTH, Regesten der Kaiserurkunden II, Nr. 1618, S. 315 übernommen, Datierung bei MÜLLER, Documenti sulle relazioni, auf September 1195); PENNA, The Byzantine imperial acts, S. 130f.; zu Johannes Georgius und seiner Mission: DÖLGER/WIRTH, Regesten der Kaiserurkunden II, Nr. 1643, S. 324f. und Nr. 1648, S. 329.

72 Dies ist natürlich schwer festzustellen, da zu wenig detaillierte Informationen vorliegen. Aber es gibt noch weitere Beispiele, Gerardos Alamanopoulos war etwa als Dolmetscher mit dem *grammatikos* Nikephoros Pepagomenos 1192 nach Genua gesandt worden, ebd.,

Die am Hof tätigen Lateiner sind hinsichtlich der geographischen Herkunft, ihrer sozialen Stellung und nicht zuletzt bezüglich ihrer Motive und Lebenswege heterogen. Die geographische Herkunft ist sehr unterschiedlich: unter ihnen befinden sich Engländer, Deutsche, Franzosen, Normannen aus Süditalien, Pisaner, Genuesen, Venezianer und weitere *nationes* aus der lateinischen Welt. Eine bestimmte Tendenz ist dennoch zu erkennen, denn sehr viele stammten aus Italien, insbesondere aus der Seerepublik Pisa.[73] Dies ist nicht verwunderlich, da Pisa wie die anderen Handelsstädte Venedig und Genua enge Kontakte zum Byzantinischen Reich unterhielt und sich viele ihrer Bürger zeitweise oder dauerhaft in Konstantinopel aufhielten.

Die soziale Herkunft der Lateiner ist angesichts der fehlenden Informationen in vielen Fällen schwer zu bestimmen. Unter ihnen befanden sich mit Sicherheit Angehörige angesehener Familien wie die exilierten normannischen Familien der Rogerioi, Petraliphai und Raoul. Während sie und/oder ihre Vorfahren noch an der Seite der Normannen Süditalien eroberten, liefen Angehörige dieser Familien im 11. oder 12. Jahrhundert zum normannischen „Erzfeind", den Byzantinern, über bzw. wurden aus Süditalien vertrieben.[74] Bei anderen Lateinern ist die soziale Herkunft unklarer, sie stammten aber häufig aus einem städtisch-kaufmännischen Milieu. Der Erzbischof und Geschichtsschreiber Wilhelm von Tyros betont in seinem *Chronicon* ebenso ausdrücklich, dass sowohl *nobiles* als auch *ignobiles* aus der lateinischen Welt für den Kaiser Manuel Komnenos arbeiteten. Er, der den Hof in Konstantinopel mit eigenen Augen gesehen hatte, beschreibt demnach auch eine heterogene soziale Mischung.[75]

Nr. 1610, S. 310f.; GASTGEBER, Die lateinische „Übersetzungsabteilung" II, S. 350-381; PENNA, The Byzantine imperial acts, S. 16; im gleichen Jahr waren auch der Engländer Petrus (Ἴγγλινος) zusammen mit dem Genuesen Petrus Pandolo 1192 zu den Konsuln nach Genua geschickt worden: Isaak II. Angelos, Schreiben an die Kommune Genua November 1192 (griechische Fassung), Nr. VI, S. 40; DÖLGER/WIRTH, Regesten der Kaiserurkunden II, Nr. 1612, S. 312.; GASTGEBER, Die lateinische „Übersetzungsabteilung" III, S. 303.

73 Aus Pisa stammten beispielsweise Hugo Etherianus, Leo Tuscus, eventuell Jakob (von Pisa), aber auch der Richter, Gesandte und Übersetzer Burgundio von Pisa: MAGDALINO, The Empire, S. 94.

74 Vgl. z. B.: NICOL, Symbiosis, S. 113-135.

75 Wilhelm von Tyros, Chronicon, XXII, 11, S. 1020f.: *Et quoniam apud eum optime habebantur et erga eos profusa liberalitate habundabat, ex omni orbe ad eum quasi ad benefactorem precipuum tam nobiles quam ignobiles concurrebant certatim, quorum exigentibus obsequiis magis et magis in nostrorum accendebatur amorem et eos amplius in statum promovebat meliorem.*

Die Gründe für den Aufenthalt von Lateinern am Hof konnten sehr verschieden sein. Grundsätzlich zu differenzieren ist zwischen denen, die im Auftrag einer anderen Macht dorthin kamen und denjenigen, die aus eigener Motivation nach Byzanz gingen. Einige wurden als Gesandte an den Bosporus geschickt wie Burgundio von Pisa um 1168/1170 oder Anselm von Havelberg 1136 und um 1153/1154. Sie taten sich dort aber gleichzeitig auch als Übersetzer hervor oder diskutierten mit den Byzantinern die Differenzen zwischen beiden Kirchen.[76] Andere Lateiner hingegen scheinen mit der Absicht gekommen zu sein, dort in den Dienst des *Basileus* zu treten und Karriere zu machen. Die Gründe hierfür mögen vielfältig gewesen sein. Für die normannischen Familien, die aufgrund politischer und militärischer Auseinandersetzungen nach Byzanz kamen, bot der Hof die Möglichkeit, sich dauerhaft niederzulassen und in die Aristokratie aufgenommen zu werden. Die Rückkehr nach Süditalien war für viele wohl keine wirkliche Option mehr und eine vollständige Integration in die byzantinische Gesellschaft beispielsweise durch Einheirat in angesehene einheimische Familien bot ihnen große Aufstiegschancen.[77]

Die Mehrheit gehörte allerdings wohl nicht der Aristokratie an. Mehr als Rang oder Familie war es hier angebotenes „passgenaues Sonderwissen", das sie interessant machte.[78] Die Frage nach den Motiven der Lateiner, ausgerechnet am byzantinischen Hof eine Beschäftigung zu suchen und zu finden, ist nicht leicht zu beantworten. Zunächst fällt auf, dass viele aus Italien stammten. Geographisch und kulturell ist dies eine bedeutende Nachbarregion, in der gerade in Süditalien der byzantinische Einfluss kulturell und politisch eine große Rolle spielte. In den Seerepubliken Pisa, Venedig und Genua waren zudem die Verbindungen in den östlichen Mittelmeerraum sehr eng. Zwischen Byzanz und diesen Regionen bestand ein ständiger Austausch an Waren, Personen und kulturellen Gütern. Es ist durchaus möglich, dass bestimmte Personen, die aus Pisa oder Venedig stammten, bereits in ihren Heimatstädten mit der griechischen Sprache und der byzantinischen Kultur zumindest in Berührung gekommen waren. Bereits bestehende Kontakte vor Ort konnten den Zugang zum Hof zudem erleichtern.

Byzanz, Konstantinopel und der Kaiserhof boten einige Anziehungspunkte. Erstens war die Stadt Konstantinopel an sich ein attraktiver Standort, der aufgrund seines Fundus an Wissensressourcen für Gelehrte aller Fachrichtungen, insbesondere der Theologie, Philosophie und Medizin, sehr interessant war.

76 Siehe zu Burgundio von Pisa: CLASSEN, Burgundio von Pisa, besonders S. 7-29 und Kapitel 3.3; siehe zu Anselm Kapitel 3.1, 4.1.3 und 4.2.3.

77 NICOL, Symbiosis, S. 113-135.

78 REXROTH, Systemvertrauen, S. 22.

Zweitens war der Hof augenscheinlich offen genug, Personen aus anderen Reichen und unterschiedlicher Herkunft zu beschäftigen. Eine nach den Maßstäben der Zeit gewisse soziale Durchlässigkeit mit guten Aufstiegschancen begünstigte den Eintritt sowohl Fremder als auch nicht sozial privilegierter Personen.[79] Drittens konnte mit einem gewissen Auskommen und Ansehen gerechnet werden, sobald man für den byzantinischen Hof arbeitete. Dies hing sicherlich von der jeweiligen Stellung ab, aber eine entsprechende Beschäftigung, vielleicht sogar die Verleihung eines bedeutenden Titels und/oder Amtes, stärkten das Ansehen und konnten die Karriere auch außerhalb des Byzantinischen Reiches fördern.[80]

Der jeweilige biographische Hintergrund der einzelnen Akteure ist für deren Wirken im byzantinischen Kontext sehr wichtig. Deshalb ist es sinnvoll, einige bedeutende Personen kurz biographisch einzuführen. Sehr häufig sind die Informationen sehr lückenhaft, sie reichen aber aus, um einen Überblick über ihren Werdegang und ihr Wirken zu erhalten. Es verwundert vielleicht, dass einer der berühmtesten Übersetzer, der Übersetzer des Aristoteles, Jakob von Venedig, in dieser Studie nur am Rande behandelt wird. Dies hat den Grund, dass das Material über ihn und von ihm für die spezifischen Fragestellungen dieser Untersuchung nicht aussagekräftig und zielführend ist. Deshalb konzentriert sich die Auswahl im Wirkungsfeld der Sprache auf andere Fallbeispiele.[81]

2.3.1 *Hugo Etherianus und Leo Tuscus*

Hugo Etherianus und Leo Tuscus sind zwei außergewöhnliche Beispiele für am byzantinischen Hof beschäftigte Lateiner. Das Bruderpaar aus Pisa ist nicht nur einem der drei Wirkungsfelder zuzuordnen, sondern war jeweils sowohl im Bereich der Sprache als auch der Religion aktiv. Während Leo dennoch ein klarer Schwerpunkt in der Übersetzungsarbeit zuzuordnen ist, machte sich Hugo als Theologe einen Namen in Byzanz und in der lateinischen Welt.[82] Über die familiären Hintergründe ist wenig bekannt, vielleicht war Hugo der ältere,

---

79 LILIE, Fremde, S. 105-107; siehe z. B. auch: BRAND, The Turkish Element, S. 1-25; RAPP, Sozialer Status, Sp. 355-358; LUDWIG, Social Mobility, S. 233-246; NICOL, Symbiosis, S. 113-135.

80 Ein Paradebeispiel ist Leo Tuscus, siehe zu seiner Inszenierung als Experte insbesondere Kapitel 3.3.2.

81 Zu Jakob von Venedig siehe: RODRIGUEZ SUAREZ, From Greek, S. 97-100; ders., The Western Presence, S. 133-137; MINIO-PALUELLO, Iacobus Veneticus, S. 265-304.

82 Zu beiden grundlegend mit einem Überblick über ihre Werke und Korrespondenz: DONDAINE, Hugues Éthérien, S. 67-134; ders., Hugues Éthérien et le concile, S. 473-483; speziell zu Hugo Etherianus auch HAMILTON, Hugh Eteriano, S. 109-148; zu Leo Tuscus auch: HASKINS, Leo Tuscus, S. 43-37.

dies ist zu vermuten, weil Leo ihn als *frater et preceptor meus* bezeichnet.[83] Beide könnten zwischen 1110 und 1120 geboren sein.[84]

Hugo studierte Dialektik in Paris, dies ist zumindest dem Vorwort des Pfalzdiakons Hugo von Honau zum *Liber de diversitate naturae et personae* zu entnehmen. Er beruft sich in diesem Werk auf die Unterstützung des Pisaner Theologen und betont, dieser sei in Frankreich bei einem gewissen Alberich Hörer in Dialektik gewesen.[85] Es handelt sich wohl um Alberich von Mont St. Geneviève, der in Paris ab den 1130er bis Anfang der 1140er Jahre unterrichtete.[86] Dort habe sich Hugo ebenfalls der Theologie gewidmet. Er habe Vorlesungen besucht, die allerdings von der Lehre der Gilbertiner abwichen.[87] Als Anhänger des Gilbert von Poitiers betonte der Pfalzdiakon, dass Hugo in einer anderen Lehre unterrichtet wurde. Ob der Pisaner erst später oder bereits zu diesem Zeitpunkt die griechische Sprache beherrschte, ist ungewiss. Möglich ist auch, dass er bereits in Pisa damit in Berührung kam, da seine Heimatstadt enge Kontakte zum Reich am Bosporus pflegte.[88] Ebenso denkbar ist allerdings, dass er erst in Byzanz Griechisch lernte. Über Leos Ausbildungsweg ist nichts bekannt.

Beide kamen wohl in den 1150er, spätestens in den frühen 1160er, Jahren nach Byzanz und arbeiteten für den Kaiser.[89] Hugo war Ratgeber des Manuel Komnenos in religiösen Fragen, verfasste aber auch theologische Werke und fertigte eine lateinische Übersetzung an.[90] Über den Beinamen Etherianus kommt eine Verbindung mit der *Hetaireia* in Betracht. Die *Hetaireia* war eine

---

83 Leo Tuscus, Übersetzung der Chrysostomosliturgie, Prolog, S. 134; so auch HAMILTON, Hugh Eteriano, S. 112; er bezeichnet ihn auch im *Oneirocriticon* als *preceptor*, Leo Tuscus, Übersetzung des Oneirocriticon, Praefatio, zit. n. HASKINS, Studies, S. 217.

84 DONDAINE, Hugues Éthérién, S. 73; so auch HAMILTON, Hugh Eteriano, S. 109.

85 Hugo von Honau, De diversitate, I, 7, S. 122: *Qui cum – ut ipso confitente audivi – Alberici cuiusdam in dialecticis fuisset auditor in Francia aliorumque a studiis nostris in theologia dissidentium viam publicam trivisset, praefatorum virorum et aliorum clarissimorum Graeciae doctorum sanctitate coactus est in Latinum transferre sermonem, ….*

86 DONDAINE, Hugues Éthérien, S. 74-76; HAMILTON, Hugh Eteriano, S. 109.

87 Hugo von Honau, De diversitate, I, 7, S. 122; DONDAINE, Hugues Éthérien, S. 74-76; HAMILTON, Hugh Eteriano, S. 109f.; zu Alberich von Mont St. Geneviève siehe z. B.: IWAKUMA, Alberic, S. 27-47.

88 HAMILTON, Hugh Eteriano, S. 111.

89 Der Zeitraum des Byzanzaufenthaltes kann nur ungefähr eingegrenzt werden: DONDAINE, Hugues Éthérien, S. 78-81; HAMILTON, Hugh Eteriano, S. 113.

90 Die theologischen Werke des Hugo Etherianus sind: *De minoritate ac equalitate filii hominis ad Deum Patrem* (um 1165/1166); *De anima corpore iam exuta* (um 1170); *De sancto et immortali Deo* (1176/1177), *De differentia naturae et personae* (um 1179), *Contra Patarenos* (keine Datierung möglich); er übersetzte auch eine antilateinische photianische Liste mit dem Titel *De haeresibus quas in Latinos Graeci devolvunt* (nach 1178).

militärische Abteilung am byzantinischen Kaiserhof, in deren Administration er vielleicht gedient hatte.[91] Leo arbeitete als offizieller Übersetzer der kaiserlichen Briefe (*imperatoriarum epistolarum interpres*) in der Kaiserkanzlei, übersetzte aber auch für westliche Auftraggeber griechische Werke ins Latein.[92] Er begleitete den Kaiser auf Reisen und gehörte wohl zu den führenden Dolmetschern am Hof.[93]

Während Hugo Konstantinopel 1182 verließ, blieb sein Bruder dort.[94] Dies ist ein sehr zentraler Unterschied im Lebensweg beider. Hugo gelang es trotz seiner vom lateinischen Europa weitgehend isolierten Stellung in Byzanz, eine erfolgreiche Karriere an der Kurie in Rom zu beginnen. Am 30. Juni 1182 erscheint er als Kardinaldiakon von St. Angelo in einem Privileg des Papstes Lucius III. (1181-1185) und unterschrieb mit der Formel: *Ego Hugo diaconus cardinalis sancti Angeli ss.* [*subscripsi*, Anm. d. Verf.].[95] Papst Lucius III. informierte Leo in einem Brief vom 7. Dezember 1182 darüber, dass Hugo verstorben sei und betont in diesem Zusammenhang, dass er ihn aufgrund seiner Bildung und Ehre ungewöhnlich schnell vom Laien zum Kardinaldiakon erhoben habe.[96] Dies belegt, dass der Pisaner bis zu seiner Rückkehr nach Italien Laie war. Während sein Bruder also eine Karriere in Rom verfolgte, blieb Leo in Byzanz und hatte zumindest noch im Dezember 1182 die Stellung als Übersetzer der

91 DONDAINE, Hugues Ètherién, S. 73f.; zur Hetaireia siehe: KAZHDAN, Art. „Hetaireia", S. 925.

92 Leo Tuscus bezeichnet sich selbst als „Übersetzer der kaiserlichen Briefe", so z. B. in der Übersetzung des Oneirocriticon, Praefatio, zit. n. HASKINS, Studies, S. 217; Haskins edierte die *Praefatio* aus der Handschrift Wolfenbüttel, Herzog August Bibliothek, Ms. 2917, fol. 1-20. Im Folgenden wird die *Praefatio* nach Haskins zitiert. Camozzi Pistoja edierte einige Teile von Leos *Oneirocriticon* aus der Handschrift Oxford, Bodleian Library Digby, Ms. 103, fol. 59r-63v: CAMOZZI PISTOJA, The *Oneirocriticon*, S. 747-758; zu Leos Wirken in der byzantinischen Kaiserkanzlei: GASTGEBER, Die lateinische „Übersetzungsabteilung" II, S. 258-268 und I, S. CXLIIf.; siehe auch Kapitel 3.2.2, 3.3.2 und 4.2.1; zu den von Leo Tuscus übersetzten Werken für die lateinische Welt gehören das *Oneirocriticon* (1175/1176) und die im Auftrag von Ramon von Montcada angefertigte Übersetzung der Chrysostomosliturgie (nach 1177/1178).

93 HASKINS, Leo Tuscus, S. 44.

94 Lucius III., Brief an Leo Tuscus, Nr. XXI, S. 24f.; DONDAINE, Hugues Éthérien, S. 93-97.

95 Lucius III., Privileg an das Kapitel vom heiligen Grabe zu Jerusalem vom 30. Juni 1182, S. 293-295, hier S. 295; KEHR, Papsturkunden in Salerno, Nr. 22, S. 440; DONDAINE, Hugues Éthérien, S. 95f.

96 Lucius III., Brief an Leo Tuscus, Nr. XXI, S. 25: *Quia, cum laicus esset, eum clericum fecimus et usque ad diaconatus ordinem curavimus honorifice promovere; ita quod usque ad tempora eius auditum non fuerit, aliquem de laico usque ad diaconatus ordinem tam brevi temporis spatio fuisse promotum. Cum autem certa spes esset, quod per litteraturam et honestatem eius magna, tempore procedente, deberent ecclesie Dei commoda provenire, sicut puram prius duxisse creditur vitam, ...;* siehe auch Kapitel 7.6.

kaiserlichen Briefe inne.[97] Es ist möglich, dass Hugo Konstantinopel nach dem sogenannten „Lateinerpogrom" im Frühling 1182 verlassen hatte, vielleicht hatte er die Lage im Reich für sich selbst als nicht mehr sicher genug eingeschätzt. Sein Bruder könnte sich aufgrund seiner offiziellen Funktion am Hof in einer geschützteren Situation befunden haben und blieb deshalb dort.[98]

2.3.2 *Burgundio von Pisa*

Burgundio stammte wie Hugo Etherianus und Leo Tuscus aus Pisa und war als Richter, Gesandter und Übersetzer tätig. Sein familiärer Hintergrund ist schwer zu fassen, seine Familie hatte wohl Besitz und das Bürgerrecht in Pisa, aber sie gehörte nicht zu den vornehmsten Familien der Stadt. Peter Classen stellte fest, dass die Söhne des Burgundio jeweils eine Karriere machten, die für ihren Vater noch unerreichbar war. Sein Sohn Gaetanus war beispielsweise mehrfach Konsul der Stadt Pisa.[99] Burgundio selbst ist das erste Mal 1136 in Konstantinopel nachgewiesen, er war zu diesem Zeitpunkt wohl noch ein junger Mann. Dort erlernte er die griechische Sprache, vielleicht verbrachte er auch eine längere Zeit am Bosporus.[100] Es fehlen Hinweise, wo genau er Recht studiert hatte, allerdings bezeugen Urkunden ab den 1140er Jahren, dass er als Jurist tätig war.[101] Ab 1151 nennt er sich *iudex*, er erhielt den Titel eines *iudex sacri Lateranensis palacii*, den er bis zum Schisma 1159 trug.[102] Seine Expertise in Rechtsangelegenheiten konnte er auch mit seiner Tätigkeit als Übersetzer verknüpfen, da er beispielsweise an der Übersetzung der griechischen Passagen der Digesten des Justinians beteiligt war.[103]

Als Übersetzer trat Burgundio schon sehr früh in Erscheinung. Bereits 1136 wurde er als ein potenzieller Dolmetscher für das Religionsgespräch des Anselm von Havelberg mit den Byzantinern in Erwägung gezogen.[104] 1151 vollendete er seine erste theologische Übersetzung im Auftrag Papst Eugens III. (1145-1153), die Homilien des Chrysostomos zum Matthäusevangelium. Es folgten

---

97 So wird er zumindest von Papst Lucius III. bezeichnet, ebd., S. 24: *Lucius episcopus, servus servorum Dei, dilecto filio, maistro Leoni, imperialium epistolarum interpreti, salutem et apostolicam benedictionem.*

98 Hamilton, Hugh Eteriano, S. 141; zum sogenannten „Lateinerpogrom" 1182 auch: Neocleous, Heretics, S. 99-101; ders., Tyrannus, S. 195-284.

99 Classen, Burgundio von Pisa, S. 31f.

100 Ebd., S. 13 und S. 33; Rodriguez Suarez, The Western Presence, S. 146.

101 Classen, Burgundio von Pisa, S. 14.

102 Mit diesem Titel sind keine konkreten Funktionen verbunden, er beschreibt eher die Institution, die diesen Titel verlieh. Es gab ähnliche Richtertitel, die vom Kaiser verliehen wurden: *iudex domni imperatoris*, ebd., S. 15.

103 Ebd., S. 39-50.

104 Siehe Kapitel 3.1.2.

weitere Übersetzungen aus dem theologischen Bereich: *De fide orthodoxa* des Johannes von Damaskus (1153/1154); *De natura hominis* des Nemesius von Emesa, das Burgundio allerdings fälschlich Gregor von Nyssa zuschrieb (um 1164/1165); und die Homilien des Chrysostomos zum Johannesevangelium (1173). Ab den 1170er Jahren widmete er sich zudem dem medizinischen Fachgebiet und übersetzte einige Schriften des Galen.[105] Er übertrug auch Literatur aus dem landwirtschaftlichen Bereich, wie etwa bestimmte Auszüge aus den sogenannten Geoponiken.[106] In Verbindung wurde er darüber hinaus auch mit anderen Übersetzungen gebracht, unter anderem mit weiteren Homilien des Chrysostomos und lateinischen Fassungen des Aristoteles.[107]

Burgundio war nicht nur als Richter und Übersetzer tätig, im Auftrag seiner Heimatstadt unternahm er zusammen mit dem Konsul Alberto di Bolso und Marcus Conti 1168/1170 eine Gesandtschaftsreise nach Konstantinopel.[108] Es ist anzunehmen, dass sich die Gesandten auf seine sprachliche und auch fachliche Expertise verließen, denn diese Mission war keine einfache, da sie auf Übergriffe der Pisaner auf das genuesische Viertel in Konstantinopel und die daraufhin verhängten byzantinischen Sanktionen folgte.

Es gibt keine Hinweise darauf, dass Burgundio für den Kaiser arbeitete, er wirkte allerdings dennoch im byzantinisch-höfischen Kontext, da er nicht nur bei den Diskussionen des Hofes und der byzantinischen Geistlichkeit mit Anselm von Havelberg anwesend war, sondern sich als Gesandter Pisas am Hof aufhielt. Seine unterschiedlichen Tätigkeiten ergänzten sich mitunter sehr gut, so berichtet er beispielsweise explizit, dass er auf seiner Gesandtschaftsreise 1168/1170 mit der Übersetzung der Homilien des Chrysostomos zum Johannesevangelium begann.[109] Als er 1193 starb, war er im lateinischen Europa als Übersetzer zu Berühmtheit gelangt.[110]

2.3.3 *Moses von Bergamo*

Moses kam ursprünglich aus Bergamo und war als Übersetzer und Dichter tätig. Über seine familiäre Herkunft ist wenig bekannt, sein Bruder war Propst

---

105 Für einen ausführlichen Überblick über die Übersetzungen des Burgundio und die Datierungen siehe CLASSEN, Burgundio von Pisa, S. 69-78.

106 Ebd., S. 35.

107 Ebd., S. 34-39; zu Burgundio als Aristoteles-Übersetzer auch: RASHED/ VUILLEMIN-DIEM, Burgundio de Pise, S. 391-456; WILSON, New light, S. 112-118.

108 DÖLGER/WIRTH, Regesten der Kaiserurkunde II, Nr. 1499, S. 259f.; CLASSEN, Burgundio von Pisa, S. 75f.

109 Burgundio von Pisa, Einleitung zur Übersetzung der Homilien des Johannes Chrysostomos zum Johannesevangelium, S. 84f.

110 CLASSEN, Burgundio von Pisa, S. 78; siehe auch Kapitel 6.1.

von St. Alexander in Bergamo. Zwei Briefe des Moses an diesen sind belegt, derjenige aus dem Jahr 1130 liegt sogar im Autographen vor.[111] Er selbst war recht wohlhabend, vielleicht betätigte er sich zusätzlich im Handel oder stammte aus einer Kaufmannsfamilie.[112] Wahrscheinlich kam er um 1125 nach Konstantinopel, sein Aufenthalt dort ist mindestens bis zum Jahr 1136 belegt, vielleicht blieb er sogar bis 1146 in Byzanz.[113]

Moses arbeitete als Übersetzer für die lateinische Welt, war gleichzeitig Dichter und auch für den Kaiserhof tätig. Sein bekanntestes Werk ist der *Liber Pergaminus*, ein Lobgedicht auf seine Heimatstadt Bergamo.[114] In einer Glosse im Manuskript wird erwähnt, dass er am Hof in Konstantinopel weilte und der Kaiser ihn anregte, ein Gedicht über Bergamo zu schreiben.[115] Diese Notiz lässt bereits vermuten, dass er am Hof in einer bestimmten Funktion tätig war. Er selbst berichtet seinem Bruder in dem besagten Brief von 1130 zudem, dass er für den Kaiser arbeitete.[116] Charles Homer Haskins vermutete eine Sekretärsfunktion, Giovanni Cremaschi die eines Schreibers oder Sekretärs und Walter Berschin ordnete ihn als Dolmetscher und Übersetzer ein.[117] Seine Sprachbegabung legt eine Beschäftigung im Bereich der Sprachen sehr nahe. Dafür spricht auch, dass er Übersetzungen anfertigte und 1136 beim religiösen Streitgespräch zwischen Anselm von Havelberg und den Byzantinern dolmetschte.[118]

Seine großen schriftlichen Übersetzungen sind dem religiösen Themenspektrum zuzuordnen und nicht genau zu datieren, wahrscheinlich entstanden sie während seiner Zeit in Byzanz. Er übersetzte ein anonymes

---

111 Zusammen mit einer Abbildung des Autographen: CREMASCHI, Mosè del Brolo, S. 64; zu diesem Brief mit der Edition: PONTANI, Mosè del Brolo, S. 43-53; der andere Brief von 1128 bei HASKINS, Moses of Bergamo, S. 139-142.

112 CREMASCHI, Mosè del Brolo, S. 54; RODRIGUEZ SUAREZ, The Western Presence, S. 142; siehe dazu auch Kapitel 3.2.1.

113 RODRIGUEZ SUAREZ, From Greek, S. 100-104; PONTANI, Mosè del Brolo, S. 156-161.

114 Datierung unklar: RODRIGUEZ SUAREZ, From Greek, S. 100; vgl. zum *Liber Pergaminus* ausführlich CREMASCHI, Mosè del Brolo, S. 87-115.

115 Glosse, zit. n. GORNI, Il 'Liber Pergaminus', S. 412f.: *Dicitur quod cum quidam magister Moyses pergamensis, valens et probus homo in Scriptura, esset in curia Imperatoris constantinopolitani et laudaret sepe civitatem suam sicut mos est bonorum civium, et Dominus Imperator sepe diceret ei: 'libenter scirem statum et condicionem illius civitatis', ipse magister Moyses composuit hunc librum ad preces ipsius Domini Imperatoris.*; siehe auch CREMASCHI, Mosè del Brolo, S. 96f.

116 Moses von Bergamo, Brief an Petrus 1130, S. 148: *S*[*ta*]*tueram tunc certe ventur*[*o*] *Pascha vos revisere vita comite, sed prius ac tempus adesset rursum me principis violentia procinctus laborem subire coegit.*

117 HASKINS, Moses of Bergamo, S. 139; CREMASCHI, Mosè del Brolo, S. 56 und S. 84; BERSCHIN, Griechisch-Lateinisches Mittelalter, S. 263.

118 Anselm von Havelberg, Anticimenon, II, 1, Sp. 1163; siehe Kapitel 3.1.1 und 3.1.2.

griechisches Trinitätstraktat und eine Liste der Apostel und Schüler Christi des Pseudo-Epiphanios.[119] Darüber hinaus fertigte er eine Erklärung der in den Vulgata-Prologen des heiligen Hieronymus gebrauchten griechischen Wörter an, die sogenannte *Expositio in Graecas dictiones quae inveniuntur in prologis Sancti Hieronymi.*[120] Innerhalb des Briefes an seinen Bruder Petrus von 1128 gibt er zudem einen Kurzüberblick über die griechische Grammatik.[121] Moses war also nicht nur Übersetzer, sondern wirkte auch als eine Art Erklärer und Vermittler der griechischen Sprache. Eventuell fungierte er auch im Jahr 1136 als Übersetzer im Auftrag der Venezianer sowie für byzantinische Auslandsschreiben der Kaiser Johannes Komnenos 1139 und Manuel Komnenos 1146.[122] Dies könnte bedeuten, dass er bis in die Mitte der 1140er Jahre am Hof beschäftigt war und in Konstantinopel lebte.

2.3.4 *Paschalis Romanus*

Paschalis Romanus ist einer der Übersetzer, über den am wenigsten bekannt ist. Er stammte vielleicht aus Rom, sehr wahrscheinlich aus Italien.[123] Die Datierung seiner Werke lässt darauf schließen, dass er sich zwischen 1158 und 1169 in Byzanz aufhielt.[124] Er selbst bezeichnet sich als *infimus clericus*, ein Geistlicher von niederem Rang.[125] Es gibt keine gesicherten Hinweise dafür, dass er direkt für den byzantinischen Hof arbeitete.[126] Es ist dennoch anzunehmen, dass er Zugang zum Hof hatte. Denn zum einen verwendete

---

119 Das Trinitätstraktat mit einer Übersicht über die Kapitel teils ediert bei DOLBEAU, À propos d'un florilège biblique, S. 337-358; die Übersetzung der Apostelliste bei DOLBEAU, Une liste ancienne, S. 307-314.

120 Die *Expositio in Graecas dictiones quae inveniuntur in prologis Sancti Hieronymi* ist ediert in: CREMASCHI, Mosè del Brolo, S. 162-195.

121 Der Brief von 1128 ist ediert bei HASKINS, Moses of Bergamo, S. 139-142.

122 RODRIGUEZ SUAREZ, The Western Presence, S. 139 und S. 141; PONTANI, Mosè del Brolo, S. 156-161; vgl. gegen die Annahme, dass Moses Auslandsschreiben übersetzte: GASTGEBER, Die lateinische „Übersetzungsabteilung" II, S. 84-86.

123 Denkbar wäre allerdings auch die These, dass er ein Byzantiner war und in Rom geboren wurde, COLLIN-ROSET, Le Liber thesauri occulti, S. 112.

124 Ebd.

125 Paschalis Romanus, Übersetzung der Kyraniden, Prolog, S. 11.

126 Mavroudi zählt ihn allerdings zu den Übersetzern am byzantinischen Hof, MAVROUDI, Occult Science, S. 84; vgl. dagegen Christian Gastgeber, der ihn nicht zu den lateinischen Übersetzern der kaiserlichen Kanzlei im 12. Jahrhundert rechnet: GASTGEBER, Die lateinische „Übersetzungsabteilung" I, S. CXXXIV-CXLVI; vgl. dagegen auch RICKLIN, Der Traum, S. 322, wobei Ricklins Argument, die Gegnerschaft des Heinrich Dandolo zu Manuel Komnenos würde nahelegen, dass Paschalis Romanus keine engeren Kontakte zum byzantinischen Hof pflegte, nicht völlig überzeugend ist, wenn man das Wirken anderer Lateiner in Byzanz, wie das des Hugo Etherianus und des Leo Tuscus, betrachtet, siehe Kapitel 7.

er das Werk des dort arbeitenden Übersetzers Leo Tuscus, zum anderen lag ein Schwerpunkt seiner Übersetzungsarbeit im magisch-okkulten Themenspektrum, das sich bei der byzantinischen Aristokratie des 12. Jahrhunderts großer Beliebtheit erfreute. Deshalb kann sein Wirken durchaus dem höfischen Kontext zugeordnet werden, auch wenn sichere Belege fehlen.[127]

Insgesamt vier Übersetzungen sind ihm zweifelsfrei zuzuschreiben, zwei aus dem religiösen Bereich, zwei aus dem Bereich der Traumdeutung und des Okkulten. Die *Disputatio contra Judeos* (1163) und die Übersetzung des Marienlebens des Epiphanios (vor 1186) waren beide Heinrich Dandolo, dem Patriarchen von Grado, gewidmet.[128] Überhaupt scheint Paschalis enge Beziehungen zu den Venezianern unterhalten zu haben, was nicht zuletzt seine Tätigkeit für den Patriarchen von Grado bekräftigt.[129] Die Übersetzung der Kyraniden (1169) und der *Liber thesauri occulti* (1165) sind hingegen nicht zweifelsfrei einem Empfänger zuzuordnen.[130] Sie entsprechen aber durchaus dem zu dieser Zeit in Byzanz herrschenden Zeitgeist, in dem Werke zur Traumdeutung und Astrologie auf Interesse stießen.[131]

2.3.5 *Anselm von Havelberg*

Anselm von Havelberg war als Gesandter der westlichen Herrscher Lothar III. (1125-1137) und Friedrich I. Barbarossa (1152-1190) am byzantinischen Kaiserhof tätig. Wie Burgundio von Pisa gehört auch er zu den Lateinern, die nicht für den Kaiser arbeiteten, aber dennoch im höfischen Umfeld wirkten. Auch wenn er sich beide Male im Auftrag weltlicher Mächte in Konstantinopel aufhielt, kann er dem Wirkungsfeld der Religion zugerechnet werden. Als Bischof von Havelberg, ab 1155 sogar Erzbischof von Ravenna, war er ein hoher Würdenträger der römischen Kirche. Spätestens 1099 geboren, genoss er wahrscheinlich eine Ausbildung an der Kathedralschule von Lüttich unter Rupert von Deutz. Er wurde dadurch auf den kirchlich-administrativen Dienst

127 Sogar einen direkten Zugriff des Paschalis Romanus auf die von Kaiser Manuel gesammelten okkulten Schriften hält Matthias Heiduk für möglich, HEIDUK, Offene Geheimnisse, S. 330f.

128 Paschalis Romanus, Übersetzung des Marienlebens, S. 111; ders., Übersetzung Disputatio contra Judeos, S. 192; siehe zu den Werken auch den Überblick bei: COLLIN-ROSET, Le Liber thesauri occulti, S. 113-117.

129 RICKLIN, Der Traum, S. 248f. und S. 322.

130 COLLIN-ROSET, Le Liber thesauri occulti, S. 114-116, siehe Kapitel 3.2.2.

131 Siehe zur Bedeutung okkulter Werke in Byzanz den Sammelband MAGDALINO/ MAVROUDI (Hrsg.), The occult sciences; und die Beiträge: MAGDALINO, Occult Science, S. 119-162; MAVROUDI, Occult Science, S. 39-95; für das 12. Jahrhundert insbesondere: ADLER, Did the Biblical Patriarchs, S. 245-263; MAGDALINO, Debunking Astrology, S. 165-175.

vorbereitet. 1129 wurde er durch Norbert von Xanten als Bischof des Grenzbistums Havelberg eingesetzt, wo sich Anselm allerdings nicht wirklich aufhalten konnte, da es unter wendischer Herrschaft stand.[132] Er gehörte zum direkten Umfeld der römisch-deutschen Herrscher und pflegte mit bedeutenden Männern seiner Zeit wie Wibald von Stablo, dem Abt von Corvey, oder Arnold von Wied, dem späteren Erzbischof von Köln, seit seiner Studienzeit einen engen Kontakt.[133] Lothar III. schickte ihn 1136 nach Byzanz, um ein Bündnis zu verhandeln. Obwohl er als politischer Gesandter einer weltlichen Macht gekommen war, führte er mit Mitgliedern des Kaiserhofes mehrfach religiöse Streitgespräche. Der bedeutendste Austausch fand mit dem Erzbischof von Nikomedia im Rahmen einer öffentlichen Versammlung statt. Anselm war für die Byzantiner als Bischof und somit Vertreter der römischen Kirche ein interessanter Gesprächspartner.[134] Der Havelberger Bischof verfasste im Auftrag Papst Eugens III., um 1149/1150 sein Werk *Anticimenon*, das im zweiten und dritten Buch den Dialog mit den Byzantinern und die Überwindung der Kirchenspaltung zum Thema hat.[135] 1153 schickte ihn Friedrich Barbarossa erneut an den Bosporus, um ein politisches Bündnis zu verhandeln. Auf seiner Rückreise von Konstantinopel traf er mit Basileios von Ochrid, dem Erzbischof von Thessaloniki, zusammen. Mit diesem führte er 1154/1155 wieder ein religiöses Streitgespräch, über das der byzantinische Erzbischof einen Bericht verfasste.[136] Anselm wurde für seine Dienste für Friedrich Barbarossa belohnt und 1155 zum Erzbischof von Ravenna und zum Exarchen der Region erhoben. Er verstarb am 12. August 1158 in Italien.[137]

2.3.6 *Johannes Rogerios Dalassenos und Alexander von Conversano*

Im Gegensatz zu den anderen vorgestellten Lateinern am byzantinischen Hof sind Johannes Rogerios Dalassenos und Alexander von Conversano nicht dem Wirkungsfeld der Sprache und/oder Religion zuzuordnen, sondern dem politischen Bereich. Beide entstammten vornehmen Familien und gehörten deshalb auch am Hof zu einem anderen Milieu als die bisher behandelten

---

132 SIEBEN, Anselm von Havelberg, S. 13f.; zur Biographie des Anselm von Havelberg vgl. auch: LEES, Anselm, S. 11-122; SIGLER, Anselm, S. 1-234; Lees setzt das Geburtsdatum bereits um 1095 an, LEES, Anselm, S. 11.

133 Zu seiner Freundschaft mit Wibald und Arnold und seinen Studien in Lüttich: ebd., S. 14-21; zu seiner Tätigkeit für die römisch-deutschen Herrscher: SIEBEN, Anselm von Havelberg, S. 14-21.

134 Siehe besonders Kapitel 4.1.3, 4.2.3 und 4.4.

135 SIEBEN, Anselm von Havelberg, S. 18.

136 Vgl. SCHMIDT, Des Basilius, S. 16-33; Datierung bei Schmidt 1155: ebd., S. 32f.; bei Sieben 1154: SIEBEN, Anselm von Havelberg, S. 20; siehe zu diesem Gespräch auch Kapitel 4.1.3.

137 SIEBEN, Anselm von Havelberg, S. 20f.

Personen. Die beiden werden hier exemplarisch für diejenigen Personen angeführt, die im politischen Bereich tätig waren. Das heißt nicht, dass nur Aristokraten im Wirkungsfeld der Politik vertreten waren, es finden sich dort ebenso einige Lateiner niederen Ranges. Allerdings sind die biographischen Informationen zu diesen sehr lückenhaft und ergeben kein aussagekräftiges Bild.[138]

Johannes Rogerios Dalassenos entstammte mindestens der zweiten oder dritten Generation nach Byzanz eingewanderter Normannen, er ist deshalb ein anschauliches Beispiel für Angehörige normannischer Adelsfamilien, die dort sesshaft wurden wie auch die Familien Petraliphas oder Raoul. Er gehörte zu der Familie der Rogerioi. Deren Stammvater war ein gewisser Roger, der Sohn des Dagobert, er hatte an der Seite Robert Guiskards gekämpft.[139] Während der Auseinandersetzungen zwischen Byzantinern und Normannen wechselte er 1081 die Seiten. Der Dichter Nikolaos Kallikles entwarf ein Epitaph für den verstorbenen Roger und berichtet darin davon, wie der Kaiser Alexios I. Komnenos diesem verzieh, dass er zuvor gegen die Byzantiner gekämpft hatte. Er erhielt sogar den Titel eines *sebastos*.[140] Roger fungierte sowohl als Ratgeber als auch als Gesandter des *Basileus*, er selbst ist auch als Unterzeichner des Vertrages von Devol 1108, der zwischen Alexios I. und Bohemund von Tarent geschlossen wurde, aufgelistet.[141]

Johannes war ein Spross dieser Familie und ein Nachfahre des genannten Roger, mütterlicherseits gehörte er zu dem angesehenen Geschlecht der Dalassenoi. Er heiratete Maria Komnene und wurde dadurch Schwiegersohn des byzantinischen Kaisers Johannes II. Komnenos, sowie Schwager des Kaisers Manuel I. Komnenos und erhielt den Titel eines *kaisar* (καῖσαρ).[142] Er selbst strebte auf den Kaiserthron und plante sogar die Machtübernahme, die allerdings scheiterte.[143] Manuel Komnenos verzieh ihm den Verrat und

---

138 Zu dem Wirkungsfeld der Politik siehe Kapitel 5.

139 NICOL, Symbiosis, S. 122f.

140 Nikolaos Kallikles, Epitaph des Rogerios, Nr. 19, S. 93-95; siehe auch MATHIEU, Cinq poésies byzantines, S. 137-140; NICOL, Symbiosis, S. 123; zum Titel *sebastos* siehe: KAZHDAN, Art. „Sebastos", S. 1862f.

141 Anna Komnene, Alexias, XIII, 4, S. 395 und XIII, 9, S. 407f.; Albert von Aachen, Historia Ierosolimitana, II, 9, S. 74; zum Vertrag von Devol 1108: Anna Komnene, Alexias, XIII, 12, S. 413-423; NICOL, Symbiosis, S. 123; zum Vertrag von Devol 1108 auch: LILIE, Byzanz und die Kreuzzüge, S. 65-68.

142 Zu der Familie der Dalassenoi: CHEYNET, Les Dalassènoi, S. 413-471; zu den Rogerioi siehe: STIERNON, Notes: À propos de trois membres, S. 184-197; siehe zum Titel *kaisar*: KAZHDAN, Art. „Caesar", S. 363; RÖSCH, Onoma Basileias, S. 36f.; GUILLAND, Recherches II, S. 25-43.

143 Siehe zu diesen Vorgängen genauer Kapitel 7.3.

nahm ihn wieder in seine Gunst auf. Er ist 1147 als Teilnehmer der Synode im Blachernenpalast nachgewiesen. Ein weiteres Mal trat er in Erscheinung, als er auf Befehl des Kaisers erfolglos um die Hand der Königinwitwe Konstanze von Antiochia 1153 warb, um Antiochia zurück in das byzantinische Einflussgebiet zu holen.[144]

Alexander von Conversano, Graf von Gravina, war ein weiterer Lateiner, der für den byzantinischen Kaiser tätig war. Nach Auseinandersetzungen mit Roger II. wurde er aus Süditalien vertrieben. Er ist ein gutes Beispiel für jemanden, der seine Dienste mehreren Herren zur Verfügung stellte. 1147 war es der konstantinopolitanische Hof, der Alexander zusammen mit Demetrios Makrembolites an die Reichsgrenze sandte, um den sich auf dem Zweiten Kreuzzug befindenden Konrad III. zu empfangen.[145] 1150 und 1153 wird er wiederum vom römisch-deutschen Reich nach Byzanz geschickt, zwecks geplanter Heiratsbündnisse und dem gemeinsamen Kampf gegen die Normannen in Sizilien.[146] 1155/1156 erschien er zusammen mit dem Gesandten Johannes Doukas vor Friedrich Barbarossa, um für ein gemeinsames Vorgehen gegen die Normannen zu werben.[147] Nachdem Kaiser Friedrich die Pläne abgelehnt hatte, griffen die Byzantiner alleine ein. Alexander befehligte die französischen Einheiten der Byzantiner bei dem erfolglosen Versuch, Teile Süditaliens zurückzuerobern.[148] Ab 1155/1156 fungierte er nur noch als Gesandter für die byzantinische Seite. 1167 reiste er zusammen mit Michael von Otranto zum König von Jerusalem, Amalrich I., nach Tyros und 1177 zusammen mit Andronikos Angelos, Johannes Doukas und Georgios Sinaites zum König von Jerusalem, Balduin IV.[149] Dies ist das letzte Mal, dass er in den Quellen erscheint.

Die hier vorgestellten Biographien einiger am Hof tätiger Lateiner zeigen bereits, wie sich die Personen hinsichtlich ihrer sozialen und regionalen Herkunft, ihrer Ausbildung, Motive und ihres Wirkens in Byzanz unterscheiden. Das biographische Material ist lückenhaft und die konkreten Umstände, Daten und Lebenswege dieser Personen liegen häufig im Dunkeln. Es sind

144 MAGDALINO, The Empire, S. 503; zu seiner Mission nach Antiochia: Johannes Kinnamos, Epitome, III, 14, S. 122f.; MAGDALINO, The Empire, S. 66f.

145 Johannes Kinnamos, Epitome, II, 12, S. 67; DÖLGER/WIRTH, Regesten der Kaiserurkunden II, Nr. 1353, S. 209.

146 Wibald von Stablo, Codex epistularis II, Nr. 216, S. 460; 1153 unternahm Alexander von Conversano im Auftrag Friedrich Barbarossas zusammen mit Anselm von Havelberg eine Gesandtschaft nach Byzanz: Otto von Freising, Gesta Friderici I. Imperatoris, II, 11, S. 111f.; Regesta Imperii IV 2,1, Nr. 196, S. 59.

147 Johannes Kinnamos, Epitome, IV, 1-3, S. 134-140.

148 Ebd., 6, S. 148.

149 DÖLGER/WIRTH, Regesten der Kaiserurkunden II, Nr. 1481, S. 253 und Nr. 1526, S. 271.

in erster Linie ihre eigenen textlichen Zeugnisse, aus denen Aussagen über ihre Einstellungen, ihr Wissen, ihre Kontakte und ihre Ansichten zu bestimmten Personen und Gemeinschaften gewonnen werden können.

Das Wirken von Lateinern im höfischen Kontext war von den äußeren politischen, religiös-kulturellen und ökonomischen Gegebenheiten ihrer Zeit geprägt. Diese hatten sowohl Auswirkung auf ihre Tätigkeit als auch auf ihre Lebensumstände. Die Attraktivität und Faszination des Wissensstandorts Konstantinopel beeinflussten ihre Arbeit und ihr Selbstverständnis als Experten, denen bedeutende und seltene griechische „Quellen" offenstanden. Das Wirkungsfeld der Sprache ist deshalb besonders wichtig. Das Verstehen des Gegenübers war für Begegnungen jeglicher Art zentral, in denen ein griechischsprachiger Osten und ein lateinsprachiger Westen zusammentrafen: denn ohne Übersetzer und Dolmetscher gab es keine Kommunikation zwischen byzantinischer und westlicher Welt.

KAPITEL 3

Die Sprache: Das Wirken von Lateinern als Dolmetscher und Übersetzer

Multi vero inveniuntur, qui sciunt loqui Graecum, et Arabicum, et Hebraeum, inter Latinos, sed paucissimi sunt qui sciunt rationem grammaticae ipsius, nec sciunt docere eam.[1]

Roger Bacon schrieb dies in seinem *Opus Tertium* (um 1267).[2] Er macht darauf aufmerksam, dass zwar einige Personen im lateinischen Europa Kenntnisse des Griechischen, Arabischen und Hebräischen besaßen, sich also in diesen Sprachen verständigen konnten, es aber an einem tiefen Verständnis der entsprechenden Grammatik fehlte.[3] Damit griff Roger Bacon eine wichtige Beobachtung für die Verwendung des Griechischen im mittelalterlichen Lateineuropa auf, nämlich die Unterscheidung zwischen einerseits Kenntnissen, die der Verständigung in einigen Regionen dienten und andererseits dem Wissen über die Sprache im Ganzen. Dies ist beim Griechischen im Besonderen zu unterscheiden, da sich die Sprache vom Altgriechischen zum Mittelgriechischen erheblich veränderte.[4] Selbst beim byzantinischen Griechisch sind verschiedene Sprachebenen zu unterscheiden: die Hochsprache, die nur in Schriftform verwendet wurde, die im Hellenismus entstandene Verkehrssprache und letztlich eine weitverbreitete alltägliche Gebrauchs- und Umgangssprache.[5]

Die eingangs zitierte Passage von Robert Bacon, die darauf verweist, dass viele Lateiner Griechisch beherrschten, bezieht sich wohl primär auf Personen, die die Sprache tatsächlich zur Kommunikation in Regionen benötigten, in denen sie mit einer überwiegend griechischsprachigen Bevölkerung konfrontiert

1 Roger Bacon, Opus Tertium, X, S. 33f.; siehe zu Roger Bacon und seiner Grammatik: Hovdhaugen, Una et eadem, S. 117-131; zu Roger Bacon selbst siehe auch z. B.: Power, Roger Bacon.

2 Roger Bacon, Opus Tertium, S. 3.

3 Er selbst verfasste eine griechische Grammatik, ediert von Nolan und Hirsch: Roger Bacon, Die griechische Grammatik, S. 3-196; siehe auch: Ciccolella, Donati Graeci, S. 93-97; Berschin, Griechisch-Lateinisches Mittelalter, S. 47.

4 Siehe zur Sprachentwicklung: Browning, Medieval and Modern Greek; ders., Von der Koine, S. 156-168; Wilson, Griechische Philologie in Byzanz, S. 104-116; vgl. auch Hunger, Die hochsprachliche profane Literatur II, S. 3-83.

5 Schreiner, Bilinguismus, S. 400-402.

 | DOI:10.30965/9783657760985_004

waren. Dies trifft auf den östlichen Mittelmeerraum im Besonderen zu, aber auch auf Teile Süditaliens, zumindest bis ins 13. Jahrhundert.[6] Individuen, die sich diese Kenntnisse aneigneten, waren häufig unter den Kaufleuten, Pilgern, Kreuzfahrern und Söldnern zu finden, die Byzanz durchquerten oder sich einige Zeit dort aufhielten.

Diese Art der erlernten Alltagssprache ist allerdings nicht mit dem Studium des Griechischen gleichzusetzen, das zum Verstehen und Übersetzen biblischer, theologischer und wissenschaftlicher Texte oder politischer und/oder religiöser Gespräche befähigte.[7]

Das Griechische hatte im lateinischen Mittelalter einen hohen Stellenwert, auch wenn die Kenntnis dieser Sprache wohl nicht weit verbreitet war. Griechisch galt als eine der *tres linguae sacrae*.[8] Es war die Sprache des Neuen Testaments, zahlreicher patristischer Werke und auch in der Liturgie blieb es über das Mittelalter hinaus präsent. Formeln wie das κύριε ἐλέησον bei zentralen Stellen in der lateinischen Liturgie zeugen von seiner Relevanz.[9] Etliche griechische Lehnwörter gingen in die Sprache der Kirche und der kirchlichen Amtsbezeichnungen ein. Im 12. Jahrhundert beschreibt Anselm von Havelberg ihre Bedeutung in seinem *Anticimenon*:

> *Utuntur ergo Latini modo Latinis, modo Graecis vocabulis in ecclesiasticis ordinibus, nempe Graece episcopus, Latine dicitur pontifex, Graece presbyter, Latine senior, quod est sacerdos; diaconus, Latine minister, quemadmodum de Graeco in Latinum; sive de Latino in Graecum, sive de Hebraeo in Latinum vel Graecum transtulit translatorum diligentia.*[10]

Anselm führt eine Auswahl an Lehnwörtern für die kirchliche Amtssprache auf und stellt sie den ursprünglich lateinischen Begriffen gegenüber. Er betont dadurch den Einfluss der griechischen Sprache im kirchlichen Bereich.

Die Bedeutung des Griechischen beschränkte sich aber nicht nur auf den religiösen Bereich, sondern zeigt sich auch in der Fachsprache der *artes liberales*, in der nicht nur auf Begriffe, sondern auch auf Gräzismen beispielsweise in der

---

6 TOUNTA, Süditalien, S. 432-445; SIDERAS, Zu den Theorien, S. 226-239; KISLINGER, Regionalgeschichte; FALKENHAUSEN, The Graeco-Byzantine Heritage, S. 57-77.

7 Siehe zu Sprachkenntnissen im Kontext der Unionsverhandlungen im 13. und 14. Jahrhundert: ALTANER, Die Kenntnis, S. 444-449; ders., Sprachkenntnisse, S. 83-126, besonders S. 92-94.

8 BERSCHIN, Griechisch-Lateinisches Mittelalter, S. 31-38; MCNALLY, The „Tres linguae sacrae", S. 395-403; RICHTER, Concept, S. 15-23.

9 BERSCHIN, Griechisch-Lateinisches Mittelalter, S. 33; JUNGMANN, Missarum Sollemnia I, S. 412-429.

10 Anselm von Havelberg, Anticimenon, III, 16, Sp. 1234.

Rhetorik, Dialektik, Astronomie, Musik, aber auch Medizin zurückgegriffen wurde.[11] Ein Blick auf die Werkstitel einiger berühmter lateinischer Autoren des 12. Jahrhunderts zeigt, wie gerne die Schriften mit griechisch und gelehrt klingenden Namen versehen wurden. Man denke nur an Anselm von Havelbergs *Anticimenon* oder Johannes von Salisburys *Policraticus* sowie *Metalogicon* oder an das *Didascalicon de studio legendi* des Hugo von St. Viktor.[12]

Das Griechische hatte also einen besonderen Stellenwert zumindest in bestimmten Zirkeln, dennoch blieb seine Beherrschung im 12. Jahrhundert im lateinischen Europa die Ausnahme, abgesehen vielleicht von bestimmten Regionen, in denen es griechischsprachige Bevölkerungsgruppen gab.[13] Erkennbar ist dieser Zustand auch am Fehlen umfassender Lehrbücher für die griechische Sprache im lateinischen Mittelalter. Sie kamen erst im 14. und 15. Jahrhundert auf. Die von dem byzantinischen Gelehrten Manuel Chrysoloras verfasste Grammatik *Erotemata* wurde von dessen Schüler Guarino da Verona ins Latein übersetzt und war dadurch auch für Anfänger, die keine Vorkenntnisse hatten, zu benutzen.[14] Es folgten die Lehrbücher des Theodor von Gaza (Γραμματικὴ εἰσαγωγή, 1495) und des Konstantin Laskaris (Ἐπιτομὴ τῶν ὀκτὼ τοῦ λόγου μερῶν, 1476).[15]

In den Jahrhunderten zuvor hatte es zwar wiederholt Versuche gegeben, eine griechische Grammatik zu verfassen, beispielsweise im Umfeld von Martin von Laon im 9. Jahrhundert oder im 10./11. Jahrhundert durch Froumund von Tegernsee.[16] Hervorzuheben ist auch die im 13. Jahrhundert verfasste Grammatik von

11 BERSCHIN, Griechisch-Lateinisches Mittelalter, S. 45.

12 NOVIKOFF, Anselm, S. 105; BRAUN, Studien, S. 136, Fußnote 10; siehe zum Titel *Anticimenon* die Einführung bei der Übersetzung dieses Werkes: SIEBEN, Anselm von Havelberg, S. 13-38, besonders S. 37f.; vgl. zum *Policraticus* die Einleitung bei SEIT, Policraticus, S. 11-54; vgl. zum *Metalogicon* HALL, Metalogicon, S. V-XVI; *Didascalicon* ist ein Studienbuch, vgl. dazu: OFFERGELD, Didascalicon, S. 7-102.

13 BERSCHIN, Griechisch-Lateinisches Mittelalter, S. 31-51; ALTANER, Die Kenntnis, S. 444-449; ders., Sprachkenntnisse, S. 85-90; BISCHOFF, The Study, S. 209-224, besonders S. 213 und 215f.; BULHOL, La connaissance.

14 BERSCHIN, Griechisch-Lateinisches Mittelalter, S. 47; CICCOLELLA, Donati Graeci, S. 98-102; zu dem Leben und Wirken des Manuel Chrysoloras siehe z. B. die Biographie von THORN-WICKERT, Manuel Chrysoloras; siehe auch WILSON, From Byzantium, besonders S. 9-14; siehe auch: SCHWAB, Antike, S. 31-36.

15 BERSCHIN, Griechisch-Lateinisches Mittelalter, S. 47; CICCOLELLA, Donati Graeci, S. 120-124; zu griechischen Grammatiken siehe auch: FÖRSTEL, Jean Cuno, S. 289-305; zu Theodor von Gaza siehe z. B.: GEANAKOPLOS, Theodore Gaza, S. 68-90; zur Verbreitung seiner griechischen Grammatik: BREEZE, The Greek Grammar, S. 281-284; siehe zu Konstantin Laskaris auch: WILSON, From Byzantium, S. 136-139.

16 BERSCHIN, Griechisch-Lateinisches Mittelalter, S. 46f.; zu Froumund siehe AERTS, Froumund's Greek, S. 194-210.

Roger Bacon, die aber wohl keine große Verbreitung fand.[17] Das Fehlen eines solchen Lehrbuches zeigt aber, dass der Bedarf nicht sehr groß war. Dennoch gab es Wege für einen Lateineuropäer im Mittelalter, die griechische Sprache zu erlernen, auch ohne sich persönlich in Byzanz aufgehalten zu haben.

Wie Walter Berschin herausstellte, war das Gegenüberstellen und Abgleichen von Bibelstellen und weiterer theologischer Literatur die gängige Methode zum Erlernen der griechischen Sprache im Mittelalter.[18] Ein großes Interesse bestand besonders an Psaltern, die sich durch ihren Bekanntheitsgrad ausgesprochen gut dafür eigneten.[19] Zudem dienten einige griechisch-lateinische Glossare besonders im monastischen Umfeld dazu, Texte zu verstehen und sich die griechische Sprache anzueignen. Sie orientierten sich allerdings weniger an der zeitgenössischen Sprache, sondern eher am klassischen Griechisch.[20] Deshalb ist davon auszugehen, dass sie weniger praktischen Nutzen in der Kommunikation mit den zeitgenössischen Byzantinern hatten, sondern vielmehr bei der Übersetzung (spät)antiker und theologischer Texte Verwendung fanden.

Einige der Glossare hatten aber wohl auch praktischen Nutzen und dienten der Vorbereitung von Reisen in den östlichen Mittelmeerraum. Ein aus dem Kloster Mont Saint-Michel stammendes Glossar enthält lateinische Wörter und kurze Sätze mit einer griechischen Übersetzung, beides in lateinischen Buchstaben. Dies spricht dafür, dass der Lernprozess vorwiegend auf phonetischer Ebene verlief und weniger wirkliche Studienzwecke, sondern der praktische Nutzen im Mittelpunkt standen. Auch die Inhalte solcher Glossare zeigen dies, da sie den Wortschatz für Alltagssituationen lieferten. Sätze wie „gib mir Brot, gib mir Fisch" (*da mihi panem, da mihi piscem/ dosme psomi, dosme opsarin*),[21] sollten ein Mindestmaß an Konversation mit den Byzantinern gewährleisten und entspringen dem Wortspektrum eines Reisenden.[22]

Eine im 12. Jahrhundert im Kloster Saint-Pierre-le-Vif in Sens entstandene Wortliste enthält ebenfalls alltagssprachliche Formulierungen, bietet aber auch Beispielsätze, die auf einen Kontakt mit dem Kaiserhof hindeuten.

17 CICCOLELLA, Donati Graeci, S. 95-97.

18 BERSCHIN, Griechisch-Lateinisches Mittelalter, S. 47f.; diese Methode beschreibt beispielsweise noch Ambrogio Traversari im 15. Jahrhundert: Brief des Ambrogio Traversari an Francesco Coppola, in: BERTALOT, Zwölf Briefe, hier Brief 6, S. 262f.; siehe auch zum Erlernen des Griechischen: WILSON, ‚Utriusque linguae peritus', S. 62-70.

19 BERSCHIN, Griechisch-Lateinisches Mittelalter, S. 50.

20 CIGGAAR, Bilingual word lists, S. 170f.; siehe auch GOETZ/ GUNDERMANN, Glossae Latinograecae.

21 Ediert bei AERTS, The Latin-Greek wordlist, S. 65.

22 CIGGAAR, Bilingual word lists, S. 172; AERTS, The Latin-Greek wordlist, S. 65-69.

Darin enthalten sind Sätze wie „Was hast Du vom griechischen/ römischen Kaiser gehört" (*Quid audisti de imperatore greco?; ti aquis to apeto vasilio romeco?*).[23] Offensichtlich war diese Liste für Personen bestimmt, die sich auf die Kommunikation mit dem byzantinischen Kaiserhof vorbereiteten. Während einige Historiker dieses Glossar als eine Hilfestellung für Kreuzfahrer einordneten, bietet Krijnie Ciggaar eine andere Erklärung an.[24] Ihrer Meinung nach handelte es sich um eine Liste, die für westliche Söldner bestimmt war. Sie argumentiert, dass die überwiegend militärischen Termini und das Wort *olocotinon/olocotina* (*lacotina*), welches *Nomisma* meint, also die Frage nach Geld/Sold, auf diese Zielgruppe hinweisen.[25] Wer auch immer sie nutzte, es steht außer Frage, dass diese Wortliste für Personen geschrieben war, die in einer bestimmten Mission nach Byzanz kamen und sich auf eine Kommunikationssituation mit dem Hof vorbereiten mussten. Nach Ciggaar sei dem Text anzumerken, dass er mehrmals kopiert wurde, was für eine gewisse Nachfrage an solchen Inhalten spricht.[26]

Eine zentrale Frage bei dieser Art der Listen ist die nach den Verfassern. Ciggaar vermutet bei der Liste von Saint-Pierre-le-Vif, dass Byzantiner oder Personen, die lange in Byzanz lebten, an der Erstellung beteiligt waren. Als Argument hierfür stützt sie sich auf eine bestimmte Formulierung. Der Kaiser wird nämlich als *vasilios romecos* bezeichnet, als „römischer Kaiser", während in der lateinischen Übersetzung *imperator grecus*, „griechischer Kaiser", steht.[27] Im griechischen wie lateinischen Teil zeigt sich also Wissen um die auf beiden Seiten üblichen Bezeichnungen für den Kaiser, da sowohl die westlichen als auch die byzantinischen Traditionen an dieser Stelle einflossen. Dies könnte tatsächlich für jemanden sprechen, der sowohl im Westen als auch in Byzanz gelebt hatte und mit beiden Welten vertraut war.

Das hier Vorgestellte wirft die Frage nach den sprachlichen Vermittlern auf, den Garanten für das Verstehen und Verständnis zwischen Byzanz und dem Westen. Denn trotz aller Bemühungen und Hilfsmittel waren beide Seiten bei der Kommunikation auf Dolmetscher und Übersetzer angewiesen.

---

23 Ediert ist der Text mit den griechischen Entsprechungen in griechischen Buchstaben von Aerts, Froumund's Greek, S. 203-208, dieses Zitat S. 203f.; alte Edition bei Delisle, Notes, S. 11-15, dieses Zitat S. 12.

24 Als Hilfe für Kreuzfahrer siehe z. B. Aerts, Froumund's Greek, S. 203-209; vgl. dagegen Ciggaar, Bilingual word lists, S. 173-175.

25 Ebd., S. 174; siehe auch Aerts, Froumund's Greek, S. 203-208.

26 Ciggaar, Bilingual word lists, S. 175.

27 Ciggaar bringt sogar konkret zwei Lateiner, die in der zweiten Hälfte des 11. Jahrhunderts in Byzanz gedient hatten, Odo und Robert von Mézidon, mit der Liste von Auxerre in Verbindung, ebd.

In Byzanz waren Lateinkenntnisse mindestens ebenso selten anzutreffen wie im lateinischen Europa das Griechische.[28] Die hier untersuchten Dolmetscher und Übersetzer stammten aus dem Westen oder hatten lateinische Wurzeln und hielten sich mindestens für eine gewisse Zeit in Byzanz auf. Sie kamen mit beiden Seiten persönlich in Kontakt und befanden sich dadurch in einer Mittlerfunktion zwischen Ost und West.

3.1 Lateinische Dolmetscher und das Dolmetscherwesen in Byzanz

Die fehlende Befähigung, die jeweils andere Sprache zu verstehen und zu sprechen, ließ Dolmetscher und Übersetzer für alle byzantinisch-westlichen Kommunikationsebenen zu unersetzlichen Vermittlern werden. Beide beschäftigen sich mit der Übertragung von der einen in die andere Sprache, dennoch ist es wichtig, eine klare Unterscheidung beider Tätigkeitsbereiche zu treffen. Während sich die Übersetzungstätigkeit auf die Transferierung eines Textes von einer in eine andere Sprache bezieht, handelt es sich beim Dolmetschen um die mündliche Übertragung.[29] Der Dolmetscher beherrscht beide Sprachen und übersetzt mündlich entweder simultan, also Wort für Wort, oder konsekutiv, also nach einigen Sätzen oder nach dem gesamten Vortrag, Bericht oder Beitrag.[30] In der Theorie erscheint die Abgrenzung eindeutiger als in der mittelalterlichen Praxis.

Erstens konnten im Prozess des Dolmetschens durchaus schriftliche Fassungen des Gesagten angefordert werden, beispielsweise auch um den Gesprächspartner auf im Wortlaut exakte Aussagen oder Zusicherungen festzulegen. Die schriftlichen Fassungen waren dabei Teil des Dolmetsch-Prozesses.[31]

---

28 ROCHETTE, „Latinum est", S. 317-348; zur Bedeutung des Lateins in den griechisch geprägten Regionen des Römischen Reiches siehe die Studie: ROCHETTE, Le latin; zu den späteren Übersetzungen aus dem Latein ins Griechische siehe als Überblick: TINNEFELD, Translations, S. 9-19.

29 HONEMANN/ ROTH, Dolmetscher, S. 77f.; SCHNEIDER, Vom Dolmetschen, S. 34f.; zur Definition des Dolmetschens siehe z. B. BOWEN, Geschichte des Dolmetschens, S. 43-46; für Byzanz: KAZHDAN, Art. „Interpreter", S. 1004.

30 HONEMANN/ ROTH, Dolmetscher, S. 79; vgl. generell zum Dolmetschen PÖCHHACKER, Dolmetschen, besonders S. 5-66; vgl. zum Simultandolmetschen: ders., Simultandolmetschen, S. 301-304; ders., Simultandolmetschen als komplexes Handeln; zum Konsekutivdolmetschen: DÉJEAN LE FÉAL, Konsekutivdolmetschen, S. 304-307; siehe zum Konsekutivdolmetschen im Mittelalter und seiner theoretischen Rechtfertigung: SCHNEIDER, Vom Dolmetschen, S. 119-123.

31 Besonders bei den Kirchenunionsverhandlungen von 1234 in Nikaia und Nymphaion wird dies ersichtlich. Immer wieder werden schriftliche Übersetzungen des Gesagten

Zweitens zeigen die Forschungen zur Übersetzungsschule von Toledo, dass für die schriftliche Übersetzung ins Latein auch mündliche Zwischenübersetzungen vom Arabischen in die Volkssprache angefertigt wurden.[32]

Drittens konnte ein und dieselbe Person beide Funktionen ausüben und war sowohl mit dem Dolmetschen als auch dem schriftlichen Übersetzen von Verhandlungsergebnissen betraut.[33]

Diese Beispiele zeigen: eine trennscharfe Differenzierung zwischen Dolmetschen und Übersetzen kann in den Kommunikationsprozessen nicht immer zweifelsfrei getroffen werden. Diese Problematik spiegelt sich auch begrifflich wider, da beide Quellensprachen, sowohl Latein als auch Griechisch, diese beiden Tätigkeiten unter denselben Termini fassen. In lateinischen Quellen kann *interpres* sowohl Dolmetscher als auch Übersetzer meinen.[34] Im Griechischen ist dies ähnlich, der Term διερμηνευτής konnte beide Funktionen bezeichnen, darüber hinaus gab es noch weitere Beschreibungen wie beispielsweise δίγλωττος/δίγλωσσος, also ein zweier Sprachen Kundiger, πολύγλωσσος, vieler Sprachen Kundiger oder auch ὑποβολεύς.[35] In den meisten Fällen ist

---

angefordert und angefertigt. So baten die Byzantiner darum, dass ihnen die Erklärung zum *Filioque* in schriftlicher Form gegeben wird und anschließend, dass die päpstlichen Gesandten die Erklärung ins Griechische übersetzen, z. B. Relatio von 1234, 8, S. 436; siehe zu den Verhandlungen: EXARCHOS, Formen, S. 137-160.

32 D'ALVERNY, Les traductions, S. 193-206, besonders S. 193; HONEMANN/ ROTH, Dolmetscher, S. 79; BURNETT, The Coherence, S. 252.

33 Bei Gerados Alamanopoulos ist dies z. B. der Fall, er übersetzte Dokumente und wurde auch als Dolmetscher auf Gesandtschaftsreisen nach Genua geschickt, GASTGEBER, Die lateinische „Übersetzungsabteilung" II, S. 350.

34 Zu Beispielen für den Gebrauch von *interpres* für Dolmetscher siehe die rudimentäre Zusammenstellung von Quellenbeispielen für das Mittelalter bei HONEMANN/ ROTH, Dolmetscher, S. 88-125; es gibt aber auch außergewöhnliche lateinische Bezeichnungen für Griechisch-Dolmetscher wie etwa die des *Grecolonus/Grecolonon* bei Liudprand von Cremona, Legatio, 46, S. 200. Damit könnte nach Köhler *Graecolalon*, *Graecoglosson* oder *Graecostomon* gemeint sein. Er vermutet, bei dem Dolmetscher handelte es sich um einen Italiener, der Griechisch konnte, KÖHLER, Beiträge, S. 67f.; an anderer Stelle verwendete er aber auch den herkömmlichen Terminus *interpres*, Liudprand von Cremona, Antapodosis, VI, 9, S. 157 oder 37, S. 194 oder 54, S. 204; aber auch der Übersetzer von Texten wird als *interpres* bezeichnet, so z. B. Burgundio von Pisa sogar in seiner Grabinschrift als *Optimus interpres grecorum fonte refectus*, zit. n. CLASSEN, Burgundio von Pisa, S. 8; siehe dazu auch Kapitel 3.3.1.

35 Δίγλωττος als Bezeichnung für den Dolmetscher Mauropoulos z. B. bei Niketas Choniates, Historia, VI, S. 190; πολύγλωσσος z. B. bei Nikolaos Mesarites, Epitaphios, 37, S. 48; ὑποβολεύς z. B. bei Niketas Choniates als Bezeichnung für den Dolmetscher Isaak Aaron, Niketas Choniates, Historia, IV, S. 144; und zum Amt des ἑρμηνεύς, ἑρμηνευτής oder διερμηνευτής siehe GASTGEBER, Die lateinische „Übersetzungsabteilung" I, S. I-XII; MILLER, The Logothete, S. 449-458; ἑρμηνεύς auch bei Nikolaos Mesarites, Epitaphios, 38, S. 49.

deshalb nur über den Kontext erschließbar, ob jemand als Dolmetscher oder Übersetzer oder beides wirkte.

3.1.1 *Die Einsatzgebiete und Auftraggeber der Dolmetscher*

Da eine Vielzahl von Individuen und Personengruppen aus unterschiedlichen Völkern und Reichen byzantinisches Territorium durchquerte oder dort sogar sesshaft wurde, war der Bedarf an Dolmetschern über Jahrhunderte hinweg groß. Ab dem 12. Jahrhundert entstand durch die Intensivierung der westlich-byzantinischen Beziehungen auf politischer, ökonomischer und religiös-kultureller Ebene eine besonders große Nachfrage an Latein-Griechisch-Dolmetschern.[36] Die Einsatzgebiete waren sehr verschieden. Eine typische Bedarfssituation stellte der gesamte diplomatische Verkehr dar, besonders der Gesandtschaftsaustausch. Für Dolmetscher im höfischen Kontext standen die Übersetzung von politischen Gesprächen und Verhandlungen im Mittelpunkt, wobei sie auch bei allen denkbaren Kommunikationssituationen eingesetzt wurden wie religiösen Streitgesprächen, ökonomischen, rechtlichen oder auch kulturellen Begegnungen.[37] Nicht zuletzt wurden Dolmetscher aber auch für die alltägliche Kommunikation mit den Einheimischen benötigt.[38]

Im Spiegel der überlieferten byzantinisch-westlichen Kommunikationssituationen scheint es durchaus gängig gewesen zu sein, nur einen Dolmetscher für beide Seiten einzusetzen. Drei Szenarien sind bei der Auswahl im höfischen Kontext denkbar. Möglich war erstens, einen offiziellen Latein-Griechisch Dolmetscher des Hofes mit dem Übersetzen zu betrauen. Diese konnten mit byzantinischen Gesandten auch zu westlichen Mächten geschickt werden. Im Jahr 1170 begleitete beispielsweise ein gewisser Gilbert die Gesandtschaft des [N.N.] Kontostephanos, [N.N.] Kastamonites, [N.N.] Doxopatres zu Papst Alexander III. und der Dolmetscher Gerardos Alamanopoulos wurde 1192

36 Siehe zu den Rahmenbedingungen Kapitel 2.1.

37 Siehe zu den Einsatzmöglichkeiten auch GASTGEBER, Die lateinische „Übersetzungsabteilung" I, S. I-XII; zu den Dolmetschern bei Unionsverhandlungen am Beispiel des Konzils von Basel und Ferrara-Florenz siehe auch: MARIANO, Rôle, S. 13-23; zur Rolle der Sprache im diplomatischen Kontext: DROCOURT, Une diplomatie, S. 25-61.

38 CIGGAAR, Bilingual word lists, S. 166; als ein Beispiel für den alltäglichen Bedarf von Dolmetschern können die von Liudprand von Cremona geschilderten Verständigungsprobleme im 10. Jahrhundert dienen, Liudprand von Cremona, Legatio, 46, S. 200: *Grecolonon meum, id est Grecae linguae gnarum, non permittebant egredi, saltem ut sumptus emeret, sed cocum solum Grecae linguae ignarum, qui non signorum signis, sed digitorum seu capitis nutibus cum venditore emptor loquebatur tantique nummis emebat quatuor, quanti Grecolonus obsonium uno.*; Liudprand von Cremona nahm eine allgemein sehr skeptische und kritische Haltung gegenüber den Byzantinern ein, siehe RENTSCHLER, Liudprand von Cremona, S. 31-80.

zusammen mit dem *grammatikos* Nikephoros Pepagomenos nach Genua gesandt.[39]

Zweitens konnten Gesandte aus dem lateinischen Europa eigene Griechisch-Übersetzer mit sich führen. Ein Beispiel ist die Disputation in Konstantinopel 1204, bei der der römische Legat wohl seinen eigenen Dolmetscher mitbrachte.[40] So wie die Byzantiner auf Lateiner zurückgriffen, so waren für westliche Mächte griechische Muttersprachler im Einsatz. Ein sehr bekanntes, etwas späteres, Beispiel ist der süditalienische griechische Mönch und spätere Abt von Otranto, Nikolaos, der 1206/1207 als Dolmetscher des päpstlichen Legaten Benedikt von Santa Susanna in Konstantinopel weilte, und der 1214/1215 erneut in Konstantinopel und in Nikaia unter dem päpstlichen Legaten Pelagius Galvani als Dolmetscher tätig war. Später 1223/1224 besuchte er wieder Nikaia, diesmal aber wohl als Gesandter Kaiser Friedrichs II.[41]

Die dritte Option ist die Auswahl eines „unabhängigen" Dolmetschers, der weder der einen noch anderen Seite klar zuzurechnen ist, dies ist besonders beim Rückgriff auf Kaufleute der Fall, vielleicht auch mangels Alternativen.[42] Moses von Bergamo, der bei der Disputation zwischen Anselm von Havelberg und Niketas von Nikomedia 1136 dolmetschte, könnte eventuell auch den eher „unabhängigen" Dolmetschern zugeordnet werden. Jedenfalls wurde er von beiden Seiten unter verschiedenen zur Verfügung stehenden Dolmetschern ausgewählt. Bei Moses ist allerdings gut denkbar, dass auch er der Übersetzungssektion des byzantinischen Hofes angehörte.[43]

Dolmetscher waren für westlich-byzantinische Begegnungen unverzichtbar. Ihr Einsatz war notwendig, wurde aber durchaus auch als umständlich und verzögernd empfunden. Odo von Deuil weiß beispielsweise in seiner *De profectione Ludovici VII in Orientem* zum Zweiten Kreuzzug zu berichten, dass Gottfried, der Bischof von Langres, bei einem Treffen mit Gesandten des Kaisers die an den französischen König gerichtete umständliche, höfliche Einführung

---

39 Siehe Dölger/Wirth, Regesten der Kaiserurkunden II, Nr. 1496, S. 258 und Nr. 1610, S. 310f.; siehe zu beiden auch Guilland, Grand Interprète, S. 20f.; Gastgeber, Die lateinische „Übersetzungsabteilung" I, S. CXL und CXLIV; zum Amt des *grammatikos*: Kazhdan, Art. „Grammatikos", S. 866.

40 Hoeck/ Loenertz, Nikolaos-Nektarios von Otranto, S. 32; Nikolaos Mesarites, Epitaphios, 36-38, S. 47-50.

41 Hoeck/ Loenertz, Nikolaos-Nektarios von Otranto, S. 34-63.

42 Miller, The Logothete, S. 450f.; Gastgeber, Die lateinische „Übersetzungsabteilung" I, S. IV.

43 Er arbeitete jedenfalls in irgendeiner Form für den byzantinischen Hof: Moses von Bergamo, Brief an Petrus 1130, S. 148: *S*[*ta*]*tueram tunc certe ventur*[*o*] *Pascha vos revisere vita comite, sed prius ac tempus adesset rursum me principis violentia procinctus laborem subire coegit.*

nicht mehr ertragen konnte, da diese Ehrerweisungen durch den Sprecher und dann auch noch einmal durch den Dolmetscher zu Verzögerungen führten. Gottfried bat daher darum, endlich zum Punkt zu kommen.[44] Wenn sich auch dieser Einwand primär gegen die umständliche, einschmeichelnde Ehrerbietung der Byzantiner richtete, so wurde die Übertragung in eine andere Sprache dennoch als zusätzliche Verzögerung wahrgenommen.

Dies hat wohl auch die byzantinische Seite erkannt und es mag einer der Gründe sein, warum der Kaiserhof im 12. Jahrhundert Lateiner als Gesandte in die lateinische Welt schickte.[45] Deren eigene Sprachkompetenz dürfte bei der Berufung eine nicht geringe Rolle gespielt haben und machte die Begleitung eines Dolmetschers überflüssig.[46] Trotz eigener Sprachkenntnisse waren Dolmetscher wichtige Begleiter von Gesandtschaften, nicht nur um zu gewährleisten, dass alles richtig verstanden wurde, sondern auch um die getroffenen Aussagen und Abmachungen zu bestätigen.

Ein Beispiel aus dem 10. Jahrhundert zeigt genau dies. Liudprand von Cremona, der sich 968 auf Gesandtschaftsreise in Byzanz aufhielt, empörte sich darüber, dass ihm der Kauf von Gewändern verboten wurde, obwohl der Kaiser dies zuvor erlaubt hatte. Als Zeugen führt er nicht nur den Bruder des Kaisers, den *coropalates* (Hofmarschall) Leo, sondern auch seinen eigenen Dolmetscher und zwei weitere Anwesende an und fügt hinzu, dass er selbst auch Zeuge sei, da er auch ohne den Dolmetscher verstanden hatte, was der Kaiser gesagt hatte (*testis sum ipse, qui, quod imperator diceret, etiamsi interpres abesset, intellexi*).[47] Wie zum Beweis gibt er in seiner *Legatio* auf Griechisch,

---

44 Odo von Deuil, De profectione Ludovici VII in Orientem, II, S. 26: *Tandem vero, cum eum in Graecia nuntii frequentarent et semper ab huiusmodi prooemio incoharent, vix ferebat; religiosus autem et animosus vir Lingonensis episcopus Godefridus, quadam vice regi compatiens narrantisque et interpretis moras non ferens, ait, „Fratres, nolite ‚gloriam,' ‚maiestatem,' ‚sapientiam,' et ‚religionem' eius tam frequenter iterare. Se ipse novit, et nos bene novimus eum. Sed quod vultis celerius et liberius intimate.".*

45 Siehe zu den Lateinern als Gesandte Kapitel 5.

46 Dolmetscher bzw. Übersetzer konnten auch in anderen Funktionen tätig sein z. B. als Gesandte. Ein Beispiel ist Jakob (von Pisa), der 1194 als Gesandter in Erscheinung trat, aber einmal im Jahr 1189 und zweimal im Jahr 1190 wahrscheinlich als Dolmetscher tätig war, DÖLGER/WIRTH, Regesten der Kaiserurkunden II, Nr. 1600, S. 302; Nr. 1602, S. 303; Nr. 1603, S. 303f.; Nr. 1618, S. 315; siehe zu ihm auch: GASTGEBER, Die lateinische Übersetzungsabteilung, S. 110, Fußnote 21; Nikolaos von Otranto war bei seinen ersten Byzanzreisen als Dolmetscher tätig, 1223/1224 wurde er aber von Friedrich II. als Gesandter nach Nikaia geschickt: HOECK/ LOENERTZ, Nikolaos-Nektarios von Otranto, S. 62f.

47 Liudprand von Cremona, Legatio, 54, S. 204; siehe auch: KODER/ WEBER, Liutprand von Cremona, besonders S. 23-61; DROCOURT, Diplomatie, S. 175.

in griechischen Buchstaben, die entscheidenden Worte wieder.[48] Zum einen zeigt dies, dass Liudprand in seinem Bericht betonen wollte, dass er selbst Herr der Lage war und genau verstand, was in der Fremdsprache gesagt wurde. Zum anderen führt er seinen Dolmetscher aber auch als Zeugen für die zuvor getroffenen Zusagen an. Der Dolmetscher fungiert hier nicht nur als reiner Übersetzer, sondern dient als Zeuge, der neben hohen Würdenträgern, die Rechtmäßigkeit von Liudprands Anliegen bestätigen sollte.

Ein anderer Fall betrifft die Angehörigen des Hofes bzw. sogar der kaiserlichen Familie. Über die Ehefrau des Manuel Komnenos, Maria von Antiochia, berichtet der Geschichtsschreiber Niketas Choniates, dass sie bei einem Empfang westlicher Gesandter die Unterredung auch ohne Dolmetscher verstand und Manuel Komnenos den Inhalt wiedergeben konnte.[49] Trotz eigener Sprachkenntnisse war die Verwendung von Dolmetschern dennoch häufig obligatorisch, da deren Einsatz in der Begegnung zwischen Byzanz und dem Westen in der Regel als Garant für das richtige Verstehen des Gegenübers galt.

Die Dolmetscher, die am und für den Kaiserhof offiziell arbeiteten, sind für die westlich-byzantinischen Beziehungen am wichtigsten. Deshalb ist es sinnvoll, an dieser Stelle einige Bemerkungen zu dem Amt, den Entwicklungen und Aufgaben von Dolmetschern folgen zu lassen.

Das Dolmetscherwesen des byzantinischen Hofes kann auf spätantik-römische Traditionen zurückgreifen. Im 5. Jahrhundert waren die Dolmetscher dem Amt des *magister officiorum* unterstellt, vermutlich waren sie damals dem *Scrinium Barbarorum* zugeordnet.[50] Im 10. Jahrhundert waren sie jedoch sehr wahrscheinlich vom *Scrinium Barbarorum* losgelöst.[51] Von da an waren sie dem *Logotheten tou Dromou* (λογοθέτης τοῦ δρόμου) unterstellt, dem alle Geschäfte mit fremden Mächten oblagen.[52] Im 12. Jahrhundert erlangte das Dolmetscherwesen eine größere Bedeutung, da durch das neu geschaffene Amt des μέγας διερμηνευτής eine eigene Sektion geschaffen wurde.[53] Die Dolmetscher und Übersetzer waren dadurch unabhängiger und hatten einen eigenen Leiter,

---

48 Liudprand von Cremona, Legatio, 54, S. 204: ποιότητα καὶ ποσότητα, *id est qualitatem et quantitatem, ponens, differentiam plane non posuit, ut diceret: ....*

49 Niketas Choniates, Historia, IV, S. 146f.; zu den Fremdsprachenkenntnissen von Königen, Königinnen und Fürsten im lateineuropäischen Hoch- und Spätmittelalter vgl. SCHNEIDER, Vom Dolmetschen, S. 51-68.

50 GASTGEBER, Die lateinische „Übersetzungsabteilung" I, S. IVf.

51 MILLER, The Logothete, S. 452.

52 BRÉHIER, Les Institutions, S. 302; MILLER, The Logothete, S. 452; zum Amt des λογοθέτης τοῦ δρόμου siehe: ebd., S. 438-468; KAZHDAN, Art. „Logothetes tou dromou", S. 1247f.

53 BRÉHIER, Les Institutions, S. 303; MILLER, The Logothete, S. 452; GUILLAND, Grand Interprète, S. 19; GASTGEBER, Die lateinische „Übersetzungsabteilung" I, S. XII.

der das Amt des μέγας διερμηνευτής bekleidete.[54] Wilhelm von Tyros erwähnt dieses Amt das erste Mal zum Jahr 1160:

> *Horum autem primus erat vir illustris Gundostephanus, eiusdem domini imperatoris consanguineus, secundus erat maximus palatinorum interpretum Triphilus, homo vafer et pro negociis imperialibus valde sollicitus, qui, ut prediximus, sacros apices detulerunt.*[55]

Laut Wilhelm von Tyros war Triphilus der *maximus palatinorum interpretum.* Später in dem Chrysobull von 1198 für Venedig ist ein *magnus interpres* erneut erwähnt.[56] Zu dieser Zeit hatte sich das offizielle Dolmetscher- und Übersetzungswesen am byzantinischen Hof zu einem eigenen, festen Bestandteil der Verwaltungsorganisation entwickelt. Auch in den folgenden Jahrhunderten bestand dieses Amt fort. Selbst im Kaiserreich Nikaia ist für 1253/1254 das Amt des μέγας διερμηνευτής nachgewiesen, das um diese Zeit Theophylaktos inne hatte.[57] Noch im 14. und 15. Jahrhundert existierte dieses Amt, im Pseudo-Kodinos des 14. Jahrhunderts wird das Amtsgewand des μέγας διερμηνευτής und seine Rangstellung in der Hierarchie detailliert beschrieben.[58] Das Dolmetscherwesen erfuhr durch dieses im 12. Jahrhundert neu geschaffene Amt nicht nur einen höheren Organisationsgrad, sondern auch eine Bedeutungssteigerung, die Expertise der Dolmetscher und Übersetzer wurde besonders gewürdigt und anerkannt.[59]

Die offiziellen Übersetzer der byzantinischen Kaiserkanzlei dolmetschten nicht nur, sondern erfüllten auch weitere Aufgaben. Eine der bedeutendsten Aufgaben war das Übersetzen von Auslandsschreiben, Verträgen und

---

54 MILLER, The Logothete, S. 452; GUILLAND, Grand Interprète, S. 19f.; GASTGEBER, Die lateinische „Übersetzungsabteilung" I, S. XII.

55 Wilhelm von Tyros, Chronicon, XVIII, 30, S. 855; GASTGEBER, Die lateinische „Übersetzungsabteilung" I, S. CXXXVIIf.

56 GASTGEBER, Die lateinische „Übersetzungsabteilung" I, S. XII; Alexios III. Angelos, Chrysobull für Venedig 1198, Nr. 11, S. 134: *et ab eo debeat mitti ad ecclesiam Veneticorum per magnum interpretem, vel si ipse non fuerit, per aliquem curie aliorum interpretem, et per unum eorum, qui cancellarie scriptis deserviunt, aut per unum secreticorum magni logariaste, si talis gramaticus tunc presens non fuerit; et in medio ipsius Veneticorum ecclesie in audientiam totius plenitudinis Veneticorum tunc in Constantinopoli existentium debeant iurare, ...*

57 DÖLGER/WIRTH, Regesten der Kaiserurkunden III, Nr. 1816a, S. 47f.; zu Theophylaktos siehe: GUILLAND, Grand Interprète, S. 23; siehe auch FRANCHI, La svolta politico-ecclesiastica, S. 232.

58 Pseudo-Kodinos, De off., II, S. 65 und III, S. 109; GUILLAND, Grand Interprète, S. 19.

59 MILLER, The Logothete, S. 452; GASTGEBER, Die lateinische „Übersetzungsabteilung" I, S. IV-XII.

Urkunden. Es ist kaum möglich, die Funktion als Dolmetscher von der als Übersetzer kaiserlicher Briefe, Verträge und Urkunden zu trennen. Sie reisten in den Westen, dolmetschten dort und/oder fertigten bereits vorher schriftliche Dokumente an oder verschrifteten das Ausgehandelte vor Ort.

Der in den 1190er Jahren für den byzantinischen Hof tätige Jakob wirkte sowohl als Übersetzer und Dolmetscher als auch als Gesandter. In einem Schreiben des Kaisers Isaak II. Angelos (1185-1195, 1203-1204) an die Kommune Pisa von 1194 wird Jakob als *interpres literarum latinarum*, als „Übersetzer der lateinischen Briefe", bezeichnet. Er war also zweifelsfrei im Übersetzungsbereich der Kaiserkanzlei aktiv, hatte aber bei dieser Mission weit mehr Befugnisse, denn laut diesem Schreiben wurde er als Gesandter nach Pisa geschickt, um über bestimmte Angelegenheiten mit den Pisanern zu verhandeln.[60] Wohl eher als Dolmetscher begegnet er hingegen in drei früheren Gesandtschaften zusammen mit Eumathios Philokales an Kaiser Friedrich Barbarossa (Dez. 1189; 21. Jan. 1190; 14. Februar 1190).[61] Auch Gilbert (1169/1170) und Gerardos Alamanopoulos (1192) sind als Dolmetscher in den Quellen überliefert, Gilbert erscheint in den *Annales cancelarii Oberti* als *Gilbertus interpres imperii* und Gerardos Alamonopoulos in einem Auslandsschreiben des Isaaks II. Angelos von 1192 in der lateinischen Fassung als *interpres Gerardus*.[62]

60 Zu Jakob von Pisa: ebd. II, S. CXLIV; Isaak II. Angelos, Schreiben an die Kommune Pisa September 1194, Nr. XLI, S. 67: *Ut autem de caetero non fiant huiusmodi a parte Pisae contra Romaniam, presentem hominem suum Iacobum, interpretem literarum latinarum, legatum ad vos transmisit de huiusmodi negotio vobiscum tractaturum et omnimodam prohibitionem huiusmodi mali a civitate et regione vestra ordinari postulaturum a vobis, aut modum aliquem medelae huius dari a vobis exacturum.*; siehe seine Erwähnung auch bei Dokumenten der Pisaner in Konstantinopel: Documenti sulle relazioni, Nr. XLII, S. 69 (*Iacobo, sacrarum literarum interpreti imperii Constantinopolitani et legato eiusdem imperii*) (1197); auch ebd., Nr. XLVII, S. 77f. (*domino Iacobo interpreti*) (1199); siehe auch GASTGEBER, Die lateinische „Übersetzungsabteilung" III, S. 331f.; siehe zum Kaiser Isaak II. Angelos: BRAND/ CUTLER, Art. „Isaak II Angelos", S. 1012.

61 DÖLGER/WIRTH, Regesten der Kaiserurkunden II, Nr. 1600, S. 302; Nr. 1602, S. 303; Nr. 1603, S. 303f.

62 Annales cancelarii Oberti, a. a. 1170, S. 86: *Interea legati imperatoris Constantinopolim nomine Comtostephanus, Costamunitus et Doxapatri et cum eis Gibertus interpres imperii, missi tunc temporis domino pape Alexandro, cuius nomine civitas Alexandria edificata fuit et hoc nomen illi impositum, mandaverunt consulibus, rogantes eos, quo binas galeas eis usque Terracinam mandarent, quibus ad nostram civitatem, ad quam delegati ab imperatore Constantinopolim fuerant, possent securiter venire cum magna peccunia, que promissa fuerat comuni Ianue in pace dudum inter Ianuenses et imperatoris legatum constituta.*; Isaak II. Angelos, Schreiben an die Kommune Genua April 1192 (griechische Fassung), Nr. IV, S. 24: ..., καὶ ἀπεστάλη ὑμῖν μετὰ τῶν παρόντων ἀποκρισιαρίων τῆς βασιλείας μου, τοῦ τε γραμματικοῦ τῆς βασιλείας μου Νικηφόρου τοῦ Πεπαγωμένου καὶ τοῦ διερμηνευτοῦ Γηράρδου τοῦ Ἀλαμανοπούλου, ...; Isaak II. Angelos, Schreiben an die Kommune Genua

Christian Gastgeber bringt mit Gilbert ein Dokument der byzantinischen Kaiserkanzlei in Verbindung, mit Gerardos Alamanopoulos sogar drei Schriftstücke.[63] Diese drei Beispiele zeigen, dass die Dolmetscher- und Übersetzerfunktion häufig von denselben Personen ausgeübt wurde. Mitunter fungierten sie auch als Boten oder sogar als Gesandte mit bestimmten Verhandlungsbefugnissen.

Neben dem Dolmetschen und Übersetzen am Hof und bei Auslandsreisen konnten die offiziellen Dolmetscher auch für die Betreuung auswärtiger Gäste (mit)zuständig sein. In dem Chrysobull an Venedig von 1198 ist bezüglich der Gerichtsverfahren zwischen Venezianern und Byzantinern festgeschrieben, dass die venezianischen Gesandten und Richter, die nach Konstantinopel geschickt werden, zunächst den λογοθέτης τοῦ δρόμου treffen, anschließend soll der μέγας διερμηνευτής oder ein anderer Übersetzer sie zur Kirche der Venezianer begleiten.[64] Das Begleiten von Gesandten an einen bestimmten Platz, Ort oder zum Empfang war eine Aufgabe, die Dolmetscher mitunter auch erfüllten. Diese Beschreibungen der Funktion und Aufgaben zeigen, dass der Kaiserhof um den Nutzen und die Notwendigkeit von Dolmetschern und Übersetzern wusste und ihnen deshalb auch einen festen Platz in der Verwaltungsstruktur zuwies.

3.1.2 *Die Rekrutierung und das Wissen der Dolmetscher*

Sowohl Byzantiner als auch Lateiner arbeiteten im 12. Jahrhundert als Dolmetscher im byzantinisch-höfischen Kontext. Eine grundsätzliche Problematik ist ihre häufige Namenlosigkeit bzw. sogar ihre Unsichtbarkeit bei den byzantinisch-westlichen Begegnungen, eher selten finden ihre Tätigkeit oder gar ihre Namen textlichen Niederschlag.[65] Zu fassen sind die Dolmetscher höchstens durch ihre Namensnennung in den schriftlichen Verhandlungsergebnissen oder durch ihr Erscheinen in Begleitschreiben wie im Fall des Gerardos Alamanopoulos, teilweise bezeichnen sie sich auch selbst als *interpres* oder werden als solcher benannt.[66] In Ausnahmefällen begegnen sie uns namentlich in der Historiographie, meistens dann, wenn sie über ihre

---

April 1192 (lateinische Fassung), Nr. 20, S. 51: *et missum fuit vobis cum praesentibus legatis maiestatis meae cumque scriba maiestatis meae Nicephoro Pepagomeno et interprete Gerardo Alamanopulo.*

63 GASTGEBER, Die lateinische „Übersetzungsabteilung" II, S. 186-202 und S. 350-381.

64 Alexios III. Angelos, Chrysobull für Venedig 1198, Nr. 11, S. 134: *et ab eo debeat mitti ad ecclesiam Veneticorum per magnum interpretem, vel si ipse non fuerit, per aliquem curie aliorum interpretem, ...*; GASTGEBER, Die lateinische „Übersetzungsabteilung" I, S. XII.

65 Siehe zu dieser Thematik Kapitel 3.3.

66 Isaak II. Angelos, Schreiben an die Kommune Genua April 1192 (lateinische Fassung), Nr. 20, S. 50f. (Gerardos Alamanopoulos); siehe zur Verwendung des *interpres*-Titels als Eigen- und Fremdbezeichnung auch Kapitel 3.3.2.

Dolmetschertätigkeit hinaus durch eine andere Funktion bekannt waren oder wenn ein Problem bei der Übersetzungsleistung auftrat.[67]

Angesichts der Quellenlage ist es schwierig festzustellen, wie viele Lateiner im 12. Jahrhundert für den Kaiserhof arbeiteten. Ausgehend von der grundlegenden Studie Christian Gastgebers zur lateinischen „Übersetzungsabteilung" unter Komnenen und Angeloi ist aber davon auszugehen, dass sie die Mehrheit der Latein-Griechisch Dolmetscher stellten.[68]

Einige lateinische Dolmetscher sind namentlich bekannt, dazu gehören Leo Tuscus, Jakob (von Pisa), Magister Rudegerus, Isaak Aaron, Gilbert, Gerardos Alamanopoulos, Leo Rogerios und eventuell Moses von Bergamo. Bei ihnen handelt es sich um Personen, die entweder direkt aus dem Westen stammten, oder um Personen, deren Vorfahren nach Byzanz gekommen waren, und die sich über Generationen hinweg ihre Sprachfertigkeiten bewahrten.[69]

In beiden Fällen gilt es zu fragen, warum Lateiner überhaupt eine Beschäftigung in der Übersetzungssektion am byzantinischen Hof fanden und diese Positionen nicht ausschließlich oder zumindest primär mit Byzantinern besetzt wurden. Dean Miller listet in seiner Untersuchung des Amtes des Logotheten für die mittelbyzantinische Zeit drei potenzielle Ressourcen auf, aus denen der Palast Dolmetscher beziehen konnte: erstens bilinguale Bürger des Byzantinischen Reiches; zweitens Kaufleute und Grenzbewohner („frontiersmen"); und drittens Immigranten und Verbündete.[70]

Zu bilingualen Bürgern zählen laut Miller Personen, die zwar in Byzanz beheimatet waren, aber eine weitere Sprache beherrschten, da sie einer der sprachlichen Minderheiten angehörten oder von Einwanderern abstammten.[71] Die Kategorie Kaufleute und Grenzbewohner umschreibt hingegen nicht unbedingt Bürger, aber Individuen oder Gruppen, die in der Nähe oder

67 Beispielsweise wird bei Niketas Choniates ein Dolmetscher (δίγλωττος) namens Mauropoulos erwähnt, der dem Kaiser Manuel Komnenos gleichzeitig auch einen Traum deutete, Niketas Choniates, Historia, VI, S. 190; oder der Dolmetscher Isaak Aaron wird namentlich näher eingeführt, da er an späterer Stelle der Magie verdächtigt wurde und Verrat am Kaiser beging; Niketas Choniates, Historia, IV, S. 144 und S. 146f.

68 Gastgeber, Die lateinische „Übersetzungsabteilung" I, S. XII, siehe dazu auch die gesamte Analyse, ebd. II, S. 1-468.

69 Dazu kommen noch die anonymen Verfasser von Dokumenten, die gemäß der philologischen Untersuchungen Christian Gastgebers wohl lateinische Übersetzer in der byzantinischen Kaiserkanzlei waren: dazu zählen beispielsweise der sogenannte Anonymus Latinus 1164 (1 Dokument), Gastgeber, Die lateinische „Übersetzungsabteilung" II, S. 163-179; der sogenannte Anonymus Latinus 1187-1193 (7 Dokumente), ebd., S. 269-333; der Anonymus Latinus 1188 (1 Dokument), ebd., S. 335-349.

70 Miller, The Logothete, S. 450f.; dazu auch Gastgeber, Die lateinische „Übersetzungsabteilung" I, S. IV.

71 Miller, The Logothete, S. 450.

innerhalb des Reiches lebten und so ihre Sprachkompetenzen erworben hatten bzw. auch Byzantiner, die im Ausland oder in der Grenzregion wohnten und sich auf diese Weise eine andere Sprache angeeignet hatten.[72] Unter Immigranten und Verbündeten sind Einwanderer zu verstehen, die sich in Byzanz niederließen, von ihnen passen wohl viele – wie Miller selbst anmerkt – auch in die erste Kategorie der bilingualen Bürger.[73]

Miller entwickelte diese drei Rekrutierungsoptionen hauptsächlich an Dolmetschern für Armenisch, Arabisch oder kaukasische Sprachen und für eine frühere Zeitspanne, im Groben sind sie jedoch auch auf Latein-Griechisch Dolmetscher anwendbar.[74] Denn der hier besprochene Hintergrund der beschäftigten Dolmetscher zeigt bereits, dass viele eine Migrationserfahrung hatten bzw. sich oft oder länger außerhalb ihrer Heimat aufhielten. Dies bedeutet zwangsläufig, dass praktisches Wissen, das Sprechen einer anderen Sprache, das durch den Aufenthalt woanders erlernt worden war, bei der Auswahl eine entscheidende Rolle spielte. Aus dem Westen stammende Personen, die Griechisch erlernt hatten, ließ dieser Umstand zu idealen Dolmetschern werden.[75]

Dies deckt sich auch mit dem Anforderungsprofil von Dolmetschern, das recht klar einzugrenzen ist. Im Gegensatz zu Übersetzern müssen sie über praktische Sprachkenntnisse verfügen. Sie müssen in der Lage sein, das gesprochene Wort unmittelbar und ohne Rückgriff auf Hilfsmittel wiederzugeben. Dies erfordert praktische Erfahrung in beiden Sprachen und je nach Inhalt der Konversation auch entsprechendes Fachvokabular. Im Fall der lateinischen Dolmetscher handelte es sich bei den zu übersetzenden Sprachen um Latein und Griechisch, keine von beiden war ihre Muttersprache, auch das Latein war letztlich eine erlernte Sprache.[76] Dennoch dürfte Latein bei den Dolmetschern, die selbst aus dem Westen stammten, die Sprache gewesen sein, die zuerst in der ursprünglichen Heimat erlernt worden war. Klassische Griechischkenntnisse waren im Westen nicht die Regel, genauso wie das zeitgenössische Griechisch, sodass das Studium dieser Sprache oftmals nur

72 Ebd., S. 450f.

73 Ebd., S. 451.

74 Ebd., S. 449-458.

75 Das Erlernen der Sprache vor Ort war auch in der Missionstätigkeit des lateinischen Europas zumindest bis zum 13. Jahrhundert die gängige Praxis, SCHMIEDER, Pragmatisches Übersetzen, S. 265.

76 BERSCHIN, Griechisch-Lateinisches Mittelalter, S. 31; allerdings mit Ausnahme der in Byzanz geborenen Lateiner, die Griechisch als Muttersprache hatten.

in Byzanz oder in bestimmten Regionen wie Süditalien möglich war.[77] Die Vielfältigkeit des Griechischen nicht nur mit seinen verschiedenen Sprachebenen,[78] sondern auch das Verstehen gesprochener Dialekte stellte eine Herausforderung dar und war tatsächlich fast nur vor Ort erlernbar. Die Expertise lateinischer Dolmetscher entwickelte sich in erster Linie durch Erfahrungswissen, durch das jahrelange Praktizieren der griechischen Sprache.

Dafür spricht auch die Tatsache, dass trotz der institutionellen Verankerung des Dolmetsch- und Übersetzungswesens in der Administration des Hofes, Hinweise oder gar Belege auf eine koordinierte Ausbildung oder auf einen speziellen geforderten Werdegang fehlen. Umso wichtiger erschien es, dass die Sprachkenntnisse bereits erworben waren, bevor man in den Dienst eintrat, dies begünstigte den Einsatz von Ausländern. Auch wenn das Dolmetscherwissen in Byzanz vermutlich eher praktisch angeeignet als wirklich studiert wurde, wäre es zu kurz gegriffen, zwangsläufig darauf zu schließen, dass allein praktisch erworbene Sprachkenntnisse zur Expertise zählten. Da zu den Aufgaben nicht nur die mündliche, inhaltliche Wiedergabe von offiziellen Gesprächen und Verhandlungen, sondern auch die Niederschrift getroffener mündlicher Abmachungen und Verträge sowie die Übersetzung von Auslandsschreiben gehörten, gab es Fertigkeiten, die im byzantinisch-westlichen diplomatischen Kontext speziell erlernt werden mussten.

Zu fragen gilt es, wie sich – fernab des praktischen Spracherwerbs – die Expertise lateinischer Dolmetscher von derjenigen der byzantinischen unterschied und wann, wie und wo sie erworben wurde. Dabei führen die sehr lückenhaften Informationen über die meisten Dolmetscher zu Schwierigkeiten bei deren Einordnung. Herkunft, Ausbildungs- oder Lebenswege bis hin zu ihren Namen sind häufig nicht dokumentiert. Da die als Dolmetscher tätigen Lateiner auch für die schriftlichen Übersetzungen offizieller Dokumente zuständig waren, können aber dennoch einige Aussagen über ihre Bildung getroffen werden.

Als Grundlage dient Christian Gastgebers Untersuchung der lateinischen „Übersetzungsabteilung" zur Zeit der Komnenen und Angeloi.[79] Ihm gelang es, anhand zwölf entwickelter Kriterien zu bestimmen, welche Dokumente von einem Lateiner und welche von einem Byzantiner übersetzt worden waren.[80] Teilweise konnte er sogar einzelne Personen mit konkreten Texten

77 Zum Griechischen in Unteritalien und der Frage der Kontinuität siehe z. B.: SIDERAS, Zu den Theorien, S. 226-239; FALKENHAUSEN, The Graeco-Byzantine Heritage, S. 57-77; TOUNTA, Süditalien, S. 432-445.

78 SCHREINER, Bilinguismus, S. 401f.

79 GASTGEBER, Die lateinische „Übersetzungsabteilung" I, II, III.

80 Zu seiner Systematik: GASTGEBER, Die lateinische „Übersetzungsabteilung" I, S. XIII-XL.

in Verbindung bringen.[81] Da auf Gastgebers Feststellungen aufbauend im Folgenden einige Überlegungen zu der Ausbildung und dem Wissen lateinischer Dolmetscher dargelegt werden sollen, wird dessen Vorgehen hier knapp vorgestellt. Er entwickelte folgende sprachliche und inhaltliche Kriterien, die die Zuordnung bestimmter Dokumente zu einem Lateiner oder Byzantiner ermöglichen sollen:

1. Gesamteindruck und die Verständlichkeit des Textes[82]
2. Satzklauseln[83]
3. Bibelzitate aus dem Alten Testament[84]
4. Übersetzung unpersönlicher Selbstbezeichnungen des Kaisers[85]
5. Beibehaltung von griechischen Eigennamen[86]
6. Übernahme griechischer Wörter ins Latein[87]
7. Kopulative Konjunktionen[88]

---

81 Z. B. ordnete er Gilbert die eine Übersetzung des Chrysobulls 1169 für Genua zu, vgl. Gastgeber, Die lateinische „Übersetzungsabteilung" II, S. 180-257; und auch Leo Tuscus brachte er mit einem Auslandsschreiben von 1176 in Verbindung, ebd., S. 258-268.

82 Zum Beispiel spricht für einen Byzantiner, wenn der Eindruck entsteht, dass der ursprüngliche Inhalt verstanden wurde, aber Probleme bestanden, den Inhalt in einem angemessenen, verständlichen Latein wiederzugeben, ebd. I, S. XIVf.

83 Ein Lateiner tendierte in der Übersetzung zu der durchgehenden Einhaltung der im lateinischen Europa üblichen Stile *cursus planus, tardus* und *velox*. Die byzantinischen Satzklauseln decken sich mit den lateinischen nur im *cursus tardus*: ebd., S. XVf.; zum *cursus* in Lateineuropa vgl. Lindholm, Studien, S. 7-54; zum westlichen Kanzleiwesen besonders in Italien: Hartmann, Ars dictaminis.

84 Ein Lateiner benutzte in der Regel die Vulgata-Version, ein Byzantiner verwendete eher die Septuaginta und übersetzte dann wörtlich, Gastgeber, Die lateinische „Übersetzungsabteilung" I, S. XVI-XXXVI; für das Neue Testament eignet sich diese Vorgehensweise nicht, da in diesem Fall die Unterschiede zwischen lateinischer und griechischer Fassung nicht derart evident sind, wie die zwischen Vulgata und Septuaginta, ebd., S. XVI.

85 Die Wendung ἡ βασιλεία μου wurde von Lateinern in der Regel mit *celsitudo, clementia, serenitas, sublimitas* oder *tranquillitas* übertragen und gemäß der westlichen Kanzleitradition mit *noster* verbunden, während Byzantiner in der Regel wörtlich mit *imperium meum* übersetzten. Dies ist besonders für die Angeloi-Zeit ein wichtiger Anhaltspunkt: ebd., S. XXXVI; siehe auch zu der unpersönlichen Selbstbezeichnung des Kaisers Gastgeber, Die unpersönliche kaiserliche Selbstbezeichnung, S. 117-148.

86 Das Festhalten sowohl an griechischen Orts- als auch Personennamen und ihren Endungen weist auf einen Byzantiner hin, Gastgeber, Die lateinische „Übersetzungsabteilung" I, S. XXXVIf.

87 Byzantiner neigten dazu, auch wenn es eigentlich ein passendes lateinisches Pendant gab, z. B. tendierten sie dazu ὑπέρπυρα und βλαττίον mit *yperpera* und *blattium* zu übersetzen anstatt die lateinischen Termini *perpari* und *pallium* zu verwenden, ebd., S. XXXVIIf.

88 Byzantiner übersetzten τε und καί eher mit et, während Lateiner für gewöhnlich eine größere Variation an den Tag legten, zum Beispiel mit *et, atque* und *-que*, ebd., S. XXXVIII.

8. Wortschatz[89]
9. Nebensätze und syntaktische Gräzismen[90]
10. Neubildungen oder seltene Wortwahl, die dem Griechischen ähnlich sind[91]
11. Grammatikalische Gräzismen[92]
12. Missverständnisse bei semantischen Wortfeldern[93]

Diese Kriterien zeigen wichtige Richtlinien auf, wie sich die Übersetzungen von Lateinern und Byzantinern unterscheiden. Nicht alle für Lateiner typischen Kriterien treffen allerdings auf alle Lateiner zu. Christian Gastgeber selbst zeigt, dass sich Gerardos Alamanopoulos oder Jakob (von Pisa) bei der Übertragung unpersönlicher Selbstbezeichnungen des Kaisers sehr stark am griechischen Vorbild orientierten und in diesem Fall mehr den byzantinischen Traditionen folgten.[94] Die Adaption griechischer Formeln kann natürlich auch mit der Länge des jeweiligen persönlichen Aufenthaltes in Byzanz zusammenhängen. Im Fall des Gerardos Alamanopoulos handelte es sich sehr wahrscheinlich um einen Lateiner der zweiten oder dritten Generation, der eigentlich bereits Byzantiner war.[95]

Dank dieser Unterscheidungskriterien lassen sich auch Aussagen zum Können bzw. der Ausbildung lateinischer Dolmetscher und Übersetzer treffen. Dies bezieht sich zum einen auf die Kenntnisse und Fähigkeiten, die einen Lateiner von einem Byzantiner unterscheiden, zum anderen aber auch auf die großen Unterschiede und Abweichungen unter den Lateinern. Offensichtlich gab es geschicktere und weit weniger geschickte Übersetzer. Diese Tatsache lässt Rückschlüsse auf ihre Bildung zu.

89 Lateiner hatten in der Regel größere Variationsmöglichkeiten, ebd.

90 Lateiner lösten eher in Form von Nebensätzen auf und Byzantiner neigten dazu, die griechische Syntax beizubehalten, ebd., S. XXXVIIIf.

91 Dies weist eher auf einen Byzantiner hin, ebd., S. XXXIX.

92 Diese sind für Byzantiner typisch, ebd., S. XXXIXf.

93 Auch dies lässt einen Byzantiner als Übersetzer vermuten. Gastgeber bezeichnet dies auch als „typisches Wörterbuchlatein" und nennt die Verwendung von *littera* im Singular mit der Wortbedeutung „Schreiben" als Beispiel, ebd., S. XL.

94 Gastgeber ordnet Gerardos Alamanopoulos die Dokumente mit den von ihm versehenen Nummern 34, 35, 36 und Jakob von Pisa das Dokument mit der Nummer 38 zu; im dritten Band seiner Dissertation sind die entsprechenden Dokumente ediert: ebd. III, S. 275-317 (Nr. 34, 35 und 36) und S. 331-339 (Nr. 38); vgl. zu Gerardos Alamanopoulos und Jakob von Pisa und ihren Übersetzungseigenarten: ebd. II, S. 350-388, besonders S. 350f. und S. 382f.

95 Ebd., S. 350; aber auch Hugo Etherianus, der jahrzehntelang in Byzanz lebte, hat Gräzismen in seiner Sprache, z. B. verwendet er in seinem Brief an die Konsuln von Pisa auch *yperpera* statt *perpari*, Hugo Etherianus, Brief an die Konsuln von Pisa, Nr. X, S. 12; die Möglichkeit besteht, dass jemand, der jahrzehntelang in Byzanz lebte, automatisch mehr und mehr Gräzismen in die lateinische Sprache übernahm.

Gemäß den Untersuchungen Gastgebers ist davon auszugehen, dass Personen aus Lateineuropa generell ein besseres Verständnis des Lateinischen und eine größere Wortvariation an den Tag legten und sowohl in Grammatik als auch Syntax weniger auf Gräzismen zurückgriffen. Anzumerken ist hierbei, dass es Ausnahmen gab. Burgundio von Pisa plädierte beispielsweise aus Prinzip für eine in Syntax und Wortwahl sehr am griechischen Text orientierte Übersetzung.[96] Es sind deshalb nicht immer Rückschlüsse aufgrund eines Kriteriums möglich, sondern der Gesamteindruck des übertragenen Textes muss stets einbezogen werden. Außer Frage steht aber, dass die Lateiner im Vergleich zu den Byzantinern dennoch in der Regel besser und facettenreicher übersetzten. Latein war aber auch im Westen eine Fremdsprache, die erlernt werden musste und bei der zwischen der gesprochenen und schriftlichen Sprache zu unterscheiden war.[97] Dies bedeutet, dass auch die Übersetzer aus Lateineuropa in ihrer Herkunftsregion bereits eine gewisse Bildung erhalten hatten, da sie vor ihrem Aufenthalt in Byzanz mit Latein in Berührung gekommen waren. Und dies trifft nicht nur auf die Sprachkenntnisse zu, wie anhand dreier Beispiele kurz zu veranschaulichen ist.

Die Verwendung eines lateinischen *cursus*, genauer der sichere und konsequente Gebrauch eines speziell für Lateineuropa typischen *cursus* lässt darauf schließen, dass der Verfasser in den Genuss westlichen Rhetorikunterrichts, sehr wahrscheinlich vor seiner Zeit in Byzanz, gekommen war.[98] Der von Gastgeber als Anonymus Latinus 1187-1193 bezeichnete Übersetzer gehörte beispielsweise zu denjenigen, die den Umgang mit den lateinischen *cursus* gut beherrschten.[99]

Der sichere Einsatz eines üblichen lateinischen *cursus* spricht auch für Kenntnisse und Erfahrungen im westlichen Kanzleiwesen. Auch der Variationsreichtum in der Übersetzung unpersönlicher Selbstbezeichnungen des Kaisers deutet auf vorher erworbenes Wissen in diesem Bereich hin. Während nicht im westlichen Kanzleigebrauch unterrichtete Personen die Wendung ἡ βασιλεία μου häufig wörtlich als *imperium meum* übersetzten, variierten andere und verwendeten *celsitudo, clementia, serenitas, sublimitas* oder *tranquilitas*. Gemäß der westlichen Kanzleitradition gebrauchten sie zudem die Formel *imperium nostrum* anstelle von *imperium meum*, sie benutzten also den

96 Siehe dazu Kapitel 3.2 und 3.3.1.

97 Berschin, Griechisch-Lateinisches Mittelalter, S. 31; zum Gebrauch des Lateins im Mittelalter und seinem Stellenwert als im Mittelalter gesprochene Sprache: Stotz, Handbuch I, S. 29-35.

98 Gastgeber, Die lateinische „Übersetzungsabteilung" I, S. XVf.

99 Ebd. II, S. 272.

Pluralis Majestatis. Sehr konsequent gebraucht dies erneut der Anonymus Latinus 1187-1193.[100]

Wissen im Bereich der westlichen Rhetorik und des Kanzleiwesens hatten offensichtlich nicht alle Lateiner. Dies deutet darauf hin, dass für den Hof Personen mit einem sehr unterschiedlichen (Bildungs-)Hintergrund tätig waren. Neben den Sprachkenntnissen, dem Wissen um westliche Rhetorik und Kanzleitradition ist es auch der theologische Bereich, in dem Unterschiede deutlich werden. Sichtbar wird dies bei der Verwendung der lateinischen Vulgata-Übersetzung, die einige bei Bibelzitaten gebrauchten, andere nicht. Das Wissen um die Vulgata setzt die Kenntnis oder sogar Beschäftigung mit der Bibel und der Übersetzungstradition im Westen voraus. Diejenigen, sowohl Byzantiner als auch Lateiner, die eigenhändig Bibelstellen vom Griechischen wörtlich ins Lateinische übersetzten, wussten wohl nicht um die Vulgata oder erkannten schlichtweg Bibelzitate nicht, was auf eine weniger fundierte religiöse Bildung schließen lässt.[101]

Dieser kleine Überblick verdeutlicht zum einen die Diversität bei der (Aus)Bildung lateinischer Dolmetscher, zum anderen verweist er auf einen weiteren Aspekt, nämlich das zu erwartende Wissen über die Sprachkenntnisse hinaus. Die Sprachen sind zweifelsfrei die Kernkompetenz, der Dolmetscher muss aber auch inhaltlich verstehen, was er wiedergeben soll. Er muss Themen und Fachtermini eines breiten Spektrums abdecken und theologischen, philosophischen bis hin zu rechtlichen, politischen oder ökonomischen Inhalten folgen können. Gerade bei religiösen Disputationen zwischen Vertretern der byzantinischen und römischen Kirche waren die Dolmetscher vor die Herausforderung gestellt, die Positionen und Formelunterschiede korrekt wiederzugeben. Aus Sicht der Verantwortlichen gelang dies offensichtlich nicht immer.

In einem Brief an Papst Urban IV. (1261-1264) aus dem Jahr 1264, der in einer lateinischen Version über das Register Urbans IV. überliefert ist, kommt Kaiser Michael VIII. Palaiologos (1259-1282) auf die bisher immer wieder erfolglosen Unionsverhandlungen und die Gründe für das Scheitern zu sprechen:

> *Et predicti nuntii immediate loqui ad invicem ignorabant sed eorum colloquium per illos qui in medio stabant interpretes, non existentes sufficientes in scientia nec potentes amborum capere intellectus, cum recte ac vere non potuissent exponere*

100 Ebd. I, S. XXXVI; ebd. II, S. 269-271; auch bedienten sich einige der westlichen kaiserlichen Kanzleischrift, dies ist zumindest für die 1190er Jahre anhand überlieferter lateinischer *Authentica* dokumentiert, ebd. I, S. XII.

101 Zu beachten ist hier aber auch, dass z. B. verschiedene Übersetzungen des Alten Testaments zirkulierten, ebd., S. XVIf.; siehe die genaue Analyse zur Verwendung der Vulgata in Übersetzungen: ebd., S. XVI-XXXVI.

> *et in palam reducere ambarum ecclesiarum dogmata, ad centrum veritatis et normam vere fidei pervenire minime potuerunt.*[102]

Als einen der Hauptgründe für das Misslingen der Unionsverhandlungen nennt Michael Palaiologos nicht etwa vorrangig die religiösen Gegensätze und inhaltlichen Meinungsverschiedenheiten zwischen römischer und byzantinischer Kirche, sondern die sprachlichen Verständigungsprobleme zwischen Lateinern und Byzantinern, das Versagen der Dolmetscher. Sie seien demnach nicht hinlänglich in der Wissenschaft bewandert noch können sie die Vorstellungen beider Seiten inhaltlich fassen. Sie können die Dogmen beider Kirchen nicht richtig und wahr darstellen und auch nicht der Öffentlichkeit vermitteln.

Dieser Kritik des Kaisers Michael Palaiologos ist zu entnehmen, welche konkreten Erwartungen an das Wissen und die Bildung von Dolmetschern geknüpft waren. Das Anforderungsprofil umfasste nicht nur die Sprachen, sondern auch fachliches Wissen, in diesem Fall theologisches. Sie sollten in den Wissenschaften hinlänglich bewandert sein und ein gewisses Maß an Bildung mitbringen. Ansonsten würden die zu diskutierenden Sachverhalte inhaltlich nicht richtig wiedergegeben werden und die Kirchenunionsverhandlungen wären zum Scheitern verurteilt. Auch wenn Michael Palaiologos mit diesen Äußerungen versucht, die Verantwortung für die erfolglosen Unionsverhandlungen auf die Unzulänglichkeit der Dolmetscher abzuwälzen, um vielleicht die wirklichen theologischen und politischen Differenzen zu verschleiern, so offenbart diese Passage den Stellenwert fachlichen Wissens für die Dolmetschertätigkeit und auch die Bedeutung der Dolmetscher in den westlich-byzantinischen Begegnungen.[103]

Wenn auch dieses Beispiel dem 13. Jahrhunderts entnommen ist, kann Ähnliches auch für das 12. Jahrhundert gelten. Die Auswahl eines Dolmetschers während des religiösen Streitgesprächs 1136 zeigt nämlich ebenso, wie wichtig Wissen war, das über rein sprachliche Expertise hinausging. Es ist Anselm von Havelberg, der in seinem *Anticimenon* von seinem Zusammentreffen mit Niketas von Nikomedia in Konstantinopel 1136 berichtet. Hinsichtlich des inhaltlichen Diskussionsverlaufs und der Ergebnisse sind die Schilderungen wenig glaubwürdig, allerdings gewähren sie aufschlussreiche Einblicke in die Dolmetschertätigkeit.[104]

---

102 Michael Palaiologos, Brief an Papst Urban IV. (1264), Nr. 748, S. 356.

103 Siehe zur Frage des Versagens von Dolmetschern und Übersetzern auch Kapitel 3.4.

104 Siehe zur Authentizität von Anselms Bericht Kapitel 4.1.3.

Der Bischof von Havelberg hielt sich 1136 als Gesandter des Kaisers Lothar in Konstantinopel auf. Aufgrund des großen Interesses an den Kontroversen zwischen römischer und byzantinischer Kirche entschied sich Kaiser Johannes II. Komnenos dafür, eine Diskussion im öffentlichen Rahmen abhalten zu lassen. Der Kaiser lud am 10. April zu einer öffentlichen Versammlung ins pisanische Viertel in Konstantinopel ein, an der auch offizielle Vertreter des byzantinischen Hofes teilnahmen.[105] Es waren *notarii* anwesend, die die Diskussion schriftlich festhalten sollten und auch Schiedsrichter waren zugegen. Für die Debatte benötigte man auch einen geeigneten Dolmetscher. Anselm beschreibt detailliert den Prozess, wie dieser gefunden wurde:

> *Aderant quoque non pauci Latini, inter quos fuerunt tres viri sapientes, in utraque lingua periti, et litterarum doctissimi: Jacobus nomine, Veneticus natione; Burgundio nomine, Pisanus natione; tertius inter alios praecipuus, Graecarum et Latinarum litterarum doctrina apud utramque gentem clarissimus, Moyses nomine, Italus natione ex civitate Pergamo; iste ab universis electus est, ut utrinque fidus esset interpres.*[106]

Unter den interessierten Zuhörern befanden sich demnach nicht nur Lateiner, sondern sogar drei der angesehensten Übersetzerpersönlichkeiten des 12. Jahrhunderts, die auch dem mittelalterlichen Leser aus anderen Kontexten als Übersetzer theologischer, philosophischer und wissenschaftlicher Literatur bekannt gewesen sein durften. Es wurde aber nur einer von ihnen, nämlich Moses von Bergamo, ausgewählt. Er ragte *apud utramque gentem,* bei beiden Völkern, derart heraus, dass er von allen zum Dolmetscher gewählt wurde. Beide Seiten entschieden sich also für nur einen Dolmetscher, der von beiden Parteien als *fidus interpres,* als zuverlässiger Dolmetscher, angesehen wurde.

Es gilt zu fragen, warum sich die Diskutanten ausgerechnet für Moses aussprachen. Bei der Auswahl scheinen zwei Kriterien eine besondere Rolle gespielt zu haben, zum einen kam dem Können bzw. der Erfahrung Bedeutung

---

105 Anselm von Havelberg, Anticimenon, II, 1, Sp. 1163: *et statuta est dies, ut in audientia omnium ea sonarent, quae hinc et inde dicerentur. Convenientibus itaque quamplurimis sapientibus in vico qui dicitur Pisanorum, juxta ecclesiam Agie Irene, quae lingua Latina Sanctae Pacis nuncupatur, mense Aprili, die decimo, si tamen bene memor sum, positisque silentiariis, sicut ibi mos est, et datis arbitris, et sedentibus notariis, qui omnia quae hinc inde dicerentur, fideliter exciperent et scripto commendarent, universa multitudo, quae ad audiendum avida convenerat, conticuit.*; siehe zum Dialog des Anselm von Havelberg mit den Byzantinern: NOVIKOFF, Anselm of Havelberg's controversies, S. 105-122; FREUDENBERG, Dialog, S. 153-189; BERSCHIN, Anselm von Havelberg, S. 226-232; vgl. auch zu seinem Leben, Werk und der Gesandtschaft: SIEBEN, Anselm von Havelberg, S. 13-38, dort auch die deutsche Übersetzung des gesamten *Anticimenon*: S. 43-188.

106 Anselm von Havelberg, Anticimenon, II, 1, Sp. 1163.

zu, nicht umsonst bezeichnet Anselm alle drei als *viri sapientes, in utraque lingua periti*, zum anderen war aber auch das Vertrauen in die Verlässlichkeit des Dolmetschers wesentlich. Erfahrung und Kenntnisse sowohl in den Sprachen als auch in den Wissenschaften wurden allen drei Personen bescheinigt. Dennoch wurde nur einer als Dolmetscher ausgewählt, nämlich Moses.

Eine mögliche Erklärung für seine besondere Eignung ist in der thematischen Ausrichtung der Übersetzungsarbeiten zu finden. Jakob von Venedig war für die Übersetzung der Schriften des Aristoteles bekannt, ihm ist wohl auch die Übertragung einiger religiöser Schriften zuzuschreiben und er selbst war ein Geistlicher, aber seine Berühmtheit erlangte er als Vermittler philosophischer Werke.[107] Der zweite, Burgundio von Pisa, tat sich hingegen als Übersetzer theologischer Schriften hervor, besonders des heiligen Johannes Chrysostomos, allerdings war er zu diesem Zeitpunkt 1136 noch ein junger Mann und hatte damals noch keines seiner Werke vollendet. Seine großen Übersetzungsleistungen folgten erst weit später ab 1151.[108] Der dritte, Moses von Bergamo, beschäftigte sich im Gegensatz zu Jakob von Venedig hauptsächlich mit theologischen Werken, er verfasste eine Erläuterung zu den von Hieronymus benutzten griechischen Wörtern in den Vulgata-Prologen, übersetzte ein anonymes griechisches Trinitätstraktat und eine Liste des Pseudo-Epiphanios über die Apostel und Schüler Christi.[109]

Moses galt vielleicht für eine theologische Disputation deshalb als besonders geeignet, da er in theologischen Übersetzungen und somit auch den gegenwärtigen Streitthemen besonders routiniert war. Jakob von Venedig konnte eine solche fachliche Erfahrung nicht vorweisen.

Eine weitere Erklärung ist in der von Anselm gebrauchten *fidus interpres*-Formulierung zu finden. Moses ragte unter den anderen heraus, da er bei beiden Völkern, *apud utramque gentem*, also sowohl bei Byzantinern als auch Lateinern, einen guten Ruf hatte. Deshalb wählten ihn alle zum für beide Seiten, *utrinque*, verlässlichen Dolmetscher, *fidus interpres*. Auch Vertrauen und Verlässlichkeit zählten demnach zu den Auswahlkriterien.

---

107 Zu Jakob von Venedig, seinem Leben und Werk siehe: MINIO-PALUELLO, Iacobus Veneticus, S. 265-304; RODRIGUEZ SUAREZ, The Western Presence, S. 133-137; ders., From Greek, S. 97-100.

108 Überblick über das Leben und die Übersetzungen des Burgundio von Pisa bei CLASSEN, Burgundio von Pisa, besonders S. 69-78; RODRIGUEZ SUAREZ, The Western Presence, S. 146-148; siehe auch Kapitel 2.3.2.

109 CREMASCHI, Mosè del Brolo, S. 49-64; HASKINS, Moses of Bergamo, S. 133-142; RODRIGUEZ SUAREZ, The Western Presence, S. 137-146; ders., From Greek, S. 100-104; siehe auch Kapitel 2.3.3.

Dass die Byzantiner mit dieser Wahl besonders einverstanden waren, liegt wohl daran, dass er auch im Dienst des Kaisers stand, vielleicht sogar als Dolmetscher. Dies ist jedenfalls einem Brief des Moses an seinen Bruder Petrus von 1130 zu entnehmen.[110] Das Vertrauen in das sprachliche und fachliche Können des Dolmetschers vermengte sich mit dem Glauben an seine Verlässlichkeit.

Anselms Schilderungen geben einen seltenen Einblick in die Auswahl eines Dolmetschers und bestätigen die Bedeutung des theologischen und wissenschaftlichen Wissens bei der Übersetzungstätigkeit, worüber zumindest einige Dolmetscher im byzantinisch-westlichen Kontext auch nachweislich verfügten.

3.1.3 *Die Arbeit und Technik des Dolmetschens*

Die Beschreibung des religiösen Streitgesprächs durch Anselm von Havelberg gibt allerdings nicht nur einen Einblick in das (erwartete) Wissen und die Auswahl von Dolmetschern, sondern geht auch auf deren konkrete Tätigkeit ein. Beim eigentlichen Dolmetschen unterscheiden sich bis heute zwei Techniken, das simultane, das heißt die „Wort für Wort"-Übersetzung, und das konsekutive Dolmetschen nach einigen Sätzen oder sogar am Ende des mündlichen Vortrags, Berichts oder Beitrags.

Selten gibt es detaillierte Schilderungen darüber, welche Techniken angewandt wurden. Zu den Ausnahmen zählt die Debatte zwischen Anselm und Niketas von Nikomedia, die 1136 im pisanischen Viertel in Konstantinopel stattfand, denn hier wird nicht nur die Auswahl des Dolmetschers beschrieben, sondern sogar die Technik diskutiert, die er anwenden sollte. Nachdem der geeignete Übersetzer bestimmt war, berichtet Anselm, dass es zu Unstimmigkeiten mit der byzantinischen Seite kam:

> *Nechites archiepiscopus Nicomediae dixit: «Videtur mihi quod ea quae dicturi sumus, electus interpres de verbo ad verbum fideliter exponat, quia hoc modo melius nos invicem intelligere possumus, et ipse hoc facilius facere potest.»*[111]

Niketas von Nikomedia plädiert deutlich für die „Wort für Wort"-Übersetzung, die *de verbo ad verbum*-Technik. Sein Argument ist die bessere gegenseitige

110 Moses von Bergamo, Brief an Petrus 1130, S. 148; in der Forschung gibt es unterschiedliche Meinungen zur konkreten Funktion des Moses von Bergamo am byzantinischen Hof, vgl. Berschin, Griechisch-Lateinisches Mittelalter, S. 263; Cremaschi, Mosè del Brolo, S. 56 und S. 84; Pontani, Mosè del Brolo, S. 156-161; Gastgeber, Die lateinische „Übersetzungsabteilung" I, S. CXXXVII und II, S. 84-86.

111 Anselm von Havelberg, Anticimenon, II, 1, Sp. 1164.

Verständigung. Zudem sei dies auch die Technik, die für den Dolmetscher am besten sei, da auch ihm dadurch das Verstehen erleichtert wird. Anselm war allerdings entgegengesetzter Meinung und vertrat diese offensiv:

> *Anselmus Havelbergensis episcopus dixit: «Ego hujusmodi usum loquendi non habeo, et praeterea suspecta est mihi talis interpretatio, quia capi possum in verbo, si dispariliter fuerit interpretatum, nec decet nos contendere verbis. Verum talis interpretatio in medio currat, quae sermonem utrinque continuatum pleno et collecto verborum sensu excipiat et exponat: hoc enim modo locutionis seu interpretationis non videbimur verborum observatores, sed sententiarum investigatores.»*[112]

Während Niketas sich dafür aussprach, Wort für Wort (*de verbo ad verbum*), also simultan zu übersetzen, setzte sich Anselm für eine konsekutive Übersetzung ein, die erst nach dem jeweiligen Redebeitrag den Inhalt wiedergibt. Er begründete seine Haltung damit, dass er sich nicht um einzelne Worte streiten wolle, indem er auf ein konkretes Wort festgelegt wird, genauer, er möchte nicht in einem Wort gefangen werden, wenn es unpassend übersetzt wurde. Vielmehr möchte er sinngemäß und inhaltlich diskutieren. Der Erzbischof von Nikomedia lenkte schließlich ein: *«Fiat sicut dicis, nam et hoc mihi placet, quia tibi placet».*[113] Dennoch geht Anselm ein wenig später erneut darauf ein und bekräftigt ein weiteres Mal seinen Wunsch:

> *«Adhuc quaedam praemittere volo, quia de quaestione difficili tractare proponimus, et ego ad conventum istum subito vocatus sum, et ab heri et nudiustertius nihil horum sum praemeditatus, precor reverentiam omnium assidentium et circumstantium, ut, si forte mihi aliquod verbum fuerit elapsum, sicut nonnunquam in talibus fieri solet, quod alicujus vestrum aures offendat, non statim adversum me excusso plausu exclametis, sed juxta mansuetudinem vestram sermonis patienter exspectetis, memores quod hospes sum in medio vestri: nam et hoc ipsum prius veritus sum in illo genere interpretationis de verbo ad verbum, et ob hoc illud a nostra collatione tunc submovi. Non sit igitur inter nos verborum litigium, sed exquisita veritas sententiarum.»*[114]

Er rechtfertigt sich für seine Bitte und konkretisiert seine Ablehnung des Simultandolmetschens. Er befürchtet, bei dem geringsten Wortfehlgriff oder vielleicht auch bei der nicht passenden Übersetzung eines einzelnen Wortes den eigentlich essenziellen Inhalt des Redebeitrages nicht mehr vermitteln zu können. Darüber hinaus sorgte er sich scheinbar auch darum, eine „Wort für

112 Ebd.

113 Ebd.

114 Ebd.

Wort"-Übersetzung könne zu unvermittelten, empörten Reaktionen der Diskutanten und auch von Teilen der anwesenden mehrheitlich byzantinischen Zuhörer führen. Er erinnerte deshalb an seinen Status als Gast und appellierte somit auch an die Gastfreundschaft der Byzantiner.

In der Auseinandersetzung um die Art des Dolmetschens spiegeln sich generelle Unterschiede auf argumentativer Ebene wider. Während die Byzantiner in theologischen Streitgesprächen eher philologisch argumentierten und mit der Gegenseite um die Auslegung jedes Wortes rangen, bevorzugten Vertreter der römischen Kirche eine mehr philosophische/scholastische Vorgehensweise.[115] An dieser Stelle zeigt sich, dass diese grundsätzlich unterschiedlichen Herangehensweisen bei der Argumentation auch Auswirkungen auf die Technik des Dolmetschens haben konnten. Denn beide Seiten möchten eine für sie und ihre Argumentationsweise günstige Dolmetschertechnik. Auch wenn die Byzantiner hier in Gestalt des Niketas von Nikomedia einlenkten, ihr ursprünglicher Vorschlag und ihr erster Impuls war doch die „Wort für Wort"-Übersetzung, die ihrer Argumentationsweise entgegengekommen wäre.

Beide Seiten wussten scheinbar sowohl um die Möglichkeiten als auch um die Macht und Gefahren beim Dolmetschen. Anselm thematisiert die Furcht vor einem falsch, unpassend oder auch nur missverständlich übersetzten Wort. Dieses könne eventuell zu unmittelbaren erhitzten Reaktionen der Anwesenden führen. Byzantinern und Lateinern war demnach bewusst, welchen Einfluss ein Dolmetscher unter bestimmten Umständen auf die Diskussionsdynamiken und den Ausgang des Gesprächs haben konnte.[116]

In dieser Kommunikationssituation wurde die Entscheidung über die anzuwendende Technik nicht dem dafür vorgesehenen Dolmetscher überlassen. Beide Seiten griffen unmittelbar in die Arbeit des Dolmetschers ein und legten die Rahmenbedingungen und Regeln fest, wie dieser zu übersetzen hatte. Der Dolmetscher selbst kam nicht einmal zu Wort oder wurde gefragt, welche der Techniken ihm am geeignetsten erscheine. Dieser Eingriff zeugt von der Vorstellung vom Dolmetscher als jemandem, der eine reine Vermittlungs- und Übermittlungsleistung vollbringen sollte, ohne allerdings wirklich Einfluss zu nehmen. Deshalb sahen sich die Auftraggeber auch dazu berechtigt, ihm vorzuschreiben, auf welche Weise er das Gesagte zu übertragen habe.

---

115 Siehe dazu auch Kapitel 4.1.3.

116 Siehe zu dem Versagen und der Manipulation von Dolmetschern Kapitel 3.4.

3.2 Lateinische Übersetzer in Byzanz

Der Übersetzer unterscheidet sich in seiner Übermittlungsfunktion nicht allzu sehr vom Dolmetscher, allerdings hebt sich seine Stellung von der des Dolmetschers ab. Dies hängt maßgeblich mit der Ausführung und dem Resultat der sprachlichen Übertragung zusammen. Seine Übersetzungen sind schriftlich festgehalten und nicht nur mündlich erfolgt, seine Leistung ist somit für seine Zeitgenossen und die Nachwelt eher fassbar und nachvollziehbar. Sein Name ist in der Regel bekannt und steht gut sichtbar in seinen Werken. Da er die Übertragung eines Textes nicht vor den Augen der Öffentlichkeit oder den Auftraggebern persönlich erbringen muss, sondern in gewisser Abgeschiedenheit bearbeiten kann, ist ihm selbst die Entscheidung überlassen, wie er und teilweise sogar, was er übersetzt. Diese Faktoren ließen ihn aus der Position des reinen Ver- und Übermittlers der Gedanken anderer heraustreten und stärkten seine Stellung und sein Ansehen als Experte und Autorität für Texte.[117] Im Folgenden werden Übersetzer einbezogen, die griechische Werke ins Latein übertrugen. Ausgenommen sind die ausschließlich für die byzantinische Kaiserkanzlei tätigen Personen, da sie bereits bei den Dolmetschern behandelt wurden.[118]

Im 12. Jahrhundert wurden in verschiedenen Regionen Europas Übersetzungen angefertigt, zu den berühmtesten Zentren entwickelten sich Toledo und Palermo.[119] Es bestand ein gesteigertes Interesse an der Übermittlung antiker, aber auch später entstandener Texte, insbesondere aus den Bereichen Theologie, Philosophie, Medizin und Astronomie. Das Arabische fungierte oftmals als Übermittler ursprünglich griechischer Schriften ins Latein, allerdings bestand auch ein direkter Transfer vom Griechischen ins Lateinische.[120] Toledo galt spätestens seit Mitte des 12. Jahrhunderts als maßgebliches Übersetzungszentrum im mittelalterlichen Lateineuropa, auch Palermo bot eine fruchtbare Umgebung. In beiden Fällen gab es Institutionen, die diese Tätigkeit

---

117 Zum Status und zur Autorität des mittelalterlichen Übersetzers siehe: BURNETT, The Translator, S. 53-67; DE LEEMANS/ GOYENS, Introduction, S. 9-15.

118 Zu den Übersetzern und Dolmetschern der byzantinischen Kaiserkanzlei siehe besonders Kapitel 3.1.1 dieser Studie und die Untersuchung von Christian GASTGEBER, Die lateinische „Übersetzungsabteilung“ I-III.

119 Siehe zu Toledo: JACQUART, L'école, S. 177-191; BURNETT, The Coherence, S. 249-288; ders., The institutional Context, S. 214-235; siehe z. B. zu den sizilischen Übersetzern des 12. Jahrhunderts: GRÉVIN, Linguistic Cultures, S. 413-436; HASKINS, Studies, S. 155-193; HASKINS/ LOCKWOOD, The Sicilian Translators, S. 75-102; D'ALVERNY, Translations, S. 433-435.

120 HASKINS, Studies, S. 141-144; D'ALVERNY, Translations, S. 421-462, hier besonders S. 426-459.

unterstützten, in Toledo waren dies der Dom und das Domkapitel, in Palermo der Hof, besonders unter den Normannen und unter Friedrich II. (1198-1250).[121]

Der im 12. Jahrhundert gesteigerte Bedarf an Übersetzungen ließ auch das ferne Byzanz als „Hort" des Wissens und der Texte nicht unbeachtet. Byzanz und besonders die Hauptstadt Konstantinopel boten dabei den Vorteil, dass dort antike, spätantike oder mittelalterliche Texte aus den Bereichen Religion, Philosophie, Wissenschaft oder Medizin in der griechischen Originalsprache bewahrt blieben. Der zentrale Nachteil war allerdings der erschwerte Zugriff auf diese Texte, da Byzanz selbst kein wirkliches Interesse hatte, die Übermittlung griechischer Texte an die lateinische Welt zu fördern. Im Gegenteil war man doch eher geneigt, seine Schätze exklusiv zu halten und diese eher als besondere Geschenke dem Westen zukommen zu lassen.[122] Dies bedeutet, dass man auf Einzelakteure angewiesen war, die in Byzanz lebten und diese Texte durch Übersetzungen oder Abschriften dem Westen zugänglich machten.

Vor diesem Hintergrund sind einige Besonderheiten im Wirken lateinischer Übersetzer in Byzanz voranzustellen, die für deren Einordnung und Rolle grundlegend sind. Ein wichtiger Unterschied zwischen der Tätigkeit in Konstantinopel auf der einen und beispielsweise in Übersetzungszentren wie Toledo und Palermo auf der anderen Seite ist erstens die grundlegend unterschiedliche historische und kulturelle Entwicklung. Während Toledo und Palermo im Laufe der Jahrhunderte von unterschiedlichen Mächten und kulturellen Impulsen beeinflusst waren, gilt dies für Konstantinopel in dem Maße nicht. Beide Städte profitierten enorm von ihren unterschiedlichen Bevölkerungsgruppen und ihrer Multilingualität.[123] Konstantinopel war zwar auch eine Stadt, in der sich Personen aus unterschiedlichen Regionen der mittelalterlichen Welt aufhielten und in der folglich auch viele verschiedene Sprachen zu vernehmen waren, aber im Vergleich zu Toledo und Palermo gab es keinen Wechsel bei der dominierenden Sprache. Das Griechisch war die

121 BURNETT, The Coherence, S. 252f.; GRÉVIN, Linguistic Cultures, S. 413-427; HASKINS, Studies, S. 155-193; HASKINS/ LOCKWOOD, The Sicilian Translators, S. 75-102; FRIED, In den Netzen, S. 177-191.

122 Als Beispiel, wie Bücher als diplomatische Geschenke benutzt wurden, ist das *Almagest* des Ptolemaios zu nennen, HASKINS/ LOCKWOOD, The Sicilian Translators, 75-102; LINDBERG, Science, S. 72f.; siehe auch Kapitel 2.2.

123 Siehe als Überblick zur Multikulturalität in Sizilien grundlegend die Sammelbände: NEF, A Companion, darunter besonders der Aufsatz von BORGHESE, The City, S. 325-348; WOLF/ HERBERS (Hrsg.), Southern Italy; und die Monographien: METCALFE, Muslims; DAVIS-SECORD, Where three worlds; siehe als Überblick zu Toledo und den verschiedenen Bevölkerungsgruppen den Sammelband: CARDAILLAC (Hrsg.), Tolède; siehe auch für die iberische Halbinsel: REILLY, The Contest.

unangefochtene offizielle Sprache des Byzantinischen Reiches und auch für die Identität des Reiches maßgeblich.[124]

Zweitens ist zu betonen, dass die Auftraggeber für die schriftlichen Übersetzungsarbeiten in der Regel häufig wechselnde westliche Förderer waren. Die Übersetzungsleistung war demnach die vom Griechischen ins Lateinische. Die Tätigkeit war nicht an eine Institution vor Ort gebunden.[125] Dies heißt aber nicht, dass die Übersetzer untereinander keinen Kontakt hatten, oftmals kannten sie die Arbeit der anderen und profitierten vom Austausch.

Drittens arbeiteten die meisten nicht nur als Übersetzer. Einige von ihnen wie Leo Tuscus und Hugo Etherianus arbeiteten zur selben Zeit auch für den byzantinischen Kaiser, ersterer als Dolmetscher bzw. Übersetzer der kaiserlichen Briefe und Hugo als theologischer Berater.[126] Burgundio von Pisa war ausschließlich für westliche Auftraggeber tätig, insbesondere für seine Heimatstadt Pisa, für die er als Richter und Gesandter fungierte.[127] Das Übersetzen für den Westen war in der Regel nicht die Haupttätigkeit.

Viertens zählte nicht nur die Übersetzung griechischer Werke zu ihrem Wirkungsbereich, auch die ins Latein übertragene Kompilation verschiedener griechischer Texte sowie auch Erklärungen oder Kommentare zur Sprache und Grammatik gehörten zu ihren Aufgaben. Beispiele hierfür sind die *Expositio in Graecas dictiones quae inveniuntur in prologis Sancti Hieronymi,* die Erklärung der von Hieronymus gebrauchten griechischen Wörter durch Moses von Bergamo oder der *Liber thesauri occulti* des Paschalis Romanus, der keine Übersetzung eines bestimmten Traumbuches ist, sondern eine ins Latein übertragene Kompilation verschiedener Texte aus dem Bereich der Traumdeutung.[128]

---

124 KALDELLIS, Hellenism, S. 95; PAHLITZSCH, Byzanz, S. 93f.

125 Bei den Dolmetschern am byzantinischen Hof ist dies allerdings anders, da sie in die Kaiserkanzlei integriert waren, siehe zu den Dolmetschern und ihrer institutionellen Verankerung am byzantinischen Hof Kapitel 3.1; vgl. GASTGEBER, Die lateinische „Übersetzungsabteilung“ I-III, besonders I, S. I-XII; und siehe auch MILLER, The Logothete, S. 438-470.

126 Siehe zu beiden Kapitel 2.3.1; für einen detaillierten biographischen Überblick: DONDAINE, Hugues Éthérien, S. 67-126; zu Hugo Etherianus auch HAMILTON, Hugh Eteriano, S. 109-148; und zu Leo Tuscus auch: HASKINS, Leo Tuscus, S. 43-47; siehe zu den unterschiedlichen Beratern im byzantinisch-höfischen Kontext KYRITSES, Counselors, S. 108-116.

127 CLASSEN, Burgundio von Pisa, besonders S. 7-29.

128 Die *Expositio in Graecas dictiones quae inveniuntur in prologis Sancti Hieronymi* ist ediert bei CREMASCHI, Mosè del Brolo, S. 162-195; siehe zu ihm auch ebd., S. 49-64; siehe auch HASKINS, Moses of Bergamo, S. 133-142; die Edition des *Liber thesauri occulti* bei Simone COLLIN-ROSET, Le Liber thesauri occulti, S. 141-198; siehe zu beiden auch Kapitel 2.3.3 und 2.3.4.

Fünftens begünstigten ihr Standort und ihre persönlichen Kontakte vor Ort sowie ihre gegebenenfalls anderen offiziellen Funktionen am Hof trotz der fehlenden institutionellen Anbindung die Übersetzungsarbeit enorm. Denn dadurch hatten sie unmittelbaren Zugriff auf griechische Handschriften. Außerdem vertiefte der persönliche Aufenthalt ihre Sprachkenntnisse und machte diese im Westen glaubhafter. Diese fünf Aspekte prägten die Stellung lateinischer Übersetzer im byzantinisch-westlichen Kontext und müssen als Bedingungen für ihr Wirken verstanden werden.

3.2.1 *Die Arbeit als Übersetzer*

Die Expertise des Übersetzers bestand maßgeblich aus der Beherrschung der Sprachen, hier des Lateinischen und des Griechischen. Zwar wurde je nach Thema des zu übersetzenden Werkes auch Sonderwissen zur Theologie, Medizin oder Philosophie erwartet und vorausgesetzt, aber die Kernkompetenz blieben die Sprachen. Im Gegensatz zu den Dolmetschern benötigten sie nicht unbedingt praktische Griechischkenntnisse, sie mussten allerdings je nach Text gute Kenntnisse des Altgriechischen und Mittelgriechischen haben. Dies galt besonders für die Übersetzung bestimmter Textgattungen, man denke nur an antike Texte wie die des Aristoteles, Galen oder an patristische Literatur. Durch den teilweise langjährigen Aufenthalt in Byzanz waren viele sehr wahrscheinlich mit der griechischen Umgangssprache ebenfalls gut vertraut.[129]

Konstantinopel bot für ihre Tätigkeit ideale Bedingungen, nicht zuletzt wegen der dortigen Bibliotheken und den dort vorhandenen kostbaren Texten. Sie befanden sich in einem inspirierenden Umfeld, in dem es einen lebhaften geistigen Austausch mit byzantinischen Gelehrten gab.[130] Auch die lateinischen Übersetzer standen miteinander in Kontakt und kannten die Werke des jeweils anderen.

Ein Beispiel hierfür ist die Kooperation zwischen den Brüdern Hugo Etherianus und Leo Tuscus. Beide beziehen sich in ihren Werken regelmäßig auf den anderen und dessen Arbeiten und lassen an ihrem engen Austausch keinen Zweifel. Diese Zusammenarbeit kann durchaus als glaubhaft angesehen werden, da ihre jeweilige Expertise sich ergänzte. Von Leos profundem Wissen

---

129 Siehe zu den verschiedenen Sprachebenen beispielsweise: SCHREINER, Bilinguismus, S. 399-414; siehe zum Erlernen des Griechischen im Westen: BERSCHIN, Griechisch-Lateinisches Mittelalter, S. 41-51; CIGGAAR, Bilingual word lists, S. 165-178; siehe zum Übersetzen für pragmatische Zwecke: SCHMIEDER, Pragmatisches Übersetzen, S. 261-276.

130 Der byzantinische Hof und die Stadt Konstantinopel boten ein fruchtbares Studienumfeld, dazu auch Kapitel 2.2.

um Texte und Manuskripte profitierte auch Hugo.[131] Er bezeichnet seinen Bruder sogar als *ingenii mei acumen*, als „Scharfsinn meines Geistes".[132] Während Leo eher als Übersetzer und Dolmetscher wirkte, tat Hugo sich als Theologe hervor, allerdings griffen beide durch mindestens ein Werk in den Arbeitsschwerpunkt des anderen ein. Von einem regelmäßigen gegenseitigen Austausch und wechselseitiger Unterstützung ist auszugehen, da besonders Hugo die Unterstützung seines Bruders hervorhebt.[133]

Kontakte zu anderen oder zumindest das Wissen um die Arbeit anderer Lateiner in Konstantinopel sind sehr wahrscheinlich. Paschalis Romanus, der sich etwa zur selben Zeit wie das Pisaner Brüderpaar in Byzanz aufhielt, kannte wohl Leo oder zumindest sein Werk. Es gibt zwar keine Hinweise auf eine persönliche Verbindung, im dritten Buch seines *Liber thesauri occulti* geht Paschalis aber auf das Traumbuch des Achmet Ben Sirin ein und benutzt in den Kapiteln 3 bis 15 Leos Übersetzung des *Oneirocriticon*.[134] Die vorher verwendeten Textpassagen aus dem Traumbuch des Achmet übersetzte Paschalis selbst. Die Editorin des *Liber*, Simone Collin-Roset, vermutet, dass zwischen dem Beginn und der Fertigstellung des *Liber* zehn Jahre gelegen haben müssten. Leo stellte die Übersetzung des *Oneirocriticon* erst um 1175/1176 fertig,[135] dem *incipit* des *Liber* ist aber zu entnehmen, dass es bereits 1165 herausgegeben wurde (*editus*).[136] Es ist schwierig, diese Unterbrechung von zehn Jahren plausibel zu erklären. Vorstellbar ist, dass Paschalis seine Schrift zu einem späteren Zeitpunkt ergänzen wollte. Es handelt sich bei diesem Text vermutlich nicht um ein Auftragswerk, jedenfalls ist kein Auftraggeber genannt noch

---

131 Die Zusammenarbeit wird in vielen Vorworten deutlich, z. B. in den Prologen von Buch II und Buch III im *De sancto et immortali Deo*: Hugo Etherianus, De sancto, II, Prolog, S. 73-75 oder ebd., III, Prolog, S. 165-167; siehe auch HAMILTON, Hugh Eteriano, S. 132; siehe zur Zusammenarbeit genau Kapitel 6.2.

132 Hugo Etherianus, De sancto, I, 20, S. 71.

133 Hugo Etherianus verfasste eine Übersetzung, nämlich das *De haeresibus quas in Latinos Graeci devolvunt*. Die photianische Liste ist bei Hergenroether mit dem griechischen Text und zwei lateinischen Übersetzungen ediert, von denen die eine mit dem Titel *Contra Romanum Pontificem* die von Hugo Etherianus ist: HERGENROETHER, Monumenta Graeca, S. 62-71; Leo Tuscus schrieb eine Abhandlung mit einem religiösen Themenschwerpunkt: *De haeresibus et praevaricationibus Graecorum*. Das gesamte Werk befindet sich in Sevilla, Biblioteca Colombina, Ms. 5-1-24, fol. 78r-88v, das letzte Kapitel davon ist bei DONDAINE, Hugues Éthérien, S. 126f. ediert.

134 COLLIN-ROSET, Le Liber thesauri occulti, S. 135f. und S. 138-140; MAVROUDI, A Byzantine Book, S. 112f.; zur griechischen Version des Traumbuches und den arabischen Quellen vgl. ebd., S. 1-62.

135 So DONDAINE, Hugues Éthérien, S. 122; Colin-Roset für 1176: COLLIN-ROSET, Le Liber thesauri occulti, S. 138.

136 Ebd.; Paschalis Romanus, Liber thesauri occulti, incipit, S. 141.

ein bestimmter Empfänger identifizierbar, er hatte also bei der Fertigstellung keinen Zeitdruck. Vielleicht war er zeitgleich mit seinen anderen Werken beschäftigt wie der Übersetzung der Kyraniden, die er um 1169 beendete, möglicherweise fällt auch die Übersetzung des Marienlebens in genau diese Zeitspanne.[137] Denkbar ist auch, dass er davon gehört hatte, dass Leo an dem *Oneirocriticon* arbeitete und sich nach dessen Fertigstellung dazu entschloss, von dieser Übersetzung für sein eigenes Werk Gebrauch zu machen. Diese Zeitabfolge und deren Ursache zu klären, ist nicht einfach, allerdings beweist die Verwendung des *Oneirocriticon*, dass die Version des Leo Tuscus zumindest unter einigen Lateinern in Konstantinopel im 12. Jahrhundert zirkulierte.

Ein Zusammentreffen von Lateinern, die in ähnlichen Bereichen arbeiteten, war in Konstantinopel sehr wahrscheinlich. Als Treffpunkt kann der byzantinische Hof gelten, an dem viele Lateiner tätig waren oder zu dem zumindest viele Zugang hatten. Die Übersetzer, die zusätzlich für den Kaiser arbeiteten, kannten sich ohnehin. Neben dem Hof waren es aber auch die lateinischen Viertel in Konstantinopel, die die Möglichkeit zum Austausch boten.[138] Ihre Lebensumstände sind schwer nachzuverfolgen, allerdings ist davon auszugehen, dass einige auch in den lateinischen Vierteln Konstantinopels oder in deren Nähe wohnten. Moses von Bergamo lässt in seinem Brief von 1130 an seinen Bruder Petrus, den Propst von St. Alexander in Bergamo, diesen wissen, dass sich sein Eigentum in der Nachbarschaft des venezianischen Viertels befand, da es durch einen dort ausgebrochenen Brand in Mitleidenschaft gezogen wurde.[139]

Zweifelsfrei begünstigte der Aufenthalt in Byzanz die Übersetzungsarbeit der Lateiner, sei es durch die Vervollkommnung der Griechischkenntnisse, den Zugang zu den Bibliotheken und Texten, oder den Kontakt zu Byzantinern sowie auch zu anderen Lateinern vor Ort. Der zeitliche Aufwand für das Anfertigen einer Übersetzung variierte je nach Größe und Gattung des zu übertragenden Werkes. Burgundio von Pisa gelang es, die Homilien des Chrysostomos zum Johannesevangelium innerhalb zweier Jahre zu übersetzen.[140] Es scheint ihm

137 Paschalis Romanus, Übersetzung der Kyraniden, Prolog, S. 12; auch Collin-Roset vermutet, dass zumindest die Übersetzung der Kyraniden dazwischenkam: COLLIN-ROSET, Le Liber thesauri occulti, S. 139.

138 Zu den lateinischen Vierteln in Konstantinopel siehe z. B. SCHREINER, Untersuchungen, S. 175-191; JACOBY, The Venetian Quarter, S. 153-170; ders., Houses, S. 269-282.

139 Moses von Bergamo, Brief an Petrus 1130, S. 148: ... *Constantinopoli regio[n]em Ve[n]eticorum nobis vicinam penitus [ince]ndio deflagrari, ubi cuncta mea p[raeter] equitaturas et indumenta deposita fuerant.*

140 Burgundio von Pisa, Einleitung zur Übersetzung der Homilien des Johannes Chrysostomos zum Johannesevangelium, S. 85: ..., *et deinde contra spem per duos continuos annos*

sehr daran gelegen zu sein, zu betonen, wie schnell und unermüdlich er an diesem Text arbeitete. Er begann damit bereits auf seinem Rückweg von Byzanz in Messina: ..., *Messanam veniens ibique moram faciens, manibus meis scribens inibi librum transferre incepi, et sic per totam viam Neapoli et Gaete et ubicumque moram faciebam vacationem michi extorquens iugiter transferebam.*[141] Überall, wo Rast gemacht wurde, widmete er sich kontinuierlich und eigenhändig der Übersetzung.

Vor dem Hintergrund der vielen weiteren Aufgaben Burgundios erscheinen die zwei Jahre tatsächlich als eine recht kurze Zeitspanne, er selbst stellt jedenfalls damit seinen besonderen Eifer bei der Fertigstellung seines Werkes heraus. In den meisten anderen Beispielen liegen die Zeiträume im Dunkeln. Paschalis Romanus benötigte für seinen *Liber thesauri occulti* eine längere Zeit, wahrscheinlich mehr als zehn Jahre.[142] Moses von Bergamo wiederum berichtet selbst, dass er die Erklärung der von Hieronymus verwendeten Begriffe *Homerocentonas* und *Virgiliocentonas*, um die ein gewisser Paganus von den Britischen Inseln gebeten hatte, zunächst nicht bearbeiten konnte, da er zu beschäftigt war (*sed quia tunc mihi minime quaesitis respondere vacavit*).[143] Letzteres zeigt, dass die Länge der Abfassungszeit auch von der Eingebundenheit des Übersetzers in andere Aufgaben abhing.

Der Übersetzer hatte in seiner Tätigkeit gewisse Freiräume, sowohl was das Textmaterial als auch die Arbeitsweise angeht. Bei der eigentlichen Arbeit lassen sich wie auch beim Dolmetschen zwei Techniken unterscheiden: die wörtliche und die sinngemäße Übersetzung. Während das Beispiel des religiösen Streitgesprächs von 1136 zum einen kontroverse Auffassungen über die beste Technik, zum anderen den Eingriff der Auftraggeber in die Arbeit des Dolmetschers veranschaulicht,[144] findet sich ein solches Vorgehen im Fall der Übersetzer nicht. Die eigentliche Technik wurde wohl als etwas betrachtet, das im handwerklichen Ermessen des Übersetzers lag, also eine Angelegenheit war, in die nicht eingegriffen wurde.

In den meisten Fällen legten die Übersetzer ihr konkretes Vorgehen nicht offen, da es augenscheinlich auch keiner Rechtfertigung bedurfte. Burgundio von Pisa stellt allerdings eine Ausnahme dar. Er selbst nannte nicht nur die von ihm angewandte wörtliche Übersetzungstechnik, sondern verteidigte sie

---

Deo auctore totum librum de verbo ad verbum de greco in latinum transferens integre consummavi.

141 Ebd.

142 Collin-Roset, Le Liber thesauri occulti, S. 138.

143 Moses von Bergamo, Expositio, Prolog, S. 163.

144 Siehe dazu Kapitel 3.1.3.

sogar vehement gegen die sinngemäße Übersetzung.[145] Da die lateinische Leserschaft häufig die griechische Sprache nicht beherrschte bzw. die Vorlagen nicht kannte, konnte sie schwer nachvollziehen, wie der Übersetzer seine Arbeit genau erledigte. Allerdings ließen eher holprige und vom üblichen lateinischen Satzbau abweichende Formulierungen auf eine wörtliche Übersetzung schließen.

Die Übertragung griechischer Texte ins Latein war oft nicht die Haupttätigkeit der Übersetzer. Personen, die wie Leo Tuscus am Hof auch als Dolmetscher arbeiteten, hatten ihr mehr oder weniger geregeltes Auskommen. Bei Moses von Bergamo ist sogar von einem relativ stattlichen Vermögen auszugehen. In dem genannten Brief an seinen Bruder von 1130 verzeichnet er seine Verluste, die durch den besagten Brand entstanden waren.[146] Er hatte unter anderem alle seine griechischen Bücher verloren, die drei Pfund Gold wert waren. Er berechnete den Schaden auf mehr als 500 *byzantios*. Trotz dieser für ihn erheblichen Verluste blieben ihm aber immerhin noch vier gute Maulesel (*IIII bone mule*) im Wert von 130 *byzantios* und anderes, was etwa dem Wert von 300 *byzantios*[147] entsprach. Außerdem befanden sich noch 40 *byzantios* eines vorher Verstorbenen bei ihm. Trotz dieses großen Verlustes besaß er also noch Vermögen.[148] Cremaschi vermutet, dass Moses vielleicht nicht nur am byzantinischen Hof arbeitete, sondern auch in irgendeiner Form in den Handel eingebunden war.[149]

145 Burgundio reflektiert über die Übersetzungstechnik in den Übersetzungen der Homilien des Johannes Chrysostomos zum Matthäusevangelium und zum Johannesevangelium: Burgundio von Pisa, Übersetzung der Homilien des Johannes Chrysostomos zum Matthäusevangelium, Sp. 817-819; ders., Einleitung zur Übersetzung der Homilien des Johannes Chrysostomos zum Johannesevangelium, S. 84-102; siehe zu Theorie und Praxis des Übersetzens bei Burgundio von Pisa auch: CLASSEN, Burgundio von Pisa, S. 54-65; FLECCHIA, La traduzione di Burgundio Pisano, S. 113-130.

146 Moses von Bergamo, Brief an Petrus 1130, S. 148: *Combusti sunt igitur omnes libri Graeci quos multo dudum labore quaesiveram, precii tri[um l]ibrarum auri, et reliqua universa, nisi si quid in auri pura moneta fuit. [Q]ue mihi iactura damni plus D byzantiis intulit. Remansere mihi tamen IIII bone mule bene valentes CXXX byzantios et alia que simul his computata valent plus quam C[C]C byzantios. Sunt etiam apud me XL byzantii ex depositione cuiusdam defuncti.*; vgl. auch RODRIGUEZ SUAREZ, The Western Presence, S. 142.

147 Nach dem ersten C befindet sich eine Rasur. Pontani fügt zwei C hinzu (CCC), Moses von Bergamo, Brief an Petrus 1130, S. 148 und Variantenapparat t, S. 149; eine Abbildung bei PONTANI, Mosè del Brolo, S. 174.

148 *Byzantios* (*bizantius aureus*) ist ein mittelalterlicher im lateinischen Europa gebrauchter Begriff für das byzantinische Nomisma, GRIERSON, Art. „Bezant“, S. 287; siehe auch zu den byzantinischen Münzen im 12. Jahrhundert: HENDY, Coinage, S. 14-68.

149 CREMASCHI, Mosè del Brolo, S. 54; RODRIGUEZ SUAREZ, The Western Presence, S. 142.

Präzise Quellenaussagen, wie die eigentliche Übersetzungsarbeit finanziell belohnt wurde, fehlen. Wahrscheinlich gab es eine Art Aufwandsentschädigung. Der Patriarch von Antiochia, Aimery von Limoges, bat Hugo Etherianus um griechische Manuskripte und versprach ihm eine angemessene Belohnung. Die drei von ihm angeforderten Schriften würde Aimery als „großes Geschenk" annehmen.[150] Der Übermittler der Texte würde doppelt belohnt werden. Zunächst stellt Aimery heraus, was für ein großer allgemeiner Nutzen dadurch entstehen werde. Dann verweist der Patriarch aber auch auf einen silbernen Becher, mit dem Hugo auf die Liebe und Ehre Aimerys trinken solle und er verspricht ihm noch weitere unbestimmte Geschenke. Diese konnten noch nicht mitgeschickt werden, da die Gesandten sehr rasch nach Konstantinopel aufgebrochen waren. Neben dem ideellen Ruhm und dem Bewusstsein etwas für die Allgemeinheit getan zu haben, wird auch auf eine materielle Belohnung verwiesen. Zudem werden außer dem Becher noch mehr Gaben in Aussicht gestellt. Vielleicht wurden diese versprochenen restlichen Geschenke auch zunächst zurückgehalten, um zu sehen, ob der Bitte überhaupt nachgekommen werde. Materielle Verdienste waren aber wohl eher nebensächlich.

Für Moses von Bergamo war der Nutzen seiner *Expositio* für die Menschen zentral, es ging ihm bei der Übersetzung nicht um Geld. Dies wird im Prolog dieses Werkes deutlich. Er habe die Übersetzung sozusagen für die Allgemeinheit erstellt, jeder, der will, solle sie lesen.[151] Diese Ansicht des Moses führt zu einem weiteren Themenkomplex, nämlich zu dem Verhältnis zwischen Nachfrage und Übersetzungsleistung.

3.2.2 *Nachfrage, Auftragswerke und eigene Auswahl*

Um das Wirken der lateinischen Übersetzer in Byzanz zu verstehen, ist die Verbindung zwischen der Nachfrage und den tatsächlich angefertigten Arbeiten essenziell. Zum einen tangiert dies die Frage, an welchen Schriften Teile Lateineuropas interessiert waren und im Umkehrschluss auch an welchen eher weniger. Zum anderen zeigt sich gerade in der Unterscheidung zwischen

---

150 Hier die ganze Stelle, Aimery von Limoges, Brief an Hugo Etherianus, S. 8: *Ista tria, si uestrae placeret dilectioni, pro magno munere susciperemus, labori quoque uestro duplicatas redderemus expensas, et uobis pro tanto opere nostris precibus expedito condignas gratiarum actiones, ut taceamus de tempore praeterito in quo uos pro communi utilitate gaudemus efficaciter laborasse. Mittimus uobis cuppam unam argenteam, in qua pro nostro amore pariter et honore uolumus ut bibatis; et alia quaedam uobis misissemus, sed nuntii nostri sic ex insperato iter suum arripuerunt, quod in breui spatio temporis pro nostrae uoluntatis arbitrio non potuimus ea praeparare.*

151 Moses von Bergamo, Expositio, Prolog, S. 163: *Legat ergo qui vult; cumque didicerit quae ignorat, oratione me potius remuneret quam cuiusvis datione pecuniae.*

Auftragswerken und eigener Auswahl, welche Mitwirkung und welchen Einfluss der Übersetzer bei der Übermittlung von Texten hatte.

Der Unterschied zwischen Auftragsarbeiten und selbst ausgewählten Schriften ist sehr wesentlich. Erstere hängen direkt mit dem Bedarf und der Nachfrage im Westen zusammen.[152] In der Regel wandte sich jemand aus dem lateinischen Europa an einen Übersetzer und bat ihn, eine entsprechende Arbeit zu einem bestimmten Text abzufassen. Bei der freien Schriftenauswahl bestimmte hingegen der Übersetzer selbst, welche Werke im lateinischen Europa vermeintlich nachgefragt oder von einer bestimmten Institution oder Person benötigt wurden. Andere Faktoren wie beispielsweise der „Zeitgeist" und bestimmte „Trends", denen der Übersetzer bewusst oder unbewusst unterlag, hatten ebenso Einfluss auf die Auswahl des zu übertragenen Textes.

Bereits Charles Homer Haskins bemerkte, dass das bei den sizilischen Übersetzern vorhandene Interesse an mathematischen und astronomischen Texten bei den norditalienischen Übersetzern nicht festzustellen ist.[153] Sie übersetzten hingegen auffallend viele Werke aus dem theologischen Bereich, und zwar besonders aus der Patristik.[154] Im lateinischen Europa bestand zweifelsfrei eine besondere Nachfrage nach patristischen Schriften. Werke wie die des Johannes von Damaskus oder des Johannes Chrysostomos zählten zu den gefragten Texten, die es zu übersetzen galt.[155] Dies ist keine Überraschung, denn diese auch im Westen hoch geschätzten kirchlichen Autoritäten waren dem lateinischen Europa häufig nicht leicht zugänglich. Zum einen fehlten die entsprechenden Texte schlichtweg, zum anderen mangelte es auch an den benötigten sprachlichen Fähigkeiten, sie zu verstehen.

Die Übersetzungen aus dem griechischen Original lösten für einige ausgewählte Texte diesen misslichen Umstand. Zu vergessen ist dabei nicht, dass die Übertragung im byzantinisch-westlichen Kontext ohne Zwischenübersetzung in eine andere Sprache direkt vom Griechischen ins Lateinische erfolgte. Das war sicherlich ein Vorteil, wenn man bedenkt, dass es bei diesen

---

152 Zu Markt und Nachfrage bezogen auf das höfische Ratgeberwesen: WALLMEYER, Wie der Kreuzzug, S. 279-312; vgl. auch für den Bereich der medizinischen Expertise: SCHÜTTE, Medizin, S. 12-28.

153 HASKINS, Studies, S. 222.

154 Ebd.

155 Beispiele für die von Lateinern angefertigten Übersetzungen der Werke dieser Autoren sind: Burgundio von Pisa, Übersetzung von De fide orthodoxa (Johannes von Damaskus); Burgundio von Pisa, Übersetzung von De natura hominis (Nemesius von Emesa, allerdings wurde das Werk fälschlicherweise Gregor von Nyssa zugeschrieben), siehe dazu auch CLASSEN, Burgundio von Pisa, S. 74; Burgundio von Pisa, Übersetzung von De natura hominis, S. 1; Burgundio von Pisa, Übersetzung der Homilien des Johannes Chrysostomos zum Matthäusevangelium; Leo Tuscus, Übersetzung der Chrysostomosliturgie.

Texten umso mehr das Anliegen der Übersetzer war, den Inhalt des Ursprungstextes nicht zu verfälschen. Schriften heiliger Autoritäten rückten den jeweiligen Autor und seinen Text geradezu in die Nähe einer heiligen Sphäre. Die Reflexion und Rechtfertigungen des Burgundio von Pisa für die wörtliche Übersetzungstechnik zeugen von diesem Respekt und von der besonderen Ehrfurcht gegenüber dem zu übertragenden Text und seinem Autor. Dies beeinflusste den Umgang mit der Schrift und nicht zuletzt die Art und Weise, sie zu übersetzen.[156]

Ist der Bedarf an theologischen, aber auch philosophischen und wissenschaftlichen Schriften im Westen, allein aufgrund der Wirkungskraft und Autorität von Verfassern wie Aristoteles, Galen, Johannes Chrysostomos oder Johannes von Damaskus gut erklärbar, gilt dies für andere Texte nicht in vergleichbarem Umfang.[157] Deshalb ist es sinnvoll, die Aufmerksamkeit weg von den Übersetzungen der großen Autoritäten zu lenken und inhaltlich eher strittige Übersetzungen zu fokussieren. Anhand dieser Fälle kann gezeigt werden, welche anderen Faktoren die Auswahl der Werke beeinflussen konnten.

Das erste Exempel betrifft eine ganze Quellengattung, nämlich Übersetzungen von Traumdeutungsliteratur und hermetischen Schriften.[158] Von Paschalis Romanus, der sich sehr wahrscheinlich zwischen 1158 und 1169 in Konstantinopel aufhielt,[159] sind vier Werke erhalten, von denen zwei dem religiösen Bereich und zwei der Traumdeutung und Hermetik zuzuordnen sind. Bei den letzteren handelt es sich um eine Übersetzung und um eine Kompilation, die übersetzte Auszüge aus verschiedenen Werken enthält. Das eine ist die Übersetzung der griechischen Kyraniden und das andere der *Liber thesauri occulti*. Während sich im Fall des *Liber* kein Auftraggeber oder Widmungsvermerk finden lässt, waren die übersetzten Kyraniden sehr wahrscheinlich ein Auftragswerk, dies ergibt sich durch den Satz: „Du hast mich nämlich gebeten, dass ich dieses medizinische Buch von der griechischen

156 Burgundio von Pisa, Einleitung zur Übersetzung der Homilien des Johannes Chrysostomos zum Johannesevangelium, S. 87.

157 Beispiele für die von Lateinern übersetzten Werke des Aristoteles und des Galen sind: Jakob von Venedig, er übersetzte die *Analytica posteriora*, Teile der *Sophistici Elenchi*, aber auch die *Physica*, *De anima*, Teile der *Parva naturalia* und Teile der *Metaphysica vetustissima*, D'ALVERNY, Translations, S. 435f.; siehe auch MINIO-PALUELLO, Iacobus Veneticus, S. 265-304, besonders S. 265; Burgundio von Pisa übersetzte unter anderem *De sanitate tuenda* und *De sectis medicorum* des Galen, CLASSEN, Burgundio von Pisa, S. 77f.

158 Siehe zur Übersetzung hermetischer Schriften aus dem Griechischen: HEIDUK, Offene Geheimnisse, S. 328-336.

159 COLLIN-ROSET, Le Liber thesauri occulti, S. 112.

Sprache in die lateinische Sprache übertragen möge".[160] Auch die Formel *Eruditissimo Domino Magistro Ka. Pa.* deutet auf einen Auftraggeber hin. Es gibt abweichende Lesungen der abgekürzten Namen, möglich sind auch *Ha. Pa.* oder *Ra. Pa.* Wahrscheinlich bezeichnen die Abkürzungen *Ka.* bzw. *Ha.* oder *Ra.* den Empfänger des Werkes und *Pa.* Paschalis Romanus selbst.[161] Allerdings ist die Abkürzung des vermeintlichen Adressaten keiner Person zuzuordnen, der Auftraggeber oder Empfänger ist somit nicht identifizierbar.[162]

Die beiden Übersetzungen aus dem religiösen Bereich, die Übersetzung des Marienlebens des Epiphanios (vor 1186) und die der *Disputatio contra Judeos* (1163), sind eindeutig einem Empfänger zuzuordnen: Heinrich Dandolo, Patriarch von Grado.[163] Zwar ist der Name Paschalis auch in der Übersetzung des Marienlebens nicht ausgeschrieben, aber er war immerhin erkennbar (*P. de Roma*) und der Empfänger war eindeutig benannt.[164]

Während bei den beiden religiösen Übersetzungen der Abnehmer unbestritten ist, bleiben die möglichen Empfänger bei den anderen Werken im Dunkeln. Im Fall der Kyraniden steht diese Zurückhaltung möglicherweise im Zusammenhang mit dem Schriftinhalt, der mehr dem Magisch-Okkulten entspricht als wirklich medizinischer Expertise, auch wenn Paschalis das Buch als *liber medicinalis* bezeichnet.[165] Wie problematisch das Buch der Kyraniden in Byzanz gesehen wurde, zeigt ein weit späteres Beispiel, die Anklage gegen den Mediziner, Astrologen und Priester Demetrios Chloros. Dieser wurde im 14. Jahrhundert angeklagt, magische Schriften, darunter die Kyraniden, zu besitzen.[166] Wenn auch andere, eher politische, Motive für die Anklage ausschlaggebend gewesen sein mögen, so lieferte das Kyranidenbuch jedenfalls

160 Paschalis Romanus, Übersetzung der Kyraniden, Prolog, S. 11: *Rogasti enim me ut hunc librum medicinalem de graeco eloquio in latinum sermonem transferrem.*

161 Für *Ka. Pa.* HASKINS, Studies, S. 220; COLLIN-ROSET, Le Liber thesauri occulti, S. 116; vgl. zu den unterschiedlichen Lesarten: DELATTE, Textes, S. 5 und S. 8f.; Catalogue général I, S. 395 (*Ha. Pa.*); PANSIER, Catalogue, S. 25 (für *Ha. Pa.*); THORNDIKE, A History II, S. 230; WICKERSHEIMER, Un manuscrit, S. 261-266, besonders S. 264f.; siehe zu den Kyraniden auch: MEYER, Geschichte der Botanik II, S. 348-366.

162 HEIDUK, Offene Geheimnisse, S. 329.

163 *Domino h. Dei gratia Dandolo patriarche dignissimo de Grado P. de Roma*, Paschalis Romanus, Übersetzung des Marienlebens, Prolog, S. 111; siehe zum übersetzten Marienleben auch: FRANCESCHINI, Il Περὶ τοῦ βίου, S. 109-128; ... *ad honorem venerabilis patriarche Gradensis Henrici Deadoli* ..., Paschalis Romanus, Übersetzung Disputatio contra Judeos, S. 192; siehe zur Übersetzung der *Disputatio contra Judeos* auch DAHAN, Paschalis Romanus, S. 161-191.

164 Paschalis Romanus, Übersetzung des Marienlebens, S. 111.

165 Ders., Übersetzung der Kyraniden, Prolog, S. 11.

166 MAVROUDI, Occult Science, S. 85; vgl. auch zur Magie in Byzanz: GREENFIELD, A Contribution, S. 117-153.

im 14. Jahrhundert auch eine Rechtfertigung dafür, jemanden anzuklagen. Es wurde offensichtlich als gefährlich bewertet.[167] Auch für das 12. Jahrhundert sind Festnahmen von Personen überliefert, die magische Bücher verwendeten. Ein Beispiel ist Isaak Aaron, der gemäß dem Geschichtsschreiber Niketas Choniates ein salomonisches Buch las, wahrscheinlich – wie Franz Grabler vermutet – das sogenannte *Testamentum Salomonis* aus dem 4. Jahrhundert.[168] Allerdings führt Choniates auch andere Gründe, wieder eher politischer Natur, für die Festnahme an.[169] Was auch immer die wahren Motive für die Verfolgung waren, der Gebrauch magischer Literatur galt als verboten und konnte als Anlass dienen, eine unliebsame Person zu Fall zu bringen.

Vor diesem Hintergrund kann die Abkürzung der Namen auch dazu dienen, die Identifikation der beteiligten Personen absichtlich zu verschleiern. Vielleicht wurde diese Übersetzung von Paschalis selbst, wenn nicht als problematisch, dann jedoch zumindest als strittig und brisant empfunden. Sein anderes Werk, der *Liber thesauri occulti*, ist keiner Person gewidmet.

Eine andere Übersetzung aus dem Bereich der Traumdeutung, das *Oneirocriticon* des Leo Tuscus, ist auch nicht mit einem Auftraggeber oder Empfänger im lateinischen Europa in Verbindung zu bringen. Zwar richtet Leo sein Vorwort an seinen Bruder Hugo Etherianus, der hielt sich allerdings ebenfalls in Konstantinopel auf und benötigte keine Übersetzung des *Oneirocriticon*, weil er selbst als Übersetzer tätig war und sogar eigene Werke auf Griechisch verfasste. Aus der Schrift ist also nicht ersichtlich, wer im lateinischen Europa als Leser dieses Textes infrage kam. Der Pisaner liefert im Vorwort aber immerhin eine detaillierte Begründung, warum er das Traumbuch übersetzte. An seinen Bruder gerichtet, beschreibt er einen rätselhaften Traum Hugos, den beide nicht einordnen konnten. Da sich später tatsächlich etwas ereignet hatte, das diesem Traum entsprach, empfand es Leo als nützlich, wenn er die Gelehrten des griechischen Traumbuches auf Latein zum Sprechen bewegen könne.[170]

---

167 Siehe zu Demetrios Chloros: MAVROUDI, Occult Science, S. 85; CUMONT, Notice, S. 175-181; GREENFIELD, A contribution, S. 130 und S. 151; siehe auch: CUPANE, La magia, S. 237-262.

168 MCCOWN, The Testament, besonders S. 2; GRABLER, Die Krone, S. 299; siehe zu magischen und okkulten Texten in Byzanz auch: GREENFIELD, Magic, S. 215-233; siehe ausführlich zu Isaak Aaron Kapitel 3.4.2.

169 Niketas Choniates, Historia, IV, S. 146f.

170 Leo Tuscus, Übersetzung des Oneirocriticon, Praefatio, zit. n. HASKINS, Studies, S. 217: *Ex eo igitur tempore pectus sollicitudine percussi, sub corde ignitos versavi carbones, cogitando utile esse si onirocriti Grecorum philosophis ariolanti loqui latine persuaderem enucleatim....* Das *Oneirocriticon* in der Version des Leo Tuscus ist bis heute unediert, sowohl Charles Haskins als auch Ambrogio Camozzi Pistoja haben Auszüge aus dem Werk ediert. Haskins edierte auf Basis von Wolfenbüttel, Herzog August Bibliothek, Ms.

Er übersetzte das *Oneirocriticon* also aus einer persönlichen Erfahrung heraus, erkannte den praktischen Nutzen und stellte einen Bedarf im Westen fest. Von einer konkreten Anfrage aus dem lateinischen Europa ist nicht auszugehen. Hier ist es also der Übersetzer selbst, der entscheidet, welchen Text der Westen brauchen könnte.

Leo liefert mit seiner Erklärung eine Begründung, warum er das *Oneirocriticon* für übersetzungswürdig erachtete. Das Fehlen eines konkreten Empfängers im Fall des *Liber thesauri occulti* und des *Oneirocriticon* und die Tatsache, dass drei Übersetzungen aus diesem Themenspektrum von Lateinern in Byzanz angefertigt wurden, eröffnen einen weiteren möglichen Erklärungsansatz. Es erscheint plausibel, dass bei der Auswahl der zu übersetzenden Werke auch der persönliche Geschmack, „Trends" oder der vorherrschende „Zeitgeist" in Konstantinopel eine Rolle gespielt haben könnten.

Der Fall des Isaak Aaron und andere Beispiele zeigen, dass Magie und ihre Anwendung ein brisantes Thema am byzantinischen Hof des 12. Jahrhunderts war.[171] Kaiser Manuel Komnenos hatte selbst einen Hang zur Astrologie und verteidigte sie in einer von ihm persönlich verfassten Schrift.[172] Der Geschichtsschreiber Niketas Choniates unterstellt dem Kaiser, dass dessen Abhängigkeit von Astrologen sogar zu politischen Fehlentscheidungen führte.[173] Zu beachten ist dabei allerdings, dass Choniates Manuels Herrschaft generell kritisch gegenüberstand und diese Haltung in seinem Geschichtswerk immer wieder durchscheinen lässt.[174] Diese Schilderungen zeigen aber, dass am Hof eine Atmosphäre herrschte, die eine Beschäftigung mit Themen wie

---

2917; Camozzi Pistoja edierte Teile von Oxford, Bodleian Library Digby, Ms. 103: CAMOZZI PISTOJA, The *Oneirocriticon*, S. 747-758.

171 Johannes Kinnamos, Epitome, VI, 6, S. 267f.; siehe zu der Verschwörung des Alexios Axouch auch MAGDALINO, The Empire, S. 218f.; siehe zur Rolle der Magie bei der Verschwörung des Theodoros Styppeiotes und zu ähnlichen Vorwürfen, die dem Historiker Michael Glykas gemacht wurden: KRESTEN, Zum Sturz, S. 55-57 und 65f.

172 MAVROUDI, Occult Science, S. 74; ADLER, Did the Biblical Patriarchs, S. 245-263, besonders S. 245f.; MAGDALINO, Debunking Astrology, S. 165-175.

173 Paul Magdalino listet vier Quellenstellen in Niketas Choniates' *Historia* auf, die den Kaiser als abhängig von Astrologen darstellen, ders., Occult Science, S. 147: „Choniates' long account of Manuel's reign contains four passages that must surely rank among the most eloquent and devastating critiques of both astrology and political misjudgement in any literature."; die Stellen bei Niketas Choniates beinhalten beispielsweise, dass Manuel nach einem günstigen Horoskop seine Flotte aussandte, die dann eine Niederlage erlitt: Niketas Choniates, Historia, II, S. 95f.; andere Stellen, in denen das Horoskop eine wichtige Rolle spielt: ebd., V, S. 154; S. 168f.; VII, S. 220f.

174 Siehe zur Kaiserkritik: MAGDALINO, Aspects, S. 326-346; auch BRAND, Deeds, S. 9; generell zur Kritik des Niketas Choniates an Kaisern seiner Zeit: TINNEFELD, Kategorien, S. 158-179.

Astrologie oder Traumdeutung, ja selbst mit ins Okkulte gehenden magisch-medizinischen Inhalten begünstigte. Es ist nicht abwegig, dass dieses Milieu die in Konstantinopel lebenden Lateiner in der Auswahl der zu übersetzenden Texte beeinflusste.[175]

Im Gegensatz zu den theologischen, philosophischen und medizinischen Übersetzungen lassen sich Texte aus dem Bereich der Traumdeutung oder des Okkulten wie gezeigt nicht sehr einfach mit konkreten Auftraggebern oder Empfängern im Westen des 12. Jahrhunderts in Verbindung bringen. Dies bedeutet allerdings nicht, dass im lateinischen Europa ein Desinteresse an Traumbüchern bestand. Übersetzungen dieser Art konnten im Laufe der Jahrhunderte sogar eine beachtliche Reichweite erlangen. Zwanzig bekannte Handschriften enthalten das *Oneirocriticon* in der lateinischen Version des Leo Tuscus. Die meisten Manuskripte stammen aus dem 14. und 15. Jahrhundert und sind deshalb für die Nachfrage des 12. Jahrhunderts nicht wirklich aussagekräftig. Die früheste Handschrift ist allerdings ein *Codex* aus dem 12. Jahrhundert, Oxford, Bodleian Library Digby, Ms. 103, fol. 59r-127v, eine weitere stammt aus dem 13. Jahrhundert (Wolfenbüttel, Herzog August Bibliothek, Ms. 2917, fol. 1-20).[176] Ambrogio Camozzi Pistoja listet zusätzlich sieben, allerdings verlorengegangene, Manuskripte auf, die Leos Version enthielten.[177] Diese begann im 13. Jahrhundert zu zirkulieren, die später daraus entstandenen volkssprachlichen Fassungen zeigen, dass das Werk wohl auch in einem größeren Rahmen rezipiert wurde.[178]

In dem ältesten erhaltenen Manuskript, Oxford, Bodleian Library Digby, Ms. 103, ist nicht nur das *Oneirocriticon* in Leos Übersetzung, sondern auch der *Liber thesauri occulti* des Paschalis Romanus enthalten.[179] Auch eine weitere Handschrift, London, British Library Harley, Ms. 4025, beinhaltet beide Übersetzungen.[180] Im Vergleich zum *Oneirocriticon* ist der *Liber* in der Manuskriptüberlieferung nicht derart häufig vertreten, er findet sich in nur fünf Handschriften.[181] Die Übersetzung der Kyraniden durch Paschalis Romanus ist

---

175 Siehe zur Betonung des Aufenthaltes in Konstantinopel als Mittel zur Inszenierung als Übersetzungsexperte Kapitel 3.3.2.

176 Eine Zusammenstellung der Manuskripte bei CAMOZZI PISTOJA, The *Oneirocriticon*, S. 726-728.

177 Ebd., S. 729-740.

178 Ebd., S. 724.

179 Neben diesen beiden sind auch *De Somno et Vigilia* des Aristoteles sowie eine juristische und eine theologische Schrift enthalten, Catalogi Codicum Manuscriptorum Bibliothecae Bodleianae, IX, Sp. 117f.

180 COLLIN-ROSET, Le Liber thesauri occulti, S. 120.

181 Ebd., S. 117-124.

hingegen in mindestens 23 Handschriften zu finden.[182] Der Blick auf die bis heute überlieferten Handschriften ist kein endgültiger Beweis, ob ein Text im Mittelalter nachgefragt war, da *Codices* im Laufe der Zeit auch zerstört werden oder verloren gehen konnten. Aus diesem Grund ist nicht mit Sicherheit feststellbar, in wie vielen Manuskripten ein bestimmter Text tatsächlich im Mittelalter anzutreffen war.

Trotz dieser mengenmäßig durchaus evidenten Handschriftenüberlieferung der Übersetzungen des *Oneirocriticon* und der Kyraniden zeigen sich große Unterschiede zu der Nachfrage wie auch der Rezeption übersetzter religiöser Schriften. Die Teilübersetzung der „Quelle der Erkenntnis" des Johannes von Damaskus durch Burgundio von Pisa findet sich beispielsweise in 117 *Codices*.[183] Es handelt sich dabei allein um diejenigen Handschriften, die bis heute erhalten geblieben sind. Zudem wurde Burgundios Version über Jahrhunderte abgeschrieben, benutzt und zitiert, sie war wohl die maßgebliche Fassung und überflügelte damit diejenige von Robert von Grosseteste.[184]

Während es sich bei den großen theologischen Werken um Texte handelte, die schon allein angesichts der Verfasser enorme Bedeutung für die gesamte Christenheit hatten, finden sich für den religiösen Bereich auch Übersetzungen, die vorrangig Wissen über die Ansichten der byzantinischen Kirche vermittelten. Moses von Bergamo übersetzte etwa ein anonymes griechisches Trinitätstraktat.[185] Er stieß, wie er in seinem Vorwort selbst berichtet, zufällig auf dieses Werk.[186] Hier zeigt sich, dass der Faktor Zufall bei der Auswahl auch eine Rolle spielen konnte. In diesem Fall ist kein Auftraggeber oder Empfänger namentlich bekannt.

Unter den Werken, die die Ansichten der byzantinischen Kirche widerspiegeln, ist die von einem Lateiner angefertigte Übersetzung einer antilateinischen Liste ein außergewöhnlicher Fall. Sie dient als das zweite Beispiel, dessen Entstehung anderen Faktoren als der Autorität des Autors zuzurechnen ist.

Bei dem ursprünglich griechischen Text handelt es sich um eine dem Patriarchen Photios von Konstantinopel (858-867; 877-886) zugeschriebene

---

182 Ebd., S. 114f.

183 Diese Manuskriptanzahl listet der Editor der Version Burgundios Eligius Buytaert auf: BUYTAERT, Saint John Damascene, S. XX-XLI.

184 Ebd., S. XVf.; zu den Übersetzungen von *De fide orthodoxa*: GHELLINCK, Le mouvement théologique, S. 406-410.

185 Das Trinitätstraktat ist teilweise ediert und mit einer Übersicht über die Kapitel versehen bei DOLBEAU, À propos d'un florilège biblique, S. 337-358.

186 Moses von Bergamo, Übersetzung des Trinitätstraktats, zit. n. DOLBEAU, À propos d'un florilège biblique, S. 341.

Liste über die Irrtümer der römischen Kirche.[187] Der lateinische Titel dieser Übersetzung lautet programmatisch *De haeresibus quas in Latinos Graeci devolvunt*, diese Beschreibung weist bereits darauf hin, dass es hier um Häresien ging, die die Byzantiner den Lateinern unterstellten. Hugo Etherianus fertigte sie wohl nach 1178 an.[188] Dieses Werk war im Gegensatz zu den beiden Übersetzungen des Moses von Bergamo offensichtlich ein Auftragswerk. Es ist an einen gewissen Kardinal Arduin gerichtet, sehr wahrscheinlich handelt es sich bei ihm um den Kardinalpriester Arduin von Santa Croce in Gerusalemme.[189]

Es enthält eine Vielzahl von Punkten, die die Widersprüche zwischen römischer und byzantinischer Kirche auflisten, allerdings aus byzantinischer Sicht. Zur Sprache kommen dabei die klassischen Streitthemen beider Kirchen, das *Filioque* und die Verwendung von Azymen. Aber auch viele weitere Aspekte sind zu finden, die theologische, liturgische, kanonische und nicht zuletzt kulturelle Unterschiede oder Gewohnheiten betreffen. Liturgisch-rituelle Abweichungen wie der Taufritus, die Gestaltung der Messe und die Verwendung bestimmter Gesänge an bestimmten kirchlichen Festtagen, aber auch Fragen des Eherechts (u. a. Verwandtschaftsgrad von Eheleuten) und dann eine Reihe an unterschiedlichen Gewohnheiten wie Fastenregeln, die Beteiligung und Mitwirkung von Geistlichen am Krieg, ebenso wie Kleiderfragen werden thematisiert.[190] Dieser Text ist nicht als eine wirkliche argumentative Erörterung gegen die römische Kirche zu verstehen, sondern eher eine durchnummerierte, recht knappe, Auflistung der Ansichten und Gewohnheiten innerhalb der römischen Kirche, an denen sich die byzantinische Kirche oder Teile dieser störten.

Der nach der Version von Sevilla, Biblioteca Colombina, Ms. 5-1-24, fol. 78r als Kapitel XXXII bezeichnete Abschnitt besagt zum Beispiel hinsichtlich

---

187 Die entsprechende Liste des Photios ist bei Hergenroether unter dem Titel Φωτίου τοῦ ἁγιωτάτου πατριάρχου Κωνσταντινουπόλεως. Περὶ τῶν Φράγγων καὶ τῶν λοιπῶν λατίνων zusammen mit zwei lateinischen Übersetzungen, darunter die eine von Hugo Etherianus, ediert: HERGENROETHER, Monumenta Graeca, S. 62-71; zu den antilateinischen Listen der Byzantiner siehe grundlegend: KOLBABA, The Byzantine lists.

188 Datierung zwischen 1179 und 1182 bei HAMILTON, Hugh Eteriano, S. 150.

189 Der Brief beginnt mit: *Ad venerabilem cardinalem arduinum de heresibus quas in latinos greci devolvunt Ugo Eterianus*; der Brief an Arduin ist nicht bei Hergenroether ediert. Er findet sich in dem Manuskript Sevilla, Biblioteca Colombina, Ms. 5-1-24, fol. 75v-76r und bei DONDAINE, Hugues Éthérien, S. 116; Dondaine argumentiert dafür, dass es sich bei Arduin um den Kardinalpriester von Santa Croce in Gerusalemme handelte, ebd., S. 87, Fußnote 3; so auch HAMILTON, Hugh Eteriano, S. 140.

190 Hugo Etherianus, Übersetzung De haeresibus, S. 62-71; siehe auch KOLBABA, The Byzantine lists.

der lateinischen Geistlichkeit: „Die Priester rasieren die Bärte nach Sitte ihrer Ritter gegen die apostolische Anordnung."[191] Dies veranschaulicht, dass es in dieser Schrift mehr darum ging, eine kurze Übersicht über die Irrtümer der Lateiner zu geben, ohne argumentativ zu begründen, warum sie falsch lagen.

Der knappe inhaltliche Überblick zeigt bereits, welch brisantes und problematisches Material dieser Text aus Sicht der römischen Kirche enthielt. Zu fragen bleibt deshalb, warum ein römischer Kardinalpriester in der zweiten Hälfte des 12. Jahrhunderts ein solches Werk anforderte. Die Schrift wurde inhaltlich sicherlich nicht als übersetzenswert eingeschätzt, dementsprechend äußert sich sogar der Übersetzer selbst. Hugo warnte Arduin vor dem Inhalt des Textes, durch seine Übersetzung erreichten die Vorwürfe der Byzantiner auch die lateinische Sprache.[192]

Sehr wahrscheinlich waren es die konkreten politischen Umstände, die eine solche Schrift für den Westen oder genauer für die römische Kurie interessant werden ließen. Es ist plausibel, sie vor dem Hintergrund der Kirchenunionsbemühungen des 12. Jahrhunderts einzuordnen. Denn in der Regierungszeit des Kaisers Manuel Komnenos versuchten beide Kirchen, eine Annäherung herbeizuführen.[193] Sowohl der Auftraggeber und der Übersetzer als auch der Inhalt weisen darauf hin. Der Kardinalpriester Arduin weilte selbst in Rom. Zwar gibt es keine Hinweise, dass er sich als päpstlicher Gesandter in Konstantinopel aufhielt und an Kirchenunionsverhandlungen beteiligt war, aber zweifelsfrei ist er dem kurialen Umfeld zuzuordnen. Hugo selbst kann als einer der aktivsten Verfechter der Kirchenunion angesehen werden, der mit seinen Werken und seinem Wirken auf eine Annäherung beider Kirchen hinarbeitete.[194]

---

191 Hugo Etherianus, Übersetzung De haeresibus, S. 71: *Radunt barbas presbyteri more suorum militum praeter apostolicam institutionem.*; so auch Sevilla, Biblioteca Colombina, Ms. 5-1-24, fol. 78r.

192 Siehe dazu auch Kapitel 3.3.2.

193 Für den Zeitraum zwischen ca. 1178 und 1180 sind keine konkreten Versuche der Kirchenunionsbemühungen belegt. Laut den Kaiserregesten des Byzantinischen Reiches war der letzte offizielle Kontakt ein Schreiben des Kaisers Manuel 1176/1177 an Papst Alexander III., allerdings ohne die Kirchenunion zu thematisieren; DÖLGER/WIRTH, Regesten der Kaiserurkunden II, Nr. 1524b, S. 270; und auch Ohnsorge listet in seiner Untersuchung der Legationen Papst Alexanders III. zwischen 1169 und 1181 keine päpstlichen Gesandtschaften auf, OHNSORGE, Die Legaten, S. 164; bereits 1182 hielt sich dann wieder ein päpstlicher Gesandter in Konstantinopel auf und in den 1190er Jahren war die Kirchenunion wieder ein aktuelles Thema; OHNSORGE, Die Legaten, S. 164; siehe DÖLGER/WIRTH, Regesten der Kaiserurkunden II beispielsweise, Nr. 1606a, S. 306; Nr. 1615, S. 314; Nr. 1643, S. 324; Nr. 1648, S. 329; Nr. 1656a, S. 332.

194 Siehe dazu beispielsweise Kapitel 2.3, 4.1.1, 4.1.2 und 4.2.1.

Diese übersetzte photianische Liste war der praktischen Vorbereitung auf Kirchenunionsverhandlungen wegen ihres eher knapp gehaltenen argumentativen Teils wenig dienlich. Sie fungierte somit nicht als Argumentationshilfe, denn in dieser Liste fehlen mögliche Quellen und detaillierte byzantinische Argumentationsschemata. Sie stellte also keine konkrete Unterstützung für die Verhandlungen mit der byzantinischen Kirche dar, wie es beispielsweise Hugos theologische Abhandlung *De sancto et immortali Deo* tat. Aber dennoch entstand die Übersetzung aus der Neugierde heraus, etwas über die Ansichten der byzantinischen Kirche zu erfahren, und unterrichtete die römische Kurie über die Themenbereiche, die von byzantinischer Seite als problematisch angesehen wurden.

Es ist nicht überraschend, dass dieser Text in der Manuskriptüberlieferung einen nur geringen Niederschlag fand.[195] Er war wohl für einen internen Zirkel bestimmt, also eher für kurial-geistliche Kreise. Aufgegriffen wurde Hugos Übersetzung allerdings in einem späteren Werk, dem *Tractatus Contra Graecos*, das von einem anonymen Autor 1252 in Konstantinopel verfasst wurde. Diese Abhandlung bezog sich direkt auf die besagte Übersetzung als Vorlage (*ex dictis magistri Hugonis Hetheriani*).[196] Dies zeigt, dass das Werk eher in einem engeren Wirkungsrahmen blieb. Denn auch das in Konstantinopel 1252 entstandene Werk war unter dem Einfluss einer dauernden, direkten Interaktion mit den byzantinischen Christen entstanden. Sowohl Hugo als auch der anonyme Autor des *Tractatus Contra Graecos* wirkten in Kontexten, in denen die Differenzen zwischen römischer und byzantinischer Kirche ein wichtiges Thema waren.

Diese unterschiedlichen Beispiele zeigen, dass die Übersetzungsarbeit sehr vielfältig war. Die Tätigkeit variierte nicht nur hinsichtlich des Themas und der Textgattung, sondern auch mit Blick darauf, unter welchen Einflüssen und zu welchen Zwecken die Übersetzungen entstanden. Neben den allgemein als bedeutend und erwünscht geltenden Werken, besonders aus dem patristischen Bereich, gab es auch Schriften, deren Nutzen entweder sehr situationsbedingt oder sogar strittig war. Die eigene Auswahl von Texten aus dem Bereich der Traumdeutung zeigt, wie der Aufenthaltsort und der dort herrschende „Zeitgeist“ die Übersetzungsvorlieben beeinflussen konnten. Die Schrift *De haeresibus* ist in den wichtigen Komplex der kirchlichen Verständigungsbemühungen einzuordnen, sie diente dabei weniger als Argumentationshilfe, sondern als ein Text, der (polemische) byzantinische Ansichten vermittelte.

195 Der Text ist in der Handschrift Sevilla, Biblioteca Colombina, Ms. 5-1-24, fol. 75v-78r enthalten; DONDAINE, Hugues Éthérien, S. 114-116.

196 Zit. n. DONDAINE, Hugues Éthérien, S. 114; ders., „Contra Graecos“, S. 362-364.

Auftraggeber, Inhalt, Übersetzer und sogar die Rezeption sprechen für diesen Wirkungsrahmen.

Diese Beispiele zeigen, dass die Übersetzer im byzantinisch-westlichen Kontext aus der Rolle des reinen Ver- und Übermittlers heraustreten konnten. Sofern es sich nicht um Auftragswerke handelte, entschieden sie selbst, welches Werk übersetzenswert ist und welches nicht. Gerade bei Genres, die als umstritten galten, zeigt sich umso mehr die persönliche Entscheidung und der Einfluss des Übersetzers.

3.2.3 *Wege der Vermittlung*

Die Beziehung zwischen dem Übersetzer und den Lesern im lateinischen Europa ist zentral, denn ein Werk wurde immer für jemanden übersetzt, wenn nicht für einen speziellen Auftraggeber oder Empfänger, dann doch immer für eine unbestimmte „Öffentlichkeit". Am Anfang und zugleich auch im Zentrum steht dabei die Frage nach den Wegen der Kontaktherstellung.

Ein detailliertes und anschauliches Beispiel, auf welchen Wegen und Umwegen jemand einen Übersetzungsauftrag erhielt, ist Burgundio von Pisa. Im Vorwort seiner Übersetzung der Homilien des Chrysostomos zum Matthäusevangelium aus dem Jahr 1151 schildert er die Entstehungsumstände dieses Werkes.[197] Papst Eugen III. wollte Kommentare zum Matthäusevangelium zusammenstellen. Da es im lateinischen Europa allerdings an solchen Texten mangelte, wandte er sich an die überseeischen Gebiete. Der Papst richtete sein Anliegen direkt an den (lateinischen) Patriarchen von Antiochia, zu diesem Zeitpunkt muss es sich um Aimery von Limoges gehandelt haben.[198] Eugen forderte Aimery auf, den Mangel zu beheben und „irgendeinen Übersetzer" für die Übertragung der entsprechenden Texte zu vermitteln. Die Suche nach einem Übersetzer scheiterte aber offensichtlich, denn der Patriarch schickte

197 Hier die ganze Stelle, Burgundio von Pisa, Übersetzung der Homilien des Johannes Chrysostomos zum Matthäusevangelium, Sp. 817f.: *Dominus papa Eugenius III. vir per omnia dilligentissimus, [...], praedictas commentationes congruae consummationi tradere fatagebat. Verum quia citra mare inopia exemplarium effectui mancipare hoc minime poterat, ad transmarinas statuit dirigere partes. Ad Antiochenum igitur patriarcham scribens, quod praedictis commentationibus deerat, ejus interventu ab aliquo interprete suppleri ammonebat. Ipse autem sive desidia sive inscitia interpretum ignoro, hoc minime complens, expositionem ejusdem S. Johannis super eumdem evangelistam graecis litteris scriptam eidem summo pontifici mandare curavit: quam cum praesul ille accepisset, mihi Burgundioni Judici suo, natione Pisano, id idem mea enucleatione perficiendum commisit.*

198 In der Phase zwischen 1140 und 1149 gab es Streitigkeiten zwischen Aimery von Limoges und seinem Vorgänger Ralph de Domfront, der abgesetzt worden war, deshalb ist nicht ganz klar, um welche Person es sich beim Patriarchen handelte, so aber auch HAMILTON, Aimery, S. 272f.; siehe zu Aimery auch: ders., Aimery of Limoges. Latin Patriarch, S. 1-12.

eine griechische Schrift nach Rom. Daraufhin sandte der Papst Burgundio den Text, damit dieser die Übersetzung durch seine sorgfältige Behandlung vollende.

Diese Schilderung enthält einige wichtige Informationen über die Entstehungsumstände von Übersetzungen. Zunächst wurde der Bedarf an bestimmten Texten im lateinischen Europa festgestellt und dann danach gesucht, von wo und von wem man diese Texte erhalten kann. Anschließend wandte man sich an eine Person im betreffenden Gebiet, in diesem Fall an den (lateinischen) Patriarchen von Antiochia, von dem man sich nicht nur die Texte versprach, sondern auch eine entsprechende Übersetzung. Aber genau dieses Anliegen, nämlich die Suche nach einem geeigneten Übersetzer, verlief in diesem Fall nicht ohne Schwierigkeiten.

Aimery von Limoges hatte selbst ein großes Interesse an griechischen Schriften. Über zwanzig Jahre später forderte er selbst Texte aus Konstantinopel bei Hugo Etherianus an.[199] Es handelte sich dabei um drei Schriften, darunter auch wieder Homilien des Chrysostomos, diesmal zu den Paulusbriefen (*pro tractatu sancti Iohannis Chrysostomi super Epistolas Pauli*). Er bat zudem um eine nicht näher bestimmte byzantinische Chronik für den Zeitraum von der Teilung des römischen Reiches bis zur Gegenwart und um die Akten des Konzils von Nikaia.[200] Die Auswahl der ersten und dritten Schrift ist nicht überraschend, da an religiöser Literatur generell großes Interesse bestand. Die zweite Schrift, eine zeitgenössische Chronik, ist außergewöhnlicher. Offensichtlich hatte auch die byzantinische Historiographie des 12. Jahrhunderts ihre Abnehmer in der lateinischen Welt. Aimery betonte den immensen Nutzen, den die Übermittlung dieser Werke für die gesamte *Latinitas* habe (*toti Latinitati proficuum*) und verlieh seiner Bitte dadurch umso mehr Nachdruck.[201]

In diesem Beispiel fungierte Hugo nur als Beschaffer der griechischen Werke und nicht als Übersetzer. Der Patriarch forderte die Texte nur auf

---

199 Aimery von Limoges, Brief an Hugo Etherianus, S. 7f.: … : *in primis pro tractatu sancti Iohannis Chrysostomi super Epistolas Pauli, de quo sibi, non auctori, plurima quidam ascribentes furtim subtraxerunt, quorum praesumptio, si labor uester in hoc desudaret, risu esset digna et furtum detegeretur et assertio fraudulenta maiori cederet auctoritati; secundo, pro chronicis quae habentur apud Graecos ex illo tempore quo imperatores eorum a Romano diuisi sunt imperio usque ad nostra tempora; tertio, pro practica Nicaeni concilii quam audiuimus esse penes dominum imperatorem.*

200 Ebd.

201 Ebd., S. 7: *Tria sunt denique pro quibus uestram postulatum accedimus dilectionem, quae si dederitis operam qualiter habeamus, et toti Latinitati proficuum et hoc ipsum uobis erit in praeconium uestrae laudis monimentum aere perennius: …*; siehe auch CIGGAAR, Western travellers, S. 93.

Griechisch an, er selbst benötigte wahrscheinlich keine Übersetzung.[202] Dies bestätigt auch der Umstand, dass Hugo seine eigene theologische Abhandlung nicht nur in einer lateinischen, sondern auch in einer griechischen Version an Aimery sandte.[203] Diese Verbindung zum Pisaner Theologen in Konstantinopel lässt vermuten, dass Aimery bereits früher andere Kontaktpersonen in der byzantinischen Hauptstadt hatte, die ihm Texte übermitteln konnten. Wahrscheinlich ist er mehr als zwanzig Jahre zuvor auf ähnliche Weise an die Homilien des Chrysostomos zum Matthäusevangelium gelangt.

Der Kontakt zwischen den Auftraggebern und dem Übersetzer konnte auf unterschiedliche Weise hergestellt werden. Im Fall des Burgundio und des Papstes gab es bereits zuvor eine bestehende Verbindung. Die Formulierung *mihi Burgundioni Judici suo*, also Eugen schickte es „mir, seinem Richter Burgundio", weist auf ein spezielles Verhältnis beider hin.[204] Und tatsächlich betonte bereits Peter Classen, dass Burgundio sich bis zum Schisma 1159 als *iudex sacri Lateranensis palacii* oder *apostolice sedis iudex* bezeichnete. Es handelt sich dabei um einen Titel, der von der Kurie vergeben wurde, ohne allerdings mit einem konkreten Amt verbunden zu sein.[205] Darüber hinaus stammte Papst Eugen selbst aus Pisa, ein Umstand, der für die Wahl des Übersetzers ebenso ausschlaggebend gewesen sein könnte.[206]

Eine weitere Möglichkeit, wie ein Kontakt zustande kommen konnte, war ein persönliches Treffen. Dies war bei der Übersetzung der Chrysostomosliturgie durch Leo Tuscus der Fall. Der Auftraggeber Ramon von Montcada befand sich als Gesandter der Krone von Aragon 1177/1178 in Konstantinopel, traf dort auf Leo und beauftragte ihn, eine Übersetzung der Chrysostomosliturgie anzufertigen.[207] Ähnliches weiß auch Burgundio von Pisa zu berichten, der durch ein persönliches Treffen mit Friedrich Barbarossa ermutigt wurde, eine

202 HAMILTON, Aimery, S. 282f.; siehe auch zu Aimerys Bemühungen um eine Verständigung verschiedener christlicher Kirchen ders., Aimery of Limoges. Latin Patriarch, S. 1-12.

203 Aimery von Limoges, Brief an Hugo Etherianus, S. 7: *Praterea libros de processione Sancti Spiritus quos tam Graece quam Latine scriptos misistis....*

204 Burgundio von Pisa, Übersetzung der Homilien des Johannes Chrysostomos zum Matthäusevangelium, Sp. 818.

205 CLASSEN, Burgundio von Pisa, S. 15f.; siehe zu den *notarii sedis apostolicae* auch: HIESTAND, Notarius, S. 36-56.

206 Siehe zu Papst Eugen III. die Biographie HORN, Studien.

207 So Leo Tuscus, Übersetzung der Chrysostomosliturgie, Prolog, S. 134; MARCOS HIERRO, Die byzantinisch-katalanischen Beziehungen, S. 141-143; siehe auch MAGDALINO, The Empire, S. 102; HUTH, Staufische „Reichshistoriographie", S. 259f.

Übersetzung der Schrift *De natura hominis* des Nemesius von Emesa (fälschlich Gregor von Nyssa zugeschrieben) anzufertigen.[208]

Wenn man alle bekannten Auftraggeber und Empfänger im Vergleich betrachtet, so ergibt sich eine heterogene Mischung. Erstens finden sich Herrscher und Päpste unter den Empfängern und Förderern. Papst Eugen III. gab Burgundio den Auftrag, die Homilien des Chrysostomos zum Matthäusevangelium zu übersetzen, auch das *De fide orthodoxa* des Johannes von Damaskus widmete Burgundio dem Papst.[209] Seine Übersetzung von *De natura hominis* dedizierte er hingegen Kaiser Friedrich Barbarossa und eine der Übersetzungen Galens König Heinrich, wahrscheinlich handelt es sich um König Heinrich VI.[210] Herrscher und Päpste agierten häufig als Patrone und Unterstützer, da sie über die entsprechenden Mittel zur Förderung verfügten.

Zweitens gehörten auch Kleriker zum Kreis der Auftraggeber und Empfänger. Im Auftrag des Heinrich Dandolo, Patriarch von Grado, fertigte Paschalis Romanus gleich zwei Übersetzungen an, die des Marienlebens des Epiphanios und die der *Disputatio contra Judeos*.[211] Als Patriarch von Grado hatte Heinrich Dandolo eine gewisse Verbindung zum Byzantinischen Reich, da sich dort viele Venezianer aufhielten. Der Papst verlieh ihm 1157 das Recht, (lateinische) Bischöfe in allen byzantinischen Städten zu ernennen, in denen die Venezianer Kirchen hatten.[212] Sein Verhältnis zum Reich am Bosporus war allerdings eher ambivalent. Zum einen stellte er sich gegen die venezianische Hilfe beim normannischen Angriff auf Byzanz 1147, da man „Schismatikern"

208 Burgundio von Pisa, Übersetzung von De natura hominis, S.1: *Quia in meis, serenissime Imperator, Vobiscum locutionibus naturas rerum cognoscere et earum causas scire Vestram Maiestatem velle perpendi, idcirco librum hunc Sancti Gregorii episcopi Nyssae, fratris Sancti Basilii, de Graeco in Latinum Vestro nomine statui transferre sermonem.;* auch Hugo von Honau weiß über ein Treffen zwischen Friedrich Barbarossa und Burgundio von Pisa zu berichten: Hugo von Honau, De ignorantia, X, S. 30, S. 220; dazu auch CLASSEN, Burgundio von Pisa, S. 28f. und besonders die dortige Fußnote 31.

209 Burgundio von Pisa, Übersetzung der Homilien des Johannes Chrysostomos zum Matthäusevangelium, Sp. 817f.; ders., Übersetzung von De fide orthodoxa, S. 11.

210 Ders., Übersetzung von De natura hominis, incipit, S. 1: *Dominatori Frederico, invictissimo Romanorum Imperatori et Caesari semper Augusto, a Burgundione, iudice natione Pisano, translatus incipit liber, anno incarnationis Domini MCLXV, indictione XIII.;* zur Widmung an König Heinrich VI. siehe CLASSEN, Burgundio von Pisa, S. 78 und HASKINS, Studies, S. 208.

211 COLLIN-ROSET, Le Liber thesauri occulti, S. 113-117.

212 MADDEN, Enrico Dandolo, S. 36; KRETSCHMAYR, Geschichte I, S. 244; zur Stellung der lateinischen Kirche im Byzantinischen Reich auch LILIE, Die lateinische Kirche, S. 202-220.

nicht helfen sollte.[213] Zum anderen schien er an griechischen Texten sehr interessiert. Er nahm für die venezianischen Christen in Byzanz, vielleicht auch generell für die dort lebenden lateinischen Christen, eine wichtige Stellung ein. Heinrich Dandolo soll mit dem byzantinischen Theologen Theorianos sogar ein religiöses Streitgespräch in Konstantinopel geführt haben.[214] Es ist deshalb durchaus denkbar, dass sich Paschalis und Heinrich persönlich kannten. Vielleicht unterhielt er auch generell enge Beziehungen zu den Venezianern in Konstantinopel, dies würde auch die zwei Übersetzungsaufträge für den Patriarchen von Grado erklären.[215]

Der Kardinalpriester Arduin von Santa Croce in Gerusalemme gehörte wie Heinrich Dandolo ebenfalls zu einflussreichen Geistlichen, die eine Übersetzung anforderten.[216] Gemäß dem Vorwort des Moses von Bergamo in seiner *Expositio* konnten aber auch einfache Kleriker zu den Auftraggebern gehören. Moses verweist auf die briefliche Anfrage eines gewissen Paganus, eines Klerikers, der wohl von den Britischen Inseln stammte.[217] Er wollte wissen, wie die Begriffe *Homerocentonas* und *Virgiliocentonas* des heiligen Hieronymus zu verstehen seien. Über Paganus ist nichts bekannt, möglicherweise hielt er sich zeitweise oder dauerhaft in Konstantinopel auf und kannte Moses deshalb, vielleicht hatte er aber auch nur von ihm gehört. Die soziale Stellung des Auftraggebers machte sich dann allerdings doch bemerkbar, denn Moses erhörte die Bitte vorerst nicht, da er, wie er selbst schreibt, keine Zeit hatte, die Frage zu beantworten. Erst viele Jahre später kam er schließlich diesem Auftrag nach und erklärte nicht nur diese beiden Termini, sondern viele weitere Begriffe des Hieronymus.[218]

Neben Klerikern konnten auch Laien einen Übersetzungsauftrag erteilen. Im Fall der von Leo Tuscus übersetzten Liturgie des Chrysostomos war es der katalanische Gesandte Ramon von Montcada, der sich 1177/1178 in Byzanz

213 Andrea Dandolo, Chronica per extensum descripta, a. a. 1147, S. 242; MADDEN, Enrico Dandolo, S. 29.

214 COLLIN-ROSET, Le Liber thesauri occulti, S. 112; Theorianos war ein byzantinischer Theologe des 12. Jahrhunderts, gemäß Kazhdan fand das Gespräch allerdings in Venedig statt: KAZHDAN, Art. „Theorianos", S. 2069; so auch RICKLIN, Der Traum, S. 249 und LOENERTZ, L'épître, S. 47.

215 RICKLIN, Der Traum, S. 322.

216 Sevilla, Biblioteca Colombina, Ms. 5-1-24, fol. 75v-76r.

217 Moses von Bergamo, Expositio, Prolog, S. 163: *Praeteriere iam plures anni, posteaquam litteris suis quidam clericus, nomine Paganus, Britannus genere, quaesivit a me quid esset quod beatus Hieronymus dicit in epistola quam scribit ad Paulinum, de senatore presbyterum, breviter argumenta praenotans librorum totius veteris novaeque Scripturae: quasi non legerimus Homerocentonas et Virgiliocentonas.*

218 Ebd.

aufhielt, dort mit der byzantinischen Liturgie in Berührung kam und Interesse an diesem Thema entwickelte.[219] Weitere Auftraggeber oder Empfänger waren auch Verwandte der Übersetzer. Leo widmete seine Übersetzung des *Oneirocriticon* seinem Bruder Hugo Etherianus und stellt dessen Traum sogar als Anlass dar, die Übersetzung eines Traumbuches anzufertigen.[220] Moses von Bergamo schrieb einen kurzen Abriss über die griechische Sprache und Grammatik auf Anfrage seines Bruders Petrus, dem Propst von St. Alexander in Bergamo.[221]

Bei den hier aufgeführten Fällen zeigt sich die soziale Diversität der Auftraggeber und Empfänger. Geographisch ist eine Tendenz zum italienischen Raum feststellbar, dies mag mit der italienischen Herkunft der Übersetzer zusammenhängen, aber auch mit dem Umstand, dass sich in Rom das religiöse Zentrum der lateinischen Christenheit befand und ein Großteil der Auftragswerke dem religiösen Spektrum entsprangen.

3.3 Die Inszenierung lateinischer Übersetzer und Dolmetscher

Die Möglichkeiten der Inszenierung hängen eng mit der Frage zusammen, wie Übersetzer und Dolmetscher in den Quellen erscheinen. Sichtbarkeit bzw. Unsichtbarkeit sind dabei von besonderer Bedeutung, da die hauptsächliche Aufgabe des Übersetzers und Dolmetschers darin besteht, die Gedanken eines anderen in eine andere Sprache zu übertragen. Diese Tätigkeit ist eine, bei der nicht wirklich etwas Eigenes geschaffen wird, sie ist eher als eine Vermittlungs- und Übermittlungsleistung zu verstehen. Dieses Faktum beeinflusst auch den Raum und die Möglichkeiten der Inszenierung.

Dolmetscher und ihr Wirken bleiben in der Überlieferung häufig unerwähnt und somit unsichtbar. Wenn sie doch beachtet werden, dann oftmals ohne nähere Beschreibung. Unbestimmte Formulierungen zeugen von dem Verständnis des Dolmetschers als namenlosem Vermittler in den

---

219 Leo Tuscus, Übersetzung der Chrysostomosliturgie, Prolog, S. 134; siehe zur Übersetzung und Überlieferung JACOB, La traduction de la liturgie de Saint Jean Chrysostome, S. 111-133; Ramon von Montcada war Seneschall von Katalonien, zu ihm siehe: CIGGAAR, Western Travellers, S. 305; sehr wahrscheinlich verhandelte er die dann nicht zustande gekommene Heiratsallianz zwischen Byzanz und Aragon, MAGDALINO, The Empire, S. 102, siehe dort auch Fußnote 319; zu diesen Verhandlungen siehe auch: DÖLGER/WIRTH, Regesten der Kaiserurkunden II, Nr. 1527b, S. 272; MARCOS HIERRO, Die byzantinisch-katalanischen Beziehungen, S. 141-146.

220 Leo Tuscus, Übersetzung des Oneirocriticon, Praefatio, zit. n. HASKINS, Studies, S. 217f.

221 Moses von Bergamo, Brief an Petrus ex Datia, S. 139-142.

Beziehungen zwischen Byzanz und dem Westen.[222] In anderen beschriebenen Kommunikationssituationen erscheinen Dolmetscher erst gar nicht. Beim 1154/1155 stattgefundenen Dialog zwischen Anselm von Havelberg und Basileios von Ochrid, dem Erzbischof von Thessaloniki, werden keine Dolmetscher erwähnt. Es scheint so, als ob sich beide Gesprächspartner in einer Sprache unterhielten und ihre Standpunkte erläutern konnten.[223] Wird hier der Eindruck vermittelt, Byzantiner und Lateiner hätten sich sprachlich direkt verständigen können, so ist dies in den meisten Fällen doch sehr unwahrscheinlich, da selbst Personen, die Griechisch gelernt hatten, sich in wichtigen Missionen eines Dolmetschers bedienten.[224] Die Namenlosigkeit der Dolmetscher oder sogar das Verschweigen ihrer Mitwirkung kann vielleicht damit erklärt werden, dass ihre Rolle eher als eine der Verständigung dienende, aber nicht als bestimmend oder beeinflussend in den Quellen wahrgenommen wurde. Textlichen Niederschlag fanden nur wenige, besonders solche Personen, die aus anderen Kontexten bekannt waren. Dolmetscher des byzantinischen Hofes sind namentlich manchmal über Dokumente der Kaiserkanzlei überliefert, beispielsweise über Begleitschreiben oder in einigen Fällen auch, weil sie Verhandlungsergebnisse zwischen Byzanz und westlichen Reichen schriftlich übersetzten und darin genannt wurden.[225] Allerdings blieb in diesen offiziellen Dokumenten der Kaiserkanzlei kaum Raum zur Inszenierung als Experte.

Im Fall der Übersetzer ist dies anders, da ihre eigene Arbeit durch schriftliche Übersetzungen zum einen mehr Möglichkeiten und Mittel bot, sich zu

---

222 So z. B. Odo von Deuil, der in *De profectione Ludovici VII in Orientem*, III, S. 58, vom Treffen zwischen Manuel Komnenos und Ludwig VII. im Oktober 1147 zu berichten weiß: *Circumstante autem corona suorum, loquuntur per interpretem.* Der Dolmetscher wird namentlich nicht genannt; vgl. zu dieser Zusammenkunft: VUČETIĆ, Zusammenkünfte, 98, S. 114f.; oder auch Niketas Choniates, Historia, II, S. 78: δι᾽ ὁμογλώττων καὶ ὁμοφώνων.

223 Basileios von Ochrid nennt nicht einmal den Namen seines Gesprächspartners, sondern bezeichnet Anselm von Havelberg nur als Erzbischof von Italien (Ἰταλίας ἀρχιεπίσκοπος) und nach diesem Muster wird auch der Dialog geschildert, der Lateiner und der Grieche wechseln sich mit ihren Redebeiträgen ab und die Anwesenheit eines Dolmetschers wird mit keinem Wort erwähnt, Basileios von Ochrid, Dialoge, S. 34-51; für die Datierung des Gesprächs auf 1155: SCHMIDT, Des Basilius, S. 32f.; für 1154: SIEBEN, Anselm von Havelberg, S. 20.

224 Ein gutes Beispiel für den generellen Bedarf an Dolmetschern ist Liudprand von Cremona, der 968 im Auftrag Ottos I. eine Gesandtschaftsreise nach Byzanz unternahm. Er konnte zwar Griechisch, betonte dies auch in seiner *Legatio*, aber dennoch war ihm am Hof ein Dolmetscher zur Seite gestellt worden, hier einige Beispiele in der *Legatio*, in der der Dolmetscher in Erscheinung trat: Liudprand von Cremona, Legatio, 37, S. 194; 46, S. 200; 54, S. 204.

225 Vgl. GASTGEBER, Die lateinische „Übersetzungsabteilung", besonders II.

inszenieren. Zum anderen erfuhren sie und ihre Werke auch eine größere Beachtung und Resonanz in ihrem Umfeld. Ihre Namen sind häufig untrennbar mit den von ihnen angefertigten Übersetzungen verbunden, da sie sich häufig selbst am Anfang des Werkes nennen.[226] Der Raum ihrer eigentlichen Inszenierung waren der Prolog oder auch die Begleitbriefe, die sie mitsandten. Sie treten darin mit ihrem Umfeld in Kontakt, manchmal direkt mit ihrem Auftraggeber, aber indirekt immer mit ihren Lesern. Teilweise schildern sie die Umstände der Abfassung, teilweise erläutern sie die Auswahl der Schrift oder geben Einblick in die von ihnen angewandte Übersetzungstechnik. Dadurch demonstrieren sie nicht zuletzt, dass sie die richtigen Personen für die Übertragung dieses Textes sind. Bei den Übersetzern ist die Inszenierung mehr noch als bei den Dolmetschern von dem Zusammenspiel mit ihrem Umfeld geprägt. Die eigene Inszenierung und die Fremdzuschreibungen konnten sich gegenseitig ergänzen und beeinflussen, sie formten gemeinsam ein bestimmtes Bild. Dabei konnte sich eine unterschiedliche Gewichtung des zugeschriebenen und des vom Übersetzer selbst betonten Wissens herauskristallisieren.

Die Quellengrundlage für die Inszenierung ist sehr heterogen. In erster Linie vermitteln ihre Übersetzungen und speziell ihre Vorworte und Briefe, wie sie sich und ihre Aufgabe wahrnahmen oder wie sie gesehen werden wollten. Die Inszenierung einer Übersetzerpersönlichkeit findet aber auch durch ihr Umfeld statt, deshalb sind weitere Quellen wie Briefe, Lobgedichte, historiographische Texte und nicht zuletzt Grabmonumente einzubeziehen. Drei Inszenierungsebenen sind zu unterscheiden:

Eine erste ist die der Inszenierung von reinem Übersetzungswissen, also dem Wissen, das für die Übersetzung einer Sprache in eine andere notwendig ist.

Die zweite Ebene, die hier mit Inszenierung als Übersetzungsexperte umschrieben wird, meint das Wissen, das über das engere Übersetzungswissen hinausgeht und auch bestimmte Umstände oder Funktionen einschließt, die jemanden zu einem Übersetzungsexperten werden lassen.

Die dritte Dimension hebt auf die Versuche der Verstetigung des Expertenstatus ab, zum einen durch die Etablierung als Autorität und zum anderen durch die Stilisierung ganzer Familien als Experten für die Beziehungen

226 Dies trifft auf die meisten der hier untersuchten Übersetzer zu, wie Leo Tuscus, Hugo Etherianus, Burgundio von Pisa, Paschalis Romanus, auch meistens bei Moses von Bergamo. Vgl. z. B.: Leo Tuscus, Übersetzung des Oneirocriticon, in: Oxford, Bodleian Library Digby, Ms. 103, fol. 59r; Hugo Etherianus, Übersetzung De haeresibus, in: Sevilla, Biblioteca Colombina, Ms. 5-1-24, fol. 75v-76r; Burgundio von Pisa, Übersetzung der Homilien des Johannes Chrysostomos zum Matthäusevangelium, Sp. 817; Paschalis Romanus, Übersetzung des Marienlebens, S. 111; Moses von Bergamo, Übersetzung der Apostelliste, S. 307.

zwischen Byzanz und dem Westen, sei es auf sprachlicher, religiöser oder politischer Ebene. Die dritte Inszenierungsebene wird an späterer Stelle behandelt, weil sie nicht nur Übersetzer und Dolmetscher betrifft.[227]

3.3.1 *Die Inszenierung des Übersetzungswissens*

Das Übersetzungswissen umschreibt das spezifische Wissen, das der Übersetzer oder Dolmetscher für die Durchführung seiner Arbeit benötigte. Es handelt sich hierbei primär um die notwendigen Sprachkenntnisse des Griechischen und Lateinischen, beides in der Regel Fremdsprachen für den mittelalterlichen Übersetzer. Die vorausgegangenen Unterkapitel zeigten bereits, dass es nicht nur auf die Beherrschung der Sprachen ankam. Das Verständnis eines Textes oder einer Unterhaltung mit meist sehr komplexen Inhalten und Fachtermini aus verschiedenen Bereichen wie der Theologie, Philosophie, Medizin, Astronomie oder des Rechts war ebenso wichtig. Ein guter Übersetzer oder Dolmetscher musste verstehen, worum es inhaltlich ging, ansonsten konnte er den Inhalt nicht adäquat in eine andere Sprache übertragen. Fachwissen in den betreffenden Bereichen und allgemein eine angemessene Bildung gehören deshalb ebenso zum engeren Wissen. Es war allerdings auch möglich, dass er übersetzte, obwohl er den Inhalt nicht richtig verstand. Dies festzustellen, dürfte für die Auftraggeber und Leser mangels eigener Sprachkenntnisse schwierig gewesen sein. Jedem Übersetzer und Dolmetscher muss zudem bewusst sein, wie er übersetzt, entweder wörtlich oder sinngemäß. Die Reflexion über die angewandte Technik gehört daher zum engeren Übersetzungswissen und konnte auch zu einem wichtigen Inszenierungsmittel werden.

Die Sprachkenntnisse

Die Kernkompetenz des Übersetzers und Dolmetschers ist die Beherrschung von Sprachen. Die Art und Weise, das sprachliche Können hervorzuheben, kann zwischen dem Übersetzer bzw. Dolmetscher und seinem jeweiligen Umfeld variieren. Während Außenstehende dazu neigen, die sprachliche Expertise direkt zu benennen und als Herausstellungsmerkmal zu betonen, machen dies die Übersetzer selbst eher indirekt. Anselm von Havelberg bezeichnet Burgundio von Pisa, Jakob von Venedig und Moses von Bergamo, die potenziellen Dolmetscher bei dem religiösen Streitgespräch in Konstantinopel 1136, als *in utraque lingua periti*, als in beiden Sprachen kundig.[228] Robert von Torigni erwähnt bei der Schilderung des Dritten Laterankonzils

227 Siehe Kapitel 6.
228 Anselm von Havelberg, Anticimenon, II, 1, Sp. 1163.

1179 auch die Anwesenheit des Burgundio und ergänzt zu diesem *civis Pisanus, nomine Burgundio, peritus tam Grece quam Latine eloquentie.*[229] Explizit wird hier in beiden Beispielen die Beherrschung sowohl des Lateinischen als auch des Griechischen bei Personen hervorgehoben, die als Dolmetscher und/oder Übersetzer wirkten. Auch in einem Brief des pisanischen Klerus an Hugo Etherianus von 1168/1170 wird dieser als sowohl in der griechischen als auch lateinischen Sprache umfassend ausgebildet bezeichnet (*tam Graeca quam Latina lingua elimate instructus*).[230] Letzterer war allerdings zu diesem Zeitpunkt weniger als Übersetzer, sondern eher als Theologe bekannt. Der Pisaner Klerus konsultierte ihn auch in einer theologischen Frage und hatte kein Übersetzungsanliegen.[231] Dies zeigt bereits, dass das Herausstellen von Sprachkenntnissen nicht allein den Übersetzern vorbehalten war.

Die Übersetzer hatten im Vergleich zu anderen Experten sogar häufig nicht denselben Raum, ihre Sprachkenntnisse entsprechend vorzuführen. Denn am sichtbarsten wird die Beherrschung einer Fremdsprache, wenn einzelne Worte oder Zitate dieser Sprache in den Text einfließen. Im Fall des Griechischen hat dies sogar eine ganz besondere Wirkung, da es sich dabei um ein anderes Alphabet handelt. Dem Leser muss ein griechisches Wort oder Zitat also umso mehr ins Auge fallen. Aber gerade dieses Mittel steht dem Übersetzer kaum zur Verfügung, da seine Aufgabe darin besteht, nicht nur richtig, sondern auch passend zu übersetzen. Die Wiedergabe eines griechischen Wortes, selbst in lateinischer Transliteration, würde vielmehr die Übersetzungsexpertise untergraben bzw. für eine Unsicherheit sprechen, ein bestimmtes Wort in einer eleganten lateinischen Übersetzung adäquat wiederzugeben.[232]

Dies betrifft in erster Linie die eigentlichen Übersetzungswerke, Übersetzer hatten aber durchaus auch andere Räume ihr sprachliches Können herauszustellen, beispielsweise in Briefen oder in Textkommentaren. Ein solches Beispiel ist die von Moses von Bergamo erstellte Erklärung der in den Vulgata-Prologen des Hieronymus gebrauchten griechischen Wörter (*Expositio*

---

229 Robert von Torigni, Cronica, a. a. 1181-1182, S. 531.

230 Pisaner Klerus, Brief an Hugo Etherianus, Sp. 167f.

231 Siehe Kapitel 4.2.2.

232 Siehe Christan Gastgebers Erläuterungen zum *id est*-Übersetzer, der von 1142 bis 1147 in der byzantinischen Kaiserkanzlei tätig war. Gemäß Gastgeber spricht diese Formulierung *id est* („das heißt") und auch die Transliteration griechischer Wörter ins Latein für Schwierigkeiten, gute lateinische Wendungen zu finden. Die Beibehaltung griechischer Termini konnte im Übersetzungskontext daher nur schwerlich zur Inszenierung der eigenen Expertise dienen. Der *id est*-Übersetzer war wahrscheinlich ein Byzantiner, GASTGEBER, Die lateinische „Übersetzungsabteilung" I, S. XXXVIIIf. und CXXXVI und II, S. 77-80.

in Graecas dictiones quae inveniuntur in prologis Sancti Hieronymi).[233] Moses stilisiert sich darin zu einem wirklichen Erklärer der griechischen Sprache und mittels dieser Befähigung auch zu jemandem, der die Gedanken des Hieronymus auslegen konnte. In 39 Kapiteln erläutert er die Bedeutung der von Hieronymus gebrauchten griechischen Wörter im Stil von Frage und Antwort. Dabei dringt er zum Kern der Wortbedeutungen vor und gibt die Wörter auch in griechischen Buchstaben wieder, teilweise sogar bereits im Frageteil. Im Kapitel V wird etwa die Frage nach dem Begriff τεῦχος behandelt:

> *CAPITULUM V: Quid sit* τεῦχος.
>
> Τεῦχος *graece liber vel modus dicitur, unde compositum nomen Pentateuchum, quo quinque libri Moysi nominantur.* [...] *Nam* τεῦχος, *sicut dixi, liber,* πέντε *quinque,* ἑπτά *septem,* ὄκτώ *octo dicuntur.*[234]

Τεῦχος sei demnach „Buch", und in Verbindung mit den griechische Zahlwörtern ergeben sich für fünf Bücher *Pentateuchus*, für sieben *Heptateuchus* und für acht *Octateuchus*. Nach diesem Muster erklärt er in der gesamten *Expositio* einzelne Begriffe. Er schreibt sie in der Originalsprache nieder, übersetzt und erläutert sie.

Er beschränkt sich allerdings nicht nur darauf, einzelne Wörter zu erklären, sondern gibt seinem Bruder Petrus, dem Propst von St. Alexander in Bergamo, in einem um 1128 verfassten Brief eine kurze Unterrichtung über die griechische Grammatik, die Petrus zuvor wohl angefordert hatte.[235] Moses behandelt anhand ausgewählter Wörter verschiedene Aspekte der griechischen Grammatik, darunter Verbal- und Zeitformen, die Fälle und die lateinischen Bedeutungen.[236] Wohl der Verständlichkeit halber sind die meisten der griechischen Wörter in lateinische Buchstaben transliteriert. Für χαρακτήρ – er transliteriert es ins Latein mit *caracter* – führt er die Deklination vor:

> *..., id est tu caracteros to caracteri ton caractera genitivum dativum accusativum singulares, hoi caracteres tuus caracteras o caracteres nominativum et accusativum et vocativum plurales. Nam genitivus pluralis ton caracteron acuitur in penultima sillaba eo quod ultima sillaba producitur per ω.mega....*[237]

233 Moses von Bergamo, Expositio, S. 162-195.

234 Ebd., 5, S. 171.

235 Ders., Brief an Petrus ex Datia, S. 139; zu diesem Brief siehe auch: HASKINS, Studies, S. 202-206; ders., Moses of Bergamo, S. 138-142; CREMASCHI, Mosè del Brolo, S. 82-85.

236 Moses von Bergamo, Brief an Petrus ex Datia, S. 139-142.

237 Ebd., S. 140.

Moses stellt sich hier nicht nur als jemand dar, der Griechisch und Latein beherrschte, sondern auch so viel Erfahrung hatte, dass er die Grammatik erklären und lehren konnte. Er inszeniert sich hier als Vermittler und Lehrer der griechischen Sprache.

Bei Übersetzungswerken konnten Griechischkenntnisse auch durch bestimmte Formulierungen dargestellt werden. Der Übersetzer betonte beispielsweise, dass er das Werk vom Griechischen ins Lateinische übersetzt hatte. Wendungen wie *a Burgundione iudice cive Pisano de Graeco in Latinum* [...] *translatus* oder *de verbo ad verbum de greco in latinum transferens*[238] oder *Moyses pergameni prologus in presens opusculum quod ipse de greco transtulit*[239] verweisen auf die Übersetzungsleistung. Moses betont zudem, mit griechischsprachigen Büchern zu arbeiten. Er erwähnt das von ihm übersetzte anonyme Trinitätstraktat, das er in einer Handschrift, nämlich in dem *sapientis cuiusdam grece lingue librum*, in dem „griechischsprachigen Buch eines gewissen Gelehrten", fand.[240] Ein anderes Mal hebt er den Besitz von griechischen Büchern hervor. So habe ein Feuer sein Haus in Konstantinopel zerstört und alle seine griechischen Bücher, die er einst für seine Arbeit intensiv benutzt hatte, seien verbrannt.[241] Durch den erwähnten Besitz und die rege Verwendung der Bücher akzentuiert er nicht nur seine Sprachbefähigung, sondern auch seine Belesenheit und Bildung.

Der italienischstämmige Übersetzer Theophylaktos Exubitos, der um 1160 das Amt des μέγας διερμηνευτής in der byzantinischen Kaiserkanzlei innehatte, inszenierte seine Mehrsprachigkeit und damit seine Expertise auf seinen Siegeln. Auf ihnen sind sowohl griechische als auch lateinische Buchstaben abgebildet. Auf dem Avers steht EKCV-RITV- CΦΡΑΓΙC-ΜΑ und auf dem Revers ThEOFILACTOV, „das Siegel des Theophylaktos Exubitos". Eine Amtsbezeichnung fehlt zwar, eindrücklicher konnte er seine Zweisprachigkeit und Expertise als Übersetzer und Dolmetscher aber nach außen kaum herausstellen.[242]

---

238 Burgundio von Pisa, Übersetzung von De fide orthodoxa, S. 11; ders., Einleitung zur Übersetzung der Homilien des Johannes Chrysostomos zum Johannesevangelium, S. 85.

239 Moses von Bergamo, Übersetzung des Trinitätstraktats, zit. n. DOLBEAU, À propos d'un florilège biblique, S. 341.

240 Ebd.

241 Ders., Brief an Petrus 1130, S. 148: *Combusti sunt igitur omnes libri Graeci quos multo dudum labore quaesiveram, ...*

242 Von Theophylaktos Exubitos gibt es zumindest zwei Siegeltypen, dazu und zu ihm siehe KRESTEN/ SEIBT, Theophylaktos Exubitos, S. 231-241; CHEYNET/ WASSILIOU-SEIBT, Adelige, S. 215f.; siehe eine Abbildung des ersten Siegeltyps im Anhang Abb. 2.1 und Abb. 2.2.

Das Fachwissen

Da die Übersetzer im byzantinisch-westlichen Kontext sich vorwiegend philosophischen, theologischen und wissenschaftlichen Schriften widmeten, bedurfte es zur Erfassung des Inhalts auch fachlichen Sonderwissens. Es ist deshalb nicht überraschend, dass Übersetzer auch dieses herausstellten.

Paschalis Romanus bezieht sich im Vorwort seines *Liber thesauri occulti* auf verschiedene Autoritäten unterschiedlicher Fachgebiete. Der *Liber* ist nicht die Übersetzung eines bestimmten Werkes, sondern eine Kompilation verschiedener griechischer Werke für den Bereich der Traumdeutung, die er ins Lateinische übertrug. Seine hauptsächliche Vorlage war allerdings das Traumbuch des Artemidoros von Daldis und auch Teile des Traumbuches des Achmet Ben Sirin, teilweise sogar in der Übersetzung des Leo Tuscus.[243] Zu unterscheiden ist prinzipiell zwischen den sehr wahrscheinlich benutzten Vorlagen und den von ihm selbst herausgestellten Autoritäten, wobei durchaus Diskrepanzen festzustellen sind. Die Editorin des *Liber* Simone Collin-Roset stellte zum Beispiel fest, dass Paschalis maßgeblich auf Gedanken Galens zurückgriff.[244] Im Text beruft er sich aber weder auf diesen namentlich noch zitiert er ihn direkt, einmal gibt er allerdings Hippokrates mit einem Aphorismus wieder.[245] Es ist also Hippokrates, der berühmteste Arzt des Altertums, den er als medizinische Autorität explizit erwähnt haben möchte.

Für die Frage der Inszenierung ist es lohnenswert, zu untersuchen, welche Autoritäten Paschalis erwähnt oder sogar direkt zitiert und sich somit auch Wissen in verschiedenen Fachgebieten zuschreibt, die mit der Traumdeutung in Verbindung stehen. Aus dem Bereich der Medizin ist dies, wie bereits erwähnt, Hippokrates. Weitere genannte antike Persönlichkeiten sind auch Cicero, Macrobius,[246] Cato,[247] aber auch Schriftsteller der Traumdeutung wie Philochorus, Artemon und Antiphon.[248]

In der Philosophie zeigt er sich ebenfalls bewandert. Er führt Aristoteles im Kontext der Begründung an, warum man sich mit dem Schlaf und den

---

243 Collin-Roset, Le Liber thesauri occulti, S. 131.

244 Ebd., S. 126f.

245 Paschalis Romanus, Liber thesauri occulti, I, 1, S. 143: *Quare Ypocras dixit: «In quo morbo sompnus laborem facit, mortale est».*

246 Ebd., I, 8, S. 156f.: *Quorum species Macrobius noster quinque esse declarat, que sunt insompnium quod grece enupnion, fantasma grece et latine quod Tullius visum dicit, sompnium quod Greci proprie onyron, visio quod illi orama, et oraculum vel revelatio quod et ipsi crimatismos vel apocalipsin vocitant.*

247 Ebd., 1, S. 144f.

248 Ebd., 16, S. 162: *Antiphon, Philochorus et Arthemon, sompniorum scriptores, fatentur si laurum ad caput dormientis posueris, vera sompnia erit visurus.*

Träumen beschäftigen sollte.[249] Auch Gedanken Platons und Aussagen des Chalcidius finden sich im *Liber*.[250]

Sein theologisches Wissen kommt in Bibelzitaten zum Vorschein, wobei er sie nicht immer richtig zuordnet. Beispielsweise zitiert er das Buch der Weisheit und die Psalmen und schreibt beides dem Apostel Paulus zu, was einem theologisch gebildeten Leser vermutlich nicht verborgen blieb.[251] Dies ist ein Beispiel dafür, dass sich die selbst zugeschriebene theologische Expertise nicht unbedingt mit wirklichem Wissen decken musste. Dennoch scheint Paschalis darum bemüht gewesen zu sein, seine vermeintliche theologische Versiertheit mit Bibelzitaten zu belegen.

Spezielles Sonderwissen wird auch vom Umfeld der Übersetzer hervorgehoben. In einer Glosse auf der ersten Seite des *Liber Pergaminus* des Moses von Bergamo, der keine Übersetzung, sondern eine Beschreibung der Stadt Bergamo ist, findet sich die Ergänzung *magister Moyses pergamensis, valens et probus homo in Scriptura*.[252] Der Autor wird also als ein „in der Heiligen Schrift tüchtiger und erfahrener Mann" bezeichnet. Es ist nicht überraschend, dass Moses, der sich vor allem der Übertragung religiöser Werke widmete, auf diesem Gebiet als besonders herausragend galt.

Das eindrucksvollste Beispiel für die Inszenierung eines Übersetzers durch sein Umfeld ist das Grabmal des Burgundio von Pisa, das wohl kurz nach dessen Tod 1193 errichtet wurde.[253] Es befindet sich in der Kirche San Paolo a Ripa d'Arno in Pisa. Das Grabmal besteht aus einem antiken Marmorsarkophag mit Löwenprotomen und einer Mandorla, die die *iunctio dextrarum* zeigt, sowie einer an der Wand der Kirche angebrachten, marmornen Grabinschrift.[254] Diese Grabinschrift ist für die Inszenierung des Burgundio als Gelehrter und Übersetzer deshalb bedeutend, da in ihr dessen Wissen und Leistungen in

249 Ebd., 1, S. 141: *Nam omnis homo, ut ait Aristoteles, in libro de naturis animalium, a quatuor annis et supra sompnium conspicit atque ad contemplationem mentis excitatur, et in sompno quidem sit sompnium, et sompnus nichil aliud est quam quies et hebetatio animalium virtutum cum intentione naturalium.*

250 Ebd., 7, S. 155; zur Verwendung philosophischer Autoritäten siehe: COLLIN-ROSET, Le Liber thesauri occulti, S. 129.

251 Beides bei Paschalis Romanus, Liber thesauri occulti, I, 3, S. 148, siehe auch COLLIN-ROSET, Le Liber thesauri occulti, S. 130f.

252 Moses von Bergamo, Glosse, zit. n. GORNI, Il 'Liber Pergaminus', S. 412; CREMASCHI, Mosè del Brolo, S. 66 und S. 89f.

253 CLASSEN, Burgundio von Pisa, S. 7-11; zum Grabmal und besonders zur Inschrift siehe auch: PATETTA, L'epitafio di Burgundio Pisano, S. 3-7; BUONAMICI, Burgundio pisano, S. 1-51, besonders S. 39-44.

254 CLASSEN, Burgundio von Pisa, S. 7; siehe eine Abbildung des Sarkophags im Anhang Abb. 4.

zwei Gedichten gepriesen werden, die sehr wahrscheinlich von unterschiedlichen Verfassern stammten. Das erste Gedicht besteht aus elf Distichen und das zweite aus vier Paaren von Hexametern.[255]

Burgundio wird in beiden als ein gelehrter Übersetzer gepriesen. Im ersten Gedicht heißt es „durch die Quelle der Griechen ist der beste Übersetzer erneuert worden“ (*Optimus interpres grecorum fonte refectus*).[256] Hier wird er als *optimus interpres* gefeiert, der wiedererweckt worden war. Die Wendung „Quelle der Griechen“ kommt im 12. Jahrhundert in verschiedenen Kontexten vor und umschreibt die Vorstellung, dass das Wissen bei den (antiken) Griechen entsprang und in einem Strom zu den Lateinern floss.[257] Burgundio sei demnach durch diese Wissensquelle zum besten Übersetzer geworden. Er wird in der Grabinschrift zum einen geradezu als ein allwissender Gelehrter gepriesen: *Hic plene scivit scibile quicquid erat*, „dieser wusste vollständig, was auch immer möglich war, zu wissen“.[258] Zum anderen wird im zweiten Gedicht sein Können in bestimmten Fachgebieten explizit hervorgehoben und dadurch seine Übersetzungsexpertise für bestimmte Themen akzentuiert: „Vorbild der Schriftsteller, dem die griechische und lateinische Schrift, Kunst der Heilkunst, dem die dreifache Wissenschaft offenstand“ (*Dogma poetarum/ Cui littera greca latina/ Ars medicinarum/ Patuit sapientia trina*).[259] Neben der sprachlichen Expertise werden auch seine vermeintlichen medizinischen Kenntnisse thematisiert. Den Verfassern der Gedichte dürfte seine Übersetzung einige Schriften des Galen bekannt gewesen sein.

Im Mittelpunkt stehen aber wieder besonders die Sprachkenntnisse. Anspielungen auf die Bedeutung des Griechischen für das Wirken Burgundios finden sich nicht nur inhaltlich, sondern auch durch die von den Verfassern der Inschriften eingeflochtenen Gräzismen, die Peter Classen bei der Edition der Grabinschrift identifizierte und auflöste: *sichem* (es war wohl *psychen* gemeint), *scema* (wahrscheinlich *gemma*), *dogma* und *poeta*.[260] Die bewusste Verwendung ursprünglich griechischer Wörter, die dem nur Lateinkundigen schwer verständlich bzw. fremd vorkamen, verband den Verstorbenen noch einmal in besonderer Weise mit dem Griechischen.

Der einzige Bezug zu konkreten Übersetzungswerken in der Grabinschrift ist die Übertragung der Homilien des Johannes Chrysostomos. Denn es heißt: *Comentor primus Crisostomus iste secundus*, der erste Chrysostomos sei der

255 CLASSEN, Burgundio von Pisa, S. 9.

256 Grabinschrift des Burgundio, zit. n. CLASSEN, Burgundio von Pisa, S. 8.

257 So auch bei Hugo von Honau, De diversitate, I, 4, S. 121.

258 Grabinschrift des Burgundio, zit. n. CLASSEN, Burgundio von Pisa, S. 8.

259 Ebd.

260 CLASSEN, Burgundio von Pisa, S. 9f.

Schöpfer des Textes, Burgundio aber geradezu ein zweiter Chrysostomos.[261] Der Übersetzer wird hier in seiner Bedeutung fast mit dem Autor des Textes gleichgesetzt, in diesem Fall sogar mit einem Heiligen. Die Verfasser würdigen ihn und die Leistung, einen griechischen Text der lateinischen Leserschaft zu vermitteln. Hinter der Vorstellung vom Übersetzer als zweiter Johannes Chrysostomos steht der Gedanke, dass erst der Übersetzer den Text dem lateinischen Leser zugänglich machte. Dies ist sicherlich eine außergewöhnlich starke Beschreibung seiner Rolle.[262] Das einzige in der Grabinschrift namentlich genannte Werk ist die angebliche Übersetzung der Homilien des Chrysostomos zu den Paulusbriefen (*Quoque patet late doctoris epistola Pauli*). Allerdings ist eine Übersetzung dieser Homilien durch Burgundio bis heute nicht nachweisbar.[263]

In der Grabinschrift werden unter den Übersetzungsarbeiten hauptsächlich religiöse Schriften erwähnt. Die Zeitgenossen verbanden mit ihm also primär die Übersetzungen theologischer Schriften, vielleicht noch die Galen-Übersetzungen. Zu bezweifeln ist aber, dass er sich selbst derart eingeschränkt als Übersetzer theologischer und wissenschaftlicher Schriften wahrnahm. Er selbst war Richter und Jurist in Pisa und betonte seinen Titel eines *iudex* auch zu Beginn seiner Übersetzungen, selbst bei theologischen und wissenschaftlichen Texten. Obwohl er den juristischen Bezug auch in seinen Werken herausstellt, werden weder sein Titel als *iudex* noch seine juristischen Fähigkeiten in der Grabinschrift aufgegriffen. Dies ist umso erstaunlicher, da sich unter seinen Übersetzungen sehr wahrscheinlich mindestens ein juristisches Werk befand.[264] Doch weder auf dieses noch auf sein juristisches Wirken wird eingegangen. Dies ist ein Beispiel, wie unterschiedlich der Experte und sein Umfeld sein Wissen wahrnahmen. Für die Zeitgenossen und auch die Nachwelt war er primär ein Experte auf dem Gebiet der theologischen und wissenschaftlichen Übersetzungen und nicht des Rechts.

Das Wissen, wie man übersetzt: Burgundio von Pisa und seine Reflexion des Übersetzens

Das Wissen darum, wie man übersetzt, gehört zum engeren Übersetzungswissen. Jeder Übersetzer muss sich grundsätzlich damit auseinandersetzen, ob er wörtlich oder sinngemäß übersetzt oder je nach Passus entscheidet, welche

---

261 Grabinschrift des Burgundio, zit. n. CLASSEN, Burgundio von Pisa, S. 8.

262 Ebd.

263 Ebd., siehe auch CLASSEN, Burgundio von Pisa, S. 38.

264 Es handelt sich um die Übersetzung der griechischen Passagen in den Digesten des Justinians, ebd., S. 39-50.

Technik geeignet ist. Nicht jeder thematisiert allerdings diese Problematik oder begründet die von ihm angewandte Technik. Burgundio von Pisa macht aber genau dies, in seiner Übersetzung der Homilien des Chrysostomos zum Matthäusevangelium und zum Johannesevangelium begründet er die von ihm angewandte wörtliche Übersetzung und argumentiert dafür, sie anzuwenden. Diese sehr detaillierte Begründung gleicht einer Rechtfertigung:

> *..., verbum de verbo reddidi; non sensum solum, sed et ordinem verborum, in quantum potui, sine alteritate conservans: ut non minus ex sententiarum lepore, quam et caracteris proprietate, sancti hujus Johannis hoc esse opus incunctanter credatur, ...*[265]

Nicht nur der Sinn solle erhalten bleiben, sondern auch die Ordnung der Wörter, also die Satzstruktur. Nichts solle von den Gedanken oder von dem Stil des Johannes Chrysostomos verloren gehen. Schließlich solle man sich darauf verlassen können, dass dieses Werk auch das des heiligen Johannes Chrysostomos sei. Burgundio greift diesen Gedanken auch in seiner Übersetzung der Homilien des Chrysostomos zum Johannesevangelium auf und ergänzt diesen um eine ausführliche Abhandlung zum Übersetzen. Im Hinblick auf das von ihm zu übersetzende Werk weist er darauf hin, dass der heilige Kirchenlehrer Johannes Chrysostomos diesen Text verfasst hatte. Eine sinngemäße Übersetzung sei gefährlich und er möchte daher den schwierigeren Weg ergreifen und die Worte in derselben Bedeutung, in demselben Stil und derselben Wortfolge wie im Griechischen erhalten.[266]

Der Gedanke hinter all dem scheint zu sein, dass es sich hier um einen zweifach heiligen Text handelte, nämlich verfasst von dem heiligen Johannes Chrysostomos über einen Teil der Heiligen Schrift, das Johannesevangelium. Der heilige Hieronymus war als Befürworter der sinngemäßen Übersetzung der herausragende Vertreter der Gegenposition.[267] Da Hieronymus gleichzeitig

---

265 Burgundio von Pisa, Übersetzung der Homilien des Johannes Chrysostomos zum Matthäusevangelium, Sp. 818; siehe zu Theorie und Praxis des Übersetzens bei Burgundio von Pisa: CLASSEN, Burgundio von Pisa, S. 54-65; DAUSEND, Zur Übersetzungsweise, S. 353-369; FLECCHIA, La traduzione di Burgundio Pisano, S. 113-130.

266 Burgundio von Pisa, Einleitung zur Übersetzung der Homilien des Johannes Chrysostomos zum Johannesevangelium, S. 87: *Verens igitur ego Burgundio, ne si sentenciam huius sancti patris commentationis assumens meo eam more dictarem, in aliquo alterutrorum horum duorum sapientissimorum virorum sentenciis profundam mentem mutarem et in tam magna re, cum sint verba fidei, periculum lapsus alicuius alteritatis incurrerem, difficilius iter arripiens et verba significatione eadem et stilum et ordinem eundem qui apud Grecos est in hac mea translatione servare disposui.*

267 Zur Übersetzungstheorie des Hieronymus siehe z. B. BARTELINK, Liber de optimo genere interpretandi, darin auch die Edition des Briefes 57 des Hieronymus über die

eine der größten Übersetzungsautoritäten war, verhielt sich Burgundio in seiner Kritik zurückhaltend. Vielmehr führte er Aussagen von Hieronymus an, die seine eigenen Thesen unterstützen. Er zitiert ihn beispielsweise mit den Worten, dass in den heiligen Schriften auch die Wortfolge ein Mysterium sei und betont damit die Notwendigkeit, die genaue Wortfolge in der Übersetzung beizubehalten.[268]

Burgundio plädiert für diese Vorgehensweise und geht kurz auf den Unterschied zwischen einem Übersetzer und einem Verfasser ein. Ein Autor müsse nicht nur in seinen Gedanken, sondern auch in seinem Stil und seiner Wortwahl stark sein, ähnlich einem Architekten, der ein Haus baut. Der Übersetzer hingegen soll eher wie ein Maler ein Bild wiedergeben und zwar mit all seiner Schönheit und Hässlichkeit. Wenn man nicht „Wort für Wort" übersetze, sei man kein Übersetzer, sondern ein Autor, der seine eigenen Gedanken formuliert.[269] Er umschreibt hier mit klaren Worten, welche Aufgaben der Übersetzer habe und unterstreicht dessen abbildende, nicht gestaltende Tätigkeit.

Um seine Vorstellungen von der vorbildlichen „Wort für Wort"-Übersetzung zu unterstützen, führt er eine Reihe von Beispielen bzw. Autoritäten an, die ebenso übersetzten wie er. Peter Classen bezeichnete diesen Teil des Vorworts passend als „eine Art Geschichte der Übersetzungsliteratur".[270] Außer der Bibel geht Burgundio auf neunzehn Schriften verschiedener Fachgebiete ein, wie der Theologie (z. B. Johannes Scottus als Übersetzer des *Corpus*

Übersetzungstechnik (aus dem Jahre 395/396), S. 11-21; vgl. zu Hieronymus, seinem Umfeld und seiner Rezeption beispielsweise: REBENICH, Jerome; ders., Hieronymus und sein Kreis; KELLY, Jerome; GOELZER, Étude.

268 Burgundio von Pisa, Einleitung zur Übersetzung der Homilien des Johannes Chrysostomos zum Johannesevangelium, S. 95: *Sed et ipse sanctus Ieronimus, qui nimium in hanc verbi ad verbum translationem invehitur, ait se interpretacione Grecorum absque scripturis sanctis, ubi et verborum ordo misterium est, non verbum e verbo sed sensum exprimere de sensu.*; vgl. zur Übersetzungstechnik am Beispiel des arabischen *Procheiros Nomos* auch PAHLITZSCH, Der arabische Procheiros Nomos, besonders S. 64-69.

269 Burgundio von Pisa, Einleitung zur Übersetzung der Homilien des Johannes Chrysostomos zum Johannesevangelium, S. 94f.: *Congruum enim est auctorem libri non minus quam ex sentenciis ex ornatu etiam stili verborumque pariter pollere lepore. Nam et paries sicut ex lapidibus, ita et ex optima compaginis constructione architectoris ingenii stuporem artem examinantibus infert. Sed et pictor non ex pulchra solum sed ex turpi ymaginis figuratione a prudentibus laudum preconiis elevatur, dum modo prototypi, idest exemplaris, figurationem vel effigiem omnifariam fuerit prosecutus.* [...] *Si enim alienam materiam tuam tuique iuris vis esse putari, non verbo verbum, ut ait Oracius, curabis reddere ut fidus interpres, immo eius materiei sentenciam sumens tui eam dictaminis compagine explicabis, et ita non interpres eris sed ex te tua propria composuisse videberis, quod et Tullius et Terencius se fecisse testantur.*

270 CLASSEN, Burgundio von Pisa, S. 59.

Areopagiticum),[271] des Rechts (z. B. die Übersetzung von Solons Gesetzen),[272] der Philosophie (z. B. Boethius als Übersetzer des Porphyrios und der logischen Schriften des Aristoteles),[273] der Grammatik (z. B. die lateinische Grammatik des Priscians)[274] und der Medizin (z. B. die lateinische Übersetzung von Galens *Techne*).[275] Er inszeniert sich hier nicht nur als guter Übersetzer, sondern auch als Kenner der Übersetzungstradition und -historie und argumentiert zugleich mit Verweis auf anerkannte Autoritäten für seine eigene Technik. Zu betonen ist allerdings, dass nicht alle der von ihm angeführten Autoritäten tatsächlich in seinem Sinne wörtlich übersetzten.[276] Die Untersuchung von Classen hat ergeben, dass sich zumindest Burgundio tatsächlich an seine angekündigte Übersetzungsmethode hielt, besonders hinsichtlich grammatikalischer Konstruktionen. Sein Latein ist dabei vom Griechisch beeinflusst, was das Leseverständnis erheblich erschwert.[277]

Burgundio gibt in seiner ausführlichen Abhandlung zu der geeigneten Übersetzungstechnik einen aussagekräftigen Einblick in seine Arbeit, wie er sie verstand. Unmittelbar vor seiner eigenen Übersetzung gibt er dem Leser eine Richtschnur an die Hand, wie seine Übersetzung zustande kam und welche Prinzipien er selbst beachtete. Er reflektiert hier aber nicht nur seine eigene Methode und macht sie sichtbar, sondern er sagt auch mit Bestimmtheit und unter Berufung auf verschiedene Übersetzungsautoritäten, dass dies die einzige richtige Art des Übersetzens sei. Wer davon abweiche, sei kein Übersetzer, sondern ein Autor. Er legt hier geradezu fest, was einen Übersetzer ausmacht, wer einer ist und wer nicht. Seine Methode stilisiert er zur idealen Technik und sich selbst zu demjenigen, der umfassendes Wissen über die Übersetzungsarbeit besaß.

3.3.2 *Die Inszenierung als Übersetzungsexperte zwischen Ost und West*

Die Stilisierung als Übersetzungsexperte zwischen Byzanz und dem Westen geht über die Inszenierung des reinen Übersetzungswissens hinaus. Sie umfasst zusätzliches Wissen, aber auch Umstände oder Funktionen, die für

---

271 Burgundio von Pisa, Einleitung zur Übersetzung der Homilien des Johannes Chrysostomos zum Johannesevangelium, S. 93; siehe zu allen Beispielen CLASSEN, Burgundio von Pisa, S. 59f.

272 Burgundio von Pisa, Einleitung zur Übersetzung der Homilien des Johannes Chrysostomos zum Johannesevangelium, S. 90.

273 Ebd., S. 91f.

274 Ebd., S. 91.

275 Ebd., S. 92f.

276 CLASSEN, Burgundio von Pisa, S. 60.

277 Ebd., S. 64; vgl. zur Übersetzungstechnik auch FLECCHIA, La traduzione di Burgundio Pisano, S. 113-130; DAUSEND, Zur Übersetzungsweise, S. 353-369.

die Tätigkeit selbst nicht unbedingt notwendig sind. Dazu gehören bestimmte Umstände und/oder Merkmale, wie der Aufenthalt in Konstantinopel oder die lateinische Herkunft, aber auch Eigenschaften wie die Auswahl- und Urteilsfähigkeit oder Zuverlässigkeit und Vertrauenswürdigkeit und nicht zuletzt bestimmte Funktionen oder Titel. All dies sind Faktoren, die zwar nicht für das Übersetzen erforderlich sind, die aber der Darstellung als Übersetzungsexperte zwischen Byzanz und dem lateinischen Europa zusätzlich dienlich sein konnten.

Constantinopoli editus: Der Aufenthalt in Byzanz

Der Aufenthalt im Byzantinischen Reich spielt eine bedeutende Rolle bei der Inszenierung. Schließlich war es auch der Zugang zu guten griechischen Vorlagen, auf die der Übersetzer angewiesen war und dafür gab es kaum einen besseren Ort als Konstantinopel. In zwei seiner Werke verweist Paschalis Romanus bereits in der Einleitung auf seinen gegenwärtigen Aufenthaltsort Konstantinopel, so heißt es in dem *Liber thesauri occulti* und in der Übersetzung der Kyraniden:

> *Incipit liber thesauri occulti a Pascale Romano editus Constantinopolis, anno mundi VI. DC. LXXIII., anno Christi MCLXV.*[278] (*Liber thesauri occulti*)

> *Transfertur itaque liber iste Constantinopoli Manuele imperante, anno mundi VI M DCLXXVll, anno vero Christi MCLXIX, indictione secunda.*[279] (Übersetzung der Kyraniden)

In beiden Fällen erwähnt er, dass dieses Buch in Konstantinopel herausgegeben bzw. übersetzt wurde. Es erschien ihm demnach wichtig, den Entstehungsort klar zu benennen. Aber nicht nur dies, er übernahm sogar byzantinische Formeln. Beide Male datiert er nämlich zusätzlich zu der Inkarnationsära auch nach der byzantinischen Weltära, im ersten Beispiel handelte es sich um das Weltjahr 6673 (1165) und im zweiten um das Jahr 6677 (1169). Diese zusätzliche Datierung zu den im Westen herkömmlichen Inkarnationsjahren weist nochmals auf den byzantinischen Entstehungsort der Werke hin. In der Übersetzung der Kyraniden datiert Paschalis nicht nur nach Inkarnationsjahren, Weltjahren und Indiktionsstil, sondern nennt zusätzlich auch die Regierungszeit des Kaisers Manuel Komnenos. Es ist nicht

278 Paschalis Romanus, Liber thesauri occulti, I, 1, S. 141; laut Collin-Roset ist in den Handschriften London, British Library Harley, 4025 und Oxford, Bodleian Library Digby, Ms. 103 folgendes Weltjahr angegeben: *VI. DC. LXXIIII.*, ebd., Variantenapparat 1.

279 Ders., Übersetzung der Kyraniden, Prolog, S. 12.

ausgeschlossen, dass er hier unbewusst byzantinische Traditionen übernahm. Durch die zusätzliche lateinische Datierung und auch seine Vertrautheit mit griechischen und lateinischen Texten ist allerdings anzunehmen, dass er durchaus bewusst bestimmte Elemente einstreute, um dadurch nicht zuletzt seinen byzantinischen Aufenthaltsort hervorzuheben.

Leo Tuscus verweist in seinen Vorworten zu dem *Oneirocriticon* und der Übersetzung der Chrysostomosliturgie ebenso auf seinen byzantinischen Lebensmittelpunkt. An seinen Auftraggeber gerichtet, schildert er die Vorgeschichte der Übersetzung der Chrysostomosliturgie.[280] Der Pisaner Übersetzer beschreibt, wie der Kontakt zu seinem Auftraggeber Ramon von Montcada zustande kam. Beide trafen sich in Konstantinopel als Ramon 1177/1178 als Gesandter an den Hof des byzantinischen Kaisers kam.[281]

Auch in der Übersetzung des *Oneirocriticon* betont Leo seinen byzantinischen Standort und seine Nähe zum Kaiser. Er beginnt sein Vorwort mit dem Hinweis, dass er den Kaiser Manuel Komnenos auf einem Feldzug bis nach Lykien und Bithynien begleitete.[282] Der anschließend beschriebene Traum seines Bruders begründet die Übersetzung des Traumbuches und offenbart gleichzeitig Detailwissen über Konstantinopel. Hugo hatte geträumt, dass sich Manuel Komnenos auf dem *Augustaion*, einem zentralen öffentlichen Platz in Konstantinopel, auf die bronzene Pferdestatue des Justinian gesetzt habe, die sich auf einer Säule befand.[283] Leo beschreibt einen bedeutenden Platz in Konstantinopel und lässt keinen Zweifel daran, dass er sich in der byzantinischen Hauptstadt auskannte. Zudem wurde vorab bereits seine Tätigkeit für den *Basileus* thematisiert. Zusammengenommen ergeben diese Informationen ein klares Bild des byzantinischen Hintergrunds, vor dem er seine Übersetzungen abfasste.

280 Leo Tuscus, Übersetzung der Chrysostomosliturgie, Prolog, S. 134: *Cum uenisses Constantinopolim, nobilis Raimunde de monte Catano, uiso imperatore Emanuele, potestatum terre prestantissimo, nichil tibi pocius occurrit quam sancte ac ineffabilis eucharistie consecrationis ordinem perdiscere.* [...] *Qua de re indomito feruentique desiderio postulasti a me quod Grecorum rituum non intellectas uoces, quibus sacra et celestia dona incruente hostie significantur, in latinam uerterem tibi orationem.*

281 Siehe zu ihm: CIGGAAR, Western Travellers, S. 305; MAGDALINO, The Empire, S. 102, siehe auch Fußnote 319; DÖLGER/WIRTH, Regesten der Kaiserurkunden II, Nr. 1527b, S. 272.

282 Leo Tuscus, Übersetzung des Oneirocriticon, Praefatio, zit. n. HASKINS, Studies, S. 217.

283 Ebd.: ... *quod dictum inexpugnabilem virum eneo in equo supra columpnam quam Traces dicunt Augustiana Bizancii sito nobiliter sedere conspicabaris ...*; zum *Augustaion* siehe: MANGO, Art. „Augustaion“, S. 232.

Konstantinopel war bekanntermaßen ein idealer Ort, um an geeignete griechische Vorlagen zu gelangen.[284] Der Aufenthalt dort war deshalb erwähnenswert. Burgundio von Pisa beschreibt in der Übersetzung der Homilien des Chrysostomos zum Johannesevangelium detailliert seine Arbeitsschritte. Auf seiner Gesandtschaftsreise 1168/1170 nach Konstantinopel begann er zunächst mit der Suche nach geeigneten Vorlagen:

> *Cumque ibidem id negociis communibus imminentibus facere minime possem et eum librum, a quam pluribus et maxime a monachis tam sentenciarum acumine quam etiam morum perpensa instructione avidissime haberi desideratum, venalem ut mecum Pisas transferendum referrem nullatenus invenirem, duobus exemplariis a duobus monasteriis in commodatum acceptis, duobus scriptoribus uno a capite altero a medietate incipiente librum tradidi transcribendum, et eum brevi ita adeptus nocte ac die cum vacabat diligenter ascultans fideliter emendavi.*[285]

Er konnte die Übersetzung nicht bereits in Konstantinopel erledigen, da er zu sehr mit *negociis communibus imminentibus*, dringenden politischen Aufgaben für Pisa, beschäftigt war. Das Übersetzen war eben nicht seine Haupttätigkeit. Daher wollte er zunächst ein Manuskript käuflich erwerben, um es nach Pisa mitzunehmen. Als dies scheiterte, lieh er zwei Handschriften aus zwei Klöstern aus und ließ sie von zwei Schreibern kopieren. Wenn er Zeit hatte, überwachte er den Prozess des Abschreibens bei Tag und bei Nacht. Diese Schilderungen vermitteln den Eindruck, dass seine persönliche Anwesenheit in Konstantinopel zum Erfolg des Vorhabens entscheidend beitrug. Denn die Suche nach den passenden Manuskripten gestaltete sich kompliziert und zeitintensiv.

In allen hier aufgeführten Beispielen wird die eigene physische Präsenz in Konstantinopel für die Entstehung der Übersetzungswerke hervorgehoben. Die Übersetzung der Schriften war dort entweder bereits erfolgt oder zumindest maßgeblich vorbereitet worden. Den Lesern war dadurch ersichtlich, dass die Übersetzer einen besonderen Zugang zum Griechischen hatten und über zuverlässige griechische Vorlagen verfügten.

Die lateinische Herkunft

Der Standort Byzanz war für die Inszenierung als Übersetzungsexperte förderlich, weil er zum einen den Zugang zu den Originalvorlagen, zum anderen auch die Beherrschung der griechischen Sprache glaubhaft machte. Umgekehrt

284 Siehe zu Burgundio von Pisa und seinen benutzten Vorlagen auch: WILSON, New light, S. 113-118.

285 Burgundio von Pisa, Einleitung zur Übersetzung der Homilien des Johannes Chrysostomos zum Johannesevangelium, S. 84f.

hatte aber auch die lateinische Herkunft eine Bedeutung. Die Beinamen der Übersetzer und Dolmetscher verweisen häufig auf die Herkunftsregionen oder familiäre Zugehörigkeiten.[286] Leo Tuscus (*Leo Tuscus*), Burgundio von Pisa (*Burgundio natione Pisano/ iudex Pisanus/ iudex civis Pisanus*), Jakob von Venedig (*Jacobus Veneticus* (*natione*), *clericus de Venetia*), Moses von Bergamo (*Moyses Pergamensis*), Paschalis Romanus (*Paschalis Romanus/ de Roma*), sowie speziell für den byzantinischen Hof tätige Personen wie Gerardos Alamanopoulos (Γηράρδος Ἀλαμανόπουλος) und Leo Rogerios (Ῥογέρος Λέων) sind anschauliche Beispiele. Bei Letzterem handelt es sich nicht um einen geographischen Beinamen, allerdings war Rogerios der Name einer nach Byzanz eingewanderten normannischen Adelsfamilie, der zweifelsfrei die normannische Abstammung betonte. Bei Leo Tuscus,[287] Burgundio von Pisa[288] und Moses von Bergamo[289] sowie auch bei Jakob von Venedig handelte es sich sowohl um Fremd- als auch Eigenbezeichnungen.[290] Paschalis Romanus und Gerardos Alamanopoulos verwendeten die entsprechenden Beinamen als Selbstbezeichnung.[291] Für Leo Rogerios ist ein Lobgedicht erhalten, indem er so bezeichnet wird.[292]

---

286 Zu der Verbindung von Identität und Personennamen, auch Beinamen, siehe z. B. den Sammelband: HÄRTEL (Hrsg.), Personennamen und Identität.

287 Siehe z. B. Leo Tuscus, De haeresibus, in: Sevilla, Biblioteca Colombina, Ms. 5-1-24, fol. 78r oder ders., Übersetzung des Oneirocriticon, in: Oxford, Bodleian Library Digby, Ms. 103, fol. 59r; Hugo Etherianus, Contra Patarenos, S. 174.

288 Siehe z. B. Burgundio von Pisa, Übersetzung von De natura hominis, S. 1; ders., Übersetzung von De fide orthodoxa, S. 11; ders., Übersetzung von De sectis medicorum, zit. n. Catalogue général I, S. 291; Anselm von Havelberg, Anticimenon, II, 1, Sp. 1163.

289 Moses von Bergamo, Übersetzung des Trinitätstraktats, zit. n. DOLBEAU, À propos d'un florilège biblique, S. 341 (*Moyses pergameni prologus*); siehe auch Anselm von Havelberg, Anticimenon, II, 1, Sp. 1163 (*Moyses nomine, Italus natione ex civitate Pergamo*).

290 Jakob von Venedig bezeichnet sich selbst als *Iacobus Veneticus Grecus*. Die Doppelbezeichnung als *Veneticus* und *Grecus* könnte darauf hindeuten, dass sowohl der venezianische als auch der griechische Bezug hervorgehoben werden sollte, MINIO-PALUELLO, Iacobus Veneticus, S. 268 und S. 272-274; Anselm von Havelberg bezeichnet Jakob als *Jacobus nomine, Veneticus natione*, Anselm von Havelberg, Anticimenon, II, 1, Sp. 1163; in der Chronik des Robert von Torigni ist zum Jahr 1128 ein Vermerk zu Jakob von Venedig und seinen Übersetzungen hinzugefügt worden, darin wird Jakob als *Iacobus clericus de Venecia* bezeichnet. Allerdings ist dieser von einer anderen Hand eingefügt worden, Robert von Torigni, Cronica, a. a. 1128, S. 489, Anmerkung a.

291 Zu Paschalis Romanus siehe z. B.: Paschalis Romanus, Übersetzung des Marienlebens, S. 111 (*P. de Roma*); ders., Liber thesauri occulti, incipit, S. 141 (*a Pascale Romano*); Isaak II. Angelos, Schreiben an die Kommune Genua April 1192 (lateinische Fassung), Nr. 20, S. 50f.: es ist davon auszugehen, dass Gerardos Alamanopoulos das Auslandsschreiben selbst übersetzt hatte, GASTGEBER, Die lateinische „Übersetzungsabteilung" II, S. 350-356.

292 Lobgedicht auf Leo Rogerios, Nr. 113, S. 129.

Eine Ausnahme unter den lateinischen Übersetzern ist der Beiname Etherianus, der nicht auf eine Herkunftsregion schließen lässt. Vielmehr könnte er auf ein früheres Amt am byzantinischen Hof hinweisen, vielleicht in der ἑταιρεία, einer besonders mit Ausländern besetzten militärischen Einheit des Kaisers.[293] In diesem Fall würde der Beiname nicht die lateinische Herkunft, sondern eher die Tätigkeit im kaiserlichen Dienst dokumentieren.

Im Mittelalter waren auf die Herkunftsregion oder den Aufenthaltsort zurückgehende Beinamen nicht unüblich. Sie hatten im Kontext der byzantinisch-westlichen Beziehungen allerdings eine spezielle Bedeutung. Der Beiname konnte nicht nur implizieren, woher jemand stammte, sondern auch, welches vermeintliche Wissen er hatte. Für die Byzantiner versprach ein entsprechender Name geradezu besondere Kenntnisse in westlichen Sprachen, auch wenn die jeweilige Person vielleicht selbst gar nicht aus Lateineuropa stammte, sondern der zweiten oder dritten Generation eingewanderter Lateiner angehörte. Der Übersetzer und Dolmetscher der Kaiserkanzlei Gerardos Alamanopoulos ist hierfür ein gutes Exempel. Er selbst war wohl ein Nachkomme von Lateinern, wahrscheinlich aus dem deutschen Raum, die sich in Byzanz niedergelassen hatten.[294] Erstens lässt dies sein Name vermuten, Ἀλαμανόπουλος, denn die Endung *-opoulos* umschreibt sehr häufig die Abstammung.[295] Zweitens stellte Christian Gastgeber bei den von Gerardos Alamanopoulos sehr wahrscheinlich angefertigten Übersetzungen Elemente fest, die auch auf einen Byzantiner hindeuten könnten oder eben auf jemanden, der in Byzanz geboren und aufgewachsen war.[296] Kaiser Isaak II. Angelos sandte Gerardos zusammen mit dem *grammatikos* Nikephoros Pepagomenos 1192 nach Genua.[297] In einem genuesischen Dokument vom 2. August 1192, in dem die Konsuln Genuas den von ihren Abgesandten ausgehandelten Vertrag mit dem Byzantinischen Reich bestätigten, wurden auch die zwei Gesandten des Kaisers genannt. Während beim Byzantiner der Beiname Pepagomenos

293 So DONDAINE, Hugues Éthérien, S. 73f.; siehe auch HAMILTON, Hugh Eteriano, S. 111f.; zur *Hetaireia* am byzantinischen Hof: KAZHDAN, Art. „Hetaireia", S. 925; MAGDALINO, The Empire, S. 231.

294 GASTGEBER, Die lateinische „Übersetzungsabteilung" II, S. 350; PENNA, The Byzantine imperial acts, S. 16.

295 Zu den byzantinischen Familiennamen vgl. KAZHDAN, The formation, S. 90-109; siehe auch das Beispiel Phrangopoulos: CUTLER/ KAZHDAN, Art. „Phrangopoulos", S. 1671.

296 GASTGEBER, Die lateinische „Übersetzungsabteilung" II, S. 350-381.

297 Isaak II. Angelos, Schreiben an die Kommune Genua April 1192 (lateinische Fassung), Nr. 20, S. 51; Isaak II. Angelos, Schreiben an die Kommune Genua April 1192 (griechische Fassung), Nr. IV, S. 24: ..., καὶ ἀπεστάλη ὑμῖν μετὰ τῶν παρόντων ἀποκρισιαρίων τῆς βασιλείας μου, τοῦ τε γραμματικοῦ τῆς βασιλείας μου Νικηφόρου τοῦ Πεπαγωμένου καὶ τοῦ διερμηνευτοῦ Γηράρδου τοῦ Ἀλαμανοπούλου, ...

im lateinischen Dokument Erwähnung findet, wird der Übersetzer zweimal schlicht als *Girardus* bezeichnet.[298] Dies könnte darauf hindeuten, dass der Beiname Alamanopoulos im byzantinischen Kontext eine größere Bedeutung hatte als im lateinischen Europa. Der Beiname verfehlte dort seine entsprechende Wirkung und wurde deshalb auch nicht als erwähnenswert wahrgenommen. Denn die mit diesem Namen verbundenen Vorstellungen hatten primär für die Byzantiner Bedeutung.[299]

Bei Leo Rogerios spielt die lateinische Herkunft eine eher indirekte Rolle, da durch seinen Beinamen primär die Zugehörigkeit zu der Rogerios-Familie ausgedrückt wird. Diese Familie normannischer Herkunft stieg in der byzantinischen Aristokratie innerhalb kurzer Zeit rasant auf und heiratete schließlich sogar in das komnenische Kaiserhaus ein.[300] Die Zugehörigkeit zu dieser angesehenen Familie und die Verschwägerung mit einem anderen berühmten Geschlecht ist ein zentraler Aspekt in dem zu seinen Ehren verfassten Lobgedicht. Leo Rogerios wird als jemand gepriesen, der für die

---

298 Codice diplomatico (2. August 1192), Nr. 24, S. 76: … *per vos Nikiforum Pepagomenum gramaticum eius imperii et Girardum interpretem legatos ipsius* … ; ebd., S. 77: *Acta sunt hec Ianue in ecclesia Sancti Laurentii martiris, in publico parlamento, presentibus et pro domino imperatore hec omnia recipientibus, supradictis legatis Nikiforo Pepagomeno et Girardo interprete, nec non et presentibus Guilielmo Tornello et Guidone Spinula atque consulibus* …; siehe zu diesem Dokument auch PENNA, The Byzantine imperial acts, S. 170.

299 In Gastgebers Edition der griechischen und lateinischen Version des kaiserlichen Schreibens an die Kommune Genua vom April 1192 wird Gerardos Alamanopoulos in der lateinischen Fassung auch nur als *interpres Gerardus*, also ohne Beinamen bezeichnet, während im Griechischen sein voller Name Γηράρδος Ἀλαμανόπουλος steht: GASTGEBER, Die lateinische „Übersetzungsabteilung" III, Nr. 34, S. 278 (lateinische Version): …, *quod et transmissum est vobis per presentes apocrisiarios imperii mei grammaticum imperii mei Nikiforum Pepagomenum et interpretem Gerardum;* ebd., Nr. 34, S. 277 (griechische Version). Da dieses Dokument laut der Untersuchung von Christian Gastgeber sehr wahrscheinlich von Gerardos Alamanopoulos selbst übersetzt wurde, kann es sich nicht um einen Fehler oder eine Unachtsamkeit handeln. Dies könnte dafür sprechen, dass ihm die Erwähnung seines Beinamens gegenüber dem lateinischen Adressatenkreis offenbar nicht so wichtig war, er gegenüber dem byzantinischen Kaiserhof diesen aber genannt wissen wollte. Demnach hätte Gerardos Alamanopoulos seine westliche Herkunft besonders gegenüber den Byzantinern betonen wollen. Sicherlich weist auch schon der Vorname Gerardos/Gerardus auf seine lateinische Abstammung hin. Alamanopoulos verbindet diese aber mit einer konkreten Region Westeuropas, nämlich dem historischen Raum Alamannien. Es ist naheliegend, dass diese Verbindung auch dazu dienen konnte, seine sprachliche Expertise hervorzuheben. Denn damit konnte er seine eigene persönliche Beziehung zur Sprache und Kultur des lateinischen Europas herausstellen, was seine Stellung als Experte in den Augen der Byzantiner stärkte.

300 NICOL, Symbiosis, S. 122-127; STIERNON, Notes: À propos de trois membres, S. 184-198; KAZHDAN, Latins and Franks, S. 93.

„Lateinsprachigen“ übersetzte (λατινογλώσσους ἐκμεταφράζων φράσεις).[301] Gleichzeitig wird aber auch seine vornehme Abstammung betont. So trug sein Großvater den Titel eines *sebastos*,[302] sein Vater den eines *protonobelissimos*[303] und seine Ehefrau Irene stammte aus dem Geschlecht der Iasites. In dem Lobgedicht überflügeln seine Abstammung und seine Verschwägerung mit einer angesehenen (byzantinischen) Familie seine Tätigkeit als Übersetzer. In diesen beiden Beispielen handelt es sich um Lateiner der zweiten oder sogar dritten Generation. Sie waren eigentlich Byzantiner und Griechisch war wohl auch ihre Muttersprache, ihre lateinische Herkunft wurde aber trotzdem hervorgehoben.

Der wohl aus Italien stammende Paschalis Romanus bekräftigte seine lateinische Herkunft, indem er Griechisch als mühsam zu erlernende Fremdsprache darstellte. In seinem Vorwort zur Übersetzung des Marienlebens des Epiphanios gibt er sich gekonnt bescheiden. Er übersetzte dieses Werk nämlich, obgleich er das Griechische zu wenig studiert hatte.[304] Er drückte somit nicht nur durch seinen Beinamen Romanus, sondern auch durch diesen Einschub aus, dass er aus dem lateinischen Europa stammte.

Die Auswahl- und Urteilsfähigkeit

Übersetzer inszenierten sich als Experten auch, indem sie ihre eigene Auswahl- und Urteilsfähigkeit betonten. Sie konnten darlegen, warum sie eine Schrift zur Übersetzung ausgewählt hatten und manchmal beurteilten sie den Text auch inhaltlich. Bei Auftragswerken war die Möglichkeit eingeschränkt, sich hinsichtlich dieses Aspekts zu inszenieren, da die Übersetzung auf Wunsch eines anderen erfolgte. Im Fall der selbst ausgewählten Werke versetzte sich der Übersetzer in die Position, zu entscheiden, welcher Text übersetzungswürdig war und welcher nicht. Manche erklärten sogar, warum eine griechische Schrift unbedingt der lateinischen Welt zugänglich gemacht werden sollte. Die Begründungen gingen dabei auseinander, die meisten versprachen sich durch die Übersetzung aber einen Gewinn und Nutzen für das lateinische Europa.

---

301 Lobgedicht auf Leo Rogerios, Nr. 113, S. 129: σὸς οἰκέτης αἰτῶ σε Ῥογέρος Λέων/ πάππου σεβαστοῦ παγκλεοῦς προηγμένος,/ πατρὸς δὲ λαμπροῦ πρωτονωβελλισίμου/ λατινογλώσσους ἐκμεταφράζων φράσεις./ Σὺν Εἰρήνῃ δὲ τῇ βοηθῷ τοῦ βίου,/ ἧς Ἰασῖται τοῦ γένους ἀρχηγέται ….

302 Siehe zum *sebastos*-Titel: KAZHDAN, Art. „Sebastos“, S. 1862f.; zur ursprünglichen Bedeutung des *sebastos*-Titels: RÖSCH, Onoma Basileias, S. 34f.

303 Siehe zum *protonobelissimos*-Titel: KAZHDAN, Art. „Nobelissimos“, S. 1489f.

304 Paschalis Romanus, Übersetzung des Marienlebens, S. 111f.: *Nunc, etsi parum in greco studuerim, tamen, ne latentem vitam silentio subducam, honore sancte Dei romane ecclesie et vestro, Christi genitricis vitam et educationem, sicut a beato Epiphanio archiepiscopo Cypri descriptam inveni, vobis fideliter transtuli.*

Burgundio von Pisa gibt für die Übersetzung der Homilien des Chrysostomos zum Johannesevangelium verschiedene Motive an:

> ... *et quendam filium meum Hugolinum nomine quem mecum duxeram in itinere morbo arreptum amiserim, pro redemtione anime eius explanationem evangelii sancti Iohannis evangeliste a beato Iohanne Crisostomo Constantinopoleos patriarcha mirabiliter editam de greco in latinum vertere statui sermonem, tum quia eiusdem sancti patris Iohannis Crisostomi commentationem supra evangelium sancti Matthei evangeliste iam pridem beate memorie tercio Eugenio pape integre translatam tradideram, tum quia huius Iohannis evangeliste expositionis penuria apud Latinos maxima erat. Nullum enim alium nisi sanctum Augustinum eum continue exponentem inveni.*[305]

Zunächst nennt er einen persönlichen Anlass für die Abfassung, nämlich den Tod seines Sohnes Hugolin während der Reise nach Konstantinopel. Für die Erlösung der Seele seines Sohnes habe er die Übersetzung angefertigt. Er nennt dann allerdings auch weitere Motive. Zum einen verweist er auf seine frühere Übersetzung der Homilien des Chrysostomos zum Matthäusevangelium im Auftrag Papst Eugens III. Er bezieht sich dabei auf seine eigene Übersetzungserfahrung mit dem Autor Chrysostomos und mit dieser Art von Schriften. Burgundio unterstreicht ausdrücklich seine Befähigung, diesen Text ins Latein zu übertragen. Zum anderen betont er aber auch den Bedarf an der Auslegung des Evangelisten Johannes in der lateinischen Welt, dieser Mangel sei bei den Lateinern äußerst groß gewesen. Denn Burgundio sagt selbst, ich habe (*inveni*) keinen anderen als den Kommentar des Augustinus zum Evangelisten Johannes gefunden.[306] Sachlich irrt er allerdings, denn neben dem heiligen Augustinus hatte auch Rupert von Deutz bereits einen Kommentar zum Johannesevangelium verfasst.[307] Er inszeniert sich hier nicht nur als Übersetzer, sondern auch als derjenige, der den Bedarf an bedeutenden Werken im lateinischen Europa stillen möchte.

Es ist aber nicht nur der Mangel an bestimmten Schriften, sondern auch der versprochene Nutzen dieser, den die Übersetzer betonten. Hierbei geht es um eine inhaltliche Beurteilung des Werkes. Es ist wieder Burgundio, der in seiner Übersetzung von *De natura hominis* des Nemesius von Emesa den inhaltlichen Gewinn herausstellt. Er widmete die Übersetzung Kaiser Friedrich Barbarossa und richtete an ihn auch den Prolog.[308] Dabei betont er, dass dieses Werk nicht

305 Burgundio von Pisa, Einleitung zur Übersetzung der Homilien des Johannes Chrysostomos zum Johannesevangelium, S. 84.

306 Ebd.

307 Ebd., siehe den Kommentar von CLASSEN in Fußnote 3.

308 Ders., Übersetzung von De natura hominis, S. 2.

nur Friedrich Barbarossa zu Ruhm gereichen werde, sondern dass das Reich Barbarossas davon ebenfalls profitieren werde.[309] Dieser Text diene demnach dem allgemeinen Nutzen.

Die Beurteilung des zu übersetzenden Werkes konnte allerdings auch ins Negative abgleiten. In der bereits oben erwähnten einzigen Übersetzung des Hugo Etherianus, *De haeresibus*, warnt der Übersetzer eindringlich vor den Gefahren dieses von ihm selbst übersetzten Werkes.[310] Es handelte sich dabei um ein Auftragswerk auf Bitten des Kardinalpriesters Arduin von Santa Croce in Gerusalemme und ist die Übersetzung einer gegen die römische Kirche gerichteten photianischen Liste, in der aus byzantinischer Sicht die Irrtümer der römischen Kirche aufgeführt sind.[311] Hugo verweist in seinem kurzen an Arduin gerichteten Vorwort nicht nur auf den fragwürdigen Inhalt, sondern spricht gewissermaßen auch eine Warnung aus: *Animadvertat igitur laudabile tuum desiderium ea que cumulis iactancie ardua existunt et generosi animi tui postulatione latinam orationem adepta sunt.*[312]

Zwar bezeichnet Hugo Arduins Wunsch nach einer Übersetzung dieses Werkes als lobenswert, aber er solle dennoch Acht geben, denn durch dieses Anliegen erreichen die byzantinischen Anschuldigungen auch die lateinische Sprache. Es ist schon außergewöhnlich, wie der Übersetzer hier das von ihm selbst übersetzte Werk beurteilt. Es ist keinesfalls vom anerkannten Nutzen die Rede, sondern in erster Linie von den Gefahren. Im Umkehrschluss bedeutet dies aber nicht, dass dieses Werk keinen Nutzen hatte, ansonsten wäre es nicht übersetzt worden. Sehr wahrscheinlich ist diese Übersetzungsanfrage in den Kontext der römisch-byzantinischen Verständigungsbemühungen einzuordnen.[313] Das Wissen um die Vorwürfe gegen die römische Kirche dürfte in diesem Zusammenhang vorteilhaft gewesen sein. Aber dies betonte der Übersetzer nicht, vielmehr inszenierte er sich als wachsamer römischer Christ, der die Anschuldigungen der Byzantiner, die er hier übrigens abwertend als

309 Ebd.: *Quae omnia si Vestro interventu Vestris temporibus in lucem Latinis redacta fuerint, immensam gloriam et aeternum nomen Vestra Maiestas consequetur et Vestra res publica utilitatem maximam adipiscetur.*

310 Siehe Kapitel 3.2.2.

311 DONDAINE, Hugues Éthérien, S. 114-116; die Übersetzung ist mit einer weiteren lateinischen Übersetzung und einer griechischen Textversion ediert: Hugo Etherianus, Übersetzung De haeresibus, S. 62-71; der Brief an den Kardinalpriester Arduin ist darin nicht ediert, er ist über Sevilla, Biblioteca Colombina, Ms. 5-1-24, fol. 75v-76r überliefert. Dondaine edierte den Brief: DONDAINE, Hugues Éthérien, S. 116; siehe zu den griechischen Listen gegen die römische Kirche: KOLBABA, The Byzantine lists.

312 Hugo Etherianus, Brief an Arduin, zit. n. DONDAINE, Hugues Éthérien, S. 116; so auch Sevilla, Biblioteca Colombina, Ms. 5-1-24, fol. 76r.

313 Siehe Kapitel 3.2.2.

Thraker bezeichnete, inhaltlich entschieden verurteilte.[314] Er sah sich in der Position, den Inhalt des Werkes zu bewerten und negativ zu beurteilen, obwohl er dem Übersetzungsauftrag nachgekommen war.

Übersetzer konnten aber auch zufällig auf interessante Werke stoßen. Moses von Bergamo schildert im Vorwort zu seiner Übersetzung eines anonymen Trinitätstraktats, dass er einen griechischsprachigen *Codex* überflog und in ihm zufällig ein kleines Büchlein vorfand.[315] Die „ganze Begierde seines Geistes" brachte ihn dazu, das Schriftstück zu lesen. Als er dies sorgfältig getan hatte, hatte er scheinbar so großen Gefallen daran gefunden, dass er es ins Latein übersetzte. Er betont dabei die widrigen Umstände, zum einen war es sehr kalt und zum anderen war er eigentlich in andere Arbeiten eingebunden. Die Formulierung *nocturnis me uigiliis et translationis laboribus tradidi* soll herausstellen, welche Mühen er auf sich nahm, um diese Übersetzung anzufertigen.[316] Als Grund nennt er hier, er wolle nicht der Einzige sein, der diesen vorgefundenen, wertvollen Schatz besitze. Zudem scheint bei ihm auch eine Art Verantwortungsgefühl eine Rolle gespielt zu haben. Denn er befand sich in der privilegierten Situation, Griechisch zu können. Er versicherte, dass er diese Sprache erlernt hatte, und dass er den Text durch Hingabe ins Latein übertragen habe.[317] Ein Motiv für die Übersetzung bestimmter Texte war demnach auch eine gewisse Verantwortung, bedeutsame Schriften in den Westen zu vermitteln, nicht zuletzt, weil man die griechische Sprache beherrschte und die Gelegenheit zur Abfassung hatte. Dieses Verantwortungsbewusstsein ging mit dem Bedürfnis einher, auf seine eigene Gewissenhaftigkeit und sein sorgfältiges Arbeiten zu verweisen.

---

314 Hugo Etherianus, Brief an Arduin, zit. n. DONDAINE, Hugues Éthérien, S. 116: ... *quibus Traces Latinorum ritus depravant.*

315 Moses von Bergamo, Übersetzung des Trinitätstraktats, zit. n. DOLBEAU, À propos d'un florilège biblique, S. 341: *Cum sapientis cuiusdam grece lingue librum necessaria quedam querendo percurrerem, contigit hunc quoque me circa finem repperire libellum. Cuius titulo mox percurso, tanto protinus eum quoque legendi sum desiderio tactus ut, iis intermissis quorum michi fuerat occasione repertus, ad ipsum me tota mentis auiditate conuerterem. Cum uero diligenter eum finetenus perlegissem, quamuis et frigus ingens uelut circa mensis decembris initium foret, et occupationes alie me plurime circumstarent, nocturnis me uigiliis et translationis laboribus tradidi, ne pretiosum repertum thesaurum solus possidens inuidie uel inertie merito ceu piger et nequam seruus argue(re)r, cum presertim grecas litteras propter id potissimum didicisse me sim sepe testatus, ut ex eis in nostras, si quid utile reperirem quod nobis minus ante fuisset, debita deuotione transuerterem ....*

316 Ebd.

317 Ebd.

Die Zuverlässigkeit und Vertrauenswürdigkeit

Der Übersetzer nahm per se eine Mittlerrolle zwischen dem ursprünglichen Werk und dem (lateinischen) Leser ein. Vertrauen nicht nur in sein Können, sondern auch in seine Zuverlässigkeit und Redlichkeit spielten daher eine entscheidende Rolle. Dies hängt einerseits mit den mangelnden Griechischkenntnissen seiner lateinischen Leserschaft zusammen, andererseits aber auch damit, dass selbst Griechischkundige die Vorlagen eher nicht kannten. Sie konnten also nur schwerlich überprüfen, ob der griechische Originaltext in der lateinischen Version richtig wiedergegeben wurde.

Vertrauenswürdigkeit und Zuverlässigkeit sind entscheidende Eigenschaften beim Übersetzen. Diejenigen, die von der korrekten Übersetzung der Texte abhängig waren, betonten deshalb die Bedeutung des *fidus interpres*.[318] Die Übersetzer selbst stellten ebenso ihre Vertrauenswürdigkeit und Gewissenhaftigkeit heraus. Formulierungen wie *vobis fideliter transtuli*,[319] „ich habe für Euch verlässlich übersetzt" oder *fideliter et devote*[320] („verlässlich und ergeben"), sowie *integre fideliterque* („redlich und verlässlich") zeugen von diesem Bemühen.[321] Teilweise begegnet diese Formulierung in passivischer Form oder im *incipit* und *explicit* auch in der dritten Person Singular, teilweise aber auch wie im ersten Beispiel in der ersten Person Singular, welche den Übersetzer nochmals als verlässlich Handelnden hervorhebt.

Burgundio von Pisa bekräftigt sein sorgfältiges Arbeiten sogar zweifach. In seinem Vorwort zu den Homilien des Chrysostomos zum Johannesevangelium berichtet er von seiner aufwändigen persönlichen Suche nach guten griechischen Vorlagen in Konstantinopel und von seiner Akribie bei der Übertragung des Textes. Die Vorgeschichte, wie er zu seinen griechischen Vorlagen gelangte, nimmt in seiner Einleitung einen zentralen Platz ein.[322] Nachdem er mühsam zwei Manuskripte aus Klöstern ausgeliehen hatte, kopierten gleich zwei Schreiber die Schriften. Die Anzahl der Vorlagen zeigt bereits, wie ernst und gewissenhaft er bei der Auswahl der Texte agierte. Denn dadurch hatte er den zu übersetzenden Inhalt in zwei unterschiedlichen Handschriften, die er

318 Anselm von Havelberg, Anticimenon, II, 1, Sp. 1163.

319 Paschalis Romanus, Übersetzung des Marienlebens, S. 112.

320 Ders., Übersetzung Disputatio contra Judeos, S. 192: *Paschalis de Roma hoc opusculum disputacionis iudeorum contra sanctum Anastasium ad honorem venerabilis patriarche Gradensis Henrici Deadoli fideliter et devote transtulit anno Domini m° c° lviii°.*

321 Burgundio von Pisa, Übersetzung der Homilien des Johannes Chrysostomos zum Matthäusevangelium, Sp. 819: *Expletum est autem hoc opus, et integre et fideliterque consummatum anno dominicae incarnationis MCLI. indictione xv. in cal. Decemb.*

322 Ders., Einleitung zur Übersetzung der Homilien des Johannes Chrysostomos zum Johannesevangelium, S. 84f.

miteinander abgleichen konnte. Burgundio überwachte diesen Arbeitsschritt persönlich. Sofern er Zeit hatte, verfolgte er bei Tag und bei Nacht aufmerksam den Vorgang des Abschreibens und verbesserte den Text zuverlässig.[323] Akribisch überwachte er die Abschrift der griechischen Manuskripte, obwohl er als Gesandter Pisas ein vielbeschäftigter Mann in Konstantinopel war.

Erst nach diesen Schilderungen folgt die wieder detaillierte Beschreibung des eigentlichen Übersetzungsprozesses. Er begann bereits auf dem Rückweg von Konstantinopel mit seiner Arbeit, immer wenn er ein wenig Zeit hatte, übersetzte er während der Reise. Insgesamt benötigte er für die Übersetzung des Werkes zwei volle Jahre und hebt dabei nochmals seine Akribie hervor, denn er übersetzte es Wort für Wort, vom Griechischen ins Lateinische und vollendete es redlich.[324] Eine solche detaillierte Beschreibung des gesamten Übersetzungsprozesses ist selten. Sie dient dazu, die Mühen, aber auch die Verlässlichkeit des Übersetzers bei seiner Arbeit herauszustellen.

Auch die akzentuierte Übersetzungserfahrung einiger Übersetzer bedarf einer näheren Betrachtung. Burgundio von Pisa beruft sich in seiner Übersetzung der Homilien des Chrysostomos zum Johannesevangelium gleich zu Beginn auf seine Erfahrung mit solchen Texten. Er verweist, wie bereits oben behandelt, auf seine vorherige Übersetzung der Homilien des Johannes Chrysostomos zum Matthäusevangelium im Auftrag Papst Eugens III.[325] Dies impliziert, dass er Erfahrungswissen über den Autor, dessen Gedanken und (sprachliche) Eigenarten und nicht zuletzt über diese Textgattung im Allgemeinen gesammelt hatte. Da diese Erwähnung in das Vorwort eingebettet ist, begründet er damit, warum gerade er für die Übersetzung dieses Werkes prädestiniert sei.

Eine weitere Möglichkeit, die eigene Erfahrung hervorzuheben, ist der Verweis auf eine langjährige Tätigkeit als Dolmetscher und/oder Übersetzer. Dieser Bezug schließt nicht nur Erfahrung ein, sondern enthält auch andere Implikationen, die am Beispiel des Leo Tuscus im Folgenden exemplarisch behandelt werden.

Der Übersetzer und sein Titel: Leo Tuscus und die Bedeutung des interpres-Titels

Unter den lateinischen Übersetzern und Dolmetschern ist Leo Tuscus ein außergewöhnliches Beispiel. Dies hängt zum einen damit zusammen, dass er

---

323 Ebd., S. 85.

324 Ebd.

325 Ebd., S. 84: ..., *tum quia eiusdem sancti patris Iohannis Crisostomi commentationem supra evangelium sancti Matthei evangeliste iam pridem beate memorie tercio Eugenio pape integre translatam tradideram*, ...

durch die Interaktion mit seinem Bruder Hugo Etherianus bekannter und sein Wirken für die Forschung fassbarer ist als das der anderen Übersetzer. Zum anderen sticht er auch durch die selbstbewusste Verwendung seines höfischen Titels als *imperatoriarum epistolarum interpres* heraus.

Bei einigen lateinischen Übersetzern wird vermutet, dass sie auch am byzantinischen Hof wirkten. Moses von Bergamo selbst verweist in einem Brief von 1130 an seinen Bruder Petrus darauf, dass er für den Kaiser arbeitete,[326] die genaue Funktion ist aber strittig. Walter Berschin plädierte für eine Übersetzertätigkeit am Kaiserhof, während Giovanni Cremaschi eher von einer Schreiber- oder Sekretärsfunktion ausging.[327] Auch bei anderen Übersetzern wie Cerbano Cerbani oder Paschalis Romanus, bei denen die Forschung mitunter eine Tätigkeit als Dolmetscher und/oder Übersetzer am Hof vermutet, gibt es keine stichhaltigen Beweise, weder sie selbst noch andere benennen sie entsprechend.[328]

Bei Leo liegt der Fall anders. Denn er verwendet seinen offiziellen Übersetzertitel auch gegenüber seiner westlichen Leserschaft. In zwei seiner insgesamt drei Werke, zwei Übersetzungen und einer theologischen Abhandlung, gebraucht er diesen. Einmal erscheint sein Titel im *incipit* seiner Übersetzung des *Oneirocriticon* (*... Leo Tuscus imperatoriarum epistolarum interpres de sompniis et oraculis*)[329] sowie im *explicit* (*Explicit liber sompniorum, latine doctus loqui a Leone Thusco imperialium epistolarum interprete temporibus magni imperatoris Manuel*)[330] und ein weiteres Mal im *incipit* seiner gegen die

---

326 Moses von Bergamo, Brief an Petrus 1130, S. 148.

327 Berschin, Griechisch-Lateinisches Mittelalter, S. 263; Cremaschi, Mosè del Brolo, S. 56 und S. 84; Pontani verbindet beide Ansichten, indem er von einer Schreiber- und Übersetzertätigkeit ausgeht, Pontani, Mosè del Brolo, S. 156-161; Pontani ordnet Moses von Bergamo sogar Dokumente der byzantinischen Kaiserkanzlei zu, ebd., S. 159, vgl. dagegen Gastgeber, Die lateinische „Übersetzungsabteilung" I, S. CXXXVII und II, S. 84-86.

328 Siehe Cerbano Cerbani, Translatio Mirifici Martyris Isidori, III, S. 324: ..., *quidam Venetiarum clericus, Cerbanus nomine et cognomine, in aula praescripti imperatoris aliquantum commoratus, ...*; zu Cerbano Cerbani: Brand, An imperial translator, S. 218; vgl. auch Gastgeber, Die lateinische „Übersetzungsabteilung" I, S. CXXXV; Rodriguez Suarez, The Western Presence, S. 127-133; im Fall von Paschalis Romanus gibt es keine Hinweise auf eine Übersetzungstätigkeit am byzantinischen Hof, Gastgeber zählt ihn auch nicht bei den Übersetzern der Kaiserkanzlei auf, aber Mavroudi beschreibt Paschalis Romanus als „emperor Manuel's Latin interpreter", Mavroudi, Occult Science, S. 84.

329 Leo Tuscus, Übersetzung des Oneirocriticon, Praefatio, zit. n. Haskins, Studies, S. 217; so auch Oxford, Bodleian Library Digby, Ms. 103: Leo Tuscus, Übersetzung des Oneirocriticon, Praefatio, zit. n. Camozzi Pistoja, The *Oneirocriticon*, S. 747; siehe auch: Camozzi Pistoja, The *Oneirocriticon*, S. 719-758.

330 Das *explicit* ist nur bei Camozzi Pistoja ediert: Leo Tuscus, Übersetzung des Oneirocriticon, explicit, zit. n. Camozzi Pistoja, The *Oneirocriticon*, S. 758.

byzantinische Kirche gerichteten Schrift *De haeresibus et praevaricationibus Graecorum* (*De heresibus et prevaricationibus grecorum Leo Tuscus imperialium epistolarum interpres capitulum primum*).[331] Nicht nur Leo führt diesen Titel, sondern sein Umfeld greift diesen ebenso auf. Sein Bruder Hugo bezeichnet ihn fast immer mit seinem offiziellen Titel, sobald er sich in irgendeiner Form auf ihn bezieht. Entweder nennt er ihn „Dolmetscher/Übersetzer des kaiserlichen Hofes/ des Kaisers" (*imperialis aulae interpres egregius/ invicti principis egregius interpres*)[332] oder „Übersetzer der kaiserlichen Briefe" (*imperialium epistolarum optimus interpres*).[333] Er verbindet dies mit positiven Attributen wie *egregius* oder *optimus*, die verknüpft mit dem Titel eine nochmalige Hervorhebung bezwecken. Neben Hugo gibt es aber auch weitere, die Leos offiziellen Titel aufgreifen. Papst Lucius III. spricht ihn in einem Brief 1182 dementsprechend an (*Maistro Leoni, imperialium epistolarum interpreti, …*),[334] und auch der Übersetzer Nikolaos von Otranto, Abt von Casole, bezieht sich in seiner Übersetzung der Basileiosliturgie auf den Übersetzer der Chrysostomosliturgie und nennt diesen Titel, indem er das Werk als *a Leone Tusco translatam, peroptimo quidem interprete Manuelis inperatoris* [*imperatoris*, Anm. d. Verf.] *Constantinopoleos* bezeichnet.[335]

Diese Verwendung des *interpres*-Titels steht in einem Kontrast zu anderen vermeintlichen Übersetzern der Kaiserkanzlei, die sich nicht direkt als höfische Übersetzer zu erkennen gaben. Deshalb gilt es zu fragen, was ein byzantinischer Übersetzertitel für Leo bedeutete bzw. was genau dieser für ihn und sein Umfeld implizierte.

Den lateinischen Adressaten der Briefe bzw. der Leserschaft der Werke wird durch diesen offiziellen Titel unmissverständlich vor Augen geführt, dass der Übersetzer offensichtlich in Byzanz arbeitete und lebte, genauer jemand war, der im Machtzentrum des Reiches, nämlich am Hof in Konstantinopel im Dienst des Kaisers stand. Der physische Aufenthalt in Byzanz ist, wie bereits gezeigt, ein Aspekt, der von Übersetzern gerne hervorgehoben wurde, da er zum einen profunde Griechischkenntnisse glaubhafter, zum anderen aber auch den Zugriff auf gute griechische Vorlagen plausibel machte.

331 Sevilla, Biblioteca Colombina, Ms. 5-1-24, fol. 78r.

332 Hugo Etherianus, De anima, 1, Sp. 167f.: … *Leonis, imperialis aulae interpretis egregii, …*; ders., Brief an die Konsuln von Pisa, Nr. X, S. 13: …, *invicti principis egregius interpres, magister Leo, …*.

333 Ders., Contra Patarenos, S. 174: … *Leo Tuscus imperialium epistolarum optimus interpres …*.

334 Lucius III., Brief an Leo Tuscus 1182, Nr. XXI, S. 24.

335 Nikolaos von Otranto, Übersetzung der Basileiosliturgie, Prolog, S. 59; Strittmatter, Missa Graecorum, S. 79-139; zu Nektarios von Otranto siehe: Hoeck/ Loenertz, Nikolaos Nektarios von Otranto.

Dies musste umso mehr für einen Lateiner gelten, der für den byzantinischen Hof arbeitete, bestimmte Kontakte pflegen konnte und dem die Bibliotheken Konstantinopels zugänglich waren.

Der Titel eines *interpres* am kaiserlichen Hof enthält aber noch weitere Assoziationen. Es handelte sich bei ihm keineswegs um einen funktionsleeren Titel. Hinter ihm verbirgt sich die Tätigkeit als Dolmetscher/ Übersetzer.[336] Durch das Herausstellen seines offiziellen Titels verdeutlicht Leo, dass seine hauptsächliche Tätigkeit die eines Übersetzers war. Er war kein Theologe oder Jurist, wie Hugo Etherianus oder Burgundio von Pisa,[337] der nebenbei übersetzte, sondern ein hauptamtlicher Übersetzer und Dolmetscher. Sein Können auf diesem Gebiet war somit von offizieller Seite anerkannt. Auch wenn es sich um den weit entfernten Kaiserhof in Konstantinopel handelte, so konnte man doch darauf vertrauen, dass dieser einen fähigen, soliden Übersetzer in seine Dienste stellte. Dies gerade gegenüber seiner lateinischen Leserschaft zu betonen, hob ihn zum einen von anderen Übersetzerpersönlichkeiten ab, zum anderen verlieh es ihm aber auch zusätzlich Autorität und Glaubwürdigkeit.

Der Gebrauch des *interpres*-Titels durch Leo zeigt aber auch, dass er sich selbst als Übersetzer wahrnahm. Dies erklärt, warum er auf sein offizielles Amt ebenso in seiner theologischen Abhandlung verwies. Der umgekehrte Fall ist bei Burgundio von Pisa gegeben, der sich nie als Übersetzer bezeichnete, sondern in seinen eigenen Werken stets als *iudex* erscheint und sich wohl auch als Richter verstand und als solcher gesehen werden wollte.

Sein Umfeld und sogar teilweise die Nachwelt griffen Leos Titel auf und betonten somit die damit vermeintlich verbundene besondere Expertise. Dies spricht dafür, dass das von ihm herausgestellte Amt des kaiserlichen Übersetzers auch bei anderen als außergewöhnlich und deshalb auch als nennenswert wahrgenommen wurde. Er ist in der zweiten Hälfte des 12. Jahrhunderts der einzige Lateiner am byzantinischen Hof, der diesen Titel in dieser Form benutzte und damit ein exzeptionelles Beispiel, wie sich ein Lateiner mithilfe dieses offiziellen Amtes als Experte für Übersetzungen inszenieren konnte.

---

336 Zum Amt des Übersetzers siehe: GASTGEBER, Die lateinische „Übersetzungsabteilung" I, S. I-XII; MILLER, The Logothete, S. 449-458; GUILLAND, Grand Interprète, S. 17-26.

337 Zu Burgundio von Pisa und zu Hugo Etherianus siehe Kapitel 2.3.1 und 2.3.2.

3.4 Eine Frage des Vertrauens: Expertise, Versagen und das Risiko der Manipulation

Die vorausgegangenen Kapitel haben bereits gezeigt, welche wichtige Rolle dem Glauben an die Expertise und die Verlässlichkeit der Übersetzer und Dolmetscher zukommt. Nicht umsonst betonen die Übersetzer nicht nur ihr Sonderwissen, sondern auch ihre Zuverlässigkeit.[338] Das besondere Herausstellen des Letzteren impliziert dabei nicht nur das Vertrauen auf ihre Übersetzungsexpertise, sondern auch das Vertrauen auf die zuverlässige inhaltliche Wiedergabe, ohne eigene Interessen und Ziele oder diejenigen einer anderen Macht zu verfolgen. Dies zeugt gewissermaßen auch von der Sorge der Übersetzer, man könnte ihnen Versagen im Sinne von Nicht-Können oder sogar absichtliches Versagen in Form mutwilliger Fehlübersetzungen unterstellen.

Beide Vorwürfe sind nicht nur denkbar, sondern sind, wie noch zu zeigen sein wird, in den Quellen dokumentiert. Dolmetscher und Übersetzer nahmen als Vermittler in der Kommunikation zwischen Byzanz und dem lateinischen Europa eine Schlüsselrolle ein.[339] Man brauchte sie, um die Kommunikation überhaupt am Laufen zu halten, konnte aber im Regelfall ihr Können und ihre Leistungen nicht überprüfen. Lateinische Dolmetscher und Übersetzer waren aufgrund ihres persönlichen Werdegangs zwischen Byzanz und dem Westen bezüglich ihrer Verlässlichkeit ohnehin angreifbarer als andere.[340] Zudem scheinen die gescheiterte Kommunikation und kulturelle Missverständnisse gerade in den byzantinisch-westlichen Beziehungen gewissermaßen ein Mittel der Politik gewesen zu sein.[341] Denn um das politische Versagen oder die Uneinigkeit und Konfrontation zu erklären und auch zu rechtfertigen, konnte das gegenseitige Nicht-Verstehen als Grund benannt werden. Dolmetscher und Übersetzer konnten dabei als Sündenböcke für eine gewollt gescheiterte Kommunikation dienen, um Konflikte und politischen Stillstand in den Beziehungen zu begründen. Diese Aspekte sind bei der Thematisierung des Versagens und der mutwilligen Manipulation in den Quellen zu berücksichtigen.

3.4.1 *Das Versagen der Dolmetscher und Übersetzer*

In den Quellen erscheint das Versagen der Dolmetscher und Übersetzer häufig dann, wenn das Scheitern der Kommunikation zwischen Byzanz und dem

338 Siehe Kapitel 3.3.2.

339 Zur Verlässlichkeit und Zuverlässigkeit bei Dolmetschern im Kontext des lateinischen Europas vgl. SCHNEIDER, Vom Dolmetschen, S. 123-127.

340 Siehe Kapitel 7.1.

341 Siehe zu diesem Thema den Sammelband: KÖRNTGEN/ KUSBER/ PAHLITZSCH/ CARLÀ-UHINK (Hrsg.), Byzanz.

Westen erklärt werden muss. In diesen Kontext sind auch die sowohl von byzantinischer als auch lateinischer Seite im 13. Jahrhundert vorgebrachten Aussagen zum Scheitern von Kirchenunionsverhandlungen einzuordnen. Die bereits oben zitierte Passage aus dem Brief des Michael Palaiologos ist hierfür ein Paradebeispiel.[342] Die Schuld für die vorausgegangenen erfolglosen Kirchenunionsverhandlungen wird darin direkt den Dolmetschern gegeben. Sie seien nicht gebildet genug gewesen, um den Diskussionen zu folgen und deren Inhalte richtig wiederzugeben, daher sei letztlich keine Einigung zu erzielen gewesen. Indem man das Scheitern der Kirchenunionsverhandlungen mit Kommunikationsproblemen begründete, lenkte man von den eigentlichen inhaltlichen und auch politischen Faktoren ab, die ihren Teil zum Misserfolg beitrugen.[343] Allerdings kritisierte Michael Palaiologos in diesem Fall nicht die Griechisch-Latein-Kenntnisse der Dolmetscher, sondern das mangelnde theologische Wissen, das nötig war, um die Diskussionen korrekt zu übertragen.

Aber nicht nur die byzantinische Seite meinte im Versagen der Dolmetscher ein Problem zu erkennen. Humbert von Romans ging in seiner Kritik noch weiter als Michael Palaiologos und zielte auf die Kernkompetenz der Dolmetscher und Übersetzer: die Sprachen. Er beklagte in seiner anlässlich des Zweiten Konzils von Lyon 1274 angefertigten Abhandlung *Opus Tripartitum*, dass sich die römischen Vertreter bei Kirchenunionsverhandlungen auf Dolmetscher verlassen müssen. Von diesen wisse man noch nicht einmal, ob sie das Griechische überhaupt gut genug beherrschen und gewissenhaft übersetzen können.[344] Während Michael Palaiologos das Unvermögen der Dolmetscher bei theologischen Fragen thematisierte, äußerte Humbert von Romans generelle Zweifel an ihren Sprachkenntnissen und ihrer Gewissenhaftigkeit.

342 Michael Palaiologos, Brief an Papst Urban IV. (1264), Nr. 748, S. 356; das Versagen von Dolmetschern gerade bei religiösen Begegnungssituationen findet sich auch bei Wilhelm von Rubruk und Ramon Llull, ANDRES, Dolmetscher, S. 57-59; FRIED, Auf der Suche, S. 314.

343 Zur Bedeutung politischer Gründe für das Scheitern der Kirchenunionsverhandlungen: NORDEN, Das Papsttum, besonders S. 59-159; allgemein zu den Kirchenunionsbemühungen im 12. Jahrhundert siehe z. B.: BUCOSSI, Dibattiti teologici, S. 311-321; HARRIS/ TOLSTOY, Alexander III, S. 301-313; LILIE, Das ‚Zweikaiserproblem', S. 219-243; MAGDALINO, The Empire, S. 83-95; GASTGEBER, Das unexpedierte (zweite) Schreiben, S. 135-161, besonders S. 135-138; PRINZING, Das Papsttum, S. 137-183, besonders S. 137-152; vgl. gerade für den Zusammenhang zwischen Unionsverhandlungen und den Kreuzzügen BECK, Geschichte, S. 149-157.

344 Humbert von Romans, Opus Tripartitum, 17, S. 220: *Et quandocunque mittuntur aliqui ad eos, oportet habere interpretes, de quibus nescitur, utrum plene intelligant illam linguam, vel, si sciant eam, utrum fideliter interpretentur.*; für Humbert von Romans und für sein Werk siehe z. B.: MICHEL, Das Opus Tripartitum; MÜLLER, Die dominikanische Mission, S. 321-382; siehe auch für das Konzil von Lyon 1274: ROBERG, Das Zweite Konzil.

Diese Bedenken resultieren auch aus der suspekten Rolle, die Dolmetscher und Übersetzer einnahmen. Beide Seiten, sowohl Byzantiner als auch Lateiner, waren von ihrer Ver- und Übermittlungsleistung völlig abhängig und ihrem Wirken gewissermaßen ausgeliefert. Um dieser Angewiesenheit zu entgehen, plädiert Humbert von Romans dafür, dass sich die Lateiner generell mehr mit dem Griechischen beschäftigen sollten, auch um eine bessere Kommunikation mit den Byzantinern zu ermöglichen.[345]

Diese Beispiele stammen aus dem 13. Jahrhundert, einer Zeit, die von intensiven Kirchenunionsverhandlungen geprägt war. Die bereits erörterte Inszenierung der Dolmetscher und Übersetzer, die sowohl ihre eigentliche Expertise als auch ihre Vertrauenswürdigkeit und Zuverlässigkeit betonten, war aber auch eine Reaktion auf die Skepsis und Kritik, die ihnen bereits im 12. Jahrhundert entgegengebracht wurde.

Es bestehen keine Zweifel daran, dass es unter den Dolmetschern und Übersetzern hinsichtlich ihrer sprachlichen Befähigung große Unterschiede gab. Die von Christian Gastgeber vorgenommene Untersuchung der Auslandsschreiben der byzantinischen Kaiserkanzlei im 12. Jahrhundert legt dies jedenfalls nahe. Die Qualität der Schreiben, die Wortwahl, Grammatik, Orthographie und die Vertrautheit mit bestimmten kanzleitypischen Formeln variierten deutlich und weisen nicht zuletzt auf unterschiedliche Hintergründe und Ausbildungswege hin.[346] Es ist deshalb davon auszugehen, dass sich diese Unterschiede auch direkt in der Kommunikation zwischen Byzanz und dem Westen in irgendeiner Form niederschlagen mussten.

Burgundio von Pisa spricht das Unvermögen einiger Übersetzer gezielt an. Dies tat er in seiner bereits oben erwähnten detaillierten Beschreibung der Vorgeschichte, wie es zu seiner Übersetzung der Homilien des Chrysostomos zum Matthäusevangelium kam.[347] Papst Eugen III. bat den Patriarchen von Antiochia um übersetzte Kommentare zum Matthäusevangelium. Der Patriarch sollte den entsprechenden griechischen Text durch irgendeinen Übersetzer übertragen lassen. Die Beliebigkeit bei der Wahl des Übersetzers zeugt vom Rollenverständnis des Übersetzers als reinem Übermittler eines Textes. Allerdings erwies sich diese Vorstellung als problematisch, die Suche nach einem Übersetzer vor Ort scheiterte und man fand erst auf Umwegen

345 Humbert von Romans spricht sich besonders dafür aus, dass sich die Lateiner griechische theologische Werke beschaffen und diese auch lesen sollten. Zudem sollten auch lateinische Schriften ins Griechische übersetzt werden, um einen Austausch zu ermöglichen, Humbert von Romans, Opus Tripartitum, 17, S. 220f.; vgl. auch ALTANER, Die Kenntnis, S. 446f.; SCHMIEDER, Pragmatisches Übersetzen, S. 265.

346 GASTGEBER, Die lateinische „Übersetzungsabteilung" II, S. 1-468; siehe dazu Kapitel 3.1.2.

347 Siehe Kapitel 3.2.3.

einen, nämlich Burgundio. Er selbst kann die umständliche Suche nur schwerlich erklären, liefert allerdings immerhin zwei mögliche Ursachen: Trägheit oder Unkenntnis der Übersetzer (*ipse autem sive desidia sive inscitia interpretum ignoro*).[348] Beide möglichen Erklärungsansätze sind wenig schmeichelhaft für die Übersetzer im östlichen Mittelmeerraum. Mit dem Vorwurf der *desidia*, Trägheit, unterstellt er einerseits eine moralische Schwäche.[349] Andererseits impliziert *desidia* auch eine gewisse Gleichgültigkeit im Sinne von Verantwortungslosigkeit, da er die anderen Übersetzer bezichtigt, zu bequem zu sein, um dieses wichtige Werk zu übersetzen. Während es hier um das Nicht-Wollen geht, greift die Unterstellung der *inscitia*, der Unkenntnis, hingegen tatsächlich das Thema des Nicht-Könnens auf. Burgundio wirft mit Letzterem den Übersetzern vor Ort vor, dass sie nicht in der Lage gewesen seien, die entsprechende Übersetzung anzufertigen. Die wirklichen Gründe, warum scheinbar kein Übersetzer im östlichen Mittelmeerraum gefunden werden konnte, liegen im Dunkeln. Vielleicht mag auch ein Missverständnis zwischen dem Patriarchen von Antiochia und Papst Eugen III. vorgelegen haben.

Es ist schon bemerkenswert, dass er seinen Übersetzerkollegen Trägheit und/oder Unkenntnis unterstellt. Mit diesen Anschuldigungen hebt er auf der einen Seite sich selbst, seine eigene Expertise und sein Wirken hervor. Auf der anderen Seite nimmt er dadurch eine generelle Aufwertung der Tätigkeit von Übersetzern vor. Denn offensichtlich konnte eben nicht jeder Beliebige diese Arbeit ausführen. Beide Erklärungsmöglichkeiten haben gemeinsam, dass sie das Versagen der Übersetzer im 12. Jahrhundert betonen, sei es aus Nachlässigkeit oder aus Unvermögen.

3.4.2 *Manipulation: Das Beispiel des Isaak Aaron*

Die Quellen berichten von der Unkenntnis und dem Unvermögen einiger Dolmetscher und Übersetzer, sie thematisieren aber auch willentliche Fehlleistungen, Übersetzungsfehler oder Manipulationen. Diese Risiken und Gefahren ergeben sich aus der Rolle des Dolmetschers, der auf der einen Seite eine rein übermittelnde Funktion innehatte, aber auf der anderen Seite allein durch die Art und Weise der Übersetzung den Verlauf und das Ergebnis der Gespräche beeinflussen konnte.

Ein anschauliches Beispiel hierfür liefert der Bericht des Nikolaos Mesarites über ein Zusammentreffen des päpstlichen Kardinallegaten Petrus Capuanus

---

348 Burgundio von Pisa, Übersetzung der Homilien des Johannes Chrysostomos zum Matthäusevangelium, Sp. 817f.

349 *Desidia* ist von der Bedeutungsebene fast mit *acedia* gleichzusetzen, die zu den Todsünden gehört, vgl. zu *acedia* Post, Acedia.

und der byzantinischen Geistlichkeit in der Hagia Sophia in Konstantinopel 1204, nach der Eroberung der Stadt durch die Kreuzfahrer. Die Schilderung der Gesprächsszene vermittelt fast den Eindruck, der eigentliche Dialogpartner der Byzantiner sei der Dolmetscher und nicht der päpstliche Legat gewesen. Allein die räumliche Platzierung der Beteiligten lässt dies vermuten. Der Kardinallegat saß erhöht auf einer Plattform, um ihn herum Bischöfe der römischen Kirche und weiter unten der Rest der Anwesenden, der sich um den Dolmetscher scharrte. Mesarites betont, dass Petrus Capuanus nicht direkt zu den Byzantinern sprechen konnte: „Er sagte diese Worte durch einen Dolmetscher und wartete darauf, eine Gegenrede zu hören."[350] Dem Bericht zufolge sprach nur der Dolmetscher direkt mit den Byzantinern. Er war es auch, der schließlich mit den byzantinischen Vertretern darüber in Streit geriet, was genau Gehorsam gegenüber der römischen Kirche bedeute. Mesarites bemerkt, dass es der Dolmetscher war, der dies nicht näher erläutern wollte, er war es auch, der wegen der Einwände wütend wurde und gegen Johannes Mesarites ernste und harte Worte fand.[351] Letztlich eskalierte die Situation durch diesen Schlagabtausch und die Byzantiner verließen die Zusammenkunft.[352]

Selten wird der Dolmetscher als direkter Diskussionspartner dargestellt, und noch außergewöhnlicher ist, dass der Streit zwischen ihm und der byzantinischen Seite entbrannte. Ob mit dem Kardinallegaten abgesprochen oder nicht, letztlich ist es der Dolmetscher, der für die Verschärfung und den Abbruch der Gespräche verantwortlich gemacht wurde. Dies zeigt, welche Macht und welcher Einfluss ihm unter bestimmten Umständen zukommen konnte.

Es mag sich hier in erster Linie um einen Streit gehandelt haben, der sich aus den Inhalten und der Gesprächsdynamik entwickelte. Die willentliche Manipulation ist allerdings eine andere Größenordnung der Einflussnahme. Die Kernfrage ist dabei, warum Dolmetscher oder Übersetzer das Gesagte oder Geschriebene manipulieren sollten. In der Regel können sie für sich selbst keinen Vorteil daraus ziehen, es sei denn es geschieht auf Verlangen einer Seite, die sie dafür in irgendeiner Form belohnt. Es gibt einige wenige Fälle, in denen eine absichtliche Fehlübersetzung oder Unterschlagung bestimmter Informationen in den Quellen thematisiert wird. 869/870 fand in Konstantinopel ein Konzil statt, auf dem die Zugehörigkeit der bulgarischen

350 Nikolaos Mesarites, Epitaphios, 38, S. 49: Εἶπε ταῦτα δι᾽ ἑρμηνέως καὶ ἀκηκοέναι τὸν ἀντίλογον ἤθελεν·; eine englische Übersetzung liegt vor von ANGOLD, Nicholas Mesarites, S. 134-192.

351 Nikolaos Mesarites, Epitaphios, 38, S. 49: ὃ δὴ λέγεται πρύμναν κρουσάμενος χολωθεὶς σκληρὰ πρὸς τὸν ἐμὸν λελάληκεν ἀδελφόν.

352 Ebd., S. 49f.

Kirche diskutiert wurde, um die sich Rom und Konstantinopel stritten.[353] Anastasius Bibliothecarius berichtet über die problematische Verständigung bei dem Zusammentreffen. Der einzige anwesende Dolmetscher war der des byzantinischen Kaisers und dieser wagte nicht, die Meinung und Forderungen der Gegenseite angemessen wiederzugeben. Er übersetzte das, was der Kaiser hören wollte.[354] Dies erschwerte zwar die Verständigung, der byzantinischen Seite nutzte dies aber auch. Denn was nicht ins Griechische übersetzt wurde, hatte auch keine Bedeutung. Die willentliche Fehlübersetzung oder das Weglassen bestimmter Passagen, sei es auf Anweisung oder aus eigenem Antrieb, konnte also der einen oder anderen Seite zugutekommen.[355]

Der Dolmetscher und Übersetzer hat aufgrund seiner Position immer die Macht, etwas zu verfälschen oder absichtlich in eine bestimmte Richtung zu interpretieren. Es ist dabei schwer festzustellen, ob es sich dabei um eine gezielte Veränderung oder Verfälschung des Inhalts handelte oder ob er selbst meinte, eigentlich eine treffende Übersetzung gefunden zu haben. Dies zu untersuchen, könnte sich gerade im byzantinisch-westlichen Kontext als sehr lohnenswert herausstellen. Für eine detaillierte Analyse bedürfte dies allerdings einer eigenen Studie, deshalb wird im Folgenden nur auf ein Beispiel eingegangen. Es handelt sich dabei um einen Fall der eigenmächtigen Manipulation durch einen Dolmetscher am byzantinischen Hof.

Dieser Vorfall ist in der *Historia* des Geschichtsschreibers Niketas Choniates beschrieben, der Name des Dolmetschers ist auch bekannt: Isaak Aaron.[356] In diesem Fall bedarf es zunächst einer näheren Erläuterung, ob und inwieweit es sich bei ihm tatsächlich um einen Lateiner handelte. Denn ein Problem bei

---

353 Gastgeber, Die lateinische „Übersetzungsabteilung" I, S. VIIf.; zu diesem Konzil und der Vorgeschichte: Browning, Byzantium and Bulgaria, S. 146-152.

354 Anastasius Bibliothecarius, Praefatio VIII. Synodi, Nr. 5, S. 413: *Unde factum est, ut quicquid Romani assererent, nec Orientis loci servatores nec Vulgares intelligerent et rursus quicquid orientales dicerent, nec Romani loci servatores nec Vulgarum missi cognoscerent, dum videlicet nullus adesset nisi unus imperatoris interpres, qui nec Romanorum nec orientalium loci servatorum voces aliter audebat edere, nisi ut iam imperator ad subversionem Vulgarum imperarat, excepto quod datum est missis Vulgarum quoddam scriptum Grecis verbis et litteris exaratum, continens, quasi loci servatores Orientis inter loci servatores Romanos et patriarcham Ignatium arbitres existentes iudicaverint Vulgarum patriam, quae in Hyllirico constituta est, dioecesi Constantinopolitanae subiciendam, …*; Gastgeber, Die lateinische „Übersetzungsabteilung" I, S. VIIf.

355 Verfälschungen von Übersetzungen waren auch im 11. Jahrhundert bei den Auseinandersetzungen des Michael Keroularios mit Humbert de Silva Candida ein Thema, Kaldellis, Streams, S. 206f.

356 Isaak Aaron erscheint am 2. und 6. März 1166 als Teilnehmer der Synode in Konstantinopel, beide Male mit dem Titel eines *protonobelissimos* und der Amtsbezeichnung *akolouthos*, Magdalino, The Empire, S. 505 und 507.

dieser Frage stellen die widersprüchlichen Aussagen in den byzantinischen Quellen dar. Choniates weiß zu berichten, dass es sich bei Isaak Aaron um einen Byzantiner handelte. Er schildert dies im Zusammenhang mit dem Fall des *protostrator* Alexios Axouch, gegen den Isaak Aaron als Zeuge aussagte.[357] Er war demnach als Übersetzer des Kaisers beschäftigt und laut Choniates ein Byzantiner aus Korinth, der aber einige Zeit in Sizilien gelebt hatte, da er mit anderen dorthin verschleppt worden war.[358] Zeitlich könnte diese Information zu dem Angriff passen, den eine normannische Flotte unter Roger II. 1147 ausführte. Infolge dessen nahmen die Normannen Kerkyra ein, plünderten Theben und Korinth und entführten auch Teile der dortigen Zivilbevölkerung.[359]

Paul Magdalino vermutet, dass es sich bei Isaak Aaron um dieselbe Person handelt, die der Geschichtsschreiber Johannes Kinnamos in seiner *Epitome* zweimal erwähnt. Er wäre demnach mit dem *akolouthos* Aaron, dem Kommandeur der Warägergarde,[360] und einem lateinischen Magier zu identifizieren.[361] Trotz dieser klaren Aussage des Choniates zur Herkunft des Isaak Aaron gibt es evidente Anhaltspunkte dafür, Isaak Aaron als Lateinischstämmigen zu behandeln. Drei Hinweise sprechen dafür, dass er mit dem von Kinnamos erwähnten Magier bzw. dem *akolouthos* Aaron zu identifizieren ist: der erste Anhaltspunkt ist die Verwicklung in den Sturz des Alexios Axouch, der zweite der vorgeworfene Hang zur Zauberei und der dritte die folgende Festnahme und Bestrafung.

Erstens, in der oben genannten Passage wird Isaak Aaron als einer der Hauptzeugen gegen Alexios Axouch angeführt. Für das Verständnis des gesamten Sachverhalts ist die unterschiedliche Bewertung der Verschwörung um Alexios

357 Zum *protostrator*-Titel siehe z. B.: GUILLAND, Recherches I, S. 478-497; siehe zum Sturz des Alexios Axouch z. B. MAGDALINO, The Empire, S. 218f.; CHEYNET, Pouvoir, S. 415f.

358 Niketas Choniates, Historia, IV, S. 144: Ἦν δὲ ὁ τῶν συκοφαντῶν τοῦ ἀνδρός, ὡς ᾔδετο, προχειρότατος καὶ πλάστης πρώτιστος τῶν ληρημάτων καὶ εὑρετὴς τουτωνὶ ὁ Ἀαρὼν Ἰσαάκιος, Κορινθόθεν μὲν ὁρμώμενος, τὴν δὲ Λατινίδα γλῶτταν ἄκρως ἐξησκηκὼς ἡνίκα συναπήχθη τοῖς πατριώταις εἰς Σικελίαν αἰχμάλωτος καὶ τοῖς ἐκ τῆς διαλέκτου ταύτης τῷ βασιλεῖ ἐντυγχάνουσιν ὑποβολεὺς τηνικαῦτα γινόμενος.

359 MAGDALINO, The phenomenon, S. 184; ders., The Empire, S. 50f.; Niketas Choniates, Historia, II, S. 74-76.

360 Die Warägergarde setzte sich in der Regel aus ausländischen Kämpfern zusammen, die dem Kaiser als Leibgarde dienten; HOHLWEG, Beiträge, S. 49f.; für das 12. Jahrhundert siehe: BLÖNDAL, The Varangians, S. 122-166; Johannes Kinnamos, Epitome, VI, 10, S. 284: ἀλλ' ἦν γάρ τις τὸ τοῦ ἀκολούθου τηνικατα λειτούργημα περικείμενος, Ἀαρὼν ὄνομα, ἀνὴρ φρονηματίας καὶ δεινῶς ἀλάζων.

361 MAGDALINO, The Empire, S. 223, besonders Fußnote 143; Johannes Kinnamos, Epitome, VI, 6, S. 267: ὁ δὲ τοῦ σκοποῦ καὶ πάλιν ἀπρὶξ εἴχετο, καὶ δὴ ἄνδρα Λατῖνον μὲν γένος γόητα δὲ καὶ πολὺν τὰ δαιμόνια πράγματα θαμὰ συγκαλῶν ὡς ἑαυτὸν διωμιλεῖτό τε αὐτῷ γνησιώτατα καὶ ἀπορρήτων ἐκοινώνει σκεμμάτων.

Axouch 1167 durch Niketas Choniates und Johannes Kinnamos grundlegend. Während Choniates Alexios Axouch als unschuldiges Opfer sieht, das wegen des Misstrauens des Kaisers zu Fall kam, bezichtigt ihn Kinnamos, tatsächlich gegen Manuel Komnenos gewirkt zu haben.[362] Kinnamos erwähnt in diesem Zusammenhang den Einfluss eines Magiers und schreibt ihm eine bedeutende Rolle bei der Verschwörung zu. Diesen Magier bezeichnet er ausdrücklich als Lateiner.[363] In Choniates' Darstellung ist Isaak Aaron nur als Hauptzeuge benannt, der aber gegen Alexios Axouch auf ungerechte Weise aussagte und ihn belastete. Er musste also entweder etwas über die Verschwörung gewusst haben oder es musste zumindest plausibel sein, dass er etwas darüber gewusst haben könnte. In beiden Fällen handelte es sich also um Personen, die in irgendeiner Form in die Verschwörung und den Sturz des Alexios Axouch verwickelt waren.

Zweitens berichtet Kinnamos, dass der besagte lateinische Magier zusammen mit Alexios Axouch sogar Zauberei anwandte, um den Kaiser ohne Erben zu hinterlassen.[364] Dem *akolouthos* Aaron unterstellt er ebenfalls, sich dämonischen Werken gewidmet zu haben.[365] Isaak Aaron soll sich ebenso mit Dämonen beschäftigt bzw. Magie praktiziert haben. Dies sei laut Choniates sogar einer der Gründe für seine Festnahme gewesen:

> „Er [Isaak Aaron, Anm. d. Verf.] war nämlich dabei ertappt worden, wie er ein Salomonisches Buch las. Wenn man ein solches aufschlägt und durchgeht, so sammeln sich die Heerscharen der Dämonen, treten her und fragen, weshalb man sie gerufen; befiehlt man ihnen etwas, so führen sie es eifrig und willig aus."[366]

Isaak Aaron soll also in einem Salomonischen Buch gelesen haben, das in Byzanz verboten war.[367] Choniates wirft ihm vor, dass er Dämonen für seine Zwecke nutzen wollte, sich also der Zauberei bediente.

Drittens werden sowohl der *akolouthos* Aaron bei Johannes Kinnamos als auch Isaak Aaron bei Niketas Choniates als Strafe für Verrat geblendet.

---

362 Niketas Choniates, Historia, IV, S. 143-146; Johannes Kinnamos, Epitome, VI, 6, S. 265-269; vgl. auch die Einleitung von Brand, Deeds, S. 9; Magdalino, The Empire, S. 218f.

363 Johannes Kinnamos, Epitome, VI, 6, S. 267: ..., καὶ δὴ ἄνδρα Λατῖνον μὲν γένος γόητα ....

364 Ebd.

365 Ebd., VI, 10, S. 284: οὗτος δύσνους τοῖς βασιλέως ἀεὶ πράγμασιν ὢν παραπρεσβείας τε πλειστάκις ἑάλω καὶ δαιμονίοις προστετηκὼς ἐξελήλεγκτο ἔργοις.

366 Niketas Choniates, Historia, übersetzt von Grabler, Die Krone, IV, S. 189; griechischer Text: ders., Historia, IV, S. 146: ἑάλω δὲ καὶ βίβλον Σολομώντειον ἀνελίττων, ἥτις ἀναπτυσσομένη τε καὶ διερχομένη κατὰ λεγεῶνας συλλέγει καὶ παρίστησι τὰ δαιμόνια συχνάκις ἀναπυνθανόμενα, ἐφ' ὅτῳ προσκέκληνται, καὶ τὸ ἐπιταττόμενον ἐπισπέρχοντα περατοῦν καὶ προθύμως δρῶντα τὸ κελευόμενον.

367 Siehe dazu auch Kapitel 3.2.2.

Kinnamos berichtet, dass der *akolouthos* Aaron dem Kaiser gegenüber immer feindlich eingestellt war, so sei er wiederholt erwischt worden, wie er Tatsachen verdrehte. Aaron soll in den Jahren 1171/1172 Verrat am Kaiser begangen habe, indem er den Venezianern während der byzantinisch-venezianischen Auseinandersetzungen die Pläne der Byzantiner offenbarte.[368] Kinnamos schildert Aarons Blendung für das Jahr 1172.[369] Diese Beschreibung deckt sich mit dem Schicksal, das Choniates Isaak Aaron zuschreibt. Denn auch dieser wurde des Verrats am Kaiser bezichtigt und geblendet. Auch in seinem Fall ereignete sich dies infolge einer westlich-byzantinischen Begegnung.[370]

Diese Schilderungen weisen überzeugende Übereinstimmungen auf, die dafür sprechen, dass es sich wohl um ein und dieselbe Person handelte. Auch wenn Choniates Isaak Aaron als Korinther beschreibt, betont er gleichzeitig dessen langen Aufenthalt im lateinischen Europa. Paul Magdalino dürfte mit seiner Einschätzung recht haben, in diesem Fall von einem „mixed background" zu sprechen.[371] Aus byzantinischer Sicht gab es jedenfalls eine uneindeutige Wahrnehmung seiner „kulturellen Identität".[372]

Während er in der Darstellung des Kinnamos den Venezianern um 1171/1172 die Pläne der Byzantiner verriet, schildert Choniates die Treulosigkeit und den Verrat des Isaak Aaron in dessen Funktion als Dolmetscher. Neben dem Vorwurf, ein Anhänger der Magie zu sein, nennt er noch einen weiteren Grund für den Sturz:

> „Das war aber nicht der einzige Grund, weshalb Aaron ergriffen wurde. Er sollte vor dem Kaiser eine Botschaft übersetzen, welche Gesandte von den westlichen Völkern gebracht hatten. Er sah aber, daß das Angebot der Gesandten gut zu den Wünschen des Kaisers paßte. Deshalb schalt er sie vorschnell und zu bescheiden, als sie eine ihrer Forderungen fallenlassen wollten, und riet ihnen, sich in dieser Frage zu widersetzen und nicht willfährig von vorneherein nachzugeben. Der Kaiser würde ihnen dann noch mehr verbunden sein und ihre Landsleute sie noch mehr schätzen. Die Verhandlung wurde dann unterbrochen. Der Kaiser merkte vom unredlichen Rat des Aaron nichts, da die Verhandlung ja lateinisch [in einer fremden Sprache, Anm. d. Verf.] geführt worden

368 Johannes Kinnamos, Epitome, VI, 10, S. 284: τότε δ' οὖν Οὐεννέτων τῷ ἔθνει ἔκπυστον τὸ βούλευμα ποιησάμενος ἔσφηλε βασιλεῖ τὴν ἐγχείρησιν. („Aber zu dieser Zeit brachte er, weil er dem Volk der Venezianer den Plan entdeckte, das Vorhaben des Kaisers zum Scheitern."); zu den Konflikten zwischen Venedig und Byzanz siehe: MADDEN, Venice, S. 166-185; NICOL, Byzantium, besonders S. 96-100.

369 Johannes Kinnamos, Epitome, VI, 11, S. 288: ὅτε δὴ καὶ Ἀαρών, οὗ μικρῷ πρόσθεν ἐμνήσθην, ἐφ' οἷς εἴρηται ἁλοὺς ἐξεκόπη τὰς ὄψεις.

370 Niketas Choniates, Historia, IV, S. 146f.

371 MAGDALINO, The Empire, S. 223.

372 Den Term gebraucht Paul Magdalino in diesem Zusammenhang: "Even if Kinnamos is simply confused, the confusion reveals a certain ambiguity in perceptions of Aaron's cultural identity", MAGDALINO, The Empire, S. 223, Fußnote 143.

> war. Die Kaiserin jedoch, die eine Lateinerin war und genau wußte, worum es bei den Verhandlungen ging, überdachte bei sich die aufgeworfenen Fragen und entdeckte alles dem Kaiser. Der entrüstete sich sehr und bestrafte Aaron hart, er blendete ihn und zog sein gesamtes Vermögen ein."[373]

Diese Quellenstelle ist außergewöhnlich, da sie zeigt, wie ein Dolmetscher in seiner Funktion seine Macht ausnutzte und ein Gespräch manipulierte. Er missbrauchte seine Schlüsselposition in der Kommunikation und richtete sich gegen seinen eigenen Herrn, den byzantinischen Kaiser. Nur durch Zufall, da die Kaiserin erstens anwesend und zweitens eine Lateinerin war, konnte der Verrat aufgedeckt werden.

Diese Passage wirft einige Fragen auf, da Choniates in mehreren Punkten sehr vage bleibt. Erstens spezifiziert er nicht, von wo genau die Gesandten stammten, er spricht nur allgemein von Gesandten aus den westlichen Völkern. Generell verzichtet er bei Beschreibungen von Personen aus dem lateinischen Europa häufig darauf, sie geographisch oder sprachlich weiter auszudifferenzieren.[374] Deshalb ist zu fragen, welche Sprache die Dolmetschsprache war. Grabler lässt in seiner Übersetzung der Stelle keinen Zweifel daran, dass es sich um Latein als Verhandlungssprache handelte, im griechischen Text steht allerdings nur etwas von einer fremden Sprache.[375] Grabler mutmaßt in seiner Übersetzung, dass es sich um Latein gehandelt haben muss. Dies ist sehr gut möglich, da die Dolmetscher am Hof sehr wahrscheinlich vorwiegend für Latein-Griechisch eingesetzt wurden. Gemäß diesen Schilderungen muss aber Maria von Antiochia die Unterredung verstanden haben und es ist nicht sicher, ob sie Latein beherrschte. Vielleicht handelte es sich um eine andere,

---

373 Niketas Choniates, Historia, übersetzt von GRABLER, Die Krone, IV, S. 189f.; griechischer Text: ders., Historia, IV, S. 146f.: Οὐκ ἐπὶ τούτοις δὲ μόνον Ἀαρὼν συνείληπτο, ἀλλὰ καὶ βασιλέως ἐνώπιον ὑποβάλλων ἃς ἐκ τῶν δυσμόθεν ἐθνῶν ἀφικόμενοι πρέσβεις ἐκόμιζον ἀγγελίας καὶ μὴ δυσαχθοῦντας ὁρῶν πρὸς τὰ τοῦ βασιλέως θελήματα ἐπιπλήττει τούτοις ἐν μιᾷ τῶν αἰτήσεων ὡς πρὸς τὰς καταθέσεις ἑτοιμορρόποις τε καὶ εὐκόλοις καὶ ὑποτίθησιν ἀντιτεῖναι πρὸς τὸ τῶν ζητημάτων τηνικαῦτα προκείμενον καὶ μὴ ῥᾳδίως οὕτω καὶ ἐκ πρώτης καθυπενδοῦναι, ὡς ἐντεῦθεν κερδανοῦντας καὶ φιλίαν μείζω ἐκ βασιλέως κἀκ τῶν ὁμογλώττων πλείω τιμήν. καὶ τότε μὲν ἡ διάλεξις διαλέλυτο, ἀφώρατα τῷ βασιλεῖ θεμένη τὰ τοιαδὶ τοῦ Ἀαρὼν εἰσηγήματα καὶ τῷ τῆς διαλέκτου διαφόρῳ τὰ ἔκθεσμα συσκιάσασα· κατὰ μόνας δὲ τὰ προβληθέντα τῶν ζητημάτων ἡ βασιλὶς ἀναπεμπάζει φρενί, Λατινὶς οὖσα τὸ γένος καὶ τῶν λεγομένων ἀκριβῶς συνιεῖσα, καὶ ἀνακαλύπτει πάντα τῷ ἄνακτι. ὁ δ'ἐπὶ τοῖς ἠκουτισμένοις ἀγανακτήσας κακῶς τὸν Ἀαρὼν τίθησι τῶν τε ὀφθαλμῶν τὸ φῶς ἀμαυρώσας καὶ τῆς οὐσίας πάσης ἀποστερήσας.

374 Siehe dazu z. B.: KODER, Latinoi, S. 25-39, besonders S. 32f.; KAZHDAN, Latins, S. 87-89.

375 … τῷ τῆς διαλέκτου διαφόρῳ …, Niketas Choniates, Historia, IV, S. 147; so auch die englische Übersetzung von Magoulias: Niketas Choniates, Historia, übersetzt von MAGOULIAS, IV, S. 83 („use of a foreign tongue“).

eher geläufigere Sprache. Da auch die konkrete Identität und Zugehörigkeit der Gesandten nicht geklärt ist, ist die verwendete Sprache kaum zu identifizieren.

Zweitens bleibt Niketas Choniates eine Erklärung schuldig, warum Isaak Aaron den westlichen Gesandten Ratschläge im Umgang mit dem Kaiser und seinen Forderungen gegeben haben sollte. Welchen Nutzen hatte der Dolmetscher davon, wenn er eigenmächtig versuchte, den westlichen Gesandten zu besseren Konditionen zu verhelfen? Dies bleibt völlig im Dunkeln. Vorstellbar könnten finanzielle Vorteile sein, aber davon wird nichts berichtet, so scheint er ganz und gar eigenmächtig gehandelt zu haben, obwohl die Interessen beider Seiten eigentlich gut zusammenpassten. Choniates führt den niederträchtigen Charakter des Isaak Aaron als einzige mögliche Erklärung an, so stachelte dieser aus purer Boshaftigkeit Menschen gegeneinander auf. Dies ist jedenfalls das Bild, das der Geschichtsschreiber von ihm zeichnete. Selbst nachdem er geblendet worden war, soll er negativ auf den späteren Kaiser Andronikos I. Komnenos (1183-1185) eingewirkt haben. Er wird als jemand dargestellt, der einfach Böses tat (κακοεργὸς), Andronikos aufwiegelte und dessen Mordlust durch Hetze weiter antrieb.[376]

Die Rolle der Maria von Antiochia ist in dieser Quellenstelle bemerkenswert, da die von den byzantinischen Quellen häufig kritisch beäugte Kaiserin hier ihre Loyalität zu dem Kaiser und den Reichsinteressen bewies.[377] Der Manipulationsversuch des Isaak Aaron ist ein außergewöhnlicher Fall, da hier ein Dolmetscher versuchte, zu täuschen und die Richtung sowie den möglichen Ausgang der Verhandlungen zu beeinflussen. Er überschritt damit seine ihm vorgeschriebene Rolle und wollte gestalten, statt nur Inhalte zu übermitteln. Auch wenn er die zu übersetzenden Passagen allem Anschein nach richtig übertrug, nutzte er dennoch seine besondere Stellung als derjenige, der als einziger beide Seiten verstand, um Einfluss zu nehmen.

---

376 Ders., Historia, übersetzt von GRABLER, Die Krone, IV, S. 190: „Aber Aaron war ein Bösewicht, es lag in seiner Natur, daß er an den ärgsten Übeltaten Geschmack fand. Als Andronikos später seine Schreckensherrschaft errichtet hatte, setzte Aaron ihm zu, den Gegnern seiner Regierung nicht bloß die Augen auszustechen, sondern entweder alle zusammen zum Tode zu verurteilen oder durch schwere Verstümmelungen aus dem Wege zu räumen."; griechischer Text: ders., Historia, IV, S. 147: Κακοεργὸς δ' ὢν Ἀαρὼν καὶ λιχνείαν φύσεως περὶ τὰ χείριστα δυστυχῶν ἐς ὕστερον ἐνῆγεν Ἀνδρόνικον τυραννήσαντα μὴ μέχρι τοῦ ἐκκόπτειν τοὺς ὀφθαλμοὺς τὴν τῶν ἀντιφρόνων ἐκείνῳ τιμωρίαν περιιστᾶν, ἀλλ' ἢ θάνατον ἁπάντων καταψηφίζεσθαι ἢ βαρυτέραις ἐκμοχλεύειν κολάσεσιν, ...

377 Ebd.; Maria von Antiochia wird bei der Herrschaftsübernahme ihres noch jungen Sohnes keine starke Rolle zugeschrieben: ders., Historia, Regierungszeit des Alexios, S. 223f.; LILIE, Handel, S. 535; HECHT, Außenpolitik, S. 28-39; siehe zu der Herrschaftsübernahme des Andronikos I. Komnenos: NEOCLEOUS, Tyrannus, S. 195-284.

Dies zeigt, welche Rolle Vertrauen spielte und wie dieses auch enttäuscht werden konnte. Manuel Komnenos war diesem Verrat völlig ausgeliefert. Da ihm selbst und dem Großteil seines Gefolges die entsprechenden Sprachkenntnisse fehlten, war er chancenlos, aus eigener Kraft diese Treulosigkeit aufzudecken. Es kann sogar als besondere Demütigung des Kaisers gewertet werden, dass dies alles vor seinen Augen geschah, er selbst und alle anderen aber davon nichts merkten, weil sie es sprachlich nicht verstanden. Ohne die Kaiserin Maria wäre alles unentdeckt geblieben. Dies zeigt aber auch, dass der Kaiser und sein Gefolge dem Dolmetscher offensichtlich vertrauten und nicht daran dachten, zu seiner Kontrolle einen weiteren hinzuziehen. Vielleicht sahen sie einfach in ihm auch nur den indifferenten Vermittler.

Die von Choniates unterstellte reine Bösartigkeit des Isaak Aaron liefert keine zufriedenstellende Erklärung für dessen Motivation. Vielleicht konnte er sich für seine Ratschläge eine Belohnung von den westlichen Gesandten erhoffen und spekulierte darauf. Der Umstand, dass Choniates für den Verrat weder eine Belohnung noch einen nachvollziehbaren Grund nennt, lässt zumindest Zweifel an dem Geschilderten aufkommen.

Ob es sich so ereignet hat oder nicht, ist allerdings eher nebensächlich. Denn selbst wenn es sich um eine reine Erfindung des Niketas Choniates handeln sollte, so lag es doch für einen byzantinischen Geschichtsschreiber des 12. Jahrhunderts im Bereich des Vorstellbaren, dass ein Dolmetscher seine Sprachexpertise dazu verwenden könnte, seinen eigenen Dienstherrn zu täuschen. Dies ist ein wichtiger Quellenbefund und widerspricht dem in den mittelalterlichen Zeugnissen häufig vorkommenden Bild vom Dolmetscher und Übersetzer als reinem Ver- und Übermittler. Niketas Choniates legt mit seiner Schilderung offen, dass man auch im 12. Jahrhundert die Macht erkannt hatte, die ein Experte für Sprachen haben konnte.

Die Tätigkeit von Dolmetschern und Übersetzern ist für die byzantinisch-westlichen Beziehungen sehr wichtig. Diejenigen, die die zwei Sprachen beherrschten, nahmen eine Schlüsselrolle ein und waren Garanten der Kommunikation. Potenzielle Fehler und Manipulationen waren schwer aufzudecken. Sowohl Byzantiner als auch Lateiner waren auf ihre Übermittlungsleistungen angewiesen, wenn nicht sogar von ihnen abhängig. Die Einsatzgebiete von Dolmetschern und Übersetzern sind häufig im religiösen Spektrum zu verorten, sie boten ihre Dienste bei religiösen Streitgesprächen an oder übersetzten theologische Schriften. Im religiösen Wirkungsfeld findet sich auch ein weiterer lateinischer Expertentypus in Byzanz: lateinische Theologen und Kirchenmänner. Sie trugen nicht nur zur Übermittlung und Verständigung bei, sondern setzten sich mit der byzantinischen Kirche eingehend inhaltlich auseinander.

KAPITEL 4

Die Religion: Das Wirken von Lateinern als Theologen

Im 12. Jahrhundert entwickelte sich die Frage der Einheit zwischen römischer und byzantinischer Kirche zu einem Thema, das die Beziehungen zwischen Byzanz und der römischen Kurie maßgeblich bestimmte.[1] Die theologischen Bemühungen um eine Verständigung vermengten sich mit aktuellen politischen Erwägungen und Zielen. Die laufenden Diskussionen um eine Kircheneinheit konnten dabei auch zu einem politischen Instrument werden. Für die byzantinische Seite konnten Kirchenunionsbemühungen beispielsweise ein Mittel sein, um durch die Inaussichtstellung der Union im Gegenzug militärische Hilfe gegen Feinde oder zumindest eine wohlwollende Haltung des Papsttums zu erwirken.[2]

Das sogenannte „Morgenländische Schisma" von 1054 galt lange als Anfangsdatum der Spaltung zwischen römischer und byzantinischer Kirche, heute wird allerdings eher von einem sehr langen fortschreitenden Entfremdungsprozess ausgegangen.[3] Die Streitpunkte zwischen beiden Kirchen betrafen

1 Als Überblick zu den Unionsbemühungen im 12. Jahrhundert immer noch grundlegend: NORDEN, Das Papsttum, S. 59-159; BUCOSSI, Dibattiti teologici, S. 311-321; HARRIS/ TOLSTOY, Alexander III, S. 301-313; LILIE, Das ‚Zweikaiserproblem', S. 219-243; MAGDALINO, The Empire, S. 83-95; GASTGEBER, Das unexpedierte (zweite) Schreiben, S. 135-161, besonders S. 135-138; PRINZING, Das Papsttum, S. 137-183, besonders S. 137-152; für den Zusammenhang zwischen Unionsverhandlungen und den Kreuzzügen: BECK, Geschichte, S. 147-158; siehe für den weiteren Verlauf im 13. Jahrhundert als Überblick: STAVROU, Les tentatives, S. 41-56; NORDEN, Das Papsttum, S. 163-655; für die Bemühungen bis zum Zweiten Konzil von Lyon 1274: STIERNON, Le problème, S. 139-166; SETTON, The Papacy I, S. 1-122.

2 Für das Papsttum konnte die Rückkehr der byzantinischen Kirche in die Obödienz der Kurie auch mit politischen Vorteilen verbunden sein. Dies war zum Beispiel bei Papst Alexanders III. (1159-1181) der Fall, der in den Auseinandersetzungen mit Kaiser Friedrich Barbarossa auf finanzielle und politische Unterstützung auch durch den byzantinischen Kaiser angewiesen war. Als Gegenleistung war die Anerkennung des Manuel Komnenos als rechtmäßiger römischer Kaiser im Gespräch. Hauptquelle hierfür ist Boso, Vita Alexandri III, S. 415; CLASSEN, Corona imperii, hier S. 508f.; zum Selbstverständnis des Manuel Komnenos außerdem: ders., Die Komnenen, S. 214-219, BECK, Geschichte, S. 155; HARRIS/ TOLSTOY, Alexander III, S. 309f.; MAGDALINO, The Empire, S. 88.

3 Siehe Kapitel 2, Fußnote 40.

 DOI:10.30965/9783657760985_005

verschiedene Fragen jurisdiktioneller, dogmatischer und ritueller Art.[4] Über die Jahrhunderte hinweg prägten deshalb mehr oder weniger ähnliche inhaltliche Diskussionsgegenstände die Verständigungsbemühungen. Blieben die Debatten zwischen römischer und byzantinischer Geistlichkeit häufig auf theoretischer Ebene und einem kleinen Personenkreis vorbehalten, so waren die Auseinandersetzungen in Regionen, in denen byzantinische und lateinische Christen zusammenlebten, eher praktischer Natur. Dies betraf Gegenden wie Süditalien, aber auch Zypern nach der Eroberung durch die Kreuzfahrer 1191 und auch Konstantinopel im 12. Jahrhundert. Mit der gestiegenen Anzahl lateinischer Kaufleute und somit auch lateinischer Kirchen und Geistlichkeit vor Ort entstand eine direkte Konkurrenz beider Kirchen, bei der es letztlich auch um einen alltäglichen Kampf um Wahrheit ging: wer hat den rechten Glauben, wer hat den richtigen Ritus?[5]

Für lateinische Theologen in Byzanz waren die Unterschiede zwischen byzantinischer und römischer Kirche, die Verteidigung der eigenen Positionen sowie die Widerlegung der Gegenseite zentrale Themen. Sie dienten in der Regel dem Zweck, letztlich doch die Kirchenspaltung zu überwinden. Deshalb ist die Idee der Kirchenunion für ihr Wirken sehr zentral und war in einigen Fällen sogar das vordergründige Ziel ihrer Arbeit.

Im 12. Jahrhundert können unter dem Überbegriff der Kirchenunionsbemühungen verschiedene Formen des Kontaktes zur Wiederherstellung der Einheit gefasst werden. Dazu zählen alle Aktivitäten, die die Kirchenunion zum Ziel hatten und die von mindestens einer offiziellen Autorität, sei es dem byzantinischen Kaiser oder dem Papst, angeregt, betrieben und/oder unterstützt wurden. Verständigungsversuche wurden in Form von Briefwechseln, Gesandtenaustausch, offiziellen Disputationen, auch im Rahmen von

---

4 Zu den Konflikten zwischen dem Papsttum und Byzanz siehe die Aufsätze von Milton Anastos, in: ANASTOS/ VRYONIS/ GOODHUE (Hrsg.), Aspects; zum Problem des *Filioque* hier nur eine Auswahl zentraler Literatur: GEMEINHARDT, Die Filioque-Kontroverse; auch als guter Überblick: ders., Der Filioque-Streit, S. 105-132; siehe auch OBERDORFER, Filioque; zu der Azymenfrage und rituellen Streitpunkten: AVVAKUMOV, Die Entstehung; ders., Der Azymenstreit, S. 9-26; BAYER, Spaltung, S. 214-221; SCHABEL, The Quarrel, S. 85-127; zur polemischen Literatur der Byzantiner gegen die Lateiner: KOLBABA, The Byzantine lists.

5 Der Vierte Kreuzzug bedeutete einen Einschnitt in den westlich-byzantinischen Beziehungen. Große Auswirkungen auf den Inhalt der Kirchenunionsgespräche hatte der Vierte Kreuzzug aber weniger. Eine Ausnahme ist allerdings die Verwendung des Vierten Kreuzzugs als Argument bei den Unionsverhandlungen. Wenn zum Beispiel die Vergehen der römischen Kirche von byzantinischer Seite als Rechtfertigung benannt werden, warum man selbst den Ritus der Lateiner bekämpfe, so z. B. in den Unionsverhandlungen 1234: Relatio von 1234, 20, S. 451; zum Zusammenleben zwischen Byzantinern und Lateinern nach 1204 siehe z. B.: ANGOLD, Greeks, S. 63-86; siehe zu Zypern beispielsweise EDBURY, The Kingdom.

Konzilien, ebenso wie durch individuelle, informelle schriftliche oder mündliche Einwirkungsversuche außerhalb des offiziellen diplomatischen Rahmens unternommen.

Direkte Verhandlungen oder Bemühungen um die Wiederherstellung der Union, speziell in Form eines persönlich geführten Dialogs, können darunter als sehr besondere Foren des Zusammentreffens lateinischer und byzantinischer Gelehrter und Würdenträger gelten.[6] Im Rahmen der Diskussionsrunden mussten beide Seiten bei konträren Auffassungen die eigenen Glaubensvorstellungen belegen, gegen Kritik verteidigen und zugleich in der Lage sein, aktiv die Ansichten der Gegenseite zu widerlegen. Dies erforderte nicht nur ein fundiertes Wissen über die eigenen Lehren, sondern auch eine Beschäftigung mit den Positionen der Gegenseite.[7] Für die optimale Vorbereitung auf solche Verhandlungen benötigte jede Partei zwangsläufig Informationen über die Standpunkte und die Argumentation des jeweiligen Gegenübers. In direkten persönlichen Unionsverhandlungen wurden deshalb von beiden Seiten Personen eingesetzt, denen eine Expertise im theologischen Bereich zugesprochen wurde und denen zugleich zugetraut wurde, die Glaubensgrundsätze, Belange und Interessen der eigenen Kirche angemessen nach außen zu vertreten.

Die Disputationen konnten Nebeneffekte haben, die gewissermaßen in der Natur von Unionsverhandlungen lagen. Um Gespräche in einer sinnvollen Form zu führen, mussten sich beide Seiten im Laufe der Verhandlungen früher oder später zu ihren Positionen bekennen.[8] Die Inhalte und die Art und Weise des „Sichbekennens" konnten unter bestimmten Umständen auch entscheidende Impulse für den Erfolg oder das Scheitern der Verhandlungen oder Diskussionsrunden aussenden, beispielsweise mittels signalisierter Kompromissbereitschaft durch entschärfte Formeln oder umgekehrt durch das starre

---

6 Zu dem Begriff des Dialogs, seinen Bedeutungsebenen im Sinne eines „kommunikativen Austausches zwischen zwei Seiten" und seinem Stellenwert für Unionsverhandlungen am Beispiel des Konzils von Ferrara–Florenz (1438/39) siehe KOLDITZ, Johannes VIII. Palaiologos I, S. 18-22, besonders S. 18, Anm. 93; vgl. auch WOHLMUTH, Kircheneinigung, S. 188-191.

7 EXARCHOS, Formen, S. 140f.

8 Dies ist jedenfalls bei ernsthaft geführten theologischen Diskussionen der Fall, bei politisch motivierten Kirchenunionsverhandlungen, bei denen eine schnelle Einigung Priorität hatte, trifft dies weniger zu. Auf dem Zweiten Konzil von Lyon 1274 kam es beispielsweise nicht zu einer wirklichen inhaltlichen Einigung und entsprechenden Kompromissformeln, es fanden auch keine richtigen Debatten statt. Die orthodoxe Seite gab gegenüber der römischen Kirche bei allen strittigen Punkten nach. In der jüngeren Forschung wird dem Zweiten Konzil von Lyon deshalb auch der Charakter eines Unionskonzils aberkannt, AVVAKUMOV, Die Entstehung, S. 287-301, besonders S. 291f.; vgl. auch ROBERG, Das Zweite Konzil, S. 59-87 und S. 219-281.

Bestehen auf bestimmten Formulierungen.[9] Unionsverhandlungen bzw. Disputationen konnten dabei gerade durch das Bekennen auch eine Wirkung nach innen haben und eine stärkere Besinnung auf die eigenen Positionen befördern. Sie hatten dadurch mitunter sogar eine identitätsbildende und/ oder -bewahrende Funktion.[10]

Auch wenn den Byzantinern wie den Lateinern nach vielen vorausgegangenen Disputationen bewusst sein musste, wie schwierig eine Einigung zu erzielen war, wurden die unterschiedlichen Standpunkte inhaltlich immer wieder aufs Neue erörtert, um die Chancen für einen Kompromiss auszuloten. Gleichzeitig boten sie den Rahmen für einen Wettstreit, welche Ansichten die richtigen seien und die Bühne, sich mit dem „Anderen" zu messen, sich ihm gegenüber in religiösen Fragen zu profilieren und als überlegen zu erweisen. Die Disputationen müssen deshalb auch unter diesem agonalen Aspekt gesehen werden.[11]

Religionsgespräche bedeuteten deshalb nicht ausschließlich den Versuch, die Gegenseite zu widerlegen und dadurch zu zeigen, dass die Standpunkte und Ansichten der eigenen Kirche die richtigen seien. Einzelnen Akteuren dienten sie auch zur Inszenierung des eigenen Wissens und zum Zurschaustellen der eigenen Überlegenheit. Nicht nur in den Verhandlungen selbst, sondern auch nachwirkend in den schriftlichen Zeugnissen legten sie ihr Wissen dar und boten Vorschläge und Lösungen für theologische Fragen oder Probleme an. Auch wenn sie sich einer der Kirchen zuordneten und ihre Lehrmeinung verteidigten, so waren es im Moment der Auseinandersetzung dennoch sie allein und ihr theologisches Können, die die Gegenseite überzeugen mussten.

---

9 EXARCHOS, Formen, besonders S. 141; beim Unionskonzil von Ferrara–Florenz (1438/1439) kam es zu entsprechenden Kompromissformeln. So wurde das *Filioque* wie im päpstlichen Vorschlag von Nikaia/ Nymphaion 1234 zwar als richtig anerkannt, die Orthodoxen mussten es aber nicht in ihr Glaubensbekenntnis aufnehmen. Bei der Azymenfrage wurde gesäuertes und ungesäuertes Brot als gleichwertig anerkannt, KOLDITZ, Johannes VIII. Palaiologos I, S. 293-297.

10 In der religionsgeschichtlichen Definition des Bekennens bei Christoph Bochinger wird auch dessen „gemeinschaftsstiftende und -bewahrende" Wirkung sowie dessen abgrenzende Funktion „von anderen Religionsgemeinschaften oder ›Häresien‹" betont, BOCHINGER, Art, „Bekenntnis I. Religionsgeschichtlich", Sp. 1246. Andreas Ruwe stellt dies auch heraus: RUWE, Bekennen, S. 20.

11 Für die Verbindung zwischen Religion und kompetitiven Elementen in der spätantiken Debattenkultur siehe: ENGELS/ VAN NUFFELEN, Religion, S. 9-44 und besonders: VAN NUFFELEN, The End, S. 149-172; zur Debattenkultur in der Spätantike und Byzanz vgl. auch den Sammelband: CAMERON/ GAUL (Hrsg.), Dialogues; siehe auch CAMERON, Arguing it out, besonders S. 59-99.

Die Überwindung der Kirchenspaltung kann als das bestimmende Thema in den religiösen Beziehungen zwischen Byzanz und dem Westen gelten. Es ist allerdings zu betonen, dass dieses nicht den alleinigen Wirkungsrahmen bildete, in dem sich Lateiner bewegten. Vielmehr sahen sie sich, wie noch zu zeigen sein wird, dazu berufen, sich zu verschiedenen theologischen Themen und Fragen zu äußern, die die universale Kirche betrafen und nicht nur Streitpunkte zwischen beiden Kirchen tangierten. Ihr Aufenthaltsort und der Austausch mit den Byzantinern spielten dafür aber dennoch eine entscheidende Rolle.

Die im religiösen Bereich wirkenden Lateiner unterschieden sich von Dolmetschern und Übersetzern einerseits, andererseits verbanden sie aber auch einige Gemeinsamkeiten. Ihre Expertise differierte, während beim Dolmetscher und Übersetzer die sprachlichen Fähigkeiten im Mittelpunkt standen, war es bei den Theologen zweifelsfrei das religiöse Wissen. Während Dolmetscher und Übersetzer primär „nur" Gedanken anderer von einer in eine andere Sprache übermittelten, nahm der Theologe eine gestaltende Rolle ein. Er offenbarte seine eigenen Ansichten und Einschätzungen zu theologischen (Streit)Fragen und musste für diese geschickt und nachvollziehbar argumentieren. Er studierte Schriften, diskutierte mit den Byzantinern seine Argumente und verfasste selbst Texte gegen oder für bestimmte Anschauungen. Expertenprofil und Status unterschieden sich wesentlich. Dennoch befanden sich Übersetzer, Dolmetscher und religiöse Experten in einer ähnlichen Situation. Beide standen gewissermaßen zwischen Byzanz und dem Westen und besetzten damit spezielle Zwischenräume. Sie alle agierten dabei als Vermittler und mussten sich nicht zwangsläufig zwischen Byzanz und den westlichen Mächten entscheiden, sondern konnten ihr Wissen und ihre Expertise zeitgleich beiden Seiten anbieten. Scheint dies bei Dolmetschern und Übersetzern sehr gut nachvollziehbar, da ihre Dienste „nur" der sprachlichen Verständigung dienten, so ist dies bei Theologen doch außergewöhnlicher, da sich beide Kirchen in Zeiten der Kirchenspaltung konkurrierend gegenüberstanden.[12]

Die Formen der ost-westlichen Begegnungen waren im 12. Jahrhundert sehr unterschiedlich, deshalb ist es nicht überraschend, dass auch die Einsatzmöglichkeiten für Lateiner im Rahmen der Verständigungsversuche beider Kirchen variierten. Lateiner waren als Berater tätig, verfassten Abhandlungen zu den Beziehungen und Unterschieden zwischen römischer und byzantinischer Kirche, wirkten in Gesandtschaften oder in direkten Verhandlungen und in Religionsgesprächen mit. Da sich die Kommunikationssituationen, teilweise

12 Siehe auch Kapitel 2.1.

auch die angebotene Expertise und die gesetzten Themenschwerpunkte, je nach Auftraggeber unterschieden, ist es sinnvoll, die Interaktionen mit den Byzantinern und mit westlichen Gesellschaften jeweils getrennt voneinander zu betrachten.

4.1 Die lateinischen Theologen und ihre Interaktion mit den Byzantinern

Byzanz konnte auf verschiedenen Ebenen von dem Wissen der Lateiner im religiösen Bereich profitieren. Sie boten durch ihre Ausbildung oder ihr Studium im Westen theologische und andere Wissensbestände an, die dort in der Form nicht anzutreffen waren. Denn durch ihre Ausbildung und ihr Studium waren sie mit der zeitgenössischen lateinischen Theologie, auch den aktuellen Streitpunkten und Diskussionen vertraut. Sofern sie ein Studium absolviert hatten, waren sie eventuell auch mit den durch die Frühscholastik angestoßenen neuen philosophischen Impulsen in Berührung gekommen. Dies trifft beispielsweise auf Hugo Etherianus zu, der wahrscheinlich in Paris Kurse in Theologie und Dialektik besucht und dadurch eine umfassende theologische Bildung im Westen erhalten hatte.[13] Auch andere Lateiner hatten eine solide Ausbildung genossen, selbst wenn sie kein Studium in Paris vorweisen konnten. Anselm von Havelberg hatte an der Kathedralschule in Lüttich studiert und war wahrscheinlich ein Schüler des Rupert von Deutz gewesen.[14] Er war für die geistliche Laufbahn ausgebildet worden und hatte als kirchlicher Würdenträger sowohl das Wissen als auch die Autorität, die römische Kirche und ihre Ansichten inhaltlich zu vertreten. Das Gleiche gilt umso mehr für offizielle päpstliche Gesandte, die im Auftrag der Kurie die römischen Ansichten in den Verhandlungen mit dem Byzantinischen Reich repräsentierten.[15]

Unabhängig davon, wie die byzantinische Seite die lateinische Theologie inhaltlich bewertete, das Wissen um das Dogma der römischen Kirche war für sie nützlich. Denn selbst wenn sie sich keinen wirklichen theologischen Erkenntnisgewinn von der Begegnung und dem Austausch mit Lateinern versprach, sie lernte zumindest die Argumente der römischen Kirche aus erster

13 So jedenfalls Hugo von Honau, De diversitate, I, 7, S. 122; siehe zur Ausbildung des Hugo Etherianus auch: DONDAINE, Hugues Éthérien, S. 72-78; HAMILTON, Hugh Eteriano, S. 109f.; KAPRIEV, Lateinische Rivalen, S. 181.

14 SIEBEN, Anselm von Havelberg, S. 13f.

15 Zu den päpstlichen Gesandtschaften nach Byzanz im 12. Jahrhundert siehe OHNSORGE, Die Legaten, S. 69-89.

Hand kennen. Indirekt konnten die Byzantiner aus allen Kontaktformen einen Nutzen ziehen, da sie die gewonnenen Einsichten theoretisch für die Vorbereitung weiterer Gespräche verwerten konnten.[16]

Die Byzantiner erwarteten von Lateinern deshalb vorrangig eine Expertise im Dogma der römischen Kirche. Das Wissen um die Kontroversen beider Kirchen und eventuell um die in Byzanz wenig rezipierten lateinischen heiligen Autoritäten war ebenso vorteilhaft.[17] An dieser Stelle sei gleich betont, dass zwischen den erwarteten und den tatsächlichen Wissensbeständen unterschieden werden sollte. Denn da auch im Westen unterschiedliche Meinungen zu bestimmten theologischen Fragen zeitgleich existierten, konnten die Byzantiner nicht immer wissen, ob der Konsultierte die offizielle Ansicht der römischen Kirche wiedergab oder doch eher seine eigene Auffassung oder die einer bestimmten Strömung.[18] Es ist fraglich, ob sie dieses Problem überhaupt als solches wahrnahmen. Jemand wie Hugo Etherianus wurde als Experte für die offizielle Haltung der römischen Kirche anerkannt und entsprechend konsultiert, obwohl er kein Würdenträger der römischen Kirche war.[19]

Der kaiserliche Hof dürfte nicht nur Wissen um die lateinische Theologie geschätzt haben, sondern auch eine gewisse Vertrautheit mit byzantinischen Lehrmeinungen und Autoritäten. Denn dadurch war die Kenntnis beider Traditionen sichergestellt und somit eine auf die unterschiedlichen Positionen genau abgestimmte Erörterung möglich. Dies war allerdings nur von Personen zu erwarten, die sich längere Zeit in Byzanz aufhielten und in der Regel für den Hof arbeiteten.

Als Kommunikationssituationen waren verschiedene Begegnungen möglich: der mündliche Beratungsprozess, schriftliche Erörterungen und auch religiöse Streitgespräche bzw. Kirchenunionsverhandlungen.

---

16 Die „Heilige Rüstkammer“ des Andronikos Kamateros wurde beispielsweise vor dem Hintergrund der Kirchenunionsverhandlungen geschrieben und setzt sich im ersten Teil explizit mit den Kontroversen zwischen römischer und byzantinischer Kirche auseinander: BUCOSSI, Sacrum Armamentarium I, S. XXVI; dies., Dialogue, S. 269-284; die Edition des antilateinischen Teils des Werkes durch Alessandra Bucossi: Andronikos Kamateros, Sacrum Armamentarium I, S. 13-243.

17 Zur sehr schwachen Rezeption lateinischer kirchlicher Autoritäten in Byzanz: PODSKALSKY, Theologie, S. 174f.

18 Dies ist beispielsweise bei dem Gelehrtenstreit zwischen den Porretanern und den Reichersbergern um die Natur Christi der Fall, in den auch Hugo Etherianus verwickelt war; vgl. dazu: CLASSEN, Das Konzil, S. 117-146.

19 Hugo Etherianus war während seiner Zeit in Byzanz Laie und schlug erst sehr spät, als er nach Rom kam, eine geistliche Laufbahn ein, DONDAINE, Hugues Éthérien, S. 93-97.

4.1.1 *Die mündliche Beratung: Hugo Etherianus als Berater des Kaisers*

Die mündliche Beratungssituation ist in den Quellen für gewöhnlich schwer fassbar, da sie oral erfolgte und ihre Inhalte meist nicht überliefert sind. In wenigen Fällen gibt es allerdings entsprechende Schilderungen. Im Unterschied zu Streitgesprächen und Kirchenunionsverhandlungen mit Vertretern der römischen Kirche handelte es sich bei den Beratungen am Hof um einen internen, rein byzantinischen Rahmen. Allerdings hatten auch diese Diskussionen einen agonalen Charakter. Jeder Berater, ob lateinischer oder einheimischer, versuchte den Kaiser und die höfische Öffentlichkeit von seinen Vorstellungen zu überzeugen. Für Lateiner, die die Positionen der römischen Kirche vertraten, war dies umso schwieriger, da sie wussten, dass sie sich gegen die bekanntesten und gebildetsten byzantinischen Theologen und Gelehrten bewähren mussten. Zudem konnten sie als Teilnehmer dieser internen Konsultation damit rechnen, dass ihnen eine Mehrzahl an byzantinischen Christen gegenüberstand, die die römischen Positionen in Zweifel zog oder sogar offen ablehnte.[20] Der mündliche Beratungsprozess etablierte die Lateiner nicht zuletzt durch seinen performativen Charakter als Experten. Schließlich konsultierte der Kaiser den Berater vor den Augen des Hofes, so war jedem ersichtlich, in welcher Angelegenheit er herangezogen wurde.

Die Beratung des Kaisers durch einen lateinischen Theologen erscheint ungewöhnlich. Hugo Etherianus ist der einzige Lateiner, dem die Quellen eine Beraterrolle am Hof zuschreiben. Dies bedeutet nicht, dass es nicht auch andere gab. Hugos Bruder, Leo Tuscus, bewies durch seine Abhandlung *De haeresibus et praevaricationibus Graecorum* und seine Übersetzung der Chrysostomosliturgie ebenso ein Interesse an theologischen Sachverhalten. Eine Konsultation im religiösen Bereich ist deshalb vorstellbar, allerdings fehlen hierfür jegliche Anhaltspunkte.

Nur zwei Quellen schildern eine mündliche Beratungssituation am Hof, in die Hugo involviert war. Die eine ist sein eigener Brief an Petrus von Wien, und die andere Passage findet sich bei Leo Tuscus' Abhandlung *De haeresibus et praevaricationibus Graecorum*.[21] Die byzantinischen Quellen hingegen

---

20 Siehe zu den Konflikten der Lateiner am Hof auch Kapitel 7.1 und 7.2.2.

21 Der Brief an Petrus von Wien 1166/1167 ist ediert und mit einer italienischen Übersetzung versehen bei PODOLAK/ ZAGO, Ugo Eteriano, S. 151-157; zu Petrus von Wien: FICHTENAU, Ein französischer Frühscholastiker, S. 118-130; siehe zum Kontakt zwischen Petrus von Wien und Hugo Etherianus HUTH, Staufische „Reichshistoriographie", S. 134; CLASSEN, Das Konzil, S. 126f. und S. 139; Leo Tuscus' *De haeresibus et praevaricationibus Graecorum* ist nicht vollständig ediert, sein Werk befindet sich in dem Manuskript Sevilla, Biblioteca Colombina, 5-1-24, fol. 78r-88v; allerdings ist die entsprechende Szene ediert bei DONDAINE, Hugues Éthérien, S. 126f.

schweigen zur Rolle des Pisaners. In einer nur fragmentarisch erhaltenen griechischen Version des *De sancto et immortali Deo* wird aber der Name Hugo Etherianus erwähnt (Ὀΰγων ὁ Ἑταιριανὸς).[22]

Hugo und Leo berichten zumindest von zwei Gelegenheiten, bei denen der Pisaner Theologe als Berater des Kaisers in Erscheinung trat. Die erste beschriebene Szene war eine am Hof geführte Beratung zum christologischen Streit um 1166, der schließlich sogar zur Einberufung einer Synode führte. Das zweite Mal erscheint der Pisaner etwa zehn Jahre später im Kontext der Verständigungsbemühungen zwischen römischer und byzantinischer Kirche.

Die Vorgeschichte für die erste Konsultation 1166 reicht einige Jahre zurück und hatte ihren Ursprung in einer christologischen Kontroverse. Der Geschichtsschreiber Johannes Kinnamos berichtet in seiner *Epitome* darüber, dass ein gewisser Demetrios von Lampe, der sich als Gesandter des byzantinischen Kaisers im Westen aufgehalten hatte, die Diskussionen anstieß.[23] Er beschreibt Demetrios als jemanden, der eine gewisse weltliche Bildung besaß, sich selbst aber am liebsten mit theologischen Themen beschäftigte. Als Gesandter im Westen habe er dann merkwürdige Dinge kennengelernt, besonders das Thema der Natur Christi habe es ihm besonders angetan. Der Geschichtsschreiber bemerkt dazu, dass die Diskussion dieses Themas eigentlich nur den Gelehrten und den bedeutendsten Geistlichen sowie den Kaisern aufgrund ihres Ranges zustand. Kinnamos lässt dadurch bereits durchblicken, dass er Demetrios wegen seiner Ausbildung und seines sozialen Standes als nicht befugt ansah, sich zu einer solch bedeutenden Frage zu äußern. Demetrios traute sich aber durchaus ein Urteil zu und nach seiner Gesandtschaftsreise nach Deutschland verbreitete er die Behauptung, die Christen dort würden falschen Ansichten anhängen: sie würden behaupten, dass Christus sowohl gleich als auch geringer als Gott sei. Er trug diese Auffassung Kaiser Manuel Komnenos vor und wollte, dass dieser etwas dagegen unternimmt. Der Kaiser lehnte dies zwar ab, Demetrios aber blieb bei seinem Standpunkt und fachte die Diskussion unter den byzantinischen Bischöfen an.[24]

---

22 Hugo Etherianus, Fragmenta Graeca, S. 343-346, hier S. 343; vgl. auch die Beschreibungen der zwei Handschriften, in denen das Fragment erhalten ist, bei den Editoren PODOLAK/ ZAGO, Hvgonis Eteriani, S. XLVI-L; vgl. auch DONDAINE, Hugues Éthérien, S. 80; in der Forschung wurde auch eine persönliche Diskussion zwischen Hugo Etherianus und Nikolaos von Methone vermutet, z. B. HAMILTON, Hugh Eteriano, S. 112; gegen eine persönlich stattgefundene Debatte aber KAPRIEV, Das byzantinische Kulturmodell, S. 262f.

23 Johannes Kinnamos, Epitome, VI, 2, S. 251-257.

24 Ebd., VI, 2, S. 251f.: Ὑπὸ τοῦτον τὸν χρόνον ζήτησίς τις ἐν Βυζαντίῳ ἀμφὶ τῇ Χριστοῦ συνέπεσε δόξῃ ἀπ' αἰτίας τοιᾶσδε. ἦν τις Δημήτριος, Ῥωμαῖος μὲν γένος Λάμπης δὲ κώμης ὡρμημένος Ἀσιανῆς, παιδεύσεως τῆς ἐγκυκλίου καὶ μαθημάτων τῶν ἐκτὸς ὀλίγον οἶμαι μετεσχηκώς, δόγμασι δὲ ὡς

Die Auslegung der Formel „Mein Vater ist größer als ich" (Johannes 14,28) wurde somit zu einem innerbyzantinischen Streitthema, dem jahrelange Diskussionen folgten und das schließlich 1166 auf einer Synode in Konstantinopel endgültig beigelegt werden konnte. Andere byzantinische Quellen schweigen zu der von Kinnamos geschilderten bedeutenden Rolle des Demetrios von Lampe. Die Synodalakten erwähnen ihn ebenfalls nicht.[25] Allerdings gehen lateinische Quellen auf ihn ein. Hugo sah in Demetrios den Ursprung für die ganze Debatte, wie seinem Brief an Petrus von Wien 1166/1167 zu entnehmen ist.[26] In dem von Peter Classen behandelten Manuskriptfragment aus dem Umkreis Gerhochs von Reichersberg fällt ebenfalls der Name Demetrios.[27]

Die christologische Kontroverse von 1166 kann nicht getrennt von den Vorgängen und Diskursen im lateinischen Europa betrachtet werden. Peter Classen wies bereits auf die westlichen Einflüsse hin. Gemäß Kinnamos lernte Demetrios diese von ihm bekämpften Ansichten in Deutschland kennen. Zudem war ein Lateiner, nämlich Hugo Etherianus, maßgeblich an den Diskussionen beteiligt. Zu vergessen ist darüber hinaus auch nicht, dass diese Synode in einer Zeit stattfand, in der die Kirchenunionsverhandlungen mit Papst Alexander III. auf ihrem Höhepunkt waren.[28] Dies zeigt, dass die Synode 1166 und der dabei ausgetragene Richtungsstreit innerhalb der byzantinischen Kirche auch die Beziehungen zum Westen tangierten.

Hugos Beteiligung bei dieser Frage wird, wie bereits erwähnt, nur von lateinischen Quellen bezeugt. Die ausführlichste Schilderung findet sich bei Hugo selbst in seinem Brief an Petrus von Wien, den Antoine Dondaine auf

---

ἐπίπαν τοῖς θείοις ἐνευκαιρῶν καὶ ἀπέραντόν τινα περὶ ταῦτα κατατείνων ἀδολεσχίαν ἀεί. οὗτος πολλάκις περὶ τὴν ἑσπέραν καὶ ἔθνη πρεσβεύσας τὰ Ἰταλικὰ κορύζης μεστὸς ἐκεῖθεν ἐπανῄει καὶ ἐτερατεύετο ἄλλα τε πολλὰ καὶ δὴ καὶ τὴν θεοῦ φύσιν οὐδέποτε ἀνίει πολυπραγμονῶν, πρᾶγμα οὐδενὶ ἄλλῳ ὅτι μὴ διδασκάλοις καὶ τῶν ἱερέων ἐφειμένον τοῖς προὔχουσιν, ἤδη δὲ καὶ βασιλεῦσι διὰ τὸ ἀξίωμα ἴσως. τότε δὲ ἐκ τῆς χώρας ἀναζεύξας Ἀλαμανῶν διαφανῶς ἑτεροφρονεῖν τὰ τῇδε διετείνετο ἔθνη, καὶ ποτε τῷ βασιλεῖ διομιλούμενος τοιάδε τινὰ συνεῖρε. [...] ἀλλ' ἐκεῖνος ἔτι μᾶλλον θρασὺς ἦν ἰδίᾳ τε καὶ ἐν συλλόγοις αὐτὸ προὔφερεν. ἤδη δὲ καὶ τῶν ἀρχιερέων ἐκοινοῦτο πολλοῖς καὶ τοῖς ἐκ τῆς τῶν Λευιτῶν μερίδος, οὓς διακόνους καλοῦμεν. ἐπεί τε συμφωνοῦντας αὐτῷ πολλοὺς εὕρισκεν, ἔτι μᾶλλον ἀναφανδὰ κατὰ τῶν τὸ ἐλαττόν πως πεφρονηκότων ἔπνει καὶ ἐφέρετο· προϊόν τε ἐπὶ μέγα ἤρθη τὸ νεῖκος, καὶ οὐκ ἦν οὐδαμοῦ ὅστις τῷ τότε καὶ ἐλάλει καὶ ἐζήτει, κἂν ὁποιασοῦν ἐτύγχανε μερίδος ὤν.

25 Die Synodalakten ediert von Sakkos, Ὁ Πατήρ μου μείζων μού ἐστιν; Classen, Das Konzil, S. 117f. und S. 120f.; Kapriev, Lateinische Rivalen, S. 194.

26 Hugo Etherianus, Brief an Petrus von Wien 1166/1167, 1, S. 153.

27 Teile davon ediert bei Classen, Das Konzil, S. 129f.; es handelt sich um die Handschrift Salzburg, Erzabtei Sankt Peter Ms. a VI 33. Dieses Fragment schließt direkt an das Werk *Utrum Christus homo sit Filius Dei naturalis* des Gerhoch von Reichersberg an.

28 Classen, Das Konzil, S. 122 und S. 139-141.

1166/1167 datiert.[29] Er gibt in dem Brief tiefe Einblicke in seine Tätigkeit als Berater. Wie Johannes Kinnamos berichtet auch er davon, dass diskussionswürdige Thesen aufkamen, die von Demetrios artikuliert wurden und die beinahe ganz „Griechenland" erfasst hatten.[30] Als der Kaiser von diesen Ansichten erfuhr, ließ er seinen pisanischen Berater rufen. Dies alles fand wohl vor der Synode statt, da Hugo selbst schreibt, dass der Kaiser sich erst nach den Diskussionen entschloss, eine Synode einzuberufen. Diese Beratungssituation im Rahmen einer Audienz oder höfischen Versammlung kann vielleicht sogar als eine Art Vorbereitung für die Synode von 1166 gelten. Sie fand in einem größeren Kreis statt, es waren der Kaiser und sein Hof mit einigen Gelehrte und Geistlichen zugegen.[31]

Hugo selbst vermittelt in dem Brief an Petrus von Wien den Eindruck, dass er vom Ruf des Kaisers überrascht war und vor dem Zusammentreffen keine wirkliche Vorbereitungszeit hatte. Denn es war schon Nacht als nach ihm geschickt wurde. Er folgte sofort, um nicht schwer von Begriff zu erscheinen. Ihm war offensichtlich nicht bewusst, welch ein Ausmaß die folgende Beratung haben werde, denn er schrieb auch: *et futuri certaminis nescius*.[32] Er gebraucht hier den Begriff *certamen,* also Wettstreit, um die folgenden Diskussionen zu bezeichnen, und stellt damit den Wettkampfcharakter dieser Kommunikationssituation heraus. Manuel Komnenos fragte seinen Berater sehr konkret und zielgerichtet: *Interrogatus a clementissimo principe quid super exorto dogmate Romana dictaret ecclesia diligenter expromsi.*[33]

Manuel wollte wissen, was die römische Kirche über die aufgeworfene Lehre sage und Hugo legte dies daraufhin sorgfältig da. Der Kaiser und der Hof erwarteten sich demnach eine Wiedergabe der römischen Ansichten zu dieser Frage und nicht seine persönliche Meinung. Bemerkenswert ist, dass

29 Der Brief ist ediert bei PODOLAK/ ZAGO, Ugo Eteriano, S. 151-157; das Schreiben ist über die Handschrift Tarragona, Biblioteca Provincial, Ms. 92, fol. 187v-188r überliefert. Dieser *Codex* enthält auch weitere Texte des Hugo Etherianus. Für einen Überblick über das Manuskript und die darin enthaltenen Texte siehe DONDAINE, Hugues Éthérien et le concile, S. 473-483, u. a. finden sich darin *De minoritate ac equalitate filii hominis ad Deum Patrem* und *De anima corpore iam exuta.*

30 Hugo Etherianus, Brief an Petrus von Wien 1166/1167, 1, S. 153: *Nam dubitacionis illius colluvies que in Demetrio sumpsit originem (ut arbitror) totam pene Greciam post eius redditum invasit nec furor sibi satisfecit antequam in Latinos effundere venenum cepisset.*

31 Ebd., 2-6, S. 153-155.

32 Ebd., 2, S. 153: *Accersitus sum quidem cum diem iam absconderat nox et, futuri certaminis nescius, actutum veni coram ne tardiusculus apparerem.*

33 Ebd.

der Pisaner nicht ausführt, was genau er sagte und wie er die Meinung der römischen Kirche darstellte, sondern nur, dass es Manuel gefiel.[34]

Trotz der wohlwollenden Haltung des Kaisers formierte sich Widerstand gegen seine Erläuterungen. Drei byzantinische Gelehrte waren ausgewählt worden, um mit ihm zu diskutieren.[35] Die gesamte Beratungssituation war offensichtlich darauf ausgelegt, die Positionen einander gegenüberzustellen. Die Gelehrten beider Seiten sollten sich argumentativ messen. Erst jetzt beginnt Hugo mit der Wiedergabe der Diskussion. Der eine der byzantinischen Gelehrten führte Gregor von Nazianz an und argumentierte, dass das Fleisch Christi nicht kleiner als Gott sei, weil es gesalbt sei. Die Menge reagierte auf diese Äußerung mit einem wortreichen Lärm. Erst nachdem für Ruhe gesorgt worden war, konnte Hugo mit seinen Ausführungen beginnen und löste den „Fehlschluss" des Gelehrten auf (*absolvi paralogismum*).[36] Der Pisaner führte aus, dass sich die Gesalbtheit nicht auf die Natur Christi beziehe, sondern nur auf die Person.

Diese Schilderung zeigt, wie hitzig die Diskussionen am Hof geführt wurden. Der Pisaner und die byzantinischen Gelehrten lieferten sich ein Wortgefecht bis spät in die Nacht. In den nächsten Tagen diskutierten sie abermals über denselben Abschnitt. Hugo konnte gemäß seinem eigenen Bericht den Kaiser, den „ersten Pontifex der Stadt" Patriarch Lukas Chrysoberges (1157-1169/1170), und wenige Bischöfe überzeugen, allerdings seien fast die gesamten Bischöfe, Kleriker, Mönche und das Volk anderer Meinung gewesen.[37] Manuel Komnenos befürwortete tatsächlich die Position, dass sich der Satz „Mein Vater

34 Ebd.: *Placuit principi augustissimo ut eleganti iudiciorum spectatori sentencia, ad eo autem ut idem id pectoris sui sacrarium sentire confiteretur omnibus palam: nam in bonis viris magni animi magna concordia et maxima ingenia sunt.*

35 Ebd., 3, S. 153: *Tres tamen qui philosophi censebantur acie in prima constiterunt litigare mecum queritantes.*

36 Ebd.: *Erat autem sermonis eius inicium hoc: "Theologus inquit Gregorius quod caro Christi est id quod ungens; ungens autem Deus est; caro igitur Christi est id quod Deus est. Quare minor Deo non est Christi caro". Mox factus est multisonus in turba tumultus. Indicto silencio, post paululum fandi copia mihi reddita est. Absolvi paralogismum ad personam identitatem, non ad naturam referendam esse, hoc modo: caro Christi est id quod ungens personaliter, non nature racione.*

37 Ebd., 4 und 5, S. 155: *Detinuimus noctem loquendo usque ad terciam circiter vigiliam; deinde discessum est cubitum. Rursus post paucos dies super eodem capitulo disputatum est multociens. Sed recte demiror non modo invictum principem, verum primum civitatis pontificem et eius coepiscopos paucos quos devius multorum error a vero non ex toto abduxit: nam episcoporum, clericorum, monachorum plebisque universa fere concio in contrarie dictionis sentenciam prolapsa est.*; zu diesem Schlagabtausch und auch weiteren im Zuge dieser Diskussionen: Kapriev, Lateinische Rivalen, S. 196f.

ist größer als ich" nur auf die menschliche Natur Christi beziehe, das wird in den Synodalakten und dem von ihm erlassenen kaiserlichen Edikt deutlich.[38]

Da der Kaiser sich allerdings nicht in diesem informellen Rahmen durchsetzen konnte, rief er Anfang März 1166 eine Synode ein, die letztlich dementsprechend entschied.[39] Hugo wird in den offiziellen byzantinischen Synodalakten an keiner Stelle erwähnt.[40] Er verfasste aber anlässlich dieser Streifrage eine Abhandlung für Manuel Komnenos.[41] Das Verschweigen seiner Mitwirkung bei der Lösung dieser Streitfrage seitens der Byzantiner könnte damit erklärt werden, dass der Eindruck einer lateinischen Einflussnahme vermieden werden sollte. Hugos Schilderungen werden allerdings von seinem Bruder gestützt und ergänzt, der dessen tragende Rolle und Einfluss auf Kaiser Manuel bestätigte.[42] Hugo selbst sah die Ergebnisse der Synode von 1166 wahrscheinlich nicht als völlig zufriedenstellend an.[43]

Eine zweite niedergeschriebene mündliche Beratungssituation, in die der pisanische Theologe involviert war, hatte die Kirchenunion zwischen byzantinischer und römischer Kirche zum Thema. Dieses Mal ist es Leo Tuscus, der in seiner Abhandlung *De haeresibus* davon berichtet. Der Hintergrund dieser Beratungssituation war der Wunsch des Kaisers, die byzantinische Kirche mit der römischen zu versöhnen.[44] In diesem Kontext schildert Leo, wie der Kaiser Hugos Rat einholte. Der Anlass für die Zusammenkunft war allerdings ein anderer:

> *Postremo, tempore quodam, evocatum illum* [Hugo, Anm. d. Verf.] *fuisse a primo pontificum imperator cum audisset, ex itinere in ultimas Bitinie partes, iuxta locum qui dicitur Pimaninon, ad se venire iussit et Ytalicas revisere colonias prohibuit ex toto.*[45]

Manuel ließ seinen Berater zu sich rufen, um ihn persönlich an der Rückkehr ins lateinische Europa zu hindern. Dieses Treffen kann wohl auf Ende 1175 oder

38 Mango, The Conciliar Edict, S. 320; siehe auch die Dokumente der Synode 1166 ediert von Sakkos, Ὁ Πατήρ μου μείζων μού ἐστιν.

39 Dölger/Wirth, Regesten der Kaiserurkunden II, Nr. 1466a, S. 247.

40 Kapriev, Lateinische Rivalen, S. 198-200.

41 *De minoritate ac equalitate filii hominis ad Deum Patrem,* siehe dazu Kapitel 4.1.2.

42 Leo Tuscus, Übersetzung des Oneirocriticon, Praefatio, zit. n. Haskins, Studies, S. 217; Kapriev, Lateinische Rivalen, S. 197f.

43 Classen, Das Konzil, S. 138; siehe dazu auch Kapitel 4.4.

44 Leo Tuscus, De haeresibus, zit. n. Dondaine, Hugues Éthérien, S. 126: *Ad hoc autem magnus imperator Manuel ingenii negotio finem optatum perquirere nisus est cum, boni voti cupidus, Romane iura ecclesie ab integro reddere temporibus meis promiserit.*

45 Ebd.

Anfang 1176 datiert werden.[46] Er ließ seinen Ratgeber extra nach Bithynien kommen, um ihm zu verbieten, den Hof zu verlassen. Leo untermauert damit, wie wichtig, geradezu wie unersetzbar, Hugo als Berater war. Dies wird zum einen durch die Absolutheit des Verbots herausgestellt, der Kaiser untersagte ihm nämlich gänzlich, nach Italien zurückzukehren, zum anderen aber auch durch die folgenden Schilderungen.

Manuel ließ Hugo nämlich nicht nur deshalb rufen, sondern hatte tatsächlich auch ein konkretes Anliegen. Unmittelbar auf diese eben beschriebene Szene berichtet Leo von einem Gespräch über die Kirchenunion, sodass anzunehmen ist, dass die folgende Beratung auch in Bithynien stattfand: *Quo cum pervenisset, post plurima imperatorem commovit, ut, si ecclesie Romane vellet reconciliari, primum de Grecorum ecclesia tolleret cathenas supersticionum, ...*.[47] Nach einiger Zeit überzeugte Hugo Manuel davon, dass wenn er die Versöhnung mit der römischen Kirche wolle, er zuerst die „Ketten des Irrglaubens von der griechischen Kirche entfernen müsse". Er präzisiert auch, was unter den *supersticiones* zu verstehen ist. Byzantiner würden Lateiner, die eine Byzantinerin heiraten wollen, dazu zwingen, allen Riten der Lateiner abzuschwören. Abscheulich wäre auch, dass sie die Altäre reinigen, nachdem lateinische Priester dort die Messe gefeiert haben und diejenigen, die bereits (nach römischem Ritus) getauft waren, würden sie nochmals (nach orthodoxem Ritus) taufen (*rebaptizare*).[48] Als Probleme, die für die Einheit überwunden werden müssen, nennt er primär also Konflikte in der Praxis.

Dies ist ein außergewöhnlicher Einstieg, denn hier geht es um trennende Elemente, mit denen in erster Linie lateinische Christen in Byzanz konfrontiert waren und nicht die römische Kirche bzw. Kurie als solche. Zweifelsfrei spiegeln sich in ihnen grundsätzliche Probleme zwischen römischer und byzantinischer Kirche wider, wie die Frage des Ritus, zum Beispiel bei der Taufe oder der Verwendung des Brotes bei der Eucharistie (Azymenkontroverse). Entscheidend ist aber, dass Hugo als erste Maßnahme zugunsten einer Kirchenunion die Verbesserung des Umgangs mit lateinischen Christen vor Ort vorschlägt. Die Unterschiede werden also an alltäglichen Beispielen festgemacht, und nicht

---

46 Janet Hamilton setzt dieses Treffen in Bithynien mit dem Aufenthalt des Kaisers in dieser Region vor der im September 1176 stattfindenden Schlacht von Myriokephalon in Verbindung und datiert es auf eine Zeit zwischen Herbst 1175 und Frühling 1176, HAMILTON, Hugh Eteriano, S. 134f.

47 Leo Tuscus, De haeresibus, zit. n. DONDAINE, Hugues Éthérien, S. 126.

48 Ebd.: «*Magna quidem, inquit, supersticio est, quod Latinus cum Greca muliere matrimonium contracturus iureiurando exigitur abrenunciare ritibus Latinorum omnibus. Et prorsus detestabile est altaria lavare in quibus latini sacerdotes missam celebraverint, et quos baptizaverint rebaptizare*».; dazu auch MAGDALINO, The Empire, S. 91.

an einer abgehobenen, übergeordneten theologischen Diskussion, welche Dogmen oder Riten die richtigen seien. Diese Platzierung gleich zu Beginn seiner Ausführungen offenbart, dass die am Bosporus lebenden Lateiner bei der Frage der Kirchenunion andere Themen priorisierten als beispielsweise päpstliche Gesandtschaften aus Rom, die eher dazu neigten, zuerst die dogmatischen Unterschiede zu diskutieren. Päpstliche Gesandte billigten der Situation der in Byzanz lebenden lateinischen Christen eine eher nachgeordnete Rolle zu.[49] Der Kaiser sah dieses Problem ein und versprach mit furchterregenden und bindenden Verordnungen gegen diese Missstände vorzugehen.[50]

Auch bekannte er öffentlich, dass die Lateiner keineswegs vom rechten Pfad des Glaubens abgekommen seien.[51] Der Kaiser wandte sich direkt an Hugo und sagte: *Quod, Eteriane, si evellere possis, solidum serenumque portum Latinus omnis per universos imperii nostri limites reportet.*[52] Er spricht hier seinen Berater direkt an (*Eteriane*) und fordert ihn auf, eine Lösung für die Trennung der Kirchen zu finden. Wenn dies gelänge, könnten alle Lateiner friedlich in den Grenzen des Byzantinischen Reiches leben. Hier wird also erneut auf die Situation der Lateiner vor Ort angespielt und die Angelegenheit gewissermaßen Hugo übertragen. Im Vergleich zu den Diskussionen von 1166 fragt der Kaiser seinen Berater nicht nach den Ansichten der römischen Kirche, sondern nach dessen eigener Meinung. Hugo wird hier nicht als Experte für die römischen Anschauungen konsultiert, sondern für die Differenzen und Probleme zwischen byzantinischer und römischer Kirche.

Gleich darauf deutet der Kaiser aber auch an, wie schwierig oder fast unmöglich die Wiederherstellung der Einheit beider Kirchen sei: *Nam Grecus quidem nunquam scribet procedere Spiritum a Filio, Latinus vero quod scripsit nunquam delebit neque tacebit. Quomodo ergo fallacie vulnus sanabitur?*.[53] Manuel äußert die Befürchtung, dass weder die byzantinische Kirche noch die römische in

49 Anselm von Havelberg behandelt die Situation der in Byzanz lebenden Lateiner in seinem *Anticimenon* in Form der Wiedertaufen-Problematik als letzte inhaltliche Streitfrage: Anselm von Havelberg, Anticimenon, III, 21, Sp. 1245-1247; auch in den Diskussionen 1234 werden die Konflikte in der Praxis zwischen römischen und byzantinischen Christen angesprochen, aber nur als Nebenschauplatz: Relatio von 1234, 4, S. 430 und 20, S. 451; bei den Auseinandersetzungen zwischen den lateinischen und byzantinischen Christen im Heiligen Land standen hingegen weniger die theologischen Fragen, sondern eher die Kontroversen ritueller Art im Mittelpunkt, PAHLITZSCH, Graeci, S. 203.

50 Leo Tuscus, De haeresibus, zit. n. DONDAINE, Hugues Éthérien, S. 126: *Tunc imperator formidolosis decretis et prestantissimis ea omnia extyrpaturum se promisit.*

51 Ebd.: ..., *publice confitendo Latinos nequaquam a rectis fidei semitis aberrare.*

52 Ebd.

53 Ebd.

der *Filioque*-Frage einlenken werden. Erst ab hier, mit dem Erwähnen der *Filioque*-Kontroverse, wird eine wirkliche Thematisierung der dogmatischen Differenzen beider Kirchen eingeleitet. Hugo plädiert dafür, dass eine Einigung durch die Ermutigung des Kaisers erreicht werden könne. Voraussetzung sei, die Byzantiner von einer Kompromissformel zu überzeugen, dass der Heilige Geist auch vom Sohn ausgehen könne.[54] Mit diesem Vorschlag soll er sowohl den Kaiser als auch die Mitglieder des Hofes zufriedengestellt haben.[55]

Als Reaktion auf diese Beratung habe der Kaiser Gesandte zur römischen Kurie geschickt und bald darauf kamen Kardinäle zu Gesprächen nach Konstantinopel. Letztlich scheiterten die Unionsverhandlungen allein an Papst Alexander III., der Simonievorwürfe seiner Gegner befürchtete, da Manuel wohl auch finanzielle Unterstützung in Aussicht gestellt hatte.[56] Wenn auch letztlich dieser Versuch ergebnislos blieb, aus Hugos Sicht kann die eigentliche Beratung als Erfolg gewertet werden. Denn er hatte seinen Herrn, den Kaiser, davon überzeugt, Gespräche aufzunehmen und konkrete Lösungsmöglichkeiten aufgezeigt.[57]

Die Schilderungen beider Konsultationen geben seltene Einblicke, wie ein lateinischer Theologe am byzantinischen Hof als Berater zum Einsatz kam und wirkte. Beide beschriebenen Szenen geben Aufschluss über die Erwartungen an die Wissensbestände, über den Beratungsprozess sowie auch über die Überzeugungskraft und den Erfolg des Beraters.

Erstens waren die byzantinischen Erwartungen an den Berater und sein Wissen in den beiden Situationen unterschiedlich. Während er 1166 lediglich die Dogmen der römischen Kirche wiedergeben sollte, wird er bei der ins Jahr 1175/1176 zu datierenden Situation nach seiner eigenen Einschätzung gefragt. 1166 sah der Kaiser in ihm einen Experten für die Dogmen der römischen Kirche, auch wenn Hugo zu diesem Zeitpunkt Laie war und keine Funktion innerhalb der römischen Kirche bekleidete, hatte er zumindest in Paris Theologie studiert. Die byzantinische Vorstellung, dass er in dieser Frage zweifelsfrei die Meinung der römischen Kirche wiedergeben könne, ist allerdings zu hinterfragen. Schon Peter Classen interpretierte eine Aussage des Leo Tuscus

54 Ebd., S. 126f.; HAMILTON, Hugh Eteriano, S. 134, besonders Fußnote 75; zur *Filioque*-Streifrage und der möglichen ἐκ und διά- Lösung im 12. und 13. Jahrhundert: BUCOSSI, 'Ex e διά, S. 4-12.

55 Leo Tuscus, De haeresibus, zit. n. DONDAINE, Hugues Éthérien, S. 127: *Mox omnes curie principes favorem prestiterunt his et imperator quoque admisit et profiteri pollicitus est, salva imperii querela.*

56 Ebd.

57 Siehe zu dem Erfolg und Misserfolg der Verhandlungen sowie der Datierungsfrage Kapitel 4.4.

dahingehend, dass selbst die Lateiner in Konstantinopel die Auslegung Hugos nicht uneingeschränkt teilten.[58] Der Pisaner und seine Meinung waren unter den Lateinern wohl nicht unumstritten. Er selbst war später persönlich in die christologischen Auseinandersetzungen des Westens involviert, da er die christologischen Positionen des Hugo von Honau und Petrus von Wien durch das Zusenden einer Abhandlung unterstützte. In dieser Frage vermittelte er nur die Ansichten eines Teils der römischen Kirche. Papst Alexander III. selbst hielt sich bei den christologischen Streitigkeiten zwischen Porretanern und den Reichersbergern auffallend zurück, wohl auch aufgrund seiner eigenen fragilen Stellung angesichts des Papstschismas.[59] Für den Hof waren Hugos Anschauungen und die der römischen Kirche identisch. Zwar hatte der Kaiser nach der offiziellen römischen Position gefragt, aber dann doch die Meinung des Pisaner Theologen vernommen. Dies zeigt, dass das von ihm angebotene Wissen und die Erwartungen der Abnehmer nicht unbedingt deckungsgleich waren. Es fehlten andere Lateiner, die ihm widersprechen konnten und wohl kaum einer der Byzantiner hatte ähnliches Wissen über die Dogmen der römischen Kirche.

In der zweiten Beratungssituation wird Hugo nicht aufgefordert, die Ansichten der römischen Kirche wiederzugeben, er soll vielmehr seine eigene Meinung zur Frage der Kirchenunion darlegen. In der ersten Situation wird er als Experte für die römische Kirche konsultiert, in der zweiten für die Kirchenunion. Bei der letzteren wird nicht nur Wissen über die römische Kirche vorausgesetzt, sondern auch eine Vertrautheit mit byzantinischen Anschauungen sowie den Themen und der Historie der Differenzen und Streitpunkte. Er wird hier bereits als theologischer Experte für beide Kirchen betrachtet, vielleicht auch, da er sich zu diesem Zeitpunkt schon länger in Konstantinopel aufhielt und sein Wissen über die byzantinischen Ansichten plausibel erschien.

Zweitens geben die beiden Kommunikationssituationen einen aufschlussreichen Einblick in den Beratungsablauf. 1166 schien Hugo relativ spontan zu den höfischen Diskussionen hinzugezogen worden zu sein. Ein höfischer Berater war also jederzeit abrufbar und sollte sein Wissen zur Verfügung stellen. Dies vermittelt auch die 1175/1176 stattgefundene Konsultation. Denn Hugo musste extra nach Bithynien reisen, da sich Manuel Komnenos dort aufhielt. Die beiden Beratungssituationen unterscheiden sich allerdings in ihrem

58 Leo Tuscus, Übersetzung des Oneirocriticon, Praefatio, zit. n. HASKINS, Studies, S. 217: *..., eodem autem in loco doctissimis quibusdam astantibus Latinis Romana oratione cum in quodam legeret libello interpellanti tibi soli favorem prestitisse visus est.*; CLASSEN, Das Konzil, S. 124.

59 Ebd., S. 139f.

Rahmen und Ausmaß. Die Diskussionen 1166 werden als durchaus schwierig beschrieben, der Pisaner erhielt viel Gegenwehr durch die byzantinischen Gelehrten, die Diskussionen gingen bis spät in die Nacht und wurden über einen längeren Zeitraum geführt. Der Aufbau der Diskussionen mit Rede und Gegenrede ließ den lateinisch-byzantinischen Gegensatz deutlich hervortreten und erinnerte eher an Disputationen, wie beispielsweise während Kirchenunionsverhandlungen. In diesem Fall handelte es sich aber um eine rein byzantinische Angelegenheit und Hugo fungierte hier nicht als Vertreter oder gar Verhandler für die römische Kirche, sondern als Berater des Kaisers. Die Situation 1175/1176 hingegen ähnelt eher einer informelleren Konsultation. Zwar waren auch Höflinge anwesend, die Diskussionen wurden aber nicht zwischen ihm und byzantinischen Gelehrten geführt, sondern direkt zwischen dem Kaiser und seinem Berater. Das Gespräch wird als harmonisch und konstruktiv geschildert.

Diese Unterschiede hängen auch mit der Thematik der diskutierten Inhalte zusammen. Während im ersten Beispiel eine theologische Kontroverse diskutiert wurde, bei der sich die byzantinischen Theologen selbstverständlich befähigt, berechtigt, vielleicht sogar verpflichtet sahen, die Frage ausgehend von byzantinischen Traditionen zu erörtern, handelte es sich im zweiten Fall eher um einen (kirchen)politischen Sachverhalt. Hugo als Kenner beider Kirchen wurde befragt und bot damit Wissen an, das Byzantiner weniger hatten.

4.1.2 *Schriftliche Abhandlungen für die Byzantiner*

Die mündliche Beratung des Kaisers durch Hugo ist bereits bemerkenswert. Die schriftlichen Abhandlungen für die Byzantiner durch denselben Theologen zeigen darüber hinaus, wie gefestigt seine Stellung am Hof war. Die schriftliche Fassung seiner Gedanken im Auftrag des Kaisers veranschaulicht, dass man seine Ansichten und Argumentation für nicht nur interessant, sondern für derart relevant und diskussionswürdig hielt, dass man sie schriftlich vorliegen haben wollte.

Abhandlungen stellen eine andere Kommunikationsform dar als mündliche Konsultationen. Der Berater kann sich intensiv mit einem Thema schriftlich auseinandersetzen, sich an Einwänden der Gegenseite abarbeiten, ohne in einem höfisch-öffentlichen Rahmen im direkten Kontakt mit seinen Kontrahenten diskutieren zu müssen. Zwar wurden Hugos Thesen am Hof erörtert und er konnte sich öffentlichkeitswirksam als Theologe inszenieren, aber in einer Abhandlung konnte er seine Ansichten, sich selbst und seine Expertise nochmal anders, ausführlicher und bedachter darstellen. Er trat damit in eine andere Ebene des Diskurses ein. Nachwirkend erreichte er zudem eine größere Zielgruppe, da die schriftliche Niederlegung nicht wie die mündlichen Diskussionen auf das zeitgenössische höfische Umfeld beschränkt war.

Hugo Etherianus schrieb zwei Werke für den byzantinischen Hof: *De minoritate ac equalitate filii hominis ad Deum Patrem* (um 1165/1166) und *De sancto et immortali Deo* (um 1176/1177). Beide wurden auch auf Griechisch verfasst, sind aber leider nur in ihren lateinischen Versionen überliefert, allerdings ist von der griechischen Version des *De sancto* zumindest ein fragmentarischer Auszug erhalten.[60]

Das Fehlen der griechischen Texte führt zwangsläufig zu Schwierigkeiten, auf die hier hinzuweisen ist. Denn es kann nicht mit völliger Sicherheit davon ausgegangen werden, dass die lateinischen und griechischen Versionen beider Schriften inhaltlich wirklich deckungsgleich waren. Möglich ist, dass bestimmte Ansichten in der lateinischen Fassung mit mehr Klarheit und gegebenenfalls schärfer formuliert waren als in der griechischen, dies wäre schon allein bei einer pointierteren Übersetzung der Fall. Allerdings weisen die lateinischen Versionen beider Schriften viele Bezüge zum Kaiser auf, teilweise wird er sogar direkt angesprochen, sodass doch von einer gewissen Nähe zum griechischen Text auszugehen ist. Zudem lag es auch im Interesse des Kaisers und Hofes, die Ansichten eines Lateiners zu den entsprechenden theologischen Fragen authentisch und unverfälscht zu erfahren.

Die Tatsache, dass ein Lateiner auf Griechisch schriftliche Abhandlungen verfasste, um mit den Byzantinern kontroverse Ansichten zu erörtern, ist beachtlich. Nicht nur in den mündlichen Diskussionen, sondern auch in seinen Schriften ließ sich Hugo sowohl inhaltlich als auch sprachlich mit den byzantinischen Theologen messen. Es ist nicht festzustellen, wie gut sein Griechisch tatsächlich war und ob er gegebenenfalls Hilfe bei der Abfassung benötigte. Es liegt aber nahe, dass ihn entweder Byzantiner oder Lateiner vor Ort unterstützten. Zu nennen ist sein Bruder Leo Tuscus, an den er auch die Prologe des zweiten und dritten Buches des *De sancto* richtete.[61] Zudem bringt er mit ebendiesem Werk auch einen gewissen Caciareda in Verbindung, bei ihm könnte es sich sowohl um einen Byzantiner als auch Lateiner gehandelt haben.[62]

---

60 Zu den Werken: DONDAINE, Hugues Éthérien, S. 98-106 und S. 123f.; JENSEN, Hugo Eterianus, S. 197f. KAPRIEV, Lateinische Rivalen, S. 192f.; siehe das griechische Fragment: Hugo Etherianus, Fragmenta Graeca, S. 343-346.

61 DONDAINE, Hugues Éthérien, S. 102f.; Hugo Etherianus, De sancto, II, Prolog, S. 73-75; ebd., III, Prolog, S. 165-167.

62 Ebd.; Caciareda vermittelte das Werk Hugos auch an Papst Alexander III.: Alexander III., Brief an Hugo Etherianus, S. 4; zu Caciareda: DONDAINE, Hugues Éthérien, S. 88, Fußnote 3 und S. 105; vielleicht wurde er alternativ auch Kakiareda geschrieben. Haskins

Das um 1165/1166 verfasste *De minoritate ac equalitate filii hominis ad Deum Patrem*, eine Abhandlung zur Christologie, steht im direkten Zusammenhang mit Hugos mündlichen Debatten am byzantinischen Hof. Es kann als schriftliche Materialsammlung für die Synode im März 1166 angesehen werden.[63] Die griechische Originalsprache des Werkes wird auch in der lateinischen Fassung im *explicit* des ersten Buches hervorgehoben:

> *Ugonis Eteriani libellus primus adversus quorundam Grecorum insanam doctrinam dicencium Christum secundum humanitatem esse Patri equalem Constantinopoli editus Greco eloquio explicit.*[64]

Nicht nur sei das erste Buch in Konstantinopel herausgegeben worden, sondern auch *Greco eloquio*, in griechischer Sprache. Dies deckt sich mit dem im Werk genannten Auftraggeber. Denn das erste Buch richtet sich selbst in seiner lateinischen Version im *incipit* unmissverständlich an den Kaiser: *Ugonis Eteriani de minoritate ac equalitate filii hominis ad Deum Patrem libellus primus ad imperatorem Manuel incipit.*[65]

Zu Ende des ersten Buches berichtet Hugo über die Vorgeschichte, wie sein Werk zustande kam und bezeugt den byzantinischen Entstehungskontext.[66] Manuel Komnenos selbst habe ihn aufgefordert, aus den heiligen Schriften die entsprechenden Argumente zur Behandlung der Streitfrage zu sammeln. Er fügt hinzu, dass er die Aufgabe so gut wie möglich erfüllte. In dem Werk erläutert Hugo die Kontroverse um die Auslegung der Worte „Mein Vater ist größer als ich" (Johannes 14,28) als ein Problem um die göttliche und menschliche Natur Christi und die drei *personae* der Trinität. Er beginnt damit verschiedene Syllogismen, biblisches Material sowie Gregor von Nazianz anzuführen und bekräftigt den Standpunkt, dass Christus bezüglich seiner göttlichen Natur gleich gegenüber dem Vater sei, aber bezüglich seiner menschlichen Natur unter ihm stünde.[67] Im zweiten Teil greift er dann Einwände der

---

brachte diesen mit dem Übersetzer Paschalis Romanus in Verbindung: HASKINS, Studies, S. 220, Fußnote 169.

63 HAMILTON, Hugh Eteriano, S. 120 und S. 149; KAPRIEV, Lateinische Rivalen, S. 197f.

64 Hugo Etherianus, De minoritate, I, explicit, S. 141.

65 Ebd., I, incipit, S. 93.

66 Ebd., I, 107, S. 141: *Hec quidem, clementissime atque equissime imperator Manuel, arces universarum possidendo virtutum ammirabile supereminentis philosophie domicilium qui contingis iussionis causa imperii tui Ugo Eterianus Latinorum in philosophia pene minimus ex scripturis sacrosanctis meam iuxta facultatem coacervavi exorti dogmatis in contradictionem prout mihi visum est accomoda.*

67 JENSEN, Hugo Eterianus, S. 198; Hugo Etherianus, De minoritate, I, 1-108, S. 95-141.

griechischen Theologen auf und widerlegt sie mit Bibelstellen, aber auch mithilfe lateinischer Autoritäten wie Augustinus, Ambrosius und Gregor dem Großen.[68] Das Werk ist keine reine Darstellung lateinischer Anschauungen, denn durch die ausführliche Beschäftigung mit den Einwänden griechischer Theologen sowie deren Widerlegung stellt Hugo seine intensive Auseinandersetzung mit diesem Thema unter Beweis. Er belegt dadurch seine theologischen und argumentativen Fähigkeiten und versucht die Byzantiner von seinen Ansichten zu überzeugen.

Ist diese Abhandlung auch auf diese eine christologische Streitfrage ausgerichtet und abgestimmt, so liefert Hugo mit dieser Schrift mehr als nur eine inhaltliche Erörterung dieses Themas. Denn durch die Einbeziehung lateinischer Autoritäten wie beispielsweise Augustinus machte er römische Lehrmeinungen und Kirchenmänner den Byzantinern bekannt, auch wenn er dieses Wissen eher beiläufig mitlieferte.[69]

Es gilt nach der Wirkung dieser Abhandlung zu fragen. Die (lateinische) Manuskripttradition hat für Byzanz wenig Aussagekraft, da sie auf einen lateinischen Adressatenkreis ausgerichtet ist.[70] Leo Tuscus bemühte sich, die Wirkung dieses Werkes besonders zu würdigen. In seiner Übersetzung des *Oneirocriticon* erwähnt er im Vorwort Hugos Abhandlung sogar namentlich (*libellus De Filii hominis minoritate ad Patrem Deum*). Die theologische Kontroverse 1166 sei mittels eines kaiserlichen Dekrets gelöst worden, für das jenes „Büchlein" (*libellus*) maßgeblich gewesen sei.[71] Hugos Buch hatte demnach seinen Zweck erfüllt und dem Kaiser bei der Entscheidungsfindung geholfen. Seine vorherigen mündlichen Ausführungen zum Thema überzeugten zwar eine Minderheit des Hofes, den Kaiser und den Patriarchen inklusive, den Streit konnten sie aber nicht beilegen. Der Kaiser berief daher eine Synode ein. In der schriftlichen Version vertrat Hugo die gleichen Positionen, die allerdings naturgemäß in eine umfangreichere, schriftliche

68 Ebd., II, 1-13, S. 141-151; JENSEN, Hugo Eterianus, S. 198f.; vgl. auch DONDAINE, Hugues Éthérien, S. 123f.

69 Zu Augustinus siehe z. B. Hugo Etherianus, De minoritate, I, 95, S. 127; Hugo ließ aber auch die Gedanken mittelalterlicher lateinischer Theologen wie die des Hugo von St. Viktor aus dem Werk *De sapientia animae* miteinfließen, ebd., II, 5, S. 145; oder im *De sancto* z. B. Gedanken aus Petrus Abaelards *Topica*, ders., De sancto, III, 15, S. 222.

70 Siehe zur lateinischen Manuskripttradition und der Einordnung: PODOLAK/ ZAGO, Ugo Eteriano, S. 77-88.

71 Leo Tuscus, Übersetzung des Oneirocriticon, Praefatio, zit. n. HASKINS, Studies, S. 217: *Latuit tunc utrumque nostrum ea quidem quid portenderet visio, at vero eiusmodi oraculum editus per te de Filii hominis minoritate ad Patrem Deum libellus tempore post revelavit sub tegumentis.* [...] *Solvit autem illam controversiam clamitante illo libello augustalis clemencie decretum pauco scandali fomento contra voluntatem illius relicto.*

Argumentation eingebettet waren. Gemäß Leo trug diese Sammlung erheblich dazu bei, dass Manuel Komnenos zu einer entsprechenden Entscheidung kommen konnte. Die byzantinischen Quellen und die offiziellen Dokumente der Synode 1166 schweigen zu dem *libellus*. Allerdings finden sich Parallelen zwischen dem Beschluss des Kaisers und den von Hugo mündlich und schriftlich vertretenen Ansichten.[72]

Hugos andere schriftliche Abhandlung für die Byzantiner ist zugleich sein Hauptwerk *De sancto* und handelt von der *Filioque*-Kontroverse zwischen byzantinischer und römischer Kirche.[73] Er selbst bezieht sich ausdrücklich auf die Zweisprachigkeit seines Werkes, einmal im *explicit* des *De sancto* (*Latine atque Graece Constantinopoli editus*),[74] und ein weiteres Mal im Brief an Aimery von Limoges, den lateinischen Patriarchen von Antiochia (*editum a me utraque lingua librum accipite*).[75]

Im Prolog der lateinischen Fassung beschreibt Hugo detailliert die Entstehungsumstände dieses Werkes. Als er nach Konstantinopel gekommen war, wurde er vom Kaiser gerufen. Er sollte Manuel sagen, welche Autoritäten der Lateiner „bezeugen, dass der Heilige Geist aus dem Sohn hervorgehe".[76] Manuel Komnenos war zweifelsfrei der Auftraggeber dieses Werkes, auf dessen Verlangen hin sich der Pisaner ans Schreiben machte.

Bemerkenswert ist die Prägnanz der kaiserlichen Frage, Manuel gab seinem Berater genau vor, über was dieser zu schreiben hatte. Dem Kaiser ging es nämlich ausschließlich darum, die *Filioque*-Kontroverse aus lateinischer Sicht beleuchten zu lassen. Es handelt sich bei dieser Thematik um einen zentralen Streitgegenstand, aber eben nur um einen von vielen umstrittenen Punkten zwischen byzantinischer und römischer Kirche. Die kaiserliche Bitte ist zweifelsfrei in die Bemühungen um eine Verständigung oder zumindest Annäherung beider Kirchen einzuordnen. Seitens des Kaisers bestand ein Interesse daran, dass sich die Byzantiner mit den römischen Positionen auskennen sollten. Selbst wenn dies primär dazu diente, sich besser gegen die römischen Ansichten wappnen zu können, das Kennenlernen und Verstehen

72 Übereinstimmungen mit den Positionen Hugos sind vorhanden, allerdings gingen Hugo die Beschlüsse nicht weit genug: KAPRIEV, Lateinische Rivalen, S. 198-202; CLASSEN, Das Konzil, S. 138; CAMERON, Arguing it out, S. 147.

73 Grundlegend für die Argumente und Standpunkte sowie den Umgang mit byzantinischen Anschauungen und Autoritäten für das *De sancto et immortali Deo* und auch für Hugo Etherianus generell ist die Studie von Georgi KAPRIEV, Lateinische Rivalen, S. 231-273.

74 Hugo Etherianus, De sancto, III, explicit, S. 260.

75 Ders., Brief an Aimery von Limoges, S. 6.

76 Ders., De sancto, I, Prolog, S. 12: *sed Constantinopoli cum essem, accersitus sum consulendus a magno atque augustissimo imperatore Manuel utrumne Latini aliquas sanctorum haberent auctoritates quae Spiritum Sanctum ex Filio esse asseuerarent.*

römischer Anschauungen war als erster Schritt der Auseinandersetzung wichtig.

Hugo stellte die Abhandlung *De sancto* um 1176/1177 fertig, die Kirchenunionsverhandlungen befanden sich aber spätestens nach dem Frieden von Venedig 1177 in einer Krise.[77] Es sind keine konkreten Verhandlungen für diese Zeit belegt. Dennoch schien die Idee der Verständigung beider Kirchen am byzantinischen Hof der 1170er Jahre durchaus lebendig gewesen zu sein. Man machte sich offensichtlich Gedanken darum, was die römischen Positionen ausmacht und wie diesen Standpunkten zu begegnen sei. Dafür spricht auch, dass der Pisaner Theologe nicht der einzige war, dem ein solcher Auftrag erteilt wurde. In den 1170er Jahren betraute Kaiser Manuel seinen Berater Andronikos Kamateros damit, eine Sammlung patristischen Materials und theologischer Schriften zu erstellen.[78] In dem unter dem Namen „Heilige Rüstkammer" bekannten Werk widmet sich Andronikos Kamateros im ersten Teil ausführlich den Streitpunkten mit der römischen Kirche, namentlich dem *Filioque* und dem Primatsanspruch.[79] Im zweiten Teil stehen dann die Kontroversen mit den armenischen Christen im Mittelpunkt, mit denen ebenfalls eine Verständigung angestrebt wurde.[80] Relativ zeitnah wurden also die Standpunkte zu Streitthemen zwischen römischer und byzantinischer Kirche im Auftrag des Kaisers niedergeschrieben, vielleicht sogar als Reaktion aufeinander. Alessandra Bucossi, die Editorin der „Heiligen Rüstkammer", verwies bereits darauf, dass Andronikos Kamateros und Hugo Etherianus häufig die gleichen Autoritäten und manchmal sogar dieselben Passagen als Quellen heranzogen, der eine um gegen, der andere um für das *Filioque* zu argumentieren.[81] Beiden spricht Bucossi eine sehr bedeutende Rolle in den Diskussionen zwischen Byzanz und dem Westen zu.[82]

---

77 Zur Datierung: DONDAINE, Hugues Éthérien, S. 102.

78 Zu Andronikos Kamateros und seinem Werk: BUCOSSI, Sacrum Armamentarium I, S. XIX-XXVI.

79 Ebd., S. XXVI; BUCOSSI, Dialogue, S. 269-284; die Edition des antilateinischen Teils des Werkes durch Alessandra Bucossi: Andronikos Kamateros, Sacrum Armamentarium I.

80 BUCOSSI, Dialogue, S. 269; siehe zu den Beziehungen zwischen der armenischen und der byzantinischen Kirche auch HALFTER, L'Église arménienne, S. 63-78.

81 Der einzige Unterschied ist laut Bucossi, dass Hugo Etherianus Eustratios von Nikaia wegließ, dafür aber Niketas von Maroneia und Niketas von Nikomedia verwendete, BUCOSSI, Dialogue, S. 276.

82 Ebd.: „The fact that Kamateros and Eteriano quote the same authors, and often the same passages cannot be considered insignificant, these theologians indeed represent the fundamental steps of the evolution of the discussion between East and West, and although they are not technically considered ‚Fathers of the Church' (Photios must be considered apart) and, therefore, they do not represent authority and tradition; nevertheless, they are

Andere Theologen, außerhalb des Hofes, beschäftigten sich ebenfalls mit dem *Filioque.* Niketas von Maroneia, der vermutlich zur Zeit des Kaisers Manuel Komnenos gelebt hatte, verfasste sechs Dialoge, die den Ausgang des Heiligen Geistes zum Thema hatten.[83] Hugo bezieht sich auch auf diesen, offensichtlich kursierten seine Dialoge am Hof.[84]

Dies zeigt, dass theologische Streitpunkte im byzantinisch-höfischen Kontext auf hohem Niveau kontrovers diskutiert wurden, auch ohne offizielle Vertreter der römischen Kirche. Aus Sicht des Hofes konnte Hugo die zeitgenössische lateinische Theologie nicht zuletzt aufgrund seiner eigenen Ausbildung in Paris verlässlich wiedergeben. Zudem war er darum bemüht, gegenüber den Byzantinern seine Nähe zur römischen Kurie zu betonen. Dies legt zumindest die lateinische Version seines Werkes nahe. Zwar benennt er den Kaiser als Auftraggeber, doch im Vorwort zum ersten Buch des *De sancto* schreibt er explizit, dass auch die römische Kurie die Entstehung seines Werkes unterstützte. Drei Kardinäle haben ihn dazu – sogar wiederholt und häufig – ermuntert, dieses Werk zu verfassen. Er nennt die drei Kardinäle sogar namentlich, es waren Hubald von Ostia, Bernhard von Porto und St. Rufina und Johannes von SS. Johannis et Pauli.[85] Diese drei Kardinäle befanden sich 1167 tatsächlich in Konstantinopel und könnten den pisanischen Theologen persönlich getroffen haben. Die Erwähnung der Kardinäle und ihres Wohlwollens gegenüber Hugos Arbeit vermittelt den Eindruck, dass der Inhalt der Schrift im Einklang mit der römischen Kurie stünde. Wenn dies so auch in der griechischen Fassung stand, dann hatte dies eine umso wichtigere Botschaft. Es bewies, dass er die römischen Positionen authentisch vertreten konnte, da selbst die genannten Kardinäle sein Wirken unterstützten.

---

the theologians who through their interpretations rendered the writings of the Fathers powerful dialectical weapons to be used against the Latins and consequently deserve a place in Andronikos' panoply against and Ugo's treatise pro the *Filioque.*"

83 Siehe zu ihm und der schwierigen Einordnung seiner Lebensdaten: Bucossi, The six dialogues, S. 137f.; interessant ist, dass in seinem Dialog der „Lateiner" und der „Byzantiner" zu einer Einigung zugunsten der römischen Position kommen: Bucossi, The six dialogues, S. 140.

84 Beispielsweise Hugo Etherianus, De sancto, III, 20, S. 250; Bucossi, Dialogue, S. 276; Jensen, Hugo Eterianus, S. 203f.

85 Hugo Etherianus, De sancto, I, Prolog, S. 12f.: *et quoniam intuitus sum tunc imperii serenitatem intendere ad diuinae disputationis religionem, inuolucra uerborum rimari subtiliter grauissimosque disceptationum laberinthos soluendo sufficere, uoluntatis multum irrepsit de altissimo hoc negotio petractare diligentius. Huc quoque accessit Hubaldi Ostiae ac Bernardi Portus magnorum pontificum, Iohannis quoque sanctorum Iohannis et Pauli reuerendi cardinalis iterata eadem pro re petitio multoties; nihilominus autem me de his ad scribendum illexit plurima quae inter Graecos Latinosque contrarietas exaestuat: ...*; Ohnsorge, Die Legaten, S. 82-84 und S. 164; siehe auch Pacaut, Les Légats, S. 830.

Für den Hof war das *De sancto* jedenfalls eine nützliche Abhandlung. Es mag sein, dass der an theologischen Fragestellungen interessierte Kaiser Manuel Komnenos eine Einigung mit der römischen Kirche auch als persönliches Ziel anstrebte. Aber selbst wenn hinter den Bemühungen eine weniger ernsthafte Absicht gestanden haben sollte, boten die entsprechenden Texte die Möglichkeit, sich auf Begegnungen mit der römischen Kirche intern vorzubereiten, Ansichten und Argumente nachzuschlagen und die Gespräche vielleicht sogar „durchzuspielen". Es gibt allerdings keine Anhaltspunkte, dass sie tatsächlich auf diese Weise genutzt wurden. Aber der Aufbau der Texte ermöglichte dies zumindest.[86]

Die Erwartungen des Auftraggebers mussten nicht unbedingt der eigentlichen Intention des Autors entsprechen. Hugos Ziel dürfte es gewesen sein, die byzantinische Seite tatsächlich von den Positionen der römischen Kirche zu überzeugen und sie argumentativ mit ihren eigenen Waffen zu schlagen. Dafür verwendete und zitierte er bei den Byzantinern besonders angesehene kirchliche Autoritäten. Außer der Bibel finden sich namentliche Bezugnahmen auf Basileios von Caesarea, Athanasios von Alexandria, Kyrill von Alexandria,[87] Gregor von Nyssa,[88] Johannes von Damaskus,[89] Johannes Chrysostomos,[90] Gregor von Nazianz,[91] Gregorios Thaumaturgos,[92] Theodoret von Kyros,[93] Epiphanios von Salamis,[94] aber auch auf zeitgenössische byzantinische Theologen wie Niketas von Nikomedia, Nikolaos von Methone und Niketas von Maroneia.[95] Zu Beginn des Werkes werden zudem philosophische Autoren wie Platon, Aristoteles und Plotin herangezogen.[96]

86 Gerhoch von Reichersberg empfahl sein Traktat gegen die byzantinische Haltung zum *Filioque* den päpstlichen Gesandten, die nach Byzanz aufbrechen sollten. Er sah sein Werk also auch als praktische Hilfe für die Vorbereitung auf die Diskussionen mit den Byzantinern, Gerhoch von Reichersberg, Brief an Alexander III., Brief 20, Sp. 575; CLASSEN, Das Konzil, S. 129; siehe auch die Abhandlung *Tractatus contra Grecorum errorem negancium Spiritum Sanctum a Filio procedere*, die Gerhoch später seinem Werk *De investgatione Antichristi* hinzufügte: Gerhoch von Reichersberg, Tractatus, S. 341-357.

87 Die namentliche Nennung dieser drei Autoritäten bei: Hugo Etherianus, De sancto, I, Prolog, S. 12.

88 Z. B.: ebd., III, 12, S. 210.

89 Z. B.: ebd., II, 7, S. 102.

90 Z. B.: ebd., 18, S. 156.

91 Z. B.: ebd., 17, S. 147.

92 Z. B.: ebd., 7, S. 102.

93 Z. B.: ebd., 15, S. 138.

94 Z. B.: ebd., 16, S. 142.

95 Z. B.: ebd., I, 3, S. 18; ebd., 18, S. 64; ebd., III, 18, S. 246.

96 Z. B.: ebd., I, 1, S. 14f.

Sein Werk ist so aufgebaut, dass er in den ersten beiden Büchern die Argumente und Syllogismen der Byzantiner gegen das *Filioque* widerlegt, um dann im dritten Buch die Position der römischen Kirche aktiv zu verteidigen.[97] Im Vergleich zu seinem *De minoritate* lässt sich in *De sancto* ein aggressiverer Ton gegen die (byzantinischen) Autoritäten feststellen, die explizit Stellung gegen das *Filioque* bezogen hatten. Im Besonderen setzt sich Hugo mit seinen Zeitgenossen wie Niketas von Nikomedia und Nikolaos von Methone auseinander, aber auch am Patriarchen Photios arbeitet er sich ab.[98]

Es ist durchaus möglich, dass auch die byzantinische Seite sowohl die lateinische als auch die griechische Fassung dieses Werkes besaß. Eine Handschrift dieses Textes aus dem 12. Jahrhundert (Florenz, Biblioteca Medicea Laurenziana, Ms. Plut. 23 dex. 3) stammt vermutlich aus der Bibliothek des Patriarchats von Konstantinopel. Im Manuskript befindet sich der Vermerk *Liber patriarchatus Constantinopoleos*.[99] Dies könnte auf Konstantinopel als ursprüngliche Provenienz hindeuten. Es ist nicht abwegig, dass sich sowohl die lateinische als auch die griechische Fassung des Textes in der Bibliothek des Patriarchen und/oder des Kaisers befanden. Der lateinische Patriarch von Antiochia, Aimery, verfügte auch über beide Versionen. In diesem Fall konnten die Byzantiner die griechische mit der lateinischen Fassung abgleichen. Die schriftliche Niederlegung der Gedanken eines lateinischen Christen, der die römischen Positionen vertrat, zeugt von der Akzeptanz Hugos als Experte am Hof.

Im Fall des *De minoritate* konnte er sich sogar als Theologe mit christologischem Schwerpunkt profilieren und nicht allein als jemand, dem aufgrund seines persönlichen Hintergrunds und Werdegangs vorrangig eine Expertise zu den Differenzen beider Kirchen zugesprochen wurde. Durch die schriftliche Fassung seiner Gedanken in griechischer Sprache blieben seine Thesen am byzantinischen Hof präsent und zugänglich. Er gehörte dadurch zweifelsfrei auch als Lateiner zum Kreis der angesehenen Theologen am kaiserlichen Hof.

---

97 Die ersten beiden Bücher: ebd., I-II, S. 11-163; das dritte Buch: ebd., III, S. 165-260; JENSEN, Hugo Eterianus, S. 202.

98 Ebd., S. 202f.

99 Florenz, Biblioteca Medicea Laurenziana, Ms. Plut. 23 dex. 3, fol. 1v; vgl. auch DONDAINE, Hugues Éthérien, S. 102.

4.1.3 *Das direkte Aufeinandertreffen: Disputationen und Unionsverhandlungen*

Außer mündlichen Beratungen und schriftlichen Abhandlungen sind auch die Diskussionen mit offiziellen Vertretern der römischen Kirche wichtige Kommunikationssituationen im religiösen Bereich. Im Gegensatz zu den anderen beiden Begegnungen handelt es sich hierbei nicht um eine Beratung, sondern um eine Zusammenkunft, bei der unter anderen Voraussetzungen divergierende Ansichten diskutiert wurden. Die hier involvierten Lateiner unterscheiden sich von Beratern wie Hugo Etherianus dadurch, dass sie erstens offizielle Repräsentanten der römischen Kirche waren, also ein kirchliches Amt innehatten. Zweitens verließen sie nach einer absehbaren Zeit wieder das Byzantinische Reich, sie hielten sich also nicht dauerhaft im Einflussbereich des Kaisers auf. Drittens arbeiteten sie für eine andere westliche Macht und wurden vom Hof nicht beauftragt oder konsultiert, sondern entweder von ihrem eigenen Auftraggeber, vom Kaiser oder von byzantinischen Geistlichen gebeten, an Religionsgesprächen teilzunehmen.

Die Byzantiner profitierten dennoch von ihrem Wissen, denn die Begegnungen in religiösen Disputationen oder Kirchenunionsverhandlungen dienten zweifellos auch dem Wissensaustausch.[100] Dies war allerdings nicht ihre alleinige Funktion. Die Gespräche hatten auch einen kompetitiven Charakter, ob im informellen oder offiziellen Rahmen. Es prallten Vertreter und Meinungen beider Kirchen aufeinander und somit stand auch die Überlegenheit der eigenen Kirche oder religiöser Anschauungen im Mittelpunkt. Die Lateiner stritten in diesem Fall nicht nur für sich, ihren Ruf und ihre Profilierung als Experten, sondern auch um die Positionen ihrer eigenen Kirche, was die Diskussionen verschärfen konnte.

Die im 12. Jahrhundert nach Konstantinopel geschickten päpstlichen Gesandten waren in der Regel hohe Würdenträger der römischen Kirche. Die Überwindung der Differenzen zwischen römischer und byzantinischer Kirche betraf nicht nur die dogmatische und rituelle Ebene, sondern schloss auch jurisdiktionelle Fragen ein. Die päpstlichen Gesandten waren in der Regel mit festgelegten Befugnissen ausgestattet. Bei der von Werner Ohnsorge erstellten Liste der Legaten für das Pontifikat Alexanders III. finden sich meistens Kardinäle und hohe Würdenträger unter den Gesandten nach Byzanz, wie den Kardinaldiakon Ardicio von San Teodoro (1160 und 1164/1165), den Erzbischof Heinrich von Benevent (1161/1162 und 1166) und den Kardinalbischof von Ostia,

100 Siehe am Beispiel der fernöstlichen Gesandtschaften, wie Gesandtschaften dazu genutzt wurden, Wissen über das Fremde zu generieren: BORGOLTE, Experten, S. 945-992; siehe auch MÜNKLER, Erfahrung, S. 20-49; FRIED, Auf der Suche, S. 287-332.

Hubald (1167 und 1168/1169).[101] Der Rang der Gesandten zeigt zum einen die Ernsthaftigkeit der Verhandlungen, zum anderen aber auch deren politische Dimension. Heinrich von Benevent tat sich nicht nur als Gesandter des Papstes hervor, sondern vermittelte 1164 auch zwischen Manuel Komnenos und dem französischen König Ludwig VII.[102] Dies unterstreicht seine Bedeutung auf politischer Ebene.

Heinrich von Benevent wird auch mit einer Disputation in Verbindung gebracht, die zwischen Basileios von Ochrid und einem lateinischen Erzbischof stattfand. Die meisten Manuskripte sprechen unbestimmt von einem Erzbischof aus Italien,[103] die Handschrift Wien, ÖNB, Theologi Graeci, Ms. 193 nennt sogar Heinrich von Benevent als Gesprächspartner.[104] Josef Schmidt konnte allerdings überzeugend gegen Heinrich von Benevent und für Anselm von Havelberg argumentieren. Die Datierung und auch inhaltliche Auffälligkeiten, beispielsweise der Bezug auf eine bereits früher stattgefundene Disputation mit dem Erzbischof von Nikomedia, lassen Anselm als Gegenpart sehr plausibel erscheinen. Er hatte 1136 tatsächlich mit ebendiesem Erzbischof in Konstantinopel diskutiert.[105] Als Bischof von Havelberg und späterer Erzbischof von Ravenna war auch er ein Repräsentant der römischen Kirche.[106]

Zum Aufeinandertreffen beider Seiten liegen zwei relativ detaillierte Berichte vor. Die eine Begegnung schildert Anselm selbst in seinem *Anticimenon*, über die andere schrieb Basileios seine *Dialogi*. In beiden Fällen handelt es sich um die Diskussion des Havelberger Bischofs mit einem Vertreter der byzantinischen Kirche, das erste Mal mit einem als Niketas von Nikomedia bezeichneten Erzbischof (1136) und das zweite Mal mit Basileios von Ochrid (1154/1155), dem Erzbischof von Thessaloniki. Anselm war 1136 im Auftrag des Kaisers Lothar von Supplinburg und 1153/1154 auf Veranlassung Friedrich Barbarossas als Gesandter in Byzanz.[107] Während die erste Diskussion im höfischen Kontext stattfand, hatte die zweite einen eher privaten Charakter, da Anselm auf seinem Rückweg von Konstantinopel mit dem Erzbischof zusammenkam.

---

101 OHNSORGE, Die Legaten, S. 70-84 und S. 164.

102 DÖLGER/WIRTH, Regesten der Kaiserurkunden II, Nr. 1456a, S. 242.

103 Basileios von Ochrid, Dialogi, S. 34: ..., πρὸς τὸν Ἰταλίας ἀρχιεπίσκοπον, ...

104 SCHMIDT, Des Basilius, S. 14f. und S. 28f.

105 Ebd., S. 27-33.

106 SIEBEN, Anselm von Havelberg, S. 20.

107 Basileios von Ochrid, Dialogi, S. 50; SCHMIDT, Des Basilius, S. 29; zur Datierung: ebd., S. 32f.; zum Lebenslauf Anselms siehe SIEBEN, Anselm von Havelberg, S. 13-21; siehe auch KAPRIEV, Lateinische Rivalen, S. 57-60.

Beide Gespräche geben wichtige Einblicke in die jeweiligen Themen und Streitpunkte, sind aber hinsichtlich des Diskussionsverlaufs und -ergebnisses wenig glaubwürdig. Denn in beiden Fällen konnte am Ende der Erörterungen die jeweilige Gegenseite überzeugt werden. Im Bericht zu 1136 ließen sich die Byzantiner laut Anselm für fast alle Positionen der römischen Kirche gewinnen, eine Ausnahme war die Frage des päpstlichen Primats.[108] In den Schilderungen des Basileios konnte wiederum der Havelberger Bischof von den byzantinischen Anschauungen überzeugt werden und von der Auffassung, dass der Heilige Geist nur aus dem Vater hervorgehe.[109] Beides ist unwahrscheinlich und entbehrt wohl jeder Grundlage.

Im ersten Buch des *Anticimenon* beschäftigt sich Anselm mit der Weltzeitlehre, das zweite und dritte Buch haben dann die religiösen Diskussionen mit den Byzantinern zum Thema. Er diskutierte mit ihnen vorrangig die *Filioque*-Kontroverse (Buch II), die Azymenfrage (Buch III, 2-19), die Taufpraxis (Buch III, 21) und auch den Primatsanspruch der römischen Kirche (verteilt über das Buch III).[110] Er schrieb das Werk im Auftrag Papst Eugens III., zwischen dem stattgefundenen Gespräch 1136 und seiner Niederschrift lagen allerdings etwa vierzehn Jahre.[111] Er selbst bemerkt bereits im Prolog, dass er den Inhalt des Dialogs aus seiner Erinnerung heraus wiedergibt.[112] Schon allein deshalb sollten der Inhalt, Verlauf und die Ergebnisse nicht als in jeder Hinsicht authentisch betrachtet werden.

Sind die Ergebnisse und der Diskussionsverlauf auch zu hinterfragen, so bieten die Schilderungen sehr aufschlussreiche Einblicke in ein Religionsstreitgespräch mit einem lateinischen Bischof, besonders hinsichtlich des Zustandekommens und der Hintergründe. Schon im Prolog schreibt Anselm, dass er bei seinem Aufenthalt in Konstantinopel an zahlreichen Diskussionen teilgenommen hatte, mal im privaten und mal im öffentlichen Rahmen.[113]

---

108 SIEBEN, Anselm von Havelberg, S. 30; zu den Diskussionen um das Primat 1136 siehe: Anselm von Havelberg, Anticimenon, III, 7, Sp. 1217-1219.

109 Basileios von Ochrid, Dialogi, S. 50f.; LILIE, Die Auswirkungen, S. 49f.

110 SIGLER, Anselm von Havelberg, S. 302-306; siehe auch NOVIKOFF, Anselm of Havelbergs's controversies, S. 105-122; zum Dialog des Anselm mit den Byzantinern vgl. auch FREUDENBERG, Dialog, S. 153-189; KAPRIEV, Lateinische Rivalen, S. 117-173.

111 SIEBEN, Anselm von Havelberg, S. 31.

112 Anselm von Havelberg, Anticimenon, Prolog, Sp. 1141: *Conservavi autem quantum memoria subministrabat, tenorem dialogi quem cum venerabili ac doctissimo archiepiscopo Nicomediae Nechite in publico conventu apud urbem Constantinopolitanam habui, addens quaedam non minus fidei necessaria, quam huic operi congrua.*

113 Anselm von Havelberg, Anticimenon, Prolog, Sp. 1140: *Unde, quoniam ego aliquando Magni Lotharii Romanorum imperatoris augusti legatus fui in Constatinopolim* [*Constantinopolim*, Anm. d. Verf.], *et ibidem aliquam moram faciens, multas super hujusmodi doctrina et*

Er erörterte Fragen des Dogmas und des Ritus sowohl mit Lateinern als auch mit Byzantinern vor Ort. Vermutlich traf er vor allem mit Kaufleuten der lateinischen Handelsviertel, aber auch mit den Lateinern am Hof zusammen. Ein Gesandter des westlichen Kaisers und Bischof der römischen Kirche war wohl überall ein gern gesehener Gast und Gesprächspartner. Hugo Etherianus unterhielt ebenfalls Kontakte zu westlichen Gesandten, wie den Kardinälen Hubald von Ostia, Bernhard von Porto und St. Rufina und Johannes von SS. Johannis et Pauli oder dem Gesandten Pisas, Konsul Alberto di Bolso, sowie dem Gesandten Friedrich Barbarossas, Hugo von Honau.[114] Es ist sogar denkbar, dass Anselm in einem der lateinischen Viertel wohnte, beim Besuch eines päpstlichen Gesandten 1182 war dies der Fall.[115]

Es waren dennoch die Byzantiner, die ein besonderes Interesse an einer Diskussion hatten. So berichtet Anselm davon, dass sie ihn verschiedene Dinge fragten und auch er ihnen entsprechende Fragen vorlegte (*et crebro varias a Graecis quaestiones susciperem, et itidem alias illis proponerem*).[116] Er vermittelt den Eindruck, dass ein wirkliches Interesse an den religiösen Standpunkten der anderen Seite bestand. Deshalb haben der Kaiser Johannes Komnenos und der Patriarch Leon Styppes (1134-1143) beschlossen, eine öffentliche Versammlung abzuhalten, in der beide Seiten ihre Argumente vorbringen sollten.[117] Die Zusammenkunft fand im pisanischen Viertel in Konstantinopel statt, die Mitglieder des kaiserlichen Hofes nahmen daran teil, genauso wie Pisaner und weitere Lateiner, auch Gelehrte wie Burgundio von Pisa, Jakob von Venedig und Moses von Bergamo.[118] Anselm verwendet für die Angehörigen des kaiserlichen Hofes das Wort *silentiarii*, das dem byzantinischen Hofamt eines σιλεντιάριος entspricht.[119] Die Situation, die er beschreibt, gleicht einer

---

ritu collationes et quaestiones, modo in privatis, modo in publicis, tam Latinorum quam Graecorum conventibus habui, ...

114 Zu den genannten Kontakten siehe beispielsweise Kapitel 7.6, 4.2.4, 7.5 und 7.7.

115 Robert von Torigni, Cronica, a. a. 1182, S. 533; Eustathios von Thessaloniki, Die Eroberung von Thessaloniki, 29, S. 34, die Kapitelzählung entspricht der deutschen Übersetzung bei Hunger.

116 Anselm von Havelberg, Anticimenon, II, 1, Sp. 1163.

117 Ebd.: *Igitur cum essem constitutus in urbe regia, et crebro varias a Graecis quaestiones susciperem, et itidem alias illis proponerem, placuit imperatori piissimo Kalojoanni, placuit etiam patriarchae civitatis N. viro religioso, ut publicus conventus fieret; et statuta est dies, ut in audientia omnium ea sonarent, quae hinc et inde dicerentur.*; zu Leon Styppes siehe: Wirth, Leon Styppes, S. 254f.

118 Siehe Kapitel 3.1.2.

119 Anselm von Havelberg, Anticimenon, II, 1, Sp. 1163: *Convenientibus itaque quamplurimis sapientibus in vico qui dicitur Pisanorum, juxta ecclesiam Agie Irene, quae lingua Latina Sanctae Pacis nuncupatur, mense Aprili, die decimo, si tamen bene memor sum, positisque silentiariis, sicut ibi mos est, et datis arbitris, et sedentibus notariis, qui omnia quae hinc*

Wettkampfkonstellation. Nicht nur die Höflinge nahmen ihre Plätze ein, sondern auch Schiedsrichter (*arbitri*) wurden berufen und Schreiber (*notarii*), die alles schriftlich festhalten sollten. Die gesamte Situation erinnert fast an eine gerichtliche Verhandlung. Zudem erwähnt Anselm, dass die Sitze der Beteiligten genau gegenüberstanden, demnach gab bereits die Raumordnung eine konfrontative und kompetitive Atmosphäre vor.[120]

Der Bischof von Havelberg vermittelt den Eindruck, dass die byzantinische Seite sehr interessiert, gewissenhaft und vorbereitet das Streitgespräch anging. Bereits zuvor beschreibt er detailliert seinen Gesprächspartner. Nach Anselm handelte es sich bei seinem Gegenpart um den Erzbischof Niketas von Nikomedia. Diese Persönlichkeit ist allerdings historisch nicht belegbar, laut Jean Darrouzès war sogar eine andere Person zu dieser Zeit Erzbischof von Nikomedia.[121] Allerdings verweist immerhin Basileios von Ochrid in seinem Dialog darauf, dass Anselm bereits zuvor mit dem Erzbischof von Nikomedia diskutiert hatte.[122] Der Havelberger Bischof beschreibt seinen Gesprächspartner als sehr klug, in der griechischen Kultur sehr gebildet und äußerst redegewandt. Er sei unter den zwölf ausgewählten Lehrern, die in Byzanz in den Wissenschaften führend waren, der beste gewesen und deshalb als Diskutant ausgesucht worden.[123]

Trotz der Probleme bei der Identifikation des Erzbischofs von Nikomedia besteht kein Zweifel daran, dass die Byzantiner einen ihrer besten Gelehrten in die Diskussionen mit Anselm schickten. Hugo Etherianus schildert sein eigenes Streitgespräch betreffend ebenfalls die Auswahl von Gelehrten, die die byzantinischen Positionen gegen ihn vertreten sollten.[124] Es ist auffallend, dass die Byzantiner als gut vorbereitet und als willig beschrieben werden, alles Gesagte schriftlich festzuhalten. Diese Art der Diskussionen ermöglichte für sie einen Erkenntnisgewinn, weil sie die Argumente der römischen Kirche kennenlernen und beurteilen konnten. Zudem war der Bischof von Havelberg,

inde dicerentur, fideliter exciperent et scripto commendarent, universa multitudo, quae ad audiendum avida convenerat, conticuit.; zu dem Hofamt *silentiarios* siehe: KAZHDAN, Art. „Silentiarios", S. 1896.

120 Anselm von Havelberg, Anticimenon, II, 1, Sp. 1163: *Cunctis itaque ordinatis, et sedibus e regione positis, dato silentio, omnibus ad audiendum avidis et suspensis, ….*

121 DARROUZÈS, Les documents, S. 60, Anm. 7; AVVAKUMOV, Die Entstehung, S. 183f.

122 SCHMIDT, Des Basilius, S. 27-33.

123 Anselm von Havelberg, Prooemium, Sp. 1162: *Praedictus namque archiepiscopus cum esset magnus apud illos religionis typo, et acerrimus ingenio, et eruditissimus Graecarum litterarum studio, et facundissimus eloquio,* […]*; praesertim cum ipse inter duodecim electos didascalos, quae studiis Graecorum ex more solent praeesse, tunc temporis fuerit praecipuus, et ab universis in officium nostrae disputationis adversum me electus.*

124 Hugo Etherianus, Brief an Petrus von Wien 1166/1167, 3, S. 153.

der kurz nach seiner zweiten Reise nach Byzanz sogar zum Erzbischof von Ravenna erhobenen wurde, zweifelsfrei ein bedeutender Repräsentant der römischen Kirche.[125] Als kirchlicher Würdenträger hatte er sowohl das Wissen als auch die Autorität, mit den Byzantinern über gegensätzliche Auffassungen zu sprechen.

Leider ist der Aussagewert von Anselms Bericht über den weiteren Verlauf der Disputation begrenzt, da die Positionen der Byzantiner und das Auftreten des Niketas von Nikomedia unauthentisch erscheinen. Dies ist an verschiedenen Punkten festzumachen, aber besonders der angeblich harmonische Hergang der Diskussion ist unplausibel.[126] Vergleichbare Gespräche und spätere Unionsverhandlungen zeichnen bei solchen Zusammentreffen ein ganz anderes, streitlustigeres Bild der byzantinischen Seite.[127] Sie wird für gewöhnlich als dogmatisch stur geschildert. Lateiner und Byzantiner scheinen in Streitgesprächen oft aneinander vorbeigeredet zu haben. Dies hängt auch mit den unterschiedlichen Argumentationsweisen zusammen, während die Lateiner philosophisch argumentierten, verfolgten die Byzantiner eine philologische Vorgehensweise, was zu einer festgefahrenen Diskussionssituation führen konnte.[128]

Die Schilderung der späteren Begegnung durch Basileios von Ochrid spricht eher für eine Konfrontation, mit Wortgefechten und klarem Dissens. Die Diskussionssituation 1154/1155 unterschied sich von der etwa zwanzig Jahre früher abgehaltenen Zusammenkunft auch hinsichtlich der Umstände. Anselm befand sich auf dem Rückweg von einer Gesandtschaftsreise, als er den Erzbischof traf. Es gab keine Beteiligung des Hofes, allerdings zeigt ein etwas späterer Briefwechsel zwischen Papst Hadrian IV. und Basileios, dass der Papst den Erzbischof von Thessaloniki in Fragen der Kirchenunion als einflussreichen Berater des byzantinischen Kaisers betrachtete.[129] Ein Bezug zum Hof ist daher durchaus herzustellen. Dennoch hatte diese Disputation einen informellen Charakter. Wie auch Anselm gibt Basileios das Gespräch in Dialogform wieder, aber ohne sich und seinen Gesprächspartner namentlich

125 SIEBEN, Anselm von Havelberg, S. 20.

126 Siehe zu den genauen Evidenzen Kapitel 4.2.3.

127 Siehe zu Hugo Etherianus als Berater und den am Hof stattgefundenen Diskussionen Kapitel 4.1.1; und zu den Diskussionen bei den Unionsverhandlungen 1234: EXARCHOS, Formen, S. 139-162.

128 Ebd., S. 152f.; FRIED, Auf der Suche, besonders S. 306f.; KAPRIEV, Lateinische Rivalen, S. 200-202.

129 DARROUZÈS, Les documents, S. 60; der Briefwechsel: Hadrian IV., Brief an Basileios von Ochrid, Sp. 925-930; Basileios von Ochrid, Brief an Hadrian IV., Sp. 929-934; zur politischen Einordnung: TOUNTA, Thessaloniki, S. 203f.

zu nennen, er umschreibt sich und ihn mit ὁ Γραικός und ὁ Λατῖνος. Dies lässt den Dialog fiktiv wirken. Es entsteht der Eindruck, dass die zwei Kirchen hier direkt aufeinandertreffen, indem er sie stellvertretend als „Grieche" und „Lateiner" miteinander diskutieren lässt. Damit hebt er den Dialog auf eine andere, allgemeinere Ebene. Dies ist beispielsweise auch bei den *Sechs Dialogen* des Niketas von Maroneia der Fall.[130] Basileios versucht sich in seinem Bericht als „Sieger" der Diskussion darzustellen, denn laut ihm lenkte Anselm beim *Filioque* ein, einem sehr zentralen Streitpunkt. Beiden Autoren war es demnach daran gelegen, die Gespräche als für sich und ihre Seite erfolgreich zu interpretieren. Beide schafften es, den jeweiligen Widersacher argumentativ zu überzeugen, was letztlich auch für sie und ihr Können spricht.

Wenn auch die geschilderte Diskussion gerade hinsichtlich des Ergebnisses als unglaubwürdig anzusehen ist, so zeigen die *Dialogi* dennoch, welchen Nutzen die byzantinische Seite aus solchen Gesprächen ziehen konnte. Denn Basileios verarbeitete nicht nur lateinische Positionen, sondern auch lateinische Autoritäten wie Augustinus und Hieronymus in seinem Bericht.[131] Dies könnte durchaus eine Folge der Diskussion mit Anselm gewesen sein.

Zweifellos konnte Basileios auch von Anselms Ansichten und dessen intellektuellem Hintergrund etwas lernen. In den *Dialogi* sagt der „Grieche", nachdem der „Lateiner" um eine Verschiebung der Diskussion auf den nächsten Tag gebeten hatte, dass dies in Ordnung sei und er sich erhoffe, von den morgigen Erörterungen zu profitieren.[132] Dies bringt den nachhaltigen Effekt von religiösen Streitgesprächen auf den Punkt. Für die Byzantiner boten diese Zusammentreffen mit Vertretern der römischen Kirche, ob in Form von Kirchenunionsverhandlungen oder einfachen Disputationen, ob im offiziellen oder informellen Rahmen, denselben Effekt wie interne mündliche Beratungen oder schriftliche Abhandlungen. Sie lernten die Ansichten und die Argumente der römischen Kirche kennen, nur mit dem Unterschied, dass es sich bei den Diskutanten tatsächlich um offizielle Vertreter der römischen Kirche handelte, deren Erläuterungen auch über eine entsprechende Autorität verfügten.

---

130 Basileios von Ochrid, Dialogi, S. 34-51; zu Niketas von Maroneia und seinen Dialogen: Bucossi, The six dialogues, S. 137-152.

131 Basileios von Ochrid, Dialogi, S. 51; Schmidt bemerkt, dass Basileios von Ochrid Hieronymus und Augustinus gut kannte: Schmidt, Des Basilius, S. 9.

132 Basileios von Ochrid, Dialogi, S. 40; siehe auch Schmidt, Des Basilius, S. 18.

4.2 Die lateinischen Theologen und ihre Interaktion mit westlichen Auftraggebern

Das vorausgegangene Kapitel hat gezeigt, in welchen unterschiedlichen Kommunikationssituationen Lateiner den Byzantinern ihr Wissen und ihre Expertise anboten. Die lateinische Welt wollte ebenso von ihrem Wissen profitieren. Die Wissensbestände, an denen der Westen und die Byzantiner Interesse hatten, weisen sowohl Übereinstimmungen als auch Unterschiede auf. Das in Byzanz erworbene Erfahrungswissen und die dort vertieften Kenntnisse der Theologie stellten aus Sicht des Westens eine Besonderheit dar. Umgekehrt waren die noch vor der Reise zum Bosporus im Westen erworbenen Kenntnisse für die Byzantiner wertvoll. Die lateinischen Theologen kannten sowohl die lateinischen als auch byzantinischen Traditionen und konnte durch ihr Wissen und ihre Erfahrungen auf beide Seiten, Anschauungen und Befindlichkeiten gezielt eingehen.

Der Westen hatte erstens ein besonderes Interesse an der Übermittlung der Schriften heiliger griechischer Autoritäten, die im lateinischen Europa fehlten oder nur schwer zugänglich waren. Für dieses Bedürfnis spricht auch die Konzentration auf religiöse Schriften bei den angefertigten Übersetzungen. Zweitens bestand ein Bedarf an Wissen über die byzantinische Kirche und die zeitgenössischen Anschauungen besonders im Kontext der Kirchenunionsbemühungen. Drittens wurde den in Byzanz lebenden lateinischen Theologen eine besondere theologische Sachkompetenz zugesprochen. Sie selbst, ihre Ansichten und ihr theologischer Rat waren im Westen gefragt.

Die Kommunikationssituationen mit westlichen Auftraggebern unterscheiden sich von denen mit Byzantinern. Dies ist vor allem dem Umstand der räumlichen Entfernung geschuldet. Durch diese physische Distanz bestand selten die Gelegenheit, sich persönlich zu treffen. Der Kontakt wurde in der Regel über Mittelsmänner hergestellt und gehalten. Deshalb sind es besonders die schriftlichen Kommunikationssituationen, in deren Rahmen die Theologen wirkten.

4.2.1 *Contra Graecos: Schriftliche Abhandlungen gegen die Byzantiner*

Im lateinischen Europa kamen seit dem 9. Jahrhundert schriftliche Abhandlungen gegen die Byzantiner und ihre (religiösen) Anschauungen auf.[133]

---

133 Hierfür war der Streit zwischen Papst Nikolaus I. und dem Patriarchen Photios I. maßgeblich verantwortlich, siehe als Beispiele folgende *Contra Graecos*-Traktate: Ratramnus von Corbies *Contra Graecorum opposita*, *Adversus Graecos* des Aeneas von Paris, die *Responsio contra Graecorum haeresim* der deutschen Bischöfe in Worms. Anselm von Canterburys

Der Patriarch von Konstantinopel, Photios, hatte sich 867 in einer Enzyklika gegen die Anschauungen der römischen Kirche, besonders gegen das *Filioque*, gewandt. Papst Nikolaus I. (858-867) ermutigte daraufhin die lateinischen Christen, „Verteidigungsschriften“ gegen diese Anschuldigungen anzufertigen.[134]

Der konkrete Zweck und der Nutzen solcher *Contra Graecos*-Traktate bleiben oft im Dunkeln. Gerhoch von Reichersberg verfasste ein Traktat gegen die byzantinische Kirche und sandte sein *Tractatus contra Grecorum errorem negancium Spiritum Sanctum a Filio procedere* zwischen 1156 und 1159 an den Kardinal Johannes, den Archidiakon in Tyros.[135] In dieser Schrift setzt er sich mit dem *Filioque*, aber auch mit der Azymenkontroverse und christologischen Fragen auseinander. Er empfahl Johannes, dieses Traktat einem griechischen Magister Moyses weiterzuleiten. Classen vermutet, dass es sich bei diesem Mann um Moses von Bergamo gehandelt haben könnte.[136] Ein zweites Mal schickte er seine Schrift 1163 an Papst Alexander III. und verwies darauf, dass die nach Konstantinopel reisenden Gesandten sein Buch berücksichtigen sollten.[137] An dieser Stelle bringt Gerhoch sein *Contra Graecos*-Traktat als Vorbereitungshilfe für die anstehende päpstliche Gesandtschaft ins Spiel und hofft, dass dieses die lateinische Seite bei den Diskussionen unterstützen kann. Dies zeigt, welchen praktischen Nutzen sich der Autor von seinem Werk versprach.

Die *Contra Graecos*-Schriften setzen sich intensiv mit den Byzantinern und ihren aus lateinischer Perspektive „falschen“ Ansichten auseinander, allerdings hat ein Großteil der Autoren wie beispielsweise Gerhoch von Reichersberg die byzantinischen Positionen nicht aus erster Hand kennengelernt und sich

---

De processione Spiritus Sancti ist ebenso dieser Kategorie zuzuordnen, SIEBEN, Anselm von Havelberg, S. 32.

134 Ebd.; zum photianischen Schisma vgl. KOLBABA, Inventing Latin Heretics, S. 49-140; GEMEINHARDT, Die Filioque-Kontroverse, S. 165-298, speziell zur Enzyklika des Photios, S. 188-197.

135 CLASSEN, Das Konzil, S. 128; zu dem Archidiakon Johannes: BRIXIUS, Die Mitglieder, Nr. 14, S. 55.

136 CLASSEN, Das Konzil, S. 128; Gerhoch von Reichersberg, Brief an Magister A., Brief 1, Sp. 489.

137 Gerhoch von Reichersberg, Brief an Alexander III., Brief 20, Sp. 575: *Esse namque in proximo, ut aspiret dies, et inclinentur umbrae, cum sint multa indicia, etiam hoc auroram dici praenuntiat, quod ut fama refert, legati a vestro apostolatu quaeruntur in Graeciam de fide instruenda. Vellem igitur, si vestrae majestati placeret, eosdem legatos considerasse libellum nostrum contra Graecorum errores, quem antehac misi in curiam illic examinandum, et si placeret, propalandum, cujus etiam nunc misi rescriptum vobis et dominis cardinalibus inspiciendum, si placeret, remota nimirum erga me pusillum vestra et illorum super hoc indignatione.*; CLASSEN, Das Konzil, S. 129.

selbst dort nie persönlich aufgehalten.[138] Ganz anders ist das bei Lateinern in Konstantinopel, die für den Kaiser arbeiteten. Denn in diesen Fällen gibt es einen direkten Bezug. Sie verhießen „Insiderwissen“ über die byzantinische Kirche und ihre Positionen. Sie erlebten die unterschiedlichen Anschauungen mit eigenen Augen, deshalb konnten ihre Abhandlungen auch als besonders glaubhaft gelten.

Die Texte lateinischer Theologen in Byzanz sind im Vergleich zu anderen westlichen Autoren der *Contra-Gracos*-Traktate nicht unbedingt versöhnlicher oder verständnisvoller gegenüber den byzantinischen Positionen und Riten. Dies trifft auch auf die am Kaiserhof wirkenden Lateiner zu. Die beiden hier behandelten *Contra Graecos*-Traktate unterscheiden sich voneinander weniger in ihren Ansichten als in Form und Argumentation. Das *De haeresibus et praevaricationibus Graecorum* des Leo Tuscus setzt sich mit den „Irrtümern“ der Byzantiner sehr polemisch und in Listenform auseinander. Hugo Etherianus' Schrift *De sancto et immortali Deo* ist zwar angriffslustig, aber dennoch eine umfassende theologische Abhandlung, die sich intensiv mit den Argumenten der Byzantiner beschäftigt und sie zu widerlegen sucht. Zu fragen gilt es, welches Wissen diese Texte enthielten und welchen Nutzen und Zweck sie für westliche Leser hatten.

Ein sehr bemerkenswerter Fall ist das Werk *De haeresibus* des Leo Tuscus. Er schlägt darin, wie bereits der Titel vermuten lässt, einen aggressiven Ton an, es geht um die „Irrlehren“ und Sünden der Byzantiner. Das Werk zu datieren ist schwierig, es muss aber nach Juli 1177 verfasst worden sein, da darin der Frieden von Venedig Erwähnung findet.[139] Die Abhandlung ist zweigeteilt, sie enthält zunächst einen listenartig durchnummerierten Katalog mit Vorwürfen gegen die Byzantiner. Der zweite Teil widmet sich der Geschichte beider Kirchen und geht auf aktuelle Ereignisse ein.

Leo, der Jahrzehnte in Konstantinopel lebte und für den Kaiser arbeitete, offenbart darin seine ablehnende Haltung gegenüber den Positionen der byzantinischen Kirche. Gleichzeitig zeugt dieses Werk aber auch von Leos Prägung durch seinen Wohnort, denn er benutzt ein Genre, das die Byzantiner bereits seit Patriarch Photios im 9. Jahrhundert verwendeten. Die byzantinischen Listen gegen die Lateiner vom 9. bis zum 13. Jahrhundert sind dank der umfassenden Untersuchung von Tia Kolbaba gut erforscht. Diese Texte bestehen regelrecht aus einer Auflistung der aus byzantinischer Sicht vermeintlichen „Irrlehren“ der Lateiner. Sie umfassen dabei dogmatische

138 Ebd., S. 127f.; zu Gerhoch von Reichersberg und seinen Ansichten: KAPRIEV, Lateinische Rivalen, S. 203-212.

139 Siehe dazu auch DONDAINE, Hugues Éthérien, S. 71 und S. 116-119.

Streitpunkte wie das *Filioque*, kirchenrechtliche Unterschiede wie den Zölibat bei der Geistlichkeit, aber besonders rituelle und kulturelle Differenzen wie die Verwendung von Azymen, die Fastenregeln und Essensvorschriften, den Taufritus, aber auch die Kleiderwahl und nicht zuletzt das Barttragen der Priester.[140] Kolbaba bemerkt zurecht, dass diese Listen nicht selten Ansichten und Riten der römischen Kirche verfälscht wiedergeben, was letztlich auch auf Unverständnis und Unkenntnis zurückzuführen ist.[141]

Leo kannte diese Listen sehr wahrscheinlich, sein Bruder Hugo übersetzte sogar eine photianische Liste im Auftrag des Kardinalpriesters Arduin von Santa Croce in Gerusalemme.[142] Er bediente sich also bewusst dieses Genres, um ein lateinisches Pendant zu den byzantinischen Listen zu schaffen. Zu fragen bleibt allerdings, was ihn dazu veranlasste und besonders für wen er dies verfasste. Wenn man sich dem Inhalt seines Werkes zuwendet, so ist auf den ersten Blick festzustellen, dass es sich hierbei um einen äußerst polemischen Text handelt. Das Werk ist bis heute nicht ediert, Teile davon sind allerdings bei Antoine Dondaine und in der Edition eines 1252 im lateinischen Konstantinopel entstandenen *Tractatus Contra Graecos* zu finden.[143] Der Text ist in der Handschrift Sevilla, Biblioteca Colombina, Ms. 5-1-24 enthalten.[144]

In 48 Artikeln listet Leo knapp, aber pointiert, verschiedene „Irrtümer" der byzantinischen Kirche auf, die ein weites inhaltliches Spektrum abdecken. Er thematisiert die Weigerung der Byzantiner, das Primat des Papstes anzuerkennen.[145] Darüber hinaus behandelt er das *Filioque* und verweist dabei auch auf das Buch seines Bruders (*De sancto et immortali Deo*), allerdings ohne diesen namentlich zu nennen. Diesem unter Manuel Komnenos entstandenen Buch

---

140 Vgl. KOLBABA, The Byzantine Lists, S. 23-87.

141 Ebd., S. 32.

142 Zu diesem Werk vgl. auch DONDAINE, Hugues Éthérien, S. 114-116.

143 Dondaine edierte nur den letzten Teil von *De haeresibus et praevaricationibus Graecorum*: DONDAINE, Hugues Éthérien, S. 126f.; im Folgenden werden die entsprechenden Stellen aus dem Manuskript zitiert; das Traktat *Contra Graecos* ist im Migne PG 140 ediert: Contra Graecos, Sp. 485-574, die stark an *De haeresibus et praevaricationibus Graecorum* angelehnten Stellen: Sp. 544-550; siehe auch DONDAINE, „Contra Graecos", S. 364-366; zu dem gesamten Traktat auch: ebd., S. 320-446; es gibt allerdings kleine Abweichungen nicht nur bei der Wortwahl, sondern beispielsweise ist der Artikel 18 nicht im *Contra Graecos* enthalten: Contra Graecos, Sp. 545; Sevilla, Biblioteca Colombina, Ms. 5-1-24, fol. 80r; zudem endet der Auszug beim *Contra Graecos* mit dem 47. Artikel des *De haeresibus et praevaricationibus Graecorum*: Contra Graecos, Sp. 550; Sevilla, Biblioteca Colombina, Ms. 5-1-24, fol. 82v.

144 Ebd., fol. 78r-88v; siehe dazu auch DONDAINE, Hugues Éthérien, S. 116-119.

145 Sevilla, Biblioteca Colombina, Ms. 5-1-24, Artikel 1, fol. 78r.

könne Griechenland gar nicht widersprechen.[146] Ähnlich den byzantinischen Listen erörtert Leo die Azymenkontroverse und den Streitpunkt um die Ehelosigkeit von Geistlichen, wobei er natürlich die Anschauungen der römischen Kirche verteidigt, also für die Verwendung von Azymen und für die Ehelosigkeit eintritt.[147] Weitere Unterschiede werden angesprochen, vermischen sich allerdings auch mit eher polemischen Vorwürfen wie beispielsweise, dass byzantinische Bischöfe nur durch Simonie in ihre Ämter kämen.[148]

In eine ähnliche Richtung gehen die Angriffe gegen die byzantinischen Frauen. Unter Artikel 22 kritisiert er, sie seien nur auf ihr Äußeres bedacht. So seien sie von der natürlichen Pflege abgekommen und schmücken ihre Haare gegen die Ermahnungen des Petrus an die Frauen und Männer, der daraufhin direkt zitiert wird (1. Petrus 3,3). Frauen sollen sich demnach nicht mit äußerlichen Dingen wie Haaren, Schmuck und prächtiger Kleidung aufhalten, sondern sich auf das Innere besinnen und den Männern unterordnen.[149] Leo bekräftigt unmittelbar nach diesem Zitat, dass die (byzantinischen) Frauen ihre Gesichter bemalen, sodass ihr Abbild, vielleicht *imago* hier auch im Sinne von Trugbild, durch verschiedene Farben verziert wird (*facies suas pingunt ut uariis coloribus insigniuntur ymagines*).[150]

Er versucht hier einen Unterschied zwischen eitlen byzantinischen und gottgefälligen (lateinischen) Frauen aufzuzeigen. Dies ist nicht neu, da andere Byzantinerinnen wie beispielsweise die aus dem Osten stammende westliche Kaiserin Theophanu ähnlichen Vorwürfen ausgesetzt waren.[151] Selbst byzantinische Quellen sehen einen Unterschied in der Art, sich zu kleiden und zu schminken. So beschreibt Niketas Choniates die aus dem Westen stammende Kaiserin Bertha-Irene als für byzantinische Verhältnisse auffallend

146 Ebd., fol. 78v: *preterea liber sub imperio manuel editus quem de imortali deo presignat titulus, cui grecia contradicere non potest spiritum ex duobus pariter procedere inexpugnabilibus argumentis demonstrat.*

147 Ebd., Artikel 2 und 3, fol. 78v-79r und Artikel 6, fol. 79r.

148 Ebd., Artikel 10, fol. 79r: *In sorte symonis magi de iure ponendi sunt grecorum pontifices qui nullis sine pecunia ecclesias largiuntur.;* allgemein wird der säkulare Einfluss auf die Geistlichkeit angeprangert, z. B. ebd., Artikel 13, fol. 79r und 79v.

149 Ebd., Artikel 22, fol. 80v; bei 1. Petrus 3,5 folgt dann die Aufforderung an die Frauen, sich den Männern unterzuordnen.

150 Sevilla, Biblioteca Colombina, Ms. 5-1-24, Artikel 23, fol. 80v.

151 So hat eine durch den *Liber visionum* des Otloh von St. Emmeram überlieferte Vision einer Nonne die Kaiserin der ewigen Verdammnis ausgesetzt gesehen, da sie die Sünde begangen habe, überflüssige, üppige Gewänder und Schmuck aus Griechenland in den Westen mitzubringen. Die Demonstration dieser unbeschreiblichen Pracht habe andere Frauen dazu verleitet, es ihr gleich zu tun: Otloh von St. Emmeram, Liber visionum, Visio 17, S. 91f.

bescheiden und uneitel.[152] Da es in Leos Traktat allerdings gerade um das Thema der Irrtümer und auch Sünden der Byzantiner geht, hat dies eine größere Dimension. Denn der Angriff auf die Frauen ist immer auch eine Attacke auf die Männer, denen sich die Frauen unterzuordnen haben.

Er unterstellt zudem, dass sich byzantinische Frauen und Männer nicht an das Sakrament der Ehe hielten, sie würden es für wertlos erachten (*mulieres et uiri sacramentum coniugii pro futili reputant*).[153] Dies entbehrt jeder Grundlage, die Ehe war in der byzantinischen Kirche natürlich ein gültiges und besonders wichtiges Sakrament und das Eherecht war im 12. Jahrhundert längst klerikalisiert.[154]

Sein *De haeresibus* liest sich eher wie eine generelle Abrechnung nicht nur mit der byzantinischen Kirche, sondern auch mit der gesamten Gesellschaft. Ein weiteres wichtiges Thema dieser Schrift ist das harte Vorgehen gegen lateinische Christen vor Ort. In seiner Auflistung erwähnt er unter Artikel 44, dass die Byzantiner Altäre waschen, wenn dort zuvor ein lateinischer Priester eine Messe nach römischem Ritus gefeiert hatte.[155] Im Artikel 45 berichtet Leo über lateinisch-byzantinische Eheschließungen. Der Lateiner, der eine Byzantinerin heiraten wolle, werde beispielsweise unter Eid gezwungen, seine Gemeinschaft, sein Bekenntnis sowie seine Taufe aufzugeben.[156] Er müsse schriftlich unter Eid versprechen, dass er keine Azymen zu sich nehmen werde und seine Kinder nach byzantinischem Ritus taufen lasse. Durch Vermittlung der (byzantinischen) Mütter werden zudem die Kinder ohne Zustimmung und Wissen der (lateinischen) Väter nach byzantinischem Ritus getauft. Die Priester würden ohnehin jeden Lateiner taufen, und dies nicht nur heimlich, sondern sogar offen.[157]

Gemäß Leo würden die Byzantiner den Lateinern mehr durch Taten als durch Worte zu verstehen geben, dass der Glaube der römischen Kirche unwirksam sei. Er schreibt, er selbst beurteile alle diese eben vorgebrachten

152 Niketas Choniates, Historia, I, S. 53f.; LILIE, Byzanz – Staat, S. 34f.

153 Sevilla, Biblioteca Colombina, Ms. 5-1-24, Artikel 24, fol. 80v.

154 SCHMINCK, Zur Entwicklung, S. 555-587, besonders S. 587; zum Eherecht in Byzanz und Scheidungen: STOLTE, Desires denied, S. 77-86; PAPADATOU, Divorce, S. 269-273.

155 Sevilla, Biblioteca Colombina, Ms. 5-1-24, Artikel 44, fol. 82r: *Si forte latinus sacerdos quod uix permittitur diuina in eorum ecclesiis pagat mysteria, grecus nisi abluto altari non ibidem celebrat ulterius.*

156 Ebd., Artikel 45, fol. 82r.

157 Ebd., Artikel 46, fol. 82v: *Nam quemcumque latinum sibi associant per fidem sine latenter siue patenter rebaptizant. Unde latinorum filios matribus mediantibus dicti sacerdotes secundum ritum latinorum baptizatos patribus nescientibus rebaptizant.*

Taten, also die Attacken gegen die Lateiner, als noch abscheulicher als die zuvor geschilderten Missstände. Dann schließt er mit seinem Katalog.[158]

Leo bietet seinen Lesern einen sehr umfangreichen Überblick über die „Irrlehren" der Byzantiner, aber auch über deren fehlerhaftes Verhalten in der religiösen Praxis. Die Feindseligkeiten gegenüber den Lateinern auf byzantinischem Gebiet brandmarkt er als besonders verabscheuungswürdig. In der im selben Werk geschilderten Beratungssituation zwischen Hugo Etherianus und dem Kaiser ist die Verbesserung der Lebenssituation für die in Byzanz lebenden lateinischen Christen ebenfalls ein sehr zentraler Gesprächsgegenstand.[159] Die Lage der Lateiner vor Ort scheint für Leo ein sehr wichtiges Thema gewesen zu sein, nicht zuletzt, weil sie ihn auch selbst betraf.

Die heutige Forschung zweifelt daran, ob es im 12. Jahrhundert Wiedertaufen in Byzanz gab.[160] In den lateinischen Quellen sind diese aber ein Thema, auch bei den Autoren, die dauerhaft in Byzanz lebten.[161] Diese erhobenen Vorwürfe implizieren, dass es nicht nur um die unterschiedlichen Anschauungen zwischen beiden Kirchen ging, sondern, dass die römische Kirche auf byzantinischem Gebiet aktiv bekämpft wurde, und zwar weniger mit Worten als mit Taten. Gegenüber seiner lateinischen Leserschaft macht Leo damit nochmals deutlich, wie feindselig die Byzantiner eingestellt waren.

Er schlägt in *De haeresibus* einen harten Ton an. Es entsteht der Eindruck, ein lateinischer Autor wollte mit diesem Katalog den als ungerecht empfundenen griechischen Listen gegen die römische Kirche etwas entgegensetzen. Er bietet auf der einen Seite tatsächlich Wissen über die Differenzen zwischen römischer und byzantinischer Kirche an (*Filioque*, Azymen), trifft aber auch nachweislich falsche (Wertlosigkeit des Ehesakraments), anzuzweifelnde (Wiedertaufe) und offen polemische Aussagen (Angriff auf die Eitelkeiten der Byzantinerinnen). Mit seiner inhaltlich und sprachlich zweifelsfrei an die lateinische Welt gerichteten Liste liefert er seinen Lesern einen Überblick über die Fehler der Byzantiner, gesehen durch die Augen eines Lateiners. Eine wirkliche Beschäftigung mit den abweichenden Positionen oder gar eine theologische Widerlegung der Ansichten – wie sie beispielsweise Hugo Etherianus in seinen Werken anbietet – sucht man hier jedoch vergebens.

---

158 Ebd., fol. 82v: *Quod omnibus supra dictis abhominabilius et detestabilius iudico.*

159 Siehe Kapitel 4.1.1.

160 Siehe zur Wiedertaufe: Kolbaba, On the closing, S. 39-51; siehe auch Neocleous, Heretics, S. 58-65.

161 Neben Leo Tuscus erwähnen auch andere lateinische Quellen die Wiedertaufe, z. B. Anselm von Havelberg, Anticimenon, III, 21, Sp. 1245f.; Odo von Deuil, De profectione Ludovici VII in Orientem, III, S. 56.

Die Abhandlung endet allerdings nicht mit diesem Katalog, sondern schlägt im zweiten Teil durchaus versöhnlichere Töne an.[162] Der zweite Abschnitt bietet einen Überblick über die historischen Gründe für die Kirchenspaltung und kommt gegen Ende sogar auf aktuelle Kirchenunionsverhandlungen zu sprechen, in denen Leo seinem Bruder Hugo eine einflussreiche Rolle zuschreibt. Er informiert seine Leser nicht nur über die „Irrlehren" und Sünden der Byzantiner, sondern versucht für die Bewältigung der Differenzen Perspektiven aufzuzeigen, auch wenn sie inhaltlich sehr den römischen Vorstellungen entsprachen.

Die Frage nach den Empfängern und Lesern dieses Werkes ist nicht leicht zu beantworten. Es ist unklar, ob es sich um ein Auftragswerk handelte oder ob Leo diesen Text aus eigenem Antrieb verfasste. Die Handschrift Sevilla, Biblioteca Colombina, Ms. 5-1-24 stammt aus dem 13. Jahrhundert und enthält auch Werke des Hugo Etherianus (*Contra Patarenos, De haeresibus quas in Latinos Graeci devolvunt*).[163] Diese Schrift war wahrscheinlich nicht sehr weit verbreitet, da sie für einen begrenzten Kreis bestimmt war.

Es ist bezeichnend, dass der anonyme Autor des um 1252 in Konstantinopel entstandenen *Tractatus Contra Graecos* dieses Werk nicht nur rezipierte, sondern einen Großteil seiner Katalogartikel wörtlich übernahm.[164] Während der lateinischen Herrschaft über Konstantinopel mussten sich die Lateiner mit den Byzantinern noch viel stärker auseinandersetzen als zuvor, da sie im eroberten Gebiet mit mehrheitlich byzantinischen Christen konfrontiert waren. Es ist anzunehmen, dass der Verfasser des *Tractatus Contra Graecos* in Konstantinopel auf Leos Werk zugreifen konnte. Bereits im 12. Jahrhundert könnten die in Byzanz lebenden Lateiner der Adressatenkreis dieser Schrift gewesen sein, dafür würde auch sprechen, dass die Situation der lateinischen Christen thematisiert wird. Allerdings könnte dieses Werk auch für kuriale Kreise bestimmt gewesen sein. Zum einen befindet sich der Text in einer Handschrift zusammen mit Werken des Hugo Etherianus, von denen eines im Auftrag eines römischen Kardinalpriesters entstanden war. Zum anderen bietet besonders der zweite Teil mit seinem historischen Rückblick und seinen Informationen zu den Kirchenunionsverhandlungen unter Kaiser Manuel „Insiderwissen" an, von dem die römische Kurie profitieren konnte. Es ist zudem niemand geringerer als Humbert von Romans, der in seinem *Opus*

162 Sevilla, Biblioteca Colombina, Ms. 5-1-24, besonders ab fol. 86v.

163 Hugo Etherianus, Contra Patarenos (fol. 67r-75v); Hugo Etherianus, Übersetzung De haeresibus (fol. 75v-78r), inklusive dem Brief an den Kardinalpriester Arduin von Santa Croce.

164 Contra Graecos, Sp. 485-574.

Tripartitum (um 1274) ebenfalls Passagen aus *De haeresibus* wörtlich wiedergab.[165] Kirchliche Kreise, die sich besonders mit Fragen der Kirchenunion oder den Auseinandersetzungen zwischen byzantinischer und römischer Kirche beschäftigten, hatten Zugriff auf diesen Text. Es ist nicht zu klären, ob die Schrift von Leo selbst im Westen verbreitet wurde oder ihren Weg ins lateinische Europa erst später fand. Ersteres ist allerdings auch vorstellbar, da er seine Übersetzung der Chrysostomosliturgie in den Westen schickte und auch Hugo Etherianus aktiv seine Werke in die lateinische Welt vermittelte.

Die Frage nach den Adressaten und Profiteuren ist bei der Abhandlung *De sancto* des Hugo Etherianus klarer zu beantworten. Denn es sind mindestens zwei Empfänger überliefert, die eindeutig der geistlichen Elite der westlichen Welt zuzurechnen sind: Papst Alexander III. und Aimery von Limoges, Patriarch von Antiochia. Da dieses Werk auf Initiative des byzantinischen Kaisers entstanden war und an anderer Stelle dieser Untersuchung bereits hinsichtlich des Erkenntnisgewinns und Nutzens für die Byzantiner ausführlich behandelt wurde, sind die darin thematisierten Inhalte bereits gründlich dargestellt worden.[166] Diese Abhandlung ist ein einmaliges Beispiel für ein Werk, das mit dem gleichen Inhalt, jeweils in einer lateinischen und griechischen Version, sowohl Lateinern als auch Byzantinern spezifisches Wissen anbot. Die Inhalte der Schrift waren wohl die gleichen, aber der konkrete Zweck und der Nutzen variierten je nach Empfänger des Textes.

Es ist möglich, dass die griechische Fassung als erste entstand, da Manuel Komnenos Hugo anfragte, eine Abhandlung zur *Filioque*-Kontroverse zu schreiben. Inwieweit Hugo den ursprünglichen Text nur übersetzte oder ihn inhaltlich veränderte und eventuell ergänzte, ist nicht festzustellen. Der Editor und die Editorin des *De sancto*, Pietro Podolak und Anna Zago, führen neun Manuskripte auf, die den lateinischen Text enthalten, davon stammen sechs aus dem 12./13. Jahrhundert.[167] Die Manuskriptzahl ist nicht zwingend aussagekräftig dafür, wie bedeutsam oder verbreitet eine Schrift im Mittelalter war, allerdings scheint die zeitliche Nähe zwischen der Entstehung des Textes und der Datierung der *Codices* auf ein signifikantes zeitgenössisches Interesse hinzudeuten.

Hugo sandte Papst Alexander III. und Aimery von Limoges, dem Patriarchen von Antiochia, Exemplare seiner Schrift, versehen mit entsprechenden Begleitschreiben, die einen Einblick in das Verhältnis zwischen Autor und Empfänger

---

165 Dondaine, Hugues Éthérien, S. 117.

166 Siehe Kapitel 4.1.2.

167 Podolak/ Zago, Hvgonis Eteriani, S. XXXV-XLVI.

gewähren. Da er den Briefwechsel begann, ist davon auszugehen, dass er sein Werk aktiv in der lateinischen Welt verbreitete.

Sein Brief an Papst Alexander III. ist schwer zu datieren, das päpstliche Antwortschreiben stammt vom 6. November 1177.[168] Der Kontakt zur römischen Kurie bestand wahrscheinlich schon früher. Dort dürfte man gewusst haben, dass Hugo an einem solchen Werk arbeitete. Denn bereits im Vorwort beschreibt der Autor, wie ihn Kardinäle, die sich als Gesandte in Byzanz aufhielten, zur Abfassung ermutigten.[169] Alexander III. erwähnt in seinem Antwortschreiben auch seine Gesandten, die aus Konstantinopel zurückgekehrt waren.[170] Es ist gut möglich, dass der Papst durch eine seiner Gesandtschaften, vielleicht sogar die von 1167, über das Wirken des Pisaners informiert war.[171] Wann genau Hugo mit der Abfassung begann, ist allerdings unklar.

Hugo äußert im Brief an Alexander seine Erwartungen an die Wirkung seiner Schrift. Seine Absicht war es zum einen, den Ritus der römischen Kirche zu verteidigen. Das Werk bot zum anderen das Potenzial, den „todbringenden Streit der Griechen zu stillen".[172] Der Autor appelliert gewissermaßen an den Papst, dass sein Werk nicht nur die römische Kirche unterstütze und die byzantinischen Ansichten widerlege, sondern auch tatsächlich zur Lösung der Meinungsverschiedenheiten zwischen beiden Kirchen beitragen könne und somit auch zur angestrebten Kirchenunion.

Er ging davon aus, dass sein Werk der römischen Seite in den Unionsverhandlungen nützlich sein konnte. Tatsächlich analysierte er darin einen der wichtigsten Streitpunkte zwischen beiden Kirchen: die *Filioque*-Kontroverse. Er legte einerseits die Ansichten der Byzantiner offen und zeigte, wie und mit welchen Autoritäten sie argumentierten (Buch I und II des *De sancto*). Da er in Byzanz lebte, kannte er sich mit den byzantinischen Anschauungen und zeitgenössischen Diskursen gut aus. Zum anderen lieferte er der römischen Kirche sogar Strategien und Argumente, wie die römischen Ansichten gegenüber den Byzantinern aktiv zu verteidigen seien, und zwar gerade mithilfe von besonders angesehenen griechischen Autoritäten (Buch III).[173]

---

168 So DONDAINE, Hugues Éthérien, S. 71, Dokument VIII und IX; so auch HAMILTON, Hugh Eteriano, S. 129.

169 Hugo Etherianus, De sancto, I, Prolog, S. 12f.

170 Alexander III., Brief an Hugo Etherianus, S. 4f.

171 Siehe die Übersicht bei OHNSORGE, Die Legaten, S. 164.

172 Hugo Etherianus, Brief an Alexander III., S. 4.: … *et quod mortiferam Graecorum controuersiam potest sedare gratis offert.*

173 JENSEN, Hugo Eterianus, S. 202.

Vom dargelegten Erfahrungsschatz konnte die römische Seite profitieren. Im Gegensatz zu Anselms *Anticimenon*, in dem die Glaubwürdigkeit zentraler Passagen anzuzweifeln ist, gab Hugo die Ansichten der Byzantiner plausibel und authentischer wieder.

Das Antwortschreiben Papst Alexanders III. stammt vom November 1177 und wurde damit nach dem Frieden von Venedig verfasst. Die Versöhnung zwischen westlichem Kaiser und Papst im Juli 1177 ließ die Kirchenunionsverhandlungen mit Byzanz in den Hintergrund treten. Dadurch brachen die Unionsverhandlungen erst einmal ab, wobei sie eigentlich schon Ende der 1160er Jahre ins Stocken geraten waren.[174] Die Kirchenunion war um 1177 also kein derart relevantes Thema mehr wie noch Jahre zuvor. Auf der einen Seite spricht dies eher gegen einen konkreten und praktischen Nutzen hinsichtlich aktueller Unionsbemühungen, auf der anderen Seite aber war diese Abhandlung vielleicht gerade deshalb umso wertvoller, da sie auch auf künftige Gespräche vorbereiten konnte. Die fehlende aktuelle Relevanz ist vielleicht auch dafür verantwortlich, dass Papst Alexander III. in seinem Antwortschreiben eher seinen generellen Dank bekundete. Hugos intensive Arbeit wird darin anerkannt (*cognoscentes laborem plurimum quem sustinuisti in componendo libro*) und seine Schrift als ein „für Gott und für die Gottergebenheit der Kirche" geschriebenes Werk bezeichnet (*pro Deo et pro deuotione Ecclesiae praescriptum librum composuisti*).[175] Er ging weiter auf die Bemühungen um die Einheit der Kirche ein, blieb dabei allerdings vage. Für die Kurie stellte das Werk sicherlich eine informative Schrift über die Byzantiner, ihre Anschauungen und die Differenzen beider Kirchen dar. Die veränderte politische Ausgangssituation begrenzte aber den konkreten Nutzen dieses vermittelten Wissens.

Ein anderer nachgewiesener Empfänger ist der lateinische Patriarch von Antiochia, Aimery von Limoges. Er gehörte zu den führenden Gelehrten des lateinischen Ostens und war an den theologischen Kontroversen zwischen verschiedenen christlichen Strömungen sehr interessiert, er selbst engagierte sich besonders für die Kirchenunion zwischen den Jakobiten, Maroniten, armenischen und lateinischen Christen.[176] Hugos Hauptwerk musste bei ihm auf besonderes Interesse stoßen. Als (lateinischer) Patriarch von Antiochia, also einer Stadt mit einer mehrheitlich byzantinischen Bevölkerung, war er im Gegensatz zu den Würdenträgern im fernen Rom von

174 OHNSORGE, Die Legaten, S. 69-89.

175 Alexander III., Brief an Hugo Etherianus, S. 4f.

176 HAMILTON, Aimery of Limoges. Latin Patriarch, besonders S. 4-12; und auch ders., Aimery of Limoges, besonders S. 278-285.

den Auseinandersetzungen zwischen römischen und byzantinischen Christen unmittelbar betroffen.[177]

Er selbst wurde 1165 sogar abgesetzt, da der Kaiser die Oberhoheit des byzantinischen Patriarchen zur Bedingung seiner Hilfsangebote für Antiochia machte.[178] Für Aimery, der weiterhin in der Region um Antiochia lebte, bedeuteten die Auseinandersetzungen nicht eine rein theoretische Debatte um dogmatische und rituelle Kontroversen, sondern hatten einen starken Realitätsbezug. Vor diesem Hintergrund erscheint es bedeutsam, dass er von Hugo sowohl die lateinische als auch die griechische Fassung des Werkes erhielt.[179] Dies zeigt nicht nur, dass Aimery beide Sprachen beherrschte, sondern, dass er wohl auch für beide Versionen Verwendung hatte. Es ist gut vorstellbar, dass er die darin aufbereiteten Argumente im direkten Gespräch mit den byzantinischen Christen anwenden wollte. In seinem Fall hatte der gesandte Text vermutlich einen praktischen Nutzen, deshalb ist es auch nicht überraschend, dass seine Antwort um einiges euphorischer ausfiel als die Alexanders III. Aimery liefert dabei – gleich zu Beginn des Briefes – selbst einen der Gründe, warum dieser Text für ihn und die lateinischen Christen im Orient so wertvoll war. Der Patriarch lobt nicht nur Hugos „Glanz des Wissens", der schon in die ganze Welt „ausgestrahlt hat", sondern betont, dass sich die lateinischen Christen trotz der Nachbarschaft zu den „Griechen" umso sicherer fühlen können, da der Pisaner sie durch sein Wissen beschütze.[180] Deshalb nehme er das von ihm geschriebene Werk sehr gerne an.

Er spricht hier die geographische Nähe zu Byzanz und dadurch auch die potenzielle Bedrohung durch die Byzantiner an, der die lateinischen Christen in Antiochia und den Kreuzfahrerreichen ausgesetzt waren. Sie bedurften daher einer besonderen, auch ideologischen, Unterstützung. Für lateinische Christen in den Kreuzfahrerreichen und besonders Antiochia blieben die Diskussionen ein aktuelles Thema, deshalb hatte Hugos Hauptwerk für sie einen praktischen Nutzen.

---

177 Zu Antiochia und seiner Bevölkerung im 12. Jahrhundert siehe: BUCK, The Principality, S. 164-188; siehe auch MURRAY, Franks, S. 113-126.

178 1170 kehrte Aimery wieder als Patriarch nach Antiochia zurück, HAMILTON, Aimery of Limoges, S. 276.

179 Hugo Etherianus, Brief an Aimery von Limoges, S. 6.

180 Aimery von Limoges, Brief an Hugo Etherianus, S. 7: *Pro eo quod scientiae uestrae splendor iam prope toti mundo serenus irradiauit, non immerito nobis prae ceteris Latinis censemus esse gaudendum: quanto enim Graecis uiciniores sumus, tanto sub uestrae protectionis elimata scientia reddimur securiores. Praeterea libros de processione Sancti Spiritus quos tam Graece quam Latine scriptos misistis cum magna suscepimus cordis alacritate, ….*

Der lateinische Patriarch von Antiochia betont, dass selbst das gelehrte Griechenland Hugo nicht widerstehen könne und sein Werk einen Nutzen für die gesamte lateinische Christenheit habe.[181] Aimery erbittet sogar noch weitere griechische Schriften, er hatte demnach tatsächlich ein großes Interesse sowohl an Kontroversliteratur als auch generell an byzantinischen Texten.[182]

Für die römische Kurie und für Aimery von Limoges bot Hugos *De sancto* interessante Einblicke, wie und mit welchen Argumenten die Byzantiner römische Positionen ablehnten und wie man diesen Einwänden entgegnen könne. Während das darin angebotene Wissen allerdings der Kurie nach 1177 einen weniger praktischen Nutzen versprach, da die Unionsverhandlungen stockten, blieben der Erkenntnisgewinn und der zweckmäßige Nutzen dieses Werkes für einen (lateinischen) Patriarchen von Antiochia aktuell und anwendbar. Hugo wurde spätestens mit diesem Werk zu einem Experten für die byzantinischen Lehren und die Versöhnung beider Kirchen.

4.2.2 *Allgemeine theologische Abhandlungen*

Das Themenfeld der theologischen Kontroversen zwischen römischer und byzantinischer Kirche ist zweifelsfrei ein zentraler Wirkungsbereich der Lateiner in Byzanz. Dieser Schwerpunkt bot sich an, weil das Abwägen von Unterschieden und Gemeinsamkeiten sowie das Ausloten einer Union in der zweiten Hälfte des 12. Jahrhunderts die Beziehungen beider Kirchen maßgeblich prägten. Weit weniger offensichtlich sind andere Interessensgebiete und Auftragsarbeiten zu allgemeineren theologischen Themen, die nicht direkt in die religiösen Auseinandersetzungen zwischen byzantinischen und lateinischen Christen einzuordnen sind. Diese allgemein-theologischen Abhandlungen geben zu erkennen, welches weitere Wissen ihnen als Theologen zugeschrieben wurde.

Drei von Hugo Etherianus verfasste Werke werden im Folgenden exemplarisch untersucht. Zu diesen drei Fallbeispielen zählen: *De anima corpore iam exuta, Contra Patarenos* und *De differentia naturae et personae.* Eigentlich gehört auch sein *De minoritate* zu dieser Art von Werken, da er sich darin mit der Christologie und nicht direkt mit byzantinisch-lateinischen Kontroversen auseinandersetzt. Da es aber vorrangig für einen byzantinischen Adressatenkreis gedacht war, kann es für die Fragestellungen dieses Kapitels vernachlässigt werden.[183]

---

181 Ebd.

182 Ebd., S. 7f.

183 Siehe zu *De minoritate ac equalitate filii hominis ad Deum Patrem* Kapitel 4.1.2.

Bereits um 1170 schrieb Hugo seine Abhandlung *De anima*.[184] Der Pisaner Klerus hatte den Theologen zuvor um Rat gefragt, da es in Pisa Strömungen gab, die die Wirksamkeit von Gebeten und Totenmessen für Verstorbene anzweifelten. Da dies auch das Thema der Wiederauferstehung betraf, baten ihn die Geistlichen darum, diese Problematik nicht zu übergehen (*spes et desiderium est, te eam non praeteriturum in iis quae concinnabis*) und sich dazu zu äußern.[185] Hugo muss diese Abhandlung relativ bald verfasst haben, da sich die Gesandtschaft, die den Briefwechsel übermittelte, zwischen 1168 und 1170 in Konstantinopel aufhielt.[186]

Er konzentrierte sich wahrscheinlich auch aufgrund des Zeitdrucks auf die gestellten Fragen des Pisaner Klerus und schrieb keine allzu große Abhandlung. Bereiche, die im weiteren Sinne die Problematik des Weiterlebens der Seele nach dem Tod tangieren könnten, wie beispielsweise die später intensive Diskussion um das *Purgatorium*, sparte er komplett aus.[187] Er argumentierte für die Wirksamkeit von Gebeten und Totenmessen für die Verstorbenen, ein Standpunkt, an dem auch die Byzantiner nichts auszusetzen hatten.[188]

Gleich zu Beginn der Schrift bekennt er, dass er nicht seine eigenen Ansichten, sondern die Meinungen und Stimmen christlicher Autoritäten wiedergeben werde und führt diese dann an: Gregor von Nazianz, Johannes Chrysostomos, Ambrosius, Gregor von Nyssa, Hieronymus, Basileios der Große, Augustinus, Johannes von Damaskus, Hippolyt von Rom, Nilus der Märtyrer, Anastasios, Kyrill von Alexandria und weitere (nicht näher bestimmte) Autoritäten.[189] Hugo wollte seine Quellen nicht nur genau benennen, sondern war darum bemüht, seinen folgenden Ausführungen besonderes Gewicht zu verleihen, indem er sich auf das Wissen heiliger Autoritäten berief und seine eigene Rolle abschwächte. Letztlich war es dennoch er, der die Quellen auswählte, entsprechend einordnete und interpretierte.

---

184 *De anima corpore iam exuta* liegt nur in einer unkritischen Migne-Edition vor: Hugo Etherianus, De anima, 1-27, Sp. 167-226; zu dem Werk und den Umständen siehe auch DONDAINE, Hugues Éthérien, S. 106-108; siehe auch zu den Umständen der Gesandtschaft DÖLGER/WIRTH, Regesten der Kaiserurkunden II, Nr. 1499, S. 259f.; siehe zu dieser Gesandtschaft CLASSEN, Burgundio von Pisa, S. 22-25.

185 Pisaner Klerus, Brief an Hugo Etherianus, Sp. 167f.

186 HAMILTON, Hugh Eteriano, S. 122f.

187 KAPRIEV, Lateinische Rivalen, S. 222; LE GOFF, La naissance, S. 204f.; HAMILTON, Hugh Eteriano, S. 126.

188 Ebd., S. 126f.; KAPRIEV, Lateinische Rivalen, S. 222.

189 Hugo Etherianus, De anima, 1, Sp. 169; später kommen beispielsweise noch Dionysios Areopagita und Gregor der Große hinzu, ebd., 9, Sp. 187 und 15, Sp. 202; vgl. auch KAPRIEV, Lateinische Rivalen, S. 185.

Es fällt auf, dass er sich vorrangig auf griechische Autoritäten stützte. Er bietet damit Wissen an, das er größtenteils in Byzanz erworben hatte. Im Werk selbst beruft sich Hugo außerdem auf antike griechische Philosophen.[190]

Das Wissen um die Lehren griechischer Autoritäten schärfte sein Profil für fast alle theologischen Themenbereiche. Die Anfrage des Pisaner Klerus zeigt bereits, dass sie in ihm einen bedeutenden Theologen sahen, dem sie eine gewissenhafte und richtige Auslegung ihrer Fragen zutrauten. Ihren pisanischen „Landsmann“ im fernen Konstantinopel erachteten sie als einen besonders geeigneten Experten, andernfalls hätten sie sich an kirchliche Würdenträger in Rom oder in der lateinischen Welt gewandt.

Das zweite hier behandelte Traktat ist *Contra Patarenos*.[191] Dieses gegen Häretiker gerichtete Werk wirft zwei grundlegende Fragen auf: erstens, für wen hat Hugo diese Abhandlung verfasst? Zweitens, gegen wen genau richtete sich seine Schrift? Diese beiden zentralen Fragen sind bis heute nicht eindeutig zu beantworten. Im Gegensatz zu den anderen hier behandelten Schriften bleiben die Auftraggeber oder Empfänger völlig im Dunkeln. Als Adressatenkreis kommt aufgrund der Werkssprache nur eine lateinkundige Leserschaft in Frage. Die Umstände, die der Autor selbst allerdings zu Beginn beschreibt, lassen einen konstantinopolitanischen Kontext vermuten:

> *Postulaverunt a me dudum memorandi quidam viri et spectabiles quorum ingenium viget et modum amplivagus non excedit modus an imperatoria constitutione mactam iri debeant qui Patherenorum quasset perfidie sectam et non modo de partibus Elespontiacis verum de orbe universo evellet ….*[192]

Sehr angesehene Männer fragten Hugo um Rat. Er sollte ihnen sagen, ob sie zulassen sollten, dass der kaiserliche Erlass (*imperatoria constitutio*) gegen die „Patarener“ ungültig wird. Dieser Erlass habe die Bestrafung der „Patarener“ und deren Vernichtung nicht nur im Hellespont, sondern in der ganzen Welt vorgesehen. Da hier von einem Erlass des Kaisers und vom byzantinischen Territorium die Rede ist, könnten die um Rat Fragenden grundsätzlich auch Byzantiner gewesen sein. Denkbar ist aber auch, dass es sich bei den angesehenen Männern um Lateiner handelte, die in Konstantinopel lebten. Dies würde auch erklären, warum nur eine lateinische Version dieser Schrift

---

190 Beispielsweise Demokritos, Kritias, Plotin und Amonios, Hugo Etherianus, De anima, 2, Sp. 173; KAPRIEV, Lateinische Rivalen, S. 185.

191 Kritisch ediert und mit einer englischen Übersetzung versehen durch Hamilton: Hugo Etherianus, Contra Patarenos, S. 155-192.

192 Ebd., S. 155.

bekannt ist. Theoretisch könnte von dem Werk auch eine griechische Fassung existiert haben, allerdings fehlen hierfür jegliche Anhaltspunkte.

Sein Werk ist mit Inhalten gespickt, mit denen insbesondere in Byzanz lebende Personen vertraut waren. Wie Bernard Hamilton bemerkt, verweist Hugo beispielsweise auf den Kult des Mandylion von Edessa, der in Konstantinopel jedes Jahr am 16. August begangen wurde.[193] Seine Schilderungen leitet er zudem häufig mit dem Vermerk ein, unter welchem (byzantinischen) Kaiser sich dies oder jenes zugetragen habe. Dies kann auf eine mit der byzantinischen Geschichte und Kultur vertraute Leserschaft hindeuten.[194] Beides kann aber auch eine Folge seiner byzantinischen Umgebung sein, von der er sich bewusst oder unbewusst beeinflussen ließ. Diese Bezüge konnten in jedem Fall dazu dienen, sich als Kenner der byzantinischen Kultur zu inszenieren.[195]

Die zweite strittige Frage ist, wer unter „Patarener" zu verstehen ist. Dieser Begriff bezeichnet die in Mailand im 11. Jahrhundert entstandene religiöse Reformbewegung *Pataria*, später wurde er allerdings auch als Bezeichnung für Häretiker gebraucht, insbesondere für die Katharer.[196] Antoine Dondaine äußerte die Vermutung, dass Hugo mit „Patarener" die Bogomilen meinte, eine dualistische Strömung im Balkanraum und Byzanz.[197] Dafür spricht auch, dass der Theologe Kaiser Manuel Komnenos in der Pflicht sah, etwas gegen diese häretische Richtung zu unternehmen. Sein Werk wandte sich allem Anschein nach gegen eine Bewegung, die sich auf byzantinischem Gebiet befand.[198] Bernard Hamilton tendiert hingegen eher dazu, unter der beschriebenen Strömung Katharer zu verstehen. Dies ist vor allem dann plausibel, wenn das Werk zwischen 1179 und 1180 entstanden wäre. Da in diesem Fall die Abfassung nach dem Dritten Laterankonzil vom März 1179 erfolgt wäre, auf dem die Katharer verurteilt wurden.[199] Hamilton mutmaßt sogar, dass Wilhelm von

193 Ebd., 11, S. 171-173; HAMILTON, Hugh Eteriano, S. 10 und S. 146f.

194 Beispielsweise bei Hugo Etherianus, Contra Patarenos, 3, S. 162 und 9, S. 168.

195 Siehe auch Kapitel 4.3.2.

196 WERNER, Παταρηνοί, S. 404-419; WERNER/ ERBSTÖSSER, Ketzer, besonders S. 87-89; zur Pataria auch: ZUMHAGEN, Religiöse Konflikte.

197 DONDAINE, Hugues Éthérien, S. 109-114, besonders S. 110; HAMILTON, Hugh Eteriano, S.1; zu den Bogomilen vgl. OBOLENSKY, The Bogomils; zu den Katharern grundlegend: OBERSTE, Der „Kreuzzug", besonders S. 28-42.

198 Z. B. Hugo Etherianus, Contra Patarenos, 4, S. 163; DONDAINE, Hugues Éthérien, S. 109f.

199 HAMILTON, Hugh Eteriano, S. 8-10; Canon 27 des Dritten Laterankonzils verwendet sowohl den Term Katharer als auch andere Bezeichnungen, darunter auch „Patarener": Canon 27 des Dritten Laterankonzils 1179, S. 224f.; Kapriev spricht sich auch eher für Katharer aus, die von Hugo als „Patarener" bezeichnet werden: KAPRIEV, Lateinische Rivalen, S. 191.

Tyros, der am Dritten Laterankonzil teilgenommen hatte und auf seinem Rückweg in Byzanz haltmachte, Hugo über die Verurteilung der Katharer informiert haben könnte.[200] Die Schrift ist allerdings nur grob auf die zweite Hälfte des 12. Jahrhunderts zu datieren.

Eine genaue Identifizierung der im Werk angesprochenen Bewegung ist kaum möglich. Hugo wandte sich aber zweifelsfrei gegen eine dualistische Richtung. Je nach Leser und Perspektive konnten also entweder Bogomilen oder Katharer oder andere dualistische Bewegungen gemeint sein. Es ist deshalb vorstellbar, dass Hugo ganz bewusst offenließ, wer für ihn ein „Patarener" war. Er wollte die Leserschaft bestimmen lassen, wen sie darin wiederzuerkennen glaubte. Ein in Byzanz lebender Lateiner sah in ihnen vielleicht die Bogomilen und für im lateinischen Europa Beheimatete handelte es sich um Katharer. Für jemanden, der zwischen Byzanz und dem Westen als Experte fungierte und durch seine Kontakte mit aktuellen Entwicklungen in Ost und West vertraut war, wäre diese Vorgehensweise nicht nur denkbar, sondern sogar sehr geschickt. Er selbst hatte vielleicht eine spezielle dualistische Strömung im Blick, blieb aber unbestimmt, sodass sich die Leser selbst für eine Bewegung entscheiden konnten.

Mit diesem Werk griff Hugo in den Diskurs um Häresie ein und proklamierte für sich dadurch auch eine Expertise auf diesem Gebiet. Es ist bemerkenswert, dass er in dieser Schrift gegen Häretiker ausdrücklich die Gemeinsamkeiten zwischen byzantinischer und römischer Kirche hervorhebt, obwohl er sich in anderen Werken eingehend mit den Unterschieden beider Kirchen beschäftigt. Er spricht mehrfach von der „heiligen Kirche Gottes der Lateiner und Griechen" (*sancta dei ecclesia Latinorum et Grecorum*).[201] Dabei gebraucht er *ecclesia* im Singular. In anderen Werken unterscheidet er zwischen der *ecclesia Latinorum* und der *ecclesia Grecorum*, hier aber vertritt er die Vorstellung von einer gemeinsamen Kirche mit übereinstimmenden Grundprinzipien und Glaubensvorstellungen.[202] Diese Aussage ist gerade vor dem Hintergrund der Verständigung beider Kirchen beachtlich, denn er zeichnet hier das Bild einer gegenüber der häretischen Bedrohung in Grundsätzen und Traditionen vereinten Kirche.

Hugo widerlegt in seinem *Contra Patarenos* dualistische Ansichten mithilfe heiliger Schriften und Autoritäten. Er argumentiert überwiegend mit der Bibel,

---

200 HAMILTON, Hugh Eteriano, S. 9f.

201 Beispielsweise Hugo Etherianus, Contra Patarenos, 4, S. 162 und 12, S. 175; KAPRIEV, Lateinische Rivalen, S. 223f.

202 Zum Beispiel Hugo Etherianus, De differentia, 44, S. 34 (*Graccorum* [...] *ecclesia*) und ders., De sancto, II, 16, S. 143 (*Latinorum sancta Ecclesia*).

erwähnt neben den Aposteln Johannes und Paulus gleich zu Anfang aber auch Augustinus, Hieronymus, Johannes Chrysostomos und Gregor, entweder von Nyssa oder Nazianz.[203] Neben den Aposteln führt er je zwei kirchliche Autoritäten aus dem lateinischen und griechischen Bereich auf.

Diese Auflistung lässt Janet Hamilton vermuten, dass die erwarteten Leser eher aus dem säkularen Spektrum stammten, da Hugo sein patristisches Wissen nicht in dem für ihn üblichen Maß einarbeitete.[204] Tatsächlich wirkt die Liste insgesamt etwas unvollständig, gemessen an dem Wissensfundus, den der pisanische Theologe in seinen anderen Werken offenlegt.[205]

Diese Fokussierung auf die Bibel als argumentative Basis und das Fehlen philosophischer Quellen zeigen, dass das Werk weniger einen theologisch-philosophischen Diskurs reflektiert. Vielmehr stehen die Widerlegung und Verfolgung von Häretikern im Mittelpunkt. Hugo selbst drängt in dem Werk zum Handeln. Im Kapitel IV appelliert er an Kaiser Manuel Komnenos, etwas gegen die Häretiker zu unternehmen:

> *…, palam est quod pseudo apostoli sunt, eretici sunt, antichristi sunt, excommunicati sunt, a sancta ecclesia divisi et separati et nihil aliud restat nisi ut christianissimus autocrator Manuel devote interpelletur qui eos et sequaces eorum in caminum ignis mitti faciat ut hic ardere incipiant in igne gehenne perpetuo arsuri. Fiat fiat.*[206]

Er fordert den allerchristlichsten Kaiser (*christianissimus autocrator Manuel*) auf, die „Patarener" verbrennen zu lassen und bekräftigt den Wunsch mit einem zweifachen *fiat*. Seine Abhandlung schließt er sogar damit, dass *industrii viri* den „äußerst verständigen Kaiser Manuel" überzeugen sollten, den Männern dieser Sekte ein *Theta nigrum* auf der Stirn anbringen zu lassen, was einem Todesurteil gleichkam.[207]

In diesem Werk setzt sich Hugo nicht nur mit Häretikern und ihren Irrlehren auseinander, sondern gibt auch eine klare Handlungsempfehlung, wie der Herrscher auf sie reagieren sollte. Er betont ausdrücklich, dass

---

203 Ders., Contra Patarenos, S. 156: *Alii quidem datum per spiritum sanctum sermo sapientie, ut Iohanni, Paulo, Augustino, Ieronimo, Crisostomo, Gregorio et quam plurimis aliis;* HAMILTON, Hugh Eteriano, S. 197.

204 Ebd.

205 Siehe zur Behandlung der in *De sancto et immortali Deo* zitierten Autoritäten: KAPRIEV, Lateinische Rivalen, S. 236-241.

206 Hugo Etherianus, Contra Patarenos, 4, S. 163.

207 Ebd., 12, S. 176: …, *neque ecclesia celebraret ea que non prorsus in ope aut contracta fecunditate in hoc opusculo digesta sunt, ut industrii viri evidentes habeant auctoritates quibus intelligentissimo imperatori Manuel innixi persuadeant facillime que nigra theta perditissime hominum secte frontibus infigi iubeat.*

seine Ausarbeitung dazu beitragen soll, den Kaiser von der Verfolgung der Häretiker zu überzeugen. Er selbst sieht seine Schrift also durchaus als eine Art Sammlung, auf deren Grundlage die weltliche Gewalt agieren sollte. Welchen tatsächlichen Einfluss das Werk hatte, ist schwer zu sagen, der Text ist in nur zwei Manuskripten enthalten (Oxford, Bodleian Library, Ms. Canon. Pat. Lat. 1 und Sevilla, Biblioteca Colombina, Ms. 5-1-24).[208] Die Handlungsaufforderung an den Kaiser zeigt, dass Hugo sein Werk in der Absicht verfasste, ein konkretes und akutes Problem lösen zu wollen, es hatte demnach vorrangig einen praktischen Nutzen. Er glänzt in diesem Werk vielleicht nicht mit seinem vollständigen theologischen und philosophischen Wissen, er empfahl sich aber als Experte für Häresien und den Umgang mit ihnen. Dadurch erschloss er sich ein Wissensgebiet, auf dem er zuvor noch nicht in Erscheinung getreten war.

Das dritte an eine lateinische Leserschaft adressierte theologische Werk ist das zu christologischen Fragen verfasste *De differentia.* Einerseits behandelt diese Schrift mit der Christologie ein Thema, über das Hugo bereits mündlich und schriftlich mit der byzantinischen Seite diskutiert hatte.[209] Andererseits ist diese Abhandlung ein Text, der in einen innerlateinischen Diskurs eingriff und auch zu diesem Zweck entstanden ist. In den 1170er Jahren baten der *Scholasticus* und Pfalzdiakon des Kaisers Friedrich Barbarossa, Hugo von Honau, und der *Scholasticus* an der Wiener Stephanskirche, Petrus von Wien, den in Konstantinopel lebenden Hugo um diese Schrift.[210] Diese Abhandlung ist zusammen mit drei Briefen an Hugo Etherianus in der Handschrift Colmar, Bibliothèque Municipale, Ms. 188 enthalten, die aus dem 12. Jahrhundert stammt. Nikolas Häring edierte den Text samt den Briefen.[211]

---

208 Zu den Manuskripttraditionen: HAMILTON, Hugh Eteriano, S. 193f.; DONDAINE, Hugues Éthérien, S. 109.

209 Siehe Kapitel 4.1.1 und 4.1.2.

210 Zu Hugo von Honau siehe z. B. CLASSEN, Art. „Hugo von Honau", S. 17; BERSCHIN, Griechisch-Lateinisches Mittelalter, S. 264; KOBUSCH, Die Philosophie, S. 136-139; ERISMANN, From Byzantium, S. 232-245; HÄRING, The Liber de Diversitate, S. 104-109; zu Petrus von Wien: FICHTENAU, Ein französischer Frühscholastiker, S. 118-130; zu Hugo von Honau und Petrus von Wien siehe: STURLESE, Die deutsche Philosophie, S. 145-156.

211 HÄRING, The „Liber de Differentia", S. 1-34; DONDAINE, Hugues Éthérien, S. 124f.; Hans Bayer plädierte dafür, den Briefwechsel zwischen Hugo von Honau, Petrus von Wien und Hugo Etherianus als fingiert zu betrachten. Bayer macht seine Beurteilung an einigen sprachlichen und gedanklichen Auffälligkeiten mit anderen Fälschungen fest, siehe: BAYER, Fingierte häretische Brief- und Propagandaliteratur, besonders S. 165-178; andere Historiker schätzen den Briefwechsel weiterhin als authentisch ein und behandeln ihn dementsprechend: KAPRIEV, Lateinische Rivalen, S. 185-190; HAMILTON, Hugh Eteriano, S. 127-129 und S. 138f.; auch der Editor des Textes und der Briefe tat dies: HÄRING, The „Liber de Differentia", S. 1-34; hinsichtlich der historischen Kontextualisierung erscheint dies auch plausibel. Denn erstens bestand zwischen Petrus von Wien und Hugo

Die Vorgeschichte für dieses Werk reicht länger zurück und hängt mit den Kontroversen zwischen Porretanern, den Anhängern und Schülern des Gilbert von Poitiers, und deren Gegnern zusammen. Gerhoch von Reichersberg wandte sich gegen die Vertreter der porretanischen Schule, er trat beharrlich für die Einheit von Gott und Mensch in Jesus Christus ein.[212] Zwischen Gerhoch und dem Porretaner Petrus von Wien entbrannte um 1154/1156 eine Kontroverse.[213] Später um 1162/1163 brach der Streit erneut aus, diesmal zwischen Gerhoch und Folmar von Triefenstein.[214]

Schon lange bringt die Forschung die Kontroversen zwischen Gerhoch und den deutschen Porretanern mit den christologischen Diskussionen in Byzanz zwischen 1160 und 1166 in Verbindung.[215] Um diese Zeit entstand wohl auch der erste Kontakt zwischen Hugo Etherianus und Petrus von Wien. Denn um 1166/1167 schildert Hugo in einem Brief an Petrus, wie in Byzanz die Diskussionen um die Frage „Mein Vater ist größer als ich" (Johannes 14,28) verlaufen sind.[216] Über die Anfänge der persönlichen Bekanntschaft beider kann nur spekuliert werden. Sie kannten sich möglicherweise aus ihrer Studienzeit in Frankreich, wahrscheinlicher ist allerdings ein späteres Kennenlernen. Peter Classen vermutete, dass Petrus an der Reise des Heinrich Jasomirgott und dessen byzantinischer Ehefrau Theodora 1166 nach Byzanz teilnahm und dort auf den pisanischen Theologen traf.[217] Antoine Dondaine nahm hingegen

Etherianus bereits in den 1160ern Kontakt, bezeugt durch den ersten Brief an Petrus von Wien 1166/1167. Zweitens geht Hugo von Honau selbst auf die Unterstützung durch Hugo Etherianus in seinem *De diversitate* ein und ein vorausgegangener Briefwechsel, in dem die zu beantwortenden Fragen formuliert worden waren, scheint sehr nachvollziehbar. Drittens entspricht dieses Vorgehen, der Briefkontakt, und das Konsultieren eines am byzantinischen Hof beschäftigten Experten dem üblichen Modus, wie Hugo Etherianus sein Wissen dem Westen vermittelte; zur Manuskripttradition siehe: ebd., S. 14-16; HUTH, Staufische „Reichshistoriographie", S. 209f.

212 CLASSEN, Das Konzil, S. 138; ders., Gerhoch von Reichersberg, S. 89-97 und S. 162-173; zu den genauen Streitpunkten siehe KAPRIEV, Lateinische Rivalen, S. 203-2012; Sturlese bezeichnet Hugo von Honau und Petrus von Wien sogar als die „deutschen «Porretaner»", STURLESE, Die deutsche Philosophie, S. 145; zur Lehre des Gilbert von Poitiers und der Schule von Poitiers: KOBUSCH, Die Philosophie, S. 129-141; HÄRING, Zur Geschichte, S. 23-47; zu Gerhochs Auseinandersetzung mit der Scholastik und den Porretanern auch: REXROTH, Fröhliche Scholastik, S. 244f.

213 CLASSEN, Das Konzil, S. 125; dazu mit der Edition der betreffenden Briefe: WEISWEILER, Drei unveröffentlichte Briefe, S. 22-48; ders., Das wiedergefundene Gutachten, S. 225-246; KAPRIEV, Lateinische Rivalen, S. 205.

214 CLASSEN, Das Konzil, S. 125; KAPRIEV, Lateinische Rivalen, S. 205f.

215 BACH, Die Dogmengeschichte II, S. 722-727; DONDAINE, Hugues Éthérien, S. 90 und S. 124; ders., Hugues Éthérien et le concile, S. 473-483; CLASSEN, Das Konzil, S. 125.

216 Hugo Etherianus, Brief an Petrus von Wien 1166/1167, S. 151-157.

217 CLASSEN, Das Konzil, S. 126f. und S. 139.

an, dass der persönliche Kontakt weitaus später entstand, als Petrus Hugo von Honau auf dessen erster Gesandtschaft nach Konstantinopel 1170/1173 begleitete.[218]

Der auf 1166/1167 datierte Brief des Hugo Etherianus dokumentiert zumindest, dass eine Briefbekanntschaft bereits früher bestand. Schon damals interessierte sich Petrus für die in Byzanz geführten christologischen Debatten, die auch denen im Reich ähnelten. Mehr als zehn Jahre später bat er den Pisaner Theologen zusammen mit Hugo von Honau um Unterstützung, die Lehre Gilberts von Poitiers zu verteidigen. Beide geben in ihren Briefen präzise an, was sie von ihm erwarteten. Hugo von Honau formulierte Fragen zur Natur und Person Christi, beginnend damit, „ob Natur und Person dasselbe seien" (*si natura et persona sunt idem*).[219] Es ging also maßgeblich um die Bedeutung der Worte *natura* und *persona*. Für beide war in erster Linie Hugos Kenntnis der griechischen Autoritäten ausschlaggebend, welche ihn in dieser Frage zu einem Experten werden ließ. Denn er sollte ausdrücklich die Fragen mithilfe griechischer Lehrer belegen:

> *Sed quia a Graecis sapientiae totius fons emanavit teque Deus non tam Latinae quam Graecae eloquentiae titulis florentissimum his temporibus exhibuit, rogo ut has Latinorum periculosas dubitationes, etiam in Sabellianum dogma personam et naturam confundens deducentes, Graecorum doctorum auctoritatibus, qui de his expressius quam nostri locuti sunt, amputes et huic liti sententiis illorum finem imponas.*[220]

Zunächst weist der Pfalzdiakon darauf hin, dass die „Quelle aller Weisheit von den Griechen entsprang", da Hugo Etherianus von Gott nicht nur die Gnade der lateinischen, sondern auch der griechischen Sprache gegeben wurde, solle er diesen Streit über die Vermengung von Natur und Person mindern. Er bezeichnet diese Vorstellung von einer Vermischung der Natur und Person als „gefährliche, diskussionswürdige Thesen der Lateiner".[221] Hugo Etherianus solle jetzt diesem Streit ein Ende bereiten, mithilfe der griechischen Autoritäten, „die über diese [Thesen, Anm. d. Verf.] ausdrücklicher sprachen als die unseren [lateinischen Autoritäten, Anm. d. Verf.]".

Hugo von Honau erwartete vom Pisaner Theologen demnach eine kurze Abhandlung mit vielen Belegstellen, die seine porretanischen Vorstellungen

---

218 DONDAINE, Hugues Éthérien, S. 90f.

219 Hugo von Honau, Erster Brief an Hugo Etherianus, 6, S. 17: *Hae sunt autem quaestiones si memini: si natura et persona sunt idem.*

220 Ebd., 7, S. 18.

221 Zum Sabellianismus z. B.: DÜNZL, Kleine Geschichte, S. 38f. und S. 50; COURTH, Art. „Sabellianismus", Sp. 1215.

unterstützten. Petrus bat Hugo um das Gleiche und auch mit derselben Begründung. Da die griechischen Theologen in dieser Frage aussagekräftiger als die Lateiner seien, bat er ihn um die Übermittlung von Autoritäten, die offensichtlicher die Unterscheidung zwischen Natur und Person aufzeigen.[222]

Hugo Etherianus sandte an beide sein Traktat *De differentia*. Da eine Sammlung von griechischen Quellen angefragt war, gab er einen Überblick über diese Thematik und die dazu relevanten griechischen Theologen, indem er sie auflistete, namentlich hervorhob und gegebenenfalls auch das entsprechende Werk nannte und den Inhalt wiedergab.[223]

Hugo war darum bemüht, die heiligen Autoritäten sprechen zu lassen. Allerdings stellte der Editor des Textes, Nikolaus Häring, fest, dass er Zitate gelegentlich falsch zuordnete. So legte er Anastasios Sinaites die Gedanken des Johannes von Damaskus aus seinem *De natura composita* in den Mund.[224] Dies ist für einen Theologen seines Zuschnitts sehr ungewöhnlich und auch nicht einfach auf einen Schreibfehler zurückzuführen.[225] Zudem ist nicht an allen Stellen deutlich, wann die Aussagen der heiligen Autoritäten enden und Hugos eigene Gedanken zum Thema beginnen. Möglich ist, dass der Pisaner bei der Abfassung unter Zeitdruck stand oder mit anderen Angelegenheiten beschäftigt war.[226]

Die von ihm für diese Fragen angeführten Autoritäten sind mehrheitlich keine Überraschungen: Gregor von Nyssa, Kyrill von Alexandria, Basileios der Große, Johannes von Damaskus und Gregor von Nazianz.[227] Außergewöhnlicher erscheinen hingegen die zitierten Theologen Theodor Abū Qurra (8./9. Jahrhundert) und Leontios von Byzanz (6. Jahrhundert), beide hatten für eine lateinische Leserschaft eher Seltenheitswert.[228] Die Einbeziehung des *Codex*

---

222 Petrus von Wien, Brief an Hugo Etherianus, 8, S. 20: ... *imploro ut eorum auctoritates mihi transmittere dignemini per quas evidentius quam nostri significant inter naturam et personam ratione dividendum esse.*

223 Häring, The „Liber de Differentia", S. 2; z. B. Hugo Etherianus, De differentia, 8, 12 und 13, S. 23f.: *Naturae autem huiusmodi supponit descriptionem vir magnae sanctitatis Anastasius: Natura est vera rei existentia.* [...] *Gregorius vero Nyssae similium assertor est. Ait enim in quodam sermone:* [...] *Magnus quoque Cyrillus in quodam ad Hermiam sermone sic loquitur:* ....

224 Häring, The „Liber de Differentia", S. 7; Hugo Etherianus, De differentia, 34-36, S. 31f.

225 Häring, The „Liber de Differentia", S. 7.

226 Zu den Ungenauigkeiten des Hugo Etherianus mit gleichzeitiger Würdigung der Vielzahl einbezogener griechischer Autoritäten: Hamilton, Hugh Eteriano, S. 138f.

227 Vgl. bspw. Hugo Etherianus, De differentia, 12-22, S. 24-28.

228 Ebd., 19, S. 27f. und 26, S. 29; Häring, The „Liber de Differentia", S. 8; Hamilton, Hugh Eteriano, S. 138f.; zu Theodor Abū Qurra (8./9. Jh.) siehe mit weiteren Literaturhinweisen auch Lamoreaux, The Biography, S. 25-40; vgl. zu Leontios von Byzanz und seinen Werken: Daley, Leontius of Byzantium, besonders S. 1-78.

Iustinianus fällt ebenso etwas aus dem Rahmen der eigentlichen Abhandlung, spricht aber wieder für sein byzantinisches Umfeld.[229]

Hugo von Honau berief sich in seinem eigenen zu dieser Thematik verfassten Werk *Liber de diversitate* ausdrücklich auf die Unterstützung des Pisaner Theologen und griff tatsächlich auch von ihm verwendete Autoritäten auf. Er zitierte Passagen von Anastasios Sinaites und Johannes von Damaskus, die auch Hugo Etherianus in *De differentia* verwendete.[230] Hugo vermittelte über seine Abhandlung Wissen, das für die Empfänger seines Werkes einen bleibenden Nutzen besaß. Der Leser konnte in diesem Fall aus einer Fülle an Autoritäten auswählen, wer und welche Aussagen ihm zweckmäßig und passend erschienen. Hugo von Honau bewertete Hugos Abhandlung als Beweis für die Lehre Gilberts von Poitiers, dementsprechend äußerte er sich auch gegenüber dem päpstlichen Legaten Petrus von Pavia 1180.[231]

Hugo stellte zwar diese Sammlung für Petrus von Wien und Hugo von Honau zusammen, er ist allerdings selbst nicht zweifelsfrei dem Umfeld der Porretaner zuzuordnen und äußerte sich eher zurückhaltend, mehr als jemand, der einen Auftrag ausführte.[232] Hugo von Honau selbst wies im Vorwort zu seinem *De diversitate* darauf hin, dass der Pisaner nicht unbedingt den Porretanern nahestand.[233] Für Hugo Etherianus handelte es sich wohl um ein Auftragswerk, durch das er die ihm zugebilligte große Kompetenz auf dem Gebiet der griechischen patristischen Literatur und seine Expertise als Theologe unter Beweis stellen konnte.

Dennoch befand sich der in Konstantinopel lebende Theologe plötzlich mitten in einer christologischen Kontroverse, die schwerpunktmäßig im mittelalterlichen Deutschland spielte. Der Kreis um Gerhoch von Reichersberg, der sich gegen die Subsistenz-Lehre des Gilbert von Poitiers und dessen Anhänger richtete, bezog sich ebenso auf Hugo Etherianus.[234] Peter Classen wies als erster auf ein in einer Salzburger Handschrift (Salzburg, Erzabtei Sankt Peter,

---

229 Hugo Etherianus, De differentia, 45, S. 34; HÄRING, The „Liber de Differentia“, S. 8.

230 Ders., The Liber de Diversitate, S. 110f.; vgl. auch ERISMANN, From Byzantium, S. 232-245.

231 Hugo von Honau, De diversitate, I, 8, S. 122; HAMILTON, Hugh Eteriano, S. 139; KAPRIEV, Lateinische Rivalen, S. 188f.; siehe zur Bedeutung der griechischen Autoritäten für die Porretaner auch HÄRING, The Porretans, S. 181-209.

232 Ders., The „Liber de Differentia“, S. 2; Hugo Etherianus, De differentia, 6 und 7, S. 23: *Excussi quoque inter personam naturamque dividendi rationem ex Graecorum copiis, ut illam sumptam habeat transmittatque in aures publicas, si dignum videatur animi vestri docta sententia.* [...] *Nam deitas incognita et incomprehensibilis natura est.*

233 Hugo von Honau, De diversitate, I, 7, S. 122; DONDAINE, Hugues Éthérien, S. 74-76; HAMILTON, Hugh Eteriano, S. 109-112; Classen meint, dass Hugo Etherianus den Porretanern nahestand: CLASSEN, Das Konzil S. 126.

234 Ebd., S. 135.

Ms. a VI 33) erhaltenes Fragment hin, das Hugo erwähnt und im Umfeld des Gerhoch von Reichersberg entstanden ist.[235] In dieser Schrift wird bei der christologischen Kontroverse um die Worte „Mein Vater ist größer als ich" (Johannes 14,28) für Demetrios von Lampe und seine Position Partei ergriffen und Hugo scharf kritisiert. Er habe ein Buch gegen Demetrios geschrieben, der hier als *catholice fidei defensor* bezeichnet wird.[236] Dabei habe sich der Pisaner der menschlichen Philosophie bedient, um gegen den Ruhm der menschlichen Natur Christi zu kämpfen.[237] Durch diese Beschuldigung wird eine grundsätzlichere Streitfrage angesprochen: der Rückgriff auf Philosophie bei der Lösung theologischer Fragen, was die Reichersberger ablehnten.

Im weiteren Verlauf folgt ein Auszug aus einem angeblich von Hugo selbst stammenden lateinisch-griechischen Text. Es scheint fast so, als ob sich dieser Text an Kaiser Manuel Komnenos richtet, hinsichtlich des Stils und Inhalts ist allerdings eine lateinische Leserschaft angesprochen.[238] Peter Classen vermutete, dass Petrus von Wien der ursprüngliche Empfänger dieser Schrift war. Er könnte Hugos Gedanken zur Verteidigung seiner eigenen Ansichten an den Reichersberger Kreis weitergeleitet haben.[239]

Wie auch immer die genauen Wege der Textvermittlung waren, der im fernen Byzanz lebende Hugo war unerwartet in eine lateineuropäische Kontroverse involviert. Sowohl die Porretaner als auch ihre Gegner, die Reichersberger, bezogen sich auf ihn und setzten sich mit ihm, seinen Gedanken und Thesen zur Christologie auseinander. Hugo von Honau und Petrus von Wien nutzten seine Expertise zum Belegen ihrer Positionen, die Reichersberger sahen hingegen in ihm den Kontrahenten, den es zu widerlegen galt. Diese Verwicklung in innerlateinische Kontroversen veranschaulicht seine Bedeutung: die einen argumentierten mit seinem Wissen, die anderen arbeiteten sich an ihm ab, an ihm vorbei kamen sie aber bei dieser Frage beide nicht.

Diese drei theologischen Abhandlungen zeigen, dass Hugo Etherianus nicht nur als Experte für die Differenzen zwischen römischer und byzantinischer Kirche galt, sondern auch für unterschiedliche theologische Schwerpunkte, sei es für das Weiterleben der Seelen nach dem Tod, den Umgang mit Häretikern oder für christologische Fragen. Dies veranschaulicht, welche Sonderstellung er als Theologe für seine Zeitgenossen einnahm. Das in seinen Abhandlungen angebotene Wissen weist Bezüge zu seinem byzantinischen Aufenthaltsort

235 Dieses Exzerpt ist ediert ebd., S. 142-146.

236 Reichersberger Exzerpt, S. 142-146, hier S. 142.

237 Classen, Das Konzil, S. 129f.; Reichersberger Exzerpt, S. 142-146, hier S. 142.

238 Ebd., S. 143-146; Classen, Das Konzil, S. 130f.

239 Ebd., S. 131f.

auf. Sichtbar wird dies zum einen an den zitierten Autoritäten und Schriften, zum anderen aber auch an den Beschreibungen byzantinischer Besonderheiten, beispielsweise spezifischer lokaler Feste. Dies scheint auch von den Lesern seiner Werke als spezielles und wertvolles Wissen erkannt worden zu sein.

4.2.3 *Verschriftete Streitgespräche: Anselm von Havelberg und sein Bericht über die Disputation von 1136*

Die Inhalte der Religionsgespräche auf byzantinischem Territorium konnten westlichen Mächten nur im Nachhinein in schriftlicher Form oder durch einen mündlichen Bericht übermittelt werden. Berichte über Streitgespräche oder Kirchenunionsverhandlungen dokumentieren die Themen, Ansichten, Argumentationen und Dynamiken der Begegnungen und konnten deshalb der römischen Seite wichtige Erkenntnisse bieten. Es ist nicht leicht festzustellen, inwieweit solche Berichte wirklich genutzt wurden und inwiefern sie sogar der Vorbereitung auf künftige Gespräche oder Verhandlungen dienten oder die Haltung gegenüber den Byzantinern beeinflussten. Im Fall der weit späteren Unionsverhandlungen 1234 ist dies aber belegt. Papst Gregor IX. (1227-1241) berief sich in einem Brief an Kaiser Friedrich II. 1238 auf den Bericht der vier päpstlichen Gesandten, die 1234 mit den Byzantinern über die Kirchenunion verhandelt hatten, um Friedrich davon zu überzeugen, gegen „den Schismatiker Vatatzes und dessen Anhänger", also Kaiser Johannes Vatatzes und die Byzantiner des Kaiserreiches von Nikaia, vorzugehen:[240]

> *At ipsi, sicut ex ipsorum Fratrum veridica relatione percepimus, diversos contra fidem orthodoxam proponentes errores et obturantes more aspidis aures suas, nullis potuerunt induci monitis, ut in viam redirent ecclesiasticae unitatis.*[241]

Die Byzantiner hätten, wie Gregor IX. „aus dem wahrhaften Bericht der Brüder" wisse, „verschiedene Irrlehren gegen den rechten Glauben vorgebracht und ihre Ohren wie die Nattern verstopft", sie seien durch nichts dazu zu bewegen gewesen, „auf den Weg der kirchlichen Einheit zurückzukehren".

---

240 So werden Ioannes Vatatzes und seine Anhänger in dem Brief Gregors IX. an Kaiser Friedrich II. vom 17. März 1238 bezeichnet (*contra dictum Vatacium schismaticum et eius fautores*), Gregor IX., Brief an Friedrich II. 1238, Nr. 236, S. 314f., hier S. 314; vgl. auch AVVAKUMOV, Die Entstehung, S. 280; zu den Kirchenunionsbemühungen 1234 vgl. auch EXARCHOS, Formen, S. 139-162; BRUBAKER, Nuncii, S. 115-128; LANGDON, Byzantium, S. 197-233.

241 Gregor IX., Brief an Friedrich II. 1238, Nr. 236, S. 314.

Er bezeichnet darin die *Relatio* als *veridica*, als einen wahren, glaubwürdigen Bericht, durch den er von den „Irrtümern" der Byzantiner und deren Unbelehrbarkeit erfahren habe. Er berief sich also unmittelbar auf die Gesandtschaft und ihre schriftlich niedergelegten Schilderungen und verwendete diese als Zeugnis für die irrgeleiteten Ansichten der byzantinischen Kirche und für die Notwendigkeit, etwas gegen das Reich von Nikaia zu unternehmen. Der von den päpstlichen Gesandten verfasste Text fungierte hier als beweiskräftiges Instrument, auch andere vom „Irrglauben" der Byzantiner zu überzeugen.

Gregor IX. betrachtete den Bericht demnach als realistische Schilderung der Verhandlungen. Er vermittelte Wissen über die Byzantiner und deren Ansichten, auf dem das weitere Vorgehen fußen konnte. Tatsächlich weisen griechische Beschreibungen dieser Verhandlungen Parallelen auf, die Schilderungen sind insbesondere hinsichtlich der Ansichten und Argumentation der Byzantiner durchaus plausibel.[242] Dies ist bei Berichten über byzantinisch-lateinische Gespräche aber nicht immer der Fall. Anselm von Havelberg und seine Wiedergabe der Diskussionen im *Anticimenon* sind dafür ein gutes Beispiel.[243]

Anselm verfasste das *Anticimenon* viele Jahre nach dem Zusammentreffen in Konstantinopel. Dem Prolog ist zu entnehmen, dass diese Abhandlung im Auftrag Papst Eugens III. entstand. Zu ihm war ein nicht näher genannter Bischof als Gesandter des byzantinischen Kaisers geschickt worden. Dieser habe an der Kurie die theologischen Ansichten der Byzantiner dargelegt, dabei die Unterschiede besonders beim *Filioque* und der Azymenfrage stark betont und Schriften so interpretiert, dass sie die byzantinischen Anschauungen stützten. Diese Diskussionen hinterließen beim Papst einen bleibenden Eindruck, denn er bat Anselm über seine Erlebnisse beim Streitgespräch mit den Byzantinern 1136 zu berichten:[244]

> *..., placuit sanctitati vestrae et praecipiendo rogare, et rogando praecipere, quatenus ea quae vel ego ibi dixerim, vel ab illis dicta audierim et exceperim, in unum colligerem, et quasi Ἀντιxειμενῶν, id est librum contrapositorum, sub dialogo conscriberem, ...*[245]

Der Papst bat ihn „mit einem Befehl und befahl mit einer Bitte", was Anselm bei den Diskussionen gesagt und gehört hatte, zu sammeln und als *liber contrapositorum* in Dialogform aufzuschreiben. Deshalb habe er alles, was die Byzantiner gesagt hatten und was man ihnen entgegenhalten kann, Eugen III.

242 Exarchos, Formen, besonders S. 144 und 151f.; Avvakumov, Die Entstehung, S. 269f.

243 Zum *Anticimenon* siehe auch Kapitel 4.1.3.

244 Anselm von Havelberg, Anticimenon, Prolog, Sp. 1139f.

245 Ebd., Sp. 1140.

zur Beurteilung vorgelegt.[246] Der persönliche Kontakt zu Byzantinern in Konstantinopel und die dortigen Gespräche waren demnach ausschlaggebend dafür, warum Eugen ausgerechnet ihn um seine Einschätzung bat.

Anselm gibt sich bescheiden, andere Gelehrte wüssten ebenso, wie den Byzantinern zu entgegnen sei. Außerdem möchte er auch nicht sein Wissen präsentieren, sondern kommt nur dem Befehl, dem „heiligen Auftrag" (*sanctum mandatum*), des Papstes nach.[247] Er präzisiert aber, wobei sein Werk helfen könne. Diejenigen, die nicht so schnell eine Antwort parat haben, werden es gerne lesen, um gründlicher zu verstehen, was die Byzantiner sagen und wie man ihnen antworten kann.[248] Anselm betrachtet demnach sein *Anticimenon* als ein für künftige Diskussionen hilfreiches Werk, denn einerseits liefert es einen Überblick über die Thesen der Byzantiner, andererseits aber auch eine Art Argumentationshilfe für die Lateiner. Er sieht ein zentrales Problem darin, dass beide Seiten zu wenig voneinander wissen und sich auch dadurch missverstehen, deshalb unterstellen die Lateiner den Byzantinern Dinge, die diese gar nicht behauptet hatten.[249]

Er verfolgte mit seinem *Anticimenon* einen höheren Zweck als nur die Kontroversen mit den Byzantinern wiederzugeben. Ihm ging es nicht allein um die Differenzen zwischen beiden Kirchen, sondern um die generelle Einheit der Kirche. Das erste Buch des *Anticimenon* hat deshalb auch nicht den Dialog mit den Byzantinern zum Thema.[250] Zu fragen gilt es, welches Wissen Anselm in seinem Werk anbietet. Er berichtet selbst, dass er alles aus seinem Gedächtnis heraus aufschrieb.[251] Kleinere Ungenauigkeiten lässt diese Formulierung zu. Die Forschung hat jedoch zurecht darauf hingewiesen, dass er die byzantinische Seite und ihre Ansichten teilweise unauthentisch darstellte.[252]

---

246 Ebd., Sp. 1140f.

247 Ebd., Sp. 1141f.

248 Ebd., Sp. 1142: ..., *non subito ab aliquibus judicentur superflua, quoniam fortassis aliqui humiles, et ad aliquid inveniendum subito non adeo agiles sensus habentes, ista libenter lecturi sunt, ut quae Graeci dicunt, verius cognoscant:*[*et*] *quae illis responderi possunt aliquatenus hic inveniant.*

249 Ebd., Sp. 1141: *Nonnulli quippe Latini Graecorum dictis plerumque falluntur, dum ea verborum tantum transita audiunt, non autem examinato sensu intelligunt, putantes eos affirmare quod non affirmant, aut negare quod nullatenus negant.*

250 SIEBEN, Anselm von Havelberg, S. 33f.; SIGLER, Anselm von Havelberg, S. 275-297.

251 Anselm von Havelberg, Anticimenon, Prolog, Sp. 1141: *Conservavi autem quantum memoria subministrabat, tenorem dialogi quem cum venerabili ac doctissimo archiepiscopo Nicodemiae Nechite in publico conventu apud urbem Constantinopolitanam habui, ...*

252 Vgl. SIEBEN, Anselm von Havelberg, S. 29-32; AVVAKUMOV, Die Entstehung, S. 184-186; zum Dialog auch: LEES, Anselm of Havelberg, S. 40-47; für eine differenziertere Beurteilung der Historizität: KAPRIEV, Lateinische Rivalen, S. 67-71.

Wie Hermann Sieben feststellte, zitiert der byzantinische Gesprächspartner, Niketas von Nikomedia, in Anselms Schilderung Texte, die in Byzanz zu dieser Zeit unbekannt waren, so beispielsweise den *Liber Pontificalis* oder das *De baptismo* des Augustinus.[253] Die ganze Gesprächssituation wird zudem sehr harmonisch geschildert, Niketas lenkt bei allen Streitpunkten ein, nur dem römischen Primat widersetzt er sich.[254] Außerdem wirkt die ganze Darstellung, die für die bessere Verständlichkeit in Dialogform gehalten ist, als eine eher künstliche Diskussion mit verteilten Rollen. Sieben bemerkte passend, dass Niketas häufig nur „das Stichwort für die langen Ausführungen des Lateiners" gibt.[255] Dies sind alles sehr überzeugende Indikatoren dafür, dass die Gespräche so nicht stattgefunden haben konnten, da sie auch dem byzantinischen Selbstverständnis und der Diskussionskultur widersprechen.[256]

Anselms Werk genügt daher seinem eigenen Anspruch nicht, die Ansichten und Argumente der Byzantiner wiederzugeben. Er legt darin aber dennoch die Argumente offen, die er entweder tatsächlich angebracht hatte oder zumindest gerne vorgetragen hätte. Das Wissen um kirchliche Autoritäten, die er vielleicht während seiner Gespräche mit den Byzantinern kennengelernt hatte, ist im *Anticimenon* überschaubar. Wie Sieben ebenfalls feststellte, sind ein Teil der Kirchenväterzitate direkt bei seinem Zeitgenossen Peter Abaelard abgeschrieben und stammen demnach nicht von den Diskussionen mit den Byzantinern.[257]

Papst Eugen betraute Anselm mit dieser Aufgabe, weil dieser sich persönlich in Byzanz aufgehalten und dort religiöse Streitgespräche geführt hatte. Wenn auch die Schrift letztlich kein realistisches Bild des Diskussionsverlaufes bietet, der Zweck und der sich vom Werk versprochene Nutzen war dennoch, die Ansichten der Byzantiner kennenzulernen, um sich auch auf Gespräche mit ihnen vorbereiten zu können.

253 Anselm von Havelberg, Anticimenon, III, 7, Sp. 1218; ebd., 3, Sp. 1212; SIEBEN, Anselm von Havelberg, S. 31; SIGLER, Anselm von Havelberg, S. 300; und umgekehrt zitiert Anselm griechische Autoritäten, die für einen Lateiner außergewöhnlich sind: SIGLER, Anselm von Havelberg, S. 300; siehe zu den verwendeten Quellen bei Anselm DUNKLE, Anselm of Havelberg's use, besonders S. 703-713.

254 SIEBEN, Anselm von Havelberg, S. 30.

255 Ebd.

256 Dies zeigen auch vergleichbare Diskussionen wie die mit Hugo Etherianus.

257 SIEBEN, Anselm von Havelberg, S. 30; vgl. z. B. für die Abhängigkeit von Petrus Abaelard: Anselm von Havelberg, Anticimenon II, 24-26, Sp. 1202-1208; siehe auch die Übersetzung von SIEBEN, Anselm von Havelberg, II, 24, S. 126-129, besonders S. 127f., Fußnote 8.

4.2.4 *Wege der Vermittlung*

Die Frage nach den Vermittlern und den Wegen, über die lateinische Theologen ihr Wissen auch in der lateinischen Welt verbreiten konnten, ist sehr zentral. Denn gerade für die dauerhaft im Osten lebenden Lateiner, die sich nicht wie Händler, Gesandte oder Söldner zwischen Byzanz und dem Westen hin und her bewegten, sind Personen wichtig, die die Kontakte in den Westen vermittelten und pflegten.

In den Werken und Begleitschreiben werden deshalb häufig Vermittler und Überbringer herausgestellt und gewürdigt. Für die Übermittlung der Abhandlung *De sancto* des Hugo Etherianus an Papst Alexander III. war beispielsweise ein gewisser Magister Caciareda maßgeblich. Alexander erwähnt diesen im Brief an Hugo, er hatte das Buch nämlich *per dilectum filium nostrum magistrum Caciaredam* erhalten.[258] Zu Ende des zweiten Buches seines *De sancto* schildert Hugo die Gunst und Ermunterung seines Bruders Leo und des nicht weniger vorzüglichen und gescheiten Caciareda.[259] Im Buch III desselben Werkes betont er, dass beide, Leo und Caciareda, ihn bei seiner Arbeit unterstützt hatten.[260] Vielleicht handelte es sich bei Caciareda um einen Lateiner, der für den Hof arbeitete und als Gesandter in den Westen geschickt wurde. Dies würde erklären, warum er das Werk nach Rom bringen konnte, allerdings gibt es hierfür keine weiteren Anhaltspunkte.[261]

Ähnlich schwierig gestaltet sich die Suche nach dem Mittelsmann zwischen Petrus von Wien, Hugo von Honau und Hugo Etherianus. Gleich dreimal erwähnt Hugo von Honau in seinen Briefen an den Pisaner Theologen einen gewissen Magister Rudegerus als Vermittler. Er bittet Hugo darum, ihm seine Fragen zu beleuchten, die er ihm *per magistrum Rudegerum, imperialis linguae in nostram et litterarum interpretem*, nach Konstantinopel geschickt hatte.[262] In diesem Fall sind die Informationen über den Vermittler etwas detaillierter, denn der genannte Rudegerus wird als Übersetzer betitelt. Es handelte sich

258 Alexander III., Brief an Hugo Etherianus, S. 4.

259 Hugo Etherianus, De sancto, II, 19, S. 163: *Igitur deinceps uestro fauore atque hortatu animo, carissime frater mi Leo non paucis praestantior et definiendi perite Caciareda, ...*

260 Ebd., III, Prolog, S. 165: *Persuadetis, pollentis ingenii germane mi Leo tuque Caciareda in optimarum artium eruditionibus praestantissime, ut stylum orationis renouem ac disceptationis uarietate fastidio medear lecturorum.*

261 Vielleicht handelte es sich bei Caciareda auch um den ominösen Auftraggeber für die Übersetzung der Kyraniden durch Paschalis Romanus, DONDAINE, Hugues Éthérien, S. 88, Fußnote 3.

262 Hugo von Honau, Erster Brief an Hugo Etherianus, 5, S. 17; zweite Erwähnung in: Hugo von Honau, Zweiter Brief an Hugo Etherianus, 4, S. 19.

demnach wohl um einen Übersetzer des byzantinischen Hofes.[263] Hugo von Honau traf Rudegerus vielleicht am Hof Friedrich Barbarossas, als dieser eine Gesandtschaft begleitete und gab ihm die besagten Fragen mit. Der Name Rudegerus weist sicher auf einen Lateiner hin, der offensichtlich im Rahmen seiner Tätigkeit auch mobil war, sodass er in den Westen reisen konnte. Dieser Personenkreis war für die Übermittlerrolle geradezu prädestiniert.

Im Fall des Pisaner Klerus, der sich an Hugo Etherianus wandte, ist die Vermittlungssituation um einiges klarer. Es waren die Gesandten Pisas, Konsul Alberto di Bolso, Marco Conti und Burgundio von Pisa, die um 1170 in Konstantinopel ein Handelsabkommen mit Byzanz verhandelten und dem Pisaner Theologen sehr wahrscheinlich das entsprechende Schreiben überbrachten.[264] Mit Burgundio von Pisa befand sich unter den Gesandten nicht nur ein Kenner der byzantinischen Kultur, sondern auch jemand, der selbst an theologischen Fragen interessiert war und zu diesem Zeitpunkt bereits einige theologische Schriften aus dem Griechischen übersetzt hatte.[265] Hugo schickte seine Erwiderung sehr wahrscheinlich mit der Gesandtschaft zurück nach Pisa und nahm in seinem Antwortschreiben explizit Bezug auf Alberto di Bolso. An den Pisaner Klerus richtete er die Worte, dass sie hiermit den von ihm erarbeiteten Text erhalten, sie aber ebenfalls den Rat von Alberto di Bolso und seinen Kollegen einholen sollten.[266] Es ist nicht überraschend, dass er Kontakt zu den Gesandten seiner Heimatstadt pflegte und diese sich als Vermittler anboten. In diesem Fall waren die Überbringer sogar einflussreiche und politisch bedeutende Männer wie Konsul Alberto di Bolso bzw. auch kulturell herausragende Persönlichkeiten wie Burgundio von Pisa.

Als Vermittler zwischen Hugo Etherianus und dem (lateinischen) Patriarchen von Antiochia, Aimery von Limoges, fungierte ebenfalls eine nicht unbekannte Person: Rainald von Chatillon. Dieser war bis 1161 Fürst von Antiochia, geriet dann allerdings in eine fünfzehnjährige muslimische Gefangenschaft in Aleppo.[267] Nach seiner Freilassung schickte ihn der König von Jerusalem, Balduin IV., als Gesandten nach Byzanz. Rainald bot sich für diese Mission auch deshalb an, weil er sowohl mit Balduin als auch mit Kaiser Manuel

263 Gastgeber führt ihn in seiner Liste der lateinischen Übersetzer der Kaiserkanzlei auf, die einzige Quellenbasis hierfür sind allerdings die Briefe des Hugo von Honau: GASTGEBER, Die lateinische „Übersetzungsabteilung“ I, S. CXLII.

264 DÖLGER/WIRTH, Regesten der Kaiserurkunden II, Nr. 1499, S. 259.

265 Siehe zu ihm Kapitel 2.3.2.

266 Hugo Etherianus, Brief an den Pisaner Klerus, Sp. 167f.: *Suscipite igitur quod duce Deo elaboravi, et praeclarissimum consulite Albertum et illustros ejus collegas, ...*

267 HAMILTON, The Elephant, S. 98f.; GORIDIS, Gefangen, S. 266-268.

Komnenos verwandt war.[268] Hugo nutzte Rainalds Gesandtschaft, um über ihn sein Werk *De sancto* dem Patriarchen von Antiochia zukommen zu lassen. Er schrieb in seinem Brief an Aimery von Limoges: ..., *aequis animis editum a me utraque lingua librum accipite per manus generosissimi principis Rainaldi iam offerendum profundae inquisitioni uestrae.*[269] Dies ist insofern beachtlich, da die Beziehung zwischen Aimery und Rainald von Chatillon nicht unproblematisch war. Als Rainald noch Fürst von Antiochia war, hatte er Aimery sogar gefangen nehmen lassen.[270]

Hugos Präsenz am byzantinischen Hof und der Zugang zu Gesandten begünstigten die Verbreitung und Vermittlung seiner Werke. Im Fall des Alberto di Bolso und des Rainald von Chatillon handelte es sich um sehr angesehene und bedeutende Persönlichkeiten, deren Übermittlungsdienst auch Gewicht hatte. Hugo nutzte im letzteren Beispiel die Gesandtschaftsreise dazu, sein Werk dem (lateinischen) Patriarchen von Antiochia zukommen zu lassen. Im Fall der pisanischen Anfrage ging das Gesuch hingegen vom Auftraggeber aus. Der Übersetzer Rudegerus befand sich sehr wahrscheinlich auf diplomatischer Mission im Westen und Hugo von Honau nutzte die Gunst der Stunde, diesen als Überbringer seiner Schreiben einzusetzen. Bei Caciareda ist hingegen sehr schwer nachzuvollziehen, welche Art von Kontakten er zur Kurie unterhielt und aus welchem Grund er überhaupt in den Westen reiste. Verschiedene Szenarien sind vorstellbar, bei ihm handelte es sich aber vermutlich um einen Vertrauten Hugos.

4.3 Die Inszenierung lateinischer Theologen: Das Beispiel des Hugo Etherianus

Das jeweilige Expertenprofil definiert den Rahmen und die Möglichkeiten der Inszenierung. Die Theologen äußerten und begründeten ihre eigenen Überlegungen, ordneten religiöse Fragen ein, argumentierten für oder gegen etwas und gaben unter Umständen eine Handlungsempfehlung, welche andere Experten wie Übersetzer und Dolmetscher in diesem Maße nicht geben konnten.

Der Theologe konnte allerdings auch als Ver- und Übermittler seltener Schriften fungieren, die er für seine Darlegung benutzte und in seine Argumentation einflocht. Er vertrat im byzantinisch-westlichen Kontext

268 HAMILTON, The Leper King, S. 111f.

269 Hugo Etherianus, Brief an Aimery von Limoges, S. 6.

270 HAMILTON, Aimery of Limoges, S. 274.

häufig nicht nur seine eigenen Ansichten, sondern unterstützte oder widerlegte in der Regel Anschauungen bestimmter Strömungen oder Kirchen. Die Überzeugungskraft und argumentative Dominanz des Einzelnen ließen schnell auch Rückschlüsse auf die vermeintliche Überlegenheit der eigenen Kirche oder bestimmter Bewegungen zu.

Diese Ausgangssituation hatte Auswirkungen auf die Stilisierung zum Experten. Lateinische Theologen in Byzanz inszenierten nicht nur sich selbst und ihr Wissen, sondern auch die Überlegenheit der eigenen Kirche. Es geht also um weitaus mehr als nur um den eigenen Status, sie werden auch zu Verfechtern der Ansichten bestimmter Gemeinschaften und als solche auch angesehen und anerkannt.

Die Inszenierung der Theologen ist wie bei anderen auch durch das Zusammenspiel von eigener Selbstdarstellung und äußeren Zuschreibungen geprägt. Die Kommunikationssituationen sind dabei besonders zu beachten. Während die Inszenierung des Wissens in theologischen Abhandlungen gut zu fassen ist, ist sie bei mündlichen Kommunikationssituationen weit weniger leicht nachzuvollziehen. Denn die spätere Niederschrift oraler Beratungen oder mündlich ausgetragener Streitgespräche kann nicht sicher als authentisch gelten. Ohne Zweifel fand gerade in persönlichen Begegnungen eine Inszenierung des Wissens statt. Die erhaltene schriftliche Darstellung dieser mündlichen Kommunikationsereignisse deckt sich aber nicht unbedingt mit dem wirklichen Zusammentreffen, sie ist vielmehr eine Inszenierung der vorausgegangenen (mündlichen) Inszenierung.

Im Folgenden wird sich auf die Inszenierung des Hugo Etherianus konzentriert. Als Quellen dienen vorrangig seine theologischen Abhandlungen und insbesondere die Briefwechsel, die einen idealen Inszenierungsrahmen boten. Es gilt zu fragen, welche Faktoren einen Theologen im lateinisch-byzantinischen Kontext zu einem religiösen Experten werden ließen. Wie auch bei den Dolmetschern und Übersetzern lässt sich die Inszenierung in drei unterschiedliche Ebenen gliedern.[271] Die erste ist die Inszenierung des engeren religiösen Wissens. Dabei handelt es sich um das Wissen, das für einen Theologen des 12. Jahrhunderts notwendig war, um als solcher zu wirken. Die zweite Ebene, die Inszenierung als Religionsexperte zwischen Byzanz und dem Westen, umfasst das Wissen, das über das reine theologische Wissen hinausreicht. Sie schließt auch bestimmte Umstände und Funktionen ein, die die Anerkennung als Experte zwischen Byzanz und dem Westen unterstützten und beförderten. Die dritte Dimension, die Verstetigung des Expertenstatus,

271 Siehe zur Inszenierung der Dolmetscher und Übersetzer Kapitel 3.3.

wird an späterer Stelle gesondert behandelt, da diese Dimension verschiedene Wirkungsfelder betrifft.[272]

4.3.1 *Die Inszenierung des religiösen Wissens*

Um als Experte im religiösen Bereich anerkannt zu werden, mussten die Lateiner spezifisches religiöses Wissen anbieten bzw. glaubhaft machen, dass sie darüber verfügten. Es handelte sich dabei um spezifisches Wissen, das zumindest entweder die römische oder die byzantinische Seite überzeugen konnte. Für einen Theologen vorrangig entscheidend war dabei das engere religiöse Wissen. Den Inszenierungsrahmen bildeten die mündlichen Disputationen und insbesondere die schriftlichen Abhandlungen. Die bereits erwähnten Schwierigkeiten bei der Verschriftung mündlicher Diskussionen zeigen, dass zwischen beiden nicht leicht zu trennen ist.

Der Experte im religiösen Wirkungsfeld musste herausstellen, dass er sich mit theologischen Anschauungen auskannte und diese entsprechend einordnen konnte. Um als guter Theologe zu gelten, reichte es gerade im westlichen Kontext des 12. Jahrhunderts nicht aus, über rein religiöses Wissen zu verfügen. Denn bei theologischen Disputationen rückten durch die aufkommende Scholastik philosophische Kenntnisse und dialektische Methoden mehr und mehr in den Fokus.[273] Auch Wissen im Bereich der *artes liberales* sowie eine entsprechende Bildung beeinflussten immer mehr die Diskurse und ließen gerade Schulen, wie die in Paris, zu Zentren der zeitgenössischen Theologie werden.[274] Diese Entwicklung prägte auch die Inszenierung. Für das Wirken der Lateiner waren zudem entsprechende Sprachkenntnisse essenziell, da sie ansonsten weder mit den Byzantinern diskutieren noch die Schriften konsultieren konnten, die sie für ihre Arbeit benötigten.

Das (engere) religiöse Wissen

Das Wissen um Religion und theologische Zusammenhänge ist die zentrale Kompetenz jedes Theologen. Eine Profilierung in diesem Bereich hängt deshalb mit dem Wissen oder vielmehr dem nach Außen postulierten religiösen Wissen zusammen. Je fundierter die Wissensbestände waren und je geschickter

---

272 Siehe Kapitel 6.

273 Siehe zur Scholastik: REXROTH, Fröhliche Scholastik; siehe auch die Bände: COLISH (Hrsg.), Studies; SOUTHERN, Scholastic Humanism I und II; GRACIA/ NOONE (Hrsg.), A Companion.

274 Siehe zur Bedeutung der scholastischen Zentren, besonders zu Paris: REXROTH, Fröhliche Scholastik, S. 216-252; und fürs 13. Jahrhundert: BUBERT, Kreative Gegensätze; siehe auch zur Gegenbewegung, der beispielsweise Gerhoch von Reichersberg angehörte: CLASSEN, Gerhoch von Reichersberg.

der Theologe sie präsentierte, desto mehr konnte er als Experte gelten. Laut den (lateinischen) Quellen bestand kein Zweifel daran, dass Hugo Etherianus ein Experte auf dem Gebiet der Theologie war, jedenfalls inszenieren sie ihn dementsprechend. Seine Tätigkeit für den byzantinischen Kaiser spricht für sein Ansehen als theologischer Berater, allerdings stammen die Aussagen hierzu in erster Linie von ihm selbst und seinem Bruder Leo.[275]

Hugos Umfeld betonte dessen religiöses Wissen sehr offensiv. Hugo von Honau bezeichnet den Pisaner in einem Brief (zwischen 1170 und 1179) als *inclytus tam inter Graecos quam inter Latinos theologus*,[276] als „sowohl unter den Griechen als auch Lateinern berühmten Theologen". Dem folgt auch Petrus von Wien, wenn er ihn *venerabilis theologus* nennt.[277] In einem weiteren Brief des Hugo von Honau wird er als jemand beschrieben, der sich auf dem „Gipfel der Theologie" befinde (*in arce theologiae*).[278] Er wird in diesen Fällen als Theologe bezeichnet, damit wird ihm per definitionem zweifelsfrei fundiertes Wissen in der Theologie zugeschrieben. Doch bleibt zu fragen, was genau sein Wissen umfasste.

Unter den heiligen Schriften und Autoritäten nahm die Bibel naturgemäß eine besondere Rolle ein. Bibelwissen war allerdings derart grundlegend, dass es für Theologen eigentlich als Voraussetzung galt. Daher war es nicht das geeignetste Mittel, um sich als besonders versierter Theologe zu inszenieren. Hugo verwendete in seinen theologischen Abhandlungen dennoch unzählige Bibelstellen und zitierte viele von diesen direkt, teilweise auch mit dem entsprechenden Beleg. Es ist auffallend, dass er sich in der Argumentation seines gegen Häretiker gerichteten Werkes *Contra Patarenos* fast ausschließlich auf Bibelstellen stützte und keine direkten Zitate von Kirchenlehrern oder Kirchenvätern einfügte.[279] Bei der Auseinandersetzung mit dualistischen Richtungen verließ er sich also vor allem auf die Heilige Schrift.[280] Dies ist deshalb erstaunlich, da Hugo in seinen anderen Werken ausgesprochen häufig patristische Literatur gebrauchte. Er kannte sich mit dieser also sehr gut aus,

275 Siehe Kapitel 4.1.1.

276 Hugo von Honau, Zweiter Brief an Hugo Etherianus, 1, S. 18.

277 Petrus von Wien, Brief an Hugo Etherianus, 1, S. 19.

278 Hugo von Honau, Erster Brief an Hugo Etherianus, 1, S. 16.

279 HAMILTON, Hugh Eteriano, S. 197; Augustinus, Hieronymus, Johannes Chrysostomos und Gregor (entweder von Nyssa oder Nazianz) und unbestimmte „viele andere" werden von ihm nur einmal unterstützend herangezogen und in einer Reihe mit den Aposteln Johannes und Paulus genannt, aber weder zitiert noch genauer ausgeführt: Hugo Etherianus, Contra Patarenos, S. 156.

280 HAMILTON, Hugh Eteriano, S. 197.

hielt es aber offensichtlich nicht für nötig, sie in diesem Traktat zu benutzen. Es hat fast den Anschein, dass er diese bewusst zurückhielt.

Zwei Erklärungen sind für den Verzicht auf kirchliche Autoritäten denkbar. Naheliegend könnte sein, dass er ihre Verwendung einfach inhaltlich nicht als notwendig erachtete. Es ist aber auch möglich, dass sich seine eigene Inszenierung als Experte an den zu erwartenden Lesern orientierte. Wenn sich die Leserschaft des *Contra Patarenos*, wie Janet Hamilton vermutet, hauptsächlich aus Laien zusammensetzte, gab es für ihn vielleicht einen nicht allzu großen Anreiz, sein ganzes theologisches Können unter Beweis zu stellen.[281] In anderen Werken, die an hohe Würdenträger wie den byzantinischen Kaiser, den Papst oder den lateinischen Patriarchen von Antiochia gerichtet waren, machte er dies sehr wohl.[282] Dies würde bedeuten, dass er die Inszenierung seines Wissens an die erwartbare potenzielle Leserschaft anglich.

In seinen anderen Schriften setzt Hugo seine Kenntnisse der patristischen Literatur als geeignetes Inszenierungsmittel ein. Denn das Wissen über die griechischen Kirchenlehrer ist tatsächlich ein besonderes Merkmal seiner Arbeit und für diese Zeit außergewöhnlich. Es ist deshalb nicht überraschend, dass er dies besonders herausstellt. In seinem an den Pisaner Klerus gerichteten Werk *De anima* gibt er bereits zu Anfang einen Einblick in seine Expertise auf dem Gebiet der heiligen griechischen Autoritäten:

> *Quod quidem haud ambigo futurum esse, cum non mea, sed modo sensus, modo voces sint sanctorum, scilicet Gregorii, Joannis Chrysostomi, Ambrosii, Gregor Nysseni, Hieronymi, Basilii, Augustini, Joannis Damasceni, Hyppoliti martyris, Nili martyris, Anastasii, Cyrilli, et aliorum quos sua nomina indicabunt, ut audituri estis jam nunc.*[283]

Hugo bekennt gleich zu Beginn der Abhandlung, dass er nicht seine eigenen Gedanken, sondern die Ansichten der Heiligen wiedergeben wird. Er zählt einige lateinische Autoritäten auf (Ambrosius, Hieronymus und Augustinus), aber besonders die griechischen fallen auf (Johannes Chrysostomos, Gregor von Nazianz, Gregor von Nyssa, Basileios der Große, Johannes von Damaskus, Hyppolit von Rom, Nilus der Märtyrer, Anastasios, Kyrill von Alexandria).[284] Er listet sie nicht getrennt voneinander auf, sondern mischt lateinische und griechische Autoritäten. Es hat fast den Anschein, diese gemeinsame Auflistung

281 Ebd.

282 Siehe beispielsweise *De sancto et immortali Deo* oder *De minoritate ac equalitate filii hominis ad Deum Patrem* oder *De anima corpore iam exuta*.

283 Hugo Etherianus, De anima, 1, Sp. 169.

284 Ebd.

sei gängige Praxis. Doch der mittelalterliche Leser in Lateineuropa wusste, dass ein Teil dieser aufgeführten Autoritäten nicht ohne Weiteres in Westeuropa zugänglich war. Dies offenbarte seine spezielle Expertise als Theologe, der die griechischen Quellen sehr gut kannte und sie zu verwenden wusste.

Hugo nennt in dieser Passage sogar weit mehr griechische Autoritäten als lateinische. In seinem Hauptwerk *De sancto* bezieht er sich zudem ausgesprochen oft auf griechische Kirchenlehrer. Dabei nennt er sie häufig nicht nur namentlich, sondern zitiert sie direkt, nicht selten mit dem Verweis, wo diese Passage zu finden ist. Beispielsweise zitiert er den heiligen Kyrill wie folgt: *..., prout magnus Cyrillus in septimo ad Hermiam sermone patenter uidetur asserere sic dicens: ....*[285]

Unbestritten hing dies auch mit dem Zweck seines Werkes zusammen. Er versuchte schließlich das lateinische *Filioque* mithilfe der bei den Byzantinern besonders hoch angesehenen kirchlichen Autoritäten zu verteidigen. Indem er sich mit den griechischen Quellen auseinandersetzte, beabsichtige er, die Byzantiner von der Richtigkeit der römischen Position zu überzeugen. Sie waren deshalb ein wesentlicher Bestandteil seiner Argumentation. In der lateinischen Fassung blieb dies so bestehen.

Die Bedeutung der griechischen Autoritäten wird auch im Zusammenspiel mit den lateinischen Empfängern der Schriften ersichtlich. Hugo von Honau und Petrus von Wien stellen in ihren Briefen mehrfach sehr deutlich heraus, dass sie sich erhoffen, von Hugos Expertise bezüglich griechischer Autoritäten zu profitieren. Sie waren an der Meinung der griechischen Theologen zu der Naturen- und Personenlehre interessiert. So solle der Pisaner ihre Fragen erhellen, und zwar indem er sie mithilfe der griechischen Lehrer beantwortet und entsprechend belegt: ... *in his quaestionibus illumines* [...] *atque per Graecorum doctorum auctoritates certifices.*[286] Es wird hier nicht Hugos eigene Meinung als Theologe eingeholt, sondern lediglich nach den entsprechenden Aussagen kirchlicher Autoritäten gefragt. Hugo von Honau schwärmt besonders von den Schriften „der heiligen Lehrer Griechenlands, des Basileios, des Theologus [Gregor von Nazianz], des Kyrill und anderer".[287] Bei dieser namentlichen Nennung wird deutlich, dass der *Scholasticus* besonderes Interesse an den Kirchenvätern hatte. Diese wurden vom Pisaner Theologen in seiner Antwort, dem Traktat *De differentia*, behandelt, zudem bezog er aber auch weniger bekannte Byzantiner ein, wie Theodor Abū Qurra und Leontios

285 Ders., De sancto, I, 14, S. 48.

286 Hugo von Honau, Erster Brief an Hugo Etherianus, 5, S. 17.

287 Ders., Zweiter Brief an Hugo Etherianus, 4, S. 18f.: *..., utpote scripturis sanctorum Graeciae doctorum Basilii, Theologi, Cyrilli aliorumque ....*

von Byzanz. Er zeigte damit, dass er ein weit größeres Spektrum an theologischem Wissen abdeckte.[288]

Manche von Hugos byzantinischen Zeitgenossen wie der Bischof Nikolaos von Methone und der nicht näher bestimmte Bischof von Nikomedia fanden Eingang in sein Werk.[289] Die Einbeziehung des Nikolaos von Methone, selbst Autor von Schriften gegen das *Filioque* und Widersacher Hugos, zeigt, dass der Pisaner um die aktuellen byzantinischen Diskurse wusste und sich mit ihnen auseinandersetzte. Er inszenierte sich dadurch auch gegenüber dem Westen als Theologe, der „Insiderwissen" über die in Byzanz geführten Diskurse hatte, und als Spezialist für die Differenzen zwischen Ost- und Westkirche, besonders die *Filioque*-Problematik.

Neben den griechischen Autoritäten bezog er aber auch klassische lateinische Kirchenlehrer wie Augustinus, Ambrosius, Hieronymus, Gregor den Großen oder Hilarius in seine Schriften ein.[290] Er stellt damit auch seine im Westen absolvierte theologische Ausbildung unter Beweis. Hugo war darum bemüht, das ganze Spektrum seines religiösen Wissens in seinen Werken zur Geltung zu bringen. Die Verwendung der griechischen Autoritäten, sowohl der patristischen als auch der späteren oder zeitgenössischen, konnte dabei als Alleinstellungsmerkmal gelten und dementsprechend betonte er es.

Philosophie und Bildung

Zum Kreis des religiösen Wissens gehören im weiteren Sinne auch Fachwissen und eine profunde Bildung. Durch die aufkommende Scholastik wurde das Wissen über Dialektik und Philosophie für theologische Streitgespräche bedeutend, jedenfalls nach westlichen Maßstäben.[291] Ein Theologe des 12. Jahrhunderts benötigte deshalb auch philosophisches Wissen, besonders in Dialektik. Aus diesem Grund kann auch philosophisches Fachwissen zum

288 Hugo Etherianus, De differentia, 19, S. 27f. und 26, S. 29; dazu auch HÄRING, The „Liber de Differentia", S. 8.

289 Z. B. Hugo Etherianus, De sancto, I, 3, S. 18: *Nicolaus autem episcopus Methonae eamdem prope intelligentiam elenchum format huiusmodi: „Si Spiritus ex Patre ac Filio procedit, erit utique unum ex duobus et duo principia unius (unus est enim Spiritus Sanctus, ut Pater unus et Filius unus); …"*; ebd.: *Nam Nicomediae praesul in hunc modum syllogismum nectit et complicat: „Si ex Patre et Filio procedit Spiritus Sanctus; quod autem ab aliquibus prouenit illa habet principia ex quibus prouenit; duo itaque habet principia Spiritus Sanctus".*

290 Ders., De minoritate, I, 95, S. 127 (Augustinus); ders., De sancto, III, 17, S. 232 (Ambrosius); ebd., I, 16, S. 57 (Hieronymus); ebd., II, 13, S. 132 (Gregor der Große); ebd., De sancto, 3, S. 83 (Hilarius).

291 KAPRIEV, Lateinische Rivalen, S. 200-202; KOLBABA, The virtues, S. 126f.; REXROTH, Fröhliche Scholastik, S. 245-248; für das 13. Jahrhundert siehe auch: AVVAKUMOV, Die Mendikanten, S. 130; EXARCHOS, Formen, S. 152f.

theologischen Wissen gezählt werden, da es für die argumentative Behandlung religiöser Streitfragen von Bedeutung war.

Hugo wurde solches Wissen zugeschrieben, er soll es sich vor seiner Zeit in Byzanz während seines Studiums der Dialektik in Paris angeeignet haben, wie Hugo von Honau berichtet.[292] Hugo von Honau unterstreicht seine Glaubwürdigkeit, indem er betont, dass er dies selbst gehört habe.[293] Es lag wohl auch in seinem eigenen Interesse, die besondere Bildung des Pisaner Theologen zu betonen. Schließlich berief er sich in seinem eigenen Werk maßgeblich auf ihn.

Leo Tuscus war stets bemüht, die Stellung und das Wissen seines Bruders im besonderen Maße zu akzentuieren und dessen gesamte Bildung zu preisen:

> *... et multociens, tum de liberalibus artibus, tum de fidei articulis imperatoria coram magestate contulerat, cumque ipso moderatore, cumque Grecorum sermonem faciens in phylosofia excellentissimis.*[294]

Häufig habe sich Hugo in Anwesenheit des Kaisers über die *artes liberales* oder Glaubensgrundsätze unterhalten und führte sowohl mit dem Kaiser selbst als auch mit herausragendsten byzantinischen Philosophen Gespräche. Der Pisaner nahm demnach nicht nur an theologischen Streitgesprächen teil, sondern war wohl auch im Stande, über ein breites Spektrum an wissenschaftlichen Themen mit den bedeutendsten byzantinischen Gelehrten zu diskutieren. Damit entsprach er nicht zuletzt auch dem byzantinischen Bildungsideal und dem Anspruch an einen Gelehrten. Die Tatsache, dass Leo als Gesprächspartner sowohl den Kaiser Manuel Komnenos, dem die Quellen ohnehin ein sehr großes Interesse an den Wissenschaften und der Theologie bescheinigen, als auch die erste Garde der byzantinischen Gelehrten nennt, soll den Lesern zeigen, dass Hugo sich nicht nur mit der byzantinischen Elite messen konnte, sondern dass auch sie ihn als ernstzunehmenden Gesprächspartner akzeptierte.[295]

---

292 Hugo von Honau, De diversitate, I, 7, S. 122; *Praefatio* auch ediert bei HASKINS, Studies, S. 210-212; Hugo von Honau übernahm im Auftrag Friedrich Barbarossas zwischen 1170 und 1179 zwei Gesandtschaftsreisen nach Byzanz, bei denen er Hugo Etherianus persönlich kennenlernte; vgl. zu Hugo von Honau und seinem Wirken KLEIN-ILBECK, Art. „Hugo von Honau", Sp. 172; ERISMANN, From Byzantium, besonders S. 232-245; DONDAINE, Hugues Éthérien, S. 124f.; HÄRING, The Liber de Diversitate, S. 104-109.

293 Hugo von Honau, De diversitate, I, 7, S. 122 (*ut ipso confitente audivi*).

294 Leo Tuscus, De haeresibus, zit. n. DONDAINE, Hugues Éthérien, S. 126.

295 Zu Manuel Komnenos' Interesse an der Theologie und den Wissenschaften siehe: MAGDALINO, The Empire, S. 366-382; ADLER, Did the Biblical Patriarchs, S. 245-263.

Sein philosophisches Wissen führte Hugo auch selbst seiner Leserschaft vor Augen. In seinem Hauptwerk *De sancto* ist dies sehr signifikant, er stützt sich darin besonders auf Aristoteles. Der Name Aristoteles fällt nicht selten gepaart mit einem Zitat des großen Philosophen und mit einem Werksbeleg, beispielsweise: … *Aristoteles retulit in libro De anima dicendo sic: …*, und dann folgt ein Zitat.[296] Aristoteles ist der Philosoph, auf den er sich am meisten beruft, er integriert ihn häufig auch mit einem „wie Aristoteles sagt" (*ut Aristoteles dicit*).[297] Aristoteles ist nicht der einzige Philosoph, den er in seine Argumentation einbettet. Der insbesondere bei den Byzantinern sehr geschätzte Platon findet ebenfalls Beachtung.[298] Dies ist nicht überraschend, wenn man bedenkt, dass Hugos Werk in der griechischen Version an die Byzantiner gerichtet war. Weitere Philosophen wie den Neoplatoniker Plotin oder Sokrates und Cicero flocht er ebenfalls in seine Werke ein.[299] Durch die Einbeziehung verschiedener Philosophen zeigt er nicht nur, dass er ein gebildeter Mann war, sondern auch, dass er verschiedene philosophische Traditionen kannte und nutzte. Diese Vielfalt machte seine Bildung maßgeblich aus.

Hugo scheint sehr daran gelegen zu sein, sein breites Wissen aufzuführen und unter Beweis zu stellen. Dies ist für einen lateinischen Theologen nichts Ungewöhnliches und auch im byzantinischen Kontext war dies gängige Praxis, auch wenn die Byzantiner in theologischen Diskussionen weniger philosophisch argumentierten als die lateinischen Frühscholastiker.[300]

Die Sprachkenntnisse

Auf den ersten Blick erscheinen entsprechende Sprachkenntnisse für die Arbeit eines Theologen als nicht besonders wesentlich, sondern treten zunächst hinter dem theologischen Wissen zurück. Im Fall der Lateiner in Byzanz gehörten Sprachkenntnisse aber zum engeren Wissen. Denn sobald ein regelmäßiger Austausch mit den Byzantinern stattfand, waren Griechischkenntnisse eine Voraussetzung für die Interaktion. Die Diskussionen wurden

---

296 Hugo Etherianus, De sancto, I, 12, S. 41; Hugo Etherianus verwendete besonders die *Categoriae, Analytica, Physica, De anima, De caelo et mundo* und die *Metaphysica*, Kapriev, Lateinische Rivalen, S. 236; zur Bedeutung des Aristoteles für Hugo Etherianus' Werk: Dondaine, Hugues Éthérien, S. 103 und S. 125.

297 Z. B. Hugo Etherianus, De sancto, II, 1, S. 76, II, 12, S. 122; oder auch ebd. III, 2, S. 172 (*dicitur ab Aristotele*), oder auch ebd., 10, S. 198 (*ut Aristoteles in Categoriis prodocuit*).

298 Z. B. sehr repräsentativ ebd., I, 1, S. 14.

299 Beispielsweise ebd. (Plotin); ebd., II, 9, S. 111 (Sokrates); ders., De minoritate, 46, S. 113 (Cicero); zu weiteren antiken Autoritäten siehe Kapriev, Lateinische Rivalen, S. 236.

300 Ebd., S. 237.

auf Griechisch geführt und die entsprechenden Autoritäten auf Griechisch zitiert. Deshalb muss die Beherrschung dieser Sprache auch zu dem engeren Wissen zählen. Dies gilt zumindest für die, die sich dauerhaft in Byzanz aufhielten, nicht unbedingt für Gesandte wie Anselm von Havelberg. Aber von Theologen wie Hugo Etherianus erwartete man Griechischkenntnisse, das Lesen und Verstehen der heiligen griechischen Autoritäten in der Originalsprache gehörte zu ihrem engeren Expertenwissen.

Hugos Sprachkenntnisse werden häufig herausgestellt. Sein Bruder Leo Tuscus beschreibt ihn bei der Einführung seiner Person im *De haeresibus* als *Ugo, agnomen vero Eterianus, latinis grecisque doctus litteris.*[301] Für Leo sind die Sprachkenntnisse derart wichtig, dass er diese gleich nach der Nennung des Namens folgen ließ.

Hugos sprachliche Expertise wird sogar dann akzentuiert, wenn eigentlich seine theologische gefragt war. Hugo von Honau beschreibt ihn in seinem *De diversitate* als *litteris Graecis et Latinis peritissimus.*[302] In einem seiner Briefe hebt er die Sprachbefähigung ebenso besonders hervor (*sicut in vocabulo ita par in utroque eloquio*).[303] Der Pisaner Klerus kommt auf Hugos Sprachkenntnisse in seinem Brief (um 1168/1170) schon in der *Inscriptio* zu sprechen: *Clarissimo, prudentissimo Hugoni tam Graeca quam Latina lingua elimate instructo, universus clerus Pisanus, salutem et optatae felicitatis partum.*[304]

Neben seiner Berühmtheit und Klugheit betonen die pisanischen Geistlichen auch seine Kenntnisse der griechischen und lateinischen Sprache. Sie zogen ihn in einer rein theologischen Frage zu Rate, bekräftigten aber dennoch besonders sein sprachliches Können. Es ist bemerkenswert, dass er darauf zu reagieren scheint, denn in seinem Antwortschreiben ließ er relativ unvermittelt ein griechisches Wort in griechischen Buchstaben einfließen: *Felicem ingenio, et eloquentes suspicantes, me rogastis tanquam peritum cantandi, ut* μελικοῖς *a passibus aliquem efficacissimum concentum efficerem, ...*[305]

Er geht hier auf die gestellte Frage ein und wiederholt sie, indem er ein griechisches Wort benutzt. Hugo solle nämlich erläutern, wie wirksam Gebete für die Verstorbenen seien. Die Verwendung dieses Begriffs erscheint etwas ungewöhnlich, da passende lateinische Termini existierten. Er erklärt oder übersetzt das Wort nicht, sondern fügt es in seinen lateinischen Text ein.

---

301 Leo Tuscus, De haeresibus, zit. n. DONDAINE, Hugues Éthérien, S. 126.

302 Hugo von Honau, De diversitate, I, 5, S. 121.

303 Ders., Zweiter Brief an Hugo Etherianus, 1, S. 18.

304 Pisaner Klerus, Brief an Hugo Etherianus, Sp. 167f.

305 So nach der Migne-Edition: Hugo Etherianus, Brief an den Pisaner Klerus, Sp. 167f.; so auch der Druck bei Maxima Bibliotheca Veterum Patrum XXII, S. 1176; in der Handschrift Zwettl, Zisterzienserstift, Ms. 237, fol. 87r-87v, steht auf fol. 87v *melicis* statt μελικοῖς.

Auch transliteriert er den Begriff nicht, sondern lässt ihn in griechischen Buchstaben auf den Leser wirken. Mit Sicherheit hatte der Gebrauch einen nicht geringen Effekt. Das griechische Wort behinderte den Lesefluss des meist nur lateinkundigen Lesers und zwar nicht nur inhaltlich, sondern auch visuell. Nur durch dieses eine Wort nahm der Leser eine Veränderung des in lateinischen Buchstaben gehaltenen Textes wahr. Die Schlussfolgerung musste sein, dass der Autor die griechische Sprache bewiesenermaßen beherrschte.

Hugo selbst wusste, wie eng sein Status mit seinen Griechischkenntnissen verflochten war und betont sie bei vielen Gelegenheiten. In seinen Texten fand er Möglichkeiten, seine sprachliche Expertise zu inszenieren. Im Vergleich zum Übersetzer hatte der Theologe im Text mehr Mittel zur Verfügung. Denn er konnte sein sprachliches Können durch Erläuterungen, Kommentare oder griechische Begriffe und Zitate leicht einfließen lassen. Beim Übersetzer würde ein solches Vorgehen eine Fehlleistung bedeuten, da er nicht in der Lage war, das griechische Wort oder den griechischen Satz adäquat in ein gutes Latein zu übersetzen.

Eine erste Möglichkeit, das sprachliche Wissen zu betonen, ist die Arbeit mit und an griechischen Texten. Hugo selbst schreibt explizit, wie er sowohl griechische als auch lateinische Texte durchsuchte. Fleißig wie eine Biene habe er sowohl in den *Codices* der Griechen als auch Lateiner gesucht und auch – weiter in dem Bienenbild – eine vollendete Honigwabe gefunden.[306] Er selbst betonte seine Arbeit mit griechischen Texten auch dadurch, wie er seine Werke gliederte. Dies veranschaulicht beispielhaft der Aufbau von *De differentia*. Er teilte die Abhandlung nach Autoritäten ein und fasste abschnittsweise zusammen, was der jeweilige Kirchenlehrer sagte. Ein derartiger Aufbau war auch von den Auftraggebern Hugo von Honau und Petrus von Wien gewollt.

Die zweite Möglichkeit, die Griechischkenntnisse hervorzuheben, ist das Zitieren griechischer Passagen in griechischen Buchstaben. Dies ist, wie bereits erwähnt, eines der wirksamsten Mittel, da die Leserschaft sofort das andere Alphabet bemerkt. Dies hat schon bei einzelnen Wörtern und Termini einen gewissen Effekt, bei ganzen Zitaten ist dies umso wirkungsvoller. Gleich zu Beginn des ersten Buches des *De sancto* bedient sich Hugo eines griechischen Platonzitats:

> *Nam Plato philosophus Dionysio talia de Trinitate scripsit:* Φραστέον δή σοι δι᾽αἰνιγμάτων, ἵν᾽ἂν δέλτος ἢ πόντου ἢ γῆς ἐν πτυχαῖς πάθῃ ὁ ἀναγνοὺς μὴ γνῷ. Ὧδε γὰρ ἔσχει· περὶ τὸν πάντων βασιλέα πάντα ἐστὶ καὶ ἐκείνου γε ἕνεκα πάντα, καὶ ἐκεῖνός

306 Hugo Etherianus, De anima, 1, Sp. 168: *In multis nimirum, ad apum similitudinem tam Graecorum quam Latinorum codicibus quaesivi, et inveni favum mellis confectum, qui per ora vestra distillari debeat.*

> γε αἴτιος πάντων καλῶν· δεύτερον δὲ πέρι τὰ δεύτερα, καὶ τρίτον πέρι τὰ τρίτα, *quod Latinae sic sonat redditum orationi: „Dicendum tibi per aenigmata, ubi, ne liber seu ponti seu terrae in tabulis patiatur, qui legit non intelligat. Hoc enim modo habet: circa omnium regem omnia est omniaque propter illum, et ipse utique causa omnium bonorum; secundum circa secunda, et tertium circa tertia".*[307]

Er benutzt hier den zweiten Brief des Platon an den sizilischen Tyrannen Dionysios und übersetzt den griechischen Text.[308] Es ist wohl kein Zufall, dass er mit dem bei der byzantinischen Leserschaft wohlbekannten Philosophen sein ursprünglich auf Griechisch verfasstes Werk begann. Bemerkenswert ist allerdings, dass er dies so auch in der lateinischen Fassung beibehielt, zudem ließ er das nicht gerade knappe griechische Zitat im Text und bot eine Übersetzung an. Offensichtlicher konnte er seine Sprachfertigkeiten nicht betonen, jeder konnte nach den ersten Zeilen des Textes wissen, dass der Autor Griechisch beherrschte. Im Manuskript Vatikan, Biblioteca Apostolica Vaticana, Ms. Vat. lat. 821, aus dem 12. Jahrhundert hebt sich nicht nur das andere Alphabet von den lateinischen Buchstaben ab, sondern die Schriftfarbe der griechischen Buchstaben erscheint um einiges dunkler als die der lateinischen.[309] Dies hatte ebenso einen Effekt und fiel dem Leser gleich ins Auge.

In einer weiteren Handschrift (Vatikan, Biblioteca Apostolica Vaticana, Ms. Vat. lat. 820) aus dem 15. Jahrhundert fehlt das griechische Zitat. Nach dem Verweis auf Platon folgt eine paragraphengroße Auslassung und dann die lateinische Übersetzung.[310] Visuell gehört etwas in diese Lücke und es kann sich inhaltlich nur um ein griechisches Zitat handeln, da danach die lateinische Übersetzung folgt. Die Vermutung liegt nahe, dass dem Kopisten des 15. Jahrhunderts die griechischen Buchstaben Probleme verursachten, da er mit dem entsprechenden Alphabet nicht ausreichend vertraut war. Vielleicht wurde das Zitat zunächst ausgelassen, um es später von einem Fachkundigen einfügen zu lassen.

Zwar findet sich nur ein griechisches Zitat im *De sancto*, dafür lassen sich aber einige griechische Termini in griechischen Buchstaben nachweisen. Exemplarisch zeigen bereits die wenigen folgenden Beispiele, wie griechische Begriffe in den Text integriert und erklärt wurden. Hugo übersetzte sie

---

307 Hugo Etherianus, De sancto, I, 1, S. 14; siehe zu der Stelle auch JENSEN, Hugo Eterianus, S. 201f.

308 Zur Platon-Rezeption in Byzanz siehe: ANGELOV, Plato, S. 499-523.

309 Vatikan, Biblioteca Apostolica Vaticana, Ms. Vat. lat. 821, fol. 2r-2v.

310 Vatikan, Biblioteca Apostolica Vaticana, Ms. Vat. lat. 820, fol. 1v; zu den beiden Manuskripten: MANFREDI, I Codici latini, Nr. 481, S. 301 und Nr. 483, S. 303.

beispielsweise: *Ignorantia certe elenchi hic est, cum non ex iis quae data sunt ex syllogistica necessitate* ἐπιχείρησις, *id est argumentatio, conficiatur.*[311]

Ἐπιχείρησις wird hier, eingeleitet durch das *id est*, sogleich übersetzt. Dieser Terminus steht in einem Satz, der dieses Wort eigentlich nicht gebraucht hätte, da es dafür entsprechende lateinische Begrifflichkeiten gibt. Ein weiteres Beispiel ist das Wort ὁ ἀνδριαντοποιός, das er ebenso in den Text einpflegte, mit der Erklärung *id est statuae factor.*[312] Auch der Begriff λόγος ist in griechischen Buchstaben im Text zu finden.[313] Er wollte damit offenbar beweisen und veranschaulichen, wie gut er Griechisch konnte.

Diese wenigen Beispiele zeigen, wie das Griechische in der lateinischen Fassung des *De sancto* erscheint. Sicherlich sollte berücksichtigt werden, dass von dem Werk eine griechische Version existierte, die vielleicht auch dazu verleitete, einige Begriffe in den lateinischen Text zu übernehmen. Allerdings zeigt die Übersetzung dieser Termini und des Platonzitats, dass das Griechische inhaltlich eigentlich unnötig gewesen ist. Die Integration griechischer Buchstaben, Zitate und Termini im lateinischen Text sollte dem Leser vielmehr den Byzanzbezug und das Wissen des Autors in Erinnerung rufen.

Nicht nur griechische Begriffe und die Verwendung des griechischen Alphabets betonten die Sprachbefähigung des Verfassers, sondern auch die Transliteration bestimmter Begriffe in die lateinische Schrift. Beispiele hierfür gibt es viele, Hugo verwendet in seinem *De differentia* beispielsweise die Formulierung *methodon*[314] oder die Erklärung für „was auf Griechisch *ecfysis* genannt wird" (*et quod Graece dicitur ecfysis*).[315] Die Gräzisierung bzw. auch die Übernahme griechischer Begriffe ins Latein ist allerdings ein Phänomen, das sich auch bei einem Anselm von Havelberg und vielen anderen finden lässt. Sie kann nicht als stichhaltiges Indiz dafür dienen, dass der Autor auch Griechisch beherrschte. Allerdings konnte dies in Hugos Fall eine andere Wirkung haben, da sein Aufenthaltsort und seine Funktion in Byzanz bekannt waren.

Eine dritte Möglichkeit, die Sprachkenntnisse herauszustellen, ist die Erklärung der griechischen Sprache. Hugo tat dies nicht allzu oft, doch manchmal widmete er sich sprachlichen Erläuterungen. Sie dienten etwa dem Zweck, die grundsätzlichen Diskussionen um den Ausgang des Heiligen

---

311 Hugo Etherianus, De sancto, I, 9, S. 32.

312 Ebd., II, 9, S. 110.

313 Ebd., 5, S. 93: ... *utro modo* λόγος *ratio siue oratio accipiatur:* ....

314 Ders., De differentia, 7, S. 23.

315 Ebd., 29, S. 30.

Geistes zu erklären.[316] Durch das Herunterbrechen einer theologischen Frage auf die sprachliche Ebene verband er seine theologische Expertise mit seiner sprachlichen. Er veranschaulichte damit, dass für die Lösung der Kontroverse sein sprachliches Können förderlich war.

Ein viertes Mittel, griechische Sprachkenntnisse zu betonen, ist der Verweis auf selbst verfasste griechische Werke. Dies konnte Hugo bei zwei seiner Schriften vorweisen und in den lateinischen Versionen ebendieser Werke machte er auf die jeweilige griechische Fassung auch aufmerksam. Bei seinem *De minoritate ac equalitate filii hominis ad Deum Patrem* geschah dies dadurch, dass er den byzantinischen Kaiser als Auftraggeber nannte und ihn im (lateinischen) Text direkt ansprach. Zudem werden im *explicit* des ersten Buches Konstantinopel als Entstehungsort und Griechisch als ursprüngliche Sprache des Werkes ausgewiesen. Es wird ausdrücklich als *Greco eloquio,* also als ein in griechischer Sprache verfasstes Buch, bezeichnet.[317] Ähnliches findet sich auch bei *De sancto,* allerdings mit Verweis auf die Zweisprachigkeit dieses Werkes.[318] Hugo legte auf seine Sprachkenntnisse viel wert. Dies zeigt auch sein Brief an Aimery von Limoges, denn auch hier akzentuierte er die Zweisprachigkeit seines Werkes.[319] Diese Beispiele zeigen sehr deutlich, dass die Beherrschung des Griechischen für Theologen im byzantinisch-westlichen Kontext einen zentralen Bestandteil ihrer Expertise darstellte.

4.3.2 *Die Inszenierung als Religionsexperte zwischen Ost und West*

Die Stilisierung als Religionsexperte zwischen Byzanz und dem Westen überschreitet den Rahmen des Wissens, welches ein Theologe für seine eigentliche Arbeit benötigt. Denn er übernahm eine Zwischenstellung zwischen zwei sich zu dieser Zeit in vielen Positionen kontrovers gegenüberstehenden Kirchen, die zum einen zwar im Gespräch und Austausch blieben, zum anderen sich allerdings in den dogmatischen Streitpunkten nicht annäherten. Der lateinische Theologe in Byzanz bewegte sich zwischen den Streitparteien und hatte dadurch die Chance, sich als Religionsexperte zwischen Ost und West zu definieren und zu inszenieren.

Die spezifischen Umstände und Faktoren, die einen Theologen zu einem wirklichen Religionsexperten zwischen Byzanz und dem Westen werden

---

316 Z. B. Ders., De sancto, III, 20, S. 250f.; zum Übersetzen bestimmter Begrifflichkeiten durch Hugo Etherianus und die damit verbundenen Probleme: KAPRIEV, Lateinische Rivalen, S. 227-231; zu der theologischen Diskussion vgl. auch BUCOSSI, Ἐκ e διά, S. 4-12.

317 Hugo Etherianus, De minoritate, I, explicit, S. 141.

318 Ders., De sancto, III, explicit, S. 260.

319 ... *editum a me utraque lingua librum accipite ...,* ders., Brief an Aimery von Limoges, S. 6.

ließen, übersteigen daher das engere religiöse Wissen. Dies hatte auch Auswirkungen auf die Inszenierung: die selbst gesetzten Themenschwerpunkte, die physische Präsenz in Konstantinopel, aber auch die Zugehörigkeit zur römischen Kirche sowie die Überlegenheit gegenüber den (religiösen) Widersachern sind zentrale Elemente der Inszenierung.

Gesetzte Themenschwerpunkte und Themenauswahl

Die theologische Themenausrichtung spielte bei der Inszenierung eine besondere Rolle. Sie entschied darüber, für was genau man sich als Experte profilieren wollte. Der sich herausbildende Arbeitsschwerpunkt entstand im Zusammenspiel zwischen dem Autor und seinen potenziellen Lesern. Hugo Etherianus schrieb sein Hauptwerk *De sancto* im Auftrag des byzantinischen Kaisers. Er wurde mit der Abfassung betraut, da er sich dem Kaiser durch Gespräche sowie seine schriftlichen Abhandlungen zuvor empfohlen hatte. Aus Sicht des Kaisers und des Hofes war er dadurch zum Spezialisten für die Kontroversen zwischen byzantinischer und römischer Kirche geworden, im lateinischen Europa war er hingegen zunächst weit weniger bekannt. Auch deshalb hatte er wohl ein großes Interesse daran, sein *De sancto* in der lateinischen Welt zu verbreiten und sich als Experte für die Differenzen der beiden Kirchen, besonders für die *Filioque*-Problematik, zu etablieren. Hugo ergriff die Initiative und ließ Papst Alexander und dem (lateinischen) Patriarchen von Antiochia sein Werk zukommen. Davon zeugen auch die Briefe Alexanders und Aimerys, bei denen es sich um Dankes- bzw. Antwortschreiben handelt, darin sind keine Bezüge auf einen zuvor erteilten Auftrag oder Ähnliches enthalten. Dies lässt vermuten, dass er sein Hauptwerk mit dem thematischen Schwerpunkt des *Filioque* bewusst und strategisch klug im Westen verbreiten wollte, indem er sowohl einem kirchlichen Repräsentanten der Kreuzfahrerreiche als auch der Kurie in Rom seine Ansichten zum *Filioque* darlegte. Dadurch empfahl er sich selbst als Kenner der Kontroversen mit der byzantinischen Kirche und die angestrebte Kirchenunion.[320]

Hugos Themenauswahl zeigt allerdings auch, dass er sich nicht nur eine Expertise für Fragen der Einheit bzw. Unterschiede beider Kirchen zuschrieb. Seine anderen Abhandlungen *De minoritate, De differentia, De anima* und *Contra Patarenos* behandeln nicht primär die Differenzen zwischen byzantinischer und römischer Kirche. Vielmehr thematisieren sie Probleme oder Fragen, die interne Diskussionen sowohl innerhalb der byzantinischen als

320 Dies sieht man auch am Antwortschreiben des Papstes, der darin auf die Vereinigung von römischer und byzantinischer Kirche zu sprechen kommt, Alexander III., Brief an Hugo Etherianus, S. 4f.

auch der römischen Kirche betrafen. Mit *De minoritate* und *De differentia* positionierte er sich als Experte für die Christologie, mit *De anima* für das Thema der Wiederauferstehung und mit *Contra Patarenos* bewies er Spezialwissen im Bereich der Häresie und deren Bekämpfung. Der Umgang mit Häretikern und die Frage der Naturen und Personen Christi waren zentrale Problemfelder, die sowohl in Byzanz als auch im Westen zur Zeit Hugos aktuell und brisant waren. Mit dem Aufgreifen dieser Themen profilierte er sich als Kenner theologischer Fragen, die über das byzantinisch-lateinische Spektrum hinausgingen.

Inter Graecorum fontes haustum est: Der Aufenthalt in Byzanz

Der Aufenthaltsort Konstantinopel spielte für die Inszenierung als Religionsexperte zwischen Ost und West eine bedeutende Rolle. Dadurch vermittelten die Theologen überzeugend, dass sie außergewöhnliches Wissen anbieten konnten. Der Zugang zu im Westen seltenen Texten sowie eine erst in Konstantinopel erworbene Vertrautheit mit den Byzantinern und ihrer Kirche waren Alleinstellungsmerkmale lateinischer Theologen in Byzanz.

Hugo wusste um die Bedeutung seines langjährigen Aufenthaltsortes. In mindestens zwei seiner Werke findet sich der Vermerk *Constantinopoli editus*, beide Male in *explicit*-Passagen.[321] Auch an anderen Stellen betont er, dass er sich in Konstantinopel befand.[322]

Er machte seinen Lesern seinen gegenwärtigen Aufenthaltsort auch dadurch bewusst, dass er sich, sowohl in seinen Werken als auch Briefen, auf den byzantinischen Kaiser bezog. Hugo verdeutlichte mehrfach, dass er für den Kaiser als Berater fungierte.[323] Kaiser Manuel Komnenos wird im Text mitunter sogar direkt angesprochen: *te quoque, maxime imperator Manuel, post Deum invoco ut assis.*[324] Da der *Basileus* der Auftraggeber für zwei Werke war, ist dies nicht ungewöhnlich. Allerdings behielt Hugo diese Formulierung in seiner lateinischen Version bei und übersetzte sie. Spätestens dadurch musste der byzantinische Kontext jedem Leser klar sein. Selbst im *Contra Patarenos*, von dem nur eine lateinische Version existierte, referiert er mehrfach auf Manuel Komnenos. Einmal fordert er ihn darin auf, die Sekte der „Patarener" zu bekämpfen und einmal appelliert er an einflussreiche Männer, den Kaiser vom

321 Hugo Etherianus, De sancto, III, explicit, S. 260; Hugo Etherianus, De minoritate, I, explicit, S. 141.

322 Z. B. Ders., Brief an Aimery von Limoges, S. 6 (*uersor Constantinopoli*).

323 Ders., Brief an Petrus von Wien 1166/1167, 2, S. 153 (*interrogatus a clementissimo principe*); ders., De sancto, I, Prolog, S. 12 (*sed Constantinopoli cum essem, accersitus sum consulendus a magno atque augustissimo imperatore Manuel …*).

324 Ders., De minoritate, I, 3, S. 93.

Kampf gegen die „Patarener“ zu überzeugen.[325] Dies zeigt, dass er nicht nur in Konstantinopel lebte, sondern auch in Angelegenheiten des Byzantinischen Reiches eingebunden war. Die Schilderungen von Diskussionen mit Gelehrten und das Einbeziehen zeitgenössischer byzantinischer Kirchenmänner in seine Abhandlungen stellten dies ebenso heraus.[326]

Sein „Insiderwissen“ erstreckte sich allerdings auch auf religiöse Praktiken. Beispielsweise offenbart er sein Wissen um byzantinische Heiligen- und Wundergeschichten. Er erwähnt den Festtag des Mandylion von Edessa, den die Bevölkerung von Konstantinopel immer am 16. August im Glauben beging, dass die Ikone Plagen, Hunger und feindliche Übergriffe fernhalte.[327] Dieses Wissen um lokale Feste mag vielleicht ein Indiz dafür sein, dass Hugo dieses Werk an in Byzanz lebende Lateiner richtete. Es ist aber ebenso möglich, dass dieses dargebotene Wissen gerade einer mit diesem Kult nicht vertrauten Leserschaft im Westen als Sonderwissen erschien und seine außergewöhnliche Expertenstellung unterstütze.

Der Standort Konstantinopel war für die Inszenierung als Religionsexperte zwischen Byzanz und dem Westen wichtig. Durch diesen Wohnort und das dort erworbene Erfahrungswissen konnte er plausibel machen, dass er nicht nur mit den Werken der griechischen Kirchenlehrer vertraut war, sondern auch an den zeitgenössischen theologisch-philosophischen Diskussionen teilnahm und nicht zuletzt um die Traditionen und die religiöse Praxis der Byzantiner wusste.

Die Zugehörigkeit zur römischen Kirche

Das Bekenntnis zur römischen Kirche ist für Hugo ein wichtiger Pfeiler seiner Inszenierung. Sowohl er als auch sein Bruder Leo identifizierten sich mit der römischen Kirche und ihren Positionen und betrachteten sich als lateinische Christen, gerade in Abgrenzung zur byzantinischen Kirche. Sie verteidigten die römischen Ansichten sowohl in theologischen Werken als auch in überlieferten Diskussionen gegen byzantinische Einwände. Es kann also keinen Zweifel geben, dass Hugo sich als römischer Christ verstand. Dieser Umstand machte ihn auch gerade für die byzantinische Seite zu einem wertvollen Ratgeber, da er als Spezialist für die Dogmen der römischen Kirche konsultiert wurde. Die lateinische Seite hingegen konnte in ihm einen Fürsprecher sehen, der zugunsten der römischen Positionen argumentierte. Es bleibt zu fragen,

325 Ders., Contra Patarenos, 4, S. 163 und 12, S. 176.

326 Zu den Diskussionen am Hof siehe Kapitel 4.1.1.

327 Hugo Etherianus, Contra Patarenos, 11, S. 172f.; zum Fest des Mandylion: HAMILTON, Hugh Eteriano, S. 225.

wie sich diese Identifikation mit der römischen Kirche auf die Inszenierungsebene auswirkte.[328]

Hugo stellt die *Graeci* und *Latini* in seinen Werken häufig einander gegenüber und präsentiert sie gewissermaßen als zwei in sich geschlossene homogene Gruppen. Er bringt die unterschiedlichen Positionen bereits im Prolog zum ersten Buch seines *De sancto* auf den Punkt:

> *Nihilominus autem me de his ad scribendum illexit plurima quae inter Graecos Latinosque contrarietas exaestuat: Graecus sane quod ex Patre solo Spiritus procedat uehemens apparet assertor, Latinus autem aequaliter ex Patre et Filio progressum eiusdem Spiritus profitetur.*[329]

Hugo wollte die Gegensätze zwischen „Griechen" und „Lateinern" darlegen. Die Unterschiede machte er an einer bedeutenden Kontroverse fest: der *Filioque*-Problematik. Während der Byzantiner nämlich erbittert behaupte, dass der Heilige Geist nur vom Vater ausgehe, bekenne der Lateiner, dass er sowohl vom Vater als auch vom Sohn hervorgehe.

Hugo lässt im Laufe seiner Abhandlung keinen Zweifel daran, dass die lateinische Position die richtige sei.[330] Er inszeniert sich als Verteidiger der römischen Ansichten und stellt gleichzeitig eine Verbindung mit der römischen Kirche, nicht nur auf inhaltlicher, sondern auch auf institutioneller Ebene her. Letzteres wird besonders daran ersichtlich, dass er im *explicit* des dritten Buches des *De sancto* nicht nur Manuel Komnenos, sondern auch Papst Alexander III. erwähnt. Zudem berichtet er, dass ihn päpstliche Gesandte zur Abfassung seines Werkes ermutigt hatten.[331]

Alexander III. würdigte in seinem Brief an Hugo dessen Engagement gebührend. Der Papst erkennt darin nicht nur die viele Arbeit an, die dieser für sein Werk aufgewendet hatte, sondern hofft auch, dass das Buch für die „Kirche Gottes" gedeihen werde, deshalb empfange er es mit „dankbarer und fröhlicher Hand".[332] Alexander interpretiert die Schrift als ein Buch zum

---

328 Siehe zu Hugo Etherianus' Beziehung zur römischen Kirche auch Kapitel 7.6.

329 Hugo Etherianus, De sancto, I, Prolog, S. 13.

330 Teilweise trägt seine Abhandlung aggressive Züge zur Verteidigung des *Filioque*, vgl. dazu auch Kapriev, Lateinische Rivalen, besonders S. 231-233; Jensen, Hugo Eterianus, S. 202.

331 Hugo Etherianus, De sancto, III, explicit, S. 260; Erwähnung der Kardinäle: ebd., I, Prolog, S. 12f.

332 Alexander III., Brief an Hugo Etherianus, S. 4: *Cognoscentes laborem plurimum quem sustinuisti in componendo libro quem nobis per dilectum filium nostrum magistrum Caciaredam misisti, attendentes quoque fructum quem exinde speramus Ecclesiae Dei prouenturum librum ipsum grata et laeta manu recepimus et deuote sollicitudini et liberalitati tuae uberrimas propter hoc gratiarum referimus actiones, ….*

Nutzen der Kirche Gottes und meint damit wohl einer geeinten Kirche. Weiter in dem Brief heißt es, Hugo habe das Werk „für Gott und für die Gottergebenheit der Kirche" verfasst (*pro Deo et pro deuotione Ecclesiae praescriptum librum composuisti*).[333] Seiner Abhandlung wird demnach ein großer Nutzen für die universale Kirche zugeschrieben.

Hugo selbst wird auch als ein Verfechter der römischen Positionen dargestellt. Aimery von Limoges feierte ihn als denjenigen, der die römische Kirche und die gesamte *Latinitas* verteidige:

> *Non solum enim uiuitis uobis, sed nobis et uniuersali Ecclesiae, proque tota Latinitate uos antemurale fortissimum opposuistis; unde non immerito, sicut diximus, nobis gaudendum est, utpote qui talem habemus mediatorem, cui nec docta Graecia resistere nec fabricatis sophismatum obiectionibus potest obuiare.*[334]

Nicht nur lebe Hugo für sich selbst, sondern er widme sein Leben auch „uns" und der universalen Kirche. Mit „uns" meint Aimery die lateinischen Christen, denn wenig später preist er ihn als jemanden, dem es mit seinem Buch gelungen sei, ein äußerst starkes Bollwerk für die *tota Latinitate* einzuwenden.[335] *Latinitas* bezeichnet die Gesamtheit der lateinischen Christenheit. Der Patriarch stilisiert den Pisaner Theologen also zu einem Verteidiger der lateinischen Christenheit, zu deren Schutz er sein Werk geschrieben habe. Aber nicht nur dies, der Patriarch von Antiochia drückt auch seine Freude darüber aus, dass die lateinische Welt einen solchen Mittler (*mediator*) habe, „dem das gelehrte Griechenland sich weder widersetzen noch durch arglistige Einwände von Trugschlüssen entgegentreten kann". Er stellt Hugo geradezu als jemanden dar, der als Verbindungsperson zwischen Byzanz und dem Westen vermittelte. Gleichzeitig trete er für die lateinische Christenheit derart überzeugend ein, sodass sich ihm selbst die Byzantiner nicht entziehen können. Aimery wird dabei nicht müde, zu betonen, was für ein Nutzen sein Werk für die *Latinitas* habe.[336]

Hugos institutionelle wie auch inhaltliche Zugehörigkeit zur römischen Kirche hatte für dessen Inszenierung als Experte zwischen Byzanz und dem Westen eine nicht zu unterschätzende Bedeutung. In seinen Werken verteidigte er stets die römischen Positionen und wollte dies auch der Außenwelt vermitteln. Dies fiel auf fruchtbaren Boden, sowohl Papst Alexander III. als

---

333 Ebd., S. 5.

334 Aimery von Limoges, Brief an Hugo Etherianus, S. 7.

335 Ebd.; siehe Kapitel 1, Fußnote 1.

336 Aimery von Limoges, Brief an Hugo Etherianus, S. 7.

auch Patriarch Aimery von Limoges schätzten sein Werk als nutzbringend für die lateinische Christenheit ein.

Überlegenheit und Abwertung: Der Kontrahent in den Texten

Aimery von Limoges bezeichnet in dem eben behandelten Brief Hugos Argumente als so überzeugend, dass sich ihm selbst das gelehrte „Griechenland" nicht widersetzen konnte. Leo Tuscus schreibt in seinem *De haeresibus,* dass ganz „Griechenland" sein *De sancto* bewunderte und gleichzeitig fürchtete.[337] Gemäß diesen Schilderungen habe Byzanz also die Überlegenheit des pisanischen Theologen anerkannt. Die Überlegenheit gegenüber den Kontrahenten ist ein wirksames Mittel, um sich als Experte zu inszenieren. Argumentative Dominanz ist allerdings nicht unbedingt mit Erfolg gleichzusetzen. Denn die Wiedervereinigung der römischen und byzantinischen Kirche scheiterte bekanntlich, was jedoch nicht Hugos Status als Experte schmälerte.

Hugo zelebrierte die Überlegenheit gegenüber den (zeitgenössischen) byzantinischen Gelehrten auf besondere Weise. Durch die Herabwürdigung des Gegners strahlte sein Wissen und Können umso mehr. Gerade in den Auseinandersetzungen zwischen beiden Kirchen bedeutete dies aus lateinischer Sicht auch immer, dass die eigene Seite die richtigen Positionen vertrat. Er selbst betonte im Brief an Papst Alexander III., dass durch sein Buch der „todbringende Streit der Griechen" (*mortifera Graecorum controuersia*) gestillt werden könne.[338] Diese Haltung erinnert an die oft anzutreffende Attitüde der päpstlichen Gesandten, die für Kirchenunionsverhandlungen zu den Byzantinern kamen. Aus ihrer Sicht ging es in erster Linie um Probleme und Zweifel, die die byzantinische Seite hatte. Diese mussten beleuchtet und geklärt werden, sie selbst sahen sich naturgemäß eher in der Rolle der Erklärer. Schließlich seien die Byzantiner diejenigen, die Probleme mit dem römischen Dogma und Ritus hatten, beispielsweise mit dem *Filioque* und den Azymen.[339]

Hugo selbst setzte sich in seinen Texten mit den theologischen Widersachern auseinander. Bei den Diskussionen über den Satz „Mein Vater ist größer als ich" (Johannes 14,28) um 1165/1166 vermittelt er den Eindruck, er konnte die mit ihm debattierenden byzantinischen Gelehrten gewissermaßen „besiegen". Denn mit Leichtigkeit parierte er die byzantinischen Einlassungen.

---

337 Leo Tuscus, De haeresibus, zit. n. DONDAINE, Hugues Éthérien, S. 126: ... *instantia disputationis et editione libri De immortali Deo, quem tota Grecia miratur et expavescit, et ipsa quoque augustalis sapientia extulit immensis laudibus ....*

338 Hugo Etherianus, Brief an Alexander III., S. 4.

339 Beispielhaft hierfür ist die Gesandtschaft 1234, die päpstlichen Gesandten offenbarten in ihrem Bericht zur Gesandtschaft genau diese Haltung: EXARCHOS, Formen, S. 146f.

In dieser Kommunikationssituation diskutierte er mit drei Gelehrten, die namentlich nicht genannt werden. Als der erste seine Ausführungen begann, kommentierte Hugo dies damit, dass der Byzantiner „fast Eutyches aus der Hölle zurückgeholt" habe.[340] Der Vorwurf, einer der Byzantiner habe sich in seiner Argumentation an einen Vertreter des Miaphysitismus angelehnt, ist ein starker Angriff. Denn die Ansichten des Eutyches wurden auf dem Konzil von Chalkedon 451 verurteilt.[341] Diese Anschuldigung gleich zu Beginn ist aber für die Selbstdarstellung des Pisaners sehr entscheidend. Noch bevor er in seinen Schilderungen genauer auf die Streitpunkte und die unterschiedlichen Argumentationen eingeht, bekräftigt er, dass seine Gegner in der Diskussion zweifelhaften Richtungen nahestanden. Zwar schränkt er diese Aussage durch ein ergänztes *fere* ein, aber dennoch gibt er dadurch die unterschiedlichen Rollen für die Diskussion vor: er als Vertreter der Rechtgläubigen und die anderen als Irrlehrer. Erst dann beginnt er wiederzugeben, was der byzantinische Gelehrte überhaupt sagte. Er habe bekräftigt, dass das Fleisch Christi nicht geringer als Gott sei, weil es gesalbt sei. Hugo schreibt dazu: „ich habe den Fehlschluss aufgelöst" (*absolvi paralogismum*).[342] Er habe nämlich darauf verwiesen, dass sich das Gesalbtsein auf die Person und nicht auf die Natur Christi beziehe. Den zweiten Gelehrten wies er ebenso gekonnt zurück.

Die negative Beurteilung der byzantinischen Gelehrten findet sich nicht nur in den geschilderten Diskussionen, sondern auch in Hugos Abhandlungen. Dabei geht sein inszeniertes Können mit der Abwertung des Gegners einher, und zwar auf zwei Ebenen. Eine erste ist die persönliche Herabwürdigung des Kontrahenten und eine zweite ist dessen fachliche Abwertung.

Im *De sancto*, in dem ohnehin ein feindseligerer Ton gegen die Byzantiner angeschlagen wird als in der früheren Abhandlung *De minoritate*, zeigt sich dies am deutlichsten. Hugo bezieht sich recht häufig auf byzantinische Gelehrte und Kirchenmänner, die er allerdings in der Regel wenig respektvoll einführt. Überwiegend erscheint der Bischof Nikolaos von Methone im Text nur als *praesul, episcopus oder antistes Methonae*, ohne den Vornamen zu nennen.[343] Gleiches gilt für den Bischof von Nikomedia, der als *antistes,*

---

340 Hugo Etherianus, Brief an Petrus von Wien 1166/1167, 3, S. 153: … ; *unus quorum in primis exorsus est et Eutichen fere ab inferis revocavit.*

341 Zu Eutyches und seiner Verurteilung siehe: BEVAN/ GRAY, The trial, S. 617-657.

342 Hugo Etherianus, Brief an Petrus von Wien 1166/1167, 3, S. 153; zu dieser Diskussion siehe auch KAPRIEV, Lateinische Rivalen, S. 196f.

343 Hugo Etherianus, De sancto, I, 10, S. 34; I, 14, S. 46; II, 3, S. 86; II, 11, S. 116; II, 12, S. 121; II, 12, S. 127 (*Methonae praesul*); ebd., I, 18, S. 65 (*Methonae episcopus*), ebd., II, 3, S. 82 (*Methonae antistes*), aber ebd., I, 18, S. 64 (*Methonae antistes Nicolaus*); ebd., III, 11, S. 203 (*praesul uero Methonae Nicolaus*).

praesul und *metropolita Nicomediae* bezeichnet wird.[344] Anselm von Havelberg hingegen nennt seinen Kontrahenten bei der Diskussion 1136, wahrscheinlich handelte es sich um denselben Bischof von Nikomedia, durchgängig *Nechites archiepiscopus Nicomediae,* er erwähnt also den Vornamen Niketas und bezeichnet ihn sogar als Erzbischof, was Hugo diesem nicht zugestand.[345]

Dieser abwertende Ton erscheint auch in den Beschreibungen anderer Byzantiner. Besonders abfallend äußert sich Hugo gegenüber dem Patriarchen Photios von Konstantinopel, der sich im 9. Jahrhundert gegen die Ansichten der römischen Kirche wandte.[346] Seine Trugschlüsse und seine gefährlichen und entsetzlichen Ungerechtigkeiten gegen die Lateiner machten es nötig, sich mit ihm zu beschäftigen. Er sei nach Theodoret derjenige, der für die unheilvolle große Schwächung des christlichen Glaubens verantwortlich sei.[347] Es sei nun die Zeit gekommen, den Widerspruch des „die Lüge liebenden Patriarchen und seine hässlichen Reden" zu entlarven.[348] Hugo bezichtigt Photios der Lüge und der Trugschlüsse und kündigt an, diese nun selbst aufzulösen. Diese Polemik ist für einen in Byzanz lebenden Lateiner beachtlich. An anderer Stelle setzt er sich mit Photios auseinander und hält ihm und seinen Anhängern als Gegenmeinungen die Kirchenlehrer Athanasios, Basileios und Kyrill entgegen.[349]

Er ist darum bemüht, die Unterlegenheit der Byzantiner nicht nur argumentativ zu begründen, sondern deren Unfähigkeit herauszustellen. Die Aussagen und Syllogismen byzantinischer Gelehrter bezeichnet er beispielsweise offen als nicht richtig. So deduziere der „Metropolit von Nikomedia" nicht richtig, aus Fehlschlüssen folgten falsche Schlussfolgerungen.[350] Als er sich mit Niketas von Byzanz, einem Gelehrten des 9. Jahrhunderts, beschäftigt,

344 Ebd. (*Nicomediae antistes*); z. B. ebd., II, 9, S. 106 (*Nicomediae praesul*); ebd., I, 6, S. 25 (*Nicomediae metropolita*).

345 Anselm von Havelberg, Anticimenon, II, 1, Sp. 1163.

346 Zu Patriarch Photios I. siehe: KAZHDAN, Art. „Photios", S. 1669f.; zu den Konflikten mit der römischen Kirche auch: GALLAGHER, Patriarch Photius, S. 72-88; KOLBABA, The Byzantine Lists, Appendix II, S. 184 und Appendix III, S. 189-202.

347 Hugo Etherianus, De sancto, II, 15, S. 138f.: *Cuius quidem sophismatum laquei et tristes ac atroces iniuriae in Latinos breuiter hic, quia sermo appetit, expromendae sunt: hic enim est qui post Theodoritum in aequorea puteum fodiens arena non semina sed uenena sepeliendo diri ualde languoris fidei christianorum causa factus est.*; siehe auch JENSEN, Hugo Eterianus, S. 203.

348 Hugo Etherianus, De sancto, II, 15, S. 139: *At uero iam exponenda est superciliosa et extraria mendacium amantis patriarchae contradictio et turpiloquium.*

349 Ebd., 19, S. 156: *Audisti, Photi, gloriosos hos uiros, Athanasium dico, Basilium et Cyrillum: hii tuam instantiam dissoluunt.*

350 Ebd., I, 6, S. 25: ..., *quod non recte Nicomediae metropolita syllogizat. Inquit enim: "Si Pater causa est Spiritui emissionis, causa autem est et Filius, eo quod ab ipso procedat quemadmodum et a Patre; duae rursus causae sunt, sicut et duo principia". Huius paralogismi*

unterstellt er diesem durch die Einführung von Unstimmigkeiten beweisen zu wollen, dass der Heilige Geist nicht vom Sohn ausgehe. Diese Argumentation des Niketas bezeichnet Hugo sogar wörtlich als *nuga*, als Unsinn.[351]

Im *De sancto* betont Hugo seine eigene argumentative Dominanz und die Überlegenheit der römischen Ansichten. Sicherlich ist das Werk von einer feindseligen Stimmung gegenüber den Byzantinern gekennzeichnet, allerdings sollte nicht vergessen werden, dass er eine griechische Fassung dieser Schrift zum Diskurs beisteuerte. Trotz dieser offenen Angriffe sollte die Abhandlung weiterhin einen Beitrag zur Diskussion des *Filioque*, auch am byzantinischen Hof, leisten. Es ist daher nicht ratsam, das Werk vorschnell als reine Polemik abzutun.

Der Umgang mit den byzantinischen Gelehrten und der an einigen Stellen vorkommende despektierliche Ton dienten Hugo dazu, sein eigenes Wissen und seine Expertise umso mehr hervortreten zu lassen. Dies gelang auch durch das Abwerten der Meinungen und des Könnens byzantinischer Theologen. Gerade aufgrund des faktischen Misserfolges war dies ein umso effektiveres Mittel, da trotz des Scheiterns einer Kirchenunion zumindest die Überlegenheit des lateinischen Experten und der römischen Positionen in den Texten erschien.

4.4 Eine Frage der Überzeugungskraft: Expertise, Erfolg und Misserfolg

Im Wirkungsfeld der Religion ist Erfolg und Misserfolg schwer zu bemessen. Wenn der Auftraggeber dem Rat des Theologen folgte, hatte dieser überzeugend argumentiert und seine Funktion zufriedenstellend erfüllt. Der Erfolg bemisst sich aber auch an dem Resultat, ob die erbrachte Leistung ihren Zweck erfüllte. Letzteres war im religiösen Bereich in erster Linie die Überwindung der Differenzen zwischen beiden Kirchen. Dieses Ziel strebten sowohl päpstliche Gesandte als auch lateinische Berater des Kaisers an. Die Kirchenunion wurde im 12. Jahrhundert trotz aller Annäherungsversuche aber nicht erreicht.[352] Zu fragen gilt es deshalb, wie die Theologen ihr Wirken mit Erfolgen

falsam esse conclusionem et hinc forsitan manifestum erit: …; siehe auch JENSEN, Hugo Eterianus, S. 202.

351 Hugo Etherianus, De sancto, I, 7, S. 28: *Sed Nikitas Byzantius philosophus per inconuenientium inductionem probare decertat quod non procedat Spiritus ex Filio et aliquid esse in Patre et ex Patre sine Filio.* […] *et rursum secundum illorum nugas de nepote erit apparens pronepos et ille rursus alterius egebit et hoc in infinitum.*; JENSEN, Hugo Eterianus, S. 202.

352 Siehe zu den religiösen Beziehungen Kapitel 2.1.

in Verbindung brachten bzw. wie sie mit Versagen und Scheitern umgingen und welche Erklärungsansätze sie bereithielten.

Der eigene proklamierte Erfolg konnte häufig ein Mittel der Inszenierung sein, um sich zum einen als hervorragender Theologe darzustellen, zum anderen um auch die Überlegenheit der römischen Positionen zu betonen. Anselm von Havelberg ist für genau einen solchen Fall ein gutes Beispiel. In seinem *Anticimenon* stellt er die byzantinische Seite als diejenige dar, die in fast allen Punkten zugunsten der römischen Anschauungen einlenkte.[353] Am Ende des dritten Buches in Kapitel 22 ist dies mit der Überschrift „Über die Eintracht der griechischen und lateinischen Gelehrten" zusammengefasst.[354] Der Erzbischof Niketas von Nikomedia drückt darin seine Erleichterung aus, dass Anselm an dem Glauben und dem Ritus der Byzantiner Gefallen gefunden habe.[355] Sie trennen keine großen, sondern nur noch sehr kleine Dinge und diese müssten auf einem allgemeinen Konzil gelöst werden, darin stimmten beide Seiten überein und am Schluss riefen alle im Einklang:

> *Doxa soi, o Theos, Doxa soi, o Theos, Doxa soi, o Theos, quod est, Gloria sit Deo, Gloria sit Deo, Gloria sit Deo. Calos dialogos, quod est, bonus dualis sermo. Holographi, holographi, quod est, totum scribatur, totum scribatur. Hic finit. Deo gratias.*[356]

Laut Anselm zeigten sich beide Seiten mit dem Ausgang des Gesprächs glücklich, es sei ein guter Dialog gewesen. Er benutzt dabei griechische Formeln, die ins Latein transliteriert sind wie δόξα σοι ὁ θεός, δόξα σοι ὁ θεός, δόξα σοι ὁ θεός („Ehre sei Dir Gott") und καλὸς διάλογος („ein guter Dialog"). Er präsentiert seinen Dialog mit den Byzantinern gegenüber seiner lateinischen Leserschaft als Erfolg. Es gibt allerdings weder Anzeichen, dass das Ergebnis eine Wirkung gehabt hat, noch ist das Einlenken der Byzantiner bei diesen Diskussionen glaubwürdig.

Es ist auffallend, dass Hugo sein Wirken anders darstellt. Zwar schildert er seine Gegner als unterlegen, aber es ist von keinem bereitwilligen Einlenken der Byzantiner die Rede. Im Gegenteil, er problematisiert die Uneinsichtigkeit eines Großteils der Byzantiner und gibt einen Einblick in sehr zähe Gespräche um 1166. In seinem Brief an Petrus von Wien berichtet er, dass über

353 SIEBEN, Anselm von Havelberg, S. 30.

354 Anselm von Havelberg, Anticimenon, III, 22, Sp. 1247: *De concordia sapientum Graecorum et Latinorum.*

355 Ebd.: *Si fides nostra et ritus nostri, quos habemus in lege Dei prudentiae tuae placent, nos magnopere gaudemus.*

356 Ebd., Sp. 1248.

denselben Abschnitt wiederholt diskutiert wurde.[357] Er spricht von Unruhe unter den Anwesenden, die genau dann aufkam, als er antworten sollte.[358] Dies vermittelt eine weitaus gespanntere und lebhaftere Atmosphäre als bei Anselms Gespräch. Dennoch informiert Hugo auch über seine Überzeugungserfolge. Schon zu Beginn deutet er an, dass dem Kaiser seine einführenden Bemerkungen gefielen.[359] Nach seinen Diskussionen mit den drei Gelehrten resümierte er, dass er sich darüber wunderte, dass der Kaiser, der Patriarch sowie einige wenige Bischöfe nicht völlig von der Wahrheit abgekommen waren. Denn nahezu alle Bischöfe, der Klerus, die Mönche und das Volk hingen den entgegengesetzten Ansichten an.[360]

Hugo konnte mit seinen Ausführungen zumindest einen Teil der Byzantiner beeinflussen. Zu den Überzeugten gehörten wichtige Personen wie der Kaiser, der Patriarch und ausgewählte Bischöfe. Die Mehrheit allerdings unterstützte weiter die Gegenposition. Da diese Unstimmigkeiten weiter bestanden, ließ der Kaiser eine Synode 1166 einberufen.[361] Die Frage über die Auslegung „Mein Vater ist größer als ich" (Johannes 14,28) wurde sodann etwa gemäß seinem Vorschlag entschieden.[362]

Hugo selbst schrieb sich bei der Lösung der Frage eine wichtige Rolle zu. Als der Kaiser die Synode 1166 einberief, wurde die Streitsache, die durch die erfolgten Diskussionen schon abgeflaut war (*semiviva*), korrigiert.[363] Er sah demnach in den vorausgegangenen Debatten am Hof einen entscheidenden Beitrag zur Beilegung der Auseinandersetzung.

Allerdings finden sich weder in den Synodalakten noch in anderen griechischen Quellen Belege für seine Mitwirkung, weder im Vorfeld der Synode noch bei dieser selbst.[364] Nur lateinische Quellen dokumentieren seine Rolle bei der Lösung der Kontroverse. Diese ist zum einen durch sein eigenes Werk *De minoritate* und den Brief an Petrus von Wien 1166/1167 überliefert, zum anderen durch seinen Bruder Leo Tuscus. Im Vorwort zur Übersetzung des *Oneirocriticon* thematisiert er Hugos Rolle bei der kaiserlichen

357 Hugo Etherianus, Brief an Petrus von Wien 1166/1167, 5, S. 155: *Rursus post paucos dies super eodem capitulo disputatum est multociens.*

358 Ebd., 3, S. 153.

359 Ebd., 2, S. 153.

360 Ebd., 5, S. 155.

361 Ebd., 6, S. 155; zu dieser Synode auch: CLASSEN, Das Konzil, S. 117-141; MANGO, The Conciliar Edict, S. 317-330.

362 Ebd., S. 320; CLASSEN, Das Konzil, S. 138.

363 Hugo Etherianus, Brief an Petrus von Wien 1166/1167, 6, S. 155: *Demum vero summi principis industria sinodum advocari iussit per quam lis semiviva data est correctioni.*

364 KAPRIEV, Lateinische Rivalen, S. 197.

Entscheidung.[365] Leo schreibt Hugos Werk, das er auch namentlich nennt, eine große Wirkung auf den Kaiser zu. Das kaiserliche Dekret habe mithilfe jenes Buches die Kontroverse gelöst. Hugos Diskussionen im Vorfeld und während der Synode 1166 zeigen zum einen, dass sein Wirken durchaus von Erfolg gekrönt war. Selbstkritisch berichtet Hugo zum anderen aber auch davon, dass er nicht alle Byzantiner überzeugen konnte.

Mit den Beschlüssen der Synode konnte er zudem nicht vollends zufrieden sein. Zwar bekräftigte die Synode die Trennung der Naturen und unterschied die *personae*, gleichzeitig betonte sie aber auch die „Verherrlichung der menschlichen Natur Christi".[366] Zudem beriefen sich die Kanones nur auf die heiligen Schriften und das Glaubensbekenntnis des Athanasios wurde als unecht und falsch bewertet.[367] In dem von Peter Classen edierten Fragment einer Hugo zugeschriebenen Schrift wird die Synode sogar als ein *supervacuum scandalum atque inutile*, „ein überflüssiges und unnützes Ärgernis", bezeichnet.[368] Leo betont im Vorwort zur Übersetzung des *Oneirocriticon* ebenso, dass trotz Hugos Einfluss ein kleines Ärgernis dennoch gegen den Willen des Kaisers stehen blieb.[369] Diese Einwände zeigen, dass er und sein Bruder die Ergebnisse durchaus realistisch bewerteten.

Konnten Hugo und Leo die Entscheidung 1166 trotz allem als Beratungserfolg darstellen, so war dies bei den Kirchenunionsbemühungen schwieriger. Denn die Verständigungs- und Annäherungsversuche beider Kirchen scheiterten. Leo bringt seinen Bruder mit konkreten Kirchenunionsbemühungen in Verbindung. Denn er berichtet davon, dass der Kaiser auf Hugos Rat hin Verhandlungen aufnahm:[370]

> *Mox omnes curie principes favorem prestiterunt his et imperator quoque admisit et profiteri pollicitus est, salva imperii querela. Igitur <ad> Alexandrum apostolice sedis antistitem legati ab imperiali clementia pro ecclesiarum et imperii*

---

365 Leo Tuscus, Übersetzung des Oneirocriticon, Praefatio, zit. n. HASKINS, Studies, S. 217: … *at vero eiusmodi oraculum editus per te de Filii hominis minoritate ad Patrem Deum libellus tempore post revelavit sub tegumentis. Profecto eneus ille sonipes anima carens altissime sonantissimeque questionis erat que inter Grecos versabatur ventilatio, verbum scilicet Dei secundum quod incarnatum Patri equale prestans rationis veritatisque radicitus expers ut quadrupes nominatus. Solvit autem illam controversiam clamitante illo libello augustalis clemencie decretum pauco scandali fomento contra voluntatem illius relicto.*

366 CLASSEN, Das Konzil, S. 138.

367 Ebd.; KAPRIEV, Lateinische Rivalen, S. 199.

368 CLASSEN, Das Konzil, S. 133; Reichersberger Exzerpt, S. 142: *Deinde quem finem supervacuum scandalum atque inutile sortitum sit, oculis tuis subiciam.*

369 Leo Tuscus, Übersetzung des Oneirocriticon, Praefatio, zit. n. HASKINS, Studies, S. 217; siehe auch CLASSEN, Das Konzil, S. 133 und S. 138.

370 Leo Tuscus, De haeresibus, zit. n. DONDAINE, Hugues Éthérien, S. 126f.

> *reconciliatione directi sunt bis et ter. Et rursus Constantinopolim cardinales, precipiente papa, multociens venerunt.*[371]

Hugo überzeugte den Kaiser und den Hof von seinen Vorschlägen. Für die Wiederversöhnung der Kirchen und des Kaiserreiches schickte Manuel Komnenos mehrmals Gesandte zu Papst Alexander III. Dieser wiederum sandte Kardinäle nach Konstantinopel. Diese beschriebenen Ereignisse zeitlich mit realen Gesandtschaften zwischen Konstantinopel und Rom in Verbindung zu bringen, ist schwierig. Leo bettet die gesamte Geschichte in einen Kontext ein, der eher zu den Jahren 1175/1176 passt, als der Feldzug nach Myriokephalon vorbereitet wurde.[372] Für diesen Zeitraum sind allerdings keine päpstlichen Gesandtschaften in Konstantinopel belegt.[373] Die Schilderungen lassen sich besser in die 1160er Jahre datieren, zu dieser Zeit fanden tatsächlich intensive Verhandlungen statt.[374] Die zeitliche Rekonstruktion ist allerdings eher nebensächlich. Diese Quellenstelle zeigt, dass Leo eine direkte Verbindung zwischen Hugos Wirken als Berater und den in Schwung gekommenen Unionsverhandlungen herstellt. Mit dessen Lösungsvorschlägen sei nicht nur der Kaiser, sondern der gesamte Hof einverstanden gewesen. So konnten konkrete Unionsverhandlungen mit aus Rom gesandten Bevollmächtigten aufgenommen werden:

> *Ventilatum est negocium diu, trutinata sunt hinc inde verba, conditum est aureis litteris chrisobulium, pereque vero in continenti expressum latina oratione scripserunt quoque cardinales atque subscripserunt. Oblata est autem Summo pontifici editio utraque.*[375]

Die Verhandlungen dauerten einige Zeit, führten aber letztlich zu keinem zufriedenstellenden Ergebnis, obwohl bereits ein in goldenen Buchstaben geschriebenes Chrysobull aufgesetzt worden war. Dies ist eine Urkundengattung, in der nur äußerst wichtige offizielle Dokumente abgefasst wurden.[376] Die Kardinäle hatten die Urkunde sogar bereits unterschrieben. Sie war wohl in lateinischer Sprache abgefasst, allerdings erwähnt Leo dann beide Ausgaben, gemeint ist sehr wahrscheinlich eine lateinische und griechische Ausführung.

---

371 Ebd., S. 127.

372 HAMILTON, Hugh Eteriano, S. 134f.

373 OHNSORGE, Die Legaten, S. 69-89 und S. 164.

374 Zu den Unionsverhandlungen unter Alexander III. auch: HARRIS/ TOLSTOY, Alexander III, S. 301-313.

375 Leo Tuscus, De haeresibus, zit. n. DONDAINE, Hugues Éthérien, S. 127.

376 Zu Chrysobull vgl. OIKONOMIDES, Art. „Chrysobull", S. 451f.

Glaubt man diesen Schilderungen, dann scheint die Kirchenunion also kurz bevorgestanden zu haben, sie wurde aber dennoch nicht realisiert. Zu fragen ist deshalb, wie das Scheitern begründet wird, das nicht zuletzt auch eine Niederlage des sich für die Kirchenunion sehr einsetzenden kaiserlichen Beraters bedeutete. Die Antwort scheint einfach, die Gegenseite war dafür verantwortlich: *At vero venerabilis pontifex Alexander, ne locum symonie nomen audiret, confirmationi cessit; nam pars imperatoris magnum auri pondus pro negotii distributa expletione advexerat.*[377]

Da Papst Alexander III. befürchtete, dass sein Name mit Simonie in Verbindung gebracht werden könnte, rückte er von der Bestätigung der bereits von den Kardinälen unterschriebenen Übereinkunft ab. Leo erklärt dazu, dass Kaiser Manuel der Kurie tatsächlich große Mengen Gold zukommen lassen wollte. Niketas Choniates beschreibt in seiner *Historia*, wie Manuel die Gegner Kaiser Friedrich Barbarossas in Italien, zu denen auch der Papst zählte, finanziell und mit logistischer Hilfe unterstützte.[378] Weiter berichtet Leo, dass mit dem Frieden von Venedig 1177 und der Versöhnung zwischen Papst und westlichem Kaiser die Bemühungen um eine Kirchenunion endgültig scheiterten.[379]

Leo verdeutlicht in dieser Passage, dass die Kirchenunion nicht an den inhaltlichen Gegensätzen oder an dem Widerstand der Byzantiner scheiterte. Vielmehr seien auf römischer Seite Befürchtungen und Abwägungen politischer Natur für den Misserfolg verantwortlich gewesen. Indirekt sagt er dadurch auch, dass es nicht an dem Berater Hugo lag. Dem Bericht zufolge hatte er seine Aufgabe zur vollen Zufriedenheit erfüllt, auch der byzantinischen Seite wird hier kein Vorwurf gemacht. Denn schließlich ließen sich Kaiser und Hof von Hugos Ausführungen überzeugen. Es war Papst Alexander III. und die römische Kirche, die die Verhandlungen misslingen ließen. Leo wirft dies Alexander nicht vor, allerdings weist er ihm dennoch die Verantwortung für das Scheitern zu. Dies ist deshalb beachtlich, da sich Leo und Hugo normalerweise loyal gegenüber der Kurie, deren Ansichten und Interessen verhielten.

Erfolg und Misserfolg hingen für lateinische Religionsexperten häufig sehr eng miteinander zusammen. Sie berieten und diskutierten, konnten mal mehr und mal weniger überzeugen, letztlich muss ihnen aber bewusst gewesen sein, dass Expertise allein bei bedeutenden theologischen Streitthemen und großen

377 Leo Tuscus, De haeresibus, zit. n. DONDAINE, Hugues Éthérien, S. 127.

378 Niketas Choniates, Historia, VII, S. 200: Ἰταλιώτας οὖν πλειστάκις κατὰ τοῦ ῥηγὸς Ἀλαμανίας τοῦ Φρεδερίχου ἀνθώπλισεν. ὁ μὲν γὰρ ὑποκλιθῆναί οἱ καὶ τὰ καθ’ αὑτοὺς ἐπιτρέψειν ἐκείνῳ διὰ πλείστου ἐτίθετο· ὁ δὲ πέμπων ἐνίσχυε καὶ κραταιοῦσθαι ὑπετίθει καὶ τὰς τοῦ ῥηγὸς δολοφροσύνας ἐνῆγε φυλάττεσθαι.

379 Leo Tuscus, De haeresibus, zit. n. DONDAINE, Hugues Éthérien, S. 127.

kirchenpolitisch relevanten Fragen nicht entscheidend war. Der Erfolg des ganzen Unternehmens hing also nicht nur von ihnen allein ab, und dementsprechend stellten sie es dar.

Während Anselm sein Gespräch mit den Byzantinern vermutlich harmonischer und erfolgreicher zu schildern suchte, als es in Wirklichkeit war, thematisierten Hugo und Leo Misserfolg und Misslingen. Hugo gab offen zu, dass er im Vorfeld der Synode 1166 nur einen Teil der Byzantiner überzeugen konnte, wenn auch glücklicherweise den weit wichtigeren, einschließlich Kaiser und Patriarch. Letztlich konnte er insgesamt mit dem Ergebnis der Synode zufrieden sein, allerdings schweigen die byzantinischen Quellen zu seiner erfolgreichen Mitwirkung und seinem zu diesem Zweck geschriebenen Traktat. Sie enthielten ihm gewissermaßen seinen Erfolg vor. Bei der Frage der Kirchenunion bemühte sich Leo, seinen Bruder Hugo als erfolgreichen Berater des Kaisers darzustellen. Er konnte den gesamten Hof von Kompromisslösungen zwischen römischer und byzantinischer Kirche überzeugen. Die Tragweite seiner erfolgreichen Beratung zeigt sich an der Aufnahme offizieller Verhandlungen, die beinahe zum Abschluss gekommen wären. Diese Verständigungsbemühungen scheiterten, aber nicht wegen des Versagens oder der mangelnden Überzeugungskraft des Experten, sondern wegen der politischen Umstände im Westen.

Das Wirken lateinischer Theologen zwischen byzantinischem Hof und dem lateinischen Europa fand auf verschiedenen Kommunikationsebenen statt: Beratungsgespräche, schriftliche Abhandlungen oder Streitgespräche. Sie boten sowohl Byzantinern als auch Lateinern ihre Dienste an und fungierten gewissermaßen – wie die Übersetzer und Dolmetscher auch – als Vermittler und Übermittler. Die jeweiligen Abnehmer verband das Erkenntnisinteresse, mehr über die religiöse Gegenseite in Erfahrung zu bringen. Die Lateiner wollten primär die Ansichten der Byzantiner und wirksame Argumente bei kontroversen Positionen kennenlernen. Die Byzantiner wollten in die römischen Positionen und Argumente eingeführt werden. Es ist die Leistung einiger dieser Experten, dass manchmal ein und dasselbe Werk, ein und dieselbe Person beiden beides bot. Das versprochene und das tatsächliche Wissen konnten dabei allerdings auseinanderklaffen. Die religiösen Gegensätze wurden im 12. Jahrhundert durch die angespannte politische Situation zwischen Byzanz und den westlichen Mächten verschärft. Diese politische Lage führte nicht nur zu mehr westlich-byzantinischen Berührungspunkten, sondern auch zu einem gesteigerten Bedarf an Lateinern im politischen Bereich.

KAPITEL 5

Die Politik: Das Wirken von Lateinern als Gesandte

Die politischen Beziehungen zwischen Byzanz und der lateinischen Welt waren im 12. Jahrhundert von äußerst intensiven Kontakten gekennzeichnet. Sowohl Kooperationen und Bündnisse als auch (militärische) Auseinandersetzungen und Konflikte innerhalb und außerhalb des Reiches prägten in diesem Zeitraum die byzantinisch-westlichen Begegnungen. Mit der Einnahme Konstantinopels durch ein lateinisches Kreuzfahrerheer 1204 kann der Vierte Kreuzzug als ein Höhepunkt und gleichzeitig auch als eine Konsequenz der im Laufe des 12. Jahrhunderts zunehmenden Interdependenzen und Konflikte mit westlichen Mächten angesehen werden.[1]

Das intensive Zusammentreffen mit westlichen Reichen führte im 12. Jahrhundert dazu, dass sich zwangsläufig mehr Lateiner in Byzanz aufhielten. Dies förderte nicht nur mehr Wissen über den jeweils anderen, sondern erzeugte auch ein Bedürfnis nach Mittlern für diese Beziehungen. Zu diesen gehörten die bereits behandelten Dolmetscher, Übersetzer und Theologen sowie nicht zuletzt auch Personen, die im politischen Bereich wirkten.[2]

Während die zugeschriebene Expertise bei Dolmetschern, Übersetzern und Theologen vergleichsweise klar umrissen werden kann, ist das Sonderwissen eines „politischen Experten" nicht leicht zu fassen. Grundlegend hierfür ist zunächst die Definition, wer überhaupt als ein solcher verstanden werden kann. Der byzantinische Hof bietet verschiedene Ansatzpunkte. Es ist möglich, den Expertenbegriff auf die gesamte Hofverwaltung zu beziehen. Hierbei ist es notwendig, zwischen (mitunter inhaltsleeren) Hoftiteln und Hofämtern mit konkreten Aufgabenbereichen zu unterscheiden.[3] Eine solche Auslegung wäre im Rahmen dieser Studie kaum zu bewältigen. Deshalb wird sich nur auf einen Teil des politischen Bereiches konzentriert, nämlich auf das

---

1 Vgl. z. B. LAIOU, Byzantium and the Crusades, S. 17-40; BRAND, Byzantium; vgl. auch LILIE, Byzanz und die Kreuzzüge, besonders S. 186-199; HARRIS, Byzantium, S. 184f.; vgl. RUNCIMAN, The Eastern Schism, S. 145-170; siehe zu den Konflikten im Zuge der Kreuzzüge auch ANCA, Herrschaftliche Repräsentation, S. 127-192; LILIE, Die Auswirkungen, S. 41-54; siehe auch ausführlich Kapitel 2.1.

2 Zu den Auswirkungen siehe auch LILIE, Die Auswirkungen, besonders S. 43-46 und S. 51.

3 Siehe zum byzantinischen Hof, zu der Verwaltung und den Funktionsträgern z. B. GUILLAND, Recherches I und II; GUILLAND (Hrsg.), Titres; BRÉHIER, Les Institutions; HOHLWEG, Beiträge.

 | DOI:10.30965/9783657760985_006

Gesandtschaftswesen. Für diese Eingrenzung stellt sich die Frage, welches Sonderwissen einem Gesandten zugesprochen wurde.

Sowohl im Dienst lateineuropäischer Mächte als auch im Auftrag des byzantinischen Kaisers arbeiteten vorrangig Gesandte, die sozialen und politischen Eliten angehörten.[4] Ob ihnen wirklich weitere Qualifikationen zugeschrieben wurden oder ob ihr sozialer Stand, ihre politische Bedeutung und das in sie gesetzte Vertrauen des Dienstherrn für ihren Einsatz ausreichten, ist eine zentrale Frage. Im Gegensatz zu den Dolmetschern, Übersetzern und Theologen ist ihr Profil jedenfalls nicht derart klar definierbar. Es ist daher sinnvoll, die Gesandten in einem asymmetrischen Vergleich zu behandeln und die Unterschiede, aber auch Gemeinsamkeiten zu Experten der anderen Wirkungsfelder Sprache und Religion herauszuarbeiten.

Seit Langem findet das Gesandtschaftswesen im byzantinischen Kontext das Interesse der Forschung. In den letzten Jahren untersuchte Nicolas Drocourt für die Zeitspanne von 640 bis 1204 sehr eindrucksvoll ausländische Gesandtschaften im Byzantinischen Reich.[5] In seiner Hauptstudie legte er den Schwerpunkt auf die Auswahl, die Anreise und den Aufenthalt der Gesandten sowie die offiziellen Empfänge in Konstantinopel und entwarf dadurch ein umfassendes, epochenübergreifendes Bild des Umgangs mit Gesandten fremder Mächte am byzantinischen Hof. Drocourt betont in seiner Untersuchung, dass griechische Sprachkenntnisse, Eloquenz und Klugheit bei der Auswahl eine Rolle spielen konnten, allerdings waren sie nicht das ausschlaggebende Kriterium. Bei den von lateinischen Reichen eingesetzten Gesandten des 12. Jahrhunderts war die Beherrschung des Griechischen sogar eher selten anzutreffen.[6] Wichtig für die Auswahl waren insbesondere die Nähe zum Herrscher, die familiäre Herkunft sowie Vertrauen und Zuverlässigkeit.[7]

Zu diesen Schlüssen kommt Drocourt hinsichtlich der Gesandten westlicher Mächte. Es ist daher lohnenswert, auch Gesandte in den Blick zu nehmen, die

---

4 DROCOURT, Ambassadors, S. 81.

5 Hier nur eine Auswahl: BERSCHIN, Die Ost-West-Gesandtschaften, S. 157-172; SHEPARD, Byzantine Diplomacy, S. 41-71; LOUNGHIS, Les ambassades; NERLICH, Diplomatische Gesandtschaften; KODER, Die Sicht, S. 113-129; besonders sind die Forschungen von Nicolas Drocourt hervorzuheben, z. B.: DROCOURT, Diplomatie; ders., Ambassades latines, S. 348-381; ders., Ambassadeurs étrangers, S. 107-134; ders., Peut-on parler d'un réseau, S. 147-169; ders., Ambassadors, S. 81-93; ders., La Place de l'écrit, S. 25-43; ders., Passing on Political Information, S. 91-112; ders., Les contacts diplomatiques, S. 243-271.

6 Ders., Diplomatie, S. 169-192, besonders S. 179; einige Gesandte hatten aber auch Griechischkenntnisse wie Burgundio von Pisa und auch Christian von Mainz wird eine Vertrautheit mit der griechischen Sprache zugeschrieben, aber bei vielen fehlen entsprechende Hinweise, ebd., S. 180.

7 Ders., Ambassadors, S. 81-84.

aus Lateineuropa stammten und für den byzantinischen Kaiser arbeiteten. Sie wirkten unter anderen Bedingungen, da sich ihr Profil von anderen aufgrund ihrer persönlichen Geschichte oder der ihrer Familie sowie persönlich erworbenen Erfahrungswissens unterschied.

5.1 Lateiner als Gesandte des byzantinischen Kaisers: Tätigkeit und Einsatzgebiete

Die konkrete Tätigkeit und die Befugnisse von Gesandten im Byzantinischen Reich klar einzugrenzen, ist nicht leicht. Ihr Aufgabengebiet reichte vom Überbringen von Botschaften und Briefen an fremde Mächte, über den Empfang und die Begleitung fremder Gesandtschaften auf byzantinischem Gebiet, bis hin zum Verhandeln bedeutender politischer Abkommen. Eine grundsätzliche Unterscheidung ist die zwischen einfachen Boten und wirklichen Gesandten mit bestimmten Befugnissen. Die Quellen verwenden verschiedene Begrifflichkeiten, die jedoch keine genaue Bestimmung des Tätigkeitsprofils bzw. keine Abgrenzung voneinander zulassen. Die griechischen Quellen gebrauchen beispielsweise πρέσβυς, ἀπόστολος, ἀποκρισιάριος, ἄγγελος, die lateinischen *legatus*, *missus*, *nuntius*, *mandatarius* oder den aus dem Griechischen latinisierten Term *apocrisiarius*. Diese Begriffe sagen nicht zwingend etwas über die jeweiligen Befugnisse und Aufgaben aus.[8] De facto gab es allerdings unterschiedliche Funktionen von Gesandten mit bestimmten Vollmachten, häufig sind diese über den Kontext erschließbar.

Boten überbrachten im Auftrag des Kaisers Botschaften oder Briefe und hatten nicht unbedingt die Befugnis, zu verhandeln. Sie konnten aber dennoch eine zentrale Bedeutung haben, da sie vor der fremden Macht die Botschaft vortragen mussten. In seinem Brief an den Abt Wibald von Stablo bezüglich einer möglichen Heiratsallianz zwischen Friedrich Barbarossa und dem byzantinischen Herrscherhaus verweist der Kaiser Manuel Komnenos 1153 ausdrücklich auf seine Überlegungen, vorgebracht durch seine Gesandten:

---

8 Ders., Diplomatie, S. 20-23 und S. 309-319, zu weiteren lateinischen Bezeichnungen besonders ebd., S. 309, Fußnote 1469; ders., Ambassadors, S. 81, Fußnote 3; den Begriff *apocrisiarius* verwendet beispielsweise Otto von Freising für byzantinische Gesandte: Otto von Freising, Gesta Friderici I. Imperatoris, I, 24, S. 37; die Bezeichnung kann aber durchaus entsprechende Befugnisse ausdrücken. Die päpstlichen Gesandten bei den Unionsverhandlungen 1234 betonen ausdrücklich, dass sie nur *simplices nuncii* seien, und keine Legaten (*legati*), Relatio von 1234, 2, S. 428f.; dazu EXARCHOS, Formen, S. 147, Fußnote 30; BRUBAKER, Nuncii, S. 115-128; vgl. auch SIEBEN, Apostelkonzil, S. 263; zu den päpstlichen Legaten siehe auch: ZEY, Vervielfältigungen, S. 257-274.

…, *remisit ei inperium* [*imperium*, Anm. d. Verf.] *meum intentionem suam diffusius cum presentibus nuntiis inperii* [*imperii*, Anm. d. Verf.] *mei.*[9] Im kaiserlichen Schreiben wird für die näheren Inhalte und Vorschläge explizit auf die entsprechenden Boten verwiesen.

Gaben diese auch nur die kaiserlichen Botschaften wieder und hatten eventuell keine weiteren Befugnisse, so repräsentierten sie in diesem Moment dennoch das Byzantinische Reich. In einigen Fällen hatten Gesandte allerdings weit mehr Befugnisse. Kaiser Isaak II. Angelos schickte 1194 den auch als Übersetzer in der kaiserlichen Kanzlei tätigen Jakob als Gesandten nach Pisa. Dies ist seinem Schreiben an die Kommune Pisa zu entnehmen. Der Grund dieser Reise waren durch Pisaner verübte Angriffe auf byzantinische Schiffe:

> *Ut autem de caetero non fiant huiusmodi a parte Pisae contra Romaniam, presentem hominem suum Iacobum, interpretem literarum latinarum, legatum ad vos transmisit de huiusmodi negotio vobiscum tractaturum et omnimodam prohibitionem huiusmodi mali a civitate et regione vestra ordinari postulaturum a vobis aut modum aliquem medelae huius dari a vobis exacturum.*[10]

Obwohl Jakobs offizielles Hofamt als Übersetzer hervorgehoben ist, wird er hier explizit in der Funktion eines Gesandten (*legatus*) nach Pisa geschickt und entsprechend bezeichnet. Ihm wird darin aufgetragen, mit den Pisanern über diese Angelegenheit zu verhandeln und zu fordern, dass solche Angriffe künftig nicht mehr ausgeführt werden. Diese Passage zeigt, dass Jakob scheinbar entsprechende Befugnisse durch den Kaiser erhalten hatte, um mit den Pisanern in dieser Sache selbst zu verhandeln und zu einer Lösung zu kommen. Es waren dem wohl mündliche, vielleicht auch schriftliche, Instruktionen des Hofes vorausgegangen. Der finale Zweck seiner Gesandtschaft ist darüber hinaus auch bereits im kaiserlichen Schreiben genannt.

Gesandte konnten mündlich oder durch schriftliche Instruktionen auf Gespräche vorbereitet werden.[11] Ebenso konnten sie unterschiedliche Vollmachten haben. Zwei Gesandtschaften, die von westlichen Mächten nach Byzanz geschickt worden waren, zeigen genau dies. Wilhelm von Tyros

9 Wibald von Stablo, Codex epistularis III, Nr. 411, S. 858; so auch im Fall von Jordan von Capua, der nach den Schilderungen des Boso die Vorschläge und Bedingungen des *Basileus* Papst Alexander III. mündlich darlegte: Boso, Vita Alexandri III, S. 415.

10 Isaak II. Angelos, Schreiben an die Kommune Pisa September 1194, Nr. XLI, S. 67; zu Jakob (von Pisa): Gastgeber, Die lateinische „Übersetzungsabteilung" II, S. CXLIVf.; ders., Die lateinische Übersetzungsabteilung, S. 110, Fußnote 21; siehe seine Erwähnung auch bei Dokumenten der Pisaner in Konstantinopel: Documenti sulle relazioni, Nr. XLII, S. 69 (1197), Nr. XLVII, S. 77f. (1199).

11 Drocourt, Diplomatie, S. 293-300.

berichtet über eine Gesandtschaft König Balduins III. von Jerusalem an Kaiser Manuel, die 1157 zwecks der Verhandlungen einer Heiratsallianz an den Hof kam. Die Gesandten haben demnach vom König schriftlich umfangreiche Befugnisse übertragen bekommen: *Rex autem, proprio scripto apud dominum imperatorem se obligans quod quicquid eius nuntii cum eo precise firmarent, ratum esset habiturus, ...*[12] Alles, was sie verhandelten, würde Gültigkeit haben.

In einem anderen Fall weigerte sich hingegen Kaiser Isaak II. Angelos mit dem genuesischen Boten über das Versöhnungsgesuch Genuas 1191 zu sprechen, da aus dem mitgesandten Schreiben nicht zu entnehmen war, ob der Gesandte Tantus Guercius überhaupt ausreichende Befugnisse besaß.[13] Ein wenig später schickte Genua Wilhelm Tornellus und Guido Spinula mit den entsprechenden Vollmachten nach Byzanz.[14]

Diese Stellen zeigen eindrucksvoll, wie wichtig die Versicherung war, dass die Gesandten gemäß ihren Befugnissen agierten. Im ersten Fall lässt der König von Jerusalem laut Wilhelm von Tyros im Brief schriftlich festhalten, dass seine Gesandten volle Verhandlungsvollmacht hatten. Das Beispiel Genua zeugt davon, dass Gespräche abgelehnt bzw. abgebrochen werden konnten, wenn nicht zumindest eine gewisse Verhandlungsberechtigung schriftlich vorlag. Zum einen veranschaulichen diese Exempel, welche Bandbreite an Autorisation Gesandte haben konnten, von weitreichenden Vollmachten zu beschnittenen Befugnissen, die vom Verhandlungspartner auch als nicht ausreichend für Gespräche bewertet werden konnten. Zum anderen zeigt die Auseinandersetzung mit Genua, dass die byzantinische Seite auch gewisse Verbindlichkeiten benötigte, um sich auf Gespräche einzulassen.

Vor diesem Hintergrund ist es nicht verwunderlich, dass der soziale Status sowohl bei der Auswahl als auch der Akzeptanz der Gesandten eine Rolle spielte. Das soziale Ansehen und/oder die Nähe zum Herrscher schaffte Vertrauen, sowohl seitens des Auftraggebers als auch des Verhandlungspartners, und war auch ein Garant für eine gewisse Autorisation und Bevollmächtigung. Der Rang des Gesandten richtete sich auch nach dem Gegenüber und sagte etwas über dessen Bedeutung und Ansehen aus. Manuel Komnenos ließ seinen Brief an König Ludwig VII. 1164 durch Heinrich, den Erzbischof von Benevent,

---

12 Wilhelm von Tyros, Chronicon, XVIII, 22, S. 843; DROCOURT, Diplomatie, S. 303.

13 Isaak II. Angelos, Schreiben an die Kommune Genua Oktober 1191, Nr. II, S. 2f.; GASTGEBER, Die lateinische „Übersetzungsabteilung" III, S. 217; DESIMONI, Memoria, S. 163; dazu siehe auch: DÖLGER/WIRTH, Regesten der Kaiserurkunden II, Nr. 1606, S. 306.

14 Isaak II. Angelos, Schreiben an die Kommune Genua April 1192 (griechische Fassung), Nr. IV, S. 24; siehe auch: DÖLGER/WIRTH, Regesten der Kaiserurkunden II, Nr. 1610, S. 310f.; GASTGEBER, Die lateinische „Übersetzungsabteilung" III, S. 275.

nach Frankreich bringen.[15] Diese Gesandtschaft an den französischen Hof im Auftrag des Kaisers war die Folge unglücklicher Umstände. In Manuels Brief an Ludwig ist die Wahl Heinrichs von Benevent genau begründet.[16] Die ursprüngliche byzantinische Delegation wurde demnach in Sizilien festgesetzt. Der Kaiser wollte aber keine Gesandten von niederem Rang an den französischen König schicken, weil es ihm unwürdig erschien. Deshalb war es schließlich Heinrich von Benevent, ein Erzbischof der römischen Kirche, der die byzantinische Gesandtschaft durchführte. Dies war eine gute Fügung, denn Heinrich hielt sich 1161/1162 in Konstantinopel auf, um die Anerkennung Papst Alexanders III. beim Kaiser zu erreichen.[17] Exakt diese bestätigte Manuel Komnenos gegenüber dem französischen König, der sich ebenfalls für Alexander eingesetzt hatte.[18] Dieser Rückgriff auf Heinrich von Benevent zeigt, dass der Rang und das Ansehen für den byzantinischen Hof eine Rolle spielten. Es erschien undenkbar, ausschließlich rangniedere Personen zum französischen König zu schicken, unabhängig von ihren Qualifikationen.

Auch wenn Heinrich von Benevent eher eine Notlösung als Gesandter des Kaisers war, so finden sich im 12. Jahrhundert viele Lateiner, die im diplomatischen Verkehr beschäftigt waren.[19] Im Folgenden werden nur einige wenige, aber aussagekräftige Fälle herangezogen. Unter ihnen finden sich sehr unterschiedliche Personen. Sie sind grob einzuteilen in diejenigen, die aus angesehenen, mitunter auch adligen Familien stammten, und diejenigen, die weniger namhafter Herkunft waren.

Zu den Personen aus angesehenen Familien zählen beispielsweise Alexander von Conversano, Graf von Gravina, Jordan von Capua, Johannes Rogerios Dalassenos sowie Balduin Guercius. Die ersten drei entstammen süditalienisch/normannischen Adelsfamilien, die bzw. deren Vorfahren mit den Herrschern in Süditalien in Konflikt geraten waren bzw. gegen diese aufbegehrt

---

15 DÖLGER/WIRTH, Regesten der Kaiserurkunden II, Nr. 1456a, S. 242.

16 Manuel I. Komnenos, Schreiben an Ludwig VII. von Frankreich 1164, Nr. CCXLIX, S. 82: *Quoniam vero non per nuncios nostros apicem istum vestrae nobilitati porreximus, non ob aliud hoc factum fuit, nisi quia nobiliorum hominum immissio propter itineris difficultatem in praesenti tempore non facilis; et minorum, vestrae nobilitati et hujuscemodi negotii dispensationi indigna videbatur. Etenim non multo ante nuncius imperii nostri ad vestram nobilitatem missus fuit post aliquos quos praemiserat. Verum, quia per Siciliam transire permissum ei non fuit, reversus est. Quapropter venerabili archiepiscopo Beneventino hunc apicem, et dispensationis in eo contentorum sollicitudinem committere nostrum imperium decrevit, ...*; siehe auch GASTGEBER, Die lateinische „Übersetzungsabteilung" III, S. 111-114.

17 OHNSORGE, Die Legaten, S. 72-74 und S. 164; Heinrich von Benevent wurde 1166 wieder als Legat nach Konstantinopel geschickt, ebd., S. 79 und S. 164.

18 GEORGI, Friedrich Barbarossa, S. 50-57; OHNSORGE, Die Legaten, S. 164.

19 MAGDALINO, The Empire, S. 222f.; KAZHDAN, Latins, S. 91-100.

hatten und deshalb Süditalien verlassen mussten.[20] Alexander von Conversano ist dabei ein außergewöhnliches Beispiel, da er als Gesandter sowohl für den byzantinischen Kaiser als auch für die römisch-deutschen Könige Konrad III. und Friedrich I. Barbarossa tätig war.[21]

Balduin Guercius hatte auch eine gewisse Doppelfunktion. Als Genuese war er um seine Heimatstadt Genua und ihre Interessen bemüht, gleichzeitig übernahm er Gesandtschaften für den byzantinischen Kaiser. Im Auftrag des Manuel Komnenos wirkte er beispielsweise bei den Heiratsverhandlungen des komnenischen Kaiserhauses mit. Er half die Heiratsallianz mit Wilhelm VIII. von Montpellier und mit König Ludwig VII. erfolgreich abzuschließen und begleitete die entsprechenden Bräute in den Westen bzw. nach Konstantinopel.[22] Das kaiserliche Vertrauen zeigte sich auch durch seinen Einsatz bei heiklen Missionen, er selbst geriet dabei aufgrund seiner Dienste für den Kaiser in Gefangenschaft, unter anderem in Sizilien und in Antiochia.[23] Isaak II. bezeichnete ihn 1188 als *lizios* (λίζιος), als Lehnsmann, und hatte an seiner Treue gegenüber dem Byzantinischen Reich keinen Zweifel.[24]

---

20 Zu den Konflikte zwischen Roger II. und den Adligen in Süditalien, darunter auch Alexander von Conversano, Graf von Gravina, siehe NORWICH, The Normans, S. 303-331, besonders S. 309-318; siehe auch zu Alexander: CHALANDON, Les Comnène II, S. 170, S. 226-227 und S. 270; als wichtige byzantinische Quellen, die ihn erwähnen: Johannes Kinnamos, Epitome, II, 12, S. 67; IV, 1, S. 135; IV, 3, S. 139; IV, 6, S. 148; Niketas Choniates, Historia, II, S. 91; zu Jordan von Capua ist wenig bekannt, aber er war der Sohn des Robert von Capua, der ebenfalls im Konflikt mit Roger II. von Sizilien stand: NORWICH, The Normans, besonders S. 311-314; HOUBEN, Roger II., S. 33; MATTHEW, The Norman Kingdom, S. 32; vgl. zu Jordan von Capua: Boso, Vita Alexandri III, S. 415; siehe zu seiner Gesandtschaft auch DÖLGER/WIRTH, Regesten der Kaiserurkunden II, Nr. 1480, S. 253; zu Johannes Rogerios Dalassenos siehe z. B. CHEYNET, Les Dalassènoi, S. 464-466; STIERNON, Notes: À propos de trois membres, S. 184-198; NICOL, Symbiosis, S. 124-126; siehe zu Johannes Rogerios Dalassenos auch Kapitel 2.3.6 und 7.3.

21 Dazu und zu Alexander von Conversano siehe Kapitel 2.3.6.

22 MAGDALINO, The Empire, S. 222; die Verhandlungen wurden 1178/1179 geführt. Die Kaisernichte Eudoxia wurde schließlich mit Wilhelm VIII. von Montpellier verheiratet und die Tochter König Ludwigs VII., Agnes, heiratete den byzantinischen Thronfolger Alexios II., siehe zu Eudoxia: DÖLGER/WIRTH, Regesten der Kaiserurkunden II, Nr. 1527b, S. 272; siehe zu Agnes: ebd., Nr. 1531, S. 272; Annali Genovesi, II, a. a. 1178, S. 13f.; siehe auch Bernardo Maragone, Annales Pisani, a. a. 1180, S. 68f.

23 Codice diplomatico, Nr. 77, a. a. 1201, S. 196: *Mementote de negocio domini Balduini Guercii quod tale est. cum enim fidelissimus imperii extiterit a tempore recolende memorie domini Caloianne et domini Manuelis usque felicissima tempora domini Alexii et per imperii fidelitatem multotiens carcerem sit passus et innumera pericula per quondam regem Sicilie Rogerium et per Antiochenum principem et alios principes nonnullos, ...*; MAGDALINO, The Empire, S. 222.

24 Isaak II. Angelos, Schreiben an Balduin Guercius 1188, Nr. I, S. 1; siehe auch das griechische und lateinische Protokoll bei KRESTEN, Der ‚Anredestreit', S. 91.

Während Alexander von Conversano und Balduin Guercius für den Kaiser arbeiteten, dennoch aber mit einem Bein im Westen verwurzelt waren, trifft dies auf die zweite oder dritte Generation von Lateinern in Byzanz weniger zu. Jordan von Capua und Johannes Rogerios Dalassenos sind dafür Beispiele. Beide trugen hohe byzantinische Titel, Jordan wird als *sebastos* bezeichnet und Johannes trug den Titel eines *despotes, panhypersebastos* und *kaisar*. Im „Komnenischen System" drücken diese Titel eine besondere (verwandtschaftliche) Nähe zum Kaiser aus.[25] Johannes war tatsächlich Manuels Schwager, er heiratete dessen Schwester Maria. Im Fall des Jordan von Capua ist keine Eheschließung bekannt.[26] Jordan war Sohn des Robert II. von Capua, der infolge der Auseinandersetzungen mit Roger II. aus Süditalien vertrieben worden war und als Gesandter König Konrads III. 1142 selbst nach Byzanz kam.[27]

Um 1166/1168 schickte der Kaiser den *sebastos* Jordan von Capua in einer sehr wichtigen Angelegenheit nach Rom, er sollte eine mögliche Kirchenunion und damit auch verbundene politische Übereinkünfte verhandeln. Die Beauftragung eines Laien, noch dazu eines lateinischstämmigen, und nicht eines hohen byzantinischen geistlichen Würdenträgers, zeigt, dass die Kirchenunion durchaus als eine politische Frage betrachtet wurde.[28] Johannes Rogerios Dalassenos war selbst nicht direkt als Gesandter des Kaisers eingesetzt, sollte 1153 aber auf dessen Befehl hin um die Hand der Königinwitwe Konstanze von Antiochia werben, um Antiochia zurück in das Einflussgebiet des Kaisers zu holen. Diese Mission scheiterte allerdings.[29]

Manuel Komnenos bediente sich für Gesandtschaften auch eines Personenkreises, der in westlichen Institutionen eingebunden war und sich in Byzanz aufhielt. 1163 schickte er Hugo, den Abt des lateinischen Theotokosklosters

---

25 Die Nennung des Jordan von Capua mit seinem Titel: Boso, Vita Alexandri III, S. 415; zu Johannes Rogerios Dalassenos und seinen Titeln auf den Siegeln: CHEYNET, Les Dalassènoi, S. 465f.; zu den Titeln und ihrer Entwicklung unter den Komnenen: MAGDALINO, The Empire, S. 180-201; vgl. auch STIERNON, Notes: Sébaste et Gambros, S. 222-243; zum Titel *sebastos*: KAZHDAN, Art. „Sebastos", S. 1862f.; zum Titel *panhypersebastos*: ders., Art. „Panhypersebastos", S. 1570; zum Titel *despotes*: ders., Art. „Despotes", S. 614; zum Titel *kaisar*: RÖSCH, Onoma Basileias, S. 36f.

26 MAGDALINO, The Empire, S. 207.

27 Zu Robert von Capua siehe HOUBEN, Roger II., S. 33; zu seiner Gesandtschaft 1142 und 1145 nach Byzanz: Otto von Freising, Gesta Friderici I. Imperatoris I, 25, S. 37-40.

28 Die Datierung der Gesandtschaft des Jordan von Capua so bei HARRIS/ TOLSTOY, Alexander III, S. 301f. und MAGDALINO, The Empire, S. 85; die Datierung 1167/1168 hingegen bei DÖLGER/WIRTH, Regesten der Kaiserurkunden II, Nr. 1480, S. 253; Ohnsorge spricht sich für April/Mai 1167 aus: OHNSORGE, Die Legaten, S. 147; zu den politischen Dimensionen bei den Kirchenunionsverhandlungen vgl. immer noch grundlegend NORDEN, Das Papsttum, besonders S. 58-159.

29 Johannes Kinnamos, Epitome, III, 14, S. 122f.; MAGDALINO, The Empire, S. 66f.

St. Maria in Adrianopel, und den Prior des Hauses der Johanniter in Konstantinopel, Petrus Alemanus, zusammen mit einem gewissen Ralph de Balneo zu König Ludwig VII. von Frankreich.[30]

Die Auswahl anderer Lateiner zeigt allerdings, dass auch Rangniedere aus namenlosen Familien und ohne Stellungen innerhalb westlicher Institutionen für Gesandtschaften des byzantinischen Kaisers bestimmt wurden.[31] Wie bereits erwähnt, wurde Jakob 1194 als alleiniger Gesandter nach Pisa geschickt und hatte umfangreiche Verhandlungsbefugnisse.[32] Noch einige Jahre zuvor, 1189 und 1190, war er zusammen mit einem Byzantiner, Eumathios Philokales, zu Friedrich Barbarossa gesandt worden, der sich mit seinem Kreuzzugsheer auf byzantinischem Gebiet befand.[33] Es ist möglich, dass er in dieser Situation noch hauptsächlich als Dolmetscher fungierte, jedenfalls war ihm ein byzantinischer Gesandter beiseitegestellt worden. Über ihn ist nichts Näheres bekannt, außer, dass er zeitgleich als Übersetzer der Kaiserkanzlei arbeitete. Es ist denkbar, dass er selbst aus Pisa stammte, ein Umstand, der seine Entsendung nach Pisa begünstigt haben könnte.[34]

Es finden sich weitere Beispiele. Der Kaiser schickte den Engländer Petrus (Ἴγγλινος) zusammen mit dem Genuesen Petrus Pandolo 1192 zu den Konsuln nach Genua.[35] Im Fall des Petrus Pandolo gab es eine Verbindung zwischen der ursprünglichen Heimatstadt und dem Zielort seiner Gesandtschaftsreise. Petrus kannte wahrscheinlich die Strukturen und die Situation seiner Heimatregion besonders gut. Zudem schaffte ein genuesischer Gesandter vermutlich auch zusätzliches Vertrauen. Im Schreiben des Kaisers an die Genuesen wird Petrus Pandolos Zugehörigkeit zur Kommune jedenfalls ausdrücklich betont, denn im Gegensatz zum anderen Gesandten wird er explizit als

30 Dölger/Wirth, Regesten der Kaiserurkunden II, Nr. 1450, S. 239; Magdalino, The Empire, S. 222; zu Hugo: Lilie, Die lateinische Kirche, S. 207, besonders Fußnote 30; zu Petrus Alemanus siehe: Alexander III., Brief an Petrus Alemanus 1163/1164, Nr. CXII, S. 809f.; Luttrell, The Hospitallers, S. 225-232; Lilie, Die lateinische Kirche, S. 207.

31 Wilhelm von Tyros weiß auch zu berichten, dass sowohl adlige als auch nichtadlige Lateiner für den byzantinischen Kaiser arbeiteten: Wilhelm von Tyros, Chronicon, XXII, 11, S. 1020f.

32 Isaak II. Angelos, Schreiben an die Kommune Pisa September 1194, Nr. XLI, S. 66f.

33 Dölger/Wirth, Regesten der Kaiserurkunden II, Nr. 1600, S. 302; Nr. 1602, S. 303.

34 Gastgeber, Die lateinische „Übersetzungsabteilung" II, S. CXLIVf.; ders., Die lateinische Übersetzungsabteilung, S. 110, Fußnote 21.

35 Isaak II. Angelos, Schreiben an die Kommune Genua November 1192 (griechische Fassung), Nr. VI, S. 40; Dölger/Wirth, Regesten der Kaiserurkunden II, Nr. 1612, S. 312; Gastgeber, Die lateinische „Übersetzungsabteilung" III, S. 303.

„Euer Mitbürger" bezeichnet, in der griechischen Version des Schreibens als συμπολίτης ὑμῶν, in der lateinischen Fassung als *concivis vester.*[36]

Der Venezianer Johannes Georgius diente dem Kaiser als Gesandter an Papst Innozenz III., 1198 reiste er zusammen mit einem anderen Lateiner namens Hildebrand nach Rom und 1199 erneut, diesmal allein.[37] Es gibt in seinem Fall keine Hinweise darauf, dass er jemals nach Venedig geschickt wurde.

Diese Beispiele sprechen dafür, dass nicht immer Rang und Namen eine Rolle spielten, sondern auch andere Faktoren bei der Entsendung von Gesandten ausschlaggebend sein konnten. Es ist zu kurz gegriffen, allen von vornherein eine Expertise abzusprechen. Im Folgenden wird deshalb gezeigt, welche Fähigkeiten Personen aus dem lateinischen Europa mitbrachten und welche anderen Faktoren und Umstände bei der Auswahl der Gesandten wichtig sein konnten.

5.2 Auswahl und Inszenierung: Expertise und andere Faktoren

Der Einsatz von Lateinern als Gesandte wirft einige Fragen auf. Während die Vorzüge lateinischer Übersetzer, Dolmetscher und Theologen angesichts des Sonderwissens zu Sprachen oder zur Religion und den unterschiedlichen Traditionen zwischen Byzanz und dem Westen durchaus naheliegend sind, gab es am Hof genügend Byzantiner, die die Aufgabe als Gesandte hätten übernehmen können und dies auch taten. Ihnen konnte für die sprachlichen Hindernisse ein Dolmetscher zur Seite gestellt werden, die politische Verhandlungskompetenz und -vollmacht hätte aber bei einem erfahrenen Byzantiner bleiben können. Dennoch setzte der Hof Lateiner als Gesandte ein und dies vornehmlich, wenn auch nicht ausschließlich, bei Gesandtschaften in

---

36 Isaak II. Angelos, Schreiben an die Kommune Genua November 1192 (griechische Fassung), Nr. VI, S. 40: ἐπὶ τούτῳ γὰρ καὶ ὁ παρὼν ἄνθρωπος τῆς βασιλείας μου ὁ Ἴγγλινος Πέτρος σὺν τῷ συμπολίτῃ ὑμῶν Πέτρῳ Πανδώλῳ πρὸς ὑμᾶς ἀπεστάλη.; Isaak II. Angelos, Schreiben an die Kommune Genua November 1192 (lateinische Fassung), Nr. 25, S. 81: *super hoc enim et praesens homo imperii mei Petrus Anglicus cum concive vestro Petro De Andala ad vos missus est;* dies könnte auch bei Jakob 1194 der Fall gewesen sein, da die Annahme besteht, dass er selbst aus Pisa stammte, GASTGEBER, Die lateinische Übersetzungsabteilung, S. 110, Fußnote 21; in der *Historia de Expeditioni Friderici* wird er als Iacobus Pisanus bezeichnet, Historia de Expeditioni Friderici, S. 60; der pisanische Prior Benenato wurde 1200 auch im Auftrag der Byzantiner in seine Heimatstadt Pisa abgesandt, ein Jahr zuvor reiste er für die Byzantiner nach Rom zu Papst Innozenz III., DÖLGER/WIRTH, Regesten der Kaiserurkunden II, Nr. 1654, S. 331 und Nr. 1657a, S. 333.

37 Ebd., Nr. 1643, S. 324f. und Nr. 1648, S. 329.

die lateinische Welt.[38] Zu fragen ist deshalb nach der ihnen zugeschriebenen Expertise bzw. anderen Faktoren, die den Einsatz von Lateinern begünstigten.

5.2.1 *Die Sprachkenntnisse und kulturelles Wissen*

Angesichts der Tatsache, dass viele der lateinischstämmigen Gesandten in den Westen geschickt wurden, liegt die Vermutung nahe, dass dies mit ihren Sprachkenntnissen und dem Wissen über Kultur, Sitten und nicht zuletzt (diplomatische) Gebräuche des lateinischen Europas zusammenhängen könnte.[39] Eine etwas frühere Quellenstelle für die Zeit des Kaisers Alexios I. Komnenos (1081-1118) zeigt genau dies. Nach dem gescheiterten Angriff des Bohemund von Tarent auf Dyrrachion folgten Verhandlungen mit den Byzantinern, die schließlich 1108 zum Vertrag von Devol führten. An diesen Gesprächen nahmen für die byzantinische Seite auch im Dienst des Kaisers stehende Lateiner teil.[40] Die byzantinische Geschichtsschreiberin Anna Komnene berichtet, welche Rolle sie spielten und warum gerade sie eingesetzt wurden:

> „Der Basileus ließ daraufhin den Neapolitaner Marinos und den für seine Tapferkeit berühmten Franken Roger zu sich kommen, beides intelligente Männer, die bestens vertraut waren mit den lateinischen Sitten, sowie Konstantinos Euphorbenos (ein Mann mit starker Hand und mutigem Herzen, der bei keinem einzigen Auftrag, der ihm vom Basileus übertragen worden war, je versagt hatte) und schließlich noch einen gewissen Adralestos, der die keltische Sprache beherrschte, und sandte diese, wie gesagt, zu Baïmundos [Bohemund von Tarent, Anm. d. Verf.] mit dem Auftrag, auf jede nur mögliche Weise auf ihn einzuwirken und ihn zu überreden, sich freiwillig zum Autokrator zu begeben, um diesem mitzuteilen, was immer er wolle und von ihm fordere."[41]

---

38 Alexios Giphardos befand sich um 1158 als Gesandter bei Kilidsch Arslan II., dem Sultan von Ikonion. Kazhdan nimmt an, dass die Familie der Giphardoi normanischstämmig war, KAZHDAN, Latins, S. 97.

39 Aufgrund der zunehmenden Ausdifferenzierung des Hofzeremoniells im lateinischen Raum wurde das Wissen über höfische Sitten mehr und mehr Spezialistenwissen. Siehe auch für die kulturellen Vermittler am byzantinischen Hof im 14. und 15. Jahrhundert: KOLDITZ, Cultural Brokers, S. 183-215.

40 Zu den Hintergründen siehe z. B. HARRIS, Byzantium, S. 76-80; LILIE, Byzanz und die Kreuzzüge, S. 64-68.

41 Anna Komnene, Alexias, übersetzt von REINSCH, XIII, 9, S. 455; dies., Alexias, XIII, 9, S. 407f.: μεταπεμψάμενος τοίνυν ὁ βασιλεὺς τὸν Νεαπολίτην Μαρῖνον καὶ τὸν ἐπ' ἀνδρείᾳ περίκλυτον Φράγγον Ῥογέρην, ἄνδρας φρενήρεις καὶ τῶν λατινικῶν ἐθῶν ἐν πείρᾳ καθεστηκότας πολλῇ, καὶ Κωνσταντῖνον τὸν Εὐφορβηνόν (γενναῖος δὲ οὗτος καὶ χεῖρα καὶ γνώμην καὶ μηδέποτε κατά τι τῶν αὐτῷ παρὰ τοῦ βασιλέως ἐπιτεταγμένων διημαρτηκώς) καὶ Ἀδράλεστόν τινα τῆς κελτικῆς γλώττης εἰδήμονα, τούτους, ὡς εἴρηται, πρὸς τὸν Βαϊμοῦντον ἀπέστειλεν

Anna Komnene betont bei Roger ausdrücklich die fränkische Herkunft und bei Marinos dessen süditalienische Heimat, auch wenn es sich bei Letzterem um einen Griechen gehandelt haben könnte. Durch die Beschreibung aller vier Personen und die Erklärung, warum und wofür jeder einzelne wichtig war, lassen sich einige Schlüsse ziehen. Roger und Marinos bescheinigt sie explizit Vertrautheit mit den „lateinischen Sitten". Zusätzlich wurden auch ein Byzantiner, Konstantin Euphorbenos, ein zuverlässiger und fähiger Mann, und als Dolmetscher für die „keltische" Sprache ein gewisser Adralestos einbezogen. Die Zusammensetzung der Gesandtschaft vermittelt den Eindruck, dass sich die eingesetzten Personen zusammengenommen durch Wissen über westliche Sitten und Sprachen sowie durch Verlässlichkeit auszeichneten. Je nach Person werden aber andere Befähigungen und Eigenschaften bzw. ein unterschiedliches Wissen hervorgehoben.

Es ist erstaunlich, dass Anna Rogers Sprachkenntnisse nicht betont. Denn als Normanne konnte er direkt mit Bohemund von Tarent kommunizieren, dennoch erwähnt sie explizit einen Dolmetscher. Diese jeweiligen Kompetenzzuschreibungen unterstreichen allerdings, dass Roger in dieser Situation eben nicht als Dolmetscher, sondern als Gesandter wirkte. Ihm wird Wissen um lateinische Sitten attestiert, dies schließt wahrscheinlich auch den diplomatischen Umgang ein. Dies zeigt bereits, dass das Wissen über die Kultur, Sitten und Gebräuche des Westens ein großer Vorteil der lateinischstämmigen gegenüber byzantinischen Gesandten war. Anna Komnene stellt auch bei dem aus Italien stammenden Johannes Italos eine Verbindung zwischen seiner Herkunft und seiner Mission fest. Er wurde demnach zu den süditalienischen Normannen geschickt, da er sich gut mit den Italienern auskannte.[42]

Den Einsatz von Lateinern im Auftrag des Kaisers nahmen auch westliche Quellen zur Kenntnis. Albert von Aachen berichtet in seiner *Historia Ierosolimitana* zum Ersten Kreuzzug, dass nachdem das Kreuzfahrerheer byzantinisches Gebiet verwüstet hatte, Kaiser Alexios I. Gesandte schickte:

> *Imperator autem intelligens regionem grauiter depopulari, Rodolphum Peeldelau, Rotgerum filium Dageberti uiros disertissimos de terra et cognatione*

ἐπισκήψας παντοίως αὐτὸν μετελθεῖν καὶ πεῖσαι αὐτόμολον ἀφικέσθαι πρὸς τὸν αὐτοκράτορα, ἐφ' ᾧ ἀπαγγεῖλαι ἅπερ ἂν βούλοιτο καὶ ζητοίη ἐξ αὐτοῦ.

42 Dies., Alexias, übersetzt von Reinsch, V, 8, S. 187f.: „Und der genannte Kaiser, in der Überzeugung, Italos sei ein enger Vertrauter und ein ehrenwerter Mann und kenne sich mit den Italienern aus, entsandte ihn nach Epidamnos."; dies., Alexias, V, 8, S. 163: καὶ ὁ βασιλεὺς ἐκεῖνος τὸν Ἰταλὸν ὡς οἰκεῖον δῆθεν καὶ ἄνδρα ἀγαθὸν καὶ τὰ τῶν Ἰταλῶν ἐπιστάμενον εἰς Ἐπίδαμνον ἀπέστειλε.

> *Francigenarum duci misit, rogans ut a preda regni sui et uastatione cessaret exercitus, et captiuos quos petebat redderet sine dilatione.*[43]

Die Delegation des Kaisers bestand aus zwei Normannen, der bereits genannte Roger reiste zusammen mit Rudolfus Peel de Lan zum Kreuzfahrerheer. Beide waren Personen, die in den byzantinisch-normannischen Auseinandersetzungen um 1081 zu den Byzantinern übergelaufen waren.[44] Albert von Aachen betont bei beiden ausdrücklich ihre fränkische Herkunft. Dies zeigt, die lateinische Seite bemerkte durchaus die lateinische Abstammung. Beide werden als *viri disertissimi*, als sehr redegewandte Männer, bezeichnet. Ihre Eloquenz prädestinierte sie zusätzlich für diese Aufgabe. Beim Zweiten Kreuzzug 1147 setzte Manuel Komnenos auch auf einen Lateiner, nämlich auf Alexander von Conversano, Graf von Gravina, der zusammen mit dem Byzantiner Demetrios Makrembolites die Absichten der Kreuzfahrer in Erfahrung bringen sollte.[45]

Die Sprachkenntnisse scheinen nicht der vorrangige Grund für den Einsatz von Lateinern gewesen zu sein. Sie erleichterten zwar die Verständigung, aber dafür standen Dolmetscher zur Verfügung. Allerdings ist davon auszugehen, dass die für einen Gesandten wichtige Redegewandtheit ihre unmittelbare und volle Wirkung in der direkten Kommunikation entfaltet, denn vieles kann durch die Übersetzung verloren gehen. Es ist deshalb nicht verwunderlich, dass die Eloquenz der lateinischen Gesandten, wie im Bericht des Albert von Aachen, besonders hervorgehoben wurde.[46]

5.2.2 *Das Wissen über die politische Situation*

Das Wissen um lateinische Sitten und diplomatische Gebräuche war wichtig, wurde aber auch um das Wissen über die politische Situation im lateinischen Europa ergänzt. Alexander von Conversano, der sich Roger II. widersetzt hatte und zu den Byzantinern übergelaufen war, stellte so etwas wie einen guten Kenner Süditaliens dar, und zwar sowohl für den byzantinischen Kaiser als auch für den römisch-deutschen König. Die Byzantiner schickten ihn 1155 zusammen mit den *sebastoi* Michael Palaiologos und Johannes Doukas nach Italien, um Friedrich Barbarossa von einem Angriff gegen Wilhelm I. von Sizilien

---

43 Albert von Aachen, Historia Ierosolimitana, II, 9, S. 74.

44 Siehe zu Roger und Rudolfus Peel de Lan: NICOL, Symbiosis, S. 122-131; siehe zu den Hintergründen: JOHN, Godfrey, S. 121-127.

45 Johannes Kinnamos, Epitome, II, 12, S. 67; DÖLGER/WIRTH, Regesten der Kaiserurkunden II, Nr. 1353, S. 209.

46 Zur Redegewandtheit bei Gesandten siehe DROCOURT, Diplomatie, S. 184-187; KOUTRAKOU, Logos, S. 7.

zu überzeugen.[47] Gemäß Johannes Kinnamos hatten sie die Anweisung, dass wenn Friedrich Barbarossa sich nicht beteiligen wollte, sie selbst mit angeworbenen Söldnern gegen Sizilien ziehen sollten.[48] In seiner Darstellung war es Alexander, der die eigentlichen Verhandlungen mit potenziellen Mitstreitern wie beispielsweise Robert II. von Bassonville übernahm. In seinem Gespräch mit den Gesandten des Robert von Bassonville verwies er gemäß Kinnamos auf den Stand und den Rang seines Mitgesandten Michael Palaiologos. Dieser sei nicht nur ein wichtiges Mitglied des Hofes, sondern habe auch den Rang eines *sebastos,* zudem habe er eine große Summe Geld mit sich.[49] Alexander war in dieser Version die Person, die zu den Gesandten sprach und sie überzeugte. Michael Palaiologos fungierte eher als offizieller Garant für den kaiserlichen Willen, nicht umsonst wies Alexander auf den hohen Rang und letztlich auch das Geld hin, dass der *sebastos* Michael bereithielt. Otto von Freising berichtete auch über die byzantinischen Gesandten in Süditalien, die dort Friedrich Barbarossa aufsuchten. Er nennt allerdings nur Michael Palaiologos und Johannes Doukas (*Marodocus*). Bei beiden erwähnt er ebenfalls deren herausragende Herkunft.[50]

Michael Palaiologos und Johannes Doukas verliehen dem Unternehmen die nötige Autorität und Glaubwürdigkeit, es scheint aber zumindest im Fall des Robert von Bassonville Alexander gewesen zu sein, der der eigentliche Verhandler war. Er als jemand, der selbst über Teile Süditaliens geherrscht hatte, kannte die politischen Machtverhältnisse und wusste, wie mögliche Verbündete von den byzantinischen Plänen zu überzeugen waren.

Sowohl Johannes Kinnamos als auch Niketas Choniates weisen auf die Herkunft und eigene Herrschaft des Alexander von Conversano in Unteritalien hin, als sie von seiner diplomatischen Mission berichten. Choniates beschreibt ihn als jemanden, „der aus der gleichen Familie stammte wie der König [der

47 DÖLGER/WIRTH, Regesten der Kaiserurkunden II, Nr. 1398a, S. 223; eine Auswahl an Literatur zu dem in der Forschung ausführlich diskutierten Vorstoß der Byzantiner in Süditalien 1155-1157: LILIE, Handel, S. 430-444; ders., Byzanz, S. 401-403; ders., Manuel I. Komnenos, besonders S. 162f.; MAGDALINO, The Empire, S. 59; ders., The Phenomenon, S. 184f.; ZEILLINGER, Friedrich I. Barbarossa, S. 53-83; TOUNTA, Thessaloniki, S. 167-214.

48 Johannes Kinnamos, Epitome, IV, 1, S. 135f.

49 Ebd., IV, 2, S. 136f.; siehe zu Robert II. von Bassonville CHALANDON, Les Comnène II, S. 352; ders., Histoire II, S. 182f.; HOUBEN, Roger II., S. 170-172.

50 Otto von Freising, Gesta Friderici I. Imperatoris, II, 36, S. 144f.: *Ibi in confiniis Anchonae imperator castra ponens Palologum –, quod nos veterem sermonem dicere possumus –, nobilissimum Grecorum regalisque sanguinis procerem, et Marodocum, egregium virum, ex parte principis sui Constantinopolitani venientes muneraque non parva deferentes obvios habuit.*

normannische König, Anm. d. Verf.] und, weil er sich Untaten des Königs widersetzt hatte, kurz vorher zu den Rhomäern übergegangen war."[51] Johannes Kinnamos führt ihn ebenso ein: „Unter ihnen war auch Alexander, der Gravina, eine italienische Stadt, beherrscht hatte, aber als Roger ihn vertrieben hatte, kam er als Flüchtling zum Kaiser".[52] Im Zusammenhang mit dieser Gesandtschaft betonen beide Geschichtsschreiber seine lateinische Herkunft, genauer seine Heimatregion Italien. Implizit liefern beide dadurch einen Grund für seine Auswahl: er stammte von dort und kannte sich mit der Region und den politischen Machtverhältnissen aus. Zudem ist davon auszugehen, dass er in seiner Heimat noch Kontakte hatte, die er reaktivieren konnte.

Es ist nicht überraschend, dass aus Süditalien Vertriebene den Byzantinern wichtige Informationen über die Strategie und das innere Gefüge der Normannen geben konnten. Laut Anna Komnene stützte sich Kaiser Alexios I. Komnenos explizit auf die Erfahrung und den Rat der zu den Byzantinern übergelaufenen Normannen:

> „Nachdem er diese [Roger, Petrus von Alipha, Marinos, Anm. d. Verf.] zu sich gerufen hatte, fragte er sie um Rat, auf welche Weise er im Falle Baïmundos' [Bohemund von Tarent, Anm. d. Verf.] vorgehen und wie er ihn besiegen könne; außerdem befragte er sie auch über die engsten Vertrauten des Baïmundos und über alle Gleichgesinnten, die jener habe."[53]

Alexios konnte von den Auskünften der zu ihm übergelaufenen Personen profitieren. Sie unterrichteten und berieten den Kaiser gerne, wohl auch aufgrund ihrer eigenen Schwierigkeiten mit den normannischen Herrschern.[54]

5.2.3 *Der soziale Hintergrund*

Ein wichtiges Kriterium für die Auswahl von Gesandten ist ihr sozialer Hintergrund. Manuel Komnenos wollte, wie bereits gezeigt, König Ludwig VII. 1164

---

51 Niketas Choniates, Historia, übersetzt von GRABLER, Die Krone, II, S. 130; ders., Historia, II, S. 91: ..., ἐκ ταὐτοῦ μὲν ἀπορρύεντα αἵματος τῷ ῥηγί, προσκεχωρηκότα δὲ προσφάτως Ῥωμαίοις δι'ἃς ὑπέστη παρ' αὐτοῦ συμφοράς.

52 Johannes Kinnamos, Epitome, IV, 1, S. 135: ἐν οἷς ἦν καὶ Ἀλέξανδρος, Γραβίνης μὲν πόλεως ἄρξας Ἰταλικῆς, Ῥογερίου δὲ αὐτὸν ἀπελάσαντος βασιλεῖ πρότερον ἤδη προσπεφευγώς.

53 Anna Komnene, Alexias, übersetzt von REINSCH, XIII, 4, S. 442; dies., Alexias, XIII, 4, S. 395: τούτους μετακαλεσάμενος βουλὴν ἐζήτει ὅπως τὰ κατὰ τὸν Βαϊμοῦντον εὖ διαθέμενος καταγωνιεῖται αὐτόν, ἀλλὰ καὶ περὶ τῶν εὐνουστέρων τῷ Βαϊμούντῳ καὶ ὁπόσους ἐκεῖνος ἰσοψύχους ἔχει διηρώτα.

54 Auch Balduin Guercius wurde vom Kaiser Isaak II. Angelos beauftragt, ihn über die Entwicklungen im Westen gerade angesichts des Dritten Kreuzzugs zu informieren, Isaak II. Angelos, Schreiben an Balduin Guercius 1188, Nr. I, S. 2; siehe auch Gastgeber, Die lateinische „Übersetzungsabteilung" III, S. 197.

keine rangniedere Gesandtschaft zumuten und deshalb überbrachte Heinrich von Benevent das kaiserliche Schreiben an den französischen Hof. Zweifelsfrei hatte die Entsendung von angesehenen Männern eine bestimmte Wirkung und Bedeutung. Zunächst konnte die entsprechende Gesandtenwahl ein Gradmesser für das Ansehen des Gegenübers sein, zudem konnte sie die Wichtigkeit der Angelegenheit und letztlich auch eine gewisse Glaubwürdigkeit und Autorisation ausdrücken, besonders wenn es sich um Personen mit hohen höfischen Titeln oder sogar um Verwandte des Kaisers handelte.[55]

Die von Lateinern ausgeführten Gesandtschaften an westliche Mächte hatten allerdings ebenso eine Wirkung. Die Lateiner verfügten über Fertigkeiten und Eigenschaften, die Byzantiner in dieser Form nicht hatten. Umso erfolgsversprechender schien es, wenn beides in einer Person zusammenkam. Der *sebastos* Jordan wurde um 1166/1168 in einer äußerst wichtigen Mission zu Papst Alexander III. geschickt.[56] Er sollte die Kirchenunion verhandeln und unterbreitete dem Papst ein Angebot zu den Modalitäten einer angestrebten Kirchenunion. Der Verfasser der *Vita Alexandri III*, Kardinal Boso, berichtet dazu:[57]

> *Per idem quoque tempus Hemmanuel, magnus et excelsus Constantinopolis imperator, [...], misit ad urbem Romam Iordanem imperii sui sebaston, filium Roberti quondam Capuani principis, ad subventionem et servitium eiusdem pontificis.*[58]

Bosos Schilderungen zeigen, dass die Herkunft und der Titel des Gesandten nicht unbemerkt blieben. Zum einen benennt er dessen byzantinischen Titel, Jordan wird als *sebastos* des Kaiserreiches bezeichnet und dadurch seine Nähe zum Kaiser betont. Zum anderen wird auch seine familiäre Abstammung hervorgehoben, er sei nämlich „der Sohn des Robert, der einst Herrscher von Capua war". Robert von Capua war eine bekannte Persönlichkeit in Italien und auch an der Kurie in Rom. Er selbst war schon 1156 bei der Vermittlung

---

55 Der Einsatz von Familienmitgliedern des Herrscherhauses zeigt dies deutlich. Im Juli 1189 reiste beispielsweise der Cousin des Kaisers Isaak II. Angelos, Alexios, als Gesandter zu Kaiser Friedrich nach Niš: DÖLGER/WIRTH, Regesten der Kaiserurkunden II, Nr. 1594, S. 300.

56 HARRIS/ TOLSTOY, Alexander III, S. 301f.; MAGDALINO, The Empire, S. 85; DÖLGER/ WIRTH, Regesten der Kaiserurkunden II, Nr. 1480, S. 253.

57 Zu Boso und der Einordung seiner *Vita Alexandri III* siehe die Einführung von Peter Munz in der englischen Übersetzung von ELLIS, Boso's life, S. 1-39.

58 Boso, Vita Alexandri III, S. 415.

zwischen Manuel und Papst Hadrian IV. zugunsten der Kirchenunion aktiv gewesen.[59]

Die Tatsache, dass sein Sohn vom byzantinischen Kaiser in Sachen der Kircheneinheit eingesetzt wurde, war wohl kein Zufall. Die Vermutung liegt nahe, dass Jordan aufgrund seines Ranges in der byzantinischen Aristokratie und seiner im Westen angesehenen Familie für diese Mission beim Kaiser besonderes Vertrauen genoss. Zugleich weckte er in Rom aufgrund seiner normannischen Herkunft und dem Bekanntheitsgrad seines Vaters eine gewisse Vertrautheit. Boso berichtet, dass Jordan mündlich die Vorschläge des Kaisers vortrug: *Veniens autem idem sebastos, humiliter se inclinavit eidem pontifici, et oblatis ad pedes eius magnis ac pretiosis muneribus, omnia que acceperat in mandatis diligenter sibi exposuit.*[60]

Jordan erwies dem Papst alle Ehren, er verbeugte sich demütig und legte dem Pontifex die mitgebrachten prachtvollen Geschenke zu Füßen. Dann erläuterte er sorgfältig (*diligenter*) die Instruktionen, die er vom Kaiser erhalten hatte. Laut Boso übermittelte Jordan den Wunsch, dass der Papst Manuel als alleinigen rechtmäßigen römischen Kaiser anerkenne. Im Gegenzug boten die Byzantiner die Kirchenunion und sowohl militärische als auch finanzielle Unterstützung im Kampf gegen Friedrich Barbarossa an.[61]

Es gibt keinerlei Anhaltspunkte dafür, ob Jordan sich zur römischen oder eher zur byzantinischen Kirche zugehörig fühlte. Sein *sebastos*-Titel zeigt allerdings, dass er eine Stellung einnahm, die Nähe, vielleicht sogar eine familiäre Verbindung zum Herrscher suggerierte. In vergleichbaren Fällen wie beim *sebastos* und *oikeios vestiarites* Alexios Petraliphas und dem ebenso als *sebastos* und *oikeios vestiarites* bezeichneten Alexios Rogerios ist davon auszugehen, dass sie der byzantinischen Kirche angehörten, da beide bei der Synode 1166 in Konstantinopel unter den Teilnehmern aufgelistet sind.[62]

Ob Jordan römischer Christ war oder nicht, für seinen Einsatz in Sachen der Kirchenunion spielten seine lateinische und familiäre Abkunft sowie seine Stellung eine Rolle. Dafür spricht auch, dass er für keine weiteren

59 Dies ist dem Brief des Georgios Tornikes zu entnehmen, den er im Namen des Kaisers Manuel Komnenos an Papst Hadrian IV. schrieb, Georgios Tornikes, Brief 30, S. 325.

60 Boso, Vita Alexandri III, S. 415.

61 HARRIS/ TOLSTOY, Alexander III, S. 301f. und S. 308f.; zur Diskussion um die Anerkennung Manuels als römischen Kaiser durch den Papst siehe auch LILIE, Das ‚Zweikaiserproblem', besonders S. 239-241; KAHL, Römische Krönungspläne, S. 259-320; CLASSEN, Corona imperii, S. 508f.; BECK, Geschichte, S. 155; MAGDALINO, The Empire, S. 86-88.

62 Am 2. März 1166 waren sie anwesend: MAGDALINO, The Empire, Appendix 2, Nr. 4, S. 505; Ekthesis, S. 142; NICOL, Symbiosis, S. 126 und S. 132.

Gesandtschaften in den Quellen nachgewiesen ist. Er erschien wohl für diese eine, bestimmte Mission an die Kurie als besonders geeignet. In diesem Fall war also weniger eine bestimmte Expertise wie theologische Kenntnisse für die Entsendung ausschlaggebend, sondern eine hohe soziale Stellung und ein gewisser Bekanntheitsgrad im Westen, und speziell an der Kurie.

5.2.4 *Die Treue und Zuverlässigkeit*

Das Vertrauen auf die Zuverlässigkeit und Loyalität ist ein wichtiger Faktor für die Auswahl des Gesandten, und zwar in zweifacher Hinsicht. Der Herrscher, der den Gesandten zu anderen Mächten schickte, musste sich darauf verlassen können, dass dieser den vorher getroffenen mündlichen und/oder schriftlichen Instruktionen folgte. Der Empfänger musste sich sicher sein, dass der Gesandte die Botschaft des Kaisers zuverlässig und wahrheitsgemäß übermittelte. In gewisser Weise befanden sich Auftraggeber und Empfänger in einer vergleichbaren Situation. Vertrauen in die Glaubwürdigkeit und Zuverlässigkeit des Gesandten war deshalb für beide wichtig.

Dies zeigt sich besonders in Fällen, in denen ein und dieselbe Person für beide Seiten im Einsatz war. Ein Beispiel hierfür ist der bereits erwähnte Alexander von Conversano, der sowohl Gesandtschaften für den römisch-deutschen König als auch für den byzantinischen Kaiser durchführte. Zwischen 1138 und 1155 planten Byzanz und das römisch-deutsche Reich ein gemeinsames Vorgehen gegen die Normannen in Süditalien.[63] Alexander, der selbst zu den Feinden Rogers II. gehörte und aus Süditalien vertrieben worden war, war im Schmieden dieses Bündnisses sehr aktiv und wurde von beiden Seiten als Gesandter genutzt. Welche interessante Stellung er zwischen beiden Reichen einnahm, zeigt ein Brief Konrads III. von 1150 an die byzantinische Kaiserin Bertha-Irene, die zugleich Konrads Schwägerin war.[64] Zu diesem Zeitpunkt war Alexander bereits sowohl von Konrad III. als auch von Manuel Komnenos als Gesandter eingesetzt worden. In diesem Schreiben bekräftigte der römisch-deutsche König das Bündnis der beiden Kaiserreiche gegen die Normannen und die Absicht, dieses durch eine weitere Heiratsallianz beider Herrscherfamilien zu stärken. Als Verhandler hierfür schickte er Alexander und begründete seine Wahl:

---

63 Siehe dazu: EXARCHOS, Komnenoi; DENDORFER, Konrad III., S. 58-73; LILIE, Manuel I. Komnenos, S. 157-170.

64 Zur Kaiserin Bertha-Irene und zu ihrer Heirat siehe IRMSCHER, Bertha, S. 279-290; NIEDERKORN, Die Mitgift, S. 125-139; TODT, Bertha-Eirene, S. 113-147; VOLLRATH, Konrad III., S. 321-365.

Cetera vero, que ad eundem contractum rite peragendum pertinere videntur, posuimus in ore comitis Alexandri de Gravina, qui utrique imperio perpetua fidelitate servire manifeste consuevit et verbi huius mediator et tractator ex precepto utrorumque, cum apud vos essemus.[65]

Konrad betont die Übereinstimmung der Interessen zwischen Byzanz und dem römisch-deutschen Reich. Alexander wird hier als Mittler und Verhandler (*mediator et tractator*) bezeichnet, der damit „vertraut war, beiden Kaiserreichen offenkundig durch beständige Treue zu dienen". In dem Brief wird seine Treue gegenüber beiden Kaiserreichen besonders hervorgehoben. Dies ist nicht abwegig, denn letztlich wollten beide das Gleiche, nämlich die Eroberung Süditaliens. Diese Interessen passten zudem gut zu Alexanders eigenen Zielen, denn er wollte seine eigene Herrschaft wiederherstellen und deshalb arbeitete er auf eine Einigung und ein gemeinsames Vorgehen mit beiden Kaiserreichen hin.

Das Ansehen der Person und der soziale Stand des Gesandten konnten besonderes Vertrauen in dessen Glaubwürdigkeit und Treue bewirken. In einem Brief des Kaisers Manuel Komnenos an Papst Eugen III. von 1147, in dem sowohl der Zweite Kreuzzug besprochen als auch die potenzielle Kirchenunion angerissen wird, ist die byzantinische Seite darum bemüht, die Eignung des anwesenden Gesandten herauszustellen: *Presens uero nuntius imperii mei* [...] *uirilissimus ac nobilis est fidelis imperii mei.*[66] Im Manuskript ist eine größere Lücke, vielleicht war in dieser ursprünglich der Name des Gesandten eingefügt. Er wird jedenfalls als ein edler Mann und als Getreuer des Byzantinischen Reiches bezeichnet.

Zuverlässigkeit und Vertrauen waren bei der Auswahl der Gesandten wichtige Kriterien. Alexios III. Angelos (1195-1203) sandte 1199 den Venezianer Johannes Georgius zu Papst Innozenz III. nach Rom und versicherte die Zuverlässigkeit seines Gesandten. Er schrieb, der Papst möge dem Venezianer Johannes Georgius alles glauben, was dieser sagen werde.[67] Dies ist ein weiteres Beispiel dafür, welche Bedeutung der Gesandte hatte, da er mündlich die Botschaft des Kaisers vorbrachte. Umso wichtiger war der Glaube an dessen Treue

65 Wibald von Stablo, Codex epistularis II, Nr. 216, S. 455-461, hier S. 460.

66 Manuel I. Komnenos, Schreiben an Eugen III. März 1147, S. 409f.; siehe auch GRUMEL, Au seuil, S. 143-167.

67 Alexios III. Angelos, Schreiben an Innozenz III. Februar 1199, Nr. 201, S. 389-393, hier S. 393: *De secretioribus autem a predictis legatis meo imperio dictis secretius responderi tue sanctitati preceptum est presenti homini imperii mei Uenetico Ioh(ann)i Georgio, cui et tua credat sanctitas in omnibus, que ipse dixerit ei, ut ex parte imperii mei.*; DÖLGER/WIRTH, Regesten der Kaiserurkunden II, Nr. 1648, S. 329; siehe zum Kaiser Alexios III. Angelos: BRAND, Art. „Alexios III Angelos", S. 64f.

und Zuverlässigkeit. Ansonsten war man der Gefahr ausgesetzt, dass seine Interessen nach außen nicht richtig vertreten wurden.

5.3 Versagen und Verrat: Gesandte und ihre eigenen Interessen

Den Beitrag von Gesandten am Erfolg bzw. Misserfolg diplomatischer Verhandlungen zu bemessen, ist ein schwieriges Unterfangen. Denn letztlich sind sie nur Überbringer der Auffassungen und der politischen Vorgaben ihres Auftraggebers. Sie können zwar durch ihr Auftreten und Verhandlungsgeschick auf den Prozess einwirken, wenn aber die Positionen der zwei Parteien nicht zusammenkommen, ist es schwer, etwas daran zu ändern. Ihr Einfluss auf Verhandlungen ist in den meisten Fällen kaum nachzuvollziehen. Als die Gesandten des byzantinischen Kaisers, Jakob (von Pisa) und Eumathios Philokales, sich im Dezember 1189 vor Friedrich Barbarossa sträubten, dem zuvor ausgehandelten Friedensvertrag zuzustimmen und versuchten, Änderungen daran vorzunehmen, dann folgten sie letztlich Anweisungen aus Konstantinopel. Friedrich Barbarossa erklärte daraufhin den Byzantinern den Krieg, ihr weiterer Einsatz bei den Verhandlungen zeigt allerdings, dass alles in Abstimmung mit den Wünschen des Kaisers erfolgt war. Den Gesandten wurde weder Versagen unterstellt noch wurden sie für diese Entwicklung verantwortlich gemacht.[68] Da sie nur als verlängerter Arm des Kaisers agierten, konnten sie für diplomatischen Misserfolg häufig nicht verantwortlich gemacht werden.

Die Tätigkeit des Alexander von Conversano bewegte sich allerdings in einem anderen Rahmen. Denn er hatte als ehemaliger Herrscher über Gravina durchaus ein eigenes Interesse daran, dass das Byzantinische Reich in Zusammenarbeit mit dem römisch-deutschen Reich Süditalien erobert. Aus diesem Grund zeigte er sich sehr motiviert und engagiert. Die besondere Konstellation, dass er für beide Reiche als Gesandter, Vermittler und Verhandler fungierte, führte zwangsläufig zu Konflikten. Friedrich Barbarossa sandte ihn noch 1153 nach Byzanz, um ein Heiratsbündnis und ein gemeinsames Vorgehen gegen Süditalien zu verhandeln, 1155/1156 verlor er aber bereits die Gunst der römisch-deutschen Seite und wurde seither nicht mehr konsultiert.[69] Als sich Alexander 1155, begleitet von Michael Palaiologos und Johannes Doukas, im Auftrag des

68 Dölger/Wirth, Regesten der Kaiserurkunden II, Nr. 1600, S. 302; Nr. 1602, S. 303; Nr. 1603, S. 303f.; Historia de Expeditione Friderici, S. 57f., S. 60 und S. 64.

69 Zu der Gesandtschaft des Alexander von Conversano zusammen mit Anselm von Havelberg 1153 im Auftrag Friedrich Barbarossas siehe Regesta Imperii IV 2,1, Nr. 196, S. 59; Otto von Freising, Gesta Friderici I. Imperatoris, II, 11, S. 111f.

Kaisers Manuel nicht mit Friedrich Barbarossa auf einen gemeinsamen Zug gegen die Normannen einigen konnte und die Byzantiner lokale Mächte aufwiegelten, war die römisch-deutsche Seite sehr verärgert. Friedrich Barbarossa habe sogar einen Angriff auf Süditalien geplant, um die Byzantiner zu vertreiben und als das nächste Mal eine byzantinische Delegation am Hof eintraf, verweigerte er den Empfang.[70] Auf Alexanders Dienste griff Friedrich Barbarossa nicht mehr zurück, anders als die byzantinische Seite, die sich seiner noch in den nächsten Jahrzehnten bediente.[71] Diese Geschehnisse zeigen, dass er offenbar das Vertrauen der römisch-deutschen Seite verloren hatte und deshalb nicht mehr eingesetzt wurde. Alexander wollte in erster Linie seine eigenen Interessen in Süditalien mithilfe der Byzantiner verfolgen, er beging aber keinen Verrat am römisch-deutschen Reich. Gemeinsam mit den anderen byzantinischen Gesandten hatte er versucht, Friedrich Barbarossa in das Vorhaben einzubinden. Erst als dieser dies ablehnte, handelten sie ohne ihn.

Im Fall des wissentlichen Verrats missbrauchte der Gesandte seine Position und schadete damit seinem eigentlichen Auftraggeber. Ein bereits zuvor angesprochener Fall ist der des *akolouthos* Aaron, der gleichzeitig als Dolmetscher am byzantinischen Hof tätig war.[72] Der Geschichtsschreiber Johannes Kinnamos schildert, dass dieser in den Auseinandersetzungen mit Venedig um 1171/1172 den Venezianern die strategischen Pläne des byzantinischen Kaisers preisgab und dadurch das Unternehmen misslingen ließ. Kinnamos berichtet nichts darüber, ob er dies in seiner Funktion als Gesandter tat. Allerdings ist dies möglich, da die *akolouthoi* durchaus als Gesandte zu anderen Mächten reisten.[73] Konkrete Motive für diese unterstellte Abtrünnigkeit fehlen, nur eine generelle Feindschaft gegen Kaiser Manuel wird angeführt.

Ein anderes Beispiel ist das des italienischstämmigen Gesandten und späteren Leiters der philosophischen hohen Schule in Konstantinopel

70 Regesta Imperii IV 2,1, Nr. 398, S. 118f.; Otto von Freising, Gesta Friderici I. Imperatoris, II, 49, S. 157; siehe zum Vorgehen der Byzantiner in Ancona und zu der Reaktion Friedrich Barbarossas: LILIE, Manuel I. Komnenos, S. 157-170.

71 Siehe Kapitel 2.3.6.

72 Es handelt sich sehr wahrscheinlich um Isaak Aaron, siehe zu ihm sehr ausführlich Kapitel 3.4.2.

73 Siehe z. B. den *akolouthos* Stephanos, der 1147 zu Konrad III. während des Zweiten Kreuzzugs gesandt wurde, Johannes Kinnamos, Epitome, II, 16, S. 80f.; DÖLGER/WIRTH, Regesten der Kaiserurkunden II, Nr. 1363, S. 211; oder der *akolouthos* Basileios Kamateros, der 1160/1161 zu Raimund, dem Fürsten von Antiochia, geschickt wurde, Johannes Kinnamos, Epitome, V, 4, S. 210.

Johannes Italos.[74] Anna Komnene berichtet über dessen Gesandtschaft an die Normannen in Dyrrachion um 1082:

> „Und der genannte Kaiser, in der Überzeugung, Italos sei ein enger Vertrauter und ein ehrenwerter Mann und kenne sich mit den Italienern aus, entsandte ihn nach Epidamnos [Dyrrachion, Anm. d. Verf.]. Um es kurz zu machen, als man ihn auch dort dabei ertappte, wie er unsere Interessen verriet, und als derjenige, der ihn aus seiner dortigen Stellung entfernen sollte, schon unterwegs war, da bekam er davon Wind und begab sich als Flüchtling nach Rom.“[75]

Anna Komnene beschreibt sein Handeln unverhohlen als Verrat an byzantinischen Interessen zugunsten einer westlichen Macht. Unter welchen Umständen sich dies vollzog und was dies konkret umfasste, ließ die Geschichtsschreiberin offen. Es ist auch unklar, welche Vorteile Johannes durch dieses Vorgehen hatte, und ob er eine finanzielle Belohnung erhielt. Unbekannt ist zudem, durch wen die byzantinische Seite davon erfuhr, jedenfalls reagierte sie sofort und wollte den Gesandten abberufen. Dies wurde allerdings wiederum an Johannes weitergegeben, der daraufhin nach Rom flüchtete. In diesem Beispiel überschritt der Gesandte nicht nur seine Kompetenzen bzw. hielt sich nicht an die Instruktionen, sondern hinterging wissentlich seinen Auftraggeber und byzantinische Interessen.

Während die Quellen Treulosigkeit im Zusammenhang mit Gesandtschaften durchaus thematisieren, ist wirklich nachweisliches Versagen kaum zu finden. Missionen können erfolglos gewesen sein, wenn sich die Gesandten selbst aber an die Leitlinien ihres Herrn hielten, war eher politisches Versagen als ihr Unvermögen dafür verantwortlich zu machen. Während die Quellen bei Dolmetschern und Übersetzern mangelnde Fähigkeiten problematisieren und auch Theologen Misserfolge irgendwie erklären mussten, scheint dies bei Gesandten im byzantinisch-westlichen Kontext nicht in dem Umfang notwendig gewesen zu sein. Experten werden Wissen und Fähigkeiten zugeschrieben, die per definitionem nicht jeder hat, daher können sie bei Misserfolg auch dafür verantwortlich gemacht werden. Da dies in den vorliegenden Quellen nicht zu finden ist, wurden die Gesandten wahrscheinlich nicht derart als Experten angesehen wie beispielsweise Dolmetscher, Übersetzer und Theologen. Andere Kriterien wie Loyalität und die Zugehörigkeit

---

74 Zu ihm: KAZHDAN, Art. „John Italos“, S. 1059f.

75 Anna Komnene, Alexias, übersetzt von REINSCH, V, 8, S. 187f.; dies., Alexias, V, 8, S. 163: καὶ ὁ βασιλεὺς ἐκεῖνος τὸν Ἰταλὸν ὡς οἰκεῖον δῆθεν καὶ ἄνδρα ἀγαθὸν καὶ τὰ τῶν Ἰταλῶν ἐπιστάμενον εἰς Ἐπίδαμνον ἀπέστειλε. καὶ ἵνα συντέμω τὸν λόγον, ὡς κἀκεῖ ἐφωρᾶτο καταπροδιδοὺς τὰ ἡμέτερα καὶ ἀπεστέλλετο ὁ μέλλων αὐτὸν μετακινεῖν ἐκεῖθεν, τούτου αἰσθόμενος φυγὰς εἰς Ῥώμην ᾤχετο.

zu angesehenen Familien waren für ihr Wirken wahrscheinlich wichtiger. Der familiäre Hintergrund ist allerdings auch bei Dolmetschern, Übersetzern und Theologen nicht zu unterschätzen. Dies hat weniger mit der vornehmen Herkunft einer Familie zu tun, sondern vielmehr mit der Annahme, dass die Angehörigen ihr Wissen untereinander teilten, erweiterten und an die nächste Generation weitergaben. Entsprechende verwandtschaftliche Verbindungen konnten deshalb den eigenen Status festigen und verstetigen.

KAPITEL 6

Die Verstetigung des Expertenstatus

Die Inszenierung bildete einen wichtigen Pfeiler für das Wirken der Lateiner im byzantinisch-westlichen Kontext. Drei Ebenen sind dabei zu unterscheiden: erstens die Inszenierung des je nach Wirkungsfeld unterschiedlichen engeren Wissens; zweitens die Inszenierung als Experte; und drittens die Verstetigung des „Expertenstatus", zum einen durch die Etablierung als Autorität, zum anderen durch die Konstituierung ganzer Expertenfamilien. Während die Stilisierung zur Autorität eine Einzelpersönlichkeit betrifft, sind bei der Inszenierung als Familie mindestens zwei miteinander verwandte Individuen involviert, die nicht nur beide im byzantinisch-westlichen Kontext wirkten, sondern sich auch gegenseitig unterstützten, förderten und bewarben.

Die Entwicklung vom Experten zur Autorität und die Unterscheidung beider Begriffe bedarf einer näheren Erläuterung. Einem Experten wird entsprechendes Sonderwissen zugeschrieben, allerdings können dieses Wissen und seine Fähigkeiten auch hinterfragt werden und es ist möglich, dass er, wie bereits behandelt, auch in bestimmten Situationen versagt bzw. ihm eine Fehlleistung unterstellt wird.[1] Als Autoritäten hingegen werden in der Regel diejenigen bezeichnet, die gewissermaßen ein Nimbus der Unfehlbarkeit umgibt. Ihr Wissen und das Vertrauen auf dieses sind kaum anzuzweifeln und ihre Aussagen erreichen eine permanente Geltungskraft.[2] Wenn die hier behandelten Quellen von Autoritäten sprechen, dann handelt es sich üblicherweise um heilige Autoritäten, wie die Kirchenväter. Diese Form der Autorität ist im Fall der hier behandelten Lateiner zweifelsfrei nicht zu unterstellen. Vielmehr wurden sie als Personen anerkannt, von denen man lernen konnte, denen dadurch eine gewisse Autorität und eine besondere Stellung unter den Gelehrten zukam. Dies schließt ein, dass man sich auf sie berief oder sie und ihr Werk benutzte und als vorbildhaft ansah. Es ist sogar durchaus möglich, dass sie in die Nähe heiliger Autoritäten gerückt wurden, indem man sie mit diesen verglich oder gleichsetzte. Wenn eine Person diese Stellung erreicht

---

1 Vgl. REXROTH, Systemvertrauen, S. 12-44; REXROTH/ SCHRÖDER-STAPPER, Woran man Experten erkennt, S. 7-26; siehe zu den Fehlleistungen und dem Versagen Kapitel 3.4, 4.4 und 5.3.

2 Zur Autorität der Übersetzer vgl. zum Beispiel den Sammelband DE LEEMANS/ GOYENS (Hrsg.), Translation; siehe auch: BUBERT, Gelehrte Autorität, S. 48-66; KINTZINGER, Gelehrte Autorität, S. 203-222, besonders S. 206.

 | DOI:10.30965/9783657760985_007

hatte, ob zu Lebzeiten oder auch nach ihrem Tod, kann sie selbst als Autorität bezeichnet werden.

Eine Verstetigung des Expertenstatus konnte auch in Form von Expertenfamilien angestrebt werden. Die grundsätzliche Frage dabei ist, ob sich die Lateiner gewissermaßen selbstständig als *homines novi* etablierten oder ob eine gewisse Familientradition hinter ihren Karrieren stand, etwa in Geschwister-, Vater-Sohn- oder Onkel-Neffe-Konstellationen. In diesen Fällen wurde Wissen innerhalb der Familie geteilt, weitergegeben, man unterstützte und förderte einander und entwickelte sich zu einer Expertenfamilie zwischen Byzanz und dem Westen, die sich und ihre Mitglieder auch entsprechend inszenierte. Die bereits vorhandenen Kontakte und der entsprechende Ruf eines Familienmitgliedes konnten eine Karriere am Hof enorm befördern. Aufseiten der Auftraggeber schafften die verwandtschaftlichen Verbindungen besonderes Zutrauen in die Expertise dieser Personen, da sie durch den entsprechenden familiären Hintergrund nicht gänzlich unbekannt waren. Die Inszenierung als Familie schuf neue Möglichkeiten, denn bereits bei zwei Angehörigen konnte sich der Name und das Wirken des einen auch im Werk des anderen widerspiegeln und umgekehrt. Auf diese Weise konnten beide sich gegenseitig in verschiedenen Kreisen bekannt machen. Der Resonanzrahmen war dadurch größer und ermöglichte einen höheren Bekanntheitsgrad. Die entsprechende Inszenierung als Familie kann deshalb als Versuch gewertet werden, den Expertenstatus zu verstetigen, was nicht heißt, dass dies gelingen musste.

6.1 Die Etablierung und Inszenierung als Autorität

Die Stilisierung zur Autorität ließ eine Person unter den Gelehrten eine besondere Stellung einnehmen. Ein Inszenierungsmittel war dabei die Darstellung als großer Lehrer, dessen Ruhm in die ganze Welt ausstrahlte. Dies erhielt umso mehr Gewicht, wenn dies in Form eines Lehrer-Schüler-Bildes geschah. Hugo von Honau bemühte diese Vorstellung in seinem ersten Brief an Hugo Etherianus aus den 1170er Jahren.[3] Hugos guter Ruf sei nicht nur in „Illyrien“, gemeint ist wohl Griechenland, sondern auch in Italien und selbst in Deutschland bekannt gewesen. Der Pfalzdiakon sagt sogar, dass die Perspektive

---

3 Hugo von Honau, Erster Brief an Hugo Etherianus, 2, S. 16: *Gloriosa nominis tui fama suavissimis odoribus non tam Illyricum quam Italiae Germaniaeque fines replens prolixi et periculosi itineris mei in Constantinopolim labores in tantum alleviavit ut desiderio videndi et alloquendi tuam prudentiam nulla umquam vel maris vel terrae difficultas pervia mihi non fuisset.*

mit Hugo (*tua prudentia*) zusammenzutreffen, seine Reise voller Strapazen nach Konstantinopel erleichterte.

Die mögliche Begegnung mit dem pisanischen Theologen sei sogar sein Antrieb gewesen, diese Reise überhaupt auf sich zu nehmen. Obwohl Hugo von Honau die ehrenwerte und politisch wichtige Aufgabe hatte, um 1170/1173 als Gesandter des westlichen Kaisers Friedrich Barbarossa nach Byzanz zu reisen, betont er selbst, dass ihn die Aussicht auf ein Treffen mit Hugo angetrieben habe. Er wolle seine „Anwesenheit und die Süße der Lehre [Hugos, Anm. d. Verf.] genießen" und komme deshalb mit Freude nach Konstantinopel.[4]

Hugo von Honau zeichnet hier das Bild von Hugo als einem Lehrer, der in Konstantinopel weilte und der bis nach Deutschland einen solch exzellenten Ruf hatte, dass sich Wissbegierige aus fernen Ländern auf den Weg nach Byzanz machten, um von ihm zu lernen. Zweifelsfrei wollte er dem Theologen am byzantinischen Hof mit diesen Worten schmeicheln. Er wandte sich aber auch mit konkreten christologischen Fragen an ihn, dieses Anliegen bekräftigte zusätzlich die Lehrer-Schüler-Konstellation.[5]

Hugo von Honau scheute auch nicht den historischen Vergleich, um Hugo als Autorität herauszustellen. Als Rechtfertigung für seine Wissbegierde führte er nämlich die Schüler-Lehrer-Beziehung zwischen Hieronymus und Gregor von Nazianz an:

> *Quidni? Nam et Hieronymus Gregorium Nanzanzenum amore theologiae cuius inter Graecos sui temporis principatum tenebat, relicta Italia Asiaque peragrata, quaesivit in Graecia ac de fonte suarum disciplinarum et eruditionum saturari meruit.*[6]

Bei der Begründung seines Wunsches, für ein Treffen mit Hugo nach Byzanz zu reisen, kommt er auf den heiligen Hieronymus zu sprechen, der Gregor von Nazianz aufsuchte und dessen Schüler wurde.[7] Er vergleicht dadurch indirekt Hugo mit Gregor von Nazianz, sich selbst zudem mit dem heiligen Hieronymus. Er selbst scheint zu bemerken, dass dies etwas vermessen klingt, und fügt hinzu, dass er nicht mit solch großen Männern verglichen werden möchte. Er betont aber seinen Lerneifer und nochmals, wie begierig er auf den Anblick

4 Ebd.: *Certe non tam excellentissimi Romani Imperii legatus ad Orientalis Regni gubernatorem Constantinopolim adii quam tua praesentia et doctrinae dulcedine perfruendi insatiabili agitatus ardore veni libensque et laetus veni.*

5 Zur Lehrer-Schüler-Beziehung grundlegend: Rexroth, Fröhliche Scholastik, S. 53-151.

6 Hugo von Honau, Erster Brief an Hugo Etherianus, 3, S. 16f.; er führt noch weitere Beispiele für die Reise von bedeutenden Männern an, die von anderen Autoritäten lernen wollten: ebd., S. 17.

7 Rebenich, Hieronymus und sein Kreis, S. 119f.

des Gelehrten am byzantinischen Hof und auf das Gespräch mit ihm gewesen sei.[8] Zu berücksichtigen ist, dass Hugo von Honau in Konstantinopel letztlich nicht mit dem Pisaner Theologen zusammengetroffen war. Er scheint deshalb sehr darum bemüht gewesen zu sein, seine Enttäuschung darüber zum Ausdruck zu bringen, nicht zuletzt auch, um Hugo zumindest zur Beantwortung seiner gestellten Fragen zu bewegen.[9]

Hugo von Honau ist allerdings nicht der Einzige, der den Pisaner mit einer heiligen Autorität verglich. Der Pisaner Klerus tat dies in seinem Schreiben (um 1168/1170) ebenso, als er um einen theologischen Rat zum Weiterleben der Seele nach dem Tod bat. Die Kleriker aus Pisa schrieben darin: *Ea non minori studio amplexaremur, quam si beati Augustini essent.*[10] Sie würden seine Vorschläge zu diesem Thema nicht mit weniger Eifer empfangen, als wenn sie vom heiligen Augustinus selbst kämen. Der Auslegung durch Hugo wird also ein ähnliches Gewicht zugeschrieben wie der eines Kirchenvaters. Dies unterstellt eine Gültigkeit seiner Ansichten und Erläuterungen, wie sie eigentlich nur heilige Autoritäten hatten. Mit diesem Vergleich schmeichelte der Klerus Hugo und verlieh seinem eigenen Anliegen dadurch besonderen Nachdruck.

Im Fall des Hugo von Honau und des Pisaner Klerus befanden sich diese Vergleiche in Briefen, sie waren deshalb weniger für einen großen öffentlichen Raum bestimmt. Burgundio von Pisa wurde auch mit einer heiligen Autorität verglichen, gut sichtbar findet sich diese Gegenüberstellung in seiner Grabinschrift, die an der Wand der Kirche San Paolo a Ripa d'Arno in Pisa angebracht ist. Darauf wird Burgundio als „zweiter Chrysostomos" bezeichnet.[11] Er wird darin als Übersetzer einiger Werke des heiligen Johannes Chrysostomos mit dem eigentlichen Schöpfer der Texte geradezu gleichgesetzt. Auch wenn er nur die Texte übersetzte, für seine Zeitgenossen vollendete er sie gewissermaßen, indem er die griechischen Schriften für Lateinkundige zugänglich machte. Diese Leistung rückte ihn selbst in die Nähe der heiligen Autorität.

Diese Vergleiche zeigen, dass die Gesellschaft bestimmten Gelehrten eine besondere Autorität zuschrieb. In den Texten erscheinen Gelehrte auch als

---

8 Hugo von Honau, Erster Brief an Hugo Etherianus, 4, S. 17: *Nec ideo haec dixerim ut tantis viris comparari velim sed quia in desiderio videndi et audiendi sapientiae et artium titulis praecellentes valde cupio studiosis quibusque saltem imitando conformari. Quamobrem iniunctum a principe praedictae legationis onus gratulanter subii non tam illius gloria inflatus quam tui cupidus aspectus et alloquii.*

9 Siehe dazu und zu den möglichen Gründen für das Scheitern eines persönlichen Treffens Kapitel 7.6.

10 Pisaner Klerus, Brief an Hugo Etherianus, Sp. 167f.

11 Grabinschrift des Burgundio, zit. n. CLASSEN, Burgundio von Pisa, S. 8: *Comentor primus Crisostomus iste secundus*, siehe dazu auch Kapitel 3.3.1.

Autoritäten, wenn sich andere Autoren auf sie beziehen und sie als Beleg für ihre eigenen Aussagen und Schlussfolgerungen anführen. In diesen Fällen erkannte der Autor des Textes nicht nur die Autorität des Experten an, sondern vermutete auch, seine Leser würden dies tun. Johannes von Salisbury beruft sich in seinem *Metalogicon* (1159) auf Burgundio von Pisa, um einer seiner Aussagen Gültigkeit zu verleihen:

> *Fuit autem apud Peripateticos tante auctoritatis scientia demonstrandi, ut Aristotiles qui alios fere omnes et fere in omnibus philosophos superabat, hinc commune nomen sibi quodam proprietatis iure uindicaret, quod demonstratiuam tradiderat disciplinam. Ideo enim ut aiunt, in ipso nomen philosophi sedit. Si mihi non creditur, audiatur uel Burgundio Pisanus, a quo istud accepi.*[12]

Johannes von Salisbury behauptet, Aristoteles habe den Namen „der Philosoph" erhalten, weil er die Logik etabliert hatte.[13] Dann fügt er hinzu: „Wenn man mir nicht glaubt, dann soll Burgundio von Pisa gehört werden, von dem ich dies erfahren habe". Er zieht den berühmten Pisaner Übersetzer heran, um seine eigenen Aussagen zu belegen. Wenn man ihm nicht glaube, dann solle der Leser zumindest auf die Einschätzung des Burgundio von Pisa vertrauen. Burgundio wird darin zur Autorität, und zwar nicht nur für Sprachen, sondern auch für die Aristoteles-Rezeption. Dies ist umso erstaunlicher, da das *Metalogicon* bereits 1159 geschrieben wurde und somit mitten in die aktive Schaffenszeit des Pisaners fiel.[14] Zu diesem Zeitpunkt lagen mindestens zwei Übersetzungswerke des Burgundio vor, nämlich die Übersetzung der Homilien des Chrysostomos zum Matthäusevangelium (1151) und die Übertragung von *De fide orthodoxa* des Johannes von Damaskus (1153/1154).[15] Weitere große Übersetzungen entstanden später, doch bereits zu diesem Zeitpunkt war Burgundios Autorität derart anerkannt, dass Johannes von Salisbury sich auf ihn bezog. Er ist nicht der Einzige, auch Robert von Torigni schenkte Burgundio besondere Beachtung. Als er über das Dritte Laterankonzil 1179 berichtet, erwähnt er die Zusammenkunft zahlreicher Geistlicher und Laien und hebt den Pisaner Übersetzer explizit hervor, indem er nicht nur seine Sprachbefähigung betont, sondern auch einige seiner Übersetzungen aufzählt.[16]

---

12 Johannes von Salisbury, Metalogicon, IV, 7, S. 145.

13 Siehe auch CLASSEN, Burgundio von Pisa, S. 34.

14 Ebd.

15 Ebd., S. 34 und S. 71f.

16 Robert von Torigni, Chronica, a. 1181-1182, S. 531: *Ad hoc multe convenerunt tam ecclesiastice quam seculares persone; inter quos venit quidam civis Pisanus, nomine Burgundio, peritus tam Grece quam Latine eloquentie. Hic attulit euangelium sancti Iohannis translatum ab ipso de Greco in Latinum, quod Iohannes Crisotomus sermone omeliaco exposuerat. Hic*

Burgundio und sein Wirken waren für seine Zeitgenossen erwähnenswert und wurden offensichtlich als etwas Exzeptionelles betrachtet.

Die Arbeit der Lateiner in Byzanz konnte für das Schaffen anderer Personen als regelrecht vorbildhaft wirken. Nikolaos von Otranto, der spätere Abt von Casole, orientierte sich bei seiner um 1198 angefertigten Übersetzung der heiligen Messe des Basileios an der Übersetzung der Chrysostomosliturgie durch Leo Tuscus und machte dies in seinem Prolog auch deutlich. Nikolaos berichtet, dass Erzbischof Wilhelm von Otranto den Wunsch gehabt hatte, eine Übersetzung der Basileiosliturgie anfertigen zu lassen, nachdem er die Chrysostomosliturgie von Leo Tuscus gesehen hatte.[17] Der spätere Abt von Casole orientierte sich an der Arbeit des Pisaners, so übernahm er dessen Übersetzung für diejenigen Textpassagen, die in beiden Liturgien gleich waren.[18] Zudem schrieb er selbst, dass er so anfing wie auch Leo (*ad opus iam uenio, incipiens a quo et magister Leo incepit*).[19] Leos Übersetzungsarbeit wurde demnach als für liturgische Übersetzungen beispielhaft anerkannt und sein Vorgehen nachgeahmt. Seine offizielle Position am byzantinischen Hof trug dazu bei, ihm eine besondere Autorität zuzuschreiben. Denn Nikolaos hob seine Stellung als *peroptimus quidem interpres Manuelis inperatoris* [*imperatoris*, Anm. d. Verf.] *Constantinopoleos* ausdrücklich hervor.[20]

Die hier vorgestellten Beispiele zeigen, dass Lateiner auf verschiedene Weise zu Autoritäten werden konnten. Ihnen und ihren Werken sowie Aussagen konnten eine besondere Geltungskraft und Glaubwürdigkeit zugesprochen werden. Die Etablierung als Autorität hatte eine große Wirkung und konnte ihnen auch über den Tod hinaus eine gewisse Stellung garantieren. Eine Verstetigung des Expertenstatus konnte allerdings auch durch die Etablierung als Familie erreicht werden, indem sich mehrere Angehörige als Kenner der Beziehungen zwischen Byzanz und dem Westen profilierten.

---

etiam fatebatur magnam partem libri Geneseos a se iam translatam. Dixit etiam, quod Iohannes Crisotomus totum vetus et novum testamentum Grece exposuit. Es gibt allerdings keine weiteren Anhaltspunkte für einige der von Robert von Torigni genannten Übersetzungen des Burgundio, CLASSEN, Burgundio von Pisa, S. 35f.

17 Nikolaos von Otranto, Übersetzung der Basileiosliturgie, Prolog, S. 59.

18 HOECK/ LOENERTZ, Nikolaos-Nektarios von Otranto, S. 74-82; HOFFMANN, Der antijüdische Dialog, S. LXVIf.; zu den beiden Übersetzungen vgl. auch STRITTMATTER, „Missa Grecorum", S. 79-137.

19 Nikolaos von Otranto, Übersetzung der Basileiosliturgie, Prolog, S. 60; siehe zum Verhältnis der beiden Übersetzungen zueinander JACOB, La traduction de la liturgie de Saint Basile, S. 56-58.

20 Nikolaos von Otranto, Übersetzung der Basileiosliturgie, Prolog, S. 59; siehe zur Bedeutung dieses Titels auch Kapitel 3.3.2.

6.2 Die Etablierung und Inszenierung als Expertenfamilie

Auf Basis des lückenhaften Quellenmaterials ist es schwer festzustellen, ob aus einer Familie mehrere Personen als Übersetzer, Dolmetscher, Theologen oder Gesandte wirkten. Es gibt aber immerhin einige dokumentierte Beispiele, bei denen mehrere Familienmitglieder im byzantinisch-westlichen Kontext tätig waren. Das berühmteste Beispiel sind Hugo Etherianus und Leo Tuscus. Zu ihnen stieß auch ein Neffe namens Fabricius, der Konstantinopel um 1182 besuchte.[21]

Laut Moses von Bergamo befand sich auch einer seiner Verwandten in Byzanz, nämlich sein Neffe Andrea. Dieser ist in Thessaloniki verstorben, wie Moses seinem Bruder Petrus von Bergamo 1130 schrieb: *Unde nobis regredientibus contigit [A]ndream nepotem nostru[m] in urbe Thessalonicensium mori mense Decembri die XXVI indictione VIII.*[22] Es wird nicht ersichtlich, warum er sich dort aufgehalten hatte, doch ist zu vermuten, dass er dem Bergameser Übersetzer vielleicht als Assistent diente. Denn in demselben Brief bittet Moses um einen zehn- bis zwölfjährigen Jungen aus Bergamo, wahrscheinlich als Ersatz für den Verstorbenen:

> *..., queso, si de propinquis nostris aliquis puer est X vel XII annorum, traditus litteris, pulcher et bone indolis, in quo signum certum future probitatis appareat, mittatis eum mihi, quatinus revertenti sit comes, vel si quid vel hic vel in via, quod absit, evenerit, habeam cui que mihi fuerint dimitti possint et ad vos per eum servata pervenire.*[23]

Der Junge sollte sowohl eine grundlegende Schulbildung als auch eine gewisse Begabung haben. Es ist deshalb plausibel, dass er tatsächlich einen geeigneten Assistenten benötigte und diesen im Kreis seiner Familie suchte. Auch andere junge Angehörige unterstützten ihre Verwandten. Hugolin begleitete seinen Vater Burgundio von Pisa 1168/1170 auf die Gesandtschaftsreise nach Konstantinopel. Wie Andrea verstarb auch er in Byzanz.[24]

Im politischen Bereich sind einige Fälle dokumentiert, in denen mehrere Mitglieder einer Familie zwischen Byzanz und dem Westen wirkten. Im Jahr 1191 ist beispielsweise ein Neffe des Balduin Guercius, Tantus Guercius, als Bote von Genua nach Konstantinopel geschickt worden.[25] Leo Rogerios aus der

---

21 Regesta Imperii IV 4,1, Nr. 399, S. 246.

22 Moses von Bergamo, Brief an Petrus 1130, S. 148.

23 Ebd.

24 Burgundio von Pisa, Einleitung zur Übersetzung der Homilien des Johannes Chrysostomos zum Johannesevangelium, S. 84.

25 Desimoni, Memoria, S. 163.

normannischstämmigen Familie der Rogerioi war als Übersetzer tätig, andere Familienmitglieder bekleideten hohe Ämter und erhielten ehrenvolle Titel, wie der als *sebastos* und *oikeios vestiarites* bezeichnete Alexios Rogerios oder der *despotes, panhypersebastos* und *kaisar* Johannes Rogerios Dalassenos.[26] Bei den letzteren Beispielen spielte die familiäre Zugehörigkeit zu einem angesehenen adligen Geschlecht ohnehin eine wichtige Rolle.[27]

Angehörige nicht vornehmer Familien konnten aber auch von dem Erfolg eines Familienmitglieds profitieren, die Verwandtschaftsbeziehung fungierte dabei als eine Art „Türöffner". Dies hatte sicherlich auch mit Vertrauen in das Können eines Experten zu tun, das sich auf die anderen Familienmitglieder übertrug. Ein Beispiel, wie der Name bzw. die Verwandtschaft oder Bekanntschaft zu einem bereits in Byzanz etablierten Übersetzer benutzt wurde, um sich eigene Vorteile zu verschaffen, liefert Moses von Bergamo. Gegenüber seinem Bruder Petrus beschwerte er sich 1130 über den Missbrauch seines guten Namens: *Venit enim Ioannes porcus, sus, „asinus, stipes, plumbeus", venit „obprobrium hominum, et abiectio plebis". Venit ignominias et iniurias illaturus, quorum gloriabatur esse propinquus.*[28]

Ein gewisser Johannes kam nach Byzanz und rühmte sich der Verwandtschaft zu Moses von Bergamo. Moses findet sehr drastische Worte, die von ihm gebrauchte Sprache ist sehr emotional und aufgebracht, er beschimpft Johannes und beschuldigt ihn, sich als seinen Verwandten auszugeben. Zu fragen bleibt, welche Vorteile Johannes davon hatte, dies zu behaupten. Alex Rodriguez Suarez vermutet, dass er sich durch das erfundene verwandtschaftliche Verhältnis einen leichteren Zugang zum Hof versprach.[29] Da die byzantinisch-höfischen Kreise im 12. Jahrhundert gerne auf Lateiner zurückgriffen, schien eine wie auch immer geartete Tätigkeit am Hof im Rahmen des Möglichen und eine bestehende verwandtschaftliche Beziehung zu einer bekannten Persönlichkeit in Konstantinopel konnte diesem Vorhaben zusätzlich Auftrieb geben. Moses selbst lässt offen, wofür Johannes seine postulierte Verwandtschaftsbeziehung nutzte und in welchem Rahmen er diese überhaupt kundtat. Angesichts seiner Empörung ist es naheliegend, dass er befürchtete, Johannes würde sich über ihn profilieren wollen. Moses war derart aufgebracht, dass er ihn sogar als „Schande der Menschen" (*obprobrium hominum*) bezeichnete.

---

26 Magdalino, The Empire, Appendix 2, Nr. 4, S. 505; Nicol, Symbiosis, S. 126; Cheynet, Les Dalassènoi, S. 465f.

27 Siehe dazu auch Kapitel 5.

28 Moses von Bergamo, Brief an Petrus 1130, S. 147.

29 Rodriguez Suarez, The Western Presence, S. 142.

Es scheint, er habe in erster Linie Angst um seinen eigenen guten Ruf gehabt, wenn er mit einer solchen Person in Verbindung gebracht werden würde.

Entsprechende Verwandtschaftsverhältnisse konnten zum einen den Karriereeinstieg erleichtern, zum anderen konnten Auftraggeber von einer bestimmten Ausbildung des zu diesem Zeitpunkt noch unbekannten Experten ausgehen. Wenn Moses von Bergamo einen Jungen von zehn bis zwölf Jahren mit einer entsprechenden Vorbildung verlangte, dann war anzunehmen, dass er sich auch um dessen weitere Erziehung und Bildung kümmerte, gemäß seinen eigenen hohen Maßstäben.

Bereits vor der Herrschaft des Manuel Komnenos finden sich Beispiele für lateinische Geschwister, die im Dienst des byzantinischen Kaisers standen. Die aus Frankreich stammenden Brüder Guillelmus und Goibertus arbeiteten unter Alexios I. Komnenos. Zunächst kam Goibertus nach Byzanz.[30] Guillelmus reiste ihm nach, er war Geistlicher und wirkte als Priester und Kaplan, wahrscheinlich für die lateinischen Söldnertruppenteile des Alexios.[31] Die Beschäftigung der Brüder Odo und Robert Stigand in der ersten Hälfte des 11. Jahrhunderts ist ein weiteres Beispiel für ein lateinisches Brüderpaar.[32] In den beiden genannten Fällen war jeweils einer der Brüder zuerst in Byzanz und der andere folgte später. Der nachkommende Bruder konnte auf Erfahrungswerte des sich bereits am Bosporus befindenden Verwandten zurückgreifen und davon profitieren.

Das berühmteste lateinische Brüderpaar am byzantinischen Hof des 12. Jahrhunderts waren Hugo Etherianus und Leo Tuscus. Es ist auffallend, dass beide unterschiedliche Beinamen trugen, während Leo einen Beinamen erhielt, der auf seine Herkunftsregion anspielte, ist derjenige Hugos schwerer zu erklären. Er könnte sich auf ein früheres Amt am Hof beziehen, eventuell in der ἑταιρεία, einer vorwiegend mit Ausländern besetzten militärischen Einheit des byzantinischen Kaisers.[33] Beide bezeichneten sich selbst bzw. den anderen mit dem entsprechenden Beinamen.[34]

30 SHEPARD, „How St James“, S. 288 und S. 309-318; RODRIGUEZ SUAREZ, The Western Presence, S. 123f.

31 Dies ist einem Translationsbericht aus Cormery zu entnehmen, die Edition bei: SHEPARD, „How St James“, S. 298-302, hier 298f.; RODRIGUEZ SUAREZ, The Western Presence, S. 125.

32 AMSELLEM, Les Stigand, S. 283-288.

33 So DONDAINE, Hugues Éthérien, S. 73f.; siehe auch HAMILTON, Hugh Eteriano, S. 112; zur *Hetaireia* am byzantinischen Hof: KAZHDAN, Art. „Hetaireia“, S. 925; MAGDALINO, The Empire, S. 231.

34 Z. B. Leo Tuscus, Übersetzung des Oneirocriticon, Praefatio, zit. n. HASKINS, Studies, S. 217; Hugo Etherianus, Contra Patarenos, incipit, S. 155 und 12, S. 174.

Allein vom Namen her konnte daher nicht auf eine verwandtschaftliche Verbindung beider Brüder geschlossen werden. Dennoch hoben sie ihre familiäre Zugehörigkeit und berufliche Zusammenarbeit ausgesprochen häufig und offensiv hervor. Beide arbeiteten eng zusammen, ihre Wirkungsfelder und Expertise ergänzten sich dabei optimal. Die Prologe zum zweiten und dritten Buch seines *De sancto et immortali Deo* richtete Hugo sogar an seinen geliebten Bruder und betonte, welch fördernde Wirkung dieser auf seine Arbeit hatte.[35]

Leo erwähnt seinen Bruder in allen seinen Werken. Die *Praefatio* der Übersetzung des *Oneirocriticon* richtet er sogar ganz an Hugo, darin berichtet er über einen Traum seines Bruders und benennt diesen als Anlass für sein Übersetzungsvorhaben.[36] Hugo agiert ähnlich und bezieht sich in fast allen seinen Schriften auf Leo.[37] Beide untermauerten dadurch die wichtige Rolle des jeweils anderen. In seinem auf Bitten des Pisaner Klerus verfassten Werk *De anima* erklärt Hugo explizit, warum sein Bruder für ihn und sein Werk sehr wichtig ist:

> *Etenim amica vestri petitione minime abdicanda, et exhortatione atque adjutorio dilecti fratris mei Leonis, imperialis aulae interpretis egregii, dum ea quaerito, quibus existo prorsus inferior, corpus ab anima pene sejunctum est separatum.*[38]

Er betont ausdrücklich die Ermutigung und Hilfe seines Bruders beim Abfassen dieser theologischen Abhandlung. Dieser Einschub findet sich nicht etwa im Begleitschreiben oder versteckt im Text, sondern zu Beginn des ersten Kapitels und sollte Leos Bedeutung umso mehr herausstellen. Im Brief an Petrus von Wien 1166/1167 beschreibt Hugo, wie genau ihn sein Bruder unterstützte. Denn er sandte Petrus die Konzilsdokumente von 1166 und seine eigenen Überlegungen zur Christologie, die aber wiederum nicht er selbst, sondern sein Bruder Leo in einem Buch zusammengefügt hatte.[39] Eine andere Person, ein

---

35 Ders., De sancto, II, Prolog, S. 73: *Reditus tuus, germane mi Leo Tusce, illidentium cor aestuum, anhelos exhausit fomites, et aeternarum personarum indagandae studium propaginis admodum confortauit.*; vielleicht ist Leos Abwesenheit mit dessen selbst beschriebenen Aufenthalt in Bithynien und Lykien wohl um 1175/1176 in Verbindung zu bringen, Hamilton, Hugh Eteriano, S. 132, Fußnote 69; Leo Tuscus, Übersetzung des Oneirocriticon, Praefatio, zit. n. Haskins, Studies, S. 217.

36 Ebd.; siehe Kapitel 3.2.2.

37 Mit Ausnahme seiner Übersetzung *De haeresibus quas in Latinos Graeci devolvunt* und seiner theologischen Abhandlung *De minoritate ac equalitate filii hominis ad Deum Patrem.*

38 Hugo Etherianus, De anima, I, 1, Sp. 167f.

39 Ders., Brief an Petrus von Wien 1166/1167, 7, S. 155: *Acta vero illiusmodi concilii ac totius mee disputacionis seriem in unum quasi volumen amantissimus frater meus Leo redegit quod presencium latori R. egregio iuveni et amico karissimo dedisse haud ambigo.*

gewisser R., sollte das Buch überbringen.[40] Diese Quellenbeispiele zeigen, dass Hugo darum bemüht war, Leos Mitwirkung und Anteil an seinem Werk nach außen darzustellen. Es entsteht fast der Eindruck eines symbiotischen Zusammenwirkens beider.

Diese Bezüge spiegeln ihre wohl tatsächlich enge Zusammenarbeit wider, sie bezwecken aber mehr als nur das Zurschaustellen ihres intensiven Austauschs. Denn durch die jeweilige Nennung des anderen, der ebenfalls im byzantinisch-westlichen Kontext wirkte, schaffte man auch einen Raum, ihn als Experten zu inszenieren. Da beide dies gegenseitig taten, inszenierten sie nicht nur sich selbst, sondern auch jeweils ihren Bruder und indirekt dadurch ihre Familie als Experten zwischen Byzanz und dem Westen. Sie machten sich dadurch gegenseitig potenziellen Abnehmern bekannt und erschlossen auf diese Weise neue mögliche Auftraggeber. Leo, der hauptsächlich als Übersetzer arbeitete, und Hugo, der besonders als Theologe tätig war, ergänzten sich dabei gut. Beide griffen auch in das Wirkungsfeld des jeweils anderen ein, da Hugo mindestens eine Übersetzung anfertigte und Leo wenigstens eine theologische Abhandlung verfasste.[41] Zu fragen gilt es allerdings, wie sie als Familie erschienen bzw. auf welche Art sie gegenseitig ihre Expertise und ihre familiäre Beziehung untereinander nach außen inszenierten.

Zunächst ist dabei die gegenseitige namentliche Nennung in ihren Werken anzuführen. Dabei spielt die Positionierung des Namens eine Rolle, aber auch in welchem Kontext dieser erscheint. Wie bereits erwähnt, verwies Hugo auf seinen Bruder, um dessen Mitwirkung herauszustellen und um sich bei ihm zu bedanken. Dies geschah meistens zu Beginn oder am Ende des entsprechenden Buches oder Briefes. In seiner theologischen Abhandlung *Contra Patarenos* erschien Leo hingegen mitten im Text. Hugo berief sich sogar auf ihn, als er die Ablehnung der Kreuzverehrung durch die „Patarener" entschieden zurückwies: *Audi et horum Patherene solutionem, cui etiam et clarissimus frater meus Leo Tuscus imperialium epistularum optimus interpres prebet assensionem.*[42]

40 Bei der nicht näher beschriebenen Person R. könnte es sich um Rudegerus gehandelt haben, der später die Briefe zwischen Hugo von Honau, Petrus von Wien und Hugo Etherianus überbrachte. Er findet in den Briefen des Hugo von Honau an Hugo Etherianus Erwähnung: Hugo von Honau, Erster Brief an Hugo Etherianus, 5, S. 17; ders., Zweiter Brief an Hugo Etherianus, 4, S. 19.

41 Bei der Übersetzung des Hugo Etherianus handelt es sich um *De haeresibus quas in Latinos Graeci devolvunt,* siehe dazu Kapitel 3.2.2; die theologische Abhandlung des Leo Tuscus trägt den Titel *De haeresibus et praevaricationibus Graecorum,* siehe dazu genau Kapitel 4.2.1.

42 Hugo Etherianus, Contra Patarenos, 12, S. 173f.

Er fordert die „Patarener“ auf, seinen folgenden Ausführungen zuzuhören, und ergänzt unterstützend, dass auch sein Bruder seine Ansichten teile. Dieser Einschub ist überraschend und wirkt sogar etwas unpassend. Als Leser fragt man sich, was plötzlich der Übersetzer der kaiserlichen Briefe in der Auseinandersetzung mit Häretikern zu suchen hat. Zudem wird dieser nicht einmal zitiert, sondern es wird nur erwähnt, dass er Hugos Argumentation befürworte. Da die „Patarener“ die Verehrung des Kreuzes deshalb ablehnten, weil Christus zwar am Kreuz gestorben war, er aber ebenso auch auf einem Esel saß und der Esel schließlich auch nicht verehrt werde,[43] setzte Hugo dem entgegen, dass die Erlösung der Welt aber nicht auf einem Esel erfolgte, sondern als Jesus am Kreuz hing.[44]

Für Leos Erwähnung gibt es in diesem Zusammenhang zwei mögliche Erklärungen. Zunächst kann vermutet werden, dass sich der kaiserliche Übersetzer zu diesem Zeitpunkt selbst mit theologischen Themen beschäftigte. Er schrieb die theologische Abhandlung *De haeresibus et praevaricationibus Graecorum*, die allerdings wie auch das *Contra Patarenos* nicht sicher zu datieren ist. Er widmete sich aber immerhin auch religiösen Themenkomplexen und war Hugos Leserschaft vielleicht bekannt. Da diese Erwähnung allerdings inhaltlich nicht notwendig war, konnte diese auch dem Zweck dienen, Leo als Übersetzer bewusst hervorzuheben. In dieser Passage führte Hugo seinen Bruder nicht ohne genauere Beschreibung ein, zum einen betonte er ihre bestehende familiäre Verbindung und zum anderen Leos Tätigkeit am Hof.

Ihre Blutsverwandtschaft ist ein zentraler Bestandteil ihrer Inszenierung als Familie. Es macht einen Unterschied, ob nur der Name genannt wird oder auch die familiäre Konstellation, in der sich der Verfasser und die im Text genannte Person befanden. Beide erwähnten so gut wie immer, dass sie Geschwister waren.[45] Dies hängt vielleicht auch damit zusammen, dass sie unterschiedliche Beinamen trugen, die nicht wie in anderen Fällen, sofort auf eine familiäre Beziehung oder gemeinsame Abstammung schließen ließen. Es ist meistens von *frater meus* die Rede, die brüderliche Verbindung wird im *incipit* der Übersetzung des *Oneirocriticon* besonders betont, darin bezeichnet Leo seinen Bruder als *utraque origine frater*, als seinen Bruder

43 Ebd., S. 173.

44 Ebd., S. 174: *Non in asina sed in cruce Christus salutem mundi operatus est, vicit dyabolum et eius principatum evacuavit.*

45 Einzige Ausnahme ist *De haeresibus et praevaricationibus Graecorum* des Leo Tuscus, dort wird Hugo Etherianus zwar erwähnt, aber nicht als Bruder des Leo Tuscus eingeführt: Leo Tuscus, De haeresibus, zit. n. DONDAINE, Hugues Éthérien, S. 126.

mütterlicher- und väterlicherseits.[46] Hugo tat dies auch, allerdings auf andere Weise: er nennt ihn seinen leiblichen Bruder Leo Tuscus.[47] Beiden war es also wichtig, die Blutsverwandtschaft zueinander herauszustellen.

Hugo versah die verwandtschaftliche Verbindung häufig mit Attributen wie „geliebt" oder „lieb", so kommt die Formulierung *dilectus frater* vor, im Brief an Petrus von Wien auch *amantissimus frater* und *charissimus*.[48] Im *Contra Patarenos* bezeichnet er seinen Bruder als *clarissimus frater meus*, als seinen „berühmten Bruder", und hebt dadurch auch dessen Status hervor.[49] Leo hingegen versah seinen Bruder nicht mit solchen Attributen, in seiner Übersetzung des *Oneirocriticon* nennt er ihn aber seinen Lehrer.[50] Es scheint fast so, dass er in seinem gelehrten Bruder seinen eigenen Mentor sah.

Neben dem Herausstellen des verwandtschaftlichen Kontexts verwiesen sie auch auf die Tätigkeit und Qualifikationen des jeweils anderen. Wie bereits in einem vorausgegangenen Kapitel erörtert, war die Verwendung des offiziellen Titels *imperialium epistolarum interpres* ein Mittel, Leo als Experten zu inszenieren.[51] Hugo tat dies auch, er verknüpfte die verwandtschaftliche Verbindung mit dessen offizieller Funktion am Hof, manchmal auch mit Attributen wie *optimus*.[52] Er stellte seinen Bruder dadurch als Experten für Sprachen dar. Ähnlich ging auch Leo vor, in seinen Schriften erwähnte er seinen Bruder, betonte dessen Expertise und verwies auf dessen Werke. Im *De haeresibus et praevaricationibus Graecorum* nennt er sogar den Titel der Abhandlung *De sancto*, bezeichnet seinen Bruder als *latinis grecisque doctus litteris* und preist dessen Werk: ... *instantia disputationis et editione libri De*

---

46 Leo Tuscus, Übersetzung des Oneirocriticon, Praefatio, zit. n. HASKINS, Studies, S. 217: *Ad Hugonem Eterianum doctorem suum et utraque origine fratrem Leo Tuscus imperatoriarum epistolarum interpres de sompniis et oraculis.*

47 Hugo Etherianus, De sancto, II, Prolog, S. 73 (*germane mi Leo Tusce*); ebd., III, Prolog, S. 165 (*germane mi Leo*).

48 Ders., De anima, I, 1, Sp. 167f. (*dilectus frater meus*); ders., De sancto, I, 20, S. 71 (*Leo dilectus frater*); ders., Brief an Petrus von Wien 1166/1167, 7, S. 155 (*amantissimus frater meus Leo*); ders., De sancto, II, 19, S. 163 (*carissimus frater meus Leo*).

49 Ders., Contra Patarenos, 12, S. 174.

50 Leo Tuscus, Übersetzung des Oneirocriticon, Praefatio, zit. n. HASKINS, Studies, S. 217; Leo Tuscus, Übersetzung der Chrysostomosliturgie, Prolog, S. 134: *frater et preceptor meus Vgo Eterianus.*

51 Siehe dazu ausführlich Kapitel 3.3.2.

52 Beispielsweise Hugo Etherianus, Contra Patarenos, 12, S. 174 (*optimus interpres*); oder auch ders., De anima, I, 1, Sp. 167 (*interpres egregius*).

immortali Deo, quem tota Grecia miratur et expavescit, et ipsa quoque augustalis sapientia extulit immensis laudibus....[53]

Hugo habe sich durch die Diskussionen am Hof und durch die Herausgabe des *Liber De immortali Deo* das Lob des Kaisers verdient. Ganz Griechenland würde dieses Werk bewundern und davor sogar in Angst geraten. Leo verweist hier auf Hugos Hauptwerk *De sancto* und darauf, welche positive Resonanz es erfuhr. Ein weiteres erwähntes Werk ist *De minoritate ac equalitate filii hominis ad Deum Patrem*, auf das er namentlich in der Übersetzung des *Oneirocriticon* eingeht.[54]

Er führte ausgerechnet Werke an, die Hugo im Auftrag des byzantinischen Kaisers angefertigt hatte. Von beiden gab es allerdings auch lateinische Fassungen, dennoch stellte er ihre Bedeutung jeweils im byzantinischen Kontext heraus: der Kaiser lobte das eine Buch, das andere half ihm später, in den christologischen Streitfragen um die Formel „Mein Vater ist größer als ich" (Johannes 14,28) eine Entscheidung zu treffen.

Diese Beispiele zeigen, dass beide dem jeweils anderen einen nicht unbedeutenden Inszenierungsraum in ihren eigenen Werken zubilligten. Wenn jemand die Übersetzung des *Oneirocriticon* las, so waren darin auch Hugo, seine Qualifikationen und Erfolge sowie eines seiner bedeutendsten Werke namentlich sichtbar. Umgekehrt erfuhr der Leser des *Contra Patarenos* recht unvermittelt, dass der Verfasser einen Bruder hatte, der als Übersetzer am byzantinischen Hof beschäftigt war. Es ist anzunehmen, dass beide für ihre Werke einen ähnlichen Adressatenkreis hatten. Kuriale Zirkel hatten beispielsweise sowohl an Übersetzungen als auch an theologischen Abhandlungen großes Interesse. Vor diesem Hintergrund lässt die Bezugnahme aufeinander vermuten, dass beide sich gegenseitig bei ihren jeweiligen Lesern bekannt machen wollten, für den anderen mit dessen Erfolgen und Qualifikationen warben und ihn so empfahlen. Selbst wenn dies nicht bewusst intendiert war, so hatte dieses Vorgehen den Nebeneffekt, den jeweils anderen bei seiner eigenen Leserschaft einzuführen.

Leo und Hugo waren allerdings nicht die einzigen aus der Familie, die sich in Byzanz aufhielten. In den Quellen erscheint auch ein Neffe namens Fabricius, der selbst nach Byzanz reiste. Im Vorwort zur Übersetzung des *Oneirocriticon* erwähnt Leo diesen als *desiderantissimus enim nepos Fabricius, grecarum*

53 Leo Tuscus, De haeresibus, zit. n. DONDAINE, Hugues Éthérien, S. 126.

54 Ders., Übersetzung des Oneirocriticon, Praefatio, zit. n. HASKINS, Studies, S. 217: *Latuit tunc utrumque nostrum ea quidem quid portenderet visio, at vero eiusmodi oraculum editus per te de Filii hominis minoritate ad Patrem Deum libellus tempore post revelavit sub tegumentis.*

sciolus et ipse litterarum sompnialium figmentorum odoratus rosaria.[55] Fabricius war anscheinend der griechischen Sprache zumindest etwas kundig, auch wenn hier leicht abwertend von *sciolus* die Rede ist. Das Wissen seiner beiden Onkel über die griechische Sprache hatte er sehr wahrscheinlich nicht. Er interessierte sich auch für die Traumdeutung, es scheint fast so, dass er sich für ähnliche Themen wie seine beiden in Konstantinopel lebenden Verwandten begeisterte. Die Übersetzung des *Oneirocriticon* stellte Leo wohl um 1175/1176 fertig, sechs oder sieben Jahre später schickte Papst Lucius III. diesen besagten Neffen als Gesandten nach Byzanz und setzte in einem Brief den kaiserlichen Übersetzer davon in Kenntnis:

> *Cum autem dilectum filium nostrum, maistrum Fabricium, nepotem tuum, de familia nostra quem pro sciencia sua carum habemus plurimum et acceptum, pro inquisitione illorum, que in civitate regia noviter accidisse dicuntur, ad imperialem presentiam transmittamus, nisi superfluum videretur et vanum ventri viscera commendare, tibi ad implendum celerius huius inquisitionis officium crederemus sollicite commendandum.*[56]

Papst Lucius lobte Fabricius und betonte die Verwandtschaft zwischen Fabricius und Leo durch die Formulierung *nepos tuus* ausdrücklich. Er wurde nach Byzanz gesandt, um zu erfahren, was in Konstantinopel bei dem sogenannten „Lateinerpogrom" 1182 geschehen war. Lucius bat Leo darum, ihn aufzunehmen und bei seinen Aufgaben zu unterstützen.[57] Der Rückgriff auf Fabricius zeigt zum einen, dass die Familie einen gewissen Ruf hatte und deren Angehörige für Missionen nach Byzanz als geeignet erschienen. Über Fabricius ist fast nichts bekannt, allerdings muss er um 1182 zum päpstlichen Haushalt gehört haben, trug den Titel eines *magister* und konnte – wie sein Onkel bemerkte – zumindest etwas Griechisch. Die Tatsache, dass Lucius in dem Brief darum bat, Fabricius unter die Arme zu greifen, und explizit die verwandtschaftliche Beziehung beider hervorhob, zeigt vor dem Hintergrund der angespannten Lage im Byzantinischen Reich, dass Mitglieder dieser Familie für solche heiklen Aufträge als qualifiziert galten. Lucius III. konnte sich selbst von der Stellung und dem Können des Pisaner Brüderpaares überzeugen, als er sich in den 1160er Jahren als Kardinal im Rahmen von Gesandtschaften in Konstantinopel aufhielt und dort wohl auch beide kennenlernte.

Es gibt keine weiteren Quellenbelege für Fabricius, er trat nur dieses eine Mal im päpstlichen Auftrag in Erscheinung. Sein Einsatz zeigt, dass über

55 Ebd., S. 218.
56 Lucius III., Brief an Leo Tuscus, Nr. XXI, S. 25.
57 Siehe auch Kapitel 7.6.

Hugo und Leo hinaus noch ein weiteres Familienmitglied für Missionen im byzantinischen Kontext als geeignet erschien. Das Vertrauen in ihn scheint auch eine Folge des guten Rufs seiner in Konstantinopel lebenden Verwandten gewesen zu sein, der offensichtlich auf weitere Familienangehörige ausstrahlte. Die päpstliche Bitte veranschaulicht das Ansehen, das Leo an der Kurie genoss. Der am byzantinischen Hof tätige Pisaner wurde auch für päpstliche Interessen als Ansprechpartner und Anlaufstelle wahrgenommen. Wie auch andere Lateiner am Kaiserhof befand er sich in einer Mittlerstellung. Mögliche Konflikte waren dabei absehbar, da er von verschiedenen, sich teilweise feindlich gegenüberstehenden, Mächten konsultiert wurde.

KAPITEL 7

Zwischen Byzanz und dem Westen: Konflikte, Loyalitäten und Identifikationen

Mobile Experten befanden sich an der Schnittstelle verschiedener Gesellschaften, Mächte und Patrone. Sie konnten ihr Wissen in verschiedenen gesellschaftlichen Kontexten anbieten. Die jeweiligen Abnehmer wählten selbst aus, welche Aspekte und welchen Erkenntnisgewinn sie daraus zogen. Selbst wenn Lateiner dauerhaft in Byzanz lebten und nicht in das lateinische Europa reisten, fanden sie Wege und Vermittler, ihr Wissen in den Westen weiterzugeben und sich dort als Experten zu etablieren.[1] Die byzantinische Gesellschaft war deshalb nicht der einzige Profiteur, auch westliche Mächte, Institutionen und/oder Einzelpersonen nutzten ihr Wissen, oft sogar zeitgleich mit den Byzantinern.

Vor dem Hintergrund dieser Konstellation ist die Frage nach Loyalitäten, möglichen Doppelloyalitäten[2] und Identifikationen zentral. Unter Doppelloyalitäten werden die zeitgleichen Loyalitäten gegenüber mehreren Institutionen und/oder Mächten verstanden. Sie beziehen sich hier im Wesentlichen auf die politische und religiöse Ebene, betreffen also die Treue und das Zugehörigkeitsgefühl zu politischen sowie religiösen Institutionen und Mächten. Die Lateiner in Byzanz standen bezüglich der Religion zwischen der byzantinischen und der römischen Kirche, hinsichtlich der politischen Zugehörigkeit zwischen dem Byzantinischen Reich und verschiedenen westlichen Mächten, nicht zuletzt ihren ursprünglichen Heimatgesellschaften. Da im 12. Jahrhundert ein intensiver Kontakt mit westlichen Mächten bestand, der sich in Konflikten und teilweise auch militärischen Auseinandersetzungen äußerte, stellt sich die Frage nach Loyalitäten und Identifikationen im besonderen Maße.[3] Die Beratung der einen Seite konnte und sollte dieser

---

1 Siehe Kapitel 3. und 4.

2 Zu dem Begriff und der Verwendung am Beispiel von Söldnern der iberischen Halbinsel vgl. JASPERT, Zur Loyalität, S. 235-275. besonders S. 237; siehe zu dem Wirken von Personen zwischen verschiedenen Reichen und Mächten auch z. B. den Sammelband: VON DER HÖH/ JASPERT/ OESTERLE (Hrsg.), Cultural Brokers; und die Sammelbände: MOATTI/ KAISER (Hrsg.), Gens de passage; FLUDERNIK/ GEHRKE (Hrsg.), Grenzgänger.

3 Siehe zu den (konfliktreichen) Beziehungen zwischen Byzanz und dem Westen z. B. BRAND, Byzantium; LAIOU, Byzantium and the Crusades, S. 17-40; die Aufsätze in: DROCOURT/ KOLDITZ (Hrsg.), A Companion; LILIE, Die Auswirkungen, S. 41-54; vgl. ders., Byzanz und die

 | DOI:10.30965/9783657760985_008

zum Vorteil gegenüber dem jeweiligen Gesprächspartner oder Kontrahenten gereichen. Loyalität gegenüber dem einen Auftraggeber konnte in bestimmten Fällen auch Illoyalität gegenüber dem anderen bedeuten, musste es aber nicht.

Bei Teilen der byzantinischen Gesellschaft konnte der Umstand, ein Auswärtiger zu sein, besonderes Vertrauen hervorrufen. Zum einen brachten die Lateiner Wissen und Fähigkeiten mit, die am Hof in dieser Form nicht anzutreffen waren, zum anderen konnte gerade die häufig isolierte Stellung als Fremde dazu beitragen, in ihnen gegenüber dem Kaiser besonders zuverlässige und loyale Personen zu sehen. Sie waren in höfische Fraktionen und Intrigen vermeintlich nicht derart eingebunden wie Byzantiner, die häufig bereits durch ihre familiären Beziehungen und Kontakte bestimmten Kreisen zuzuordnen waren.[4] Allerdings entwickelten auch lateinischstämmige Personen Beziehungen zu bestimmten höfischen Zirkeln. Gerade diejenigen, die im politischen Bereich wirkten und (lateinischen) aristokratischen Familien entstammten, waren durch geschickte Eheschließungen mit angesehenen byzantinischen Geschlechtern gut integriert und stellten bei Verschwörungen eine potenzielle Gefahr dar.[5]

Lateiner, die in Byzanz lebten, waren mit Skepsis gegenüber ihrem Wissen und ihren Fähigkeiten sowie mit Unbehagen bezüglich ihrer Loyalität konfrontiert. Der Status als Fremder konnte Skepsis und Kritik am gegenwärtigen Aufenthaltsort erwecken. Das Fremdsein nährte Zweifel am vermeintlichen Sonderwissen, denn die Byzantiner konnten das Wissen schwer überprüfen bzw. hatten kaum eine Vorstellung davon, welche spezielle Qualifikation die jeweilige Person auf ihrem Bildungsweg im lateinischen Europa erworben hatte. Bei Byzantinern war dies wesentlich leichter nachzuvollziehen, da ihre Ausbildung und ihr Werdegang in der Regel dem

---

Kreuzzüge; HARRIS, Byzantium; JEFFREYS/ JEFFREYS, The „Wild Beast", S. 101-116; für eine eher positive Bewertung der Beziehungen zwischen Byzanz und dem Westen: NEOCLEOUS, Tyrannus, S. 195-283; ders., Heretics; ders., Greeks, S. 221-250.

4 Das Vertrauen in Ausländer ist sowohl bei Niketas Choniates als auch bei Wilhem von Tyros eine Erklärung für die Bevorzugung von Fremden durch Kaiser Manuel Komnenos: Niketas Choniates, Historia, VII, S. 204f.; siehe auch Wilhelm von Tyros, Chronicon, XXII, 11, S. 1020f.; MAGDALINO, The Empire, S. 221-224; byzantinische Experten wie etwa Andronikos Kamateros entstammten einflussreichen Familien, die am Hof aktiv waren, siehe z. B. zu der Kamateros-Familie: GRÜNBART, Byzantinisches Gelehrtenelend, S. 419f.; HAKKARAINEN, Der Rhetor Johannes Kamateros, S. 377f.

5 Die Familien Rogerios, Petraliphas und Raoul/Ralles sind gute Beispiele für die Integration normannischer Familien in die byzantinische Gesellschaft, vgl. dazu: NICOL, Symbiosis, S. 113-135; Johannes Rogerios Dalassenos war beispielsweise an einer Verschwörung gegen Manuel Komnenos beteiligt: Johannes Kinnamos, Epitome, II, 4, S. 37f.; MAGDALINO, The Empire, S. 209; CHEYNET, Les Dalassènoi, S. 413-471.

vorherrschenden Bildungsideal entsprachen.[6] Das mangelnde Vertrauen in die Expertise des Auswärtigen konnte sich auch mit Zweifeln an dessen Loyalität gegenüber byzantinischen Interessen vermischen, Vorwürfe der Illoyalität und des Verrats zugunsten westlicher Mächte oder eigener Vorteile lassen sich in byzantinischen Quellen nachweisen.[7]

Die Beziehung zu westlichen Mächten kennzeichnete eine ähnliche Ausgangslage, allerdings aus einem anderen Blickwinkel. Das lateinische Europa konnte vom Sonderwissen der Lateiner in Byzanz profitieren, denn nicht zuletzt durch ihren Aufenthaltsort boten sie vermeintlich einen Wissensfundus, der im Westen selten zu finden war. Das spezifische Wissen zu überprüfen, war allerdings auch für westliche Institutionen und Einzelpersonen schwierig. Zudem blieb auch aus lateinischer Sicht die Frage, wie sich der teilweise langjährige Aufenthalt in Byzanz auf die Ansichten der dortigen Lateiner ausgewirkt hatte und inwiefern diese eventuell selbst unbewusst oder bewusst byzantinische Anschauungen und Positionen übernommen hatten.

Die Forschung der letzten Jahrzehnte tendiert dazu, die am Bosporus lebenden Lateiner nach *nationes* auszudifferenzieren, anstatt sie als Einheit zu betrachten. Dies ist besonders deshalb sinnvoll, da Venezianer, Pisaner, Genuesen, Franzosen, Deutsche und weitere dort lebende Lateiner sich hinsichtlich ihres Rechtsstatus voneinander unterschieden. Die jeweils zugestandenen Rechte und Privilegien sowie die eigenen Viertel für Venezianer, Pisaner, Genuesen und andere zeigen bereits deren unterschiedliche Ausgangslagen und lassen eine jeweils gesonderte Behandlung zweckmäßig erscheinen.[8] Die Einwohner lateinischer Herkunft, besonders aus den italienischen Seerepubliken, bildeten die Brücke zwischen ihren Heimatstädten und Byzanz und kämpften auch gegeneinander um strategische Vorteile für ihre jeweilige Herkunftsregion. Die engen Verflechtungen ökonomischer, politischer,

6 Als Beispiel für eine erfolgreiche Karriere am byzantinischen Hof kann Niketas Choniates dienen, SIMPSON, Niketas Choniates, S. 14-23; zu der höheren Bildung in Byzanz und auch der Verbindung von Bildung und Dienst am byzantinischen Hof siehe BROWNING, Church, S. 5-24; MARKOPOULOS, In Search, S. 29-44, besonders S. 39; GIANNOULI, Education, S. 52-71; GRÜNBART, Paideia, S. 17-31.

7 Für den Verrat und die Illoyalität von Lateinern bzw. Lateinischstämmigen gibt es mehrere Quellenbeispiele wie Niketas Choniates, Historia, VII, S. 204f.; ebd., IV, S. 146f.; Johannes Kinnamos, Epitome, VI, 10, S. 284; ebd., II, 4, S. 37f.; Anna Komnene, Alexias, V, 8, S. 163.

8 So die Studie von LILIE, Handel; PENNA, The Byzantine imperial acts, behandelt Venezianer, Pisaner und Genuesen in Byzanz einzeln; speziell zu den Venezianern: JACOBY, Houses, S. 269-282; PENNA, Venetian judges, S. 135-146; dies., From „douloi“, S. 209-225; zu Pisanern in Konstantinopel: BORSARI, Pisani, S. 59-75; zu den Genuesen siehe: BALARD, Les Génois, S. 59-69; DESIMONI, Memoria, S. 137-180; LAIOU, Monopoly, S. 675-686; siehe zu anderen *nationes*: JACOBY, The Minor Western nations, S. 319-332.

jurisdiktioneller und religiöser Art legen für die Bewohner eine hohe bleibende Identifikation mit der ursprünglichen Heimat nahe.

Diese Überlegungen beziehen sich allerdings in erster Linie auf Kaufleute, nicht auf am Hof beschäftigte Lateiner. Ihre Lebensumstände, der Zweck und Sinn ihres Aufenthaltes waren anders gelagert. Sie handelten nicht im Auftrag der Heimatstädte und unterstützt von diesen, sondern waren auf sich alleine gestellt und strebten in der Regel eine Karriere am byzantinischen Hof an. Deshalb ist es äußerst lohnenswert, die Frage der Loyalitäten und Identifikationen nicht nur im Hinblick auf Byzanz, sondern auch hinsichtlich der lateinischen Gesellschaften zu untersuchen. Erst dies zusammengenommen lässt ein aussagekräftiges und differenziertes Bild der Auseinandersetzungen, Integration, Loyalitäten und Identifikationen der Lateiner am Hof entstehen.

7.1 Die Lateiner am Hof aus Sicht der byzantinischen Historiographie

Das Byzantinische Reich war über Jahrhunderte hinweg mit Migrationen und Migranten konfrontiert und profitierte davon. Dies spiegelte sich am Hof und in dessen Zusammensetzung wider, da Personen unterschiedlicher Herkunft ihre Dienste anboten und meist nach einer gewissen Zeit in die Gesellschaft integriert waren.[9] Die Präsenz von Lateinern am Hof war daher per se nichts Außergewöhnliches, allerdings erreichte sie im 12. Jahrhundert ein neues Ausmaß. Ralph-Johannes Lilie benennt drei Faktoren, warum die byzantinische Gesellschaft, insbesondere die Aristokratie, die Präsenz von Lateinern im 12. Jahrhundert als problematisch betrachtete: erstens handelte es sich um eine sehr große Zahl von Personen, die sich nicht nur am Hof, sondern auch in Konstantinopel aufhielten; zweitens fühlte sich vor allem die höfische Aristokratie von den Lateinern bedroht, da der Kaiser letztere besonders förderte; drittens missfiel den Byzantinern die fehlende Assimilationsbereitschaft der Lateiner, sowohl religiös als auch kulturell.[10]

Skepsis und Ablehnung entstanden wohl aus einem Gefühl der Bedrohung und Konkurrenz. Dieses wurde durch die angespannten politischen Beziehungen

---

9 PAHLITZSCH, Byzanz, S. 93-106; EXARCHOS/ PREISER-KAPELLER/ DÖNITZ/ CHITWOOD, Minderheiten, Sp. 1143-1154; LILIE, Die Auswirkungen, S. 41-54; ders., Fremde, S. 93-107; PRINZING, Vom Umgang, S. 117-143; LAIOU, Institutional mechanisms, S. 161-181; dies., The foreigner, S. 71-97; dies., L'étranger de passage, S. 69-88; SHEPARD, Trouble-shooters, S. 691-723; als Beispiel für die erfolgreiche Integration von türkischstämmigen Personen in das Militär kann Tatikios gelten: Anna Komnene, Alexias, IV, 4, S. 126f.; siehe auch: BRAND, The Turkish element, S. 1-25.

10 LILIE, Die Auswirkungen, S. 45f.

zur lateinischen Welt in der zweiten Hälfte des 12. Jahrhunderts noch verstärkt.[11] Die starke lateinische Präsenz beförderte Skepsis und Misstrauen im Byzantinischen Reich.

Der byzantinische Geschichtsschreiber Niketas Choniates ist ein gutes Beispiel für die Haltung der Aristokratie gegenüber den Lateinern am Hof. Zwar ist sein Lateinerbild von der Eroberung Konstantinopels durch die Kreuzfahrer 1204 negativ beeinflusst, als Hofbeamter, der es im Laufe seiner Karriere sogar bis zum Großlogotheten brachte, hatte er aber einen guten Einblick in die Lage und Konstellationen am Hof.[12] Er selbst durchlief eine sorgfältige Ausbildung und begann seine Karriere wohl um oder vor 1182.[13] Durch ihn sprechen deshalb die Anschauungen eines Byzantiners, der erstens selbst Teil der kaiserlichen Administration und zweitens direkt von der auswärtigen Konkurrenz betroffen war. Beides merkt man seinen Schilderungen an, denn seine *Historia* ist in ihrer Schärfe und Polemik gegen die für den Hof tätigen Lateiner bemerkenswert. Choniates bezichtigt Kaiser Manuel Komnenos, Ausländer im großen Maße bevorzugt zu haben, wobei sich insbesondere dessen lateinisches Gefolge massiv bereichert habe: „Der größte Teil floß aber in die Taschen der verschiedensten Völker, besonders in die seines lateinischen Anhangs."[14] Der Geschichtsschreiber spricht die Verschwendungssucht des Kaisers an und betrachtet die lateinischen Günstlinge als die hauptsächlichen Nutznießer. Er äußert deutlich, was er von den Ausländern hält:

> „Von den Kämmerern, den Verschnittenen und sogar den ausländischen Dienern mit ihrer barbarischen Aussprache, denen bei jedem Wort der Speichel aus dem Munde spritzte, ließ sich Manuel leicht beeinflussen und war ihnen gegenüber sehr umgänglich. Ihnen lieh er meist ein geneigtes Ohr und erfüllte bereitwillig ihre Bitten. Alle machte er reich, einige von ihnen lebten in solchem Überfluß, daß sich bei ihnen das Geld häufte und sie von herrlichem Schmuck umgeben waren wie die mächtigsten Herren bei den größten Völkern, und dabei waren sie ohne jegliche Bildung und konnten die griechische Sprache nur nachplappern, so wie das Echo das Flötenspiel der Hirten vom Felsen widerhallen läßt."[15]

11 Siehe als Überblick Kapitel 2.1.

12 Zum Amt des Großlogotheten siehe: KAZHDAN, Art. „Logothetes", S. 1247; zu Niketas Choniates und seiner Karriere siehe SIMPSON, Niketas Choniates, S. 11-23.

13 KAZHDAN, Art. „Choniates, Niketas", S. 428; SIMPSON, Niketas Choniates, besonders S. 15.

14 Niketas Choniates, Historia, übersetzt von GRABLER, Die Krone, VII, S. 252f.; ders., Historia, VII, S. 204: …, τὰ δὲ πλεῖστα ταῖς τῶν ἐθνῶν μεταγγιζόμενα πανσπερμίαις καὶ μάλιστα ταῖς Λατινικαῖς ἐκρέοντα ὁμηγύρεσι.

15 Ders., Historia, übersetzt von GRABLER, Die Krone, VII, S. 253; ders., Historia, VII, S. 204: Εὔκολος δὲ ὢν καὶ εὐχείρωτος τοῖς κατευναστῆρσι καὶ θαλαμηπόλοις ἐκτομίαις, ἀλλὰ δὴ καὶ τοῖς ἀπὸ γενῶν ἑτερογλώττων ὑποβαρβαρίζουσιν ὑπηρέταις, ὧν ὁ σίελος τοῦ λόγου προηκοντίζετο, τοῖς ῥυηφενέσι καὶ τούτους ἐνέταττεν εὐπετῶς, τὰ πολλὰ τὸ οὖς αὐτοῖς ὑποκλίνων καὶ ἅπερ ᾐτοῦν

In dieser Passage holt Niketas Choniates zu einem generellen Schlag gegen die Günstlinge des Kaisers aus, darunter auch Eunuchen. Allerdings konzentriert er sich sehr stark auf die aus anderen Reichen stammenden Höflinge. Gleich zweimal geht er auf ihr Unvermögen ein, die griechische Sprache gekonnt zu sprechen. Zum einen betont er ihre „barbarische Aussprache“ und zum anderen, dass sie das Griechische nur imitieren konnten, ohne die Sprache wirklich zu beherrschen. Zudem hatten sie (nach byzantinischen Maßstäben) keinerlei Bildung. Da er im Folgenden davon berichtet, dass Manuel Komnenos ihnen auch Richterstellen übertrug, handelte es sich bei diesen wohl um Personen, die tatsächlich auf einflussreiche Positionen gelangten. Er gesteht ihnen keinerlei Expertise zu, bereits in dieser Passage wird ihnen noch nicht einmal ein Mindestmaß an Bildung und Sprachbefähigung zuerkannt.

Die Unterstellung bzw. das Aufzeigen sprachlicher Fehler und Defizite bei einem Lateiner, dessen Muttersprache nicht Griechisch war, ist für Niketas Choniates ein geeignetes Mittel, den Experten und seine gesamte Expertise in Frage zu stellen und dadurch abzuwerten. Dies geschah aufgrund des Umstandes, dass diese Person nicht in Byzanz geboren war und weder von der byzantinischen Bildung profitieren noch die griechische Sprache wie ein Muttersprachler erlernen konnte. Die Geschichtsschreiberin Anna Komnene ging ähnlich vor, als sie Johannes Italos, den Leiter der philosophischen hohen Schule in Konstantinopel, beschrieb. Dies ist ein zeitlich weit früheres Beispiel, zeugt aber von einer ähnlichen Herangehensweise. Johannes war in Italien geboren und kam später nach Byzanz, wo er bei Michael Psellos studierte.[16] Anna Komnene schildert ihn größtenteils sehr negativ, sie betont seinen Jähzorn, seine Unkultiviertheit, und wirft ihm sogar Verrat zum Vorteil einer westlichen Macht vor.[17] Er bat den Kaiser nach einiger Zeit um Vergebung, kam nach Konstantinopel zurück und wurde schließlich Leiter der philosophischen hohen Schule in Konstantinopel, erhielt also ein sehr prestigeträchtiges Amt.[18] Anna Komnene hebt durchaus auch sein Können, beispielsweise in Dialektik, hervor, allerdings nutzt sie auch seine Schwachstelle, nämlich die griechische Sprache, um seinen Status zu schmälern:

το ῥᾳόνως ἐκπερατῶν. τισὶ τοίνυν ἐκ τούτων οὕτως εὐρόει τὰ κατὰ βίοτον, ὡς σωρείαις χρημάτων ἐνευθηνεῖσθαι καὶ τοῖς κατὰ κόσμον πᾶσι περιρρεῖσθαι λαμπροῖς ἴσα καὶ μεγιστᾶσι μεγίστων ἐθνῶν, καὶ ταῦτα παιδείας ἁπάσης ἐστερημένοις καὶ φωνῆς Ἑλληνίδος τὰ ἴχνη μεταδιώκουσιν ὡς αἱ σκοπιαί τε καὶ αἱ πέτραι πρὸς τὰ τῶν ποιμένων αὐλήματα τὸ τῆς ἠχοῦς ὑστερόφωνον.

16 Anna Komnene, Alexias, V, 8, S. 161-165; zu Johannes Italos siehe KAZHDAN, Art. „John Italos“, S. 1059f.

17 Siehe Anna Komnene, Alexias, V, 8, S. 162-165.

18 Ebd., S. 163.

> „Seine Sprache war die eines Menschen, der als junger Mann von den Lateinern herüber in unser Land gekommen ist und dann zwar Griechisch gelernt hat, aber dessen Aussprache nicht ganz rein ist, sondern der hier und dort sogar die Silben etwas verschluckt. Weder die unsaubere Aussprache noch die starke Neigung zum Verschlucken von Silben blieb allgemein den Leuten verborgen, und die etwas von Rhetorik verstanden, merkten auch, daß er ungebildet redete. So wurden auch seine schriftlichen Arbeiten in jeder Hinsicht durch die Topoi der Dialektik zusammengehalten, den Vorwurf der mangelnden Komposition und gelegentlich eingestreute Solözismen konnten sie aber durchaus nicht vermeiden."[19]

Bereits die Einordnung der Griechischkenntnisse mit dem Verweis auf seinen fremden Hintergrund zeigt, dass die lateinische Herkunft einen negativen Effekt auf seinen Expertenstatus hatte. Zwar sind die Vorwürfe zu seinem Griechisch nicht derart drastisch, sie erscheinen noch nicht einmal als so gravierend, wenn nur von unreiner Aussprache die Rede ist, allerdings darf hierbei auch nicht vergessen werden, dass es sich um den Leiter der philosophischen Schule handelte. Sprache und Rhetorik waren elementare Bestandteile seiner Expertise. Zweifel daran bedeuteten zugleich Zweifel an seiner Befähigung. In diesem Fall ist es nebensächlich, ob er tatsächlich derartige Schwächen im Griechischen hatte. Denn berechtigt oder nicht, Anna Komnene benutzte den Verweis auf seine Herkunft als ein Mittel, um Johannes als für diese Position ungeeignet herauszustellen.

Die sprachliche Befähigung ist ein Bereich, in dem Lateiner angreifbar waren, selbst wenn sie nur einen Akzent hatten oder gelegentlich Fehler machten. Niketas Choniates ging aber noch wesentlich weiter. Er bescheinigte den Lateinern am byzantinischen Hof des 12. Jahrhunderts völlige Unfähigkeit:

> „Aber Manuel vertraute ihnen [den Ausländern, Anm. d. Verf.] am meisten als seinen getreuesten und ergebensten Dienern. Ihnen verlieh er die höchsten Ämter, ja, er übertrug ihnen sogar Richterstellen, zu denen selbst ein Mann mit reicher Erfahrung auf dem Gebiete des Rechtswesens erst spät gelangt. Wenn, was häufig vorkam, eine Provinz für die Steuervorschreibung neu aufzunehmen war, wurde diese Bande gebildeten, angesehenen Männern vorgezogen. Wurde ihnen aber ein vornehmer Rhomäer beigegeben, ein Mann voll Geist und Klugheit, dann zu dem Zweck, daß er die Aufzeichnungen mache und die Unterlagen

---

19 Dies., Alexias, übersetzt von Reinsch, V, 8, S. 189; dies., Alexias, V, 8, S. 164f.: ..., τὴν δὲ φωνὴν τοιοῦτος οἷος ἂν ἀπὸ τῶν Λατίνων ἐληλυθὼς νεανίας εἰς τὴν ἡμεδαπὴν γῆν τὰ Ἑλλήνων μὲν ἐκμάθοι, οὐ πάνυ δὲ καθαρειεύοι τί τὴν φωνήν, ἀλλ᾽ ἔστιν οὗ καὶ κολοβωτέρας ἐκφέροι τὰς συλλαβάς. ἀλλ᾽ οὔτε τὸ τοῦ στόματος οὐκ εὐαγές οὔτε τὸ εἰς ἄκρον ἄφωνον ἐλάνθανε τοὺς πολλούς, τοῖς δὲ ῥητορικωτέροις ἀγροικίζων κατελαμβάνετο. ἔνθεν τοι καὶ τὰ συγγράμματα τούτου συνέσφιγκτο μὲν ἁπανταχόθεν τοῖς διαλεκτικοῖς τόποις, ἀσυνταξίας δὲ κακίαν καὶ σολοικισμὸν σποράδην διερριμμένον παντάπασιν οὐκ ἐξέφευγον.

> bearbeite, auf Grund deren die Abgaben eingehoben werden sollten. Der Ausländer aber führte den Vorsitz, so, als ob er der eigentliche Steuereinnehmer wäre, und er versiegelte die Geldsäcke, die an den Kaiser geschickt werden sollten."[20]

Niketas Choniates verweist hier auf den Grund für die Bevorzugung von Auswärtigen: das Vertrauen des Kaisers. Der *Basileus* verließ sich auf sie, deshalb förderte er sie. Dies zeigt sich auch daran, dass die Ausländer die Geldsäcke versiegeln sollten. Der byzantinische Beamte Choniates beklagt sich über diese Situation und verweist darauf, dass der Kaiser Ausländer in Bereichen einsetzte, für die sie völlig unbrauchbar und nicht einsatzfähig waren. Es mussten ihnen sogar eigens entsprechend ausgebildete Byzantiner beiseitegestellt werden, die die eigentliche Arbeit verrichteten, während die Fremden die Ämter bekleideten und die Funktionen formal ausfüllten.

Der Vorwurf des Choniates kann damit auf den Punkt gebracht werden: die Anerkennung und das Ansehen waren den Fremden vorbehalten, während die Byzantiner die eigentliche Arbeit erledigten. Diese Schilderungen sind vielleicht drastisch und mögen übertrieben sein, sie lassen allerdings ein Kernproblem erkennen, nämlich die durch die Lateiner und andere Ausländer aufkommende Konkurrenz. Wie bereits gezeigt, wurde den Lateinern aber durchaus ein bestimmtes Sonderwissen zugeschrieben, wenn auch nicht von der gesamten byzantinischen Hofgesellschaft, so doch immerhin von einem bestimmten Kreis und dem Kaiser. Sie wurden demnach auch wegen ihrer Expertise eingesetzt und nicht nur wegen ihrer angeblichen Loyalität.[21] Niketas Choniates findet allerdings sogar an der unterstellten Treue der Ausländer einen Haken. Denn auch diese sollen sich zusammen mit Byzantinern heimlich am Geld des Kaisers vergriffen und sich so bereichert haben.[22]

Niketas Choniates und Anna Komnene sind zwei Beispiele, die lateinische bzw. ausländische Experten beschreiben und deren Status mit dem Verweis auf deren Herkunft schmälern wollen. Bei Anna sind es sprachliche

---

20 Niketas Choniates, Historia, übersetzt von Grabler, Die Krone, VII, S. 253f.; ders., Historia, VII, S. 204f.: κἀπὶ τούτοις ὡς πιστοτάτοις αὐτῷ καὶ θερμοῖς θεράπουσι μάλιστα πεποιθὼς οὐ μόνον αὐτοῖς τὰς μεγίστας ἀρχὰς ἐγχειρίζει, ἀλλὰ καὶ κρίσεσιν ἐφίστα δικαστικαῖς, ὧν ὀψὲ καὶ νομοτριβεῖς ἄνδρες ἐφίκοιντο ἄν. Δεῆσαν δὲ καὶ τῶν ἐπαρχιῶν τινὰς ἀπογράφεσθαι (τοῦτο δὲ συχνάκις ἐγίνετο), ὁ τοιόσδε χορὸς τοῦ λογίμου προυτίθετο. εἰ δέ που καὶ παρεζεύγνυτό τις αὐτοῖς εὐγενὴς Ῥωμαῖος ἀνήρ, βάπτων ὅλως εἰς νοῦν καὶ γέμων φρονήσεως, κατὰ τοῦτο ξυνεπέμπετο, ὅπως ὁ μὲν ἀπογράφων ἔσται καὶ τολυπεύων τὰς ὑποθέσεις, ἐξ ὧν ἤμελλον οἱ φόροι συνάγεσθαι, ὁ δὲ ὡς κερδοσυλλέκτης προεδρεύῃ καὶ τὰ φασκώλια σφραγῖσι διασημήνηται, ἃ ἤμελλον εἰσφέρεσθαι βασιλεῖ.

21 Siehe besonders Kapitel 3.1 und 4.1.

22 Niketas Choniates, Historia, VII, S. 205.

Defizite, bei Choniates der Mangel an Sprachbefähigung, Bildung und letztlich auch Fach- und Erfahrungswissen, die den Fremden Unbrauchbarkeit bescheinigen. Die Darstellungen bei Choniates vermitteln den Eindruck, dass die Lateiner eigentlich gar nichts konnten, sondern nur aufgrund der „latinophilen" Einstellung des Kaisers ihren Platz am Hof fanden. Mit Wilhelm von Tyros bestätigt auch ein zeitgenössischer lateinischer Geschichtsschreiber, dass Loyalität und Treue entscheidende Faktoren für ihre Förderung waren.[23] Die Aberkennung jeglicher Expertise scheint wohl auch der Konkurrenz, dem Neid und der Missgunst unter den Hofbeamten geschuldet gewesen zu sein. Allerdings waren diese mit antilateinischen Ressentiments gepaart, die bei großen Teilen des Hofes und der byzantinischen Gesellschaft bestanden und ihren Teil zu Spannungen und Konfliktsituationen beitrugen.

7.2 Auseinandersetzungen und Konflikte

Commostrabamur equidem in civitate invisi et detestabiles.[24]

Mit diesem Satz aus seinem Brief an Petrus von Wien 1166/1167 umschreibt Hugo Etherianus die Stimmung, die ihm als Lateiner in Konstantinopel begegnete. Die Wortwahl ist dabei sehr drastisch: die Lateiner seien dort verhasst und verabscheut. Er berichtet dies im Kontext der Konstantinopolitaner Synode 1166 und bezieht sich somit auf Ereignisse, die im weiteren höfischen Umfeld stattfanden und bei denen auch die dogmatischen Ansichten ebendieser „verhassten" und „verabscheuten" Lateiner thematisiert wurden.[25] Daher ist anzunehmen, dass hier auch das höfische Milieu gemeint war, das den Lateinern gegenüber negativ eingestellt war. Seine Beschreibungen erscheinen gerade hinsichtlich der von Niketas Choniates erhobenen Kritik an den Auswärtigen in kaiserlichen Diensten nicht unplausibel.

Abneigungen und Feindseligkeiten, die sich gegen Personen aus der lateinischen Welt richteten, sind für den byzantinischen Raum des 12. Jahrhunderts keine Seltenheit und hatten unterschiedliche Erscheinungsformen:

---

23 Wilhelm von Tyros, Chronicon, XXII, 11, S. 1020.

24 Hier die ganze Stelle, Hugo Etherianus, Brief an Petrus von Wien 1166/1167, 1, S. 153: *Nam dubitacionis illius colluvies que in Demetrio sumpsit originem (ut arbitror) totam pene Greciam post eius redditum invasit nec furor sibi satisfecit antequam in Latinos effundere venenum cepisset. Commostrabamur equidem in civitate invisi et detestabiles.*

25 Zu der Synode 1166: Classen, Das Konzil, S. 117-146; Dondaine, Hugues Éthérien et le concile, S. 473-483; Mango, The Conciliar Edict, S. 317-330; siehe die Synodaldokumente in Ekthesis, S. 120-180.

Herabwürdigungen, Benachteiligungen und nicht zuletzt Übergriffe durch die Herrschenden oder das Volk.[26] Zu fragen ist deshalb, auf welche Weise und in welche Konflikte Lateiner am Hof involviert waren.

Eine Schwierigkeit bei der Untersuchung dieser Fragen besteht darin, dass die Ursachen für Konflikte und Spannungen nicht immer im Zusammenleben von Lateinern und Byzantinern zu suchen sind, sondern in den Kontext der religiösen, politischen und ökonomischen Beziehungen zwischen Byzanz und den westlichen Mächten einzuordnen sind.[27]

Die spätestens seit dem 12. Jahrhundert zunehmende Verflechtung mit der lateinischen Welt entwickelte sich aus byzantinischer Sicht zu einer zweischneidigen Angelegenheit für das Zusammenleben mit den Lateinern vor Ort. Zum einen befanden sich durch diese Interdependenzen mehr und mehr Lateiner im Reichsgebiet, von deren Wissen und Fähigkeiten der Hof gerade vor dem Hintergrund der intensivierten westlichen Kontakte profitierte. Zum anderen begünstigten aber gerade deren Anwesenheit und Förderung Neid und Misstrauen, welche angesichts des religiösen Gegensatzes sowie der politischen und ökonomischen Spannungen antilateinische Ressentiments verstärkten.[28]

Die Lateiner wirkten in einem recht geschützten Raum, dennoch bewegten sie sich auch außerhalb des Hofes. Hugo Etherianus hatte gesicherte Kontakte zu Pisanern in Konstantinopel und hielt sich wohl auch in deren Viertel auf.[29] Auch die Übersetzer Burgundio von Pisa, Moses von Bergamo und Jakob von Venedig hatten Kontakte zu Lateinern in Konstantinopel.[30] Moses von Bergamo verfügte zudem über Besitz in der Nachbarschaft des venezianischen Viertels.[31] Sie waren also niemals völlig abgeschirmt. Ihre Konflikte mit der

26 Allgemein zu den Spannungen siehe BRAND, Byzantium.

27 Siehe dazu ausführlich Kapitel 2.1.

28 Siehe zu den Auswirkungen der lateinischen Präsenz in Byzanz besonders: LILIE, Die Auswirkungen, S. 41-54; ders., Byzanz – Staat, S. 10-42.

29 Hugo berichtet davon, dass er bei Nacht den Steuereintreiber Astafortis beim Eindringen in das Haus des Signoretto erwischte. Dies spricht dafür, dass Hugo Etherianus sich im pisanischen Viertel auch zu Nachtzeiten aufhielt. Vielleicht wohnte er auch dort: Hugo Etherianus, Brief an die Konsuln von Pisa, Nr. X, S. 12f.; Lilie geht davon aus, dass Signoretto wegen seines *burgensis*- Status ein Lateiner war, der in den Dienst des byzantinischen Kaisers getreten war; Janet Hamilton sieht in ihm hingegen einen reichen Kaufmann: LILIE, Handel, S. 297f.; auch ders., Die lateinische Kirche, S. 206; HAMILTON, Hugh Eteriano, S. 135.

30 Alle drei befanden sich für die Diskussion zwischen Anselm von Havelberg und den Byzantinern im pisanischen Viertel: Anselm von Havelberg, Anticimenon, II, 1, Sp. 1163; siehe zu den vermuteten Kontakten des Paschalis Romanus: RICKLIN, Der Traum, S. 248f. und S. 322.

31 Moses von Bergamo, Brief an Petrus 1130, S. 148.

byzantinischen Gesellschaft fanden auf verschiedenen Ebenen und in unterschiedlichen Formen statt. Daher waren die Personen am Hof durchaus mit ähnlichen Problemen konfrontiert wie andere Lateiner in Byzanz. Sie bewegten sich in den unterschiedlichsten Lebensbereichen, sodass es nicht etwa nur zu Konflikten im höfischen Kontext kam.

7.2.1 *Byzantinisch-lateinische Konflikte vor Ort*

Zwei Beispiele können die Verwicklung von Lateinern am Hof in Auseinandersetzungen vor Ort veranschaulichen. Das erste stammt aus dem religiösen Bereich. Wie bereits erwähnt, gab es auf byzantinischem Gebiet lateinische Kirchen, die jurisdiktionell der römischen Kirche unterstellt waren. Dies wurde scheinbar ohne Widerstand von offizieller Seite akzeptiert.[32] Die Duldung lateinischer Kirchen war das eine, die Haltung der Byzantiner gegenüber lateinischen Christen vor Ort war allerdings etwas anderes, vor allem sobald das Zusammenleben betroffen war. Schwierigkeiten entstanden besonders im Fall von byzantinisch-lateinischen Eheschließungen. Der Rechtsgelehrte Theodor Balsamon hielt in seinem Kommentar zum 14. Kanon des Konzils von Chalkedon fest, dass lateinische Christen, die Byzantinerinnen heiraten wollten, dem lateinischen Glauben abschwören müssten.[33] Zur Untersuchung der praktischen Umsetzung dieser Haltung fehlen die Quellen. Aber Theodor Balsamons Ansichten zeigen, dass diese Anschauung unter byzantinischen Kirchenmännern des 12. Jahrhunderts zumindest vereinzelt vertreten war. Beschwerden darüber, dass Lateiner bei einer Eheschließung mit einer Byzantinerin dem lateinischen Glauben abschwören mussten, finden sich auch in westlichen Quellen.[34] Selbst Diskussionen am Hof waren von dieser Problematik betroffen. Der Gesandte des westlichen Kaiserreiches Anselm von Havelberg sprach dieses Thema während seines Religionsgesprächs mit Niketas von Nikomedia 1136 in Konstantinopel deutlich an.[35] Anselm bezog

---

32 LILIE, Die lateinische Kirche, S. 208-211.

33 SCHREINER, Untersuchungen, S. 187; RALLES/ POTLES, Σύνταγμα τῶν Θείων καὶ ἱερῶν κανόνων II, S. 253f.: καὶ σημείωσαι, ὅτι κατὰ τὸν παρόντα κανόνα, ὡς ἔοικεν, ἀναγκάζει τὸ μέρος τῆς ἐκκλησίας τοὺς Λατίνους ἐξόμνυσθαι, θέλοντας γυναῖκας λαβεῖν ἐκ τῆς Ῥωμανίας.

34 Beispielsweise erwähnt Odo von Deuil die „Wiedertaufe“ von Lateinern bevor die Ehe mit einer Byzantinerin eingegangen wird, Odo von Deuil, De profectione Ludovici VII in Orientem, III, S. 56: *audivimus scelus eorum morte luendum, quia quotienscumque nostrorum conubia contrahunt, antequam conveniant eum qui Romano more baptizatus est, rebaptizant.*

35 Anselm von Havelberg, Anticimenon, III, 21, Sp. 1245f.: *Sicut audio, consuetudo apud vos est, ut si quando Graecus uxorem Latinam ducere voluerit, sicut plerumque fit, et sicut etiam inter personas augustales saepe factum esse dignoscitur, quod prius oleo sanctificato in vase aliquo infuso eam perfunditis, et per totum corpus lavatis, et sic demum quasi in ritum et*

sich auf Informationen, die ihm wahrscheinlich vor Ort zugetragen worden waren, und verwies darauf, dass die „Wiedertaufe" sogar für gewöhnlich geschehe. Während er die Unrechtmäßigkeit dieser Praxis anprangerte, stritt Niketas von Nikomedia alles ab und betonte, dass dies nur bei Ausländern durchgeführt werde, bei Männern oder Frauen, von denen man nicht wüsste, ob sie schon getauft worden seien.[36] Diese Antwort stellte Anselm zufrieden.[37]

Dass sich die byzantinische Seite mit den angeblichen Fehlern des römischen Taufritus immer wieder auseinandersetzte, beweisen die Listen gegen die Lateiner und deren „Irrtümer". Die Kirchenhistorikerin Tia Kolbaba stellte in mehr als der Hälfte der von ihr untersuchten antilateinischen Listen des 12. und 13. Jahrhunderts eine Beschäftigung mit dem „fehlerhaften" römischen Taufritus fest.[38] Anselm, der sich als Gesandter nur kurz auf byzantinischem Gebiet aufhielt, erwähnt diese Frage in seinem *Anticimenon* als letzten Diskussionsgegenstand im Dialog mit den Byzantinern. Er weist diesem Thema somit, angesichts der Platzierung am Ende, eine im Vergleich zu den bereits vorher diskutierten Inhalten eher untergeordnete Rolle zu. Anselm ließ sich vielleicht mit dem Abstreiten der „Wiedertaufe" seitens der Byzantiner zufriedenstellen, aber Hugo Etherianus und Leo Tuscus, die Jahrzehnte in Konstantinopel verbrachten, genügte eine solche Erklärung wohl eher nicht.

Beide kritisierten die praktizierte „Wiedertaufe", die dazugehörigen Textstellen befinden sich im *De haeresibus et praevaricationibus Graecorum* des Leo Tuscus, allerdings in völlig unterschiedlichen Teilen des Werkes und in verschiedenen inhaltlichen Kontexten. Ein erstes Mal begegnet man dem Vorwurf am Ende der Liste über die „Irrtümer" der Byzantiner, ein zweites Mal erscheint die Anschuldigung in der geschilderten Beratungssituation zur Kirchenunion zwischen dem Kaiser und Hugo. Auf beide Passagen wurde im Rahmen dieser Studie bereits intensiv eingegangen, deshalb werden sie hier nicht detailliert besprochen.[39] Dennoch ist gerade im Vergleich zur Behandlung dieses Themas bei Anselm einiges anzumerken. Leo fragte die Byzantiner nicht, ob „Wiedertaufen" stattfinden, noch wollte er eine Erklärung oder Rechtfertigung für

---

legem vestram transiens matrimonio copulatur; quod quare fiat, si tamen fit, oppido scire vellem: videtur enim quaedam forma esse rebaptizandi. Et si ita est, quod nostros Latinos, vel etiam aliquos Christianos sub invocatione sanctae Trinitatis baptizatos quoquomodo judicatis rebaptizandos; plane juxta quamdam Arianorum sectam manifestissima haeresis est.

36 Ebd., III, 21, Sp. 1247: *Non autem dicitur iteratum, quod ignoratur prius factum.*

37 Ebd., 22, Sp. 1247: *Gratias ago Deo, qui et hoc scandalum a me submovit, et opprobrium Christiani nominis, quod hactenus in Graecorum sapientissima gente suspicatus sum, a me abstulit.*

38 KOLBABA, The Byzantine lists, Appendix III, S. 192 und S. 43f.

39 Siehe Kapitel 4.1.1 und 4.2.1.

dieses Verhalten seitens der Byzantiner hören, wie es Anselm wünschte. Er betrachtete die „Wiedertaufen" als ein ihm bekanntes reales Problem, das beseitigt werden musste. Er maß dieser Problematik besondere Bedeutung bei, dies sieht man bereits an der Platzierung dieses Themas. Die „Wiedertaufe" gehört in seiner Liste zu den besonders abscheulichen Vergehen der Byzantiner. Es ist auch Leo, der berichtete, dass Hugo Etherianus Kaiser Manuel die Verbesserung der Lebensbedingungen lateinischer Christen vor Ort als erste Maßnahme auf dem Weg zur Kirchenunion empfahl. Er stilisierte seinen Bruder zum Fürsprecher der Belange aller lateinischer Christen im Byzantinischen Reich, der sich für deren Interessen in seiner Funktion als Berater des Kaisers einsetzte. Dies zeigt, wie sich die Konflikte und Spannungen vor Ort auch im Wirken der Lateiner widerspiegelten.

Ein zweites Beispiel für Konflikte vor Ort, in die Lateiner am Hof involviert waren, findet sich in den Auseinandersetzungen mit dem byzantinischen Fiskus. Der Konflikt brach um das Erbe eines in Konstantinopel verstorbenen Pisaners aus. Signoretto, der allerdings als *quondam [Pisa]nus civis, nunc vero burgensis invicti principis Manuel factus*, also als „einst pisanischer Bürger", nun aber als „Bürger des Kaisers Manuel" bezeichnet wurde, war in Konstantinopel verstorben.[40] Er hinterließ ein beachtliches Vermögen und vermachte es verschiedenen Begünstigten, in besonderem Maße seiner Heimatstadt Pisa, aber einen Teil auch pisanischen Institutionen in Konstantinopel.[41] Einer der Nachlassverwalter war Hugo Etherianus, der auch 1166 das einzige Dokument zu diesem Fall verfasste, nämlich einen Brief an die Konsuln von Pisa.[42] Das Schreiben besaß offiziellen Charakter, da in ihm die Bestimmungen zum Erbe des Signoretto sowie alle Begünstigten präzise aufgezählt wurden. In der Forschung wurde dieser Brief bisher vor allem hinsichtlich der Machtansprüche des byzantinischen Fiskus auf das Vermögen der in Konstantinopel lebenden Pisaner untersucht.[43] Er bietet aber auch wesentliche Informationen über die Verwicklung eines Lateiners in die Konflikte vor Ort.

---

40 Hugo Etherianus, Brief an die Konsuln von Pisa, Nr. X, S. 12: *Signorectus itaque, clarissimus quondam [Pisa]nus civis, nunc vero burgensis invicti principis Manuel factus, migravit ad Deum.*; zu dem *burgensis*-Status und seiner Bedeutung siehe: SCHREINER, Untersuchungen, S. 188f.; PENNA, Legal Autonomy, S. 74; LAIOU, Institutional mechanisms, S. 161-181; LILIE, Handel, S. 297-300.

41 Hugo Etherianus, Brief an die Konsuln von Pisa, Nr. X, S. 12.

42 Ediert von Giuseppe Müller, der das Dokument auf 1166 datierte: Hugo Etherianus, Brief an die Konsuln von Pisa, Nr. X, S. 11-13; die Datierung 1177 aber bei DONDAINE, Hugues Éthérien, S. 70.

43 SCHREINER, Untersuchungen, S. 189; LAIOU, Institutional mechanisms, S. 161-181; dies., The foreigner, S. 71-97.

Angestachelt von Gerüchten, Signoretto sei ohne Testament gestorben, nutzte der byzantinische Steuereintreiber Astafortis[44] die Situation und warf den Verwaltern vor, sie hätten betrügerisch Geld vom Erbe unterschlagen.[45] Astafortis forderte daher dieses Geld zurück. Hugo war von diesen Anschuldigungen auch betroffen, beteuerte allerdings in seinem Brief mehrfach, kein Geld aus dem Nachlass genommen zu haben. Nachdem er mit eigenen Augen miterlebt hatte, wie der Steuereintreiber bei Nacht die Türen zu Signorettos Haus einschlagen lassen wollte, eskalierte die Situation. Es kam zu einem Wortgefecht, Astafortis beschuldigte Hugo erneut der Geldunterschlagung, verpasste ihm Schläge und drohte ihm mit Gefängnis, als Hugo diesen der Lüge bezichtigte.[46] Dann nahm der Steuereintreiber das im Haus vorgefundene Bargeld samt dem noch versiegelten Geld und ging zum Kaiser, den er von der Unterschlagung durch die Verwalter überzeugen konnte. Daraufhin wurden fast alle Nachlassverwalter ins Gefängnis gesperrt.[47] Hugo berichtet in seinem Schreiben, dass Astafortis allerdings zunächst nicht zu ihm kam:

> *Ad me autem ausus venire tunc non fuit. Set enim omne otium corpori tollens se laboribus exposuit, et dogmatis quidem causa, sicut Graecia pleraque, qui permultum infensus mihi est, logothetam circumvenit precibus, prae*[*terea*] *satellites, grammaticos, clientes curiae precio corrupit, ampliora pollicens, ut se comitarentur ad me capiendum.*[48]

Erst nachdem sich der Steuereintreiber der Unterstützung mächtiger Männer am Hof versichert hatte, die er durch Bitten und auch durch Bestechung überzeugte, konnte er Hugo schließlich festnehmen. Trotz Rückendeckung des Kaisers hatte Astafortis anscheinend Skrupel, den pisanischen Theologen zu verhaften. Im Gegensatz zu den anderen Verwaltern schützte ihn vermutlich seine Stellung am Hof. Vielleicht informierte Astafortis den Kaiser auch

---

44 Astafortis stammte wohl aus Ungarn: *His ita gestis ab ungrica imperator profectione reversus est novusque quidam cum eo exactor …*, Hugo Etherianus, Brief an die Konsuln von Pisa, Nr. X, S. 12; Janet Hamilton geht von einem ungarischen Juden aus: HAMILTON, Hugh Eteriano, S. 136.

45 Die Namen der anderen Verwalter sind dem Dokument ebenfalls zu entnehmen (Vecius, der Neffe des Signoretto, Geradus, Sofredus, V. Familiatus, A. Rodigerius, Alfanus), Hugo Etherianus, Brief an die Konsuln von Pisa, Nr. X, S. 12.

46 Ebd., S. 13: *Cumque plaena eum quidem voce mentiri dixissem manus iniecit violentas in me minatusque est, quod contumeliose verberibus affectum me vinculis manciparetur.*

47 Nur Vecius konnte auf einem Pferd entkommen und flüchtete, ebd.: *Vecius tamen solus evasit, ex equo quidem ruerat in itinere praeceps.*

48 Ebd.; zum Amt des Logotheten: KAZHDAN, Art. „Logothet", S. 1247; zum Amt des *grammatikos*: KAZHDAN, Art. „Grammatikos", S. 866.

nicht darüber, wer unter den Verwaltern war, und warb daher bei Personen um Unterstützung, die Hugo nicht wohlgesonnen waren. Der Pisaner verweist im Brief – wie bereits eingangs im Brief an Petrus von Wien – auf die Ablehnung seiner Person durch einen großen Teil der byzantinischen Gesellschaft: so sei Astafortis „wie der größte Teil Griechenlands, mir gegenüber sehr feindselig". Einige einflussreiche Mitglieder des Hofes unterstützten scheinbar seine Festnahme.[49] Der Konflikt wurde letztlich gelöst, indem Hugos Bruder, Leo Tuscus, beim Kaiser zusammen mit *viri clarissimi, comites, principes, milites* intervenierte. Schließlich mussten vom Erbe nur 216 *aurei* dem Fiskus zufließen, der Rest konnte dem Testament gemäß verteilt werden.[50]

Beide genannten Beispiele betreffen recht alltägliche Konfliktsituationen zwischen Byzantinern und Lateinern im Reich, zum einen im religiösen und zum anderen im rechtlichen Kontext. Die Geschehnisse im Zusammenhang mit Signorettos Erbe geben einen seltenen, wichtigen Einblick, wie Lateiner am Hof in Konflikte vor Ort involviert waren und wie sie ihre Beziehungen nutzen konnten. Diese Schilderungen zeigen erstens, dass Hugo Etherianus mit der pisanischen Gemeinschaft in Konstantinopel in Kontakt stand, er übernahm sogar die Funktion des Nachlassverwalters für einen in Konstantinopel verstorbenen Pisaner. Zweitens schützte ihn seine Stellung am Hof letztlich nicht davor, verhaftet zu werden, auch wenn dies erst nach Absprache mit einflussreichen Männern erfolgen konnte. Drittens waren es aber dann doch wieder gerade seine Kontakte zum Hof, die schließlich seine Freilassung bewirkten.

7.2.2 *Konflikte am Hof*

Wenn ein Lateiner als Berater des Kaisers tätig war, so war er zunächst nur einer von vielen, überwiegend byzantinischen Ratgebern, die sich beim Herrscher Gehör verschaffen und diesen von ihrem Können überzeugen wollten. Wie bereits in den vorherigen Kapiteln gezeigt, waren Lateiner am Hof nicht immer erfolgreich. Hugo Etherianus konnte seine Ansichten bei der christologischen Kontroverse um die Worte „Mein Vater ist größer als ich" (Johannes 14,28) 1166 im höfischen Rahmen nicht durchsetzen.[51] Er selbst schreibt in seinem Brief an Petrus von Wien 1166/1167, dass er zwar den Kaiser, den Patriarchen und einige wenige Bischöfe überzeugen konnte, dass aber nahezu die gesamte Versammlung der Bischöfe, des Klerus, der Mönche und des Volkes weiterhin der

49 Siehe aber zu den freundschaftlichen Kontakten des Hugo Etherianus mit den Byzantinern Kapitel 7.3.

50 Hugo Etherianus, Brief an die Konsuln von Pisa, Nr. X, S. 13; HAMILTON, Hugh Eteriano, S. 137; SCHREINER, Untersuchungen, S. 189.

51 Siehe Kapitel 4.1 und 4.4.

anderen Meinung folgte.[52] Fraglich ist, welche Rolle seine lateinische Herkunft bei diesem Misserfolg spielte.

Er selbst betont den schweren Stand der Lateiner in Konstantinopel bereits zu Beginn dieses Briefes, indem er bemerkt, dass die Lateiner in der Stadt „verhasst“ seien und „verabscheut“ würden;[53] dies betraf auch ihn als Berater am Hof. Für den Leser erscheint es daher so, dass Hugo letztlich der Erfolg verwehrt blieb, da die Mehrheit ihn und seine Meinung aufgrund seiner Person oder seiner Herkunft ablehnte. Dies könnte sicherlich auch die Erklärung eines enttäuschten Unterlegenen sein, doch es ist auffallend, dass sein Auftritt und seine geäußerte Meinung in den byzantinischen Quellen zu den Diskussionen 1166 keinen Niederschlag fanden und er auch mit keinem Wort in den offiziellen Synodalakten erwähnt wurde.[54] Im Gegensatz zu seinen eigenen Schilderungen wurden ihm von byzantinischer Seite keine Verdienste bei der Lösung der Frage zugesprochen, er wurde mit Schweigen bedacht. Da Hugo im Auftrag des Kaisers eine Schrift zu der behandelten Frage angefertigt hatte, ist davon auszugehen, dass er in irgendeiner Form tatsächlich konsultiert wurde.[55] Das Verschweigen seiner Rolle könnte darauf hindeuten, dass man aus byzantinischer Sicht die offizielle Mitwirkung eines Lateiners bei dieser Frage tatsächlich als problematisch oder zumindest unangebracht empfand.

Sobald ein Lateiner in kaiserlichen Diensten stand, war er im Machtbereich des Herrschers. Ohne die Zustimmung des Kaisers war es ihm nicht möglich, den Hof zu verlassen. Eine Genehmigung wurde nicht immer erteilt, wie wieder das Beispiel des Hugo Etherianus zeigt. Leo Tuscus berichtet in seinem *De haeresibus*, dass Hugo wohl um 1175/1176 Byzanz verlassen und nach Rom zu Papst Alexander III. gehen wollte. Es ist nicht klar, ob Hugo den Kaiser über seine Pläne in Kenntnis setzte. Manuel Komnenos erfuhr jedenfalls von diesem Vorhaben, ließ seinen Berater zu sich rufen und verbot ihm gänzlich, nach Italien zu gehen.[56]

Gemäß Leos Darstellung hatten zwei bedeutende Mächte ein großes Interesse an Hugo und seinem Wissen: Byzanz und die Kurie in Rom. Beide wollten von ihm und seiner Expertise profitieren. Diese beschriebene Szene diente sicherlich primär dazu, Hugos Expertenstatus herauszustellen. Er sei

52 Hugo Etherianus, Brief an Petrus von Wien 1166/1167, 5, S. 155.

53 Ebd., 1, S. 153.

54 CLASSEN, Das Konzil, S. 121.

55 Hugo Etherianus verfasste *De minoritate ac equalitate filii hominis ad Deum Patrem* um 1165/1166, ediert ist es durch PODOLAK/ ZAGO, Ugo Eteriano, S. 77-170; zu diesem Werk auch: DONDAINE, Hugues Éthérien, S. 123f.; HAMILTON, Hugh Eteriano, S. 149.

56 Leo Tuscus, De haeresibus, zit. n. DONDAINE, Hugues Éthérien, S. 126.

ein dermaßen exzellenter Theologe gewesen, dass auf ihn sowohl der Papst als auch der Kaiser zurückgreifen wollten.[57]

Weitere Anzeichen weisen allerdings darauf hin, dass Hugo dem Hof tatsächlich den Rücken kehren wollte. Erstens verlief sein weiterer Lebensweg dementsprechend, er verließ nämlich wahrscheinlich im Zuge des „Lateinerpogroms" 1182 Byzanz und schlug eine kirchliche Laufbahn an der römischen Kurie ein. Papst Lucius III. erhob ihn sogar zum Kardinaldiakon von St. Angelo.[58] Er machte also in der Tat noch Karriere in Rom, wenn auch mit Verzögerung. Zweitens spricht die Datierung der Korrespondenz zwischen dem Pisaner und Würdenträgern der römischen Kirche ab den späten 1170er Jahren für einen durchaus engeren Kontakt zu dieser Zeit. Das Zusammentreffen zwischen Manuel Komnenos und Hugo kann wohl auf Ende 1175 oder Anfang 1176 datiert werden.[59] Der Brief Papst Alexanders III. ist auf 1177 zu datieren, die Korrespondenz mit dem lateinischen Patriarchen von Antiochia, Aimery von Limoges, wohl auf 1176/1177. Zeitlich liegen also die beschriebene Szene und die Korrespondenz mit hohen geistlichen Würdenträgern der römischen Kirche nahe beieinander.[60]

Angesichts der Krisen des Byzantinischen Reiches in den 1170er Jahren erscheint es nicht unplausibel, dass Hugo sich in dieser Zeit umorientierte. Die Festsetzung und Verhaftung der Venezianer in Byzanz 1171 und das Scheitern der byzantinischen Westpolitik 1173 in Ancona sowie die Niederlage von Myriokephalon 1176 konnten als Vorzeichen für unruhigere Zeiten gedeutet werden.[61] Sich doppelt abzusichern, war deshalb eine vorausschauende Strategie und fruchtete, wenn auch nicht 1175/1176, dann aber zumindest 1182.

Hugo war nicht der Einzige, dem verboten wurde, in den Westen zurückzukehren. Bereits um 1124/1125 verweigerte der damalige Kaiser Johannes II. Komnenos dem am Hof beschäftigten Venezianer Cerbano Cerbani wiederholt die Ausreise. Cerbano war wohl als Übersetzer tätig, und zwar bereits unter Kaiser Alexios I. Komnenos. In der von ihm verfassten *Translatio*

---

57 Ebd.

58 DONDAINE, Hugues Éthérien, S. 93-97; HAMILTON, Hugh Eteriano, S. 141; PRINZING, Das Papsttum, S. 145.

59 Janet Hamilton setzt dieses Treffen in Bithynien mit dem Aufenthalt des Kaisers in dieser Region vor der im September 1176 stattfindenden Schlacht von Myriokephalon in Verbindung, HAMILTON, Hugh Eteriano, S. 134f.; zur Schlacht von Myriokephalon und zu ihren Auswirkungen siehe z. B. LILIE, Die Schlacht, S. 257-275.

60 Siehe zu den Datierungen der Werke und der Korrespondenz: DONDAINE, Hugues Éthérien, S. 60-72.

61 Siehe zu diesen Ereignissen: BRAND, Byzantium, S. 195-206; EXARCHOS, Komnenoi; GEORGI, Friedrich Barbarossa, S. 205f.; CARILE, Federico Barbarossa, S. 3-31; LILIE, Handel, S. 489-498; ders., Manuel I. Komnenos, S. 167-168; ders., Die Schlacht, S. 257-275.

Mirifici Martyris Isidori zeichnet er ein negatives Bild von Kaiser Johannes II. Komnenos.[62] Er wollte schließlich Konstantinopel verlassen, auch um eine Pilgerreise nach Jerusalem zu unternehmen. Nachdem ihm die Ausreise verweigert worden war, reiste er ohne entsprechende Erlaubnis aus, wurde allerdings in Kreta aufgegriffen, da er nicht die entsprechenden Dokumente hatte. Er wurde wieder nach Konstantinopel gebracht und dort zu einer Gefängnisstrafe verurteilt. Ihm gelang es allerdings, vor den Soldaten des Kaisers zu fliehen und sich abzusetzen.[63] Charles Brand vermutet, dass die Venezianer in Konstantinopel Cerbano bei der Flucht halfen.[64]

Diese dramatischen Schilderungen der Flucht eines Lateiners sprechen dafür, dass es am Hof beschäftigten Personen nicht ohne Weiteres erlaubt war, das Reich zu verlassen. Die Befürchtung, vertrauliches Wissen und Informationen könnten in den Westen gelangen, kann in beiden Fällen ein Grund für das Ausreiseverbot gewesen sein. Cerbano hätte als Venezianer seine Heimatstadt an seinem internen Wissen und seinen Erfahrungen teilhaben lassen können. Byzanz unterhielt enge politische Beziehungen zu Venedig, die Lagunenstadt entwickelte sich aber im 12. Jahrhundert immer mehr zu einem politischen und ökonomischen Rivalen. Hugo wollte sogar direkt zur Kurie wechseln, aus byzantinischer Perspektive zur Gegenseite bei den Verhandlungen um die Kirchenunion. Beides konnte nicht im Interesse des Byzantinischen Reiches sein.

7.2.3 *Gewaltsame Konflikte*

Die Verwicklung in gewaltsame Konflikte ist untrennbar mit generellen Angriffen auf Lateiner in Byzanz verbunden. Attacken gegen Lateiner innerhalb des Reiches nahmen seit den 1180er Jahren zu, also in einer Phase, in der

---

62 Zu Cerbano Cerbani siehe BRAND, An imperial translator, S. 217-221; RODRIGUEZ SUAREZ, From Greek, S. 94-97; ders., The Western Presence, S. 127-133; GASTGEBER, Die lateinische „Übersetzungsabteilung“ I, S. CXXXV; Cerbano Cerbani, Translatio Mirifici Martyris Isidori, S. 321-334, hier III, S. 324.

63 Ebd. III, S. 324 und IV, S. 324f.: ..., *Cerbanus nomine et cognomine, in aula praesripti imperatoris aliquantum commoratus,* [...]. *Quam quidem cum saepius petitam eamdemque promissam nullatenus impetrare valuisset, Constantinopoli clam egressus, a duce Cretae, qui quibusdam galeis ad eamdem redibat, apud Icariam insulam interceptus, velut quondam ei notus et dimissorias non habens quas ostenderet, Chio reductus est;* [...] *Cum igitur ad regiam urbem redisset, et velut imperatoriae majestatis contemptorem, detentionis ac munitae custodiae sententia dictata, milites versus palatium, quo jussi fuerant eum includere, sequerentur, invocata divina misericordia atque martyris intercessione, illico reflexis habenis per mediam urbem discurrens, manus eorum diffugit,* ....

64 BRAND, An imperial translator, S. 219; RODRIGUEZ SUAREZ, The Western Presence, S. 128.

Byzanz ein angespanntes Verhältnis zu westlichen Mächten und eine innere Schwäche kennzeichneten.[65] Zu unterscheiden ist dabei, von wem die Gewalt gegen die Lateiner ausging, von der Obrigkeit oder dem Volk.

Obrigkeitliche Gewalt betraf insbesondere Gesandte einer anderen Macht. Der Umgang am byzantinischen Hof konnte für den Gesandten mitunter unangenehm werden.[66] Eine unangemessene Unterbringung, die Festsetzung und Vorenthaltung einer Audienz beim Kaiser wie auch das Vorführen der unglaublichen Reichtümer der Stadt und des Hofes waren, besonders in der Spätantike und im frühen Mittelalter, politische und diplomatische Mittel. Die Byzantiner versuchten dadurch, Gesandte zu beeindrucken und einzuschüchtern.[67] Im hohen Mittelalter ist dies weit weniger der Fall, obgleich selbst einer der Anführer des Ersten Kreuzzugs, Hugo von Vermandois, bei der Ankunft im Reich zusammen mit anderen Kreuzfahrern zunächst festgesetzt wurde.[68]

Als Friedrich Barbarossa während des Dritten Kreuzzugs Bischof Hermann von Münster, die Grafen Rupert und Walram von Nassau, Graf Heinrich den Jüngeren von Diez und Markward von Neuenburg im Dezember 1188, begleitet von 500 Rittern, als Gesandte zum byzantinischen Kaiser Isaak II. Angelos schickte, ließ Isaak diese mitsamt den Rittern festnehmen. Über die genauen Umstände ihrer Festnahme ist wenig bekannt. Eigentlich waren sie dort, um den Durchzug des Kreuzfahrerheeres zu besprechen.[69] Um die Freilassung dieser Geiseln drehten sich primär auch die Verhandlungen bis zum Oktober 1189.[70] In einem Schreiben an Leopold V. von Österreich berichtet Friedrich Barbarossa davon, dass der byzantinische Kaiser die Gesandten

---

65 Siehe zum Zeitraum 1180 bis 1200 besonders den Sammelband von SIMPSON (Hrsg.), Byzantium; BRAND, Byzantium, S. 31-269.

66 Eines der bekanntesten Beispiele für die schmachvolle Behandlung eines westlichen Gesandten in Byzanz ist Liudprand von Cremona, der seine Erlebnisse am byzantinischen Hof in seiner *Legatio* zusammenfasste: Liudprand von Cremona, Legatio, 1-65, S. 175-212; RENTSCHLER, Liudprand von Cremona; zu den Empfängen am byzantinischen Hof und dem „Zeremonienbuch" siehe auch KRESTEN, „Staatsempfänge"; siehe auch DROCOURT, Diplomatie, besonders S. 471-476; ders., L'Ambassadeur maltraité, S. 87-98; ders., La Mort, S. 67-104.

67 RENTSCHLER, Liudprand von Cremona. S. 47-50; LILIE, Herrschaftsrepräsentation, S. 324-329; dies konnte aber auch seine Wirkung verfehlen: ANCA, Herrschaftliche Repräsentation, S. 184-187.

68 Albert von Aachen spricht sogar davon, dass der Kaiser sie in Ketten und im Kerker gehalten hatte (*in uinculis et carcere tenuisset*), Albert von Aachen, Historia Ierosolimitana, II, 7, S. 72; Anna Komnene bemerkt, dass die Bewegungsfreiheit des Hugo von Vermandois eingeschränkt wurde, Anna Komnene, Alexias, X, 7, S. 301-303; HARRIS, Byzantium, S. 58.

69 Regesta Imperii IV 2,4, Nr. 3216, S. 241f.

70 Ebd., Nr. 3403, S. 304; DÖLGER/WIRTH, Regesten der Kaiserurkunden II, Nr. 1598, S. 302.

gefangengenommen (*captivavit*) und auf schändliche Weise in den Kerker gestoßen habe (*atque ignominiose in carcerem detrusit*).[71] Von byzantinischer Seite wird wenig berichtet, nur dass der Kaiser die Gesandten nicht zu Friedrich Barbarossa zurückkehren ließ und sie äußerst unehrenvoll behandelt haben soll. Auch wenn hier nicht vom Kerker die Rede ist, steht außer Zweifel, dass mit den Gesandten nicht angemessen umgegangen wurde.[72]

Für den schlechten Ruf der Byzantiner im Umgang mit Gesandten spricht auch der Todesfall Wibald von Stablos. Der Abt und Gesandte Friedrich Barbarossas starb im Juli 1158 auf seiner Gesandtschaftsreise nach Byzanz.[73] Der Geschichtsschreiber Rahewin berichtet, dass die späteren byzantinischen Gesandten für eine Reise an den Hof Friedrich Barbarossas freies Geleit erbaten, denn sie fürchteten *pro morte Wibaldi abbatis Stabulensis, qui in Greciam missus ibi vita decesserat, sese suspectos haberi.*[74] Anscheinend befürchteten sie, für den Tod Wibalds in irgendeiner Form verantwortlich gemacht zu werden, was wiederum Rückschlüsse auf das Bild der Byzantiner im römisch-deutschen Reich hinsichtlich des Umgangs mit Gesandten zulässt.

---

71 Friedrich Barbarossa, Brief an Leopold V. von Österreich, Nr. 1010, S. 306f., hier S. 306: ..., *insuper et legatos nostros Monasteriensem episcopum, comitem Rupertum, Marquardum camerarium nostrum, cum universo ipsorum comitatu, quos vivificae crucis pro pacifico transitu nostro et pace confirmanda destinaveramus, captivavit atque ignominiose in carcerem detrusit.*

72 Niketas Choniates berichtet davon, dass der Kaiser die Gesandten nicht zu Friedrich Barbarossa zurückkehren ließ und den Weg für den Durchzug versperrte, Niketas Choniates, Historia, Regierungszeit des Isaak II. Angelos, II, S. 402f.; siehe auch ders., Historia, übersetzt von GRABLER, Abenteurer, II, S. 214: „Als der König diese Gesandten wieder bei sich sah und von ihnen hörte, daß der Kaiser ihnen nicht einmal einen Platz angeboten hatte, sondern sie beim Empfang wie seine eigenen Dienstleute, als ob sie Rhomäer wären, stehen gelassen hatte und sie, die doch Bischöfe und Angehörige des Königshauses waren, keiner einzigen Ehrenbezeigung gewürdigt hatte, da war er sehr empört und knirschte mit den Zähnen."; ders., Historia, Regierungszeit des Isaak II. Angelos, II, S. 410: αὐτὸς δὲ τούτους ἰδὼν καὶ μαθὼν ὡς οὔτε καθέδρας ὁ βασιλεὺς αὐτοῖς μετέδωκεν, ἀλλὰ δουλοπρεπῶς ἐπ᾽ ἴσης Ῥωμαίοις αὐτῷ παρειστήκεισαν ὀπτανόμενοι, οὔτε τινὸς ἑτέρου ἐξαιρέτως ἠξίωσεν ἀγαθοῦ ἐπισκόπους τε ὄντας καὶ αὐτῷ προσγενεῖς, ἠγανάκτει καὶ δῆλος ἦν ἐπὶ τῷ γεγονότι τῷδε διαπριόμενος.

73 Wibald starb wohl am 19. Juli 1158 auf dem Balkan. Sein Leichnam wurde zunächst im Dom von Bitolje beigesetzt, er wurde dann allerdings überführt und am 26. Juli 1159 in Stablo beigesetzt, Rahewin, Gesta Friderici I. Imperatoris, übersetzt von SCHMIDT/SCHMALE, S. 569, Fußnote 82.

74 Rahewin, Gesta Friderici I. Imperatoris, IV, 24, S. 267: *Eodem tempore vel potius hisdem diebus legati Constantinopolitani imperatoris ad curiam venturi fidem publicam expetebant; namque pro morte Wibaldi abbatis Stabulensis, qui in Greciam missus ibi vita decesserat, sese suspectos haberi metuebant.*

Gewaltsame Maßnahmen der Obrigkeit gegen Lateiner im byzantinischen Raum richteten sich besonders gegen die italienischen Kaufleute. Im März 1171 ereignete sich etwas Außergewöhnliches: alle Venezianer auf byzantinischem Territorium wurden zeitgleich festgesetzt, in Gefängnissen und Klöstern interniert und ihr Vermögen eingefroren.[75] Über die Gründe für diese Festsetzung gehen die Quellen auseinander. Der byzantinische Geschichtsschreiber Johannes Kinnamos rechtfertigt die Inhaftierung mit der Weigerung der Venezianer, den Schaden zu erstatten, den sie ein Jahr zuvor dem neu errichteten genuesischen Viertel in Konstantinopel zugefügt hatten.[76] Die venezianische Seite nannte hingegen das Interesse des Kaisers an venezianischen Reichtümern als Grund für die Festsetzung ihrer Bürger, die Zerstörung des genuesischen Viertels wird nicht erwähnt.[77] Eine Rolle spielte sicherlich auch der Ende der 1160er Jahre sich verschärfende Konflikt zwischen Byzanz und Venedig um Dalmatien, also äußere Faktoren, die die Beziehungen belasteten.[78]

Die Venezianer verstanden dieses Vorgehen als Akt der Aggression und erwiderten es mit Angriffen auf byzantinisches Gebiet von der See aus, die allerdings im Mai 1172 endeten.[79] Im Zusammenhang mit diesen Auseinandersetzungen ist die angebliche Blendung des späteren Dogen Enrico Dandolo durch Kaiser Manuel Komnenos ein Thema, das die Forschung bis heute beschäftigt. Der Doge Vitale Michiel schickte Filippo Greco und Enrico Dandolo als Gesandte zum Kaiser. Zeitlich später verfasste Quellen berichten davon, dass Manuel Komnenos den damaligen Gesandten Enrico Dandolo während dessen Gesandtschaftsaufenthaltes blenden ließ.[80] Diese Geschichte kam bei der Eroberung Konstantinopels um 1204 auf, an der Enrico Dandolo als Doge von Venedig maßgeblich beteiligt war, wohl auch um die Einnahme

75 Brand, Byzantium, S. 15f. und S. 95-206; Nicol, Byzantium, S. 97-101; Johannes Kinnamos, Epitome, VI, 10, S. 280-283; Historia ducum Veneticorum, a. a. 1170/1171, S. 78; Dölger/Wirth, Regesten der Kaiserurkunden II, Nr. 1500, S. 260.

76 Die Venezianer in Konstantinopel taten dies wahrscheinlich aus Ärger darüber, dass Pisaner und Genuesen mit den Byzantinern neue Vereinbarungen abgeschlossen hatten, Johannes Kinnamos, Epitome, VI, 10, S. 282; Nicol, Byzantium, S. 96f.

77 *Iam enim conceperat malum in corde suo contra Venetos, videns eos diviciis habundare et virtutibus refulgere.*, Historia ducum Veneticorum, a. a. 1170, S. 78.

78 Georgi, Friedrich Barbarossa, S. 187-194; siehe auch zu den Konflikten mit den Venezianern: Lilie, Handel, S. 480-496; Exarchos, Komnenoi.

79 Nicol, Byzantium, S. 99; Madden, Enrico Dandolo, S. 53-56.

80 Zur Gesandtschaft siehe ebd., S. 55; Dölger/Wirth, Regesten der Kaiserurkunden II, Nr. 1511, S. 264; die früheste Quelle zur Blendung des Enrico Dandolo ist die Chronik von Novgorod, kurz nach 1204 geschrieben: Die Chronik von Novgorod, 1016 1471, übersetzt von Michell/ Forbes, a. a. 1204, S. 48; Madden, Venice, S. 179-184.

der Stadt mit dessen angeblichem Hass auf die Byzantiner zu erklären.[81] Es ist wahrscheinlich nicht von einer Blendung 1172 auszugehen.[82] Dennoch zeigen die aufgekommenen Gerüchte über dreißig Jahre später, dass die Blendung eines venezianischen Gesandten auf byzantinischem Gebiet als nicht abwegig erschien. Neben den Konflikten mit der Obrigkeit waren Lateiner auch von gewaltsamen antilateinischen Ausschreitungen durch Teile des Volkes betroffen.

Im letzten Viertel des 12. Jahrhunderts häuften sich Übergriffe auf Lateiner in Konstantinopel. 1182, 1187 und 1203 kam es zu äußerst gewalttätigen Attacken durch eine Menge von Byzantinern in Konstantinopel, die mit Plünderungen und Zerstörung der lateinischen Viertel einhergingen.[83] Die Forschung der letzten Jahrzehnte betont bei der Bewertung dieser Geschehnisse und deren Nachwirkungen nicht selten die byzantinischen Ressentiments gegenüber den Lateinern.[84] Angesichts des sogenannten „Lateinerpogroms" 1182 schreiben einige Historiker derartigen Übergriffen sogar eine die Beziehungen zur lateinischen Welt nachhaltig verändernde Wirkung zu. Charles Brand sieht in dem Vorfall 1182 einen Meilenstein in der sich entwickelnden Feindseligkeit zwischen Ost und West und Steven Runciman spricht von einem Ereignis, das der Westen nicht vergeben konnte.[85] Savvas Neocleous wandte sich in den letzten Jahren gegen diese Deutungen und sieht weder in antilateinischen Ressentiments eine bedeutende Ursache des Übergriffs von 1182, noch geht er von einer großen Wirkung dieses Ereignisses auf die westlich-byzantinischen Beziehungen aus.[86] Vielmehr würden lateinische Quellen überwiegend den Usurpator Andronikos I. Komnenos (1183-1185) für die Gewalt verantwortlich machen und nicht generell die Byzantiner.[87]

---

81 Ebd., S. 180f.

82 Ders., Enrico Dandolo, S. 63-68; ders., Venice, S. 179-184; beispielsweise auch schon KRETSCHMAYR, Geschichte, S. 258.

83 NEOCLEOUS, Greeks, S. 221-250; BRAND, Byzantium, S. 41f.

84 ANGOLD, The Byzantine Empire, S. 264f.

85 BRAND, Byzantium, S. 41: „The Latin Massacre of April 1182 ensued – a landmark in the developing hostility of East and West."; RUNCIMAN, The Eastern Schism, S. 131: „The massacre of the Latins at Constantinople was something that the West could not forgive."

86 „... the ‚anti-Latin feelings' in Constantinople were by no means as strong as often asserted.", NEOCLEOUS, Greeks, S. 237; „The attack on the Latins in 1182 neither made a significant impact on the Latins nor had the far-reaching repercussions for the Byzantine Empire that several modern commentators suggest.", ders., Tyrannus, S. 279f.

87 Ebd., S. 195-284, besonders S. 278-283; Neocleous versucht bei allen Ausschreitungen andere Gründe als antilateinische Ressentiments zu betonen, 1187 stellt Neocleous beispielsweise die Rolle des Alkohols und die Rolle von Kriminellen heraus, ders., Greeks, S. 240-245; siehe zum Kaiser Andronikos I. Komnenos auch BRAND/ CUTLER, Art. „Andronikos I Komnenos", S. 94.

Die tätlichen Aggressionen 1182, 1187 und 1203 richteten sich in erster Linie gegen die italienischen Viertel in Konstantinopel. 1182 waren besonders das pisanische und das genuesische Viertel betroffen, die Venezianer waren zu diesem Zeitpunkt noch größtenteils aus Konstantinopel vertrieben.[88] Zu fragen ist, inwieweit die Lateiner am Hof von diesen gewalttätigen Auseinandersetzungen betroffen waren und inwieweit sich die Gewalt auch gegen sie richtete. Die Anwesenheit von Lateinern am Hof hatte sich unter der Herrschaft des Manuel Komnenos endgültig etabliert und gefestigt. Es ist deshalb beachtlich, dass Wilhelm von Tyros, der unter den lateinischen Quellen am ausführlichsten über den „Lateinerpogrom" 1182 berichtet, bei seiner Hinführung zu den Ausschreitungen erst einmal die besondere Stellung der Lateiner unter Manuel Komnenos betonte. Wilhelm von Tyros hielt sich selbst mehrfach am byzantinischen Hof auf.[89] Er beginnt seinen Bericht damit, dass sich in Konstantinopel ein für alle Lateiner „trauriger Fall" (*casus lugubris*) ereignet habe. Laut Wilhelm war ein Groll hierfür ursächlich, den das „hinterlistige und treulose Griechenland" (*fallax et perfida Grecia*) seit langer Zeit empfand.[90] Denn nach dem Tod des Manuel Komnenos glaubten sowohl die „Großen" als auch das Volk Konstantinopels, sich für die Bevorzugung der Lateiner rächen zu können.[91] Dann verweist der Geschichtsschreiber zunächst detailliert auf die Förderung der Lateiner am Hof und die Gründe dafür. Dieser Bevorzugung unterstellt er eine Art Pull-Faktor, der noch mehr Lateiner an den Hof zog.[92] Dies unterstützte und förderte den Hass der Byzantiner:

> *Unde Grecorum nobiles et maxime eius consanguinei, sed et reliquus populus odium insaciabile adversus nostros conceperant, accedente etiam ad indignationis cumulum et odiorum fomitem et incentivum ministrante sacramentorum inter nos et eos differentia.*[93]

---

88 Nicol, Byzantium, S. 107; Brand, Byzantium, S. 41 und S. 208.

89 Zu Wilhelm von Tyros: Möhring, Art. „Wilhelm von Tyrus", Sp. 191f.; unter anderem hielt er sich 1179/1180 in Byzanz auf: Edbury/ Rowe, William of Tyre, S. 147f.; Hiestand, Zum Leben, S. 345-380.

90 Wilhelm von Tyros, Chronicon, XXII, 11, S. 1020: *Dum hec itaque in nostro sic geruntur Oriente, apud Constantinopolim grandis circa imperium facta est permutatio et casus accidit universe Latinitati lugubris et inauditam irrogans cum enormi dampno contumeliam: dolorem enim, quem pridem fallax et perfida Grecia conceperat, edidit et peperit iniquitatem.*

91 Ebd.: ..., *visum est tam maioribus quam populo civitatis illius oportunitatem invenisse, ut quod adversus nostros maligne conceperant possent effectui mancipare.*

92 Ebd., S. 1020f.

93 Ebd., S. 1021.

Die byzantinischen Adligen, sogar die Verwandten des Kaisers sowie das Volk, hätten einen „unersättlichen Hass" gegen die Lateiner entwickelt. Zur Förderung der Lateiner am Hof kamen dann noch die religiösen Unterschiede hinzu, die laut Wilhelm den Hass noch weiter anfachten. Dies und Ähnliches seien die Gründe für diesen Groll gewesen, und die Byzantiner hätten schon lange auf die Gelegenheit gewartet, das verhasste Volk der Lateiner (*invisum Latinorum populum*) sowohl in der Stadt als auch im gesamten Byzantinischen Reich zu vernichten, um ihren unerbittlichen Hass (*odium inexorabile*) zu stillen.[94] Dann beginnt Wilhelm mit der eigentlichen, sehr präzisen Schilderung der gewaltsamen Ausschreitungen in Konstantinopel 1182.[95]

Wilhelm von Tyros führt den „Lateinerpogrom" auf zwei Ursachen zurück: zum einen auf den religiösen Gegensatz und zum anderen auf die Förderung der Lateiner am Hof unter Manuel Komnenos. Er stellt eine direkte Verbindung zwischen den am Hof beschäftigten Lateinern und den Übergriffen her. Die Attacken richteten sich also auch gegen diese und ihren Einfluss. Bemerkenswert ist dabei die Betonung, dass die Oberschicht und das Volk in ihrem Hass vereint waren. Wilhelm von Tyros ist eine zeitgenössische Stimme, die diesen Zusammenhang so stark hervorhebt. Da sich die Kaiserwitwe Maria auf das unter Manuel Komnenos etablierte Gefolge stützte, hielt die Förderung auch nach dessen Tod an.[96]

Dies bedeutet nicht, dass keine freundschaftlichen Kontakte zwischen Byzantinern und Lateinern bestanden. Im Gegenteil, gerade die wiederholten Berichte über die Behinderung von lateinisch-byzantinischen Eheschließungen sowohl in Texten zur Kanonistik als auch – wie durch Beschwerden der Lateiner dokumentiert – in der Praxis können geradezu als eine Reaktion auf die deutliche Zunahme solcher Ehen interpretiert werden.[97] Die während des 12. Jahrhunderts wachsende Inklusion von Lateinern am Hof und in der Stadt könnte neben anderen Faktoren zu dieser gewalttätigen Gegenreaktion beigetragen haben. Allerdings nennen die Quellen auch weitere

94 Ebd.: *Denique his et huiusmodi a multo retro tempore simultatem hanc apud se conceperant, oportunitatem querentes ut saltem post imperatoris obitum invisum Latinorum populum tam in urbe quam in imperii finibus commorantem delerent penitus, odium inexorabile saciantes.*

95 Ebd., 13, S. 1022-1024.

96 Niketas Choniates, Historia, Regierungszeit des Alexios, S. 223f.; Wilhelm von Tyros, Chronicon, XXII, 12, S. 1021; Lilie, Handel, S. 535.

97 Für die Zunahme von Eheschließungen siehe auch folgende Quellen: Johannes Kinnamos, Epitome, VI, 10, S. 281f.; Wilhelm von Tyros, Chronicon, XXII, 13, S. 1024; vgl. gegen die Anerkennung solcher Ehen: Schreiner, Untersuchungen, S. 186f.

Gründe für die Ausschreitungen 1182, zum Beispiel die Machtübernahme des Andronikos I. Komnenos, der die Byzantiner in der Stadt aufgewiegelt hatte.[98]

Es waren allerdings nicht die Lateiner am Hof, die von den Übergriffen 1182 primär betroffen waren, sondern die italienischen Handelsviertel in Konstantinopel.[99] Byzantinische und lateinische Quellen stimmen darüber überein, dass eine aufgebrachte Menge die Lateiner angriff und die Häuser plünderte, einige konnten fliehen, andere besonders Frauen, Kinder, Alte und Gebrechliche fielen der Menge zum Opfer.[100] Wilhelm von Tyros berichtet zu 1182, dass auch lateinische Kirchen und Kleriker angegriffen wurden, er fügt hinzu, dass lateinische Mönche und Priester als erste misshandelt und mit besonderer Grausamkeit getötet wurden. Die Byzantiner erkannten sie an ihrem Aussehen.[101] Wilhelm von Tyros, Eustathios von Thessaloniki und Robert von Torigni berichten von einem prominenten Opfer, nämlich dem Gesandten Papst Alexanders III., Johannes, der noch zu Lebzeiten Kaiser Manuels nach Konstantinopel geschickt worden war, um über die Kirchenunion zu verhandeln.[102]

Robert von Torigni schildert dessen Ermordung am detailreichsten.[103] Johannes soll entgegen dem Rat anderer nicht geflohen sein. Er berief sich

---

98 Siehe dazu Eustathios von Thessaloniki, Die Eroberung von Thessaloniki, 27-30, S. 32-36; Robert von Auxerre, Chronicon, a. a. 1182, S. 247; siehe dazu auch NEOCLEOUS, Tyrannus, S. 195-284, besonders S. 222f.

99 BRAND, Byzantium, S. 41f.; RUNCIMAN, Eastern Schism, S. 131-133; LILIE, Handel, S. 539-543.

100 Eustathios von Thessaloniki, Die Eroberung von Thessaloniki, 29, S. 34; Wilhelm von Tyros, Chronicon, XXII, 13, S. 1022-1024.

101 Ebd., S. 1023: *..., nec erat differentia plebeiorum et cleri, nisi quod in eos atrocius deseviebant, qui religionis ac honestatis pretendebant habitum: monachis enim et sacerdotibus primas irrogabant iniurias et exquisitis perimebant cruciatibus.*; siehe auch generell zur religiösen Gewalt im Mittelalter und ihrer Erforschung: WELTECKE, Bemerkungen, S. 621-656.

102 Dieser Johannes war wohl Kardinaldiakon von St. Angelo und damit direkter Vorgänger des Hugo Etherianus auf diesem Posten: PRINZING, Das Papsttum, S. 144f.

103 Robert von Torigni, Cronica, a. a. 1182, S. 533: *Cum autem Latini occiderentur per crudelitatem istius Andronii, quidam cardinalis Romane ecclesie, Iohannes nomine, quem Romanus pontifex miserat Constantinopolim ad peticionem Manuel imperatoris, – qui erat vir religiosus, et volebat per predicationem illius cardinalis revocare ecclesiam Grecorum ad instituta et subiectionem Romane ecclesie – hic inquam Iohannes, cum Latini occiderentur, erat in hospitio suo; venerantque ad eum quidam religiosi viri, suadere ei, ut discederet, ne occideretur. Quod cum audiret, dixit: Absit hoc ne fiat. Ego hic sto pro unitate ecclesie et precepto domini mei Alexandri pape. Tunc irruentes in eum Greci perfidi occiderunt eum, et ligantes canem cum eo, ita quod cauda canis esset in os eius, traxerunt per vicos civitatis, et facta fovea ibi combuxerunt eum; et postea viri religiosi de fovea tulerunt corpus eius, et obtime sepelierunt illud, ubi fiunt crebro miracula.*; Wilhelm von Tyros, Chronicon, XXII, 13, S. 1023: *Inter quos virum venerabilem Iohannem nomine, sancte Romane ecclesie*

auf den Zweck seiner Reise, nämlich die Kirchenunion, und auf den Auftrag seines Dienstherrn. Gut möglich, dass er dachte, als Geistlicher und päpstlicher Gesandter stünde er unter einem besonderen Schutz. Eustathios von Thessaloniki betont, dass Johannes sogar in seinem geistlichen Gewand getötet wurde. Er habe es getragen, weil er hoffte, dies würde ihn schützen.[104] Doch das Gegenteil war der Fall, gerade er wurde besonders brutal ermordet, die Verachtung zeigte sich in der Schändung der Leiche, von der auch Wilhelm von Tyros berichtet.[105] Es ist nicht verwunderlich, dass ihm als erkennbarem Vertreter und hohem Repräsentanten der römischen Kirche besonders viel Hass seitens der Bevölkerung entgegenschlug. Leider liefert diese Passage keine Informationen darüber, wo genau er untergebracht war. Er muss in der Stadt, gut zugänglich für die gewalttätige Menge, vermutlich in einem der lateinischen Viertel, vielleicht sogar in einem der Klöster, gewohnt haben.[106] Für Robert von Torigni ist diese Tat ein großes Verbrechen, er stilisiert die Ermordung des Johannes gewissermaßen zum Märtyrertod, so geschahen sogar Wunder, nachdem dieser in geweihter Erde begraben worden war.

Nach 1182 verließen viele Lateiner Konstantinopel. Hugo Etherianus könnte infolge des „Lateinerpogroms" 1182 oder vielleicht sogar kurz davor nach Italien gegangen sein. Im Juni 1182 ist er jedenfalls bereits an der Kurie in Rom nachweisbar, sein Name findet sich in der Zeugenliste einer päpstlichen Urkunde.[107] Die Ereignisse in den 1180er Jahren bedeuteten allerdings nicht, dass alle Lateiner Konstantinopel den Rücken kehrten. Leo Tuscus ist noch im Dezember 1182, also nach den Ausschreitungen, in Byzanz dokumentiert.[108]

---

subdiaconum, quem pro negociis ecclesie dominus papa illuc direxerat, comprehendentes, in contumeliam ecclesie decollaverunt, caput eius ad caudam canis inmunde religantes.; auch Eustathios von Thessaloniki erwähnt die Ermordung und kritisiert die Gräueltaten gegen die Lateiner. Er bezeichnet den Gesandten sogar als „heiligen Mann" (ἀνὴρ ἱερὸς): Eustathios von Thessaloniki, Die Eroberung von Thessaloniki, 29, S. 34.

104 Ders., Die Eroberung von Thessaloniki, übersetzt von HUNGER, 29, S. 42: „Er [Johannes] kam nicht einfach ums Leben, sondern mit seinem ganzen heiligen Gewand, das er zum Schutz gegen die Waffen angelegt hatte, in der Annahme, die Missetäter würden ihn vielleicht scheuen."; ders., Die Eroberung von Thessaloniki, 29, S. 34: Καὶ οὐχ ἁπλῶς ἔπεσεν, ἀλλὰ μετὰ τῆς παρ᾽ ἐκείνῳ ἱερᾶς ὅλης περιβολῆς, ἣν ὅπλων πρόβλημα περιέθετο, εἴ πως αὐτὸν αἰδέσονται οἱ κακοί.

105 Wilhelm von Tyros, Chronicon, XXII, 13, S. 1023.

106 Zu den lateinischen Kirchen und Klöstern in Konstantinopel siehe LILIE, Die lateinische Kirche, S. 208-220.

107 Lucius III., Privileg an das Kapitel vom heiligen Grabe zu Jerusalem vom 30. Juni 1182, S. 293-295; siehe auch KEHR, Papsturkunden in Salerno, Nr. 22, S. 440; siehe auch DONDAINE, Hugues Éthérien, S. 95-97.

108 Bezeugt durch den Brief des Papstes Lucius III. an Leo Tuscus (7. Dezember 1182): Lucius III., Brief an Leo Tuscus, Nr. XXI, S. 24f.

Gut möglich, dass er mit seinem offiziellen Hofamt als Übersetzer der kaiserlichen Briefe unter besonderem Schutz stand. Aber auch weitere Lateiner lassen sich in den 1180er und 1190er Jahren im Dienst der byzantinischen Kaiser finden. Dies spricht dafür, dass im 12. Jahrhundert trotz der gewaltsamen Übergriffe eine gewisse Kontinuität fortbestand.[109]

7.3 Die Integration in die byzantinische Gesellschaft

Die Lateiner am Hof hatten zwangsläufig Kontakt zu Byzantinern, deshalb stellt sich die Frage nach freundschaftlichen Beziehungen und der Integration in die byzantinische Gesellschaft. Für die Integration sind dabei zwei Faktoren besonders wichtig: die Bereitschaft des Aufnahmelandes und der Wille zur Integration seitens der Migranten.[110] Wie bereits erwähnt, hatte das Byzantinische Reich Erfahrung mit Migrationen und der Eingliederung neuer Reichsteile und ihrer Bewohner. Personen fremder Herkunft konnten es sogar bis zum Kaiser bringen, wie einige armenischstämmige Kaiser belegen.[111] Allerdings war die sprachliche und religiöse Assimilation sehr förderlich, wenn nicht sogar Bedingung.[112] Zudem erleichterten die Verschwägerung mit byzantinischen Familien sowie die Verwendung griechischer Namen für die Nachkommen maßgeblich die Integration.[113]

Ralph-Johannes Lilie beobachtete, dass die Anpassungsbereitschaft von Lateinern im 12. Jahrhundert im Vergleich zum 11. Jahrhundert nachließ bzw. dass davon „so gut wie gar nichts zu spüren" war. Wie er betont, erwarteten die Lateiner sogar „dass die Byzantiner auf ihre Bedürfnisse Rücksicht nahmen".[114] Nicht von der Hand zu weisen ist, dass die lateinischen Viertel mit ihren eigenen Kirchen und Klöstern sowie westliche Institutionen wie das Hospiz des Johanniterordens in Konstantinopel eine gewisse Eigenständigkeit

109 In den späten 1180er bzw. 1190er Jahren waren Lateiner wie beispielsweise Jakob (von Pisa), Benenato oder Johannes Georgius als Gesandte des byzantinischen Kaisers tätig; siehe Kapitel 5.

110 Zur Offenheit der byzantinischen Gesellschaft und zum Anpassungswillen der Lateiner siehe Lilie, Die Auswirkungen, S. 42 und S. 45f.; zum Umgang mit Migranten und Fremden siehe Laiou, Institutional mechanisms, S. 161-181; Lilie, Fremde, S. 93-107; Prinzing, Vom Umgang, S. 117-143; Pahlitzsch, Byzanz, S. 93-106.

111 Beispielsweise Kaiser Leon V. (813-820): Exarchos/ Preiser-Kapeller/ Dönitz/ Chitwood, Minderheiten, Sp. 1146; Lilie, Die Auswirkungen, S. 45.

112 Exarchos/ Preiser-Kapeller/ Dönitz/ Chitwood, Minderheiten, Sp. 1144 und Sp. 1146; Nicol, Symbiosis S. 113-135, besonders S. 119.

113 Ebd. S. 119.

114 Lilie, Die Auswirkungen, S. 46.

begünstigten.[115] Die Lateiner hatten demnach viele Anlaufstellen in Byzanz und die Teilhabe an der byzantinischen Gesellschaft war deshalb vermutlich nicht unbedingt erforderlich.[116]

Der Integrationswille hing von verschiedenen Faktoren ab. Der Grund, Zweck und die Länge ihrer Tätigkeit spielten eine entscheidende Rolle. Personen, die als Immigranten nach Byzanz kamen und deren Heimkehrperspektive eher schlecht war, mussten sich zwangsläufig mit ihrem neuen Leben in Byzanz arrangieren und es dort gestalten.[117] Dies trifft auf Personen zu, die beispielsweise bereits im 11. Jahrhundert in den Dienst des Kaisers traten, Titel und Ländereien erhielten und sich dauerhaft in Byzanz niederließen, wie etwa Hervé Frankopoulos, Robert Crispin und Roussel de Bailleul.[118] Diese erscheinen in den byzantinischen Quellen häufig mit dem Beinamen Phrangopoulos, „Sohn eines Franken".[119] Andere behielten hingegen ihre lateinischen Namen wie die Familie Rogerios (vom Normannen Roger), die Familie Petraliphas (von Petrus von Alipha) und die Familie Raoul (vielleicht Rudolfus Peel de Lan).[120]

Roger, der Sohn Dagoberts, kämpfte im Heer des Robert Guiskard und lief 1081 zum byzantinischen Kaiser Alexios I. Komnenos über, der ihn aufnahm und ihm den ehrenvollen Titel eines *sebastos* verlieh.[121] Für Roger gab es keine wirkliche Rückkehroption. Er gehörte zudem dem Adel an, hatte einen

115 Ders., Die lateinische Kirche, S. 207; ders., Handel, S. 235.

116 Ein zentraler Punkt bei der Diskussion ist, ob Lateiner überhaupt eine Wahl zwischen lateinischen und byzantinischen Institutionen hatten. Ein Beispiel von 1234 im Kaiserreich Nikaia zeigt exemplarisch, dass sich Lateiner durchaus byzantinischen Gemeinden anschlossen, besonders wenn keine lateinischen Gemeinden vor Ort waren. Sobald sie aber die Wahl hatten, konnten sie durchaus die Messe nach römischem Ritus bevorzugen: EXARCHOS, Formen, S. 148; Relatio von 1234, 4, S. 430.

117 Roger, der Begründer der Rogerios-Familie in Byzanz, diente Robert Guiskard und lief 1081 zu den Byzantinern über. Laut Anna Komnene ist Roger nicht nur übergelaufen, sondern verriet den Byzantinern die Kriegspläne des Robert Guiskard: Anna Komnene, Alexias, I, 15, S. 50; NICOL, Symbiosis, S. 122f.; zu den Konflikten zwischen Byzanz und den Normannen siehe z. B. NORWICH, The Normans, besonders S. 220-233; LOUD, Byzantine Italy, S. 215-233; MCQUEEN, Relations, besonders S. 436f.

118 Siehe SHEPARD, The Uses, S. 275-305, speziell zu den drei Genannten S. 296-302; siehe auch BRAND, Art. „Hervé Frankopoulos", S. 922; ders., Art. „Roussel de Bailleul", S. 1814; siehe zu den Lateinern im byzantinischen Militär auch: CHEYNET, Les officiers étrangers, S. 43-62; NICOL, Symbiosis, S. 114-117; JANIN, Les Francs, S. 61-72.

119 NICOL, Symbiosis, S. 114-116.

120 Zur Rogerios-Familie siehe STIERNON, Notes: À propos de trois membres, S. 184-198; NICOL, Symbiosis, S. 127-131; NESBITT, Some observations, S. 209-217; zur Raoul-Familie: FASSOULAKIS, The Byzantine Family, besonders S. 9-89; NICOL, Symbiosis, S. 122-127; siehe zur Petraliphas-Familie NICOL, Symbiosis, S. 131-135.

121 Ebd., S. 123; zum Titel *sebastos* siehe: KAZHDAN, Art. „Sebastos", S. 1862f.

guten Zugang zur Aristokratie und konnte auch in angesehene byzantinische Familien einheiraten. Die Familie Rogerios verband sich mit byzantinischen Geschlechtern wie den Dalassenoi, Iasitai und sogar den Komnenen.[122] Die soziale Herkunft spielte also hinsichtlich der gesellschaftlichen Akzeptanz eine Rolle und konnte die Integration erleichtern.

Viele kamen nach Byzanz, um dort in den Dienst des Kaisers zu treten. Sie hatten durchaus Rückkehroptionen und vielleicht erschienen ihnen deshalb Integrationsanstrengungen als nicht prioritär, da sie dort nur eine Zeit lang zu leben beabsichtigten. Die meisten stammten aus den italienischen Seerepubliken und waren nicht aristokratischer Abkunft, eine gesellschaftliche Festigung und ein Aufstieg wie im Beispiel der normannischen Adligen war deshalb weit schwieriger. Bei den meisten der hier behandelten Akteure ist nicht bekannt, ob sie überhaupt verheiratet waren.

Zudem ist anzunehmen, dass eine geringe Anpassungsbereitschaft der Lateiner deren Status als Experten besonders stärken konnte. Im Fall des Hugo Etherianus war gerade das Bekenntnis zur römischen Kirche und zu ihren Positionen sowie die Ablehnung der byzantinischen Ansichten ein besonderes Merkmal unter den Theologen am Hof. Nicht zuletzt diese Besonderheit ließ ihn zu einem wichtigen Berater für religiöse Fragen werden. In der zweiten oder dritten Generation ist ebenso feststellbar, dass sich Personen bestimmte Eigenschaften bzw. Fähigkeiten ihrer Vorfahren bewahrten und dies für ihre Karriere nutzten. Die beiden Beispiele in der byzantinischen „Übersetzungsabteilung", Gerardos Alamanopoulos und Leo Rogerios, zeugen davon. Denn beide gehörten mindestens der zweiten, wenn nicht sogar der dritten, Generation eingewanderter Lateiner an und arbeiteten als Latein-Griechisch-Übersetzer in der Kaiserkanzlei.[123] Die zumindest nicht vollständige Assimilation an die byzantinische Gesellschaft konnte der Arbeit und der Anerkennung als Experte nutzen.

Selbst wenn sich Lateiner integriert und sogar an die byzantinische Gesellschaft assimiliert hatten, blieben dennoch Merkmale erhalten, die auf ihre Herkunft hindeuteten, in erster Linie der Name. Während sie griechische Vornamen verwendeten, blieb das Patronym meistens mit ihren lateinischen

122 Der Vater des Johannes Rogerios Dalassenos heiratete eine Frau aus dem Geschlecht der Dalassenoi, Johannes selbst heiratete Maria Komnene, die Tochter des Kaisers Johannes II. Komnenos; und Leo Rogerios war mit einer Frau aus der Iasites-Familie verheiratet; zu Johannes Rogerios Dalassenos und den Dalassenoi: CHEYNET, Les Dalassènoi, S. 413-471, besonders S. 464-466; STIERNON, Notes: À propos de trois membres, S. 185-187; NICOL, Symbiosis, S. 124f.; siehe zu den Dalassenoi und Iasites auch: KAZHDAN, Art. „Dalassenos", S. 578; ders., Art. „Iasites", S. 969.

123 Siehe zu beiden besonders Kapitel 3.3.2.

Vorfahren verbunden. Dies wurde nicht immer als unproblematisch empfunden. Johannes Rogerios, ein Nachfahre ebenjenes normannischen Roger, versuchte, sich dieses normannischen Patronyms zu entledigen. Auf Siegeln ließ er sich als Johannes Dalassenos bezeichnen, er übernahm damit den Familiennamen seiner Mutter und nicht den seines Vaters.[124] Zwei Lobgedichte nennen auch einen *kaisar* Johannes Dalassenos.[125] Die Dalassenoi waren eine einflussreiche und angesehene byzantinische Familie.[126] Johannes selbst heiratete Maria Komnene, wurde damit Schwiegersohn des Kaisers Johannes II. Komnenos und Schwager des späteren Kaisers Manuel I. Komnenos. Er stieg also in die Herrscherfamilie des Reiches auf und erhielt sogar den Titel eines *kaisar* (καῖσαρ). Es handelt sich dabei um einen Hoftitel, der jemandem zugesprochen wurde, der sich vom Rang her gleich hinter dem Herrscher befand. Er gehörte damit zum engeren Kreis der Kaiserfamilie, durchaus auch mit potenziellen Ansprüchen auf die Herrschernachfolge.[127] Sein normannisch klingendes Patronym empfand er selbst aber offenbar als Makel, gerade vor dem Hintergrund, dass die Normannen im 12. Jahrhundert lange die Hauptfeinde der Byzantiner waren.[128]

Dieses Vorgehen ist an sich schon beachtlich, noch bemerkenswerter ist allerdings die Reaktion von Teilen der byzantinischen Gesellschaft. Der Historiograph Johannes Kinnamos nennt ihn nämlich weiterhin bei seinem normannischen Patronym.[129]

Dieses Beispiel zeigt zum einen, dass Johannes Rogerios Dalassenos offensichtlich sehr darum bemüht war, sich als Byzantiner mit einem griechischen Familiennamen darzustellen. Zum anderen zeigt es gleichzeitig, dass dies nicht unbedingt eine Wirkung auf die Byzantiner hatte, die weiterhin sein Patronym verwendeten und damit absichtlich oder nicht auf seine normannische Abstammung hinwiesen. Andere Familien normannischer Herkunft behielten ihre Namen wie die Familien Petraliphas und Raoul/Ralles. Der Familienname

124 Die Siegel bei ZACOS/ VEGLERY, Byzantine lead seals I,3, Nr. 2721, S. 1517f.: Τὸν Δαλα(σσ) ηνὸν δεσπότην Ἰωά(νν)ην | τὸν πανυπερσέβαστον, Ἄνασσα, σκέποις, siehe eine Abbildung dieses Siegels im Anhang Abb. 3.1 und Abb. 3.2; ebd., Nr. 2722, S. 1518f.: Τὸν Δαλα(σσ)ηνὸν δεσπότην Ἰωάννην | τὸν εὐτυχῆ καίσαρα, Παρθένε, σκέποις; siehe dazu auch CHEYNET, Les Dalassènoi, S. 466.

125 Lobgedichte auf Johannes Rogerios Dalassenos, Nr. 52, S. 21 und Nr. 59, S. 28f.

126 Zu den Dalassenoi: CHEYNET, Les Dalassènoi, S. 413-471.

127 Siehe zum Titel *kaisar*: KAZHDAN, Art. „Caesar“, S. 363; RÖSCH, Onoma Basileias, S. 36f.; GUILLAND, Recherches II, S. 25-43.

128 Siehe zu den Auseinandersetzungen zwischen Normannen und Byzantinern: LOUD, Byzantine Italy, S. 215-233; LILIE, Manuel I. Komnenos, S. 157-170.

129 Beispielsweise Johannes Kinnamos, Epitome, II, 4, S. 37 und IV, 17, S. 178; NICOL, Symbiosis, S. 125.

Rogerios verschwand hingegen nach einer gewissen Zeit, wahrscheinlich durch Einheirat in das Herrscherhaus der Komnenen.[130]

Die Diskussion um die Loyalitäten der eingewanderten lateinischen Familien ist zentral. Generell ist anzunehmen, dass sie genauso loyal bzw. illoyal waren wie ursprünglich byzantinische Geschlechter auch.[131] Allerdings gibt es durchaus Evidenzen dafür, dass byzantinische Quellen die fremdländisch-lateinische Herkunft sowohl mit besonderer Loyalität als auch Illoyalität verknüpften.

Als besonders loyal gegenüber Kaiser und Reich erwiesen sich laut Niketas Choniates vier anonyme Söhne aus dem Geschlecht der Petraliphai. In den Jahren 1148/1149 vertrieb das byzantinische Heer die zuvor eingefallenen normannischen Truppen aus Kerkyra. Da die Petraliphai normannischer Herkunft waren, ging es bei diesem Konflikt um eine Auseinandersetzung mit der ursprünglichen Heimatregion dieser Familie. Die Byzantiner mussten die Festung mit Leitern besteigen, was sehr gefährlich war:

> „Sorgfältig wurden nun die Leute ausgewählt, welche die Leiter besteigen sollten, die besten und tapfersten von allen. Der Kaiser hatte selbst ausgerufen: „Wer den Kaiser liebt und sich auszeichnen will, besteige die Leiter!" Aber dieser Ruf lockte keinen einzigen, alle sträubten sich, alle trugen wegen der Größe der Gefahr Bedenken, bis die vier Brüder Petraleiphes, eingewanderte und in der Gegend von Didymotoichon ansässige Franken, als erste dem Rufe des Kaisers folgten und die Leiter bestiegen. Da diese also als erste solchen Mut zeigten und weil vor allem Pupakes, einer aus der Leibwache des Großdomestikos, voll Begeisterung für dieses Unternehmen noch vor ihnen die Leiter hinaufsprang, wollten auch viele andere nicht zurückstehen und folgten nach."[132]

---

130 Ebd., S. 127; STIERNON, Notes: À propos de trois membres, S. 187-191.

131 In der byzantinischen Geschichte gab es häufig Verschwörungen gegen den Kaiser, besonders bei Herrschaftswechseln: LILIE, Erbkaisertum, besonders S. 30-41; unter Manuel Komnenos gab es Verschwörungen und Intrigen auch von Angehörigen alteingesessener byzantinischer Familien, auch der kaiserlichen Familie, wie beispielsweise die des Cousins des Manuel Komnenos, Andronikos Komnenos, oder die des Theodoros Styppeiotes, MAGDALINO, The Empire, S. 196-201; KRESTEN, Zum Sturz, S. 49-103.

132 Niketas Choniates, Historia, übersetzt von GRABLER, Die Krone, II, S. 120; ders., Historia, II, S. 83: 'Επιλέγδην οὖν οἱ ἐπ᾽ αὐτῆς ἀναβησόμενοι ἐπεκρίνοντο καὶ οἱ ἁπάντων ἔξοχοι ἄλλων καὶ ἄλκιμοι κατὰ πόλεμον, ὅτι καὶ „ὁ τον βασιλέα φιλῶν καὶ φιλότιμος ἐν δεινοῖς ἀναβαινέτω" βασιλεὺς αὐτὸς προεκήρυττεν. οὐδένα μὲν οὖν συνηγηόχει τὸ τοιοῦτον διακηρύκευμα, ἀλλὰ πάντες ἀνένευον πρὸς τὴν ἄνοδον τὸ τοῦ κινδύνου μέγεθος εὐλαβούμενοι, ἕως Πετραλίφαι τινὲς αὐτάδελφοι τέσσαρες, ἐκ τοῦ τῶν Φράγγων γένους ὁρμώμενοι καὶ κατὰ τὸ Διδυμότειχον τὴν οἴκησιν ἔχοντες, ἐπέβησαν πρῶτοι τῆς κλίμακος τῷ βασιλεῖ πειθαρχήσαντες. τούτων γὰρ ἀποτεθαρρηκότων πρώτως τὴν ἄνοδον, μάλιστα δὲ πρὸ αὐτῶν τοῦ Πουπάκη, ὃς δορυφορῶν τὸν μέγαν δομέστικον ὅλως ἦν ἐνθεάζων πρὸς τὸ ἔργον τότε καὶ προαλλόμενος, καὶ ἕτεροι οὐκ ὀλίγοι κατὰ ζῆλον ἐπηκολούθησαν.; siehe auch: KAZHDAN, Latins, S. 94.

Choniates weist bei den vier Petraliphas-Brüdern ausdrücklich auf ihre ursprünglich fränkische Herkunft (ἐκ τοῦ τῶν Φράγγων γένους) und auf ihre besondere Treue zum Kaiser hin. Sie waren die ersten, die dem kaiserlichen Aufruf folgten. Letztlich bestieg ein anderer als erster die Leiter, aber diejenigen, die als erste den Mut fassten, die Liebe zum Kaiser unter Beweis zu stellen, waren vier lateinischstämmige Personen. Ihre Loyalität bewiesen sie sogar, als es gegen die ehemaligen normannischen Gefährten ging.

Ein Beispiel für Illoyalität ist der Putschversuch des Johannes Rogerios Dalassenos beim Herrscherwechsel von Johannes II. Komnenos auf Manuel I. Komnenos 1143.[133] Johannes Kinnamos schildert, dass dieser plante, die Herrschaft zu übernehmen. Er wollte die Gunst der Stunde nutzen, da sich der vorgesehene Nachfolger Manuel zum Todeszeitpunkt des amtierenden Kaisers außerhalb der Hauptstadt aufhielt. Laut Kinnamos scharte er einige Verbündete um sich, darunter auch Robert von Capua (Καπύης δὲ πόλεως ἐξάρχων).[134] Dieser habe vierhundert Mann hinter sich gehabt. Der Umstand, dass Robert aus Süditalien stammte und sich gerade zu dieser Zeit als Gesandter des römisch-deutschen Königs Konrad III. in Byzanz aufhielt, ist an sich bereits eine erstaunliche Konstellation. Kinnamos verweist aber explizit auf eine Gemeinsamkeit, denn Johannes Rogerios Dalassenos habe mit Robert einen der Italiener, der sein Landsmann väterlicherseits war, auf seine Seite ziehen können. Kinnamos stellt zwischen der normannischen Abkunft väterlicherseits und dem anderen Hauptverschwörer eine direkte Verbindung her. Der Leser erhält den Eindruck, dass diese bei dem anvisierten Putschversuch eine Rolle gespielt haben könnte und es sich um eine Verschwörung von Lateinern gehandelt habe. Letztlich war die Ehefrau des Johannes Rogerios Dalassenos diejenige, die die Verschwörung dem Hof verriet und dadurch den geplanten Komplott scheitern ließ. Maria Komnene war Manuels Schwester und hielt in diesem Fall zu ihrer Familie und nicht zu ihrem Ehemann.[135] Johannes fiel durch diesen Schritt zunächst in Ungnade, erlangte aber später wieder die kaiserliche Gunst.[136] Die zwei Beispiele zeigen, dass

133 Zum Machtwechsel siehe LILIE, Niketas Choniates, S. 99f.

134 Johannes Kinnamos, Epitome, II, 4, S. 37: φασὶ τὸν καίσαρα Ῥογέριον τῇ βασιλείᾳ καὶ αὐτὸν κατ᾽ ἐκεῖνον ἐποφθαλμίσαντα τὸν χρόνον, ὁπηνίκα οὔπω μετὰ τὴν βασιλέως Ἰωάννου τελευτὴν ἡ Κωνσταντίνου τὸν νέον αὐτοκράτορα εἶχε, στασιώτας ἑαυτῷ ἄλλους τε περιστῆσαι συχνούς, καὶ δὴ καὶ τῶν τινα Ἰταλιωτῶν γένους συμπατριώτην αὐτῷ τὸ πατρόθεν ὄντα σὺν τοῖς ἀμφ᾽ αὐτὸν ἑταιρίσασθαι εἰς τετρακοσίους μάλιστα ἀγειρομένους. ἦν δὲ ὁ Ἰταλιώτης γένει μὲν περιφανὴς καὶ ἐπίδοξος, Καπύης δὲ πόλεως ἐξάρχων Ἰταλικῆς πολυανθρωποτάτης ἄγαν καὶ εὐδαίμονος.

135 Ebd., S. 37f.; siehe auch: BRAND, Art. „Rogerios, John", S. 1802f.; zur Heirat zwischen Maria Komnene und Johannes Rogerios Dalassenos: MAGDALINO, The Empire, S. 207.

136 Ebd., S. 66f.

die byzantinischen Quellen beides, Loyalitäten und auch Illoyalitäten, mit der fremden Herkunft in Verbindung brachten, auch wenn es sich in beiden Fällen um Personen handelte, die mindestens der zweiten Generation eingewanderter Lateiner angehörten.

Viele Lateiner, die im 12. Jahrhundert nach Byzanz kamen, passten sich nur bedingt der byzantinischen Gesellschaft an. Sie lernten die Sprache, aber viele blieben lateinische Christen; für Leo Tuscus, Hugo Etherianus und Paschalis Romanus ist dies gesichert, für viele weitere ist dies zumindest stark anzunehmen. Bei Differenzen zwischen den beiden Kirchen unterstützten Hugo und Leo die römischen Positionen. Sie verteidigten die römischen Ansichten, zum Teil auch auf sehr polemische Art und Weise, wie in Leos Abhandlung *De haeresibus*. Die Angriffe auf die byzantinische Kirche waren dabei hart, nicht nur hinsichtlich der Lehrmeinungen und Rituale, sondern auch hinsichtlich des Klerus selbst.[137] Ansonsten bezeichneten sie die Byzantiner in ihren Werken – wie für lateinische Autoren üblich – als *Graeci*.[138] Die *Graeci* und *Latini* stellten sie einander gegenüber, um in erster Linie die religiösen Unterschiede zwischen diesen zu betonen. Diese klare Abgrenzung war auch der Art und dem Stil ihrer Werke geschuldet. Eine Ablehnung der byzantinischen Kirche und deren Positionen musste allerdings nicht eine generell problematische Beziehung zu den Byzantinern implizieren.

Denn alle Lateiner in Byzanz hatten zwangsläufig Kontakt zu Byzantinern. Im Fall des Hugo Etherianus gibt es sogar Hinweise, dass freundschaftliche Beziehungen bestanden. Diese sind dem bereits eingeführten Brief an die pisanischen Konsuln von 1166 zu entnehmen, der über die Streitigkeiten mit dem byzantinischen Fiskus und Hugos Gefangennahme informiert. Zwar beschreibt Hugo auch hier eine gegenüber den Lateinern feindselige Stimmung, er selbst schildert aber auch die Anteilnahme an seinem Schicksal seitens der Byzantiner. Denn seine Festnahme habe nicht nur Lateiner in der Stadt betroffen gemacht: *... Graeci Latinique in illum nefarium atque reperticium excanduerint; solus enim meae captivitatis sermo in hore cunctis erat. Obstupescebat civitas ammiratione talis monstri.*[139]

Sowohl Byzantiner als auch Lateiner „entbrannten" geradezu für dieses Thema, seine Festnahme sei das „einzige Gesprächsthema in aller Munde" gewesen. Hugo spricht sogar davon, dass die Stadt gewissermaßen über so etwas Ungeheuerliches erstarrte. Da er hier explizit von „Griechen" und

137 Siehe dazu Kapitel 4.2.1.

138 Gelegentlich auch beispielsweise als *Traces*. So auch im Brief des Hugo Etherianus an den Kardinal Arduin von Santa Croce: Sevilla, Biblioteca Colombina, Ms. 5-1-24, fol. 76r.

139 Hugo Etherianus, Brief an die Konsuln von Pisa, Nr. X, S. 13.

„Lateinern" spricht, macht er deutlich, dass nicht nur ein Teil, sondern die gesamte konstantinopolitanische Gesellschaft an seinem Schicksal Anteil nahm und geradezu bestürzt war. Er selbst sieht sich demnach durchaus als ein bekanntes und namhaftes Mitglied der konstantinopolitanischen Gesellschaft.

Seine byzantinischen Bekannten waren allerdings nicht nur von Hugos Schicksal betroffen, sondern wollten ihm auch aktiv helfen. In demselben Brief berichtet er davon, dass ihn niemand, und zwar weder Byzantiner noch Lateiner, im Gefängnis besuchen durfte: *prohibitum est tunc Graecis Latinisque sub contestatione penae ac verb[eribus, ne] aliquatenus ad me accaederent.*[140]

Unter Androhungen von Strafen und Schlägen durfte niemand zu ihm, auch hier nannte er zunächst die Byzantiner und dann erst die Lateiner. Da Hugo dies explizit so schrieb, ist es durchaus möglich, dass ihn tatsächlich Byzantiner im Gefängnis besuchen wollten. Aber nicht nur dies, Byzantiner beabsichtigten sogar, wie er weiter berichtet, sich für seine Freilassung zu verbürgen. Sie sammelten 20.000 *aurei*, um ihn aus dem Gefängnis auszulösen.[141] Da er ausdrücklich hervorhebt, dass sie ihm helfen wollten, ist dies ein klares Indiz dafür, dass auch er einen guten Kontakt zu ihnen pflegte und angesehen war, sonst hätte er sich auf ihre Unterstützung und Hilfe nicht verlassen können.

Letztlich war es dann sein Bruder Leo Tuscus, der mithilfe der bereits erwähnten *viri clarissimi, comites, principes, milites* zugunsten Hugos auf den Kaiser einwirken konnte.[142] Wahrscheinlich sind damit Männer mit hohen Würden und Ämtern gemeint, sowohl militärischen als auch höfischen. Hugo lässt hier offen, ob es sich bei ihnen um Byzantiner, Lateiner oder um Personen aus beiden Gruppen handelte.

Diese Schilderungen zeigen, dass es in Konstantinopel Byzantiner gab, die Hugo wohlgesonnen waren und ihm halfen. Die Bereitstellung von 20.000 *aurei* durch diese Personen lässt vermuten, dass sich unter ihnen auch wohlhabende Freunde befanden, die den pisanischen Theologen in dieser prekären Situation unterstützten. Trotz aller Auseinandersetzungen und Probleme gibt dieser Brief einen Einblick in die freundschaftlichen Kontakte zu Byzantinern, auch im Fall der Lateiner, die sich nicht vollständig in die byzantinische Gesellschaft integriert hatten.

---

140 Ebd.

141 Ebd.; HAMILTON, Hugh Eteriano, S. 136.

142 Hugo Etherianus, Brief an die Konsuln von Pisa, Nr. X, S. 13.

7.4 Der Kaiser als Förderer

Unter den Kaisern des 12. Jahrhunderts ist Manuel Komnenos derjenige, den die Quellen und auch die Forschung als besonders latinophil beschreiben. Alexander Kazhdan wies allerdings zurecht darauf hin, dass bei der Förderung der Lateiner am Hof zum einen die Qualität und Bedeutung der besetzten Positionen, zum anderen auch das proportionale Verhältnis zu anderen Auswärtigen, zum Beispiel Türkischstämmigen, eine Rolle spielen.[143] Bereits unter Alexios I. Komnenos und Johannes II. Komnenos befanden sich viele Lateiner am Hof, ebenso nach Manuels Herrschaft.[144] Der *Continuator* der Chronik Siegfrieds von Gembloux berichtet, dass nach Manuels Tod dessen Sohn Alexios II. Komnenos (1180-1183) wie sein Vater die Lateiner geliebt, die Byzantiner jedoch gering geachtet habe.[145] Hier wird eine Kontinuität in der Förderung beschrieben, die sich auch hinsichtlich der als Gesandte und Übersetzer eingesetzten lateinischstämmigen Personen bis zum Vierten Kreuzzug nachweisen lässt.[146] Der Kaiser galt als Förderer der Lateiner, ihre Stellung hing somit auch von der jeweiligen Herrscherpersönlichkeit ab. Diese Quellenpassage erwähnt, wofür man Lateiner einsetzte, so benötigte man ihren Rat und ihre Hilfe und profitierte auch von ihrem religiösen Wissen. Bemerkenswert ist, dass hier explizit der geistliche Bereich als Einsatzgebiet der Lateiner erwähnt wird, ihnen wird darin also eine besondere Expertise zugesprochen.

143 KAZHDAN, Latins, S. 91-100, besonders S. 99; eine umfassende Untersuchung dazu steht leider immer noch aus; zu den Türkischstämmigen siehe für die Zeit ab dem 13. Jahrhundert: SHUKUROV, The Byzantine Turks; siehe auch zu den Gebietsverlusten der Byzantiner in Kleinasien im 11. und 12. Jahrhundert: BEIHAMMER, Byzantium.

144 Siehe den grundlegenden Artikel von KAZHDAN, Latins, besonders S. 91-100; es gibt einige Artikel zu Lateinern im Dienste des byzantinischen Kaisers, allerdings mit Schwerpunkt auf dem militärischen Bereich und den Auswirkungen auf das Byzantinische Reich wie beispielsweise: SHEPARD, The Uses, S. 275-305; CHEYNET, Les officiers étrangers, S. 43-62; JANIN, Les Francs, S. 61-72; MARQUIS DE LA FORCE, Les conseillers latins, S. 153-165; JEFFREYS, Western Infiltration, S. 202-210; MCQUEEN, Relations, besonders S. 436f.; CIGGAAR, Réfugiés, S. 19-24; siehe auch die Dissertation von Alex Rodriguez Suarez mit Schwerpunkt auf die Regierungszeit des Johannes II. Komnenos und seinen Aufsatz zu diesem Thema: RODRIGUEZ SUAREZ, The Western Presence; ders., From Greek, S. 91-109.

145 Continuator des Sigebert von Gembloux, Chronica, a. a. 1183, S. 421: *Manuele imperatore Constantinopolitano mortuo, filius eius satis puer post eum imperat.* [...] *Qui morem patris imitatus, Grecos parvipendens, Latinos diligebat; horum consilio utebatur, horum auxilio sustentabatur, et clericali scientia et laicali iustitia. Hec fuit causa interitus ipsius, sicut sequens demonstrabit annus.*

146 Siehe zu Alexios II. Komnenos: BRAND/ CUTLER, Art. „Alexios II Komnenos", S. 64; siehe auch Kapitel 2.3, 3.1.2 und 5.

Dies ist selten, da sich gerade historiographische Quellen, byzantinische wie lateinische, eher auf den militärischen und politischen Bereich konzentrieren.

Weiter oben wurde bereits am Beispiel der vier Söhne der Petraliphai gezeigt, dass die Loyalität zum Byzantinischen Reich eng mit der Treue zum Kaiser verbunden war. Es stellt sich daher die Frage, wie der Kaiser in den Texten von Lateinern erscheint, wie er beschrieben und auch bezeichnet wird. Im Fall derer, die sowohl für den byzantinischen Kaiser als auch andere Auftraggeber arbeiteten, ist dies umso aussagekräftiger. Denn sie befanden sich gewissermaßen zwischen zwei sich gegenüberstehenden religiösen und politischen Machtbereichen.

Bisherige Untersuchungen haben besonders vor dem Hintergrund der Kreuzzüge und der Konflikte zwischen Byzantinern und Lateinern betont, wie negativ die Byzantiner und der Kaiser von westlichen Autoren beschrieben wurden.[147] Diese Darstellungen entstanden unter dem Eindruck von mitunter militärischen Auseinandersetzungen und ihre Urteile waren davon beeinflusst. Deshalb ist es äußerst ergiebig zu untersuchen, wie der Kaiser in Werken und Briefen erscheint, die in Konstantinopel lebende Lateiner verfasst haben. Dies ist besonders bei Werken erkenntnisreich, die an eine lateinische Leserschaft gerichtet waren. Denn in diesen Fällen mussten sich die Autoren weder byzantinischen Normen und Vorstellungen beugen, noch waren sie gezwungen, dem *Basileus* und seinen Ansprüchen Genüge zu tun. Es zeigt vielmehr, wie sie den Kaiser wahrnahmen und inwieweit sie sich mit dem byzantinischen Kaisertum identifizierten.

Neben der Darstellung des Kaisers ist besonders ein Blick auf dessen Bezeichnung und Titel lohnenswert. Dies ist relevant, weil der Kaiser in westlichen Quellen des 12. Jahrhunderts häufig als *Constantinopolitanus imperator*, *imperator Grecorum*, teilweise auch nur als *rex Grecorum* bezeichnet wird.[148]

---

147 Vgl. für das Bild der Byzantiner und des Kaisers in westlichen Quellen: SCHIEFFER, Byzanzbilder, S. 43-57; FRANCE, Byzantium, S. 3-16; ders., Byzantium confronts, S. 33-48; HARRIS, Collusion, S. 99-117; CIGGAAR, Western Travellers; SCHMIEDER, Two unequal brothers, S. 633-651; SEITZ, Das lange Ende, S. 77-81; ANCA, Herrschaftliche Repräsentation, S. 127-192; und immer noch grundlegend: KINDLIMANN, Die Eroberung; vgl. für ein eher positives Byzanzbild bzw. freundschaftliche Kontakte die Monographie von Neocleous, besonders die Zusammenfassung: NEOCLEOUS, Heretics, S. 239-248; vgl. auch ders., Greeks, S. 221-250.

148 KRESTEN, Der ‚Anredestreit', S. 65-110; siehe beispielsweise die bei Otto von Freising überlieferten Briefe Konrads III. an den byzantinischen Kaiser: Otto von Freising, Gesta Friderici I. Imperatoris, I, 25, S. 37 (*Constantinopolitanus imperator*) und S. 41 (*rex Grecorum*); siehe auch den Brief Papst Alexanders III. an Hugo Etherianus, darin wird der byzantinische Kaiser als *Constantinopolitanus imperator* bezeichnet, Alexander III., Brief an Hugo Etherianus, S. 5; und siehe auch die über das Briefbuch des Wibald von

Der offizielle Titel des byzantinischen Kaisers war allerdings αὐτοκράτωρ/βασιλεύς Ῥωμαίων, Kaiser der Römer.[149] Diesen Titel zu verwenden, war aus westlicher Perspektive problematisch, da der vom Papst zum Kaiser gekrönte westliche Kaiser bereits den Titel „Kaiser der Römer" (*imperator Romanorum*) für sich beanspruchte. Gerade die zweite Hälfte des 12. Jahrhunderts war von einer besonderen Sensibilität bei der Verwendung des Kaisertitels geprägt, da im römisch-deutschen Reich mit Friedrich Barbarossa und im Byzantinischen Reich mit Manuel Komnenos Herrscher an der Macht waren, die beide im besonderen Maße auf die römische Tradition ihres Kaisertums Wert legten und diese gegenüber dem anderen hervorhoben.[150] Diese Titelfragen sind allerdings nicht überzubewerten und die aktuelle Forschung bezweifelt zurecht ihre Auswirkung auf die realpolitischen Handlungen beider Herrscher.[151] Es finden sich außerdem auch lateinische Quellen, die dem westlichen Kaiser den römischen Kaisertitel aberkannten, wobei dies mehr in Krisen- und Konfliktzeiten der Fall war und nicht unbedingt eine grundsätzliche Debatte darstellte.[152] Der römische Kaisertitel für den westlichen Kaiser war schließlich nicht zuletzt eine vom Papst nicht nur mitgetragene Idee, sondern auch ein effektives Machtmittel für die Kurie: es war schließlich der Papst, der in Rom den römischen Kaiser krönte.[153] Eine generelle Ablehnung des römischen Kaisertitels für den westlichen Kaiser bedeutete faktisch auch eine Beschneidung päpstlicher Ansprüche. Die Byzantiner hingegen sahen in ihren Herrschern römische Kaiser, die eine ungebrochene Kontinuität bis in die Antike aufweisen konnten.[154] Für sie konnte es sich beim römischen Kaiser nur um ihren *Basileus* handeln.

Stablo erhaltenen Schreiben der staufischen Herrscher, z. B. Wibald von Stablo, Codex epistularis II, Brief 202, S. 427 (*imperator Grecorum*).

149 HALDON, Reichsidee, Sp. 239.

150 Siehe dazu: KRESTEN, Der ‚Anredestreit', S. 65-110; SCHIEFFER, Byzanzbilder, S. 43-57, hier besonders S. 49; siehe auch generell zu den Beziehungen: TOUNTA, Το δυτικό *sacrum imperium*.

151 Siehe hier nur als Auswahl: LILIE, Das ‚Zweikaiserproblem', S. 219-243; HEHL, Zwei christliche Kaiser, S. 271-295; ders., Zwei Kaiser, S. 41-77; vgl. zur Relevanz der Herrschaftsvorstellungen für die politische Ausrichtung TOUNTA, Thessaloniki, S. 167-214.

152 Friedrich Barbarossa traf diese Aberkennung zum Beispiel besonders in Zeiten des Papstschismas (1159-1177). Außerdem sind es besonders die italienischen Quellen, die auch wegen der Autonomiebestrebungen der italienischen Kommunen die deutsche Dominanz ablehnten, BENSON, Political *Renovatio*, S. 379-383.

153 Zum Anspruch des Papstes und zu Konflikten bei der Kaiserkrönung im Mittelalter siehe beispielsweise: SCHRAMM, Die Ordines, S. 285-390; PETERSOHN, Kaisertum, besonders S. 148-161 und S. 172-209; SCHWARZ, Abkehr, S. 119-146.

154 Aus byzantinischer Sicht maßte sich der Papst zu viel Macht an. Exemplarisch zeigt Johannes Kinnamos diese ablehnende Haltung der Byzantiner gegenüber den

Hinsichtlich der Loyalitäten und Identifikationen ist die Beschreibung des byzantinischen Kaisers in den Texten äußerst aussagekräftig. Abhängig von ihrer Stellung und ihrer Eingebundenheit am Hof gibt es große Unterschiede zwischen den Lateinern. Paschalis Romanus arbeitete als Übersetzer in Konstantinopel, es gibt aber keine stichhaltigen Hinweise darauf, dass er in irgendeiner Form für den Kaiser tätig war.[155] Dementsprechend erwähnt er diesen auch selten, bei seinen Kyraniden verweist er lediglich darauf, dass sein Buch in der Regierungszeit Manuels herausgegeben wurde (*Manuele imperante*).[156] Kein Kaisertitel und keine Epitheta geben Aufschluss, wie er zum Kaiser stand oder wie er sich nach Außen gegenüber ihm positionieren wollte. Moses von Bergamo erwähnt den Kaiser ebenfalls nicht oft, im Brief an seinen Bruder schreibt er aber, dass er für diesen arbeite, und verwendet die Bezeichnung *princeps*.[157]

Es sind wieder Hugo Etherianus und Leo Tuscus, die auf den byzantinischen Kaiser in besonderer Weise eingehen. Hugo hatte selbst zwei Werke für Manuel Komnenos verfasst und behält auch in den lateinischen Versionen offensichtliche Bezüge bei. Im *De minoritate* richtet er sich mehrfach direkt an Manuel. Im Prolog spricht er diesen mit *maxime imperator* an und übergibt sein Werk dem Urteil des Kaisers.[158] In demselben Werk wendet er sich noch einmal an Manuel und bezeichnet ihn als *clementissime atque equissime imperator*.[159] Dies erfolgt am Ende des ersten Buches, dabei führt er dem Kaiser nochmals vor Augen, was sein ursprünglicher Auftrag gewesen war. Es ist außergewöhnlich, dass sich Hugo in der lateinischen Version weiterhin so stark auf den Kaiser bezieht. Dies könnte dahingehend interpretiert werden, dass er gegenüber der lateinischen Welt seine Tätigkeit für den byzantinischen Hof hervorheben wollte oder sogar seine besondere Beziehung zum Kaiser als dessen Berater.

Machtansprüchen des Papstes: Johannes Kinnamos, V, 7, S. 219f.; zu dieser Anschauung und auch Quellenpassage siehe TOUNTA, Thessaloniki, S. 207f.

155 Mavroudi meint aber, dass er als Übersetzer auch für den byzantinischen Kaiser arbeitete, MAVROUDI, Occult Science, S. 84; allerdings fehlen eindeutige Quellenevidenzen dafür, Gastgeber führt ihn nicht bei den Übersetzern der Kaiserkanzlei auf, GASTGEBER, Die lateinische „Übersetzungsabteilung" I, S. CXXV-CXLVI.

156 Paschalis Romanus, Übersetzung der Kyraniden, Prolog, S. 12.

157 Moses von Bergamo, Brief an Petrus 1130, S. 148: *S[ta]tueram tunc certe ventur[o] Pascha vos revisere vita comite, sed prius ac tempus adesset rursum me principis violentia procinctus laborem subire coegit.*

158 Hugo Etherianus, De minoritate, Prolog, 3, S. 93: *te quoque, maxime imperator Manuel, post Deum invoco ut assis; in votis autem meis est te iudicem huius mee habere conscriptionis: ....*

159 Ebd., I, 107, S. 141.

Hugo erwähnt den Kaiser in fast allen seinen Werken.[160] Auch in den Briefen an Petrus von Wien 1166/1167 und Aimery von Limoges um 1176/1177 bezieht er sich auf ihn.[161] Die Bezeichnungen variieren, er gebraucht *imperator*, *princeps* oder den ins Latein als *autocrator* transliterierten αὐτοκράτωρ-Titel. Alle drei waren seit der Antike Titel der kaiserlichen Würde und wurden für den Kaiser verwendet.[162]

In seinen Briefen und Werken benutzt er auch sehr gängige kaiserliche Epitheta. In seinem *De sancto* beschreibt er Manuel als *magnus atque augustissimus imperator*,[163] im *De minoritate* zweimal als *augustissimus princeps*, einmal als *clementissimus atque equissimus imperator*,[164] und einmal als *maximus imperator*[165] und in seinem Brief an die Konsuln von Pisa gleich zweimal als *invictus princeps*.[166] Gegenüber Petrus von Wien gebraucht Hugo 1166/1167 in nur einem Brief gleich viele ehrenvolle Beinamen (*magnus imperator; clementissimus princeps; princeps augustissimus, invictus princeps; summus princeps*).[167]

Dies sind eines byzantinischen Kaisers sehr würdige Epitheta und ebenfalls welche, die seit der Antike im Westen und im Osten verwendet wurden. Manchmal lässt sich allerdings auch ein Zusammenhang zwischen dem verwendeten Epitheton und dem thematischen Schwerpunkt des Werkes feststellen. So bezeichnet er Manuel in seiner Schrift *Contra Patarenos* als *christianissimus autocrator*, und ein wenig später, als er dessen Umfeld aufforderte, den Kaiser vom Kampf gegen die „Patarener" zu überzeugen, als *intelligentissimus imperator*.[168] Es kann kein Zufall sein, dass er ihn gerade, wenn es um die Verfolgung von Häretikern geht, als besonders christlichen und verständigen Kaiser beschreibt. Gegenüber Aimery von Limoges spricht er in

160 Ausnahmen sind *De anima corpore iam exuta* an den pisanischen Klerus und *De differentia naturae et personae*: Hugo Etherianus, De anima, 1-27, Sp. 167-226; ders., De differentia, 1-46, S. 21-34.

161 Ders., Brief an Petrus von Wien 1166/1167, 1-8, S. 151-157; ders., Brief an Aimery von Limoges, S. 6.

162 Beispielsweise: ders., De minoritate, Prolog, 3, S. 93 (*imperator*); ebd., II, 3, S. 143 (*princeps*); ders., Contra Patarenos, 4, S. 163 (*autocrator*); vgl. dazu RÖSCH, Onoma Basileias, besonders S. 35f. und S. 39; siehe zu den Herrschertiteln der früheren Staufer: SCHWARZ, Herrscher- und Reichstitel, S. 81-103.

163 Hugo Etherianus, De sancto, I, Prolog, S. 12.

164 Ders., De minoritate, II, 3, S. 143 und II, 13, S. 151 (*augustissimus princeps*); ebd., I, 107, S. 141 (*clementissimus atque equissimus imperator*).

165 Ebd., Prolog, 3, S. 93.

166 Ders., Brief an die Konsuln von Pisa, Nr. X, S. 12 und S. 13.

167 Ders., Brief an Petrus von Wien 1166/1167, 2, S. 153 und 5 und 6, S. 155.

168 Ders., Contra Patarenos, 4, S. 163 (*christianissimus autocrator Manuel*); ebd., 12, S. 176 (*intelligentissimus imperator Manuel*).

seinem Brief ebenfalls von der *imperatoria uox scientissimi et intelligentissimi auctocratoris Manuel.*[169] Auf seine Person trifft dies im gewissen Sinne auch zu, da ihn die Quellen als einen sehr wissbegierigen, an der Theologie und Wissenschaft interessierten Herrscher schildern.[170] Es finden sich bei Hugo nach westlichen und byzantinischen Maßstäben übliche Epitheta, teilweise aber auch solche, die auf Manuels Person und den thematischen Schwerpunkt seines eigenen Werkes oder Anliegens abgestimmt sind.

Hugo bewegte sich bezüglich der Titel und Epitheta in einem Rahmen, den auch ein Byzantiner hätte wählen können. Er wusste, wie man den Kaiser bezeichnet und was für diesen angemessen ist, und daran hielt er sich auch in seinen für eine lateinische Leserschaft bestimmten Werken. Dies drückt sicherlich Loyalität zu seinem Förderer aus. Allerdings ging er an keiner Stelle so weit, ihn als „Kaiser der Römer" zu bezeichnen oder mit dem römischen Kaisertitel in Verbindung zu bringen. Drei Gründe können dies erklären: erstens ist es möglich, dass er ihn nicht als römischen Kaiser betrachtete. Zweitens hätte dies für ihn und seine lateinische Leserschaft möglicherweise ein zu starkes Bekenntnis zum byzantinischen Kaiser bedeutet. Drittens war es nicht notwendig, diesen Bezug herzustellen, er musste sich schlichtweg nicht dafür oder dagegen entscheiden.

Hugo vermied eine Entscheidung in dieser Frage, sein Bruder Leo Tuscus tat sich damit aber offensichtlich nicht so schwer. In allen drei Schriften erwähnt der pisanische Übersetzer Kaiser Manuel Komnenos. Im Vorwort zu seiner Übersetzung des *Oneirocriticon* bezeichnet er ihn als *invictus imperator.*[171] In der *Praefatio* zu seiner Übersetzung der Chrysostomosliturgie gesteht Leo Kaiser Manuel sogar eine gewisse Vorrangstellung vor anderen Herrschern zu, geäußert gegenüber dem katalanischen Gesandten Ramon von Montcada, dem die Übersetzung gewidmet war.[172]

169 Ders., Brief an Aimery von Limoges, S. 6.

170 Siehe z. B. seine Rolle bei der Synode von 1166: Johannes Kinnamos, Epitome, VI, 2, S. 151-257; KAP-HERR, Die abendländische Politik, S. 10-12; siehe auch sein Interesse an der Astrologie: ADLER, Did the Biblical Patriarchs, S. 245-263; MAGDALINO, Astrology, S. 198-214; vgl. zum Bild des Manuel Komnenos als Herrscher auch: ders., The Empire, S. 413-488; zur Inszenierung auch: ANCA, Herrschaftliche Repräsentation.

171 Leo Tuscus, Übersetzung des Oneirocriticon, Praefatio, zit. n. HASKINS, Studies, S. 217.

172 Ders., Übersetzung der Chrysostomosliturgie, Prolog, S. 134: *Cum uenisses Constantinopolim, nobilis Raimunde de monte Catano, uiso imperatore Emanuele, potestatum terre prestantissimo, nichil tibi pocius occurrit quam sancte ac ineffabilis eucharistie consecrationis ordinem perdiscere.*

Im letzten Kapitel seines Werkes *De haeresibus* bezeichnet Leo den Kaiser dann sogar als *autocrator Romeon*.[173] Das über die Handschrift Sevilla, Biblioteca Colombina, Ms. 5-1-24 (fol. 78r-88v) überlieferte Werk ist als lateinisches Pendant zu den bekannten griechischen Listen über die „Fehler" der Lateiner zu verstehen.[174] Leo geht im letzten Teil auf die Rolle seines Bruders bei den Kirchenunionsverhandlungen und deren Scheitern ein, obwohl Hugo den Kaiser von einer Einigung überzeugen konnte. Für das Scheitern der Kirchenunion macht er zunächst den befürchteten Simonieverdacht gegen den Papst, später dann den 1177 zwischen Alexander III. und Friedrich Barbarossa geschlossenen Frieden von Venedig verantwortlich.[175]

Leo sah die byzantinisch-römischen Verständigungsbemühungen sogar als eine Art Katalysator für die Friedensverhandlungen zwischen Friedrich Barbarossa und Alexander III. an. Denn erst nachdem Friedrich Barbarossa von diesen Versöhnungsabsichten gehört hatte, habe er sich um Frieden mit dem Papst bemüht.[176] Tatsächlich sind die Unionsbemühungen durchaus auch als politisches Mittel zu verstehen, um den Ansprüchen Friedrich Barbarossas besonders in Italien entgegenzutreten.[177] Denn sowohl das Papsttum als auch Byzanz und die italienischen Kommunen hatten an einer größeren Autonomie Italiens Interesse. Die von einigen Quellen geschilderten päpstlichen „Krönungspläne" Manuels sind schon allein deshalb anzuzweifeln, weil sie dem Selbstverständnis der byzantinischen Kaiser widersprachen. Die Diskussion in den Quellen zeigt aber, dass die päpstliche Anerkennung des römischen Kaisertums der Byzantiner durchaus als eine potenzielle Bedrohung für Friedrich Barbarossas Kaisertum wahrgenommen wurde.[178]

Leo zeigt sich gut informiert, er weiß beispielsweise zu berichten, dass Christian von Mainz die Verhandlungen mit dem Papst führte und dass

173 Sevilla, Biblioteca Colombina, Ms. 5-1-24, fol. 88r; oder ediert bei DONDAINE, Hugues Éthérien, S. 127.

174 Zu diesem Werk ebd., S. 116-119; zu den byzantinischen Listen grundlegend: KOLBABA, The Byzantine lists; siehe zu diesem Werk ausführlich Kapitel 4.2.1.

175 Leo Tuscus, De haeresibus, zit. n. DONDAINE, Hugues Éthérien, S. 127.

176 Ebd.

177 LILIE, Das ‚Zweikaiserproblem', S. 219-243, besonders S. 241f.; zu den Kirchenunionsbemühungen: HARRIS/ TOLSTOY, Alexander III, S. 301-313.

178 Quellen, die die potenzielle Krönung des Manuel Komnenos durch Papst Alexander III. erwähnen, sind: Boso, Vita Alexandri III, S. 415; Chronica regia Coloniensis, a. a. 1172, S. 121; siehe zum Thema der „Krönung" auch: KAHL, Römische Krönungspläne, S. 259-320; CLASSEN, Corona Imperii, S. 503-514; LAUDAGE, Alexander III., S. 175-180; TOUNTA, Thessaloniki, S. 201-212.

sich Alexander III. und Friedrich Barbarossa versöhnten.[179] Er konnte sich vielleicht auf Berichte stützen, die zum byzantinischen Hof gelangt waren, möglicherweise hatte er auch direkte Kontakte zur Kurie.

Es ist erstaunlich, dass sich diese politische Ereignisgeschichte in einer Liste über die „Irrrümer" der Byzantiner befindet. Sprachlich und inhaltlich ist die Schrift eindeutig an eine lateinische Leserschaft gerichtet, da sie zum Teil harte Angriffe und Anschuldigungen gegen die Byzantiner enthält.[180] Dennoch bietet gerade dieses Werk wichtige Hinweise, was Loyalitäten und Identifikationen betrifft. Denn im letzten Abschnitt des *De haeresibus* bezeichnet Leo den Kaiser als *autocrator Romeon*: *Autocratoris autem Romeon Manuel legati glutinum immissum dissolverunt et lucernam quam accenderant sciverunt marcescere.*[181]

Leo beschreibt hier in einer sehr bildhaften Sprache den Moment, in dem Manuels Gesandte merkten, dass die Hoffnung auf eine Verständigung der Kirchen durch den Frieden von Venedig erst einmal erloschen war. Die Gesandten „lösten den Leim auf", den sie hineingetan hatten und „wussten, dass das Licht, das sie entzündet hatten, ermattete". Er verwendet für Manuel Komnenos den offiziellen ins Latein transliterierten byzantinischen Kaisertitel.

Der Gebrauch des Kaisertitels in Form von *imperator/ autocrator Romeon* war auch in offiziellen Auslandsschreiben der byzantinischen Kaiserkanzlei eine Möglichkeit, den byzantinischen Kaiser im diplomatischen Kontakt mit dem Westen zu bezeichnen. Zwischen 1147 und 1164 wurde die Formulierung *imperator/ autocrator Romeon* dreimal verwendet. Danach war die Übersetzung *moderator Romanorum* häufig in Gebrauch.[182] Auch im Westen konnten solche Titel aufgegriffen werden. Wibald von Stablo, der unter König Konrad III. und in den frühen Regierungsjahren Friedrich Barbarossas am Briefverkehr mit Byzanz maßgeblich beteiligt war, gebrauchte in einem Brief an Manuel Komnneos den Titel *inperator* [*imperator*, Anm. d. Verf.] *Romeon.* Allerdings kann ihm das Diktat dieses Briefes von 1153 nicht sicher zugeordnet werden.[183] Zudem scheint es, dass der Verfasser einfach die Formulierung der

---

179 Regesta Imperii IV 2,3, Nr. 2203, S. 137f.; siehe zum Frieden von Venedig WEINFURTER, Venedig 1177, S. 9-25; ALTHOFF, Friedrich Barbarossa, S. 3-20; LAUDAGE, Gewinner, S. 107-130; SCHOLZ, Symbolik, S. 131-148.

180 Siehe Kapitel 4.2.1.

181 Leo Tuscus, De haeresibus, zit. n. DONDAINE, Hugues Éthérien, S. 127.

182 KRESTEN, Der ‚Anredestreit', S. 85-90; zu den Auslandsschreiben an westliche Herrscher siehe auch: KRESTEN, Diplomatische und historische Beobachtungen, 41-79; GASTGEBER, Das Schreiben, S. 17-36.

183 Wibald von Stablo, Codex epistularis III, Nr. 412, S. 859: *Inclito triumphatori et glorioso domino Manueli, fideli in Christo regi porphirogenito, sublimi, forti, excelso, augusto et inperatori* [*imperatori*, Anm. d. Verf.] *Romeon, o Comninos, Wiboldus, dei gratia abbas*

Intitulatio benutzte, die dem vorausgegangenen byzantinischen Schreiben an Wibald zu entnehmen ist.[184] In den offiziellen Schreiben Konrads und Friedrich Barbarossas, deren Diktat Wibald sicher zuzuordnen ist, erscheinen die gängigen Bezeichnungen als *Grecorum imperator* oder *imperator Constantinopolitanus*.[185]

Diese Beispiele zeigen, dass *Romeon* in Verbindung mit *imperator* oder *autocrator* ein Produkt der byzantinischen Kaiserkanzlei war und über die Briefwechsel in den Westen gelangte. Da in diesen Fällen der Kaisertitel nicht ins Latein übersetzt, sondern nur transliteriert, wurde, kann dies durchaus als Versuch der byzantinischen Seite gewertet werden, die eigene Identität als römisches Kaisertum zu bewahren, sie aber nicht derart offensichtlich und offensiv gegenüber dem Westen hervorzuheben.

Die Verwendung dieses Titels ist bereits außergewöhnlich, allerdings wird dessen Bedeutung noch einmal dadurch verstärkt, dass Leo in demselben Werk Friedrich Barbarossas Kaisertum mit Alamannien in Verbindung bringt: *Interea imperatorie Alamanie Federici aures, qui ex quo exciderat Mediolanum et ante persecutus ecclesiam Dei fuerat, fama succendit.*[186]

Friedrich Barbarossa wird in dieser Passage zwar nicht als Kaiser oder König der Alamannen bezeichnet, wie beispielsweise in der byzantinischen Historiographie.[187] Aber Leo bezieht Friedrich Barbarossas Kaisertum auf Alamannien und somit auf Deutschland. Er berichtet, dass „das Gerücht [die Annäherung zwischen Byzanz und der Kurie, Anm. d. Verf.] die Ohren des Friedrich im kaiserlichen Alamannien erreicht“ habe. Leo stand Friedrich Barbarossa generell nicht besonders wohlwollend gegenüber, so erwähnt er die Zerstörung Mailands und bezeichnet ihn als Verfolger der Kirche Gottes.[188]

Die Bezeichnung Manuels als *autocrator Romeon* und der Bezug des Kaisertums Barbarossas auf *Alamania* zeigen, dass Leo zumindest an dieser Stelle

---

venerabilium monasteriorum scilicet Corbeie et Stabulaus, fideles orationes et devotum servitium.; siehe auch ZATSCHEK, Wibald von Stablo, S. 427.

184 Wibald von Stablo, Codex epistularis III, Nr. 411, S. 857: *Manuel in Christo deo fidelis rex porphirogenitus, sublimis, fortis, excelsus, augustus et imperator Romeon, o Comninos, honorabilissimo et sanctissimo abbati monasterii Stabulensis gratiam sua met bonam voluntatem.*

185 So z. B. ebd. II, Nr. 212, S. 448 (*Grecorum imperator*); ebd. III, Nr. 386, S. 814 (*imperator Constantinopolitanus*).

186 Leo Tuscus, De haeresibus, zit. n. DONDAINE, Hugues Éthérien, S. 127.

187 So z. B. die Bezeichnung „König der Alamannen“ (Ῥῆξ Ἀλαμανῶν) für Friedrich Barbarossa auch nach dessen Kaiserkrönung bei Johannes Kinnamos, Epitome, V, 9, S. 228; und ebenso bei Niketas Choniates, Historia, VII, S. 200 als „König Alamanniens“ (Ῥῆξ Ἀλαμανίας).

188 Zur Zerstörung Mailands und zu den Beziehungen des Byzantinischen Reiches zu Mailand siehe: CLASSEN, Mailands Treueid, S. 147-153; LILIE, Handel, S. 455.

entscheidet, wer der römische Kaiser sei, nämlich der byzantinische. Einiges spricht dabei für eine sehr bewusste Übernahme dieses Titels. Erstens arbeitete Leo während dieses Zeitraums als Übersetzer der kaiserlichen Briefe in der byzantinischen Kaiserkanzlei, er war dadurch in die Diskussionen um den Kaisertitel eingebunden und mit dieser Problematik sehr gut vertraut. Christian Gastgeber bringt ihn sogar mit einem Auslandsbrief der byzantinischen Kaiserkanzlei an König Heinrich von England vom November 1176 in Verbindung.[189] Es handelte sich hier also um eine Person, deren Hauptaufgabe darin bestand, im diplomatischen Verkehr mit lateinischen Mächten zu übersetzen. Er wusste genau, welcher Titel was für eine Bedeutung hatte und wie man Titel dem Anlass und dem Zweck gemäß übersetzen konnte.

Zweitens setzt der Pisaner im gleichen Werk, einige Zeilen zuvor, die kaiserliche Würde Barbarossas mit dem geographischen Begriff *Alamania* in Verbindung und verstärkt dadurch den *autocrator Romeon*-Titel Manuels nochmals. Da Leo diesen Text nach dem Frieden von Venedig 1177 und somit nach der Versöhnung zwischen Friedrich Barbarossa und Papst Alexander III. schrieb, gab es für ihn eigentlich keinen Grund, Barbarossas römisches Kaisertum infrage zu stellen. Denn auch wenn er dessen Handeln ablehnte, so betraf doch diese Titelfrage auch die Macht des Papstes, der den Kaiser krönte. Leo hätte eigentlich diesen Aspekt berücksichtigen müssen, tat dies in diesem Fall aber nicht. Bereits zuvor gab er für das Scheitern der Unionsverhandlungen indirekt Alexander die Schuld. So hatte Hugo den byzantinischen Kaiser davon überzeugt, die Union zu vollziehen, Kardinäle aus Rom hatten sogar bereits die Dokumente unterschrieben, doch letztlich scheiterte alles an dem Papst und seiner Angst vor Simonievorwürfen.[190] In der Frage der Kirchenunionsverhandlungen lässt sich hier durchaus Zufriedenheit mit dem Handeln der Byzantiner und des Kaisers erkennen, was ihn noch stärker mit der byzantinischen Seite verband.

Der dritte und wohl einer der wichtigsten Gründe, warum es sich um eine bewusste Verwendung handelt, ist, dass diese näheren Bezeichnungen überhaupt nicht notwendig gewesen wären. Leo musste sich an dieser Stelle nicht entscheiden, wer der römische Kaiser war. Er hätte wie Hugo auch beide Herrscher ohne nähere Bezeichnung beschreiben können. Da es keinen ersichtlichen Anlass gab, wollte er damit offensichtlich etwas Bestimmtes ausdrücken.

189 Gastgeber, Die lateinische „Übersetzungsabteilung“ II, S. 258-268 und ediert in Band III, Nr. 25, S. 151-155

190 Siehe Kapitel 4.1.1 und 4.4.

Die Verwendung des römischen Kaisertitels zeigt, dass Leo hier byzantinische Traditionen übernahm und sich dadurch zu Manuel als römischen Kaiser bekannte. Umso erstaunlicher ist es, dass er dies in einem Werk machte, das er auf Latein verfasste und das die „Irrlehren" der Byzantiner thematisierte, also einem Werk, das nicht für byzantinische Augen bestimmt war. Leo hatte im Gegensatz zu Hugo als Übersetzer eine feste Stellung am Hof und kehrte vermutlich nicht wie sein Bruder nach Italien zurück. Es ist gut vorstellbar, dass er stärker in den Hof integriert war und diese Formulierung bewusst benutzte, um seine Loyalität zum Kaiser und seine Identifikation mit dem byzantinischen Kaisertum auszudrücken, und zwar selbst oder gerade gegenüber einem lateinischen Adressatenkreis.

Hugos Bezeichnungen für den Kaiser spiegelten das Verhältnis eines loyalen Beraters zu seinem Auftraggeber wider. Leo ging aber weiter, er übernahm an einer zentralen Stelle byzantinische Formeln, hinter denen sich die Vorstellung vom römischen Kaisertum verbarg. Gerade gegenüber der lateinischen Welt zeigte er dadurch, dass er sich auf politischer Ebene mit dem byzantinischen Kaisertum identifizierte.

7.5 *Tuae provideas civitati*: Verantwortung für und Identifikation mit der Heimatgesellschaft

Neben der Interaktion mit der byzantinischen Gesellschaft sind bei der Untersuchung von Loyalitäten und Identifikationen auch potenzielle Kontakte zu den Heimatgesellschaften zu berücksichtigen. Nicht bei allen lassen sich Kontakte zu den Heimatstädten nachweisen, bei einigen ist die Herkunftsregion noch nicht einmal gesichert, bei anderen sind keine Kontakte feststellbar. Oft sind es auch die bestehenden familiären Bindungen, die Lateiner den Kontakt zur Heimatstadt halten lassen. Moses von Bergamo schrieb seine Briefe beispielsweise an seinen Bruder Petrus, den Propst der Kirche St. Alexander in Bergamo.[191] Dies gilt auch für Leo Tuscus, für ihn finden sich in den Quellen keine Evidenzen für weitere pisanische Kontakte, ausgenommen zu seiner Familie.[192] Der 1182 an ihn verfasste Brief von Papst Lucius III. könnte eventuell eine länger bestehende Verbindung der beiden aus Pisa stammenden Männer

191 Siehe für die Briefe und deren Analyse: PONTANI, Mosè del Brolo, S. 143-175; CREMASCHI, Mosè del Brolo, S. 142-150 und S. 197-200; HASKINS, Moses of Bergamo, S. 133-142.

192 Kontakt hatte er zu seinem Bruder Hugo Etherianus und er nimmt auf seinen Neffen Fabricius Bezug, Leo Tuscus, Übersetzung des Oneirocriticon, Praefatio, zit. n. HASKINS, Studies, S. 218; Papst Lucius III. schickte Fabricius sogar zu Leo Tuscus nach Byzanz: Lucius III., Brief an Leo Tuscus, Nr. XXI, S. 25.

vermuten lassen. Lucius befand sich vor seinem Pontifikat als Kardinalbischof Hubald von Ostia 1167 und 1168/1169 als Gesandter am byzantinischen Hof und könnte Leo dort getroffen haben.[193] Immerhin gibt es im Fall des Hugo Etherianus einige sichere Quellenevidenzen, die sowohl Kontakte zur Heimatstadt Pisa als auch zu den Pisanern in Konstantinopel dokumentieren. Deshalb konzentriert sich die Untersuchung im Folgenden auf sein Beispiel.

Im 12. Jahrhundert unterhielt die Stadt Pisa wie auch andere italienische See- und Handelsstädte enge Kontakte zum Byzantinischen Reich, sie erhielt spezielle Handelsprivilegien für das byzantinische Gebiet und sogar ein eigenes Viertel für ihre Bürger in Konstantinopel.[194] Aus Perspektive der Heimatstadt boten eigene Bürger, die für den Kaiser arbeiteten, theoretisch die Möglichkeit von deren „Insiderwissen" zu profitieren und deren Stellung, Einbindung und Kontakte am byzantinischen Hof und in der Stadt zu nutzen. Ob dies gelang, hing maßgeblich von der Bindung der Pisaner zur ursprünglichen Heimat ab. Die Qualität der Beziehungen zu bestimmen, ist nicht leicht. Bei Hugo sind jedoch Verbindungen zu verschiedenen pisanischen Personen und Institutionen nachweisbar. Sie geben einen Einblick in die Bindung zur Heimatstadt und zu ihren Bewohnern, sie belegen aber auch, welche Grenzen und Konfliktpotenziale dieses Beziehungsgeflecht in sich barg.

Als auch im Westen angesehener Theologe verfasste Hugo Schriften für verschiedene Auftraggeber im lateinischen Europa, darunter das Werk *De anima* auf Bitten des Pisaner Klerus.[195] Der dazugehörige Briefwechsel von 1168/1170 bietet einen Einblick, wie der berühmte Sohn der Stadt wahrgenommen wurde: *Tu hujus gentis columen es. Quare ex aequitate, tuae provideas civitati, in cujus honestis muniis haud postremas tenebis.*[196]

Der Klerus bittet Hugo um Rat in einer theologischen Frage, neben Schmeicheleien appelliert er auch an seine Verantwortung für seine Heimatstadt, was besonders durch die Wendung *tua civitas*, „deine Stadt", hervorgehoben wird. Er wird außerdem als „Stütze dieses Volkes" bezeichnet, er solle „aus Gerechtigkeitsempfinden Sorge tragen" für seine Heimatstadt. Dadurch betonen die Pisaner die Zugehörigkeit ihres in Byzanz lebenden Mitbürgers zu ihrer Stadt, verbunden mit dem Aufruf, für die Stadt und somit auch für ihre Bürger zu sorgen. Sie versprechen zudem, dass sie seine Leistung anerkennen

193 OHNSORGE, Die Legaten, S. 164.

194 Zu den Verträgen mit Pisa: LILIE, Handel, S. 69-83; PENNA, The Byzantine imperial acts, S. 101-131; zu dem pisanischen Viertel in Konstantinopel siehe: JANIN, Constantinople, 249f.; SCHREINER, Untersuchungen, S. 175-191; ders., Konstantinopel, S. 94-96; BERGER, Zur Topographie, S. 160-163; PRINZING, Das Antonioskloster, S. 217-221.

195 Hugo Etherianus, De anima, 1-27, Sp. 167-226; zur Einordnung dieses Werkes: DONDAINE, Hugues Éthérien, S. 106-108; siehe auch Kapitel 4.2.2.

196 Pisaner Klerus, Brief an Hugo Etherianus, Sp. 167f.

werden, da er in der Stadt „nicht die niedrigste Stellung“ einnehmen werde. So zeigt sich in diesen zwei Sätzen zum einen Stolz auf einen derart berühmten Pisaner, zum anderen aber auch eine freundliche Aufforderung, sich mit seiner Expertise um das Seelenheil seiner Heimatstadt zu kümmern.

Zwar kam Hugo der Bitte nach, da er aber auch für andere (nicht pisanische) Institutionen und Personen auf deren Wunsch hin theologische Schriften anfertigte, muss dies nicht als Nachweis besonderer Verbundenheit seinerseits gelten.[197] Zudem diente die Schrift der Verbreitung seines eigenen Ruhms als Theologe. Auch der belegte Kontakt zu den pisanischen Gesandten, Konsul Alberto di Bolso, Marco Conti und Burgundio von Pisa, die um 1170 in Konstantinopel ein weiteres Handelsabkommen mit Byzanz verhandelten, ist nicht zwangsläufig als Zeichen einer außergewöhnlichen Bindung an Pisa aufzufassen, da Hugo auch zu anderen (nicht pisanischen) Gesandtschaften aus dem lateinischen Europa ähnliche Kontakte unterhielt.[198]

Die Beziehungen zu den in Konstantinopel lebenden Pisanern gestalteten sich hingegen enger. Dem Brief des Hugo Etherianus an die Konsuln von Pisa von 1166 ist zu entnehmen, dass er zusammen mit weiteren Pisanern in Konstantinopel für den Pisaner Signoretto als Nachlassverwalter fungierte.[199] In diesem bereits genannten Brief unterrichtete Hugo die Konsuln vom Ableben des Signoretto, von den testamentarischen Verfügungen sowie den weiteren Ereignissen im Zusammenhang mit dieser Rechtsangelegenheit.[200]

In diesem Fall war Hugo derjenige, der den in Konstantinopel lebenden Pisaner Signoretto mehrfach ermahnte, sich hinsichtlich seines testamentarischen Willens an seine Heimat, seine Stadt und die Seinen zu erinnern.[201] Er konnte ihn davon überzeugen, dass im Tode doch alle Bitterkeit und

---

197 Hugo Etherianus verfasste in den 1170er Jahren auf Bitten des Hugo von Honau und des Petrus von Wien beispielsweise das Werk *De differentia naturae et personae*, siehe dazu auch die Edition: HÄRING, The „Liber de Differentia“, S. 1-34.

198 Hugo von Honau traf während seiner Gesandtschaftsreisen im Auftrag Friedrich Barbarossas in Byzanz auch mit Hugo Etherianus zusammen. Die erste Gesandtschaft des Hugo von Honau zu datieren ist schwierig, sie wird wohl im Zeitraum 1170-1173 stattgefunden haben, allerdings kam es dabei offensichtlich nicht zu einem Treffen, HÄRING, The Liber de Diversitate, S. 107f.; Hugo von Honau selbst thematisiert diese Tatsache in seinem zweiten Brief an Hugo Etherianus, Hugo von Honau, Zweiter Brief an Hugo Etherianus, 2 und 3, S. 18; die zweite Gesandtschaft nach Byzanz ereignete sich 1179 und es fand ein Treffen mit Hugo Etherianus statt, HÄRING, The Liber de Diversitate, S. 106f., zu den Datierungen der Gesandtschaften siehe auch ebd., S. 106, Fußnote 15.

199 Hugo Etherianus, Brief an die Konsuln von Pisa, Nr. X, S. 12.

200 Ebd., S. 11-13; siehe auch Kapitel 7.2.1; siehe zu den Details des Erbes und den Begünstigten HAMILTON, Hugh Eteriano, S. 135f.

201 Hugo Etherianus, Brief an die Konsuln von Pisa, Nr. X, S. 12: *Est sane manifestum, quod cum testaretur, commonitus a me quidem perplurimum fuerit, ut reminisceretur larium, patriae atque civitatis vel suae recordaretur.*

Boshaftigkeit zu vergessen sei.[202] Dieser Satz impliziert, dass Signoretto wohl einige Unstimmigkeiten mit seiner Heimatstadt Pisa und/oder den Pisanern in Konstantinopel gehabt haben könnte. Hugo hatte als Fürsprecher Pisas Erfolg, da die Stadt schließlich von Signoretto sehr wohlwollend bedacht wurde. Allein seine Funktion als Nachlassverwalter und die offizielle Unterrichtung der Konsuln zeigt, dass er in die pisanische Gesellschaft vor Ort eingebunden war. Selbst als es mit dem byzantinischen Fiskus zum offenen Konflikt um das Erbe kam, stellte sich Hugo gegen die byzantinischen Interessen und schützte so gut es ging das Vermögen des Signoretto, obwohl er schließlich sogar physischer Gewalt und Gefängnis ausgesetzt war.[203] Seine detaillierten Schilderungen gegenüber den Konsuln belegen, dass er diese Rolle auch nach Pisa kommunizieren wollte.

Wirkt der Brief auf den ersten Blick als ein Zeugnis der Zugehörigkeit Hugos zu den Pisanern und deren Rechten, so weist er doch gleichzeitig auch Anzeichen für die Grenzen des Zugehörigkeitsgefühls und auch des pisanischen Zusammenhalts in Konstantinopel auf. Im Brief an die Konsuln deutet Hugo an, dass auch Pisaner für den Konflikt mit dem byzantinischen Fiskus verantwortlich waren. Pisaner verbreiteten nämlich das Gerücht, der Verstorbene habe kein Testament hinterlassen und hätte ein großes Vermögen von 30.000 *hyperpyra* gehabt.[204] Erst dadurch wurde der Fiskus auf den Fall aufmerksam.

Janet Hamilton vermutet, dass die pisanische Gemeinde in Konstantinopel mit dem vorliegenden Testament unzufrieden war. Der Verstorbene hatte tatsächlich einen großen Teil den Kirchen, Hospitälern und Brücken in Pisa und Umgebung vermacht.[205] Ein Teil sollte aber auch den pisanischen Kirchen in Konstantinopel zugutekommen. Es wurde allerdings die Bedingung gestellt, die Kirchen innerhalb von zwei Jahren wieder instand zu setzen. Wahrscheinlich waren die Kirchen beschädigt, da die Pisaner zwischen etwa 1162 und 1169 aus der Stadt vertrieben waren. Der Grund dafür war zum einen der gemeinsame Angriff von Pisanern und Venezianern auf das genuesische Viertel in Konstantinopel 1162, zum anderen aber auch die Unterstützung Pisas für den von Friedrich Barbarossa geförderten Gegenpapst, denn Byzanz stand auf

202 Ebd.: *nam in morte quidem omnem acerbitatem deponendam omnemque extinguendam malitiam esse persuadebam ei sermone plurimo.*

203 Ebd., S. 13.

204 Ebd., S. 12: *Ad hunc certe circumcisum Deoque mentitum hominibusque, de gente vestra scelerati quidam viri accaesserunt atque in summi conspectu principis imperii, burgensem decaessisse intestatum habuisseque yperperorum milia ultra triginta, ….*

205 HAMILTON, Hugh Eteriano, S. 136.

der Seite Alexanders.[206] Wenn der Wiederaufbau der Kirchen nicht zustande kommen sollte, sollte das dafür bestimmte Geld unter den Armen verteilt werden. Die Verwalter gingen allerdings davon aus, dass es zum Wiederaufbau der Kirchen kommen werde, deshalb kauften sie von dem Geld bereits eine Glocke.[207]

Im Fall des Hugo Etherianus ist zudem nicht ausgeschlossen, dass ihm wegen seiner Tätigkeit am Hof Teile der pisanischen Gemeinde vor Ort skeptisch und missgünstig gegenüberstanden. Im Brief an die Konsuln bezeichnet Hugo die Personen, die den Fiskus auf den Todesfall aufmerksam gemacht hatten, als verbrecherische Männer *de gente vestra*, „von eurem Volk".[208] Er, selbst Pisaner, distanziert sich mit der *de gente vestra*- Formulierung offensiv von der Gemeinschaft der Pisaner. Aus dem Schreiben spricht sicherlich auch eine gewisse Verbitterung über die Ereignisse, die für ihn sogar zu einem kurzen Gefängnisaufenthalt geführt hatten. Denn er berichtet den Konsuln indirekt auch davon, dass die Pisaner in Konstantinopel an seinem Schicksal offensichtlich keinerlei Anteil nahmen: *et hii* [*Graeci,* Anm. d. Verf.] *quidem pro xx milibus, Venetici vero pro centum milibus aureorum vadari omni cum supplicatione precabantur, modo poenalibus locis educerer.*[209]

Hugo schildert, wie die Byzantiner mit einer hohen Summe und die Venezianer mit einem noch höheren Betrag anboten, sich zu einer Bürgschaft zu verpflichten, um ihn aus dem Gefängnis zu befreien. In diesem Fall ist aufschlussreich, was bzw. wer explizit nicht erwähnt wird: die Pisaner. Wohlgesonnene byzantinische Bürger und sogar der erbitterte Handelskonkurrent der Pisaner in Byzanz, die Venezianer, boten Hugo durch eine Bürgschaft Hilfe an. Nur die Pisaner werden in dem Brief als potenzielle Unterstützer Hugos demonstrativ nicht genannt. Letztlich ist die Erwähnung der angebotenen Bürgschaften nicht notwendig gewesen, da diese gar nicht zustande kamen. Denn Hugo kam schließlich auf Fürsprache bedeutender Männer wieder frei, die auf den Kaiser erfolgreich eingewirkt hatten. Gerade deshalb hätte er dies im Brief an die Konsuln nicht schildern müssen, wenn nicht ein gewisser Vorwurf oder zumindest eine Klage über die Gleichgültigkeit der Pisaner in dieser Angelegenheit gezielt zum Ausdruck gebracht werden sollte. Der Brief an die Konsuln von Pisa ist somit ein einzigartiges Dokument und zeugt von Hugos

206 Ebd., S. 112f.; BRAND, Byzantium, S. 207; LILIE, Handel, S. 480f.

207 Hugo Etherianus, Brief an die Konsuln von Pisa, Nr. X, S. 12: *Set et ea spe freti campanam quae reintegrationem prestolatur, emptum ivimus aureis xx.*; HAMILTON, Hugh Eteriano, S. 135f.

208 Hugo Etherianus, Brief an die Konsuln von Pisa, Nr. X, S. 12: ..., *de gente vestra scelerati quidam viri accaesserunt....*

209 Ebd., S. 13.

Einbindung in die pisanische Gesellschaft, gleichzeitig belegt er aber auch die Entfremdung zu und die Konflikte mit den in Byzanz lebenden Pisanern.

7.6 Die Beziehung zur römischen Kirche

Die Ambivalenz, die sich in der Beziehung zu Pisa feststellen lässt, ist bei der Frage der Identifikation mit der römischen Kirche nicht gegeben. Hugo Etherianus, Paschalis Romanus, Leo Tuscus und Moses von Bergamo waren lateinische Christen und blieben dies auch in Byzanz. Paschalis bezeichnet sich selbst als *infimus clericus*, als unterster Geistlicher, was vielleicht für einen Weihegrad unter dem eines Priesters spricht.[210] Hugo wurde hingegen erst nach seiner Rückkehr nach Italien in den geistlichen Stand erhoben. Zu Leo und Moses sind keine geistlichen Funktionen überliefert, beide taten sich aber durch die Übersetzung religiöser Werke für die lateinische Christenheit hervor, Leo schrieb bekanntermaßen auch eine theologische Abhandlung.[211] Alle Genannten betrachteten sich als lateinische Christen und hatten zum Ziel, den Lateinern im Westen nicht oder nur schwer zugängliche Schriften der Byzantiner zu vermitteln. Hugo und Leo identifizierten sich so sehr mit der römischen Kirche und deren Positionen, dass sie sich gerade in Abgrenzung zu den Byzantinern als lateinische Christen verstanden. Sowohl in den theologischen Werken als auch in den überlieferten Diskussionen verteidigten sie die römischen Ansichten aktiv gegen byzantinische Einwände.

Es erscheint auf den ersten Blick paradox, dass für den Kaiser tätige Lateiner gegen die byzantinische Kirche und ihre Vorstellungen derartig vehement argumentierten. Der *Basileus* war nicht nur ein byzantinischer Christ, sondern repräsentierte in seiner Funktion als Herrscher auch die byzantinische Kirche.[212] Die Zugehörigkeit zur byzantinischen Kirche sowie die Übernahme orthodoxer Positionen waren für die Integration von Fremden zudem

---

210 Paschalis Romanus, Übersetzung der Kyraniden, Prolog, S. 11; COLLIN-ROSET, Le Liber thesauri occulti, S. 112f.

211 Hugos rasante geistliche Karriere in Rom wird im Brief des Papstes Lucius III. an Leo Tuscus 1182 angesprochen: Lucius III., Brief an Leo Tuscus, Nr. XXI, S. 25; zu den Übersetzungen durch Moses von Bergamo, Paschalis Romanus und Leo Tuscus siehe als Überblick Kapitel 2.3 und ausführlich zu den theologischen Abhandlungen von Hugo Etherianus und Leo Tuscus siehe Kapitel 4.1.2, 4.2.1, 4.2.2.

212 Vgl. zur sakralen Sphäre des Kaisers: DAGRON, Empereur, S. 290-322; TREITINGER, Die Oströmische Kaiser- und Reichsidee, S. 124-157, besonders S. 124 und S. 219-227; zum Verhältnis zwischen dem Patriarchen und Kaiser siehe auch den Sammelband von GRÜNBART/ RICKELT/ VUČETIĆ (Hrsg.), Zwei Sonnen.

wesentlich.[213] Es ist sehr stark anzunehmen, dass sich beispielsweise die im 11. Jahrhundert eingewanderten normannischen Familien vollständig integrierten, auch in religiöser Hinsicht. Diese eindeutige, beharrliche prorömische Haltung war aber gleichzeitig auch Teil ihrer theologischen Expertise und genau dafür wurden Lateiner am Hof auch konsultiert.

Eine zentrale Frage ist allerdings, inwieweit der byzantinische Auftraggeber Exklusivität dieses Wissens erwartete, auch hinsichtlich des Zugriffs darauf. Schließlich gab es für Abhandlungen über die Differenzen zwischen römischer und byzantinischer Kirche sowie andere Themen nicht nur Interessenten auf einer Seite. Das dargebotene Wissen hatte auch für das unmittelbare Gegenüber bei den Kirchenunionsverhandlungen einen großen Nutzen. Hugo stellte mindestens zwei seiner Werke sowohl dem byzantinischen Hof als auch der lateinischen Welt zur Verfügung. Während *De minoritate* wohl Petrus von Wien, eventuell auch anderen Interessierten zugutekam, erhielten Papst Alexander III. und der Patriarch von Antiochia, Aimery, jeweils ein Exemplar des Hauptwerkes *De sancto*.[214] Die letzteren waren als sehr hohe Repräsentanten der römischen Kirche in Unionsgespräche mit Byzanz oder den orientalischen und armenischen Christen involviert. Dadurch stärkte Hugo nicht nur sein Ansehen als Theologe in der lateinischen Welt, sondern lieferte auch den Verhandlungspartnern der Byzantiner Argumente für die Diskussionen mit diesen. Für ihn bedeutete dies wohl keinen Widerspruch, da er sich mit diesem Vorgehen für ein gegenseitiges Kennenlernen und Verständnis beider Kirchen einsetzte, allerdings mit klar verteilten Sympathien für die römischen Positionen.

Es ist nicht bekannt, inwieweit der Hof über die Verbreitung einer lateinischen Version im Westen informiert war. Eventuell wusste er von einer solchen Fassung, darauf deutet zumindest die Handschrift Florenz, Biblioteca Medicea Laurenziana, Ms. Plut. 23 dex. 3 hin. Auf dem zwischen 1191 und 1200 entstandenen Manuskript ist vermerkt, dass das Buch aus dem konstantinopolitanischen Patriarchat stammte. Es ist möglich, dass sich dort auch frühere Fassungen befanden.[215]

Es ist indes fraglich, ob der Hof die Verbreitung der lateinischen Fassung im Westen durch Hugo gebilligt hat. Leo berichtet im *De haeresibus*, dass Manuel Komnenos Hugo um 1175/1176 verboten habe, nach Italien zu Papst Alexander III. zu gehen.[216] Mehrere Erwägungen könnten dafür

213 NICOL, Symbiosis, S. 113-135, besonders S. 119.

214 Hugo Etherianus, Brief an Alexander III., S. 3f.; ders., Brief an Aimery von Limoges, S. 5f.

215 Florenz, Biblioteca Medicea Laurenziana, Ms. Plut. 23 dex. 3, fol. 1v: *Liber patriarchatus Constantinopoleos*.

216 Leo Tuscus, De haeresibus, zit. n. DONDAINE, Hugues Éthérien, S. 126.

ausschlaggebend gewesen sein, so zum Beispiel die Befürchtung, dass das am Hof erworbene „Insiderwissen" an gegnerische Mächte gelangen könnte. Die Vorstellung, dass der ehemalige Berater des Kaisers in religiösen Fragen und der Kirchenunion direkt zur Gegenpartei nach Rom wechseln sollte, erscheint in der Tat als problematisch und macht die Ablehnung eines solchen Plans plausibel.

Hugo Etherianus und Leo Tuscus identifizierten sich nicht nur mit den römischen Positionen und der römischen Kirche, sondern erwiesen sich auch als loyale Anhänger des Pontifikats Alexanders III. Durch den Ausbruch des Schismas bei der Papstwahl 1159 blieb Alexander als Papst knapp zwanzig Jahre umstritten. Friedrich Barbarossa unterstützte die Gegenpäpste bis er beim Frieden von Venedig 1177 die Rechtmäßigkeit Alexanders anerkennen musste.[217]

Es ist davon auszugehen, dass sowohl Hugo als auch Leo Alexander als rechtmäßigen Papst ansahen. Sie befanden sich damit im Einklang mit der Politik des Byzantinischen Reiches.[218] Pisa hingegen war bis 1169 mit Friedrich Barbarossa verbündet, weshalb es durchaus möglich ist, dass sich das Pisaner Brüderpaar zumindest eine Zeit lang im Widerspruch zur Politik seiner Heimatstadt befand.[219] Allerdings ist nicht mit Sicherheit zu sagen, wann genau Hugo und Leo das Pontifikat Alexanders III. als rechtmäßig erachteten. In seinem *De sancto* beschreibt Hugo die Ermunterung durch die römischen Kardinäle Hubald von Ostia, Bernhard von Porto und St. Rufina und Johannes von SS. Johannis et Pauli bei der Abfassung seines Werkes. Diese befanden sich im Auftrag Alexanders III. 1167 als Gesandte in Konstantinopel und trafen offenbar auch auf den Pisaner Theologen.[220] Dies spricht für eine Unterstützung Alexanders sogar bereits in den 1160er Jahren. Hugo von Honau äußerte zudem den Verdacht, Hugo Etherianus habe ihn bei seiner ersten Gesandtschaftsreise nach Konstantinopel um 1170/1173 nicht treffen wollen, da er mit einem Schismatiker wie ihm, der dem Gegenpapst anhing, nicht sprechen wollte.[221]

---

217 Zum Schisma und den Beziehungen zwischen Byzanz und Alexander III. siehe: HARRIS/ TOLSTOY, Alexander III, S. 301-313; LAUDAGE, Alexander III.; JOHRENDT, The Empire, S. 99-126.

218 HARRIS/ TOLSTOY, Alexander III, S. 301; GEORGI, Friedrich Barbarossa, S. 56f.

219 CLASSEN, Das Konzil, S. 124.

220 Hugo Etherianus, De sancto, I, Prolog, S. 12f.; OHNSORGE, Die Legaten, S. 82-84 und S. 164; siehe auch PACAUT, Les Légats, S. 830.

221 Hugo von Honau, Zweiter Brief an Hugo Etherianus, 3, S. 18: *Licet tamen dissimulaveris ut vir discretus, scio ideo me tuam non meruisse praesentiam quia, si non dixeris, intellexeris me tamen in eo schismate apparuisse quod Germania tota fovisse videbatur Papam Alexandrum repudians in quo religionis tuae sanctitas contaminar per meam comunionem noluit.*; HUTH, Staufische „Reichshistoriographie", S. 137-139.

Hugo Etherianus hatte zudem ein wenig später direkte Kontakte zu Papst Alexander III. (1177) und anderen Mitgliedern der Kurie in Rom, wie dem Kardinalpriester Arduin von Santa Croce in Gerusalemme (nach 1178).[222] Leo bezeichnet Friedrich Barbarossa zudem als einen Verfolger der Kirche Gottes, wohlgemerkt nicht als Verfolger des Papstes, sondern der gesamten Kirche.[223] Dies spricht ebenso für eine Unterstützung Alexanders.

Hugos Mittlerstellung zwischen dem byzantinischen Kaiser und Papst Alexander ist in dem päpstlichen Brief vom November 1177 gut dokumentiert. Darin zeigt sich, dass der Pisaner in den Verständigungsbemühungen zwischen Byzanz und Rom eine doppelte Rolle einnahm, zum einen als Berater des Kaisers, zum anderen als Kontaktperson für die Kurie. In diesem Brief bedankt sich Alexander für die Übersendung des Werkes *De sancto* und erinnert Hugo an die weiterhin bestehende Kirchenspaltung:

> *Rogamus autem prudentiam tuam sollicíteque monemus ut, sicut pro Deo et pro deuotione Ecclesiae praescriptum librum composuisti, ita quoque carissimum in Christo filium nostrum illustrem et gloriosum Constantinopolitanum imperatorem ad deuotionem et reuerentiam sacrosanctae Romanae Ecclesiae exhibendam et ad unitatem ipsius Ecclesiae diligentibus prouoces monitis et exhortatione inducas ut, sicut esse debet, unum fiat ouile et unus pastor.*[224]

Das Anliegen des Papstes ist in seiner Direktheit sehr bemerkenswert: Hugo habe zwar mit seinem Buch ein der römischen Kirche nützliches Werk geschrieben, er solle aber auch an die Kirchenunion denken und seinerseits den Kaiser dazu bewegen, wieder in den Schoß der römischen Kirche zurückzukehren. Und er solle Manuel, den der Papst hier als „unseren liebsten Sohn in Christus, den erhabenen und ruhmreichen Kaiser von Konstantinopel" bezeichnet, „zur Erweisung von Ergebenheit und Ehrfurcht gegenüber der heiligen römischen Kirche und zur Einheit der Kirche" bringen. Alexander spricht Hugo dabei direkt an, dieser wird somit auch besonders in die Pflicht genommen. Er solle den Kaiser zur Kircheneinheit aufrufen (*prouoces*), er solle ihn sogar durch Ermahnung dazu bringen (*exhortatione inducas*), die Kirchenunion zu vollziehen. Das Einwirken des Papstes zeigt zweierlei: erstens, dass Hugo in der Byzanzpolitik aus Sicht Alexanders eine Bedeutung zukam. Er wollte die Kircheneinheit wiederherstellen und erinnerte den Pisaner Theologen „bekümmert" (*sollicite*) daran. Zweitens schrieb er Hugo von außen die Rolle eines „Insiders" zu, dem es möglich war, den byzantinischen Kaiser zu

222 Siehe Kapitel 3.2.2.
223 Leo Tuscus, De haeresibus, zit. n. DONDAINE, Hugues Éthérien, S. 127.
224 Alexander III., Brief an Hugo Etherianus, S. 5.

beeinflussen. Aus päpstlicher Sicht schien er etwas bewirken zu können, sonst müsste ihn der Papst nicht direkt auffordern, etwas zu unternehmen, damit es wieder „wie es sein muss, eine Herde und ein Hirte werde". Unabhängig davon, ob Hugo tatsächlich derart einflussreich war oder nicht, Papst Alexander III. traute ihm offensichtlich eine entsprechende Einflussnahme zu.

Hugo zu bitten, sich für die Kirchenunion einzusetzen, erscheint nicht abwegig. Zunächst war er tatsächlich bereits seit Jahren am Hof tätig und hatte sich durch seine Werke als Vermittler zwischen Byzanz und dem Westen hervorgetan. Außerdem war er bei den Kontroversen zwischen römischer und byzantinischer Kirche auf der Seite der Kurie, was ihn geradezu dazu prädestinierte, die römische Position zu vertreten. Dieser Brief ist jedoch nicht als ein offizieller Auftrag, sondern vielmehr als Aufforderung zu verstehen, informell auf den Kaiser zugunsten der Kirchenunion einzuwirken. Für die Einordnung dieses Briefes ist die Datierung wichtig. Alexander verfasste dieses Schreiben im November 1177, also nach dem Frieden von Venedig.[225] Dies ist insofern bedeutend, da nach der Versöhnung zwischen dem westlichen Kaiser und dem Papst sowie dem Ausschluss des Byzantinischen Reiches von der Aussöhnung der verfeindeten Parteien die Unionsbemühungen ins Stocken geraten waren.[226] In dieser politisch äußerst schwierigen Situation suchte der Papst vermutlich einen Mittler außerhalb des offiziellen Rahmens, um die Kirchenunion nicht gänzlich aus den Augen zu verlieren. Es ist aber dennoch bemerkenswert, wie ein Berater des byzantinischen Kaisers, der vorrangig eigentlich diesen beraten sollte, auch von der Gegenseite einbezogen wurde.

Dieses Vorgehen ist nicht einmalig, denn auch Papst Hadrian IV. kontaktierte 1155 Basileios von Ochrid, um auf den Kaiser zugunsten einer Kirchenunion einzuwirken.[227] Im Fall Hugos hat dieses Vorgehen aber besondere Brisanz, da dieser selbst römischer Christ war und für eine Kirchenunion eintrat, allerdings überwiegend zu den Bedingungen der römischen Kirche.

Mit dem Nachfolger Alexanders III., Lucius III., bestand ein wahrscheinlich noch engerer Kontakt. Er war es, der Hugo schließlich nach Rom holte und massiv förderte, wie er selbst in seinem Brief vom 7. Dezember 1182 an

---

225 Die Datierung so bei DONDAINE, Hugues Éthérien, S. 71, Dokument IX; auch HAMILTON, Hugh Eteriano, S. 129.

226 Beim Frieden von Venedig kam es zu einer Aussöhnung verschiedener verfeindeter Mächte. Am 22./24. Juli 1177 erkannte Friedrich Barbarossa Papst Alexander III. als rechtmäßigen Papst an, am 1. August 1177 vereinbarte Friedrich Barbarossa mit dem Lombardenbund und dem Königreich Sizilien einen Waffenstillstand und handelte einen Friedensvertrag aus. Nur Byzanz war bei dieser Aussöhnung außer Acht gelassen worden, KÖLZER, Art. „Venedig, Friede v.", Sp. 1471; zur Vorgeschichte und zu den Folgen des Friedens von Venedig vgl. z. B. GEORGI, Friedrich Barbarossa, S. 296-345; WEINFURTER, Venedig 1177, S. 9-25; aus der Sicht von Byzanz OSTROGORSKY, Geschichte, S. 322.

227 Hadrian IV., Brief an Basileios von Ochrid, Sp. 925-930; TOUNTA, Thessaloniki, S. 203f.

Leo schrieb. Hugo sei wegen seiner Bildung und Ehre in kurzer Zeit vom Laien zum Kleriker befördert worden.[228] Der Anlass des Briefes ist traurig: Lucius teilt darin mit, dass Hugo verstorben sei und betont die Wertschätzung für den immer noch in Konstantinopel lebenden Leo. Es ist möglich, dass eine besondere Nähe zwischen dem Papst und den beiden Brüdern bestand, denn Lucius war 1167 und 1168/1169 damals noch als Kardinalbischof Hubald von Ostia als Gesandter in Byzanz und traf dort wahrscheinlich auf die Brüder.[229]

In diesem Brief zeigt sich wieder, wie die Kurie in Konstantinopel lebende Lateiner zum einen als Unterstützung, zum anderen aber auch als Informationsquelle nutzen konnte. Lucius bittet zum einen darum, dass Leo seinen eigenen Neffen Fabricius, der vom Papst als Gesandter zum Kaiser Alexios II. Komnenos nach Byzanz geschickt wurde, aufnehme und unterstütze.[230] Zum anderen erbittet Lucius III. aber auch bestimmte Informationen:

> *Quocirca discretionem tuam per apostolica scripta rogamus atque monemus, quatenus eum benigne recipias et tam de turbatione, que in eadem civitate dicitur accidisse, quam de predicti imperatoris vel imperatricis et ipsius imperii statu vel aliis que nobis credideris intimanda, veritatem nobis studeas expressim intimare.*[231]

Leo solle gemäß diesem apostolischen Schreiben nicht nur seinen Neffen wohlwollend aufnehmen, sondern auch dem Papst berichten, was sich in Konstantinopel ereignet habe. Augenscheinlich möchte Lucius Details zu den Ausschreitungen gegen die Lateiner, die im April 1182 stattgefunden hatten, erfahren.[232] Er will über die „Unruhe", die sich dort ereignet habe, aber auch über den Kaiser (Alexios II.), die Kaiserin, über den Zustand des Kaiserreiches sowie anderes, was berichtenswert wäre, informiert werden. Leo solle ihm ausdrücklich die Wahrheit berichten. Der Papst war an dem Bericht eines Lateiners vor Ort und seinen Einschätzungen zur Lage des Byzantinischen Reiches sehr interessiert. Dies ist nachvollziehbar, da die Ausschreitungen lateinische Christen betrafen, unter anderem sogar den bereits behandelten Gesandten des Papstes.[233]

---

228 Lucius III., Brief an Leo Tuscus, Nr. XXI, S. 25.

229 MALECZEK, Art. „Lucius III.", S. 127f.; OHNSORGE, Die Legaten, S. 164; BRIXIUS, Die Mitglieder, S. 134.

230 Lucius III., Brief an Leo Tuscus, Nr. XXI, S. 25.

231 Ebd.

232 Zu den Ausschreitungen: BRAND, Byzantium, S. 41; siehe auch mit weiterer Literatur Kapitel 7.2.3.

233 Robert von Torigni, Cronica, a. a. 1182, S. 533; Wilhelm von Tyros, Chronicon, XXII, 13, S. 1023; Eustathios von Thessaloniki, Die Eroberung von Thessaloniki, 29, S. 34; OHNSORGE, Die Legaten, S. 164; siehe Kapitel 7.2.3.

Der Papst konnte damit rechnen, dass ihm Leo aufgrund seiner Position am Hof, wie kaum ein anderer, exklusive und interne Informationen mitteilen konnte. Der Pisaner hatte wohl auch nach dem „Lateinerpogrom" die Stellung eines Übersetzers der kaiserlichen Briefe am byzantinischen Hof inne. Ob Leo dieser Bitte nachkam, ist nicht überliefert, es spricht allerdings nichts dagegen. Sowohl seine eigene Identifikation mit der römischen Kirche und der Kurie, wahrscheinlich noch einmal bestärkt durch die erfolgreiche Karriere seines Bruders in Rom, als auch seine eigene Beunruhigung als Zeuge der Ausschreitungen des Jahres 1182 könnten ihn dazu bewogen haben, dem Papst zu berichten und seine Einschätzungen zu den Ereignissen abzugeben.

Die Briefe der zwei Päpste veranschaulichen eindrucksvoll, wie die Kurie in Rom Lateiner in Konstantinopel für ihre Zwecke nutzen wollte. In beiden Fällen ist nicht bekannt, ob und wie die Lateiner den Bitten nachkamen, allerdings dürften sich die Anfragen ohnehin mit deren eigenen Interessen gedeckt haben. Sie boten der Kurie die einmalige Gelegenheit, Informationen zu erhalten und die päpstliche Politik gegenüber Byzanz informell zu unterstützen. Allein die Tatsache, dass die Päpste darum baten, zeigt, dass sie auch von der Kurie weiterhin als loyale, romtreue lateinische Christen wahrgenommen wurden.

7.7 Der Kontakt zu verschiedenen westlichen Mächten

In den vorausgegangenen Kapiteln standen die Beziehungen der Lateiner am Hof zu den Byzantinern, der Herkunftsregion sowie der römischen Kirche im Fokus. Die Lateiner, die sich in Byzanz befanden, hatten aber naturgemäß mit vielen verschiedenen Personen zu tun, die aus dem Westen stammten und sich aus unterschiedlichen Gründen dort aufhielten. Zu fragen ist deshalb, welche Kontakte sie zu den Personen und Mächten aus verschiedenen Regionen der lateinischen Welt unterhielten.

Die in dieser Studie behandelten Akteure pflegten Kontakte zu verschiedenen Teilen des lateinischen Europas und zu den Kreuzfahrerreichen.[234] Eine

---

234 So bestanden z. B. Kontakte nach Frankreich, Antiochia/ Jerusalem, Venedig, Rom, Bergamo, Pisa, zu der Iberischen Halbinsel, den Britischen Inseln und dem römisch-deutschen Reich; für Frankreich siehe den Briefkontakt des Hugo Etherianus mit Alexis von St. Viktor in Paris: PODOLAK/ ZAGO, Ugo Eteriano, S. 88-91; der Brief ist von Podolak und Zago ediert und mit einer italienischen Übersetzung versehen: Hugo Etherianus, Brief an Alexis, S. 157-167; siehe zur Identifizierung dieses Alexis: DONDAINE, Hugues Éthérien et le concile, S. 476, besonders Fußnote 11; ders., Écrits, S. 63; FALKENSTEIN, Ein vergessener Brief, S. 138f.

Konzentration auf Italien ist festzustellen, was nicht zuletzt daran liegt, dass die meisten Lateiner am Hof aus Italien stammten.[235] Der Kontakt mit den Empfängern ihrer Werke entstand entweder durch die persönliche Begegnung vor Ort, die briefliche Kontaktaufnahme bzw. durch Mittler oder bereits bestehende Verbindungen, die noch im lateinischen Europa geschlossen worden waren. Manchmal liegen die Umstände der initialen Kontaktaufnahme im Dunkeln. Moses von Bergamo wurde von einem von den Britischen Inseln stammenden Kleriker namens Paganus um die Erklärung der von Hieronymus verwendeten griechischen Begriffe gebeten. Es ist weder festzustellen, wer dieser Paganus war, noch ob er sich jemals in Konstantinopel aufgehalten oder den Kontakt von außerhalb aufgenommen hatte.[236]

Gesandte lateinischer Mächte trafen in Konstantinopel häufig mit Lateinern am Hof zusammen, stellten den Kontakt her und hielten diesen aufrecht. Im Fall des Ramon von Montcada sind die genauen Hintergründe der Verbindung zu Leo Tuscus geklärt, er hielt sich als Gesandter in Konstantinopel auf und begegnete dort dem Pisaner.[237] Auch im Fall des Hugo Etherianus und des Hugo von Honau bestand wohl persönlicher Kontakt als der Pfalzdiakon im Auftrag Friedrich Barbarossas 1179 Konstantinopel besuchte.[238] Der Theologe Hugo traf sehr wahrscheinlich auf die Gesandten seiner Heimatstadt Pisa, in seinem Brief an den pisanischen Klerus bezog er sich ausdrücklich auf den Konsul Alberto di Bolso, der im Rahmen einer Gesandtschaft in Konstantinopel weilte.[239] Zwischen Aimery von Limoges und Hugo Etherianus fungierte Rainald von Chatillon als Über- und Vermittler, auch er befand sich auf einer Gesandtschaftsreise in Byzanz.[240] Moses von Bergamo schrieb in dem Brief an seinen Bruder Petrus, dass er dessen Schreiben durch Johannes Romanus, den

235 Siehe Kapitel 2.3.

236 Einziger Beleg: Moses von Bergamo, Expositio, Prolog, S. 163.

237 Leo Tuscus, Übersetzung der Chrysostomosliturgie, Prolog, S. 134.

238 Gab es bei der ersten Gesandtschaft Probleme, ein Treffen zu arrangieren, kam dies bei der zweiten Gesandtschaft des Hugo von Honau 1179 wohl zustande. Durch den 1177 geschlossenen Frieden von Venedig war das Schisma auch beigelegt worden und einem Treffen stand nichts im Wege, HÄRING, The Liber de Diversitate, S. 106f.; dies könnte auch eventuell für Petrus von Wien gelten, für eine Beteiligung an einer Gesandtschaft nach Konstantinopel fehlen allerdings stichhaltige Belege. Classen brachte ihn mit der Gesandtschaft des Heinrich Jasomirgott 1166 in Verbindung: CLASSEN, Das Konzil, S. 126, besonders Fußnote 43.

239 Hugo Etherianus, Brief an den Pisaner Klerus, Sp. 167f.

240 Ders., Brief an Aimery von Limoges, S. 6; siehe zur Gesandtschaft des Rainald von Chatillon in Konstantinopel: HAMILTON, The Leper King, S. 111f.; zu Rainald von Chatillon siehe: ders., The Elephant, S. 97-108.

Gesandten Mailands, erhalten habe.[241] Bergamo liegt nicht weit von Mailand entfernt, es ist deshalb anzunehmen, dass Petrus den Umstand nutzte und dem Mailänder Gesandten seinen Brief an Moses mitgab.

Diese wenigen Beispiele zeigen bereits, dass die Kontakte zu den potenziellen Empfängern, aber auch zu der Familie und den Heimatstädten mithilfe verschiedener lateinischer Mittler gehalten wurden. Dies hing mit dem besonderen Umfeld in Konstantinopel zusammen, in dem die Lateiner mit Personen aus unterschiedlichen Teilen Lateineuropas zusammentrafen. Manche Kontakte existierten allerdings schon länger. Der Brief des Hugo Etherianus an Alexis, der als Subdiakon der römischen Kirche bezeichnet wird, könnte auf einen bereits lang bestehenden Kontakt hindeuten. Hugo beantwortet darin Fragen des Alexis zur Christologie.[242] Dondaine identifizierte diesen Alexis mit einem Kanoniker der Abtei St. Viktor in Paris.[243] Pietro Podolak und Anna Zago vermuten, dass die Bekanntschaft während Hugos Studium in Paris zustande gekommen war.[244]

Die Kontakte mit anderen Lateinern vor Ort scheinen durchaus rege gewesen zu sein. Trotz der Konflikte und Konkurrenz zwischen den italienischen Handelsstädten war das Verhältnis auch von Kooperationen und Sympathien untereinander geprägt. Wie bereits erwähnt, boten die Venezianer in Konstantinopel dem Pisaner Hugo ihre Hilfe an, um aus dem Gefängnis freizukommen.[245] Der Bergameser Moses scheint mit den Venezianern in Konstantinopel im engen Kontakt gestanden zu haben. Sein Besitz befand sich in der Nähe des venezianischen Viertels, er übersetzte möglicherweise sogar ein Dokument für die Venezianer,[246] und nutzte wohl die venezianischen Schiffe als geeignetes Transportmittel zwischen Konstantinopel und Italien.[247]

241 Moses von Bergamo, Brief an Petrus 1130, S. 147: *Paternitatis et fraternitatis vestre litteris mihi per Ioannem Romanum missis, qui Mediolani legatus erat, sicut ipse mihi [Con] stantinopolim veniens retulit, ….*

242 Hugo Etherianus, Brief an Alexis, S. 157-167.

243 DONDAINE, Hugues Éthérien et le concile, S. 476, besonders Fußnote 11.

244 PODOLAK/ ZAGO, Ugo Eteriano, S. 88f.

245 Siehe Kapitel 7.5.

246 So PONTANI, Mosè del Brolo, S. 165-167; RODRIGUEZ SUAREZ, The Western Presence, S. 141.

247 Er bat seinen Bruder darum, ihm einen Jungen als Assistenten nach Konstantinopel zu schicken und empfahl ausdrücklich den Weg über Venedig, er nannte sogar die Kontaktpersonen dort, nämlich den Richter Domnico Bassedello oder den Abt von St. Nikolaus: Moses von Bergamo, Brief an Petrus 1130, S. 148; RODRIGUEZ SUAREZ, The Western Presence, S. 140.

Paschalis Romanus pflegte zu den Venezianern in Konstantinopel auch enge Beziehungen.[248]

Die vielen Kontakte unterschiedlicher Ausprägung sprechen dafür, dass Lateiner am Hof den Austausch und die Verbindung zur lateinischen Welt pflegten. Sie selbst waren eine wichtige Anlaufstelle, und zwar nicht nur für die römische Kirche. So warb Petrus von Wien um Hugos und Leos Unterstützung zugunsten des römisch-deutschen Reiches.

Der Brief ist auf die Zeit vor 1179 zu datieren und fällt dadurch in eine Phase, die von Konflikten zwischen dem römisch-deutschen Reich und Byzanz geprägt war.[249] 1173 war der letzte Versuch der Byzantiner gescheitert, einen Fuß nach Italien zu setzen, da Erzbischof Christian von Mainz die nach Ancona gesandten byzantinischen Truppen wieder vertrieb.[250] Nach dem Frieden von Venedig 1177 befand sich Byzanz außenpolitisch mehr und mehr in einer isolierten Lage. Das westliche Kaiserreich hingegen konsolidierte sich, beide Reiche hatten aber nach 1177 bis zum Kreuzzug Friedrich Barbarossas 1189 kaum Berührungspunkte.[251]

Petrus von Wien schrieb Hugo Etherianus den Brief primär, um das Anliegen des Hugo von Honau zu unterstützen, eine Antwort zu den gestellten christologischen Fragen zu erhalten.[252] In seinem Brief kommt Petrus auch auf eine andere Bitte zu sprechen: ..., *intendite cum per vos tum per magistrum Leonem negotio unitatis finaliter promovendo quod inter duos Imperatores saluberrime tractatur.*[253]

Petrus fordert Hugo und dessen Bruder Leo auf, die Eintracht zwischen den Kaiserreichen zu fördern. Das Verhältnis der zwei Kaiser solle gesunden. Die Tatsache, dass der stauferfreundliche Petrus von Wien versucht, das

248 RICKLIN, Der Traum, S. 248f. und S. 322; die Übersetzungsaufträge für den Patriarchen Heinrich Dandolo waren: Paschalis Romanus, Übersetzung des Marienlebens, S. 111-124; ders., Übersetzung Disputatio conra Judeos, S. 192.

249 So DONDAINE, Hugues Éthérien, Dokument XV, S. 71f.; siehe zu den politischen Beziehungen in den 1170er Jahren z. B. auch: MAGDALINO, The Empire, S. 83-95; KRESTEN, Der ‚Anredestreit', S. 65-110; EXARCHOS, Komnenoi.

250 CARILE, Federico Barbarossa, S. 3-31; ABULAFIA, Ancona, S. 195-216; LILIE, Handel, S. 496; ders., Manuel I. Komnenos, S. 167f.

251 Die Phase von 1180-1204 war in Byzanz von inneren Problemen und Instabilität gekennzeichnet, als Überblick siehe LILIE, Byzanz. Das zweite Rom, S. 423-435; und besonders den Sammelband von SIMPSON (Hrsg.), Byzantium.

252 Hugo beantwortete diese in dem Traktat *De differentia*, siehe Kapitel 4.2.2.

253 Hier die ganze Stelle, Petrus von Wien, Brief an Hugo Etherianus, 10, S. 21: *Denique cum apud sapientes sedet auctoritas consilii per eam potestatem rationis, quae maior in eis consistit, intendite cum per vos tum per magistrum Leonem negotio unitatis finaliter promovendo quod inter duos Imperatores saluberrime tractatur.*

Brüderpaar davon zu überzeugen, zwischen den zwei Herrschern zu vermitteln, erscheint etwas unerwartet. Nach den Auseinandersetzungen zwischen dem westlichen und byzantinischen Kaiserreich könnte eine informelle Einflussnahme zugunsten der Beziehungen in Petrus Augen tatsächlich lohnenswert gewesen sein. Diese Bitte ähnelt der Alexanders III. Während allerdings die Aufforderungen des Papstes, Hugo möge auf den Kaiser zwecks Kirchenunion einwirken, zu dessen eigenen Zielen passten, war dies bezüglich der zwei Kaiserreiche nicht unbedingt der Fall. Zunächst war es, wie gezeigt, sehr wahrscheinlich, dass Hugo und Leo während der Konflikte Friedrich Barbarossas mit Alexander III. auf der Seite des Papstes standen und somit dem westlichen Kaiser nicht sehr gewogen waren.[254] Zudem gibt es außer der Korrespondenz mit Petrus von Wien und Hugo von Honau keine weiteren Anhaltspunkte für Beziehungen zum römisch-deutschen Reich. Der eigentliche Grund der Schreiben von Hugo von Honau und Petrus von Wien war außerdem theologischer Natur, sie wollten die Meinung griechischer Autoritäten zur Christologie hören, deshalb wirkt diese Bitte am Ende des einen Briefes auch etwas unpassend.

Diese Anfrage zeigt allerdings, dass Lateiner am Hof für verschiedene Anliegen Ansprechpartner waren. Es handelte sich hierbei nicht um einen konkreten Wunsch, sondern eher um eine vage gehaltene Forderung, positiv auf die Beziehungen einzuwirken. Es ist nicht bekannt, ob Hugo oder Leo tatsächlich etwas zur Verständigung beider Kaiserreiche beitrugen. Allein die geäußerte Bitte zeugt aber davon, dass Lateinern am Hof zugetraut wurde, etwas auf informellen Kanälen zu bewegen. Selbst Angehörige des römisch-deutschen Reiches sahen zwei romtreue Pisaner am byzantinischen Hof als geeignete Fürsprecher und Vermittler an. Unabhängig von ihrer konkreten Herkunftsregion konnten sie als Ansprechpartner auch für West- und Nordeuropäer gelten und wurden deshalb konsultiert.

Am Beispiel von Hugo Etherianus und Leo Tuscus lassen sich Doppelloyalitäten, Identifikationen und Konflikte der Lateiner gut veranschaulichen. Sie kämpften mit anderen, byzantinischen Experten um Gunst und Einfluss im höfischen Machtzentrum. Sie waren dabei in der Stadt und am Hof mit einem teils feindlichen byzantinischen Umfeld konfrontiert, das die Lateiner als Konkurrenz und Gefahr betrachtete. Der von den griechischen Quellen herausgestellte Konnex zwischen der westeuropäischen Herkunft und der mangelnden Expertise sowie der besonderen Loyalität bzw. Illoyalität demonstriert die Bedeutung der Fremdheit in diesem Wirkungskontext. Konflikte betrafen allerdings nicht nur die Beziehung zur byzantinischen

254 Siehe Kapitel 7.4 und 7.6.

Gesellschaft, sondern auch das Verhältnis zur Heimatstadt, wie Hugos Brief an die Konsuln illustriert. Loyalitäten und Identifikationen trennscharf zwischen Byzanz und dem Westen aufzuteilen, erscheint nicht immer leicht. Leo bekannte sich politisch zum und identifizierte sich mit dem byzantinischen Kaisertum, religiös aber hielt er zur römischen Kirche. Hugo beriet gleichzeitig die römische Kurie und den byzantinischen Hof zur Kirchenunion. Aus seiner Sicht dürfte dies kein Widerspruch gewesen sein, da er auf beiden Seiten für die Überwindung der Spaltung eintrat und damit ein hehres Ziel vor Augen hatte. Ob der Hof von dieser doppelten Funktion und den Kontakten zur Kurie gewusst und diese gebilligt hat, ist sehr fraglich. Doch genau diese befremdlich anmutende Konstellation machte die besondere Stellung der Lateiner zwischen Ost und West aus.

KAPITEL 8

Expertise und Loyalitäten zwischen Byzanz und dem Westen: Eine zusammenfassende Betrachtung

Die zu Beginn thematisierte Doppelfunktion der Schrift *De sancto et immortali Deo* veranschaulicht sehr treffend, wie ein und dasselbe Werk sowohl der byzantinischen als auch der lateinischen Seite nützliches und nutzbares Wissen bot.[1] Der Autor dieser Abhandlung, Hugo Etherianus, verfasste das Werk in einer griechischen Version für den byzantinischen Kaiser, erschloss den Inhalt mit einer lateinischen Fassung aber auch einer lateinischen Leserschaft. Er stellte sicher, dass diese Schrift ihren Weg zu Papst Alexander III. und zum (lateinischen) Patriarchen von Antiochia fand. Sein Wissen und seine Ansichten stellte er den sich bei den Kirchenunionsverhandlungen gegenüberstehenden offiziellen Seiten zur Verfügung und griff beratend in den Diskurs um das *Filioque* ein, eine der am häufigsten diskutierten Kontroversen zwischen römischer und byzantinischer Kirche.

Geschickt besetzte er durch die Beschäftigung mit diesem Thema und die Vermittlung seines Wissens einen Zwischenraum zwischen Byzanz und dem lateinischen Europa, der von anderen Theologen in der Form nicht eingenommen werden konnte. Denn ihnen fehlte häufig ein authentischer Bezug zu beiden geographischen und kulturellen Räumen. Bei einem seit Jahren am byzantinischen Hof tätigen Lateiner, der zudem in Paris Dialektik und Theologie studiert hatte, war dieser Bezug glaubhaft. Wenn auch Hugo ein außergewöhnliches Beispiel zu sein scheint, speiste sich das Ansehen anderer Lateiner ebenso aus ihrer besonderen Stellung zwischen Byzanz und dem Westen.

Die untersuchten Wirkungsfelder Sprache, Religion und Politik sind auf den ersten Blick sehr unterschiedliche Gebiete, die jeweils auf sie zugeschnittenes Wissen und verschiedene Expertentypen erforderten. Die Untersuchung zeigte allerdings zum einen, dass ein und dieselbe Person in mehreren Wirkungsfeldern teils gleichzeitig aktiv sein konnte. Zum anderen weisen die Akteure der Wirkungsfelder durchaus Gemeinsamkeiten bezüglich ihrer Expertise, der Auftraggeber, der Stellung und Inszenierungsstrategien, der gesellschaftlichen Akzeptanz sowie der Loyalitäten und Identifikationen auf.

1 Siehe Kapitel 1.

 | DOI:10.30965/9783657760985_009

Dolmetscher und Übersetzer waren für alle Kommunikationssituationen zwischen Byzanz und dem Westen wichtig. Derjenige, der die griechische und lateinische Sprache beherrschte, besaß eine Schlüsselkompetenz. Er war es, der erst die Kommunikation zwischen beiden geographischen Räumen ermöglichte. Das Wissen, über das Dolmetscher und Übersetzer verfügen mussten, umfasste vorrangig die Beherrschung beider Sprachen, vielleicht auch weiterer lateineuropäischer Sprachen und verschiedener griechischer Sprachebenen.[2] Während der Dolmetscher mündlich übersetzte, übertrug der Übersetzer den in einer Sprache abgefassten Inhalt schriftlich in eine andere. Der Dolmetscher benötigte deshalb in erster Linie eine praktische Sprachbefähigung, der Übersetzer primär passives Wissen. Die Übersetzer, die sich persönlich in Byzanz aufhielten, hatten allerdings ohnehin auch Praxis in der Umgangs- und Gebrauchssprache. Hinzu kamen je nach Einsatzgebiet auch Fachwissen beispielsweise zur Theologie, Philosophie, Medizin und Diplomatie. Die in der byzantinischen Kaiserkanzlei tätigen Dolmetscher und Übersetzer stammten nicht nur aus verschiedenen Regionen Lateineuropas, sondern hatten wahrscheinlich auch sehr unterschiedliche Ausbildungs- und Bildungshintergründe. Dies ist insbesondere an der voneinander abweichenden Vertrautheit mit dem westlichen Kanzleiwesen, mit der Theologie sowie mit der lateinischen Sprache, die auch für Westeuropäer eine Fremdsprache darstellte, festzumachen.[3] Inwieweit die Byzantiner diese Unterschiede im Können wahrnahmen, ist nicht sicher zu sagen. Es handelte sich allerdings um Wissen, das mangels lateinischer Sprachkenntnisse schwer überprüfbar war.

Päpstliche Gesandte und lateinische Theologen konnten aus zwei Gründen konsultiert werden: erstens um theologische Streitpunkte oder Kontroversen zu diskutieren; zweitens um Wissen über entweder römische Standpunkte oder byzantinische Positionen zu vermitteln.[4] Im ersten Fall wurde die religiöse Expertise zu bestimmten theologischen Themen angefordert. Sie selbst legten theologische Streitfragen aus, ihre eigenen Interpretationen und Ausführungen konnten von anderen Gelehrten diskutiert, angezweifelt und widerlegt werden. Das Wissen und die entsprechende Auslegung waren überprüfbar und widerlegbar. Dabei ging es auch um einen Wettbewerb, nicht nur welche Positionen die richtigen seien, sondern auch welcher Theologe die besseren Argumente vorbrachte. Wenn sich lateinische und byzantinische Gelehrte gegenüberstanden und miteinander diskutierten, war dies besonders brisant, denn dadurch stand auch die vermeintliche Überlegenheit der einen

2 Siehe zum Wissen der Dolmetscher und Übersetzer besonders Kapitel 3.1 und 3.2.

3 Siehe Kapitel 3.1.2.

4 Siehe zu den Theologen, ihrem Wissen und ihrer Tätigkeit Kapitel 4.1 und 4.2.

oder der anderen Kirche und deren Lehren im Raum. Der zweite Zweck für eine Konsultation war die Übermittlung von spezifischem Wissen. Der Theologe sollte nicht seine eigene Meinung wiedergeben, sondern die einer bestimmten Autorität oder Institution. Zwei Beispiele zeigen dies eindrücklich. Kaiser Manuel Komnenos fragte Hugo Etherianus bei den Diskussionen um 1166 explizit nach der Meinung der römischen Kirche und nicht nach dessen persönlicher Einschätzung.[5] Hugo von Honau hatte in den 1170er Jahren ebenfalls kein Interesse an Hugos persönlicher Meinung zur Naturen- und Personenlehre, sondern verlangte ausdrücklich nach der Wiedergabe der Positionen griechischer Autoritäten.[6] Hugos eigene Auslegung war in beiden Fällen nicht gefragt, dennoch war er es, der die Ansichten anderer vermittelte. Dieses Wissen war sowohl für die byzantinischen als auch die lateinischen Empfänger schwer überprüfbar. Die Kernexpertise des lateinischen Theologen war das religiöse Wissen, wobei die Vertrautheit mit der römischen Kirche für die byzantinische Gesellschaft ein Alleinstellungsmerkmal darstellte. Aus Sicht des lateinischen Europas war wiederum das Wissen über die byzantinische Kirche sowie der Zugang zu griechischen theologischen Schriften und die Befähigung, diese im Original zu lesen, ein Kernbestandteil der Expertise. Dies galt nicht unbedingt für die in den Osten geschickten päpstlichen Gesandten, aber mit Sicherheit für die in Konstantinopel lebenden Lateiner. Wissen in anderen Fachbereichen war ebenso brauchbar und wichtig.

Die Fähigkeiten der Lateiner, die im politischen Bereich eingesetzt wurden, sind nicht leicht zu fassen. Sprachkenntnisse, das Wissen über Kultur, Sitten und nicht zuletzt (diplomatische) Gebräuche sowie die politische Situation im lateinischen Europa waren durchaus gefragt und hilfreich, aber sie traten im Vergleich zu anderen Kriterien wie dem sozialen Status, Zuverlässigkeit und Treue in den Hintergrund.[7] Dies ist ein zentraler Unterschied zu den Übersetzern, Dolmetschern und Theologen.

In allen drei Wirkungsfeldern (Sprache, Religion und Politik) sind die Auftraggeber und Empfänger des Wissens entweder in der lateinischen Welt oder im Byzantinischen Reich zu verorten. Die Interaktion zwischen Auftraggebern und Übersetzern zeigt, dass sich Personen unterschiedlicher geographischer und sozialer Herkunft mit einer Übersetzungsanfrage an Lateiner in Byzanz wenden konnten. Ein unbekannter Kleriker von den Britischen Inseln konnte ebenso um eine Übersetzung bitten wie der Patriarch von Grado oder der

5 Hugo Etherianus, Brief an Petrus von Wien 1166/1167, 2, S. 153; siehe Kapitel 4.1.1.
6 Hugo von Honau, Erster Brief an Hugo Etherianus, 7, S. 18; siehe Kapitel 4.2.2.
7 Siehe Kapitel 5.2.

Papst.[8] Meistens traten als Förderer aber hohe geistliche Würdenträger oder Herrscher in Erscheinung. Unter den verlangten Übersetzungen war die Nachfrage nach griechischen Texten des theologischen Bereiches besonders groß, vor allem die griechischen Kirchenlehrer waren gefragt. Dies hing nicht zuletzt mit dem erschwerten Zugriff auf diese auch im Westen hoch angesehenen Autoritäten zusammen.[9] Die Übersetzung anderer Werke und Genres zeigt aber, dass auch andere Faktoren eine Rolle spielen konnten. Der persönliche Geschmack des Übersetzers und auch ein bestimmter Zeitgeist konnten für die Auswahl eines Textes ausschlaggebend sein, wie die Übersetzung von Traumdeutungsliteratur und okkulten Texten veranschaulicht. Außerdem hatten auch Werke einen Nutzen, deren Inhalte eigentlich als zweifelhaft, nicht übersetzenswert und sogar gefährlich angesehen wurden. Eine antilateinische photianische Liste galt der römischen Kirche als eine solche Schrift, dennoch erkannte sie in deren Übersetzung einen Nutzen, gerade im Kontext der Auseinandersetzungen mit der byzantinischen Kirche.[10] Byzantinische und lateinische Auftraggeber erwarteten von den Dolmetschern und Übersetzern mehr oder weniger dieselbe Expertise: sie versprachen sich die zuverlässige und wahrheitsgemäße Übertragung eines mündlichen Beitrages oder eines Textes in eine andere Sprache.

Bei den Theologen unterschied sich das erwartete Wissen je nach Auftraggeber. Die Byzantiner waren primär am Wissen über die Ansichten der römischen Kirche interessiert. Die Erwartung des Empfängers musste dabei nicht dem tatsächlich angebotenen Wissen entsprechen. Für die Byzantiner war Hugo Etherianus beispielsweise ein Experte für die Lehre und Dogmen der römischen Kirche. Zweifel an dieser Einschätzung sind allerdings durchaus berechtigt. Denn trotz seines Studiums in Paris war Hugo bis zu seiner Rückkehr nach Italien 1182 kein Geistlicher und offizieller Repräsentant der römischen Kirche. Zudem existierten auch innerhalb der lateinischen Christenheit Kontroversen. Die Auseinandersetzungen zwischen Porretanern und Reichersbergern in der zweiten Hälfte des 12. Jahrhunderts sind dafür beispielhaft. Der pisanische Berater des Kaisers konnte in solchen Fällen nur die Auffassung einer Strömung wiedergeben, diese war mit römischen

8 Siehe Kapitel 3.2.3.

9 Siehe Kapitel 3.2.2.

10 Zu den Übersetzungen aus dem Bereich der Traumdeutungsliteratur gehören das *Oneirocriticon* des Leo Tuscus und Paschalis Romanus' *Liber thesauri occulti*. Paschalis übersetze auch die Kyraniden ins Latein. Hugo Etherianus übersetzte eine antilateinische photianische Liste mit dem Titel *De haeresibus quas in Latinos Graeci devolvunt*, siehe Kapitel 3.2.2.

Positionen nicht zwangsläufig deckungsgleich.[11] Es ist allerdings fraglich, ob die Byzantiner dieses Problem als solches wahrnahmen.

Die lateinischen Empfänger hatten ein vorrangiges Interesse an der Übermittlung heiliger griechischer Autoritäten und den Ansichten der zeitgenössischen Byzantiner. Auch hier konnten versprochenes und erhaltenes Wissen auseinanderklaffen. Anselm von Havelbergs *Anticimenon* sollte im zweiten und dritten Buch die Ansichten der Byzantiner vermitteln, allerdings beschönigte der Bischof den Dialog derart zu seinen Gunsten, dass Zweifel an der authentischen Wiedergabe der Positionen und des Gesprächsverlaufs angebracht sind.[12] Die Untersuchung des Hugo Etherianus hat gezeigt, dass der Westen Lateiner in Byzanz auch zu theologischen Themen allgemeiner Natur konsultierte. Hugos Abhandlungen *De differentia naturae et personae*, *De anima corpore iam exuta* und *Contra Patarenos* behandeln universale theologische Themenkomplexe wie die Christologie, das Weiterleben der Seele nach dem Tod und den Kampf gegen dualistische Strömungen. In der lateinischen Welt machte sich Hugo nicht zuletzt durch diese Werke einen Namen. Diese Themensetzungen unterstützten seine erfolgreiche Laufbahn an der Kurie.[13]

Die in dieser Studie behandelten Lateiner des politischen Wirkungsfelds hatten meist einen byzantinischen Auftraggeber. Eine Ausnahme stellt Alexander von Conversano dar, der zumindest für eine gewisse Zeit sowohl dem *Basileus* als auch den römisch-deutschen Königen diente. Allerdings führte dies offenbar zu Schwierigkeiten, weil sich eine Seite schnell getäuscht oder hintergangen fühlen konnte.[14] Für Übersetzer, Dolmetscher und Theologen hingegen war die teils gleichzeitige Arbeit für westliche und byzantinische Auftraggeber weit weniger problematisch. Leo Tuscus arbeitete als Übersetzer der kaiserlichen Briefe in der Kaiserkanzlei und übersetzte gleichzeitig Werke für die lateinische Welt. Im politischen Wirkungsfeld war ein solches Vorgehen wohl nicht ohne Weiteres möglich.

Die Stellung und das Ansehen der Experten waren je nach Wirkungsfeld unterschiedlich. Die vorliegende Untersuchung zeigt, dass sich Dolmetscher und Übersetzer in einem Spannungsfeld zwischen Anerkennung und Abwertung befanden. Zum einen waren die byzantinische und die lateinische Seite beim persönlichen Zusammentreffen sowie beim Wissenstransfer auf die Leistung der Dolmetscher und Übersetzer angewiesen, wenn nicht sogar ihr ausgeliefert. Zum anderen wurde diesen aber eine eher despektierliche,

11 Siehe Kapitel 4.1.1.

12 Siehe zu Anselms Wiedergabe des Zusammentreffens Kapitel 4.1.3, 4.2.3 und 4.4.

13 Siehe Kapitel 4.2.2.

14 Siehe Kapitel 5.3.

reine Ver- und Übermittlungsfunktion zugebilligt. Denn sie übertrugen die Gedanken eines anderen in eine andere Sprache und drückten nicht ihre eigenen Ansichten aus, so schafften sie eigentlich nichts Eigenes. Dies sahen sie selbst teilweise auch so, wie Burgundio von Pisa, der die abbildende Funktion des Übersetzers betonte und diese auch gewissermaßen als „Berufsethos" propagierte: ein Übersetzer sei eben kein Autor.[15]

Unterschiede zwischen Übersetzern und Dolmetschern lassen sich nicht nur hinsichtlich ihrer Arbeit und ihres Wissens, sondern auch hinsichtlich ihrer Stellung konstatieren, besonders hinsichtlich ihres Bekanntheitsgrades. Die Übersetzer waren weitaus sichtbarer. Sie erschienen namentlich in den Texten und fühlten sich zudem dazu befähigt und berechtigt, Schriften aufgrund ihrer eigenen Einschätzung zur Übersetzung auszuwählen, zu beurteilen und zu kritisieren.[16] Während Dolmetscher in den Quellen häufig anonym, nicht selten sogar völlig unerwähnt blieben, waren Übersetzer meist durch die eigene Namensnennung im übersetzten Werk bekannt. Eine zentrale Annahme dieser Studie ist die Bedeutung des Aushandlungsprozesses zwischen Experten und ihrem sozialen Umfeld. Als Experte gilt, wer von der Gesellschaft auch als solcher anerkannt wird. Dies festzustellen, ist allerdings schwierig, wenn Dolmetscher in den Quellen nur selten namentlich erscheinen und ihre Tätigkeit als nicht erwähnenswert hingenommen wird.

Dennoch können Dolmetscher als Experten gelten. Die Zeitgenossen thematisierten die Schlüsselrolle von Dolmetschern in den Ost-West-Begegnungen zwar nicht direkt, erkannten sie aber dennoch an, und zwar paradoxerweise, indem sie deren Versagen aufdeckten. Einem Experten wird ein gewisses Sonderwissen zugeschrieben, das andere per definitionem nicht hatten. Dadurch wird an ihn auch eine gewisse Verantwortung delegiert. Es finden sich Quellenaussagen, die im Fall der Dolmetscher Versagen und Manipulation für das Scheitern von Kommunikationssituationen verantwortlich machten. Die mittelalterlichen Quellen betrachteten Dolmetscher demnach durchaus als Experten, die mitgestalteten oder sogar Gespräche und Verhandlungen steuern und scheitern lassen konnten. Der Dolmetscher Isaak Aaron beispielsweise manipulierte nicht in seiner Funktion als Dolmetscher, da er nichts falsch übersetzte, aber als diejenige Person, die beide Seiten verstand. Er überschritt seine Kompetenzen, half der Gegenseite und veranschaulichte damit die Macht eines Dolmetschers, auch wenn die Aufgabe an sich

15 Burgundio von Pisa, Einleitung zur Übersetzung der Homilien des Johannes Chrysostomos zum Johannesevangelium, S. 94f.; siehe ausführlich dazu Kapitel 3.3.1.

16 Siehe Kapitel 3.2.2 und zur Inszenierung Kapitel 3.3.2.

unterschätzt wurde.[17] Dolmetschen und Übersetzen war letztlich immer auch eine Sache des Vertrauens, sowohl in die Fähigkeiten als auch in die Zuverlässigkeit der entsprechenden Personen.

Im Vergleich zu den Dolmetschern und Übersetzern ist der Expertenstatus der Theologen unumstrittener. Über theologisches Wissen verfügten mehr Personen als über fremdsprachliche Fähigkeiten, deshalb war diese Art des Sonderwissens für die Gesellschaft besser nachzuvollziehen. Am byzantinischen Hof gab es Gelehrte, die sich an den theologischen Diskussionen mit den Lateinern beteiligten und Gegenpositionen einnehmen konnten. Überzeugungskraft war daher für Theologen besonders wichtig und konnte über Erfolg und Misserfolg entscheiden. Das Problem der Lateiner in diesem Wirkungsfeld bestand allerdings darin, dass sie ein wichtiges Ziel nicht erreichten: die Versöhnung zwischen römischer und byzantinischer Kirche. Dieses Misslingen sollte nicht mit ihrer Person oder Leistung verknüpft werden und bedurfte deshalb einer Erklärung. Leo Tuscus rechtfertigte das Scheitern der kirchlichen Verständigungsbemühungen damit, dass die römische Kurie kurz vor der offiziellen Einigung einen Rückzieher gemacht habe. Hugo Etherianus hatte als Berater demnach nicht versagt und seinen Teil zur Kirchenunion beigetragen.[18] Die Gesellschaft schrieb den Theologen Sonderwissen zu und übertrug ihnen dadurch auch eine gewisse Verantwortung für die Lösung spezieller Probleme. Der Umstand, dass Scheitern erklärt werden musste, zeigt, dass sie eine Expertenstellung einnahmen. Lateinische Theologen erscheinen in byzantinischen Quellen sehr selten, ihr Wirken ist aber durch ihre eigenen Aufzeichnungen und Werke dokumentiert.

Es ist zu bezweifeln, dass alle Gesandten als Experten betrachtet wurden. Faktoren wie die soziale Herkunft, Zuverlässigkeit und Treue waren für ihren Einsatz meist wichtiger als Sonderwissen.[19] Die Unterschiede zu Dolmetschern, Übersetzern und Theologen werden auch am Versagen sichtbar. Bei den hier untersuchten Gesandten wird zwar Verrat thematisiert, aber über erbrachte Fehlleistungen schweigen die Quellen. Die Gesandten agierten in der Regel als verlängerter Arm des Kaisers und wurden daher für erfolglose Missionen nicht in vollem Maße verantwortlich gemacht. Der wiederholte Einsatz von Gesandten trotz vorausgegangener erfolgloser Entsendung spricht für eine solche Haltung und offenbart, dass Gesandte nicht derart als Experten galten wie Dolmetscher, Übersetzer und Theologen.

---

17 Niketas Choniates, Historia, IV, S. 146f.; siehe Kapitel 3.4.2.

18 Leo Tuscus, De haeresibus, zit. n. DONDAINE, Hugues Éthérien, S. 127; siehe Kapitel 4.4.

19 Siehe dazu ausführlich Kapitel 5.2.

Die Strategien, mit denen sich Lateiner inszenierten, sind für ihre Anerkennung und ihr Ansehen zentral. Durch diese konnten sie bis zu einem gewissen Grad selbst steuern, für was sie als Experten gelten wollten, in welchen Kreisen sie sich bekannt machten und in welche Richtung ihre Karriere verlaufen sollte. Ihr soziales Umfeld bestimmte allerdings mit, für was jemand eine Expertise zugesprochen bekam. Das Zusammenspiel konnte harmonieren, die Wahrnehmungen konnten aber auch auseinandergehen. Burgundio von Pisa beispielsweise bezeichnete sich in seinen Übersetzungen stets als Richter. In seiner Grabinschrift werden aber seine juristischen Fähigkeiten oder gar seine Stellung als Richter mit keinem Wort erwähnt, sondern seine sprachliche Expertise hervorgehoben. Burgundio blieb der Nachwelt also in erster Linie als Übersetzer in Erinnerung, nicht als Richter.[20] Leo Tuscus hingegen sah sich als Übersetzer und verwies stolz auf seinen offiziellen byzantinischen Hoftitel als *imperialium epistolarum interpres*, selbst in seiner theologischen Abhandlung.[21] Bei ihm ist eine Tendenz feststellbar, das Übersetzen als eine eigenständige Arbeit zu definieren, und nicht als eine Nebenbeschäftigung für Juristen, Kaufleute, Gesandte oder Theologen, die zufällig beide Sprachen beherrschten. Die Übersetzungsaufgabe wird dabei als eine innere Bestimmung und als anerkannte, erlernte Tätigkeit verstanden. Sein soziales Umfeld folgte seiner Selbstdarstellung, griff diesen Titel auf und steigerte damit auch seine Bedeutung und Bekanntheit.

Die drei in dieser Arbeit aufgestellten Inszenierungsebenen haben sich besonders bezüglich der Wirkungsfelder Sprache und Religion als gut anwendbar erwiesen. Die drei Dimensionen umfassen: erstens die Inszenierung des engeren Expertenwissens; zweitens die Inszenierung als Experte zwischen Byzanz und dem Westen; und drittens die Verstetigung des Expertenstatus.

Die erste Ebene ist die Inszenierung des Wissens, das für die Ausübung der Tätigkeit in dem entsprechenden Wirkungsfeld notwendig war.[22] Für Übersetzer und Dolmetscher zählten die Sprachen, je nach Einsatzgebiet entsprechendes Fachwissen und eine gewisse Reflexion des Übersetzens und seiner Techniken zur Kernexpertise. Ausgehend von dem Beispiel des Hugo Etherianus lassen sich für Theologen zum einen das religiöse Wissen, Kenntnisse in Philosophie und eine angemessene Bildung, zum anderen aber

---

20 Siehe Kapitel 3.3.1.

21 Sevilla, Biblioteca Colombina, Ms. 5-1-24, fol. 78r; *imperatoriarum epistolarum interpres* bei Leo Tuscus, Übersetzung des Oneirocriticon, Praefatio, zit. n. HASKINS, Studies, S. 217; siehe Kapitel 3.3.2.

22 Siehe hierzu für die Dolmetscher und Übersetzer Kapitel 3.3.1 und für die Theologen am Beispiel des Hugo Etherianus Kapitel 4.3.1.

auch Sprachkenntnisse als engeres Expertenwissen ausmachen. Die Sprachkenntnisse waren zentral, um bedeutsame theologische griechische Texte zu erschließen, zudem ermöglichten sie die direkte Kommunikation mit den Byzantinern. Der Vergleich zwischen Übersetzern, Dolmetschern und Theologen zeigte allerdings eine überraschende Gewichtung. Eigentlich dürfte man bei den Dolmetschern und Übersetzern ein besonderes Herausstellen der Sprachkenntnisse erwarten. Ihr Umfeld machte dies auch, sie selbst betonten diese aber weit weniger als beispielsweise Hugo Etherianus. Der Theologe aus Pisa ließ gerne griechische Begrifflichkeiten oder Zitate, teils ins Latein transliteriert, teils sogar in griechischen Buchstaben, in seine Texte einfließen. Die griechischen Termini behinderten den Lesefluss des meist nur lateinkundigen Lesers und zwar nicht nur inhaltlich, sondern auch visuell. Denn bereits durch wenige Buchstaben des griechischen Alphabets nahm der Leser eine Veränderung des Textes wahr. Auf den ersten Blick wurde dadurch jedem ersichtlich, dass der Autor die griechische Sprache beherrschte. Übersetzern und Dolmetschern stand dieses Mittel der Inszenierung nicht zur Verfügung. Denn ihre Leistung bestand gerade in der nicht nur adäquaten, sondern auch möglichst gekonnten und eleganten Übersetzung griechischer Texte. Die Wiedergabe eines griechischen Wortes mit anschließender Erklärung hätte ihnen sogar als Unsicherheit ausgelegt werden können.[23]

Die zweite Ebene der Inszenierung ist die als Experte zwischen Byzanz und dem Westen.[24] Sie geht über das engere Wissen hinaus und schließt auch Umstände oder Funktionen ein, die zwar der Inszenierung dienten, die aber für die eigentliche Tätigkeit nicht unbedingt notwendig waren. Drei Mittel sind sowohl Dolmetschern und Übersetzern als auch Theologen besonders wichtig: der Aufenthalt in Byzanz, die lateinische Herkunft bzw. die Zugehörigkeit zur römischen Kirche sowie die Auswahl und Beurteilung von Texten bzw. die selbst gesetzten Themenschwerpunkte.

Der zeitweise oder dauerhafte Aufenthalt in Byzanz führte überzeugend vor Augen, dass die jeweilige Person Erfahrungswissen vor Ort sammeln und damit außergewöhnliches Wissen anbieten konnte. Dies hing mit Konstantinopel und seinem Ruf als bedeutendem Wissenszentrum zusammen, ein geradezu idealer Standort für Übersetzer und Theologen. Eine Vertrautheit mit den Byzantinern, der griechischen Sprache und der zeitgenössischen byzantinischen Kirche und Kultur konnte zudem erst vor Ort glaubhaft erworben werden. Das wussten auch die Übersetzer und Theologen, und daher ist es nicht überraschend, dass einige von ihnen Konstantinopel als Entstehungsort ihrer Werke auswiesen

23 Siehe Kapitel 3.3.1 und 4.3.1.
24 Siehe dazu Kapitel 3.3.2 und 4.3.2.

(*editus Constantinopolis/ Constantinopoli editus*).[25] Lateiner konnten den byzantinischen Aufenthaltsort auch durch die Einspeisung eines spezifischen „Insiderwissens" herausstellen, indem sie bestimmte konstantinopolitanische Feste erwähnten und erklärten oder ihre Werke zusätzlich zum lateineuropäischen Indiktions- und Inkarnationsstil nach byzantinischen Weltjahren datierten.[26] Einige wie Leo Tuscus, Hugo Etherianus oder Moses von Bergamo stellten zudem ihre Dienste für den byzantinischen Kaiser heraus.[27]

Ihre lateinische Herkunft und Zugehörigkeit zur römischen Kirche ließ sie gewissermaßen immer noch als zu Lateineuropa gehörig erscheinen. Die lateinische Herkunft drückte sich besonders durch geographische Beinamen wie Tuscus, Romanus oder Alamanopoulos sowie durch Familiennamen wie Rogerios aus.[28] Die Zugehörigkeit zur römischen Kirche wurde insbesondere dann ersichtlich, wenn sie für römische Positionen deutlich Partei ergriffen. Dem Westen signalisierten sie damit, dass sie in religiöser Hinsicht loyal gegenüber der Kurie und römischen Positionen waren. Gleichzeitig vergegenwärtigten sie den Byzantinern, dass sie aus dem Westen stammten und daher authentisches Wissen über das lateinische Europa und die römische Kirche anbieten konnten.

Die inszenierte Auswahl- und Urteilsfähigkeit und die selbst gesetzten Themenschwerpunkte ließen sie zudem aktiv darüber mitbestimmen, für welche Sachgebiete sie als Experten gelten wollten. Weitere Inszenierungsmittel der Übersetzer waren auch die besondere Darstellung von Zuverlässigkeit und Vertrauenswürdigkeit sowie speziell bei Leo Tuscus die konsequente Nennung seines offiziellen *interpres*-Titels.[29] Der Theologe Hugo Etherianus nutzte hingegen die postulierte eigene Überlegenheit und die Abwertung des Gegners dazu, sich zu einem versierten und erfolgreichen Vermittler zwischen Byzanz und dem Westen zu stilisieren.[30]

Die dritte Inszenierungsebene zielt auf eine Verstetigung des Expertenstatus, die durch die Erhebung zur Autorität oder die Etablierung von

---

25 Paschalis Romanus, Liber thesauri occulti, I, S. 141 (*editus Constantinopolis*); Hugo Etherianus, De minoritate, I, explicit, S. 141 und ders., De sancto, III, explicit, S. 260 (*Constantinopoli editus*); siehe Kapitel 3.3.2, 4.1.2 und 4.3.2.

26 Die Datierung so bei Paschalis Romanus, Übersetzung der Kyraniden, Prolog, S. 12 und ders., Liber thesauri occulti, I, 1, S. 141; Erwähnung der Feste und Traditionen bei Hugo Etherianus im *Contra Patarenos*, siehe dazu ausführlich Kapitel 4.2.2 und 4.3.2.

27 Siehe Kapitel 3.3.2 und 4.3.2.

28 Siehe Kapitel 3.3.2.

29 Siehe dazu Kapitel 3.3.2.

30 Siehe Kapitel 4.3.2.

Expertenfamilien erreicht werden konnte. Als Autoritäten können Personen verstanden werden, denen eine besondere Stellung unter den Experten zukam. Das Umfeld konnte jemanden zur Autorität erheben, indem es ihn als einen Lehrer beschrieb, Vergleiche mit heiligen Autoritäten anstrengte, bestimmte Aussagen als Belegstellen heranzog sowie sein Schaffen als vorbildhaft anerkannte. Wenn Johannes von Salisbury sich auf Burgundio von Pisa berief, um Zweifel an seinen eigenen Ausführungen auszuräumen, dann sprach Johannes dem aus Pisa stammenden Übersetzer eine Autorität auf einem bestimmten Gebiet zu und nahm an, dass seine Leser dies ebenso taten. Burgundio war somit mehr als ein Übersetzer, er wurde als Autorität betrachtet.[31]

Die Inszenierung zweier oder mehrerer Personen aus einer Familie diente ebenso der Verstetigung des Expertenstatus. Die Vorstellung von Wissen, das innerhalb einer Familie geteilt und an die kommenden Generationen weitergegeben wurde, konnte das Ansehen und den Status aller Familienmitglieder stärken. Es finden sich Beispiele, in denen die Kinder oder Neffen von Lateinern in Byzanz ihre Verwandten begleiteten und diese bei der Arbeit unterstützten. Dies hatte nennenswerte Vorteile: zum einen waren die jungen Verwandten zuverlässige Gehilfen, die wissbegierig waren, zum anderen erleichterte es dem Nachwuchs den Karriereeinstieg, denn der Auftraggeber konnte angesichts der familiären Herkunft eine bestimmte Ausbildung der zu diesem Zeitpunkt noch unbekannten Person erwarten.

Das beste Beispiel für die Inszenierung als Expertenfamilie ist das Brüderpaar Hugo Etherianus und Leo Tuscus.[32] Beide verwiesen in ihren Werken und ihrer Korrespondenz auf ihre Zusammenarbeit sowie die Unterstützung und Inspiration durch den jeweils anderen. Dabei nannten sie den anderen nicht nur namentlich, sondern stellten auch meist die Verwandtschaftsbeziehung zueinander sowie die jeweiligen Titel und Tätigkeiten heraus. Leo erwähnte namentlich sogar zwei Werke seines Bruders.[33] Auf diese Weise inszenierten sie sich nicht nur selbst, sondern auch ihren Bruder als Experten zwischen Byzanz und dem Westen. Dies erfüllte nicht zuletzt den Zweck, sich gegenseitig potenziellen Förderern bekannt zu machen. Da beide einen ähnlichen Adressatenkreis hatten, erschien ein solches Vorgehen vielversprechend und förderlich.

---

31 Johannes von Salisbury, Metalogicon, IV, 7, S. 145; siehe Kapitel 6.1.

32 Siehe Kapitel 6.2.

33 Leo Tuscus, De haeresibus, zit. n. DONDAINE, Hugues Éthérien, S. 126 (*De sancto et immortali Deo*); ders., Übersetzung des Oneirocriticon, Praefatio, zit. n. HASKINS, Studies, S. 217 (*De minoritate*).

Zeitgenössische lateinische und griechische Quellen fassten die Anwesenheit der vielen Lateiner am byzantinischen Hof des 12. Jahrhunderts als erklärungsbedürftig auf. Entweder wurden eine persönliche Vorliebe des regierenden, latinophilen Kaisers als Begründung angeführt oder das Vertrauen in die besondere Treue der Lateiner als Erklärung herangezogen. Beides vernachlässigt die Fähigkeiten und Expertise von Lateinern, manch eine Quelle sprach den eingesetzten Lateinern sogar jegliche Befähigung ab. Im Kontrast zu diesen mittelalterlichen Deutungen hat diese Studie herausgearbeitet, dass die Lateiner in den Wirkungsfeldern Sprache und Religion Sonderwissen anboten, und zwar sowohl gegenüber den Byzantinern als auch gegenüber westlichen Abnehmern.[34] Das vom Geschichtsschreiber Niketas Choniates entworfene Bild vom unfähigen Ausländer, der nur aufgrund seiner Herkunft und vermeintlichen Treue zum Herrscher beschäftigt war, ist deshalb zurückzuweisen.[35]

Die Kritik und Abwertung von Lateinern in den byzantinischen Quellen ist auch auf eine Art Bedrohungsgefühl byzantinisch-höfischer Kreise zurückzuführen, die sich durch die auswärtige Konkurrenz herausgefordert sahen.[36] Die Diskreditierung von Lateinern durch entweder völliges Verschweigen oder das Absprechen jeglicher Expertise zeugt davon. Ein Kritikpunkt, der ein besonderes Problem darstellte, war das Bemängeln griechischer Sprachkenntnisse, die Feststellung eines fehlerhaften Sprachgebrauchs oder allein schon eines Akzents. Lateiner konnten noch so viel Wissen haben, wenn sie es nicht adäquat zu kommunizieren verstanden und dadurch ihrem Status gerecht wurden, konnte das ihrem Ansehen schaden. Sprachmängel waren ihr wundester Punkt und mit einer entsprechenden Thematisierung konnte man ihr gesamtes Wissen und Können abwerten.[37]

Das Fremdsein beeinflusste das Wirken der Lateiner. Auf der einen Seite waren sie mit vermeintlichen Benachteiligungen aufgrund der auswärtigen Herkunft konfrontiert, teilweise waren sie auch in handfeste Konflikte vor Ort involviert.[38] Auf der anderen Seite prägten diese Fremdheitserfahrungen auch die von ihnen vorgebrachten Themen und Sichtweisen. Es ist erstaunlich,

---

34 Siehe zur latinophilen Haltung des Kaisers beispielsweise: Niketas Choniates, Historia, VII, S. 204f.; siehe auch Wilhelm von Tyros, Chronicon, XXII, 11, S. 1020f.; Robert von Auxerre, Chronicon, a. a. 1182, S. 246; siehe zur latinophilen Haltung des Kaisers auch: OSTROGORSKY, Geschichte, S. 314; MAGDALINO, The Empire, S. 221-224.

35 Beispielsweise Niketas Choniates, Historia, VII, S. 204f.

36 So auch LILIE, Die Auswirkungen, S. 45; siehe auch Kapitel 7.1.

37 Anna Komnene, Alexias, V, 8, S. 164f.; Niketas Choniates, Historia, VII, S. 204f.; siehe Kapitel 7.1.

38 Siehe ausführlich Kapitel 7.2.

dass Hugo Etherianus von Kaiser Manuel um 1175/1176 bei der Frage, wie die Kirchenunion zu erreichen sei, zunächst eine Verbesserung der Situation lateinischer Christen in Byzanz forderte.[39] Im Gegensatz zu päpstlichen Gesandten waren für den in Konstantinopel lebenden Theologen nicht die großen theologischen Kontroversen bei der Frage der Kirchenunion das dringlichste Thema, sondern die Probleme der lateinischen Christen vor Ort. Seine eigenen Erfahrungen als römischer Christ flossen auch in seine Handlungsempfehlungen ein und unterschieden ihn grundlegend von anderen.

Der Fremdheitskontext konnte die Stellung als Experte nicht nur schwächen, sondern auch stärken. Das Fremdsein war für die Lateiner ein wichtiger Bestandteil ihrer Expertise und gerade das Nichtanpassen an die byzantinische Gesellschaft, auch über mehrere Generationen hinweg, konnte ihren Status festigen. Die Abstammung aus dem lateinischen Europa und die Zugehörigkeit zur römischen Kirche und das damit verbundene Wissen waren ein wesentlicher Pfeiler des Expertenprofils. Eine zu starke Anpassung an die byzantinische Gesellschaft und Kultur hätte die besondere Expertise vielleicht sogar abgeschwächt. Die Merkmale des Fremden, die ihr Wissen besonders glaubwürdig machten, wären dadurch verschwunden. Lateiner des sprachlichen und religiösen Wirkungsfelds hatten daher an einer vollständigen Integration in die byzantinische Gesellschaft weniger Interesse. Sie erlernten zwar die griechische Sprache, hatten auch nachweislich soziale Kontakte zu Byzantinern, fühlten sich aber weiter als lateinische Christen und kehrten mitunter wieder in die Heimat zurück. Mit einer nicht zu hohen Integrationsbereitschaft hielt man sich zudem weitere Karriereoptionen offen. Hugo Etherianus wechselte so beispielsweise erfolgreich von seiner Tätigkeit am byzantinischen Kaiserhof zur Kurie nach Rom. Es ist durchaus möglich, dass er dies von langer Hand vorbereitet hatte. Die in die 1170er Jahre zu datierenden Kontakte zur Kurie sowie sein von Leo Tuscus geschilderter Ausreisewunsch nach Rom sprechen dafür.[40] Möglich ist, dass Hugo seine Kontakte in den Westen aufgrund der in den 1170er Jahren angespannten Situation im Byzantinischen Reich bewusst intensivierte, um sich eine Rückkehroption dorthin offenzuhalten.

Der Integrationswille in die byzantinische Gesellschaft hing auch von den Rückkehrperspektiven ab. Die normannischen Familien wie die Rogerioi, die zu den Byzantinern übergelaufen waren, hatten eine stärkere

39 Siehe Kapitel 4.1.1 und 7.2.1.

40 Leo Tuscus, De haeresibus, zit. n. DONDAINE, Hugues Éthérien, S. 126; siehe als Überblick für die Kontakte: DONDAINE, Hugues Éthérien, S. 69-72; siehe auch Kapitel 4.1.1 und 7.2.2; für die angespannte Situation im Byzantinischen Reich siehe Kapitel 7.2.3.

Integrationsbereitschaft als Personen, die immer noch Kontakte nach Lateineuropa unterhielten und an einer Rückkehr interessiert waren. Die Lateiner der zweiten und dritten Generation betrachteten sich sehr wahrscheinlich selbst als Byzantiner, auch sprachlich und religiös. Sie heirateten in angesehene einheimische Familien ein. Einige empfanden den lateinisch klingenden Familiennamen offensichtlich als störend. Johannes Rogerios Dalassenos ließ sich auf Siegeln deshalb nur mit dem griechischen Familiennamen seiner Mutter bezeichnen. Die byzantinische Historiographie führte ihn jedoch mit seinem Patronym Rogerios auf. Während er selbst seine normannische Herkunft verbergen wollte, beharrte die byzantinische Seite auf diesem Namen.[41]

Es ist davon auszugehen, dass Lateiner weder treuer noch illoyaler als Byzantiner waren. Beachtlich ist aber, dass die Quellen beides, sowohl Loyalität als auch Illoyalität, mit der Herkunft verknüpften. Die fremde Abstammung bot gewissermaßen für beides eine Erklärung. Die herausgestellte „landsmännische" Verbindung des Johannes Rogerios Dalassenos mit Robert von Capua bei der geplanten Verschwörung gegen Manuel Komnenos 1143 zeigt, dass byzantinische Autoren auch Lateiner der zweiten oder dritten Generation mit der Heimat ihrer Vorfahren assoziierten.[42]

Das Beispiel des Leo Tuscus und des Hugo Etherianus veranschaulichte, wie komplex sich Loyalitäten und Identifikationen verteilten. Verschiedene Personenkreise wandten sich an sie und holten ihren Rat ein. Der byzantinische Kaiser gehörte ebenso zu diesem Zirkel wie vermutlich andere Byzantiner, die Heimatstadt Pisa inklusive der Pisaner in Konstantinopel sowie die römische Kurie und verschiedene andere Personen aus dem lateinischen Europa sowie der Kreuzfahrerreiche. Konsultiert wurden sie dabei nicht nur für ein bestimmtes Fachgebiet, sondern auch generell als Kenner des Byzantinischen Reiches.

Der Kaiser war für die am byzantinischen Hof tätigen Lateiner zweifelsfrei der wichtigste Förderer. Während Teile der byzantinischen Gesellschaft den Lateinern mit Skepsis und Kritik begegneten, griff der Kaiser auf deren Expertise zurück. Auf der einen Seite überrascht es daher nicht, dass die Lateiner sich gegenüber ihrem großen Förderer loyal verhielten. Auf der anderen Seite befanden sie sich aber durch die im 12. Jahrhundert sichtbaren Gegensätze und Konflikte mit dem Westen in einer schwierigen Lage, sie standen zwischen verschiedenen Interessen und Mächten.

---

41 Siehe Kapitel 7.3.

42 Johannes Kinnamos, Epitome, II, 4, S. 37; siehe Kapitel 7.3.

Hugo Etherianus und Leo Tuscus ließen den Kaiser in ihren an eine lateinische Leserschaft gerichteten Werken in einem positiven Licht erscheinen.[43] Leo ging dabei am weitesten, indem er Kaiser Manuel sogar als *autocrator Romeon* („Kaiser der Römer") bezeichnete und Friedrich Barbarossas Kaisertum auf *Alamania* bezog.[44] Er übernahm byzantinische Formeln und bekannte sich zu Manuel ausgerechnet in einem Werk, das sich äußerst polemisch gegen die byzantinische Kirche und die Byzantiner richtete. Hugo ließ an seiner Loyalität und Ergebenheit gegenüber dem Kaiser auch keinen Zweifel, benannte Manuel aber nicht als römischen Kaiser. Während sich Leo in religiöser Hinsicht zur römischen Kirche bekannte, zeigt seine Bezeichnung des Kaisers, dass er sich politisch mit dem byzantinischen Kaisertum identifizierte.

Leos Haltung stand im Kontrast zur Position der römischen Kirche. Denn die Anerkennung des westlichen Kaisers als römischer Kaiser war maßgeblich mit dem Recht des Papstes verbunden, den „Kaiser der Römer" zu krönen. Die Bezeichnung Manuels als *autocrator Romeon* stellte dies zumindest infrage. Es bestehen allerdings keine Zweifel, dass sich Leo und Hugo selbst als lateinische Christen betrachteten und besondere Beziehungen zur Kurie pflegten. Hugo übernahm in den Kirchenunionsbemühungen sogar eine doppelte Rolle, zum einen als Berater des Kaisers, zum anderen als Kontaktperson für die Kurie, die auf briefliche Bitte des Papstes zugunsten der Kirchenunion auf den Kaiser einwirken sollte. Alexander III. betrachtete den Pisaner Theologen als einen informellen Mittler, als einen „Insider", dem er zutraute, auf den Kaiser Einfluss zu nehmen.[45] Hugo saß gewissermaßen zwischen den Stühlen und den Interessen verschiedener Mächte, die von seinem Wissen profitieren wollten. Er selbst erkannte darin wohl keinen Widerspruch und sah sich als Vermittler und Diener einer größeren Sache: der Wiederherstellung der Kirchenunion.

Personen aus verschiedenen Teilen der lateinischen Welt wandten sich an in Byzanz lebende Lateiner und wollten von ihrem Wissen und ihren Einflussmöglichkeiten profitieren. Allerdings waren sie mit ihren Anfragen nicht immer erfolgreich, da ihr Anliegen auch (vorerst) zurückgewiesen werden konnte. Anfang der 1170er Jahre ignorierte Hugo Etherianus zunächst den Wunsch des Hugo von Honau nach einem gemeinsamen Treffen. Es ist denkbar, dass er es zu dieser Zeit als problematisch empfand, mit Personen aus dem römisch-deutschen Reich in Kontakt zu stehen. Denn zu diesem Zeitpunkt

---

43 Siehe dazu ausführlich Kapitel 7.4.

44 Leo Tuscus, De haeresibus, zit. n. DONDAINE, Hugues Éthérien, S. 127; siehe auch Kapitel 7.4.

45 Alexander III., Brief an Hugo Etherianus, S. 5; siehe Kapitel 7.6.

befanden sich seine beiden großen Förderer, der byzantinische Kaiser und die Kurie, im Konflikt mit dem westlichen Kaiserreich.[46]

Lateinern wurden aufgrund ihres Standortes und ihrer Stellung auch Einflussmöglichkeiten über ihre eigentlichen Wirkungsfelder hinaus zugetraut. Petrus von Wien bat Leo Tuscus und Hugo Etherianus beispielsweise darum, auf die Versöhnung der Kaiser Friedrich Barbarossa und Manuel Komnenos hinzuarbeiten.[47] Er äußerte eine Bitte politischer Natur und nahm an, dass die beiden Pisaner auch diesbezüglich etwas bewegen könnten. Selbst wenn die Brüder der Bitte nicht nachkamen, allein das Anliegen veranschaulicht, dass Petrus ihnen immerhin einen entsprechenden Einfluss zutraute.

Für Lateiner am Hof gab es keinen Automatismus, sich der Heimatregion besonders verpflichtet zu fühlen und ihre Interessen und Belange zu vertreten. Bei anderen Lateinern in Byzanz, insbesondere den Kaufleuten, mag dies anders gewesen sein, da diese auch in ein anderes soziales Milieu eingebunden waren. Im Fall des Hugo Etherianus lässt sich mitunter eine spezielle Beziehung insbesondere zu den anderen in Konstantinopel lebenden Pisanern beobachten, wie an der Wahrnehmung spezieller Aufgaben und an seiner Einbindung in rechtliche Vorgänge ersichtlich wird.[48] Die Heimatregion wusste um die potenziellen Vorteile des Kontaktes zu am byzantinischen Hof beschäftigten Personen und appellierte deshalb an Hugos besondere Verbundenheit mit seiner eigentlichen *civitas*.[49] Es lassen sich aber auch Anhaltspunkte finden, die eine zunehmende Entfremdung zwischen Hugo und seiner ursprünglichen Heimat aufzeigen. Der jahrelange Aufenthalt an einem anderen Ort, der Dienst für verschiedene Auftraggeber sowie auch Skepsis, Misstrauen und Neid seitens der Pisaner konnten demnach zu Spannungen führen.[50]

Die Loyalitäten zwischen Byzanz und dem Westen waren nicht immer klar verteilt, mitunter lassen sich am Beispiel des Hugo Etherianus und des Leo Tuscus sogar Doppelloyalitäten feststellen. Während sie religiös unmissverständlich die Positionen der römischen Kirche vertraten, konnten sie politisch zu dem Byzantinischen Reich und dem Kaiser halten. Sie erkannten darin keinen Widerspruch.

Die Studie hat gezeigt, dass sich die Lateiner am byzantinischen Kaiserhof wie auch andere Experten in der Fremde in einer besonderen Situation befanden. Als Personen, die Sonderwissen anboten, über das Einheimische

46 Siehe Kapitel 7.6.

47 Petrus von Wien, Brief an Hugo Etherianus, 10, S. 21; siehe Kapitel 7.7.

48 Hugo Etherianus war einer der Nachlassverwalter des in Konstantinopel verstorbenen Pisaners Signoretto, siehe Kapitel 7.2.1.

49 So z. B. Pisaner Klerus, Brief an Hugo Etherianus, Sp. 167f.; siehe Kapitel 7.5.

50 Siehe ausführlich zu diesem Thema Kapitel 7.5.

nicht verfügten und das sowohl für die byzantinische Gesellschaft als auch für die lateinische Welt nützlich und nutzbar war, nahmen sie in den Ost-West-Beziehungen eine wichtige Mittlerrolle ein. Sie bewegten sich dabei geschickt zwischen verschiedenen Förderern, Mächten sowie Reichen und deren Interessen. Diese besondere Mittlerstellung war ein wesentlicher Bestandteil ihrer Expertise und ihres Selbstverständnisses als Experten der Zwischenräume.

KAPITEL 9

Latins at the Byzantine Court: Expertise and Loyalties between Byzantium and the West, 1143-1204 – Summary in English

Throughout the Middle Ages, the Eastern Mediterranean was a crucial zone for knowledge transfer and cultural exchange. Many powers, peoples and groups benefitted from the unique cultural and economic dynamics of a region that had been shaped by different political actors and religious groups over centuries.[1] The latter half of the 12th century was an era of particularly intense political, economic, cultural and religious contact and reciprocal exchange between Byzantium and the Latin world.[2] The intensification of contacts between Byzantium and West over the course of the 12th century was driven by political shifts that occurred around that time in both spheres. The Byzantines had lost large parts of their territory in Asia Minor to the Seljuk Turks in the 11th century. This prompted them to turn their attention in the 12th century to their Western provinces, thereby increasing the importance of their policy towards the West. Securing the Western parts of the empire, and exerting control over the neighbouring territories including Hungary and Italy became vital objectives.[3] In the same era, Latin Europe was expanding into the Eastern Mediterranean through the crusading movement and the growing economic influence of the Italian maritime powers. As a result of these developments, the two spheres of interest intersected to a degree that they rarely had before.[4]

---

1 On the importance of the Mediterranean as a centre of knowledge transfer, see: KOUREMENOS (Hrsg.), Insularity; ABULAFIA, The Great Sea; VON DER HÖH/ JASPERT/ OESTERLE (Hrsg.), Cultural Brokers; BORGOLTE/ JASPERT (Hrsg.), Maritimes Mittelalter; AMITAI/ CLUSE (Hrsg.), Slavery; THEOTOKIS/ YILDIZ (Hrsg.), A military History.

2 For overviews of Western-Byzantine relations in the 12th century, see: LAIOU, Byzantium and the Crusades, pp. 17-40; LILIE, Byzanz - Staat, pp. 10-42; EXARCHOS, Komnenoi (forthcoming); KAZHDAN, Latins, pp. 83-100; on economic aspects, see e.g.: LILIE, Handel; PENNA, The Byzantine imperial acts; on cultural aspects, see e.g.: CIGGAAR, Western Travellers; on religious and ecclesiastical aspects, see e.g.: NORDEN, Das Papsttum, pp. 58-159; HARRIS/ TOLSTOY, Alexander III, pp. 301-313; PRINZING, Das Papsttum, pp. 137-183; KOLBABA, The Byzantine lists.

3 LILIE, Byzanz – Staat, p. 16; idem, Manuel I. Komnenos, p. 160; see ANGOLD, The Byzantine Empire, pp. 12-58.

4 On interactions between Byzantium and the Normans, see: NORWICH, The Normans, especially pp. 220-233; LOUD, Byzantine Italy, pp. 215-233; MCQUEEN, Relations, pp. 427-476; for

 | DOI:10.30965/9783657760985_010

Relations between Byzantium and the Latin West oscillated between friendly and antagonistic, and it was in this framework that individuals moved between the two spheres. In the 12th century, many Westerners came to Byzantium and remained there for extended periods, or passed through the empire as travellers, pilgrims, crusaders or envoys.[5] The Italian merchants of the maritime cities of Venice, Pisa and Genoa were particularly prominent at the Bosporus, establishing in Constantinople their own quarters, which were formally granted to them by acts issued by the Byzantine emperors.[6]

Byzantium and above all Constantinople were not only important to the Latin world in political and economic terms, but in religious and cultural terms as well. The image of Byzantium as a centre of knowledge and learning, where antique and early Christian knowledge had been preserved, made the Eastern Empire deeply appealing to Western scholars.[7]

Furthermore, the imperial court itself offered considerable opportunities for outsiders who possessed particular knowledge and expertise. One important group among the foreigners at the Byzantine court were those who came from the West and worked as translators, interpreters, advisers or envoys. A closer examination of these figures and their activities opens up several themes of considerable interest, including broader questions on the activities and development of experts in foreign cultural and political settings.

Byzantium and the Western Empire, see: EXARCHOS, Komnenoi; DENDORFER, Konrad III., pp. 58-73; GÖRICH, Friedrich Barbarossa und Byzanz, pp. 74-85; KÖLZER, Byzanz, pp. 86-109; MALECZEK, Philipp von Schwaben, pp. 110-140; on relations between Byzantium and Venice, see: NICOL, Byzantium; MADDEN, Enrico Dandolo; on the Italian maritime powers in Byzantium, see: LILIE, Handel; PENNA, The Byzantine imperial acts; on the impact of the crusades on Byzantium (including the empire's dealings with the Crusader States), see: HARRIS, Byzantium; LILIE, Byzanz und die Kreuzzüge.

5 The Term "Westerner" is used synonymously for "Latin" in the present study; for a more precise definition of "Latin", see Chapter 2.4.

6 LILIE, Handel, p. 9, p. 73 and pp. 84-85; PENNA, The Byzantine imperial acts, especially pp. 199-275; EXARCHOS/ PREISER-KAPELLER/ DÖNITZ/ CHITWOOD, Minderheiten, pp. 1144-1145.

7 For an example from the 12th century, see: Hugo von Honau, De diversitate, I, 4, p. 121: *Et quoniam ex Graecorum fontibus omnes Latinorum disciplinae profluxerunt, precibus meis adieci, ut, eius opitulante gratia, si quo modo fieri posset, per auctoritates irrefragabiles sapientum Graeciae nostrarum dissensionum decisionem aliquando consequi mererer.* On the image of Byzantium as a center of knowledge, see e.g.: RENTSCHLER, Griechische Kultur und Byzanz im Urteil westlicher Autoren des 10. Jahrhunderts, pp. 324-355; idem, Griechische Kultur und Byzanz im Urteil westlicher Autoren des 11. Jahrhunderts, pp. 112-155; SCHIEFFER, Byzanzbilder, pp. 43-57; see Chapter 2.

The Outsider as Expert

Regarding the Westerners who were present in Byzantium in the second half of the 12th century, this book focusses on two key aspects: their status as outsiders, and their role as experts. The present study defines experts as figures who provided accurate knowledge in particular circumstances.[8] This definition is based on the assumption that an individual's interaction with their social environment permits them to acquire the status of an expert via a combination of external recognition and their own self-representation. It is important to note that an expert does not necessarily need to possess real specialist knowledge in any particular field, but merely has to succeed in making it seem plausible that they do.[9] This is a crucial point, particularly when dealing with figures who moved between different cultures. It is more straightforward for an individual to gain recognition for possessing specialist knowledge on the basis of their education, religion, geographical origin or ethnicity (or the perception of these characteristics) when that individual relocates to a new cultural setting. Likewise, individuals who spend significant periods in a foreign cultural environment can more easily postulate specific knowledge about that culture to others in their home region. This was the case for Westerners who were active in Byzantium: the knowledge that they possessed, and the knowledge that others believed that they possessed, were not necessarily the same. However, in practice, this rarely posed a problem, since it was generally difficult for the recipients of that knowledge in either Byzantium or the West to verify whether or not an individual actually held the knowledge that they purported to possess. Mobile experts operated at the meeting points between different societies, powers and patrons. It should be noted that regardless of their location, these individuals did not have to be regarded as experts only by Byzantines. They could also gain it through recognition from their home societies in Latin Europe, the curia in Rome, or other Westerners who lived in Constantinople.

The Latins who were active in Byzantium were distinguished by specialist competences in three respects. Firstly, they were believed to have specialist knowledge in a particular field. Secondly, from the perspective of Byzantium, they carried knowledge from their home region, or of a much larger geographical and cultural area in the West. Thirdly, from a Western perspective, spending time in Byzantium gave them the chance to gain experience and knowledge concerning the Greek language, Byzantine customs, religion, culture and politics. While the first of these is acquired specialist knowledge, the other two can

8 REXROTH, Systemvertrauen, p. 22.

9 HITZLER, Wissen, p. 27.

be described as practical knowledge: knowledge that was only significant (the second type) or only acquired (the third) through migration. Holding these kinds of knowledge enabled the Latins at the imperial court to act as mediators between Byzantium and the West. As such, these figures can be classed as "cultural brokers", "go-betweens" or "Grenzgänger".[10]

This book focuses on three areas in which Latins were active in Constantinople: language, religion and politics.[11] In these three fields, Westerners operated as translators and interpreters (language), as advisors, envoys and participants in religious dialogues (religion) or as envoys, advisors, and political officials or dignitaries (politics). In the field of politics, this book is particularly focused on the activities of Latin envoys who served the emperors.

Contemporary Latin and Greek authors found the need to explain the presence of so many Latins at the Byzantine court in the 12th century. To do so, they offered explanations that included the supposed preference of a reigning "Latinophile" emperor, or trust in the special loyalty of the Latins. Both explanations overlooked the skills and expertise of the Latins, with some Greek sources even claiming that the Latins possessed no competence whatsoever. In contrast to these 12th-century assessments, the present book demonstrates that the Latins who were active in Constantinople provided specific knowledge in the fields of language and religion to both Byzantine and Western recipients.[12] The image of the incompetent foreigner who was only employed because of his non-Byzantine origins and purported loyalty to the emperor, as described by contemporaries including the Byzantine historian Niketas Choniates, should therefore not be accepted at face value.[13]

---

10 On the term "Grenzgänger", see: GEHRKE, Einleitung, pp. 15-24; on "go-betweens", see: HÖFELE/ VON KOPPENFELS (Hrsg.), Renaissance Go-Betweens; on the concept of the "cultural broker", see: VON DER HÖH/ JASPERT/ OESTERLE, Courts, pp. 9-31; see Chapter 1.4.

11 For a detailed discussion of the spheres of Byzantine culture and politics in which Latins were active in this period, see Chapter 1.1.

12 For examples of this, see: Niketas Choniates, Historia, VII, pp. 204-205; Wilhelm von Tyros, Chronicon, XXII, 11, pp. 1020-1021; Robert von Auxerre, Chronicon, a. a. 1182, p. 246; for modern discussions of this subject, see MAGDALINO, The Empire, pp. 221-224; OSTROGORSKY, Geschichte, p. 314; RODRIGUEZ SUAREZ, From Greek, p. 91.

13 See, for instance: Niketas Choniates, Historia, übersetzt von MAGOULIAS, VII, p. 116: "To some of these the means of livelihood flowed so profusely that they swam in rivers of money, as do the illustrious of the world and the grandees of the greatest nations which, totally lacking in learning and in knowledge of the Hellenic language, go in search of the course [of these riches] in the manner of peaks and cliffs hearkening to the reverberating echo of songs played on the shepherds' flutes. Fully confident in these men as his most loyal and devoted servants, he not only entrusted them with the highest offices but also

At first glance, the three fields of language, religion and politics differ greatly from each other, with all three requiring bespoke knowledge and different types of experts. However, figures who were active in these three fields did share commonalities in terms of their expertise, their patrons and sponsors, their performance strategies, and social acceptance.

Language: Interpreters and Translators

Interpreters and translators were central to all scenarios that involved communication between Byzantium and the West. Those who knew both Greek and Latin possessed the necessary competence, for it was these figures who enabled communication between East and West. It was essential for interpreters and translators to master both languages, and perhaps also other Latin European languages as well as different forms of Greek.[14] While the interpreter translated orally, often in an extemporary fashion, the translator rendered text written in one language into another. Interpreters thus primarily needed practical language skills, whereas translators chiefly required passive knowledge. Depending on the particular field in which they were active, these figures also needed specialist knowledge of subjects including theology, philosophy, medicine and diplomacy. The interpreters and translators who worked in the Byzantine imperial chancery came from different regions of Latin Europe, and so probably had different educational backgrounds. This can be discerned by the fact that they exhibited varying proficiency in Western chancery practices, theology and the Latin language (which Western Europeans also learned as a foreign language).[15] It is unclear how far the Byzantines perceived these differences in ability, though; Byzantine and Western recipients alike generally lacked the necessary proficiency in the Latin or Greek languages to verify the skills of interpreters and translators.

The interaction between patrons and translators demonstrates that individuals from a range of geographical and social backgrounds could submit a translation request to Westerners who were active in Byzantium. An unknown cleric from the British Isles could request a translation, just as the patriarch

appointed them judges as though they had recently become experts in the law."; Greek text: idem, Historia, VII, pp. 204-205.

14 See Chapters 3.1 and 3.2; for more on the different forms of Greek, see: BROWNING, Medieval and Modern Greek; idem, Von der Koine, pp. 156-168; WILSON, Griechische Philologie in Byzanz, p. 104-116; HUNGER, Die hochsprachliche profane Literatur II, pp. 3-83; SCHREINER, Bilinguismus, pp. 400-402.

15 See Chapter 3.1.2; BERSCHIN, Griechisch-Lateinisches Mittelalter, p. 31; GASTGEBER, Die lateinische „Übersetzungsabteilung" I, pp. XIII-XL.

of Grado or the pope could.[16] Most patrons, however, were high-ranking ecclesiastical dignitaries or secular rulers. As regards the translations that were actually requested, there was a particularly high demand for theological texts in Greek, especially those written by the patristic authors.[17] While these authors were highly respected in the West, it was more difficult to access copies of their work there. However, the translation of works from other genres indicates that additional factors could also influence the activities of translators. The personal predilections of individual translators and prevailing tastes and interests could also determine which texts were chosen for translation. The production of works such as those dealing with dream interpretation and the occult attests to this.[18] Moreover, works whose contents were actually considered dubious, potentially dangerous, or even not worth translating, also had a use. For example, the Latin Church considered the translation of an anti-Latin Photian list by Hugh Eterianus (written after 1178) to be highly offensive, yet recognised that the translation had potential use, in that it could give an insight into Byzantine attitudes towards the Latins.[19] The Byzantine and Latin figures who sponsored or received translations expected essentially the same expertise: they anticipated reliable and accurate translations from one language into another.

This book demonstrates that interpreters and translators were often undervalued. On the one hand, Byzantines and Latins alike were dependent on the input of interpreters and translators in personal encounters and in the transfer of knowledge. On the other hand, however, these figures were often disparaged. They were believed only to translate someone else's thoughts into another language. So, according to this line of thinking, they did not express any of their own ideas, and so did not actually create anything of their own. Some translators even held this view of their own work. The translator Burgundio of Pisa,

16 The cleric Paganus from the British Isles requested an exposition of some Greek words in the biblical prefaces of Saint Jerome: Moses von Bergamo, Expositio, Prolog, p. 163; see Chapter 3.2.1; Paschalis Romanus dedicated two of his translated works – the *Ystoria beate Marie Virginis* (before 1186) and the *Disputatio contra Judeos* (1163) – to Enrico Dandolo, Patriarch of Grado; on the commissions requested by these figures as well as those made by the papacy, see Chapters 3.2.2 and 3.2.3.

17 See Chapter 3.2.2.

18 See, for example, the translation of the Greek *Oneirocriticon* by Leo Tuscus (1175/1176), the *Liber thesauri occulti* (1165), and the translation of the *Cyranides* (1169) by Paschalis Romanus. For more on these texts, see Chapters 3.2.1 and 3.2.2.

19 The title given to the Latin translation of this text is *De haeresibus quas in Latinos Graeci devolvunt*. For more on this text, see Chapter 3.2.2.

for instance, held as a kind of "professional ethos" the notion that a translator was not an author.[20]

Differences between translators and interpreters can be discerned not only by assessing their work and knowledge, but also by examining their position in society and the level of recognition accorded to them. Translators were far more prominent than interpreters. They are mentioned by name in texts, and also felt empowered and entitled to select, evaluate and criticise writings based on their own assessment.[21] While interpreters often remain anonymous in the sources, and often go entirely unmentioned, translators generally included their own names in the translations that they produced. A central assumption of the present book is the importance of the interaction between experts and their social environment. It is, however, difficult to shed light on this, as interpreters rarely appear in the sources, and their activity was often accepted without being commented upon.

Nevertheless, interpreters ought to be considered experts. While contemporaries for the most part did not directly address the key role of interpreters in Latin-Byzantine encounters, somewhat paradoxically, they nevertheless acknowledged their role by detailing the reputed failures of individual interpreters.[22] By definition, an expert holds specialist knowledge that others do not possess, meaning that they hold a certain level of responsibility. Sources blamed interpreters for failure and manipulation in communication between Byzantines and Westerners. Accordingly, medieval sources portray interpreters as experts who could help shape or direct conversations and negotiations, or even let them fail. For example, the interpreter Isaac Aaron, who was active at the Byzantine court, did not manipulate by translating spoken utterances incorrectly, but simply by being the only figure present who was able to understand both sides. When on one occasion he translated a conversation between the Byzantine Emperor Manuel I Komnenos and Latin envoys, he overstepped his authority by advising the latter in a Western language, a move that the emperor and the court did not initially notice.[23] In this way, he exemplified the power of interpreters, even if contemporaries often underestimated the task of interpretation itself. Translating and interpreting has also always been a matter of trust, both in the abilities and the loyalty of the figures chosen to carry out the interpretation.[24]

20 Burgundio von Pisa, Einleitung zur Übersetzung der Homilien des Johannes Chrysostomos zum Johannesevangelium, pp. 94-95; see Chapter 3.3.1.

21 See Chapters 3.2.2 and 3.3.2.

22 See Chapter 3.4.1.

23 Niketas Choniates, Historia, IV, pp. 146-147; on Isaac Aaron and his activity, see Chapter 3.4.2.

24 See Chapter 3.3.2.

Religion: Theologians and Churchmen
Papal envoys and Latin theologians generally served two key functions in Western-Byzantine relations: firstly, they participated in religious disputations and discussed theological controversies, and secondly, they imparted specific knowledge of either Latin or Byzantine thought on particular theological issues. In the first case, religious expertise was requested on specific theological issues. The experts discussed theological controversies, and their interpretations could be challenged and refuted by Byzantine scholars. The knowledge and the corresponding interpretation could be verified and disputed. This activity often involved a competition, with the winner being the theologian who put forward the more convincing arguments. In such a scenario, in which Latin and Byzantine scholars confronted and debated with each other, the superiority of the respective Churches and their doctrines was also at stake.[25]

The second purpose for which envoys or theologians were consulted was to transmit specific knowledge. In such cases, theologians were not supposed to give their own opinions, but to relay those of particular authorities or institutions. Two examples will serve effectively to illustrate this kind of activity. In around 1166, Emperor Manuel Komnenos explicitly asked the Pisan theologian Hugh Etherianus for the opinion of the Latin Church – and not for his own personal assessment – on the subject of Christology, at a time when wider debates over that subject were taking place.[26] Similarly, when Hugh of Honau contacted Hugh in the 1170s, he did not seek the Pisan's personal opinion on Christology, but explicitly asked him to set out the position of the Greek authorities on the subject.[27] In both cases, Hugh was not asked to give his own interpretation, but was requested instead to convey the views of others. It was precisely knowledge of this kind that was difficult for both Byzantine and Latin recipients to verify.

For the Byzantines, the core competences of Latin theologians were religious knowledge and familiarity with the ideas and teachings of the Latin Church. From the perspective of Latin Europe, in contrast, knowledge of the Byzantine Church, access to Greek theological writings and the ability to read them in the original language, were required expertise. This was not necessarily expected of papal envoys who were sent to the East, but certainly did apply

25 See Chapters 4.1 and 4.2.
26 Hugo Etherianus, Brief an Petrus von Wien 1166/1167, 2, p. 153: *Interrogatus a clementissimo principe quid super exorto dogmate Romana dictaret ecclesia diligenter expromsi.* See Chapter 4.1.1.
27 Hugo von Honau, Erster Brief an Hugo Etherianus, 7, p. 18; see Chapter 4.2.2.

to the Latin scholars who were resident in Constantinople. Knowledge in other subject areas such as philosophy could also be useful and important.

The knowledge that a theologian needed to possess differed depending on the recipient. The Byzantines were primarily interested in knowledge about the views of the Latin Church. The recipient's expectation did not have to correspond to the knowledge actually provided to them. The Byzantines, for example, consulted Hugh Etherianus on the doctrine and beliefs of the Latin Church. Doubts about the accuracy of his knowledge of those topics are, however, justified. Even though he had studied in Paris, Hugh was not a clergyman. Nor was he an official representative of the Latin Church, at least not until his return to Italy in 1182, when he was appointed cardinal deacon of St. Angelo.[28] Moreover, in this era, there were theological disputes in the Latin Christian Church over particular issues. At the time of the disputes between Porretans and Gerhoh of Reichsersberg in the second half of the 12th century, for instance, the emperor's Pisan advisor could only articulate the ideas of one side in the debate, and those ideas may not have fully corresponded with the accepted view of the Church.[29] Nevertheless, it may be debated whether Byzantines perceived that they were being supplied with incomplete knowledge in instances such as this.

Latin recipients were interested above all in the transmission of holy Greek authorities and texts that set out the ideas of the contemporary Byzantine Church. On these matters, too, the knowledge that was promised could differ from the knowledge that was actually transmitted. While Anselm of Havelberg intended in the second and third books of his *Anticimenon* (written 1149/ 1150) to convey the views of the Byzantines, he embellished his report to enhance his own reputation to such an extent that it may be questioned how authentically he captured the respective positions in his dialogue with the Byzantines.[30] By examining the case of Hugh Etherianus, the present book has shown that the West also consulted Latin scholars in Byzantium on general theological topics. Hugh's treatises *De differentia naturae et personae*, *De anima corpore iam exuta* and *Contra Patarenos* deal with universal theological issues including Christology, the survival of the soul and the value of prayers for the dead, and the struggle against dualistic beliefs and currents.[31] Composing these works

28 On the lives and careers of both Hugh Etherianus and Leo Tuscus, see Chapter 2.3.1.

29 See Chapter 4.1.1.

30 On Anselm's *Anticimenon* and its value, see Chapters 4.1.3, 4.2.3 and 4.4.

31 On all three treatises, see Chapter 4.2.2; on the works of Hugh Etherianus see also: DONDAINE, Hugues Éthérien, pp. 67-134; and HAMILTON, Hugh Eteriano, pp. 109-150.

helped Hugh to establish his reputation in the Latin world, and enabled him to forge a successful career at the papal curia from 1182.

In comparison to interpreters and translators, the expert status of theologians was less open to dispute. Since a greater number of individuals probably had more knowledge of theology than they did foreign language skills, knowledge of the former kind was generally easier to comprehend. At the Byzantine court, there were scholars who participated in the theological discussions with the Latins, sometimes taking counter-positions to theirs. The ability to persuade was therefore vitally important for Latin theologians, and could principally determine whether they succeeded or failed in discussions and disputes. The problem that confronted Latins in this field of activity, however, was that they did not achieve the vital goal of bringing about the reconciliation of the Latin and Byzantine Churches. So that this failure was not linked to their own ability or activity, however, these figures put forward other explanations for why these discussions did not succeed. Leo Tuscus, for instance, justified the failure of the efforts at reconciliation by asserting that the curia backed out shortly before an official agreement of the Church Union. The imperial adviser Hugh Etherianus had thus not failed, but had made an important contribution to efforts aimed at the reconciliation of the Churches.[32] Society attributed specialist knowledge to theologians and assigned to them a certain level of responsibility for solving specific issues. The fact that they had to account for failures affirms that they occupied an expert position. Latin theologians appear very rarely in Byzantine sources, though their work is well documented in their own records and writings.

Politics: Envoys

The skills of the Latin envoys who worked for the emperor are not easy to establish. Language proficiency, cultural knowledge, familiarity with customs and diplomatic norms, and an understanding of the political situation in Latin Europe were certainly in demand and helpful, but they were often superseded by other criteria such as social status, reliability and loyalty. In this regard, the expectations of envoys differed markedly to those of translators, interpreters and theologians.[33]

The Latin envoys examined in this book worked for the most part exclusively for the Byzantine emperor. One exception to this is Alexander of Conversano, count of Gravina, who for a time served both the Byzantine emperor and the Roman-German kings. However, scenarios such as this were

32 Leo Tuscus, De haeresibus, quoted in Dondaine, Hugues Éthérien, p. 127; see Chapter 4.4.

33 On envoys and their skills, see Chapter 5.2.

prone to difficulties, since both sides could fear being deceived or betrayed.[34] From 1155/1156 Alexander acted only as envoy for the Byzantines.[35] For translators, interpreters and theologians, on the other hand, working simultaneously for both Western and Byzantine patrons was far less problematic. Leo Tuscus, for instance, worked at the Byzantine imperial chancery at the same time that he produced translations of texts for the Latin world.[36] In the field of politics, however, it was probably impossible to straddle both spheres in this way without provoking fears of deceit or betrayal.

For envoys, their social background, reliability and loyalty were usually more important than any specialist knowledge that they possessed.[37] The differences between envoys on the one hand and interpreters, translators and theologians on the other are also apparent in scenarios in which the former failed in their duties. While the envoys studied in this book were sometimes accused of betrayal, as a rule, they were not accused of failure in their duties. For the most part, the Latin envoys acted as an extension of the emperor. The fact that emperors sent the same envoys on legations time and time again even after their earlier missions had failed indicates that they were not held responsible for those failures. This fact also suggests that they were not considered experts in the same way that interpreters, translators and theologians generally were.[38]

The Performance of Knowledge and the Experts' Self-representation

The strategies with which Latins presented themselves were central to their status and reputation. Using these strategies, these figures could exert a degree of control over the expertise that others attributed to them, the circles to which they belonged, and the development of their own careers. Their social environment, however, was vital to this. The self-fashioning of experts and the perceptions held of them by others could sometimes correlate, but they could also

---

34 On Alexander of Conversano, see Chapter 2.3.6; on his activities mediating between Byzantium and the Western Empire, see Chapters 5.2.2, 5.2.4 and 5.3.

35 Presumably this was connected to the Byzantine attempt to conquer parts of Southern Italy, around which time Alexander was sent as a Byzantine envoy to the West. Frederick Barbarossa opposed these Byzantine military efforts: see Johannes Kinnamos, Epitome, IV, 1-3, pp. 134-140; for discussions of this topic, see: LILIE, Manuel I. Komnenos, pp. 157-170; ABULAFIA, Ancona, pp. 195-216; see also Chapters 5.2.2, 5.2.4 and 5.3.

36 For Leo Tuscus's biography, see Chapter 2.3.1.

37 See Chapters 5.2 and 5.3.

38 The envoys Jacob (of Pisa) and Eumathios Philokales, for instance, were repeatedly used as envoys by the Byzantines despite their unsuccessful negotiations with Frederick Barbarossa in 1189/1190, DÖLGER/WIRTH, Regesten der Kaiserurkunden II, no. 1600 (p. 302); no. 1602 (p. 303); no. 1603 (pp. 303-304); Historia de Expeditione Friderici, pp. 57-58, p. 60 and p. 64; see Chapter 5.3.

diverge. Burgundio of Pisa, for example, always described himself as a judge. However, his epitaph, located at the Church of San Paolo a Ripa d'Arno in Pisa, makes no mention of his legal skills or even his position as a judge, invoking only his linguistic expertise.[39] After his death in 1193, then, posterity seems to have remembered Burgundio primarily as a translator rather than as a judge. Leo Tuscus, on the other hand, saw himself as a translator and proudly referred to his official Byzantine court title of *imperialium epistolarum interpres*, even in the theological treatise that he wrote.[40] Leo tended to define translation as a separate and discrete activity rather than as a sideline pursued by judges, merchants, envoys or theologians who know both languages. For Leo, the task of translation was a calling and a recognised, learned activity. Other figures in his social environment accepted his self-portrayal, ascribing to him the title of which he was proud, a development that served to bolster his reputation.[41]

The Latins in Byzantium presented themselves and their knowledge using three principal tactics: firstly, they highlighted the specialist knowledge that was necessary for their work; secondly, they framed themselves as experts between Byzantium and the West; and thirdly, they attempted to perpetuate their status as experts.

Let us take these strategies in turn, beginning with the first, the emphasis that translators and interpreters placed on their knowledge. In this regard, they stressed their language skills, specialist knowledge and reflected on the techniques of translation, such as the issue of whether to translate literally or more freely.[42] The example of Hugh Etherianus shows that theologians needed religious and philosophical knowledge, as well as an appropriate level of education and language proficiency.[43] Language skills were necessary to access and decipher significant theological Greek texts, and also facilitated direct communication with the Byzantines. The comparison between translators, interpreters and theologians, however, produces a surprising outcome. One might expect interpreters and translators to have placed special emphasis on their language skills. While others in their social environments did do this to some degree, they themselves emphasised this competence far less than, for

39 On Burgundio and his tomb, see Chapter 3.3.1.

40 Sevilla, Biblioteca Colombina, Ms. 5-1-24, fol. 78r; Leo Tuscus, Übersetzung des Oneirocriticon, Praefatio, quoted in HASKINS, Studies, p. 217: *imperatoriarum epistolarum interpres*; see Chapter 3.3.2.

41 See, for example, Hugo Etherianus, De anima, 1, cols 167-168; idem, Contra Patarenos, p. 174; Lucius III., Brief an Leo Tuscus 1182, no. XXI (p. 24); Nikolaos von Otranto, Übersetzung der Basileiosliturgie, Prolog, p. 59; see Chapter 3.3.2.

42 See Chapter 3.3.1.

43 See Chapter 4.3.1.

example, Hugh Etherianus. The theologian from Pisa often included Greek terms or quotations in his texts. Sometimes he transliterated these into Latin; on other occasions he left them in the original Greek. The inclusion of Greek terms or letters hindered the flow of the text for readers who only knew Latin, both visually and in terms of content. The appearance of even a few letters of the Greek alphabet in a passage could cause the reader to perceive a change in the text. At first glance, it became apparent that the author of the text had proficiency in the Greek language. Translators and interpreters did not have at their disposal this method of asserting their linguistic expertise. This was because their performance consisted precisely in translating Greek texts not only adequately, but also as skilfully and elegantly as possible. Including a Greek word and then adding an explanation of it might even have been interpreted as insecurity on their part.[44]

Secondly, Latins presented themselves as experts able to mediate between Byzantium and the West. This status surpassed specific knowledge, and included functions and knowledge that were not absolutely essential to their work. In this regard, three methods were generally used by interpreters and translators as well as theologians: drawing attention to time they had spent in Byzantium, highlighting their Latin origin or affiliation with the Latin Church, and accentuating their selection and assessment of particular texts or themes as the focus of their work.

Either a temporary or a permanent stay in Byzantium could convincingly demonstrate that the expert in question had been able to collect relevant practical knowledge, and thus could offer exceptional expertise. Especially important was time spent in Constantinople; the city was renowned as an important centre of knowledge, and was regarded as one of the best environments in which translators and theologians could work. Moreover, a familiarity with the Byzantines, the Greek language and the contemporary Byzantine Church and culture could only be credibly acquired by spending time in Byzantium. The translators and theologians themselves were also aware of this, and several of these figures made a point of explicitly noting in their works that they had produced them in Constantinople (*editus Constantinopolis/ Constantinopoli editus*).[45] Latins could also highlight their residence in Byzantium by adding into their work specific insider knowledge; they could, for instance, mention and discuss specific Constantinopolitan religious feasts, or date their works

44 See Chapters 3.3.1 and 4.3.1.

45 Examples of this include Paschalis Romanus, Liber thesauri occulti, I, p. 141 (*editus Constantinopolis*); Hugo Etherianus, De minoritate, I, explicit, p. 141 and idem, De sancto, III, explicit, S. 260 (*Constantinopoli editus*); see Chapters 3.3.2, 4.1.2 and 4.3.2.

according to the Byzantine *Anno Mundi* system in addition to giving dates calculated according to the Latin European method of dating by the *Anno Domini* system and indiction.[46] Some, such as Leo Tuscus, Hugh Etherianus and Moses of Bergamo, also drew attention to the services they had provided to the Byzantine emperor.[47]

These experts' origins and affiliation with the Latin Church ensured that they still outwardly seemed to be Latin Europeans. These origins were most obviously expressed by geographical epithets such as Tuscus, Romanus or Alamanopoulos as well as by family names such as Rogerios.[48] Their affiliation to the Latin Church was especially apparent when they sided with Roman positions in ecclesiastical discussions over particular issues. In doing so, they signalled to the West that they were religiously loyal to the curia and Roman thinking. Equally, such actions signalled to the Byzantines that they came from the West, and that they could therefore provide authentic knowledge about Latin Europe and the Latin Church.

By selecting particular subjects or texts upon which to work, theologians and translators could build a reputation for possessing expertise in particular areas. They also adopted other strategies. For translators, it was important to portray themselves as reliable and trustworthy, and Leo Tuscus, for his part, consistently mentioned his official *interpres*-title in his works.[49] Hugh Etherianus used a combination of his self-proclaimed intellectual superiority and attacks on the ability of his Byzantine opponents to frame himself as an accomplished and successful theologian.[50]

The third dimension was aimed at establishing and perpetuating their status as experts. There were two principal mechanisms for this. Some individuals were granted authority, while others emphasised their membership of families renowned for specific expertise. An individual could be granted a degree of authority by: gaining a reputation as a teacher; being compared with holy authorities; having their writings used as evidence by others; and gaining plaudits for the exemplary nature of their work.[51] For example, when John of

46 Hugh Etherianus, for instance, made mention in one of his works of the feast of the Mandylion in Constantinople: Hugo Etherianus, Contra Patarenos, 11, pp. 172-173; on this feast, see: HAMILTON, Hugh Eteriano, pp. 146-147 and p. 225. For examples of the use of the Byzantine *Anno Mundi* dating system, see Paschalis Romanus, Übersetzung der Kyraniden, Prolog, p. 12 and idem, Liber thesauri occulti, I, 1, p. 141.

47 See Chapters 3.3.2 and 4.3.2.

48 See Chapter 3.3.2.

49 See Chapter 3.3.2.

50 See Chapter 4.3.2.

51 See Chapter 6.1.

Salisbury invoked Burgundio of Pisa in his *Metalogicon* (1159) to dispel doubts over his own statements, John effectively granted the Pisa-born translator authority in a particular field, and assumed that his readers would do likewise. Burgundio was thus more than a translator; in this instance he attained the status of an authority.[52] He and his work were noteworthy to his contemporaries, and were evidently regarded as exceptional.

The rise to prominence of two or more members of a single family could also serve to perpetuate expert status. The idea of knowledge being shared within a family and bequeathed to future generations could strengthen the prestige and status of all the members of that family. In some instances, the children or nephews of Latins in Byzantium accompanied their relatives and assisted them in their work; examples of this include Moses of Bergamo and Burgundio of Pisa.[53] Arrangements of this kind had notable advantages: firstly, the younger relatives were reliable and trustworthy assistants, and secondly, the younger family member found it easier to start their own career, since commissioners could expect a certain level of education from them, since, even though they themselves had not established their own individual reputation, they benefitted from their status as a member of a known family.

The best-known example of a familial relationship functioning in this way is provided in the activities of the brothers Hugh Etherianus and Leo Tuscus. In their works and correspondence, both referred to their collaboration as well as the support and inspiration that each had received from the other. In doing so, they not only mentioned the other by name, but also usually highlighted their shared kinship as well as their respective titles and activities. Leo even mentioned two of his brother's works by name.[54] Hence, each brother framed himself as well as his sibling as an expert who mediated between Byzantium and the West. In this way, both brothers promoted the career of the other. Since both had a similar circle of contacts, this probably served to boost both their reputations, just as they intended.

---

52 Johannes von Salisbury, Metalogicon, IV, 7, p. 145: *Si mihi non creditur, audiatur uel Burgundio Pisanus, a quo istud accepi.* See Chapter 6.1.

53 Moses's nephew Andrea died in Thessaloniki, an event attested in: Moses von Bergamo, Brief an Petrus 1130, p. 148. Similarly, Hugolin, the son of Burgundio of Pisa, died while accompanying his father on a diplomatic mission to Byzantium in 1168/1170: see Burgundio von Pisa, Einleitung zur Übersetzung der Homilien des Johannes Chrysostomos zum Johannesevangelium, p. 84; see Chapter 6.2.

54 Leo Tuscus, De haeresibus, quoted in DONDAINE, Hugues Éthérien, p. 126 (*De sancto et immortali Deo*); idem, Übersetzung des Oneirocriticon, Praefatio, quoted in HASKINS, Studies, p. 217 (*De minoritate*); see Chapter 6.2.

Integration and Conflicts

The fact that the Latins were foreigners had a significant bearing on both their status and their activities in Byzantium. The criticism and devaluation of Latins in the Byzantine sources can also be attributed to members of the Byzantine court feeling threatened and challenged by foreign competition.[55] Several Byzantine authors discredited Latins either by completely neglecting to mention them, or by asserting that they possessed no expertise whatsoever. One point of criticism that created a particular problem for these Latins was when Byzantines found fault with their Greek language skills, either by lamenting their incorrect use of the language, or by remarking that they spoke it with a noticeable accent. Niketas Choniates and Anna Komnene are two Byzantine chroniclers who criticised the language skills of Westerners. Both claimed that some Latins who occupied certain positions and offices were linguistically deficient.[56] Latins could have a vast range of knowledge, but if they did not have the ability to communicate that knowledge adequately and thereby live up to what was expected of figures in their positions, their reputation could suffer. Linguistic deficiencies could be most damaging, for accusations of this nature could serve to bring the entirety of their knowledge and ability into question.[57]

The fact that the Latins were outsiders to Byzantium also influenced their work. On one level, they were confronted with perceived disadvantages on account of their foreign origin, and in some cases, they were also involved in tangible local conflicts.[58] Hugh Etherianus, for example, became embroiled in a dispute with a Byzantine tax official after he was appointed as one of the executors of the estate of a fellow Pisan named Signoretto, who had died in Constantinople. This conflict even landed Hugh in prison for a short time.[59] On another level, their status as outsiders also shaped the themes and perspectives that Westerners put forward in their works. Rather astonishingly, around 1175/1176 Hugh Etherianus demanded that Emperor Manuel intervene to improve the circumstances of Latin Christians who lived in Byzantium as a precondition for ending the schism.[60] In contrast to papal envoys, for Hugh, a theologian living in Constantinople, the most urgent issue that needed to

55 Lilie, Die Auswirkungen, p. 45; see Chapter 7.1.

56 For examples of this kind of criticism, see: Anna Komnene, Alexias, V, 8, pp. 164-165; Niketas Choniates, Historia, VII, pp. 204-205.

57 See Chapter 7.1.

58 See Chapter 7.2.

59 Hugo Etherianus, Brief an die Konsuln von Pisa, no. X (p. 13); see Chapter 7.2.1.

60 Leo Tuscus, De haeresibus, quoted in Dondaine, Hugues Éthérien, p. 126; see Chapters 4.1.1 and 7.2.1.

be resolved before the two Churches could be reunited was not any theological controversy, but the problems facing the Latin Christians who resided in Byzantium. His own experiences as a Latin Christian also shaped his recommendations for action, fundamentally distinguishing him from other Westerners and Byzantines alike.

While the Latins' status as outsiders could undermine their position as experts, however, in some contexts it could strengthen it. For the Latins, being a foreigner helped to form an important component of their expertise, and the fact that they did not adapt totally to Byzantine society – even over several generations through which Latins were permanently resident – could consolidate this status. Their origins in Latin Europe, and their affiliation to and knowledge of the Latin Church, were essential features of their identity. Adapting too far to Byzantine society and culture might have served to weaken their image as experts. Their status as foreigners helped to make their knowledge credible, and losing that status therefore had the potential to undermine this credibility. Latins active in the linguistic and religious spheres did not pursue full integration into Byzantine society. Although they learned the Greek language and demonstrably had social contacts with Byzantines, many remained Latin Christians, and some returned to the West after the conclusion of their duties in Byzantium. Choosing not to fully integrate also kept other career options open for Latins in Byzantium. In 1182, Hugh Etherianus successfully exchanged his position at the Byzantine imperial court for one at the curia in Rome. It is quite possible that he had planned his move to Rome long in advance. His contacts with the curia, which can be dated to the 1170s, coupled with his desire to leave for Rome – as attested by his brother Leo Tuscus – suggest a level of forethought. Considering the crises that hit the Byzantine Empire in the 1170s, it seems plausible that Hugh might have begun to form new plans for his future in this period, ones which involved returning to the West from Constantinople. He might well have interpreted events such as the arrest and imprisonment of the Venetians in Byzantium in 1171, the failure of the Byzantine siege in Ancona in 1173, as well as the defeat of Myriokephalon in 1176, as omens of more troubled times to come.[61] Hugh's objective of attaining a position in the West was therefore a forward-looking strategy that obtained success in 1182 after his efforts in the preceding years.

---

61 On these events, see, among others: BRAND, Byzantium, pp. 195-206; EXARCHOS, Komnenoi; GEORGI, Friedrich Barbarossa, pp. 205-206; CARILE, Federico Barbarossa, pp. 3-31; LILIE, Handel, pp. 489-498; idem, Manuel I. Komnenos, pp. 167-168; idem, Die Schlacht, pp. 257-275.

An individual's desire to integrate into Byzantine society also depended on their prospects of returning to the West. Member of Norman families such as the Rogerioi who had defected to or sought exile in Byzantium were more willing to integrate than figures who still retained contacts with Latin Europe or those who maintained aspirations of returning there. Second- and third-generation Latins very likely considered themselves largely Byzantine in both linguistic and religious terms. They married into respectable local families. Some evidently found their Latin-sounding family names problematic to their lives in Byzantium. John Rogerios Dalassenos, for instance, allowed himself to be referred to on his seals only by his mother's Greek surname, with his father's Latin name omitted. Byzantine historiography, however, ascribed to him his patronymic Rogerios. While he himself wanted to conceal his Norman origin, then, the Byzantine side insisted on attributing it to him.[62]

It can be assumed that the Latins examined in this book were neither more nor less loyal to the empire than Byzantines. It is noteworthy, however, that contemporary Byzantine sources link both loyalty and disloyalty to origin. In a sense, foreign ancestry could be employed as an explanation for both, depending on the circumstances.[63] The chronicler John Kinnamos, for example, drew attention to the shared geographical heritage of John Rogerios Dalassenos and Robert of Capua when discussing the planned conspiracy against Manuel Komnenos in 1143, exemplifying the way in which Byzantine authors continued to associate second- or third-generation Latins with their ancestors' homelands.[64]

Loyalties between Byzantium and the West

The cases of Leo Tuscus and Hugh Etherianus demonstrate the complexity with which loyalties and identifications were held. Different circles of contacts and associates turned to these figures for advice. Among these were the Byzantine emperor, presumably other Byzantines, fellow natives of Pisa (including a number resident in Constantinople), members of the curia, and various other persons, institutions and powers from both Latin Europe and the Crusader States in the Near East. Leo and Hugh were consulted for their expertise in specific subjects, as well as for their knowledge of the Byzantine Empire.

---

62 In general, see Chapter 7.3; see also the seals reproduced and discussed in ZACOS/VEGLERY, Byzantine lead seals I,3, no. 2721 (pp. 1517-1518) and no. 2722 (pp. 1518-1519); Johannes Kinnamos, Epitome, II, 4, p. 37 and IV, 17, p. 178.

63 See Chapter 7.3.

64 Johannes Kinnamos, Epitome, II, 4, p. 37; see Chapter 7.3.

The emperor was undoubtedly the most important patron for whom the Latins at the Byzantine court worked. While parts of Byzantine society met the Latins with scepticism and criticism, the emperor often relied on their expertise. To a degree, then, it is therefore unsurprising that the Latins remained loyal to their great patron. Yet, these figures often found themselves in difficult positions, caught up in the antagonisms and conflicts that shaped relations between Byzantium and West throughout the 12th century.

Hugh Etherianus and Leo Tuscus portrayed the emperor in a positive light in their works addressed to a Latin readership.[65] Leo took this to a further degree, going as far in his treatise *De haeresibus et praevaricationibus Graecorum* (after 1177) as to call Manuel *autocrator Romeon* ("Emperor of the Romans"), whilst connecting Frederick Barbarossa's emperorship to *Alamania* rather than according him the title emperor of the Romans.[66] He adopted Byzantine formulas, and professed allegiance to Manuel in a work that was highly polemical against the Byzantine Church and the Byzantines.[67] Hugh also left no doubt over his loyalty and devotion to the emperor, though he did not describe Manuel as Roman emperor as Leo did. While Leo professed his loyalty to the Latin Church in religious terms, the title that he ascribed to the emperor indicates that he also felt a political allegiance to the Byzantine Empire.

Leo's attitude contrasted with the position of the Latin Church. The view that the Western emperor was Roman emperor was decisively linked to the papacy's right to crown him as the "Emperor of the Romans". Despite the diverging views on this matter, there is no doubt that Leo and Hugh considered themselves Latin Christians. Both maintained special relations with the curia, with Hugh even assuming a dual role in the negotiations over the reconciliation of the Churches, acting both as advisor to the emperor and as a point of contact at the imperial court for the curia. His main work *De sancto et immortali Deo* (1176/1177) offers useful and practical knowledge to both the Byzantines and the Latin Church. He prepared a Greek version of the work for the Byzantine emperor, and produced a Latin version of it to make its contents available to a Western readership. He ensured that copies of this work reached Pope Alexander III and the Latin Patriarch of Antioch, Aimery of Limoges.[68]

65 On this issue, see Chapter 7.4.

66 The remarkable passages are as follows: Leo Tuscus, De haeresibus, quoted in DONDAINE, Hugues Éthérien, p. 127: *Interea imperatorie Alamanie Federici aures, qui ex quo exciderat Mediolanum et ante persecutus ecclesiam Dei fuerat, fama succendit.* [...] *Autocratoris autem Romeon Manuel legati glutinum immissum dissolverunt et lucernam quam accenderunt sciverunt marcescere.*

67 On this work, see Chapter 4.2.1.

68 On Hugh's *De sancto et immortali Deo*, see Chapters 4.1.2 and 4.2.1.

He made his knowledge and views available to the opposing sides in the negotiations over the ending of the Great Schism, and contributed to the discourse on the *Filioque*, one of the most frequently discussed controversies between the Latin and Byzantine Churches. In his written reply, Pope Alexander III thanked Hugh for sending a copy of the work, and urged him to persuade Emperor Manuel to unify the Churches.[69] Alexander III regarded him as an informal intermediary, an insider whom he trusted to influence the emperor. Hugh himself probably saw no contradiction in this, and likely regarded himself as both a mediator and a proponent of a greater cause: the ending of the Schism.

Figures from different parts of the Latin world approached Westerners living in Byzantium, generally seeking to benefit from their knowledge and influence. However, they were not always successful with the requests that they made. Indeed, requests of this kind could be rejected. In the early 1170s, for example, Hugh Etherianus initially ignored the wish of Hugh of Honau to meet in person. It is conceivable that at this time the Pisan believed that it was problematic to be in contact with someone from the Western Empire, since in that period his two great patrons, the Byzantine emperor and the papacy, were in conflict with the Western emperor.[70]

On account of their location and position, Latins were also believed to exert influence beyond their initial fields of activity. Peter of Vienna, for example, asked Leo Tuscus and Hugh Etherianus to work towards the reconciliation of Emperors Frederick Barbarossa and Manuel Komnenos.[71] Peter made a request of a political nature and assumed that the two Pisans could have a tangible impact on relations between the two emperors. Although it is not known how the brothers responded to the request, the very fact that Peter made it indicates that he believed that they had the ability to exert influence on Manuel.

For Latins at the imperial court, there was no automatic obligation to feel committed to their home region, or to represent its interests and concerns. This may not have been true for Latins who were active in other settings in Byzantium; merchants, for instance, belonged to a different social milieu, members of which may have had more of an obligation in this respect.

69 Alexander III., Brief an Hugo Etherianus, S. 5: *Rogamus autem prudentiam tuam sollicitque monemus ut, sicut pro Deo et pro deuotione Ecclesiae praescriptum librum composuisti, ita quoque carissimum in Christo filium nostrum illustrem et gloriosum Constantinopolitanum imperatorem ad deuotionem et reuerentiam sacrosanctae Romanae Ecclesiae exhibendam et ad unitatem ipsius Ecclesiae diligentibus prouoces monitis et exhortatione inducas ut, sicut esse debet, unum fiat ouile et unus pastor.* See Chapter 7.6.

70 Hugo von Honau, Zweiter Brief an Hugo Etherianus, 3, p. 18; see Chapter 7.6.

71 Petrus von Wien, Brief an Hugo Etherianus, 10, p. 21; see Chapter 7.7.

Hugh Etherianus sometimes maintained discernible relations with other Latins, particularly with the other Pisans living in Constantinople, a fact apparent in his involvement in the legal processes that followed the death of the Pisan Signoretto.[72] Figures in Pisa were aware of the potential advantages of contacts with people who were employed at the Byzantine court, and some therefore appealed to Hugh's special bond with his original *civitas*.[73] However, contemporary evidence indicates that Hugh had conflicts with some Pisans, suggesting that he may have become somewhat estranged from his original homeland. The years that he spent in Byzantium in the service of the emperor, coupled with the scepticism, mistrust and envy he received from other Pisans, must have created tensions that served to strain his relationship with his homeland.[74]

Loyalties between Byzantium and the West were not always clearly split; sometimes, as in the cases of Hugh Etherianus and Leo Tuscus, even double loyalties can be identified. While they unequivocally represented the positions of the Latin Church in religious matters, in political terms, they remained loyal to the Byzantine emperor.

This book shows that the Westerners at the Byzantine imperial court, like other experts in foreign lands, found themselves in special circumstances. As figures who offered specialist knowledge that locals did not possess, and which had practical uses in both Byzantine society and the Latin world, they assumed an important role as mediators in East-West relations. They skilfully moved between different patrons and powers and their varying interests. This special intermediary position was an essential component both of their expertise and of their self-image as experts who operated at the interstices between the two spheres.

72 Hugo Etherianus, Brief an die Konsuln von Pisa, no. X (pp. 11-13); see Chapter 7.2.1.

73 See, for example, Pisaner Klerus, Brief an Hugo Etherianus, cols 167-168; see Chapter 7.5.

74 See Chapter 7.5.

Anhang

Abb. 2.1 und Abb. 2.2 Siegel des Theophylaktos Exubitos, Siegeltyp 1 (Avers und Revers), Dumbarton Oaks BZS.1955.1.3661
© Dumbarton Oaks, Byzantine Collection, Washington, DC

Abb. 3.1 und Abb. 3.2 Siegel des Johannes Rogerios Dalassenos (Avers und Revers), Dumbarton Oaks BZS.1958.106.5518
© Dumbarton Oaks, Byzantine Collection, Washington, DC

Abb. 4 Sarkophag des Burgundio von Pisa in der Kirche San Paolo a Ripa d'Arno in Pisa. Pisa, chiesa di S. Paolo a Ripa d'Arno: Ambito romano sec. III, Sarcofago di Burgundio [codice SBAAAS: 09/00423184; codice CEI: A4T0319].
Ufficio Diocesano per i Beni Culturali di Pisa, Archivio fotografico, realizzazione Nicola Gronchi

Quellen- und Literaturverzeichnis

Ungedruckte Quellen

Florenz, Biblioteca Medicea Laurenziana, Ms. Plut. 23 dex. 3.

Oxford, Bodleian Library Digby, Ms. 103.

Sevilla, Biblioteca Colombina, Ms. 5-1-24.

Tarragona, Biblioteca Provincial, Ms. 92.

Vatikan, Biblioteca Apostolica Vaticana,
——— Ms. Vat. lat. 820.
——— Ms. Vat. lat. 821.

Zwettl, Zisterzienserstift, Ms. 237.

Edierte Quellen

Aimery von Limoges, Brief an Hugo Etherianus, in: Hvgonis Eteriani Epistolae, De sancto et immortali Deo, Compendiosa Expositio, Fragmenta Graeca, ed. Pietro PODOLAK/ Anna ZAGO (CCCM 298), Turnhout 2020, S. 7-8.

Albert von Aachen, Historia Ierosolimitana, ed. und übersetzt Susan B. EDGINGTON, Albert of Aachen, Historia Ierosolimitana. History of the Journey to Jerusalem, Oxford u. a. 2007.

Alexander III., Brief an Hugo Etherianus, in: Hvgonis Eteriani Epistolae, De sancto et immortali Deo, Compendiosa Expositio, Fragmenta Graeca, ed. Pietro PODOLAK/ Anna ZAGO (CCCM 298), Turnhout 2020, S. 4-5.

———, Brief an Petrus Alemanus 1163/ 1164, in: RHGF, Bd. 15: Contenant la suite des monumens des trois règnes de Philippe I, de Louis VI dit le Gros, et de Louis VII surnommé le Jeune, depuis l'an MLX jusqu'en MCLXXX, ed. Michel-Jean-Joseph BRIAL/ Léopold DELISLE, Nr. CXII, Paris 1878, S. 809-810.

Alexios III. Angelos, Chrysobull für Venedig 1198, in: I trattati con Bisanzio 992-1198, ed. Marco POZZA/ Giorgio RAVEGNANI (Pacta Veneta 4), Venedig 1993, Nr. 11, S. 119-137.

———, Schreiben an Innozenz III. Februar 1199, in: Die Register Innocenz' III. 2. Pontifikatsjahr 1199/1200. Texte, ed. Othmar HAGENEDER/ Werner MALECZEK/ Alfred A. STRNAD (Publikationen des Österreichischen Kulturinstituts in Rom; II.

Abteilung Quellen; I. Reihe Die Register Innocenz' III. 2), Rom u. a. 1979, Nr. 201, S. 389-393.

Anastasius Bibliothecarius, Praefatio VIII. Synodi, in: MGH Epp. 7, ed. Ernst PERELS/ Gerhard LAEHR, Berlin 1928, Nr. 5, S. 403-415.

Andrea Dandolo, Chronica per extensum descripta, ed. Ester PASTORELLO (Rerum Italicarum Scriptores. Raccolta degli Storici Italiani (500-1500). Nuova edizione 12,1), Bologna 1938.

Andronikos Kamateros, Sacrum Armamentarium, Bd. 1, ed. Alessandra BUCOSSI (CCSG 75), Turnhout 2014.

Anna Komnene, Alexias, ed. Diether R. REINSCH/ Athanasios KAMBYLIS, Annae Comnenae Alexias (CFHB 40), Berlin u. a. 2001.

———, Alexias, übersetzt, eingeleitet und mit Anmerkungen versehen von Diether R. REINSCH, Berlin u. a. ²2001.

Annales cancelarii Oberti, ed. Georg H. PERTZ, in: MGH SS 18, , Hannover 1863, S. 56-96.

Annali Genovesi di Caffaro e de' suoi continuatori, Bd. 2: Dal MCLXXIV al MCCXXIV, ed. Luigi T. BELGRANO/ Cesare IMPERIALE DI SANT'ANGELO (Fonti per la storia d'Italia 12), Genua 1901.

Anselm von Havelberg, Anticimenon, ed. Jacques-Paul MIGNE, Anselmi Havelbergensis episcopi dialogi in: Migne PL 188, Paris 1855, Sp. 1139-1248.

Basileios von Ochrid, Brief an Hadrian IV., ed. Jacques-Paul MIGNE, Oecumenii, Triccae in Thessalia Episcopi, Opera Omnia. Respona, Epistolae, Sententiae. Aliorum Episcoporum Sanctorumque Patrum, in: Migne PG 119, Paris 1881, Sp. 929-934.

Basileios von Ochrid, Dialoge, ed. Josef SCHMIDT, Des Basilius aus Achrida, Erzbischofs von Thessalonich, bisher unedierte Dialoge. Ein Beitrag zur Geschichte des griechischen Schismas (Veröffentlichungen aus dem Kirchenhistorischen Seminar München 7), München 1901, S. 34-51.

Bernardo Maragone, Annales Pisani, ed. Michele LUPO GENTILE, Gli annales Pisani (Rerum Italicarum scriptores/ ordinata da L. A. Muratori 6,2), Bologna 1936.

Boso, Vita Alexandri III, in: Liber Pontificalis. Texte, Introduction et Commentaire, ed. Louis DUCHESNE, Bd. 2, Paris 1892, S. 397-444.

Burgundio von Pisa, Einleitung zur Übersetzung der Homilien des Johannes Chrysostomos zum Johannesevangelium, ed. Peter CLASSEN, in: CLASSEN, Peter, Burgundio von Pisa. Richter – Gesandter – Übersetzer (Sitzungsberichte der Heidelberger Akademie der Wissenschaften 4), Heidelberg 1974, S. 84-102.

———, Übersetzung von De fide orthodoxa, in: Saint John Damascene De Fide Orthodoxa. Versions of Burgundio and Cerbanus, ed. Eligius M. BUYTAERT (Franciscan Institute Publications 8), Louvain u. a. 1955, S. 3-386.

———, Übersetzung der Homilien des Johannes Chrysostomos zum Matthäusevangelium, ed. Edmond MARTÈNE/ Ursinus DURAND, in: Veterum scriptorum et monumentorum historicorum, dogmaticorum, moralium amplissima collectio, Bd. 1, Paris 1724, Sp. 817-819.

———, Übersetzung von De natura hominis, ed. Gérard VERBEKE/ José R. MONCHO, Némésius d'Émèse De natura hominis. Traduction de Burgundio de Pise (Corpus Latinum Commentariorum in Aristotelem Graecorum Suppl. 1), Leiden 1975.

———, Übersetzung von De sectis medicorum, in: Catalogue général des manuscrits des bibliothèques publiques des départements, Bd. 1, Paris 1849, Nr. 18, S. 290-291.

Canon 27 des Dritten Laterankonzils 1179, in: Decrees of the Ecumenical Councils, ed. und übersetzt von Norman P. TANNER, Bd. 1, London u. a. 1990, S. 224-225.

Cerbano Cerbani, Translatio Mirifici Martyris Isidori a Chio insula in civitatem Venetam, in: RHC Occ, Bd. 5, Paris 1895, Nr. X, S. 321-334.

Chronica regia Coloniensis, ed. Georg WAITZ, Chronica regia Coloniensis (Annales maximi Coloniensis) cum continuationibus in monasterio S. Pantaleonis scriptis aliisque historiae Coloniensis monumentis (MGH SS rer. Germ. 18), Hannover 1880.

Die Chronik von Novgorod: The Chronicle of Novgorod, 1016-1471. Translated from the Russian by Robert MICHELL and Nevill FORBES, London 1914.

Codice diplomatico della Repubblica di Genova, ed. Cesare IMPERIALE DI SANT'ANGELO, Bd. 3: dal MCLXIIII al MCLXXXX (Fonti per la storia d'Italia 89), Rom 1942.

Continuator des Sigebert von Gembloux, Chronica, ed. Ludwig C. BETHMANN, in: MGH SS 6, Hannover 1844, S. 405-438.

Contra Graecos, ed. Jacques-Paul MIGNE, Anno Domini MCCL Pantaleonis CP. Diaconi Tractatus contra Graecorum errores, in: Migne PG 140, Paris 1887, Sp. 483-574.

Documenti sulle relazioni delle città Toscane coll'Oriente Cristiano e coi Turchi fino all'anno MDXXXI, ed. Giuseppe MÜLLER, Florenz 1879, ND Cambridge 2014.

Ekthesis, in: Ὁ Πατήρ μου μείζων μού ἐστιν. Ἔριδες καὶ σύνοδοι κατὰ τὸν ΙΒ' αἰῶνα, ed. Stergios N. SAKKOS (Σπουδαστήριον Ἐκκλησιαστικῆς Γραμματολογίας 8), Thessaloniki 1968, S. 120-180.

Eustathios von Thessaloniki, Die Eroberung von Thessaloniki, ed. Stilpon KYRIAKIDIS, Eustazio di Thesslonica, La espugnazione di Tessalonica. Testo critico, introduzione, annotazioni (Istituto Siciliano di Studi Bizantini e Neoellenici, Testi e Monumenti 5), Palermo 1961.

———, Die Eroberung von Thessaloniki, übersetzt, eingeleitet und erklärt von Herbert HUNGER, Die Normannen in Thessalonike. Die Eroberung von Thessalonike durch die Normannen (1185 n. Chr.) in der Augenzeugenschilderung des Bischofs Eustathios (Byzantinische Geschichtsschreiber 3), Köln u. a. 1955.

Friedrich Barbarossa, Brief an Leopold V. von Österreich, in: Die Urkunden Friedrichs I. (1181-1190), ed. Heinrich APPELT/ Rainer M. HERKENRATH/ Walter KOCH/ Bettina PFERSCHY (MGH DD Germ. 10,4), Hannover 1990, Nr. 1010, S. 306-307.

Georgios Tornikes, Briefe, ed. und übersetzt von Jean DARROUZÈS, Georges et Dèmètrios Tornikès, Lettres et Discours. Introduction, Texte, Analyses, Traduction et Notes, Paris 1970.

Gerbert von Aurillac, Briefe, ed. Fritz WEIGLE, Die Briefsammlung Gerberts von Reims (MGH Briefe d. dt. Kaiserzeit 2), Weimar 1966.

Gerhoch von Reichersberg, Brief an Alexander III., ed. Jacques-Paul MIGNE, Gerhohi Epistolae, in: Migne PL 193, Paris 1854, Brief 20, Sp. 574-575.

———, Brief an Magister A., ed. Jacques-Paul MIGNE, Gerhohi Epistolae, in: Migne PL 193, Paris 1854, Brief 1, Sp. 489-490.

———, Tractatus contra Graecorum errorem negantium Spiritum s. a. Filio procedere, ed. Friedrich SCHEIBELBERGER, in: Gerhohi Reichersbergensis praepositi opera hactenus inedita, Bd. 1: Libri III de investigatione Antichristi unacum tractatu adversus Graecos, Linz 1875, S. 341-357.

Gregor IX., Brief an Friedrich II. 1238, in: Acta Honorii III (1216-1227) et Gregorii IX (1227-1241) e registris Vaticanis aliisque fontibus collegit, ed. Alois L. TAUTU (CICO Fontes Series III/ 3), Rom 1950, Nr. 236, S. 314-315.

Le Guide du pèlerin de Saint-Jacques de Compostelle. Texte latin du XIIe siècle, édité et traduit en français d'après les manuscrits de Compostelle et de Ripoll., ed. und übersetzt von Jeanne VIELLIARD, Mâcon ^{4}1969.

Hadrian IV., Brief an Basileios von Ochrid, ed. Jacques-Paul MIGNE, Oecumenii, Triccae in Thessalia Episcopi, Opera Omnia. Respona, Epistolae, Sententiae. Aliorum Episcoporum Sanctorumque Patrum, in: Migne PG 119, Paris 1881, Sp. 925-930.

Historia ducum Veneticorum, ed. Henry SIMONSFELD, in: MGH SS 14, Hannover 1883, S. 72-97.

Historia de expeditione Friderici imperatoris, ed. Anton CHROUST, in: Quellen zur Geschichte des Kreuzzuges Kaiser Friedrichs I. (MGH SS rer. Germ. N.S. 5), Berlin 1928, S. 1-115.

Hugo Etherianus, De anima corpore iam exuta, ed. Jacques-Paul MIGNE, Hugonis Eteriani liber de anima corpore jam exuta sive de regressu animarum ab inferis, in: Migne PL 202, Paris 1855, Sp. 167-226.

———, Brief an Aimery von Limoges, in: Hvgonis Eteriani Epistolae, De sancto et immortali Deo, Compendiosa Expositio, Fragmenta Graeca, ed. Pietro PODOLAK/ Anna ZAGO (CCCM 298), Turnhout 2020, S. 5-6.

———, Brief an Alexander III., in: Hvgonis Eteriani Epistolae, De sancto et immortali Deo, Compendiosa Expositio, Fragmenta Graeca, ed. Pietro PODOLAK/ Anna ZAGO (CCCM 298), Turnhout 2020, S. 3-4.

———, Brief an Alexis, ed. Pietro PODOLAK/ Anna ZAGO, Ugo Eteriano e la controversia cristologica del 1166. Edizione dell'opuscolo De minoritate. Appendice: Edizione della lettera ad Alessio, in: REB 74 (2016), S. 157-167.

———, Brief an die Konsuln von Pisa, in: Documenti sulle relazioni delle città Toscane coll'Oriente Cristiano e coi Turchi fino all'anno MDXXXI, ed. Giuseppe MÜLLER, Florenz 1879, ND Cambridge 2014, Nr. X, S. 11-13.

———, Brief an Petrus von Wien 1166/1167, ed. Pietro PODOLAK/ Anna ZAGO, Ugo Eteriano e la controversia cristologica del 1166. Edizione dell'opuscolo De minoritate. Appendice: Edizione della lettera ad Alessio, in: REB 74 (2016), S. 151-157.

———, Brief an den Pisaner Klerus, ed. Jacques-Paul MIGNE, Hugonis Eteriani liber de anima corpore jam exuta sive de regressu animarum ab inferis, in: Migne PL 202, Paris 1855, Sp. 167-168.

———, De sancto et immortali Deo, in: Hvgonis Eteriani Epistolae, De sancto et immortali Deo, Compendiosa Expositio, Fragmenta Graeca, ed. Pietro PODOLAK/ Anna ZAGO (CCCM 298), Turnhout 2020, S. 11-260.

———, De differentia naturae et personae, ed. Nicholas M. HÄRING, The „Liber de Differentia naturae et personae" by Hugh Etherian and the letters addressed to him by Peter of Vienna and Hugh of Honau, in: Mediaeval Studies 24 (1962), S. 21-34.

———, Fragmenta Graeca, in: Hvgonis Eteriani Epistolae, De sancto et immortali Deo, Compendiosa Expositio, Fragmenta Graeca, ed. Pietro PODOLAK/ Anna ZAGO (CCCM 298), Turnhout 2020, S. 343-346.

———, De minoritate ac equalitate filii hominis ad Deum Patrem, ed. Pietro PODOLAK/ Anna ZAGO, Ugo Eteriano e la controversia cristologica del 1166. Edizione dell'opuscolo De minoritate. Appendice: Edizione della lettera ad Alessio, in: REB 74 (2016), S. 92-151.

———, Contra Patarenos, ed. und übersetzt von Janet HAMILTON, Hugh Eteriano Contra Patarenos, Leiden u. a. 2004.

———, Übersetzung De haeresibus quas in Latinos Graeci devolvunt, in: Monumenta graeca ad Photium ejusque historiam pertinentia, quae ex variis codicibus manuscriptis collegit ediditique, ed. Joseph HERGENROETHER, Regensburg 1869, S. 62-71.

Hugo von Honau, Erster Brief an Hugo Etherianus, ed. Nicholas M. HÄRING, The „Liber de Differentia naturae et personae" by Hugh Etherian and the letters addressed to him by Peter of Vienna and Hugh of Honau, in: Mediaeval Studies 24 (1962), S. 16-18.

———, Zweiter Brief an Hugo Etherianus, ed. Nicholas M. HÄRING, The „Liber de Differentia naturae et personae" by Hugh Etherian and the letters addressed to him by Peter of Vienna and Hugh of Honau, in: Mediaeval Studies 24 (1962), S. 18-19.

———, De diversitate naturae et personae, ed. Nicholas M. HÄRING, The Liber de Diversitate naturae et personae by Hugh of Honau, in: Archives d'Histoire doctrinale et littéraire du Moyen Âge 37 (1962), S. 120-216.

———, De ignorantia, ed. Nicholas M. HÄRING, Hugh of Honau and the „Liber de Ignorantia", in: Mediaeval Studies 25 (1963), S. 214-230.

Hugo von Sankt Viktor, Didascalicon de studio legendi, übersetzt und eingeleitet von Thilo OFFERGELD (Fontes Christiani 27), Freiburg u. a. 1997.

Humbert von Romans, Opus Tripartitum, ed. Ortuinus GRATIUS, Opusculum Tripartitum, in: Appendix ad Fasciculum Rerum Expetendarum et Fugiendarum sive Tomus Secundus, Scriptorum veterum (Quorum pars magna nunc primum e MSS. Codicibus in lucem prodit) qui Ecclesiae Rom. Errores et Abusus detegunt et damnant, necessitatemque Reformationis urgent, hg. von Edward BROWN, London 1690, S. 185-228.

Isaak II. Angelos, Schreiben an Balduin Guercius 1188, in: Acta et Diplomata. Graeca Medii Aevi. Sacra et Profana, Bd. 3: Acta et Diplomata Res Graecas Italasque Illustrantia e Tabulariis Anconitano, Florentino, Melitensi, Taurinensi, Veneto, Vindobonensi, ed. Franz MIKLOSICH/Joseph MÜLLER, Wien 1865, Nr. I, S. 1-2.

———, Schreiben an die Kommune Genua Oktober 1191, in: Acta et Diplomata. Graeca Medii Aevi. Sacra et Profana, Bd. 3: Acta et Diplomata Res Graecas Italasque Illustrantia e Tabulariis Anconitano, Florentino, Melitensi, Taurinensi, Veneto, Vindobonensi, ed. Franz MIKLOSICH/Joseph MÜLLER, Wien 1865, Nr. II, S. 2-3.

———, Schreiben an die Kommune Genua April 1192 (griechische Fassung), in: Acta et Diplomata. Graeca Medii Aevi. Sacra et Profana, Bd. 3: Acta et Diplomata Res Graecas Italasque Illustrantia e Tabulariis Anconitano, Florentino, Melitensi, Taurinensi, Veneto, Vindobonensi, ed. Franz MIKLOSICH/Joseph MÜLLER, Wien 1865, Nr. IV, S. 24-25.

———, Schreiben an die Kommune Genua April 1192 (lateinische Fassung), in: Codice diplomatico della Repubblica di Genova, ed. Cesare IMPERIALE DI SANT'ANGELO, Bd. 3: dal MCLXIIII al MCLXXXX (Fonti per la storia d'Italia 89), Rom 1942, Nr. 20, S. 50-51.

———, Schreiben an die Kommune Genua November 1192 (griechische Fassung), in: Acta et Diplomata. Graeca Medii Aevi. Sacra et Profana, Bd. 3: Acta et Diplomata Res Graecas Italasque Illustrantia e Tabulariis Anconitano, Florentino, Melitensi, Taurinensi, Veneto, Vindobonensi, ed. Franz MIKLOSICH/Joseph MÜLLER, Wien 1865, Nr. VI, S. 37-40.

———, Schreiben an die Kommune Genua November 1192 (lateinische Fassung), in: Codice diplomatico della Repubblica di Genova, ed. Cesare IMPERIALE DI SANT'ANGELO, Bd. 3: dal MCLXIIII al MCLXXXX (Fonti per la storia d'Italia 89), Rom 1942, Nr. 25, S. 78-81.

———, Schreiben an die Kommune Pisa September 1194, in: Documenti sulle relazioni delle città Toscane coll'Oriente Cristiano e coi Turchi fino all'anno MDXXXI, ed. Giuseppe MÜLLER, Florenz 1879, ND Cambridge 2014, Nr. XLI, S. 66-67.

Johannes Kinnamos, Epitome, ed. August MEINEKE, Ioannis Cinnami Epitome rerum ab Ioanne et Alexio Comnenis gestarum (CSHB 23,1), Bonn 1836.

———, Epitome, übersetzt von Charles M. BRAND, Deeds of John and Manuel Comnenus by John Kinnamos, New York 1976.

Johannes von Salisbury, Metalogicon, ed. John B. HALL, Ioannis Saresberiensis Metalogicon (CCCM 98), Turnhout 1991.

———, Policraticus, ausgewählt, übersetzt und eingeleitet von Stefan SEIT, Policraticus. Eine Textauswahl. Lateinisch-Deutsch (Herders Bibliothek der Philosophie des Mittelalters 14), Freiburg u. a. 2008.

Leo Tuscus, Übersetzung der Chrysostomosliturgie, ed. André JACOB, La traduction de la Liturgie de saint Jean Chrysostome par Léon Toscan, in: Orientalia Christiana Periodica 32 (1966), S. 134-162.

Liudprand von Cremona, Antapodosis, ed. Joseph BECKER, in: Die Werke Liudprands von Cremona (MGH SS rer. Germ. [41]), Hannover u. a. ³1915, ND Hannover 1993, S. 1-158.

———, Legatio, ed. Joseph BECKER, in: Die Werke Liudprands von Cremona (MGH SS rer. Germ. [41]), Hannover u. a. ³1915, ND Hannover 1993, S. 175-212.

Lobgedichte auf Johannes Rogerios Dalassenos, ed. Spyridon P. LAMPROS, Ὁ Μαρκιανὸς κῶδιξ 524, in: Νέος Ἑλληνομνήμων 8 (1911), Nr. 52, S. 21 und Nr. 59, S. 28-29.

Lobgedicht auf Leo Rogerios, ed. Spyridon P. LAMPROS, Ὁ Μαρκιανὸς κῶδιξ 524, in: Νέος Ἑλληνομνήμων 8 (1911), Nr. 113, S. 129.

Lucius III., Brief an Leo Tuscus 1182, in: Documenti sulle relazioni delle città Toscane coll'Oriente Cristiano e coi Turchi fino all'anno MDXXXI, ed. Giuseppe MÜLLER, Florenz 1879, ND Cambridge 2014, Nr. XXI, S. 24-25.

———, Privileg an das Kapitel vom heiligen Grabe zu Jerusalem vom 30. Juni 1182, in: Acta Pontificum Romanorum inedita, ed. Julius von PFLUGK-HARTTUNG, Bd. 3: Urkunden der Päpste vom Jahre c. 590 bis zum Jahre 1197, Tübingen 1886, Nr. 322, S. 293-295.

Manuel I. Komnenos, Schreiben an Eugen III. März 1147, ed. Werner OHNSORGE, Ein Beitrag zur Geschichte Manuels I. von Byzanz, in: OHNSORGE, Werner, Abendland und Byzanz. Gesammelte Aufsätze zur Geschichte der byzantinisch-abendländischen Beziehungen und des Kaisertums, Darmstadt 1958, S. 407-410.

———, Schreiben an Ludwig VII. von Frankreich 1164, in: RHGF, Bd. 16: Contenant et terminant la suite des monumens des trois règnes de Philippe Ier, de Louis VI dit le

Gros, et de Louis VII surnommé le Jeune, depuis l'an MLX jusqu'en MCLXXX, ed. Michel-Jean-Joseph BRIAL/ Léopold DELISLE, Paris 1878, Nr. CCXLIX, S. 82.

Maxima Bibliotheca Veterum Patrum et Antiquorum Scriptorum Ecclesiasticorum. Hac tandem editione Lugdunensi, ad eandem Coloniensem exacta, novis supra centum authoribus & opusculis hactenus desideratis, locupletata et in tomos XXVII distributa, ed. Margarinus DE LABIGNE/ Philippe DESPONT, Bd. 22: Continens scriptores ab anno Christi 1140 ad annum 1150, Lyon 1677.

Michael Palaiologos, Brief an Papst Urban IV. (1264), in: Les Registres d'Urbain IV, 1261-1264. Recueil des bulles de ce pape, publiées ou analysées d'après les manuscrits originaux du Vatican, ed. Jean GUIRAUD, Bd. 2,1: Registre Ordinaire (Bibliothèque des écoles francaises d'Athènes et de Rome/ Série 2 Registres et lettres des Papes du XIII. siècle 13), Paris 1901, Nr. 748, S. 356-357.

Moses von Bergamo, Brief an Petrus ex Datia, ed. Charles H. HASKINS, Moses of Bergamo, in: BZ 23 (1914/1919), S. 139-142.

———, Brief an Petrus 1130, ed. Filippomaria PONTANI, Mosè del Brolo e la sua lettera da Constantinopoli, in: Aevum 72/1 (1998), S. 147-149.

———, Expositio in Graecas dictiones quae inveniuntur in prologis Sancti Hieronymi, ed. Giovanni CREMASCHI, Mosè del Brolo e la cultura a Bergamo nei secoli XI-XII (Collezione Storica Bergamasca 3), Bergamo 1945, S. 162-195.

———, Übersetzung der Apostelliste, ed. François DOLBEAU, Une liste ancienne d'apôtres et de disciples, traduite du grec par Moïse de Bergame, in: Analecta Bollandiana 104 (1986), S. 307-314.

Niketas Choniates, Historia, ed. Johannes A. VAN DIETEN, Nicetae Choniatae Historia (CFHB 11), Berlin u. a. 1975.

———, Historia, übersetzt, eingeleitet und erklärt von Franz GRABLER, Abenteurer auf dem Kaiserthron. Die Regierungszeit der Kaiser Alexios II., Andronikos und Isaak II. Angelos (1180-1195) aus dem Geschichtswerk des Niketas Choniates (Byzantinische Geschichtsschreiber 8), Köln u. a. 1958.

———, Historia, übersetzt, eingeleitet und erklärt von Franz GRABLER, Die Krone der Komnenen. Die Regierungszeit der Kaiser Joannes und Manuel Komnenos (1118-1180) aus dem Geschichtswerk des Niketas Choniates (Byzantinische Geschichtsschreiber 7), Köln u. a. 1958.

———, Historia, übersetzt von Harry J. MAGOULIAS, O City of Byzantium, Annals of Niketas Choniatēs, Detroit 1984.

Nikolaos Kallikles, Epitaph des Rogerios, ed. Roberto ROMANO, Nicola Callicle Carmi. Testo critico, introduzione, traduzione, commentario e lessico (Byzantina et Neo-Hellenica Neapolitana 8), Neapel 1980, Nr. 19, S. 93-95.

Nikolaos Mesarites, Epitaphios, ed. August HEISENBERG, Neue Quellen zur Geschichte des lateinischen Kaisertums und der Kirchenunion, Bd. 1: Der Epitaphios des Nikolaos Mesarites auf seinen Bruder Johannes (Sitzungsberichte der Bayerischen

Akademie der Wissenschaften, Philosophisch-philologische und Historische Klasse 1922,5), München 1923.

Nikolaos von Otranto, Übersetzung der Basileiosliturgie, ed. André JACOB, La traduction de la Liturgie de saint Basile par Nicolas d'Otrante, in: Bulletin de l'Institut historique belge de Rome 38 (1967), S. 59-107.

Odo von Deuil, De profectione Ludovici VII in Orientem, ed. und übersetzt von Virginia GINGERICK BERRY, Odo of Deuil, De profectione Ludovici VII in orientem, New York 1948.

Otloh von St. Emmeram, Liber visionum, in: Otloh von St. Emmeram Liber Visionum, ed. Paul G. SCHMIDT (MGH QQ zur Geistesgesch. 13), Weimar 1989, S. 33-113.

Otto von Freising, Gesta Friderici I. Imperatoris, ed. Georg WAITZ/ Bernhard DE SIMSON, in: Ottonis et Rahewini Gesta Friderici I. Imperatoris (MGH SS rer. Germ. 46), Hannover u. a. 1912, S. 1-161.

Paschalis Romanus, Liber thesauri occulti, ed. Simone COLLIN-ROSET, Le Liber thesauri occulti de Pascalis Romanus (un traité d'interprétation des songes du XIIe siècle), in: Archives d'histoire doctrinale et littéraire du Moyen Âge 38 (1963), S. 141-198.

———, Übersetzung Disputatio conra Judeos, ed. Gilbert DAHAN, Paschalis Romanus Disputatio contra Judeos, in: RA 11 (1976), S. 192-213.

———, Übersetzung der Kyraniden, ed. Louis DELATTE, Textes latins et vieux français relatifs aux Cyranides (Bibliothèque de la Faculté de Philosophie et Lettres de l'Université de Liège 93), Paris 1942, S. 11-206.

———, Übersetzung des Marienlebens, ed. Ezio FRANCESCHINI, Il Περὶ τοῦ βίου τῆς ὑπεραγίας Θεοτόκου di Epifanio nella versione latina medievale di Pasquale Romano, in: Studi e note di filologia latina medievale, hg. von Ezio FRANCESCHINI, Mailand 1938, S. 111-124.

Pero Tafur, Andanças é Viajes. Por diversas partes del mundo avidos (1435-1439) ed. Miguel GINESTA (Colección de libros españoles raros ó curiosos 8), Madrid 1874.

Petrus von Wien, Brief an Hugo Etherianus, ed. Nicholas M. HÄRING, The „Liber de Differentia naturae et personae" by Hugh Etherian and the letters addressed to him by Peter of Vienna and Hugh of Honau, in: Mediaeval Studies 24 (1962), S. 19-21.

Pisaner Klerus, Brief an Hugo Etherianus, ed. Jacques-Paul MIGNE, Hugonis Eteriani liber de anima corpore jam exuta sive de regressu animarum ab inferis, in: Migne PL 202, Paris 1855, Sp. 167-168.

Pseudo-Kodinos, De officiis, übersetzt und eingeleitet von Ruth MACRIDES/ Joseph A. MUNITIZ/ Dimiter G. ANGELOV, Pseudo-Kodinos and the Constantinopolitan Court. Offices and Ceremonies (Birmingham Byzantine and Ottoman studies 15), Farnham u. a. 2013.

Rahewin, Gesta Friderici I. Imperatoris, ed. Georg WAITZ/ Bernhard DE SIMSON, in: Ottonis et Rahewini Gesta Friderici I. Imperatoris (MGH SS rer. Germ. 46), Hannover u. a. 1912, S. 162-346.

———, Gesta Friderici I. Imperatoris, übersetzt von Adolf SCHMIDT/ Franz-Josef SCHMALE, Die Taten Friedrichs oder richtiger: Cronica. Bischof Otto von Freising und Rahewin (Ausgewählte Quellen zur deutschen Geschichte des Mittelalters 17), Darmstadt ^{2}1974, S. 392-715.

RALLES, Georgios/ POTLES, Michael, Σύνταγμα τῶν Θείων καὶ ἱερῶν κανόνων τῶν τε Ἁγίων καὶ πανευφήμων Ἀποστόλων καὶ τῶν Ἱερῶν Οἰκουμενικῶν καὶ Τοπικῶν Συνόδων καὶ τῶν κατὰ μέρος Ἁγίων Πατέρων, Bd. 2, Athen 1852.

Reichersberger Exzerpt, ed. Peter CLASSEN, Das Konzil von Konstantinopel 1166 und die Lateiner, in: Ausgewählte Aufsätze von Peter Classen, hg. von Josef FLECKENSTEIN (Vorträge und Forschungen/ Konstanzer Arbeitskreis für Mittelalterliche Geschichte 28), Sigmaringen 1983, S. 142-146.

Relatio, ed. Girolamo GOLUBOVICH, Disputatio Latinorum et Graecorum seu Relatio Apocrisariorum Gregorii IX de gestis Nicaeae in Bithynia et Nymphaeae in Lydia 1234, in: Archivum Franciscanum Historicum 12 (1919), S. 418-470.

Robert von Auxerre, Chronicon, ed. Oswald HOLGER-EGGER, in: MGH SS 26, Hannover 1882, S. 219-276.

Robert von Torigni, Chronica, ed. Ludwig C. BETHMANN, in: MGH SS 6, Hannover 1844, S. 475-535.

Roger Bacon, Die griechische Grammatik, ed. Edmond NOLAN/ Samuel A. HIRSCH, The Greek Grammar of Roger Bacon and a Fragment of his Hebrew Grammar, Cambridge 1902, S. 3-196.

———, Opus Tertium, ed. John S. BREWER, in: Fr. Rogeri Bacon. Opera quaedam hactenus inedita, Bd. 1: Opus Tertium, Opus Minus, Compendium Philosophiae (Rerum Britannicarum Medii Aevi Scriptores 15), London 1859, ND London 1965, S. 3-310.

SAKKOS, Stergios N., Ὁ Πατήρ μοῦ μείζων μού ἐστιν. Ἔριδες καὶ σύνοδοι κατὰ τὸν IB' αἰῶνα (Σπουδαστήριον Ἐκκλησιαστικῆς Γραμματολογίας 8), Thessaloniki 1968.

Wibald von Stablo, Codex epistularis, ed. Martina HARTMANN, Das Briefbuch Abt Wibalds von Stablo und Corvey, 3 Bde. (MGH Briefe d. dt. Kaiserzeit 9), Hannover 2012.

Wilhelm von Tyros, Chronicon, ed. Robert B. C. HUYGENS, Willelmi Tyrensis Archiepiscopi Chronicon (CCCM 63), Turnhout 1986.

Regesten und Manuskriptkataloge

BÖHMER, Johann F., Regesta Imperii, Bd. 4, Abt. 2: Die Regesten des Kaiserreiches unter Friedrich I. 1152 (1122)-1190, Lieferung 1: 1152 (1122)-1158, hg. von Ferdinand OPLL/ Hubert MAYR, Wien u. a. 1980.

———, Regesta Imperii, Bd. 4, Abt. 2: Die Regesten des Kaiserreiches unter Friedrich I. 1152 (1122)-1190, Lieferung 3: 1168-1180, hg. von Ferdinand OPLL, Wien u. a. 2001.

———, Regesta Imperii, Bd. 4, Abt. 2: Die Regesten des Kaiserreiches unter Friedrich I. 1152 (1122)-1190, Lieferung 4: 1181-1190, hg. von Ferdinand OPLL, Wien u. a. 2011.

———, Regesta Imperii, Bd. 4, Abt. 4: Papstregesten 1124-1198, Lieferung 1: 1181-1184, hg. von Katrin BAAKEN/ Ulrich SCHMIDT, Wien u. a. 2003.

Catalogi Codicum Manuscriptorum Bibliothecae Bodleianae, Bd. 9: Codices a Viro Clarissimo Kenelm Digby, Anno 1634 Donatos, Complectens; Adiecto Indice Nominum Et Rerum hg. von William D. MACRAY, Oxford 1883.

Catalogue général des manuscrits des bibliothèques publiques des départements, Bd. 1, Paris 1849.

DELISLE, Léopold, Notes sur quelques manuscrits de la Bibliothèque d'Auxerre, in: Le cabinet historique Ser. 2,1 (1877), S. 1-15.

DÖLGER, Franz, Regesten der Kaiserurkunden des oströmischen Reiches von 565-1453. 2. Teil: Regesten von 1025-1204, zweite, überarbeitete Auflage von Peter WIRTH, München 1995.

KEHR, Paul F., Papsturkunden in Salerno, la Cava und Neapel, in: KEHR, Paul F., Papsturkunden in Italien. Reiseberichte zur Italia Pontificia (Acta Romanorum Pontificum 2), Vatikan 1977, S. 381-452.

MANFREDI, Antonio, I Codici latini di Niccolò V. Edizione degli inventari e identificazione dei manoscritti (Studi e documenti sulla formazione della Biblioteca Apostolica Vaticana, 1/ Studi e testi 359), Vatikan 1994.

PANSIER, Pierre, Catalogue des manuscrits médicaux des bibliothèques de France. Première Partie. Manuscrits latins des bibliothèques autres que la bibliothèque nationale de Paris, in: Archiv für Geschichte der Medizin 2,1 (1908), S. 1-46.

Literatur

ABULAFIA, David, Ancona, Byzantium and the Adriatic, 1155-1173, in: Papers of the British School at Rome 52 (1984), S. 195-216.

———, The Great Sea. A human History of the Mediterranean, London u. a. 2011.

ADLER, William, Did the Biblical Patriarchs practice Astrology? Michael Glykas and Manuel Komnenos I on Seth and Abraham, in: The Occult Sciences in Byzantium, hg. von Paul MAGDALINO/ Maria MAVROUDI, Genf 2006, S. 245-263.

AERTS, Willem J., Froumund's Greek: an analysis of fol. 12v of the Codex Vindobonensis Graecus 114, followed by a comparison with a Latin-Greek wordlist in MS 179 Auxerre fol. 137v ff, in: The Empress Theophano. Byzantium and the West at the turn of the first millennium, hg. von Adelbert DAVIDS, Cambridge 1995, S. 194-210.

———, The Latin-Greek wordlist in MS 236 of the Municipal Library of Avranches, Fol. 97v, in: Anglo-Norman Studies 9 (1986), S. 65-69.

AHRWEILER, Hélène, Byzance: premier empire européen, in: Europe des cultures et culture européenne: communauté et diversité, hg. von Julia KRISTEVA, Paris 2008, S. 35-44.

AHRWEILER, Hélène/ LAIOU, Angeliki E. (Hrsg.), Studies on the internal Diaspora of the Byzantine Empire, Washington, DC 1998.

ALTANER, Berthold, Die Kenntnis des Griechischen in den Missionsorden während des 13. und 14. Jahrhunderts, in: ZKG 53 (1934), S. 436-493.

———, Sprachkenntnisse und Dolmetscherwesen im missionarischen und diplomatischen Verkehr zwischen Abendland (Päpstliche Kurie) und Orient im 13. und 14. Jahrhundert, in: ZGK 55 (1936) S. 83-126.

ALTHOFF, Gerd, Friedrich Barbarossa als Schauspieler? Ein Beitrag zum Verständnis des Friedens von Venedig (1177), in: Chevaliers errants, demoiselles et l'Autre: höfische und nachhöfische Literatur im europäischen Mittelalter. Festschrift für Xenja von Ertzdorff zum 65. Geburtstag, hg. von Trude EHLERT (Göppinger Arbeiten zur Germanistik 644), Göppingen 1998, S. 3-20.

D'ALVERNY, Marie-Thérèse, Les traductions à deux interprètes: d'arabe en langue vernaculaire et de langue vernaculaire en latin, in: La transmission des textes philosophiques et scientifiques au Moyen Âge, hg. von Charles BURNETT (Variorum Collected Studies 463), Aldershot 1994, S. 193-206.

———, Translations and Translators, in: La transmission des textes philosophiques et scientifiques au Moyen Âge, hg. von Charles BURNETT (Variorum Collected Studies 463), Aldershot 1994, S. 421-462.

AMITAI, Reuven/ CLUSE, Christoph (Hrsg.), Slavery and the slave trade in the Eastern Mediterranean 11th to the 15th centuries (Mediterranean nexus 1100-1700 5), Turnhout 2017.

AMSELLEM, Emmanuelle, Les Stigand. Des Normands à Constantinople, in: REB 57 (1999), S. 283-288.

ANASTOS, Milton V./ VRYONIS, Speros/ GOODHUE, Nicholas (Hrsg.), Aspects of the Mind of Byzantium. Political Theory, Theology, and Ecclesiastical Relations with the See of Rome (Collected studies series 717), Aldershot u. a. 2001.

ANCA, Alexandru S., Herrschaftliche Repräsentation und kaiserliches Selbstverständnis. Berührung der westlichen mit der byzantinischen Welt in der Zeit der ersten Kreuzzüge (Symbolische Kommunikation und gesellschaftliche Wertesysteme 31), Münster 2010.

ANDRES, Dörte, Dolmetscher als literarische Figuren. Von Identitätsverlust, Dilettantismus und Verrat (Inter Partes 4), München 2008.

Angelov, Dimiter G., Plato, Aristotle and „Byzantine Political Philosophy", in: The Greek Strand in Islamic Political Thought. Proceedings of the Conference held at the Institute for Advanced Study, Princeton, 16-27 June 2003, hg. von Emma GANNAGÉ (Mélanges de l'Université Saint-Joseph 57), Beirut 2005, S. 499-523.

ANGOLD, Michael, Byzantium. The bridge from Antiquity to the Middle Ages, London 2001.

———, The Byzantine Empire 1025-1204. A political history, London u. a. 1984.

———, A Byzantine Government in exile. Government and society under the Laskarids of Nicaea 1204-1261, London 1975.

———, The Fourth Crusade. Event and context, Harlow 2003.

———, Greeks and Latins after 1204: the perspective of exile, in: Latins and Greeks in the Eastern Mediterranean after 1204, hg. von Benjamin ARBEL/ Bernard HAMILTON/ David JACOBY, London 1989, S. 63-86.

———, Nicholas Mesarites. His Life and Works (in Translation) (Translated Texts for Byzantinists 4), Liverpool 2017.

ARBEL, Benjamin/ HAMILTON, Bernard F./ JACOBY, David (Hrsg.), Latins and Greeks in the Eastern Mediterranean after 1204, London 1989.

ASSMANN, Jan, Das kulturelle Gedächtnis. Schrift, Erinnerung und politische Identität in frühen Hochkulturen (Beck'sche Reihe 1307), München ^{6}2007.

AVVAKUMOV, Georgij, Die Entstehung des Unionsgedankens. Die lateinische Theologie des Hochmittelalters in der Auseinandersetzung mit dem Ritus der Ostkirche (Veröffentlichungen des Grabmann-Institutes zur Erforschung der Mittelalterlichen Theologie und Philosophie 47), Berlin 2002.

———, Die Mendikanten und der Unionsversuch von 1234. Eine wichtige Episode in den Verständigungsbemühungen zwischen Rom und der griechischen Kirche, in: Kirchenbild und Spiritualität. Dominikanische Beiträge zur Ekklesiologie und zum kirchlichen Leben im Mittelalter. Festschrift für Ulrich Horst Op, hg. von Thomas PRÜGL/ Marianne SCHLOSSER, Paderborn u. a. 2007, S. 129-142.

BACH, Joseph, Die Dogmengeschichte des Mittelalters vom christologischen Standpunkte oder die mittelalterliche Christologie vom achten bis sechszehnten Jahrhundert, Bd. 2, Wien 1875, S. 722-727.

BADE, Klaus J./ EMMER, Peter C./ LUCASSEN, Leo/ OLTMER, Jochen, Die Enzyklopädie: Idee – Konzepte – Realisierung, in: Enzyklopädie Migration in Europa. Vom 17. Jahrhundert bis zur Gegenwart, hg. von Klaus J. BADE/ Peter C. EMMER/ Leo LUCASSEN/ Jochen OLTMER, Paderborn u. a. ^{3}2010, S. 19-27.

BALARD, Michel, Les Génois dans l'Empire byzantin, in: Le saint, le moine et le paysan. Mélanges d'histoire byzantine offerts à Michel Kaplan, hg. von Olivier DELOUIS/ Sophie MÉTIVIER/ Paule PAGÈS (Byzantina Sorbonensia 29), Paris 2016, S. 59-69.

———, Les Latins en Orient, XIe-XV siècle, Paris 2006.

BALARD, Michel/ DUCELLIER, Alain (Hrsg.), Migrations et diasporas méditerranéennes (Xe-XVIe siècles). Actes du colloque du Conques (octobre 1999) (Byzantina Sorbonensia 19), Paris 2002.

BALARD, Michel/ MALAMUT, Élisabeth/ SPIESER, Jean-Michel (Hrsg.), Byzance et le monde extérieur. Contacts, relations, échanges. Actes des trois séances du XXe congrès international des Études byzantines, Paris, 19-25 août 2001 (Byzantina Sorbonensia 21), Paris 2005.

BARBER, Malcolm C., The impact of the Fourth Crusade in the West: The distribution of relics after 1204, in: *Urbs Capta*. The Fourth Crusade and its Consequences, hg. von Angeliki E. LAIOU (Réalités Byzantines 10), Paris 2005, S. 325-334.

BARTELINK, Gerhard J. M., Liber de optimo genere interpretandi (Epistula 57). Ein Kommentar, Leiden 1980.

BARTUSIS, Mark C., The „Kavallarioi" of Byzantium, in: Speculum 63 (1988), S. 343-350.

BAYER, Axel, Das sogenannte Schisma von 1054, Vom Schisma zu den Kreuzzügen, 1054-1204, hg. von Peter BRUNS/ Georg GRESSER, Paderborn u. a. 2005, S. 27-39.

———, Spaltung der Christenheit. Das sogenannte Morgenländische Schisma von 1054 (Beihefte zum Archiv für Kulturgeschichte 53), Köln u. a. 2002.

BAYER, Hans, Fingierte häretische Brief- und Propagandaliteratur der Stauferzeit. Der Briefwechsel zwischen Hugo von Honau, Peter von Wien und Hugo Etherianus – *Metamorphosis Goliae* – Epistula Adelmanns an Berengar – Briefe Thomas Beckets an Konrad von Wittelsbach – *Raptor mei pilei*, in: Sacris Erudiri 36 (1996), S. 161-232.

BECK, Hans-Georg, Byzanz und der Westen im 12. Jahrhundert, in: Ideen und Realitäten in Byzanz. Gesammelte Aufsätze, hg. von Hans-Georg BECK (Collected studies series 13), London 1972, Tl. VIII S. 227-241.

———, Geschichte der orthodoxen Kirche im byzantinischen Reich, Göttingen 1980.

BECKER, Alfons, Papst Urban II., Bd. 2: Der Papst, die griechische Christenheit und der Kreuzzug (Schriften der Monumenta Germaniae Historica 19,2), Stuttgart 1988.

BECKER, Julia/ LICHT, Tino/ WEINFURTER, Stefan (Hrsg.), Karolingische Klöster. Wissenstransfer und kulturelle Innovation (Materiale Textkulturen 4), Berlin u. a. 2015.

BEIHAMMER, Alexander D., Byzantium and the Emergence of Muslim-Turkish Anatolia ca. 1040-1130 (Birmingham Byzantine and Ottoman Studies 20), London u. a. 2017.

———, Byzanz und die islamische Staatenwelt im Zeitalter Kaiser Basileios' II. und des Kalifen al-Ḥākim, in: Konflikt und Bewältigung. Die Zerstörung der Grabeskirche zu Jerusalem im Jahre 1009, hg. von Thomas PRATSCH (Millenium-Studien 32), Berlin u. a. 2011, S. 173-193.

BENSON, Robert L., Political *Renovatio*: Two models from Roman Antiquity, in: Renaissance and renewal in the twelfth century. From a conference held under the auspices of UCLA Center for Medieval and Renaissance Studies, Harvard University Committee on Medieval Studies, 26-29 November 1977, Cambridge, Massachusetts, commemorating the contributions by Charles H. Haskins, hg. von Robert L. BENSON/ Giles CONSTABLE/ Carol D. LANHAM, Oxford 1982, S. 339-386.

BERGER, Albrecht, Zur Topographie der Ufergegend am Goldenen Horn in der byzantinischen Zeit, in: Istanbuler Mitteilungen 45 (1995), S. 149-165.

BERSCHIN, Walter, Anselm von Havelberg und die Anfänge einer Geschichtstheologie des hohen Mittelalters, in: Literaturwissenschaftliches Jahrbuch 29 (1988), S. 225-232.

———, Griechisch-Lateinisches Mittelalter. Von Hieronymus zu Nikolaus von Kues, Bern u. a. 1980.

———, Die Ost-West-Gesandtschaften am Hof Karls des Großen und Ludwig des Frommen (768-840), in: Karl der Grosse und sein Nachwirken. 1200 Jahre Kultur und Wissenschaft in Europa, Bd. 1: Wissen und Weltbild, hg. von Paul BUTZER/ Max KERNER/ Walter OBERSCHELP, Turnhout 1997, S. 157-172.

BERTALOT, Zwölf Briefe des Ambrogio Traversari, in: Studien zum italienischen und deutschen Humanismus, hg. von Ludwig BERTALOT/ Paul Oskar KRISTELLER, Bd. 1, Rom 1975, S. 251-267.

BEVAN, George A./ GRAY, Patrick T., The trial of Eutyches. A new interpretation, in: BZ 101 (2008), S. 617-657.

BISCHOFF, Bernhard, The Study of foreign languages in the Middle Ages, in: Speculum 36,2 (1961), S. 209-224.

BLÖNDAL, Sigfús, The Varangians of Byzantium. An aspect of Byzantine military history, translated, revised and rewritten by Benedikt S. Benedikz, Cambridge u. a. 1978.

BOCHINGER, Christoph, Art. „Bekenntnis I. Religionsgeschichtlich", in: RGG 1, Tübingen [4]1998, Sp. 1246.

BORGHESE, Gian Luca, The City of Foreigners. Palermo and the Mediterranean from the 11th to the 15th Century, in: A Companion to medieval Palermo. The history of a Mediterranean city from 600 to 1500, hg. von Annliese NEF (Brill's companions to European history 5), Leiden u. a. 2013, S. 325-348.

Borgolte, Michael, Experten der Fremde. Gesandte in interkulturellen Beziehungen des frühen und hohen Mittelalters, in: Le relazioni internazionali nell'alto medioevo: Spoleto, 8-12 aprile 2010, hg. von Fondazione CISAM (Settimane di Studio della Fondazione Centro Italiano di Studi sull'Alto Medioevo 58), Spoleto 2011, S. 945-992.

Borgolte, Michael/ Jaspert, Nikolas (Hrsg.), Maritimes Mittelalter. Meere als Kommunikationsräume. Herbsttagung des Konstanzer Arbeitskreises für mittelalterliche Geschichte e.V. „Maritimes Mittelalter: Meere als Kommunikationsräume" zwischen dem 18. und 21. September 2012 auf der Insel Reichenau (Vorträge und Forschungen/ Konstanzer Arbeitskreis für Mittelalterliche Geschichte 83), Ostfildern 2016.

Borgolte, Michael/ Schiel, Juliane, Mediävistik der Zwischenräume – eine Einführung, in: Mittelalter im Labor. Die Mediävistik testet Wege zu einer transkulturellen Europawissenschaft, hg. von Michael Borgolte/ Juliane Schiel/ Bernd Schneidmüller/ Annette Seitz (Europa im Mittelalter 10), Berlin 2008, S. 15-23.

Borgolte, Michael/ Schneidmüller, Bernd (Hrsg.), Hybride Kulturen im mittelalterlichen Europa. Vorträge und Workshops einer internationalen Frühlingsschule (Europa im Mittelalter 16), Berlin 2010.

Borgolte, Michael/ Tischler, Matthias M., Einleitung, in: Transkulturelle Verflechtungen im mittelalterlichen Jahrtausend. Europa, Ostasien, Afrika, hg. von Michael Borgolte/ Matthias M. Tischler, Darmstadt 2012, S. 9-20.

——— (Hrsg.), Transkulturelle Verflechtungen im mittelalterlichen Jahrtausend. Europa, Ostasien, Afrika, Darmstadt 2012.

Borsari, Silvano, Pisani a Bisanzio nel XII secolo, in: Bollettino Storico Pisano 60 (1991), S. 59-75.

Bowen, Margareta, Geschichte des Dolmetschens, in: Handbuch Translation, hg. von Hans G. Hönig/ Paul Kußmaul/ Peter A. Schmitt/ Mary Snell-Hornby, Tübingen ^{2}2006, S. 43-46.

Brand, Charles M., Art. „Alexios III Angelos", in: ODB 1, New York u. a. 1991, S. 64-65.

———, Art. „Hervé Frankopoulos", in: ODB 2, New York u. a. 1991, S. 922.

———, Art. „Rogerios, John", in: ODB 3, New York u. a. 1991, S. 1802-1803.

———, Art. „Roussel de Bailleul", in: ODB 3, New York u. a. 1991, S. 1814.

———, Byzantium confronts the West. 1180-1204, Cambridge, Mass. 1968.

———, Deeds of John and Manuel Komnenos by John Kinnamos. Translated by Charles M. Brand (Records of Civilization, Sources and Studies 95), New York 1976.

———, The Turkish element in Byzantium, eleventh-twelfth centuries, in: DOP 43 (1989), S. 1-25.

———, An imperial translator at the Comnenian Court, in: Byzantinoslavica 59 (1998), S. 217-221.

Brand, Charles M./ Cutler, Anthony, Art. „Alexios II Komnenos“, in: ODB 1, New York u. a. 1991, S. 64.

———, Art. „Andronikos I Komnenos“, in: ODB 1, New York u. a. 1991, S. 94.

———, Art. „Isaak II Angelos“, in: ODB 2, New York u. a. 1991, S. 1012.

Brand, Charles M./ Cutler, Anthony/ Grierson, Philip, Art. „Alexios I Komnenos“, in: ODB 1, New York u. a. 1991, S. 63.

Braun, Johann W., Studien zur Überlieferung der Werke Anselms von Havelberg. I. Die Überlieferung des Anticimenon, in: DA 28 (1972), S. 133-209.

Breeze, Andrew, The Greek Grammar of Theodore Gaza († 1475/6) in early Tudor Wales, in: The Bodleian Library record 16 (1998/9), S. 281-284.

Bréhier, Louis, Les institutions de l'empire byzantin (Le monde byzantine 2), Paris 1949.

Brixius, Johannes M., Die Mitglieder des Kardinalkollegiums von 1130-1181, Berlin 1912.

Browning, Robert, Byzantium and Bulgaria. A comparative study across the early medieval frontier, Berkeley u. a. 1975.

———, Church, State, and Learning in Twelfth-Century Byzantium, in: History, Language and Literacy in the Byzantine World, hg. von Robert Browning (Variorum Collected Studies 299), Northampton 1989, Tl. VI S. 5-24.

———, The Continuity of Hellenism in the Byzantine World: Appearance or Reality?, in: History, Language and Literacy in the Byzantine World, hg. von Robert Browning (Variorum Collected Studies 299), Northampton 1989, Tl. I S. 111-128.

———, Enlightenment and repression in Byzantium in the eleventh and twelfth centuries, in: Studies on Byzantine History, Literature and Education, hg. von Robert Browning (Variorum Collected Studies 59), London 1977, Tl. XV S. 3-23.

———, Medieval and modern Greek, London 1969.

———, Von der Koine bis zu den Anfängen des modernen Griechisch, in: Einleitung in die griechische Philologie, hg. von Heinz-Günther Nesselrath, Stuttgart u. a. 1997, S. 156-168.

Brubaker, Jeffrey, Nuncii or Legati: What makes a Papal Representative in 1234?, in: Cross-Cultural Exchange in the Byzantine World, c. 300-1500 AD. Selected papers from the XVII International Graduate Conference of the Oxford University Byzantine Society, hg. von Kirsty Stewart/ James Moreton Wakeley, Oxford u. a. 2016, S. 115-128.

Bryer, Anthony A. M., The Empire of Trebizond and the Pontos (Collected studies series 117), London 1980.

Bubert, Marcel, Gelehrte Autorität und die Ordnung der Dinge. Über Wissen, Macht und die Vermessung der Wirklichkeit im Mittelalter, in: Maß und Maßlosigkeit im Mittelalter, hg. von Isabelle Mandrella/ Kathrin Müller (Das Mittelalter 23,1), Berlin 2018, S. 48-66.

———, Kreative Gegensätze. Der Streit um den Nutzen der Philosophie an der mittelalterlichen Pariser Universität (Education and Society in the Middle Ages and Renaissance 55), Leiden u. a. 2019.

Buck, Andrew D., The Principality of Antioch and its frontiers in the twelfth century, Woodbridge 2017.

Bucossi, Alessandra, Andronikos Kamateros, Sacrum Armamentarium, Bd. 1 (CCSG 75), Turnhout 2014.

———, Dialogue and anthologies of the sacred arsenal by Andronikos Kamateros. Sources, arrangements, purposes, in: Encyclopedic trends in Byzantium? Proceedings of the international conference held in Leuven, 6-8 May 2009, hg. von Peter Van Deun/ Caroline Macé, Leuven u. a. 2011, S. 260-286.

———, The six dialogues by Niketas ‚of Maroneia'. A contextualising introduction, in: Dialogues and Debates from late Antiquity to late Byzantium, hg. von Averil M. Cameron/ Niels Gaul, London u. a. 2017, S. 137-152.

———, Dibattiti teologici alla corte di Manuele Comneno, in: Vie per Bisanzio: VII congresso nazionale dell'Associazione Italiana di Studi Bizantini, Venezia, 25-28 novembre 2009, Bd. 1, hg. von Antonio Rigo/ Andrea Babuin/ Michele Trizio, Bari 2013, S. 311-321.

———, 'Eκ e διά. La processione dello Spirito Santo tra il XII ed il XIII secolo, spunti di riflessione, in: Porphyra 13/2 (2009), S. 4-12.

Bucossi, 'Alessandra/ Rodriguez Suarez, Alex (Hrsg.), John II Komnenos, Emperor of Byzantium: In the shadow of father and son (Centre for Hellenic Studies King's College London Publications 17), London u. a. 2016.

Bulhol, Pascal, La connaissance de la langue grecque dans la France médiévale VIe-XVe s., Aix-en-Provence 2008.

Buonamici, Francesco, Burgundio Pisano, in: Annali delle Università Toscane 28 (1908), S. 3-51.

Burkhardt, Stefan/ Mersch, Margit/ Ritzerfeld, Ulrich/ Schröder, Stefan, Hybridisierung von Zeichen und Formen durch mediterrane Eliten, in: Integration und Desintegration der Kulturen im europäischen Mittelalter, hg. von Michael Borgolte/ Julia Dücker/ Marcel Müllerburg/ Bernd Schneidmüller (Europa im Mittelalter 18), Berlin 2011, S. 467-557.

Burnett, Charles, The Coherence of the Arabic-Latin Translation Program in Toledo in the Twelfth Century, in: Science in context 14 (2001), S. 249-288.

———, The institutional Context of Arabic-Latin Translations of the Middle Ages. A Reassessment of the „School of Toledo", in: Vocabulary of Teaching and Research between Middle Ages and Renaissance. Proceedings of the Colloquium, London, Warburg Institute, 11-12 March 1994, hg. von Olga Weijers, Turnhout 1995, S. 214-235.

———, The Translator as an Authority, in: Translation and Authority – Authorities in Translation, hg. von Pieter De Leemans/ Michèle Goyens (The medieval translator 16), Turnhout 2016, S. 53-67.

BUYTAERT, Eligius M., Saint John Damascene De Fide Orthodoxa. Versions of Burgundio and Cerbanus (Franciscan Institute Publications 8), Louvain u. a. 1955.

CACOUROS, Michel, La philosophie et les sciences du Trivium et du Quadrivium à Byzance de 1204 à 1453 entre tradition et innovation: les textes et l'enseignement, le cas de l'école du Prodrome (Pétra), in: Philosophie et sciences à Byzance de 1204 à 1453. Les textes, les doctrines et leur transmission Actes de la table ronde organisée au XX. Congrès International d'Études Byzantines (Paris 2001), hg. von Michel CACOUROS / Marie-Hélène CONGOURDEAU (Orientalia Lovaniensia Analecta 146), Leuven u. a. 2006, S. 1 51.

———, Survie culturelle et rémanence textuelle du néoplatonisme à Byzance. Éléments généraux, éléments portant sur la logique, in: The libraries of the Neoplatonists. Proceedings of the Meeting of the European Science Foundation Network „Late Antiquity and Arabic Thought. Patterns in the Constitution of European Culture", held in Strasbourg, March 12-14, 2004, hg. von Cristina D'ANCONA (Philosophia antiqua 107), Leiden u. a. 2007, S. 177-210.

CAMERON, Averil, Arguing it out. Discussion in twelfth-century Byzantium, Budapest u. a. 2016.

CAMERON, Averil/ GAUL Niels (Hrsg.), Dialogues and Debates from late antiquity to late Byzantium, London u. a. 2017.

CAMOZZI PISTOJA, Ambrogio, The Oneirocriticon of Achmet in the West. A Contribution towards an Edition of Leo Tuscus' Translation, in: Studi Medievali Ser. 3 55 (2014), S. 719-758.

CARDAILLAC, Louis (Hrsg.), Tolède, XIIe-XIIIe: Musulmans, chrétiens et juifs. Le savoir et la tolérance, Paris 1991.

CARILE, Antonio, Federico Barbarossa, i veneziani e l'assedio di Ancona del 1173. Contributo alla storia politica e sociale della città nel secolo XII, in: Studi Veneziani 16 (1974), S. 3-31.

CHALANDON, Ferdinand, Les Comnène. Jean II Comnène 1118-1143 et Manuel Comnène 1143-1180, Bd. 2 (Burt Franklin research and source works series 2,2), Paris 1912, ND New York 1971.

———, Histoire de la domination normande en Italie et en Sicilie, Bd. 2, New York 1907.

CHEYNET, Jean-Claude, Les Dalassènoi, in: La société byzantine. L'apport des sceaux, Bd.1, hg. von Jean-Claude CHEYNET (Bilans de recherche 3,2), Paris 2008, S. 413-471.

———, Les officiers étrangers de l'armée byzantine aux Xe-XIIe siècle, in: Guerre et société au Moyen Âge: Byzance – Occident (VIIIe-XIIIe siècle), hg. von Dominique BARTHÉLEMY/ Jean-Claude CHEYNET (Monographies. Centre de Recherche d'Histoire et Civilisation de Byzance 31), Paris 2010, S. 43-62.

———, Pouvoir et contestations à Byzance (963-1210) (Byzantina Sorbonensia 9), Paris 1990.

CHEYNET, Jean-Claude/ WASSILIOU-SEIBT, Alexandra-Kyriaki, Adelige aus dem „Westen" in Staatsapparat und Gesellschaft des byzantinischen Reiches. Das Vermächtnis der Siegel, in: Menschen, Bilder, Sprache, Dinge. Wege der Kommunikation zwischen Byzanz und dem Westen, Bd. 2, hg. von Falko DAIM/ Christian GASTGEBER/ Dominik HEHER/ Claudia RAPP (Byzanz zwischen Orient und Okzident 9,2), Mainz 2018, S. 205-224.

CHRISSIS, Nikolaos G., Crusading in Frankish Greece. A study of Byzantine-Western relations and attitudes, 1204-1282 (Medieval church studies 22), Turnhout 2012.

CHRIST, Georg/ DÖNITZ, Saskia/ KÖNIG, Daniel u. a. (Hrsg.), Transkulturelle Verflechtungen. Mediävistische Perspektiven, Göttingen 2016.

CICCOLELLA, Federica, Donati Graeci. Learning Greek in the Renaissance (Columbia Studies in the Classical Tradition 32), Leiden u. a. 2008.

CIGGAAR, Krijnie N., Flemish mercenaries in Byzantium: their later history in an Old Norse Miracle, in: Byz 51 (1981), S. 44-74.

———, Réfugiés et employés occidentaux au XIe siècle, in: Médiévales 12 (1987), S. 19-24.

———, Western travellers to Constantinople. The West and Byzantium, 962-1204. Cultural and political relations (The Medieval Mediterranean 10), Leiden u. a. 1996.

———, Sprachliche Verständigung, in: Saladin und die Kreuzfahrer. Begleitband zur Sonderausstellung „Saladin und die Kreuzfahrer" im Landesmuseum für Vorgeschichte Halle (Saale), 21. Oktober 2005-12. Februar 2006, Landesmuseum für Natur und Mensch Oldenburg, 5. März 2006-2. Juli 2006, Reiss-Engelhorn-Museen Mannheim, 23. Juli 2006-5. November 2006, hg. von Alfried WIECZOREK (Publikationen der Reiss-Engelhorn-Museen 17), Mainz 2005, S. 425-427.

———, Bilingual word lists and phrase lists: for teaching or for travelling?, in: Travel in the Byzantine world: papers from the thirty-fourth Spring Symposium of Byzantine Studies, Birmingham, April 2000, hg. von Ruth MACRIDES (Society for the Promotion of Byzantine Studies Publications 10), Aldershot u. a. 2002, S. 165-178.

CLASSEN, Peter, Art. „Hugo von Honau, Scholaster des Stifts Honau (Elsaß), Pfalzdiakon Kaiser Friedrich I., frühscholastischer Theologe, † nach 1180", in: NDB 10, Berlin 1974, S. 17.

———, Burgundio von Pisa. Richter – Gesandter – Übersetzer (Sitzungsberichte der Heidelberger Akademie der Wissenschaften 4), Heidelberg 1974.

———, Corona imperii. Die Krone als Inbegriff des römischen-deutschen Reiches im 12. Jahrhundert, in: Ausgewählte Aufsätze von Peter Classen, hg. von Josef FLECKENSTEIN (Vorträge und Forschungen/ Konstanzer Arbeitskreis für Mittelalterliche Geschichte 28), Sigmaringen 1983, S. 503-514.

———, Gerhoch von Reichersberg. Eine Biographie. Mit einem Anhang über die Quellen, ihre handschriftliche Überlieferung und ihre Chronologie, Wiesbaden 1960.

———, Karl der Große, das Papsttum und Byzanz. Die Begründung des karolingischen Kaisertums (Beiträge zur Geschichte und Quellenkunde des Mittelalters 9), Sigmaringen ²1988.

———, Die Komnenen und die Kaiserkrone des Westens, in: JMH 3 (1977), S. 207-224.

———, Das Konzil von Konstantinopel 1166 und die Lateiner, in: Ausgewählte Aufsätze von Peter Classen, hg. von Josef FLECKENSTEIN (Vorträge und Forschungen/ Konstanzer Arbeitskreis für Mittelalterliche Geschichte 28), Sigmaringen 1983, S. 117-146.

———, Mailands Treueid für Manuel Komnenos, in: Ausgewählte Aufsätze von Peter Classen, hg. von Josef FLECKENSTEIN (Vorträge und Forschungen/ Konstanzer Arbeitskreis für Mittelalterliche Geschichte 28), Sigmaringen 1983, S. 147-153.

COLISH, Marcia L. (Hrsg.), Studies in Scholasticism, Aldershot u. a. 2006.

COLLIN-ROSET, Simone, Le Liber thesauri occulti de Pascalis Romanus (un traité d'interprétation des songes du XIIᵉ siècle), in: Archives d'Histoire doctrinale et littéraire du Moyen Âge 38 (1963), S. 111-198.

COURTH, Franz, Art. „Sabellianismus", in: LexMA 7, München 1995, Sp. 1215.

CREMASCHI, Giovanni, Mosè del Brolo e la cultura a Bergamo nei secoli XI-XII (Collezione Storica Bergamasca 3), Bergamo 1945.

CUMONT, Franz, Notice sur Demetrios Chloros et les Coeranides, in: Bulletin de la Société nationale des antiquaires de France 1919, S. 175-181.

CUPANE, Carolina, La magia a Bisanzio nel secolo XIV. Azione e reazione. Dal registro del patriarcato constantinopolitano (1315-1402), in: JÖB 29 (1980), S. 237-262.

CUTLER, Anthony, Gifts and gift exchange as aspects of the Byzantine, Arab, and related economies, in: DOP 55 (2001), S. 247-278.

CUTLER, Anthony/ KAZHDAN, Alexander P., Art. „Phrangopoulos", in: ODB 3, New York u. a. 1991, S. 1671.

DABROWSKA, Malgorzata, Die Herrschaft des Kaisers Manuel I. Komnenos in den Augen von Johannes Kinnamos, in: Macht und Spiegel der Macht. Herrschaft in Europa im 12. und 13. Jahrhundert vor dem Hintergrund der Chronistik, hg. von Norbert KERSKEN/ Grischa VERCAMER (Quellen und Studien. Deutsches Historisches Institut Warschau 27), Wiesbaden 2013, S. 419-431.

DAGRON, Gilbert, Empereur et prêtre, Étude sur le „césaropapisme" byzantin, Paris 1996.

———, Formes et fonctions du pluralisme linguistique à Byzance (IXᵉ-XIIᵉ siècle), in: Idée byzantines, Bd. 1, hg. von Gilbert DAGRON (Bilan de Recherche 8), Paris 2012, S. 233-264.

———, Aux origines de la civilisation byzantine: langue de culture et langue d'état, in: RH 241 (1969), S. 23-56.

DAHAN, Gilbert, Paschalis Romanus Disputatio contra Judeos, in: RA 11 (1976), S. 161-191.

DALEY, Brian E., Leontius of Byzantium. Complete Works, Oxford 2017.

DARK, Kenneth R., Houses, streets and shops in Byzantine Constantinople from the fifth to the twelfth centuries, in: JMH 30 (2004), S. 83-107.

DARROUZÈS, Jean, Les documents byzantins du XIIe siècle sur la primauté romaine, in: REB 23 (1965), S. 42-88.

DAUSEND, Hugo, Zur Übersetzungsweise Burgundios von Pisa, in: Wiener Studien 35 (1913), S. 353-369.

DAVIDS, Adelbert (Hrsg.), The empress Theophano. Byzantium and the West at the turn of the first millennium, Cambridge 1995.

DAVIS-SECORD, Sarah C., Where three worlds met. Sicily in the early medieval Mediterranean, Ithaca u. a. 2017.

DÉJEAN LE FÉAL, Karla, Konsekutivdolmetschen, in: Handbuch Translation, hg. von Hans G. HÖNIG/ Paul KUßMAUL/ Peter A. SCHMITT/ Mary SNELL-HORNBY, Tübingen [2]2006, S. 304-307.

DELATTE, Louis, Textes latins et vieux français relatifs aux Cyranides (Bibliothèque de la Faculté de Philosophie et Lettres de l'Université de Liège 93), Paris 1942.

DENDORFER, Jürgen, Konrad III. und Byzanz, in: Die Staufer und Byzanz. 25. Göppinger Staufertage, 9. bis 11. November 2012 (Schriften zur staufischen Geschichte und Kunst 33), Göppingen 2013, S. 58-73.

DESIMONI, Cornelio, Memoria sui Quartieri dei Genovesi a Constantinopoli nel secolo XII, in: Giornale liguistico di Archeologia, Storia e Belle Arti 1 (1874), S. 137-180.

DOLBEAU, François, À propos d'un florilège biblique, traduit du grec par Moïse de Bergame, in: RHT 24 (1994), S. 337-358.

———, Une liste ancienne d'apôtres et de disciples, traduite du grec par Moïse de Bergame, in: Analecta Bollandiana 104 (1986), S. 299-314.

DONDAINE, Antoine, „Contra Graecos". Premiers écrits polemiques des Dominicains d'Orient, in: Archivum Fratrum Praedicatorum 21 (1951), S. 320-446.

———, Écrits de la „Petite École" porrétaine, in: Conférence Albert-le-Grand, Paris 1962.

———, Hugues Éthérien et le concile de Constantinople 1166, in: HJb 77 (1957), S. 473-483.

———, Hugues Éthérien et Léon Toscan, in: Archives d'Histoire doctrinale et littéraire du Moyen Âge 19 (1952), S. 67-134.

DRAUSCHKE, Jörg, Zwischen Handel und Geschenk. Studien zur Distribution von Objekten aus dem Orient, aus Byzanz und aus Mitteleuropa im östlichen Merowingerreich (Freiburger Beiträge zur Archäologie und Geschichte des ersten Jahrtausends 14), Rahden/Westfalen 2011.

DREWS, Wolfram, The Emergence of an Islamic Culture in Early Abbasid Iraq: The role of non-Arab contributions, in: Cultural Brokers at Mediterranean Courts in the

Middle Ages, hg. von Marc VON DER HÖH/ Nikolas JASPERT/ Jenny R. OESTERLE (Mittelmeerstudien 1), Paderborn 2013, S. 47-61.

DROCOURT, Nicolas, Ambassades latines et musulmanes à Byzance: Une situation contrastée (VIIIe-XIe siècles), in: Byz 74 (2004), S. 348-381.

———, L' Ambassadeur maltraité. Autour de quelques cas de non-respect de l'immunité diplomatique entre Byzance et ses voisins (VIIe-XIe siècles), in: Les Relations diplomatiques au Moyen Âge: sources, pratiques, enjeux. Actes du XLIe Congrès de la SHMESP, Paris 2011, S. 87-98.

———, Ambassadeurs étrangers à Constantinople: moyens de contacts, d'échanges et de conaissances partielles du monde byzantin, in: Espaces d'échhanges en Méditerranée. Antiquité et Moyen Âge, hg. von François CLÉMENT/ John Victor TOLAN/ Jérôme WILGAUX, Rennes 2006, S. 107-134.

———, Ambassadors as Informants and Cultural Brokers between Byzantium and the West (8th to 12th centuries), in: Menschen, Bilder, Sprache, Dinge: Wege der Kommunikation zwischen Byzanz und dem Westen, hg. von Falko DAIM/ Christian GASTGEBER/ Dominik HEHER/ Claudia RAPP (Byzanz zwischen Orient und Okzident 9,2), Mainz 2018, S. 81-93.

———, Les contacts diplomatiques entre Byzance et ses voisins (VIIe-XIIe siècle): barrière ou pont culturel?, in: Les échanges en Méditerranée médiévale: marqueurs, réseaux, circulations, contacts, hg. von Élisabeth MALAMUT/ Mohamed OUERFELLI, Aix-en-Provence 2012, S. 243-271.

———, Diplomatie sur le Bosphore. Les ambassadeurs étrangers dans l'empire byzantin des années 640 à 1204, Louvain u. a. 2015.

———, Une diplomatie sans langue? La question des échanges linguistiques dans la diplomatie médio-byzantine, in: Les langues de la négociation: approches historiennes, hg. von Déjanirah COUTO/ Stéphane PÉQUIGNOT, Rennes 2017, S. 2561.

———, La Mort de l'Ambassadeur. Faits, Causes, Enjeux (7e-12e siècles), in: REB 71 (2013), S. 67-104.

———, Passing on Political Information between Major Powers. The Key Role of Ambassadors between Byzantium and some of its Neighbours, in: Al-Masaq 24 (2012), S. 91-112.

———, La Place de l'écrit dans les contacts diplomatiques du haut Moyen Âge. Le cas des relations entre Byzance et ses voisins (de la fin du VIIe siècle à 1204), in: L'autorité de l'écrit au Moyen Âge (Orient – Occident): XXXIXe congrès de la SHMESP (Le Caire, 30 avril-5 mai 2008) (Histoire ancienne et médiévale 102), Paris 2009, S. 25-43.

———, Peut-on parler d'un reseau d'ambassadeurs dans la Méditerranée médiévale? Le cas de ambassadeurs étrangers envoyés dans l'Empire byzantine du VIIIe au XIIe

siècle, in: Espaces et réseaux en Méditerranée, VIe-XVIe siècle, Bd. 1, hg. von Damien COULON/ Christophe PICARD/ Dominique VALÉRIAN, Paris 2007, S. 147-176.

DROCOURT, Nicolas/ KOLDITZ, Sebastian (Hrsg.), A Companion to Byzantium and the West, 900-1204 (Brill's Companions to the Byzantine World 10), Leiden u. a. 2021. (im Druck)

DÜNZL, Franz, Kleine Geschichte des trinitarischen Dogmas in der Alten Kirche, Freiburg ^{2}2011.

DUNKLE, Brian, Anselm of Havelberg's use of authorities in his account of the *Filioque*, in: BZ 105 (2012), S. 695-721.

EASTMOND, Anthony (Hrsg.), Byzantium's other Empire: Trebizond, Istanbul 2016.

EDBURY, Peter W., The Kingdom of Cyprus and the Crusades, 1191-1374, Cambridge u. a. 1991.

EDBURY, Peter W./ ROWE, John G., William of Tyre. Historian of the Latin East (Cambridge studies in medieval life and thought Ser. 4, 8), Cambridge u. a. 1988.

EISENBERG, Christiane, Kulturtransfer als historischer Prozess: Ein Beitrag zur Komparatistik, in: Vergleich und Transfer: Komparatistik in den Sozial-, Geschichts- und Kulturwissenschaften, hg. von Hartmut KAELBLE/ Jürgen SCHRIEWER, Frankfurt am Main 2003, S. 399-417.

ELLIS, G.M., Boso's Life of Alexander III, translated by G.M. ELLIS with an Introduction by Peter Munz, Oxford 1973.

ENGELS, DAVID/ VAN NUFFELEN, Peter, Religion and Competition in Antiquity. An Introduction, in: Religion and Competition in Antiquity, hg. von David ENGELS/ Peter VAN NUFFELEN (Collection Latomus 343), Brüssel 2014, S. 9-44.

ENGELS, Odilo, Theophano, The western empress from the East, in: The empress Theophano. Byzantium and the West at the turn of the first millennium, hg. von Adelbert DAVIDS, Cambridge 1995, S. 28-48.

ERISMANN, Christophe, From Byzantium to the Latin West. Nature and Person in the Thought of Hugh of Honau, in: Knotenpunkt Byzanz. Wissensformen und kulturelle Wechselbeziehungen, hg. von Andreas SPEER/ Philipp STEINKRÜGER (Miscellanea Mediaevalia 36), Berlin u. a. 2012, S. 232-245.

EXARCHOS, Leonie, „Und ihr wagt nicht, euren Glauben zu bekennen". Formen des Bekennens im Rahmen der Unionsverhandlungen zwischen römischer und orthodoxer Kirche in Nikaia und Nymphaion 1234, in: Orthodoxa Confessio? Konfessionsbildung, Konfessionalisierung und ihre Folgen in der östlichen Christenheit Europas (VIEG Beihefte 114), hg. von Mihai-D. GRIGORE/ Florian KÜHRER-WIELACH, Göttingen 2018, S. 139-162.

———, Komnenoi and Staufer: Ambition and Confrontation, in: A Companion to Byzantium and the West, 900-1204, hg. von Nicolas DROCOURT/ Sebastian KOLDITZ (Brill's Companions to the Byzantine World 10), Leiden u. a. 2021. (im Druck)

EXARCHOS, Leonie/ PREISER-KAPELLER, Johannes/ DÖNITZ, Saskia/ CHITWOOD, Zachary, Minderheiten, in: Byzanz. Historisch-kulturwissenschaftliches Handbuch, hg. von Falko DAIM (DNP Supplemente 11), Stuttgart 2016, Sp. 1143-1154.

FALKENHAUSEN, Vera von, The Graeco-Byzantine Heritage in the Norman Kingdom of Sicily, in: Norman tradition and transcultural heritage. Exchange of cultures in the ‚Norman' peripheries, hg. von Stefan BURKHARDT/ Thomas FÖRSTER, Farnham u. a. 2013, S. 57-77.

———, Untersuchungen über die byzantinische Herrschaft in Süditalien vom 9. bis ins 11. Jahrhundert (Schriften zur Geistesgeschichte des östlichen Europa 1), Wiesbaden 1967.

FALKENSTEIN, Ludwig, Ein vergessener Brief Alexanders III. an einen „Rex Hibernorum" (mit einer Liste der im „Codex Vaticanus Reg. lat. 179" überlieferten Papst- und Kurialkorrespondenz, in: Archivum Historiae Pontificiae 10 (1972), S. 107-160.

FASSOULAKIS, Sterios, The Byzantine Family of Raoul – Ral(l)es, Athen 1973.

FICHTENAU, Heinrich, Ein französischer Frühscholastiker in Wien, in: Jahrbuch für Landeskunde von Niederösterreich N. Ser. 29 (1944/1948), S. 118-130.

FLECCHIA, Mario, La traduzione di Burgundio Pisano delle omelie di S. Giovanni Crisostomos sopra Matteo, in: Aevum 26 (1952), S. 113-130.

FLUDERNIK, Monika/ GEHRKE, Hans-Joachim (Hrsg.), Grenzgänger zwischen Kulturen (Identitäten und Alteritäten 1), Würzburg 1999.

FÖRSTEL, Christian, Jean Cuno et la grammaire grecque, in: Bibliothèque de l'École des Chartes. Revue d'erudition 151 (1993), S. 289-305.

FRANCE, John, Byzantium in Western Chronicles before the First Crusade, in: Knighthoods of Christ: Essays on the History of the Crusades and the Knights Templar, hg. von Malcolm BARBER, Aldershot 2007, S. 3-16.

———, Byzantium confronts its neighbours: Islam and the Crusades in the twelfth century, in: BMGS 38 (2014), S. 33-48.

FRANCESCHINI, Ezio, Il Περὶ τοῦ βίου τῆς ὑπεραγίας Θεοτόκου di Epifanio nella versione latina medievale di Pasquale Romano, in: Studi e note di filologia latina medievale, hg. von Ezio FRANCESCHINI, Mailand 1938, S. 109-128.

FRANCHI, Antonino, La svolta politico-ecclesiastica tra Roma e Bisanzio (1249-1254). La legazione di Giovanni da Parma. Il ruolo di Federico II. studio critico sulle fonti (Spicilegium Pontificii Athenaei Antoniani 21), Rom 1981.

FRANKOPAN, Peter, The First Crusade: The Call from the East, London u. a. 2012.

FREUDENBERG, Bele, Dialog und Konflikt. Trennende und verbindende Elemente in der Wahrnehmung der griechischen Religion in der Mitte des 12. Jahrhunderts: Das Beispiel des Anselm von Havelberg, in: Von Sarazenen und Juden, Heiden und Häretikern. Die christlich-abendländischen Vorstellungen von Andersgläubigen im

Früh- und Hochmittelalter in vergleichender Perspektive, hg. von Norman BADE/ Bele FREUDENBERG, Bochum 2013, S. 153-189.

FRIED, Johannes, In den Netzen der Wissensgesellschaft. Das Beispiel des mittelalterlichen Königs- und Fürstenhofes, in: Wissenskulturen. Beiträge zu einem forschungsstrategischen Konzept, hg. von Johannes FRIED/ Thomas KAILER (Wissenskultur und gesellschaftlicher Wandel 1), Berlin 2003, S. 141-193.

———, Auf der Suche nach der Wirklichkeit. Die Mongolen und die europäische Erfahrungswissenschaft im 13. Jahrhundert, in: HZ 243 (1986), S. 287-332.

FÜGEDI, Erik, Art. „Latini", in: LexMA 5, München u. a. 1991, Sp. 1746.

FÜSSEL, Marian, Höfe und Experten. Relationen von Macht und Wissen in Mittelalter und Früher Neuzeit, in: Höfe und Experten. Relationen von Macht und Wissen in Mittelalter und Früher Neuzeit, hg. von Marian FÜSSEL/ Antje KUHLE/ Michael STOLZ, Göttingen 2018, S. 7-18.

GALLAGHER, Clarence, Patriarch Photius and Pope Nicholas I and the council of 879, in: Jurist. Studies in Church Law and Ministry 67 (2007), S. 72-88.

GASTGEBER, Christian (Hrsg.), Byzantium as bridge between West and East. Proceedings of the international conference, Vienna 3rd-5th May 2012 (Veröffentlichung zu Byzanzforschung 36/ Denkschriften/ Österreichische Akademie der Wissenschaften, Philosophisch-Historische Klasse 476), Wien 2015.

———, Das Schreiben Kaiser Ioannes' II. Komnenos an König Konrad III. in der Überlieferung bei Otto von Freising, in: Polypleuros nus. Miscellanea für Peter Schreiner zu seinem 60. Geburtstag, hg. von Cordula SCHOLZ/ Georgios MAKRIS (Byzantinisches Archiv 19), München u. a. 2000, S. 17-36.

———, Das unexpedierte (zweite) Schreiben des Patriarchen Ioannes X. Kamateros von Konstantinopel an Papst Innozenz III., in: Sylloge Diplomatico-Palaeographica I. Studien zur byzantinischen Diplomatik und Paläographie, hg. von Christian GASTGEBER/ Otto KRESTEN, Wien 2010, S. 135-161.

———, Die unpersönliche kaiserliche Selbstbezeichnung, in: Römische Historische Mitteilungen 45 (2003), S. 117-148.

———, Die lateinische „Übersetzungsabteilung" der byzantinischen Kaiserkanzlei unter Komnenen und Angeloi, 3 Bde., Diss. masch. Wien 2001.

———, Die lateinische Übersetzungsabteilung der byzantinischen Kaiserkanzlei unter den Komnenen und Angeloi. Neue Ergebnisse zur Arbeit in der byzantinischen Kaiserkanzlei, in: Byzance et le monde extérieur. Contacts, relations, échanges. Actes des trois séances du XXe congrès international des Études byzantines, Paris, 19-25 août 2001, hg. von Michel BALARD/ Élisabeth MALAMUT/ Jean-Michel SPIESER (Byzantina Sorbonensia 21), Paris 2005, S. 105-122.

GEANAKOPLOS, Deno J., Theodore Gaza, a Byzantine scholar of the Palaeologan ‚Renaissance' in the early Italian Renaissance (c. 1400-1475), in: Constantinople and the West: Essays on the Late Byzantine (Palaeologan) and Italian Renaissances and the Byzantine and Roman Churches, hg. von Deno J. GEANAKOPLOS, Madison 1989, S. 68-90.

GEHRKE, Hans-Joachim, Einleitung. Grenzgänger im Spannungsfeld von Identität und Alterität, in: Grenzgänger zwischen Kulturen, hg. von Monika FLUDERNIK/ Hans-Joachim GEHRKE (Identitäten und Alteritäten 1), Würzburg 1999, S. 15-24.

GEMEINHARDT, Peter, Das Erbe der Antike als Fundament des Aufbruchs: Theologie und Bildung von Alkuin bis Anselm von Canterbury, in: Theologie und Bildung im Mittelalter, hg. von Peter GEMEINHARDT/ Tobias GEORGES (Archa Verbi Subsidia 13), Münster 2015, S. 13-44.

———, Die Filioque-Kontroverse zwischen Ost- und Westkirche im Frühmittelalter (Arbeiten zur Kirchengeschichte 82), Berlin u. a. 2002.

———, Der Filioque-Streit zwischen Ost und West, in: Vom Schisma zu den Kreuzzügen, 1054-1204, hg. von Peter BRUNS/ Georg GRESSER, Paderborn u. a. 2005, S. 105-132.

GEORGI, Wolfgang, Friedrich Barbarossa und die auswärtigen Mächte. Studien zur Außenpolitik 1159-1180, Frankfurt am Main u. a. 1990.

GEROGIORGAKIS, Stamatios/ SCHEEL, Roland/ SCHORKOWITZ, Dittmar, Kulturtransfer vergleichend betrachtet, in: Integration und Desintegration der Kulturen im europäischen Mittelalter, hg. von Michael BORGOLTE/ Julia DÜCKER/ Marcel MÜLLERBURG/ Bernd SCHNEIDMÜLLER (Europa im Mittelalter 18), Berlin 2011, S. 385-466.

DE GHELLINCK, Joseph, Le mouvement théologique du XIIe siècle. Sa preparation lointaine avant et autour de Pierre Lombard, ses rapports avec les initiatives de canonistes. Études, recherches et documents, Brügge u. a. 1969.

GIANNOULI, Antonia, Education and Literary Language in Byzantium, in: The language of Byzantine learned literature, hg. von Martin HINTERBERGER (Byzantios 9), Turnhout 2014, S. 52-71.

GOELZER, Henri, Étude lexicographique et grammaticale de la Latinité de Saint Jérome, Paris 1884.

GÖRICH, Knut, Friedrich Barbarossa und Byzanz, in: Die Staufer und Byzanz. 25. Göppinger Staufertage, 9. bis 11. November 2012 (Schriften zur staufischen Geschichte und Kunst 33), Göppingen 2013, S. 74-85.

GOETZ, Georg/ GUNDERMANN, Gotthold, Glossae Latinograecae et Graecolatinae. Accedunt minora utriusque linguae glossaria (Corpus glossariorum Latinorum 2), Amsterdam 1965.

GORIDIS, Philippe, Gefangen im Heiligen Land. Verarbeitung und Bewältigung christlicher Gefangenschaft zur Zeit der Kreuzzüge (Vorträge und Forschungen/ Konstanzer Arbeitskreis für Mittelalterliche Geschichte/ Sonderband 57), Ostfildern 2015.

GORNI, Guglielmo, Il ‚Liber Pergaminus' di Mosè de Brolo, in: Studi medievali Ser. 3/ 11 (1970), S. 409-460.

GRABAR, André, L'Iconoclasme byzantin. Le dossier archéologique, Paris 1998.

GRACIA, Jorge J. E./ NOONE, Timothy B. (Hrsg.), A Companion to Philosophy in the Middle Ages (Blackwell Companions to Philosophy 24), Malden, Mass. u. a. 2003.

GREENFIELD, Richard P. H., A Contribution to the Study of Palaeologan Magic, in: Byzantine Magic, hg. von Henry MAGUIRE, Washington, DC 1995, S. 117-153.

———, Magic and the Occult Sciences, in: The Cambridge Intellectual History of Byzantium, hg. von Anthony KALDELLIS/ Niketas SINIOSSOGLOU, Cambridge 2017, S. 215-233.

GRÉVIN, Benoît, Linguistic Cultures and textual Production in Palermo, from the End of the 12th to the End of the 15th Century, in: A Companion to medieval Palermo. The history of a Mediterranean city from 600 to 1500, hg. von Annliese NEF (Brill's companions to European history 5), Leiden u. a. 2013, S. 413-436.

GRIERSON, Philip, Art. „Bezant", in: ODB 1, New York u. a. 1991, S. 287.

GRÜNBART, Michael, Einleitung, in: Unterstützung bei herrscherlichem Entscheiden. Experten und ihr Wissen in transkultureller und komparativer Perspektive, hg. von Michael GRÜNBART (Kulturen des Entscheidens 5), Göttingen 2021, S. 7-21.

———, Byzantinisches Gelehrtenelend – oder: Wie meistert man seinen Alltag?, in: Zwischen Polis, Provinz und Peripherie. Beiträge zur byzantinischen Geschichte und Kultur, hg. von Lars M. HOFFMANN/ Anuscha MONCHIZADEH (Mainzer Veröffentlichungen zur Byzantinistik 7), Wiesbaden 2005, S. 413-426.

———, Inszenierung und Repräsentation der byzantinischen Aristokratie vom 10. bis zum 13. Jahrhundert (Münstersche Mittelalter-Schriften 82), Paderborn 2015.

———, Paideia Connects: The Interaction between Teachers and Pupils in Twelfth Century Byzantium, in: Networks of Learning. Perspectives on Scholars in Byzantine East and Latin West, 1000-1200, hg. von Niels GAUL/ Michael GRÜNBART/ Sita STECKEL (Byzantinistische Studien und Texte 6), Berlin u. a. 2015, S. 17-32.

——— (Hrsg.), Unterstützung bei herrscherlichem Entscheiden. Experten und ihr Wissen in transkultureller und komparativer Perspektive (Kulturen des Entscheidens 5), Göttingen 2021.

GRÜNBART, Michael/ RICKELT, Lutz/ VUČETIĆ, Martin M. (Hrsg.), Zwei Sonnen am Goldenen Horn? Kaiserliche und patriarchale Macht im byzantinischen Mittelalter. Akten der internationalen Tagung vom 3. bis 5. November 2010, 2 Bde. (Byzantinistische Studien und Texte 3 und 4), Berlin u. a. 2011 und 2013.

GRUMEL, Venance, Au seuil de la deuxième Croisade. Deux lettres de Manuel Comnène au Pape, in: REB 3 (1945), S. 143-167.

GUILLAND, Rodolphe, Grand interprète, in: Titres et fonctions de l'empire byzantin, hg. von Rodolphe GUILLAND (Collected studies series 50), London 1976, Tl. XX S. 17-26.

———, Recherches sur les institutions byzantines, 2 Bde. (Berliner byzantinistische Arbeiten 35), Berlin u. a. 1967.

——— (Hrsg.), Titres et fonctions de l'empire byzantine (Collected studies series 50), London 1976.

HÄRING, Nicholas M., The „Liber de Differentia naturae et personae" by Hugh Etherian and the letters addressed to him by Peter of Vienna and Hugh of Honau, in: Mediaeval Studies 24 (1962), S. 1-34.

———, The Liber de Diversitate naturae et personae by Hugh of Honau, in: Archives d'Histoire doctrinale et littéraire du Moyen Âge 37 (1962), S. 103-216.

———, The Porretans and the Greek Fathers, in: Mediaeval Studies 24 (1962), S. 181-209.

HÄRTEL, Reinhard (Hrsg.), Personennamen und Identität. Namensgebung und Namensgebrauch als Anzeiger individueller Bestimmung und gruppenbezogener Zuordnung. Akten der Akademie Friesach „Stadt und Kultur im Mittelalter" Friesach (Kärnten), 25. bis 29. September 1995 (Grazer Grundwissenschaftliche Forschungen 3/ Schriftenreihe der Akademie Friesach 2), Graz 1997.

HAHN, Sylvia, Historische Migrationsforschung (Historische Einführungen 11), Frankfurt am Main u. a. 2012.

HAKKARAINEN, Der Rhetor Johannes Kamateros: eine prosopographische Notiz, in: BZ 89 (1996), S. 377-378.

HALDON, John F., Reichsidee und Kaisertum, in: Byzanz. Historisch-kulturwissenschaftliches Handbuch, hg. von Falko DAIM (DNP Supplemente 11), Stuttgart 2016, Sp. 237-296.

HALFTER, Peter, L'Église arménienne entre la papauté et les Byzantins aux XII et XIII siècles, in: L'Église arménienne entre Grecs et Latins. Fin XIe – milieu XV siècle, hg. von Isabelle AUGÉ/ Gérard DÉDÉYAN, Paris 2009, S. 63-78.

HALLER, Johannes, Das Papsttum und Byzanz, in: HZ 99 (1907), S. 1-34.

HAMILTON, Bernard, Aimery of Limoges. Latin Patriarch of Antioch (c. 1142-c.1196), in: East and West in the Crusader States. Acta of the Congress held at Hernen Castle in May 1997, hg. von Krijnie N. CIGGAAR/ Adelbert DAVIDS/ Herman G. TEULE (Orientalia Lovaniensia Analecta 92), Leuven 1999, S. 1-12.

———, Aimery of Limoges, Patriarch of Antioch. Ecumenist, scholar and patron of hermits, in: Crusaders, Cathars and the Holy Places, hg. von Bernard HAMILTON (Variorum Collected Studies 656), Farnham u. a. 1999, S. 269-290.

———, The Latin Church in the Crusader States. The secular Church (Variorum Publications 1), London 1980.

———, The Elephant of Christ. Reynald of Châtillon, in: Religious Motivation: Biographical and Sociological Problems for the Church Historian, hg. von Derek BAKER (Studies in Church History 15), Oxford 1978, S. 97-108.

———, The Leper King and his Heirs. Baldwin IV and the Crusader Kingdom of Jerusalem, Cambridge 2000.

HAMILTON, Bernard/ HAMILTON, Janet/ HAMILTON, Sarah, Hugh Eteriano Contra Patarenos, Leiden u. a. 2004.

HAN, Petrus, Soziologie der Migration. Erklärungsmodelle, Fakten, politische Konsequenzen, Perspektiven, Konstanz u. a. [4]2016.

HARRIS, Jonathan, Byzantium and the Crusades, London u. a. 2003.

———, Collusion with the Infidel as a pretext for Western military action against Byzantium (1180-1204), in: Languages of Love and Hate: Conflict, Communication, and Identity in the Medieval Mediterranean, hg. von Sarah LAMBERT/ Helen NICHOLSON (International medieval research 15), Turnhout 2012, S. 99-117.

HARRIS, Jonathan/ TOLSTOY, Dmitri, Alexander III and Byzantium, in: Pope Alexander III (1159-81). The art of survival, hg. von Peter D. CLARKE/ Anne J. DUGGAN, Aldershot 2012, S. 301-313.

HARTMANN, Florian, Ars dictaminis. Briefsteller und verbale Kommunikation in den italienischen Stadtkommunen des 11. bis 13. Jahrhunderts (Mittelalter-Forschungen 44), Ostfildern 2013.

HASKINS, Charles H., Leo Tuscus, in: BZ 24 (1923/1924), S. 43-47.

———, Moses of Bergamo, in: BZ 23 (1914/1919), S. 133-142.

———, Studies in the History of Mediaeval Science, New York [2]1967.

HASKINS, Charles H./ LOCKWOOD, Dean P., The Sicilian Translators of the Twelfth Century and the first Latin version of Ptolemy's Almagest, in: Harvard studies in classical philology 21 (1910), S. 75-102.

HECHT, Winfried, Die byzantinische Außenpolitik zur Zeit der letzten Komnenenkaiser (1180-1185), Würzburg 1967.

HEHL, Ernst-Dieter, Zwei christliche Kaiser im mittelalterlichen Europa. Eine problematische Geschichte, in: Kaisertum im ersten Jahrtausend. Wissenschaftlicher Begleitband zur Landesausstellung „Otto der Große und das Römische Reich. Kaisertum von der Antike zum Mittelalter", hg. von Hartmut LEPPIN/ Bernd SCHNEIDMÜLLER/ Stefan WEINFURTER, Regensburg 2012, S. 271-295.

———, Zwei Kaiser – (k)ein Problem? Byzanz, das westliche Kaisertum und ein missverständlicher Forschungsbegriff, in: Byzanz und seine europäischen Nachbarn. Politische Interdependenzen und kulturelle Missverständnisse, hg. von Ludger KÖRNTGEN/ Jan KUSBER/ Johannes PAHLITZSCH/ Filippo CARLÀ-UHINK (Byzanz zwischen Orient und Okzident 17), Mainz 2020, S. 41-77.

HEIDUK, Matthias, Offene Geheimnisse – Hermetische Texte und verborgenes Wissen in der mittelalterlichen Rezeption von Augustinus bis Albertus Magnus, Diss. masch. 2012.

HENDY, Michael F., Coinage and Money in the Byzantine Empire 1081-1261, Washington, DC 1969.

HERRIN, Judith, The surprising life of a medieval empire, London 2008.

HERRIN, Judith/ SAINT-GUILLAIN, Guillaume (Hrsg.), Identities and allegiances in the Eastern Mediterranean after 1204, Farnham u. a. 2011.

HIESTAND, Rudolf, Zum Leben und zur Laufbahn Wilhelms von Tyrus, in: DA 34 (1978), S. 345-380.

———, Notarius sedis apostolicae. Ein Beitrag zum Verhältnis von Notariat und Politik, in: Tradition und Gegenwart. Festschrift zum 175-jährigen Bestehen eines badischen Notarstands, hg. von Peter-Johannes SCHULER, Karlsruhe 1981, S. 36-56.

HITZLER, Ronald, Wissen und Wesen des Experten. Ein Annäherungsversuch – zur Einleitung, in: Expertenwissen. Die institutionalisierte Kompetenz zur Konstruktion von Wirklichkeit, hg. von Ronald HITZLER, Opladen 1994, S. 13-30.

HOECK, Johannes M./ LOENERTZ, Raymond J., Nikolaos-Nektarios von Otranto Abt von Casole. Beiträge zur Geschichte der ost-westlichen Beziehungen unter Innozenz III. und Friedrich II. (Studia Patristica et Byzantina 11), Ettal 1965.

HÖFELE, Andreas/ VON KOPPENFELS, Werner (Hrsg.), Renaissance Go-Betweens. Cultural exchange in early modern Europe (Spectrum Literaturwissenschaft 2), Berlin u. a. 2005.

VON DER HÖH, Marc/ JASPERT, Nikolas/ OESTERLE, Jenny R. (Hrsg.), Cultural Brokers at Mediterranean Courts in the Middle Ages (Mittelmeerstudien 1), Paderborn 2013.

———, Courts, Brokers and Brokerage in the Medieval Mediterranean, in: Cultural Brokers at Mediterranean Courts in the Middle Ages, hg. von Marc VON DER HÖH/ Nikolas JASPERT/ Jenny R. OESTERLE (Mittelmeerstudien 1), Paderborn 2013, S. 9-31.

HOFFMANN, Lars M., Der antijüdische Dialog Kata Iudaion des Nikolaos-Nektarios von Otranto. Editio princeps, Einführung und Kommentar, Diss. masch. Mainz 2007.

HOHLWEG, Armin, Beiträge zur Verwaltungsgeschichte des Oströmischen Reiches unter den Komnenen (Miscellanea Byzantina Monacensia 1), München 1965.

HONEMANN, Volker/ ROTH, Gunhild, Dolmetscher und Dolmetschen im Mittelalter, in: Germanistik genießen. Gedenkschrift für Doc. Dr. phil. Hildegard Boková, hg. von Hana ANDRÁŠOVÁ/ Peter ERNST/ Libuše SPÁČILOVÁ (Schriften zur diachronen Sprachwissenschaft 15), Wien 2006, S. 77-141.

HORN, Michael, Studien zur Geschichte Papst Eugens III. (1145-1153) (Europäische Hochschulschriften 3/508), Frankfurt am Main u. a. 1992.

HOUBEN, Hubert, Roger II. von Sizilien. Herrscher zwischen Orient und Okzident, Darmstadt ^{2}2010.

HOVDHAUGEN, Even, „Una et eadem". Some observations on Roger Bacon's Greek grammar, in: De ortu grammaticae. Studies in medieval grammar and linguistic theory in memory of Jan Pinborg, hg. von Geoffrey L. BURSILL-HALL/ Sten

EBBESEN/ Konrad KOERNER (Amsterdam studies in the theory and history of linguistic science 3), Amsterdam 1990, S. 117-131.

HOWARD-JOHNSTON, James D. (Hrsg.), Byzantium and the West, c. 850-1200: Proceedings of the XVIII Spring Symposium of Byzantine Studies, Oxford 30 March-1 April 1984 (Byzantinische Forschungen 13), Amsterdam 1988.

HUNGER, Herbert, Die hochsprachliche profane Literatur der Byzantiner, Bd. 2: Philologie – Profandichtung – Musik – Medizin – Kriegswissenschaft – Rechtsliteratur. Mit Beiträgen von Christian Hannick und Peter E. Pieler (Byzantinisches Handbuch 5), München 1978.

———, Schreiben und Lesen in Byzanz. Die byzantinische Buchkultur, München 1989.

HUNTINGTON, Samuel P., Kampf der Kulturen. Die Neugestaltung der Weltpolitik im 21. Jahrhundert, übersetzt aus dem Amerikanischen von Holger Fliessbach, München u. a. 1996.

HUTH, Volkhard, Staufische „Reichshistoriographie" und scholastische Intellektualität. Das elsässische Augustinerchorherrenstift Marbach im Spannungsfeld von regionaler Überlieferung und universalem Horizont (Mittelalter-Forschungen 24), Ostfildern 2004.

IRMSCHER, Johannes, Bertha von Sulzbach, Gemahlin Manuels I., in: Byzance et l'Europe: 6e Symposion Byzantinon, l'automne 1992 (ByzF 22), Amsterdam 1996, S. 279-290.

IWAKUMA, Yukio, Alberic of Paris on Mont Ste Geneviève against Peter Abelard, in: Logic and language in the Middle Ages: a volume in honour of Sten Ebbesen, hg. von Jakob Leth FINK/ Heine HANSEN/ Ana María MORA-MARQUEZ (Investigating Medieval Philosophy 4), Leiden u. a. 2013, S. 27-47.

JACOB, André, La traduction de la Liturgie de saint Basile par Nicolas d'Otrante, in: Bulletin de l'Institut historique Belge de Rome 38 (1967), S. 49-107.

———, La traduction de la Liturgie de saint Jean Chrysostome par Léon Toscan, in: Orientalia Christiana Periodica 32 (1966), S. 111-162.

JACOBY, David, The Byzantine social elite and the market economy, eleventh to mid-fifteenth century, in: Essays in Renaissance Thought and Letters. In honor of John Monfasani, hg. von Patrick J. NOLD (Brill's studies in intellectual history 241), Leiden u. a. 2015, S. 67-86.

——— (Hrsg.), Commercial exchange across the Mediterranean. Byzantium, the Crusader Levant, Egypt and Italy (Variorum Collected Studies 836), Aldershot u. a. 2005.

———, Houses and urban layout in the Venetian quarter of Constantinople: Twelfth and Thirteenth centuries, in: Travellers, merchants and settlers in the Eastern Mediterranean, hg. von David JACOBY (Variorum Collected Studies 1045), Farnham u. a. 2014, S. 269-282.

———, The Minor Western Nations in Constantinople. Trade and Shipping from the Early Twelfth Century to 1261, in: Γαληνοτάτη. Τιμή στη Χρύσα Μαλτέζου, hg. von Gogo K. BARZELIOTE/ Kostas G. TSIKNAKES, Athen 2013, S. 319-332.

———, The Byzantine Outsider in Trade (c. 900-c.1350), in: Strangers to Themselves. The Byzantine Outsider. Papers from the Thirty-Second Spring Symposium of Byzantine Studies, University of Sussex, Brighton, March 1998, hg. von Dion C. SMYTHE (Society for the Promotion of Byzantine Studies Publications 8), Aldershot u. a. 2000, S. 129-147.

———, Italian privileges and trade in Byzantium before the Fourth Crusade: a reconsideration, in: Trade, Commodities and Shipping in the Medieval Mediterranean, hg. von David JACOBY (Variorum Collected Studies 572), Tl. II S. 349-369.

———, The Venetian Quarter of Constantinople from 1082 to 1261: topographical considerations, in: Commercial exchange across the Mediterranean. Byzantium, the Crusader Levant, Egypt and Italy, hg. von David JACOBY (Variorum Collected Studies 836), Aldershot u. a. 2005, S. 153-170.

———, Oriental silks at the Time of the Mongols: Patterns of Trade and Distribution in the West, in: Oriental Silks in Medieval Europe, hg. von Juliane von FIRCKS/ Regula SCHORTA (Riggisberger Berichte 21), Riggisberg 2016, S. 92-123.

JACQUART, Danielle, L'école des traducteurs, in: Tolède, XIIe-XIIIe: Musulmans, chrétiens et juifs. Le savoir et la tolérance, hg. von Louis CARDAILLAC, Paris 1991, S. 177-191.

JANIN, Raymond, Constantinople byzantine. Développement urbain et répertoire topographique (Archives de l'orient chrétien 4), Paris 1950.

———, Les Francs au service des „Byzantins", in: EO 29 (1930), S. 61-72.

JASPERT, Nikolas, Fremdheit und Fremderfahrung: Die deutsch-spanische Perspektive, in: „Das kommt mir spanisch vor" – Eigenes und Fremdes in den deutsch-spanischen Beziehungen des späten Mittelalters, hg. von Klaus HERBERS/ Nikolas JASPERT, Münster 2004, S. 31-61.

———, Zur Loyalität interkultureller Makler im Mittelmeerraum: Christliche Söldnerführer (alcayts) im Dienste muslimischer Sultane, in: Loyalty in the Middle Ages. Ideal and Practice of a Cross-Social Value, hg. von Jörg SONNTAG/ Coralie ZERMATTEN (Brepols collected essays in European culture 5), Turnhout 2015, S. 235-275.

JEFFREYS, Elizabeth, Western Infiltration of the Byzantine Aristocracy: Some Suggestions, in: The Byzantine Aristocracy, IX to XIII Centuries, hg. von Michael ANGOLD (British Archaeological Reports/ International series 221), Oxford 1984, S. 202-210.

JEFFREYS, Elizabeth M./ JEFFREYS, Michael J., The „Wild Beast from the West". Immediate Literary Reactions in Byzantium to the Second Crusade, in: The

Crusades from the Perspective of Byzantium and the Muslim World, hg. von Angeliki E. LAIOU/ Roy Parviz MOTTAHEDEH, Washington, D.C. 2001, S. 101-116.

JENSEN, Brian Møller, Hugo Eterianus and his Two Treatises in the Demetrius of Lampe Affair, in: Never the twain shall meet?: Latins and Greeks learning from each other in Byzantium, hg. von Denis M. SEARBY (Byzantinisches Archiv Series Philosophica 2), Berlin u. a. 2018, S. 197-206.

JÖRG, Christian/ PARKER, Kenneth S./ PLEUGER, Nina/ ZWANZIG, Christofer, Soziale Konstruktion von Identität. Prozesse christlicher Selbstvergewisserung im Kontakt mit anderen Religionen, in: Integration und Desintegration der Kulturen im europäischen Mittelalter, hg. von Michael BORGOLTE/ Julia DÜCKER/ Marcel MÜLLERBURG/ Bernd SCHNEIDMÜLLER (Europa im Mittelalter 18), Berlin 2011, S. 17-102.

JOHN, Simon, Godfrey of Bouillon. Duke of Lower Lotharingia, ruler of Latin Jerusalem, c.1060-1100 (Rulers of the Latin East 2), London u. a. 2018.

JOHRENDT, Jochen, The Empire and the Schism, in: Pope Alexander III (1159-81). The art of survival, hg. von Peter D. CLARKE/ Anne J. DUGGAN, Aldershot 2012, S. 99-126.

———, Der Investiturstreit, Darmstadt 2018.

JUNGMANN, Josef A., Missarum Sollemnia, Bd. 1: Messe im Wandel der Jahrhunderte. Messe und kirchliche Gemeinschaft. Vormesse, Wien u. a. ^{5}1962.

KAHL, Hans-Dietrich, Römische Krönungspläne im Komnenenhause? Ein Beitrag zur Entwicklung des Zweikaiserproblems im 12. Jahrhundert, in: AKG 59 (1977), S. 259-320.

KALDELLIS, Anthony, Aristotle's Politics in Byzantium, in: Well begun is only half done: tracing Aristotle's Political Ideas in Medieval Arabic, Syriac, Byzantine, and Jewish Sources, hg. von Vasileios SYROS (Medieval and Renaissance texts and studies 388/ Medieval confluences series 1), Tempe, Arizona 2011, S. 121-143.

———, Hellenism in Byzantium. The transformations of Greek identity and the reception of the classical tradition, Cambridge u. a. 2007.

———, Streams of gold, rivers of blood. The rise and fall of Byzantium, 955 A.D. to the First Crusade, New York 2017.

KAP-HERR, Hans von, Die abendländische Politik Kaiser Manuels mit besonderer Rücksicht auf Deutschland, Straßburg 1881.

KAPRIEV, Georgi, Das byzantinische Kulturmodell des 12. Jahrhunderts in der Sicht von Hugo Etherianus (ca. 1110/20-1182), in: Peitho/ Examina Antiqua 1/5 (2014), S. 259-277.

———, Lateinische Rivalen in Konstantinopel. Anselm von Havelberg und Hugo Eterianus (Recherches de théologie et philosophie médiévales. Bibliotheca 15), Leuven u. a. 2018.

KARAYANNOPULOS, Johannes/ WEISS, Günter, Quellenkunde zur Geschichte von Byzanz (324-1453), Bd. 2: Hauptquellen/ Allgemeine Quellenlage (Schriften zur Geistesgeschichte des östlichen Europa 14), Wiesbaden 1982.

KAZHDAN, Alexander P., Art. „Caesar", in: ODB 1, New York u. a. 1991, S. 363.

———, Art. „Choniates, Niketas", in: ODB 1, New York u. a. 1991, S. 428.

———, Art. „Dalassenos", in: ODB 1, New York u. a. 1991, S. 578.

———, Art. „Despotes", in: ODB 1, New York u. a. 1991, S. 614.

———, Art. „Grammatikos", in: ODB 2, New York u. a. 1991, S. 866.

———, Art. „Hetaireia", in: ODB 2, New York u. a. 1991, S. 925.

———, Art. „Iasites", in: ODB 2, New York u. a. 1991, S. 969.

———, Art. „Interpreter", in: ODB 2, New York u. a. 1991, S. 1004.

———, Art. „John Italos", in: ODB 2, New York u. a. 1991, S. 1059-1060.

———, Art. „Logothetes", in: ODB 2, New York u. a. 1991, S. 1247.

———, Art. „Logothetes tou dromou", in: ODB 2, New York u. a. 1991, S. 1247-1248.

———, Art. „Nobelissimos", in: ODB 3, New York u. a. 1991, S. 1489-1490.

———, Art. „Panhypersebastos", in: ODB 3, New York u. a. 1991, S. 1570.

———, Art. „Photios", in: ODB 3, New York u. a. 1991, S. 1669-1670.

———, Art. „Sebastos", in: ODB 3, New York u. a. 1991, S. 1862-1863.

———, Art. „Silentiarios", in: ODB 3, New York u. a. 1991, S. 1896.

———, Art. „Theorianos", in: ODB 3, New York u. a. 1991, S. 2069.

———, The Formation of Byzantine Family Names in the Ninth and Tenth centuries, in: Byzantinoslavica 58 (1997), S. 90-109.

———, Latins and Franks in Byzantium: Perception and Reality from the Eleventh to the Twelfth Century, in: The Crusades from the Perspective of Byzantium and the Muslim World, hg. von Angeliki E. LAIOU/ Roy Parviz MOTTAHEDEH, Washington, D.C. 2001, S. 83-100.

KAZHDAN, Alexander P./ EPSTEIN, Ann Wharton, Change in Byzantine culture in the eleventh and twelfth centuries (The transformation of the classical heritage 7), Berkeley u. a. 1990.

KELLY, John N. D., Jerome. His life, writings, and controversies, London 1975.

KINDLIMANN, Sibyll, Die Eroberung von Konstantinopel als politische Forderung des Westens im Hochmittelalter. Studien zur Entwicklung der Idee eines lateinischen Kaiserreichs in Byzanz, Zürich 1969.

KINTZINGER, Martin, Gelehrte Autorität. Das späte Mittelalter und die Anfänge der europäischen Wissensgesellschaft, in: Autorität und Akzeptanz. Das Reich im Europa des 13. Jahrhunderts, hg. von Hubertus SEIBERT/ Verena TÜRCK/ Werner BOMM, Ostfildern 2013, S. 203-222.

KIRSCHBERGER, Timo, Erster Kreuzzug und Ethnogenese: In novam formam commutatus - Ethnogenetische Prozesse im Fürstentum Antiochia und im Königreich Jerusalem (Nova Mediaevalia 13), Göttingen 2015.

KISLINGER, Ewald, Regionalgeschichte als Quellenproblem. Die Chronik von Monembasia und das sizilianische Demenna. Eine historisch-topographische Studie (Denkschriften/ Österreichische Akademie der Wissenschaften, Philosophisch-Historische Klasse 294), Wien 2001.

KLEIN, Holger A., Byzanz, der Westen und das „wahre" Kreuz. Die Geschichte einer Reliquie und ihrer künstlerischen Fassung in Byzanz und im Abendland (Spätantike, frühes Christentum, Byzanz: Reihe B, Studien und Perspektiven 17), Wiesbaden 2004.

KLEIN-ILBECK, Art. „Hugo von Honau", in: LexMA 5, München u. a. 1991, Sp. 172.

KLEINSCHMIDT, Harald, Menschen in Bewegung. Inhalte und Ziele historischer Migrationsforschung, Göttingen 2002.

KOBUSCH, Theo, Die Philosophie des Hoch- und Spätmittelalters (Geschichte der Philosophie 5), München 2011.

KODER, Johannes, Byzanz und Europa, in: Mediterraner Kolonialismus. Expansion und Kulturaustausch im Mittelalter, hg. von Peter FELDBAUER (Expansion, Interaktion, Akkulturation 8), Essen 2005, S. 43-58.

———, Byzanz, die Griechen und die Romaiosyne – eine „Ethnogenese" der „Römer"?, in: Typen der Ethnogenese unter besonderer Berücksichtigung der Bayern, Bd. 1, hg. von Herwig WOLFRAM/ Walter POHL (Denkschriften/ Österreichische Akademie der Wissenschaften, Philosophisch-Historische Klasse 201/ Veröffentlichungen der Kommission für Frühmittelalterforschung 12), Wien 1990, S. 103-111.

———, Latinoi – The Image of the Other According to Greek Sources, in: Bisanzio, Venezia e il mondo franco-greco (XIII–XV secolo), hg. von Chryssa A. MALTEZOU/ Peter SCHREINER, Venedig 2002, S. 25-39.

———, Die Sicht des „Anderen" in Gesandtenberichten, in: Die Begegnung des Westens mit dem Osten. Kongreßakten des 4. Symposions des Mediävistenverbandes in Köln vom 11.-14. März 1991 aus Anlaß des 1000. Todesjahres der Kaiserin Theophanu, hg. von Odilo ENGELS, Sigmaringen 1993, S. 113-129.

KODER, Johannes/ WEBER, Thomas, Liutprand von Cremona in Konstantinopel. Untersuchungen zum griechischen Sprachschatz und zu realienkundlichen Aussagen in seinen Werken (Byzantina Vindobonensia 13), Wien 1980.

KÖHLER, Franz, Beiträge zur Textkritik Liudprands von Cremona, in: Neues Archiv der Gesellschaft für ältere Deutsche Geschichtskunde zur Beförderung einer Gesamtausgabe der Quellenschriften deutscher Geschichten des Mittelalters 18 (1883), S. 47-89.

KÖLZER, Theo, Art. „Venedig, Friede v. (1177)", in: LexMA 8, München 1997, Sp. 1471.

———, Byzanz in der Politik Kaiser Heinrichs VI., in: Die Staufer und Byzanz. 25. Göppinger Staufertage, 9. bis 11. November 2012 (Schriften zur staufischen Geschichte und Kunst 33), Göppingen 2013, S. 86-109.

KÖRNTGEN, Ludger/ KUSBER, Jan/ PAHLITZSCH, Johannes/ Filippo Carlá-Uhink. (Hrsg.), Byzanz und seine europäischen Nachbarn. Politische Interdependenzen und kulturelle Missverständnisse (Byzanz zwischen Orient und Okzident 17), Mainz 2020.

KOLBABA, Tia M., On the closing of the churches and the rebaptism of Latins. Greek perfidy or Latin slander, in: BMGS 29,1 (2005), S. 39-51.

———, Fighting for Christianity: Holy War in the Byzantine Empire, in: Byz 68 (1998), S. 194-221.

———, Inventing Latin Heretics. Byzantines and the Filioque in the ninth century, Kalamazoo, Mich. 2008.

———, The Byzantine lists. Errors of the Latins, Urbana u. a. 2000.

———, Byzantine perceptions of Latin religious 'Errors', in: Doctrine and Debate in the Eastern Christian World, hg. von Averil M. CAMERON/ Robert G. HOYLAND, Burlington 2011, S. 293-320.

———, The virtues and faults of the Latin Christians, in: The Byzantine World, hg. von Paul STEPHENSON, London u. a. 2010, S. 114-130.

KOLDITZ, Sebastian, Cultural Brokers in Relation with the Byzantine Court in the later 14th and 15th centuries, in: Cultural Brokers at Mediterranean Courts in the Middle Ages, hg. von Marc VON DER HÖH/ Nikolas JASPERT/ Jenny R. OESTERLE (Mittelmeerstudien 1), Paderborn 2013, S. 183-215.

———, Johannes VIII. Palaiologos und das Konzil von Ferrara–Florenz (1438/39). Das byzantinische Kaisertum im Dialog mit dem Westen, 2 Bde. (Monographien zur Geschichte des Mittelalters 60,1 und 60,2), Stuttgart 2013/2014.

KOUREMENOS, Anna (Hrsg.), Insularity and identity in the Roman Mediterranean, Oxford 2018.

KOUTRAKOU, Nike, Logos and Pathos between Peace and War. Rhetoric as a Tool of Diplomacy in the Middle Byzantine Period, in: Thesaurismata 25 (1995), S. 7-20.

KRESTEN, Otto, Der ‚Anredestreit' zwischen Manuel I. Komnenos und Friedrich I. Barbarossa nach der Schlacht von Myriokephalon, in: Römische Historische Mitteilungen 34/35 (1992/1993), S. 65-110.

———, Diplomatische und historische Beobachtungen. Zu den in den Kanzleiregistern Papst Innozenz III. überlieferten Auslandsschreiben byzantinischer Kaiser, in: Römische Historische Mitteilungen 37 (1995), S. 41-79.

———, „Staatsempfänge" im Kaiserpalast von Konstantinopel um die Mitte des 10. Jahrhunderts. Beobachtungen zu Kapitel II 15 des sogenannten „Zeremonienbuches" (Sitzungsberichte/ Österreichische Akademie der Wissenschaften, Philosophisch-Historische Klasse 670), Wien 2000.

———, Zum Sturz des Theodoros Styppeiotes, in: JÖB 27 (1978), S. 49-103.

KRESTEN, Otto/ SEIBT, Werner, Theophylaktos Exubitos (kein „italienischer Rebell des späten 10. Jahrhunderts", sondern „mégas diermeneutés" unter Kaiser Manuel I. Komnenos) und seine Siegel, in: JÖB 52 (2002), S. 231-241.

KRETSCHMAYR, Heinrich, Geschichte von Venedig, Bd. 1: Bis zum Tode Enrico Dandolos (Allgemeine Staatengeschichte/ Abt. 1, Geschichte der europäischen Staaten 35,1), Gotha 1905.

KYRITSES, Demetrios, Counselors *ex officio*, Expert Advisers, Representatives of the Body Politic. On the Varieties of Counseling in Byzantine Political Practice, in: Unterstützung bei herrscherlichem Entscheiden. Experten und ihr Wissen in transkultureller und komparativer Perspektive, hg. von Michael GRÜNBART (Kulturen des Entscheidens 5), Göttingen 2021, S. 108-116.

LAIOU, Angeliki E., Byzantium and the Crusades in the Twelfth Century. Why was the Fourth Crusade late in coming?, in: *Urbs Capta*. The Fourth Crusade and its Consequences, hg. von Angeliki E. LAIOU (Réalités Byzantines 10), Paris 2005, S. 17-40.

———, Byzantium and the West, in: Byzantium: a world civilization, hg. von Angeliki E. LAIOU/ Henry MAGUIRE, Washington, DC 1992, S. 61-79.

———, L'étranger de passage et l'étranger privilégié à Byzance, XIe-XIIe siècles, in: Byzantium and the other: Relations and Exchanges, hg. von Angeliki E. LAIOU (Variorum Collected Studies 1005), Farnham 2012, Tl. II S. 69-88.

———, The foreigner and the stranger in 12th century Byzantium: means of propitiation and acculturation, in: Relations and Exchanges, hg. von Angeliki E. LAIOU (Variorum Collected Studies 1005), Farnham 2012, Tl. I S. 71-97.

———, Institutional mechanisms of integration, in: Byzantium and the other: Relations and Exchanges, hg. von Angeliki E. LAIOU (Variorum Collected Studies 1005), Farnham 2012, Tl. III S. 161-181.

———, Monopoly and privilege: the Byzantine reaction to the Genoese presence in the Black Sea, in: Byzantium and the other: Relations and Exchanges, hg. von Angeliki E. LAIOU (Variorum Collected Studies 1005), Farnham 2012, Tl. XI S. 675-686.

——— (Hrsg.), *Urbs Capta*. The Fourth Crusade and its Consequences (Réalités Byzantines 10), Paris 2005.

LAMOREAUX, John C., The Biography of Theodore Abū Qurrah revisited, in: DOP 56 (2002), S. 25-40.

LANGDON, John S., Byzantium in Anatolian exile. Imperial vicegerency reaffirmed during Byzantino-papal discussions at Nicaea and Nymphaion 1234, in: Presence of Byzantium. Studies presented to Milton V. Anastos in honor of his eighty-fifth birthday, hg. von Andrew R. DYCK (ByzF 20), Amsterdam 1994, S. 197-233.

LAUDAGE, Johannes, Alexander III. und Friedrich Barbarossa (Forschungen zur Kaiser- und Papstgeschichte des Mittelalters 16), Köln u. a. 1997.

———, Gewinner und Verlierer des Friedens von Venedig, in: Stauferreich im Wandel. Ordnungsvorstellungen und Politik in der Zeit Friedrich Barbarossas, hg. von Stefan WEINFURTER (Mittelalter-Forschungen 9), Stuttgart 2002, S. 107-130.

DE LEEMANS, Pieter/ GOYENS, Michèle, Introduction, in: Translation and Authority – Authorities in Translation, hg. von Pieter DE LEEMANS/ Michèle GOYENS (The medieval translator 16), Turnhout 2016, S. 9-15.

———, (Hrsg.), Translation and Authority – Authorities in Translation (The medieval translator 16), Turnhout 2016.

LEES, Jay T., Anselm of Havelberg. Deeds into words in the twelfth century (Studies in the history of Christian thought 79), Leiden 1998.

LE GOFF, Jacques, La naissance du Purgatoire, Paris 1981.

LILIE, Ralph-Johannes, Die Auswirkungen der Kreuzzüge auf die Gesellschaft des Byzantinischen Reiches, in: Crossroads between Latin Europe and the Near East. Corollaries of the Frankish presence in the Eastern Mediterranean (12th-14th centuries), hg. von Stefan LEDER (Istanbuler Texte und Studien 24), Würzburg 2011, S. 41-54.

———, Byzanz und das lateinische Europa. Verbindungen – Brüche – Gegensätze. Zu einer möglichen Kooperation von Mediävistik und Byzantinistik, in: Unaufhebbare Pluralität der Kulturen? Zur Dekonstruktion und Konstruktion des mittelalterlichen Europa, hg. von Michael BORGOLTE (Historische Zeitschrift/ Beiheft N.F. 32), Berlin u. a. 2001, S. 19-39.

———, Byzanz und die Kreuzzüge (Urban-Taschenbücher 595), Stuttgart 2004.

———, Byzanz. Das zweite Rom, Berlin 2003.

———, Byzanz – Staat, Wirtschaft und Gesellschaft im 12. Jahrhundert, in: Die Staufer und Byzanz. 25. Göppinger Staufertage, 9. bis 11. November 2012 (Schriften zur staufischen Geschichte und Kunst 33), Göppingen 2013, S. 10-42.

———, Erbkaisertum oder Wahlmonarchie? Zur Sicherung der Herrschaftsnachfolge in Byzanz, in: Die mittelalterliche Thronfolge im europäischen Vergleich, hg. von Matthias BECHER (Vorträge und Forschungen/ Konstanzer Arbeitskreis für Mittelalterliche Geschichte 84), Ostfildern 2017, S. 21-41.

———, Fremde im Byzantinischen Reich, in: Mit Fremden leben. Eine Kulturgeschichte von der Antike bis zur Gegenwart, hg. von Alexander DEMANDT, München 1995, S. 93-107.

———, Handel und Politik zwischen dem byzantinischen Reich und den italienischen Kommunen Venedig, Pisa und Genua in der Epoche der Komnenen und der Angeloi (1081-1204), Amsterdam 1984.

———, Herrschaftsrepräsentation im byzantinischen Kaisertum, in: Kaisertum im ersten Jahrtausend. Wissenschaftlicher Begleitband zur Landesausstellung „Otto der Große und das Römische Reich, Kaisertum von der Antike zum Mittelalter", hg. von Hartmut LEPPIN/ Bernd SCHNEIDMÜLLER/ Stefan WEINFURTER, Regensburg 2012, S. 321-336.

———, Die lateinische Kirche in der Romania vor dem Vierten Kreuzzug. Versuch einer Bestandaufnahme, in: BZ 82 (1989), S. 202-220.

———, Manuel I. Komnenos und Friedrich I. Barbarossa. Die deutsche und die byzantinische Italienpolitik während der zweiten Hälfte des 12. Jahrhunderts in der neuen Literatur, in: JÖB 42 (1992), S. 157-170.

———, Niketas Choniates und Ioannes Kinnamos, in: Realia Byzantina, hg. von Sofia KOTZABASSI/ Giannis MAVROMATIS (Byzantinisches Archiv 22), Berlin u. a. 2009, S. 89-101.

———, Die Schlacht von Myriokephalon (1176). Auswirkungen auf das byzantinische Reich im ausgehenden 12. Jahrhundert, in: REB 35 (1977), S. 257-275.

———, Das ‚Zweikaiserproblem' und sein Einfluss auf die Aussenpolitik der Komnenen, in: ByzF 9 (1985), S. 219-244.

LINDBERG, David C., Science in the Middle Ages, Chicago u. a. 1978.

LINDHOLM, Gudrun, Studien zum mittellateinischen Prosarhythmus. Seine Entwicklung und sein Abklingen in der Briefliteratur Italiens (Acta Universitatis Stockholmiensis: Studia Latina Stockholmiensia 10), Stockholm u. a. 1963.

LOENERTZ, Raymond-Joseph, L'épître de Théorien le philosophe aux prêtres d'Oria, in: Byzantina et Franco-Graeca, Bd. 1: Articles parus de 1935 à 1966, hg. von Raymond-Joseph LOENERTZ/ Peter SCHREINER (Storia e letteratura 118), Rom 1970, S. 45-70.

LOUD, Graham A., Byzantine Italy and the Normans, in: Conquerors and Churchmen in Norman Italy, hg. v. Graham A. LOUD (Collected studies series 658), Aldershot 1999, Tl. III S. 215-233.

LOUNGHIS, Telemachos C., Les ambassades byzantines en Occident. Depuis la fondation des états barbares jusqu'aux croisades (407-1096), Athen 1980.

———, Byzantium in the Eastern Mediterranean: Safeguarding East Roman Identity (407-1204) (Texts and Studies of the History of Cyprus 63), Nicosia 2010.

LUCASSEN, Jan/ LUCASSEN, Leo, Migration, Migration History, History. Old Paradigms and new Perspectives in: Migration, Migration History, History. Old Paradigms and new Perspectives, hg. von Jan LUCASSEN/ Leo LUCASSEN, Bern u. a. 2005, S. 10-38.

LUDWIG, Claudia, Social Mobility in Byzantium? Family Ties in the Middle Byzantine Period, in: Approaches to the Byzantine family, hg. von Leslie BRUBAKER (Birmingham Byzantine and Ottoman Studies 14), Farnham u. a. 2013, S. 233-246.

LUHMANN, Niklas, Soziale Systeme. Grundriß einer allgemeinen Theorie, Frankfurt am Main 1984.

LUTTRELL, Anthony, The Hospitallers in twelfth-century Constantinople, in: The experience of crusading. Presented to Jonathan Riley-Smith on his sixty-fifth birthday, Bd. 1: Western approaches, hg. von Marcus BULL/ Norman HOUSLEY, Cambridge u. a. 2003, S. 225-232.

MACKENTHUN, Gesa/ JOBS, Sebastian, Introduction, in: Agents of Transculturation. Border-crossers, mediators, go-betweens, hg. von Gesa MACKENTHUN/ Sebastian JOBS (Cultural encounters and the discourses of scholarship 6), Münster u. a. 2013, S. 7-22.

MACRIDES, Ruth, The „other" palace in Constantinople: the Blachernai, in: The Emperor's House. Palaces from Augustus to the Age of Absolutism, hg. von Michael FEATHERSTONE/ Jean-Michel SPIESER/ Gülru TANMANN/ Ulrike WULF-RHEIDT (Urban Spaces 4), Berlin u. a. 2015, S. 159-168.

——— (Hrsg.), Travel in the Byzantine world: papers from the thirty-fourth Spring Symposium of Byzantine Studies, Birmingham, April 2000, Aldershot u. a. 2002.

MADDEN, Thomas F., Enrico Dandolo and the Rise of Venice, Baltimore, Maryland u. a. 2003.

——— (Hrsg.), The Fourth Crusade. Event, aftermath, and perceptions. Papers from the Sixth Conference of the Society for the Study of the Crusades and the Latin East, Istanbul, Turkey, 25-29 August 2004 (Crusades subsidia 2), Aldershot u. a. 2008.

———, Venice and Constantinople in 1171 and 1172. Enrico Dandolo's attitudes towards Byzantium, in: Mediterranean historical review 8 (1993), S. 166-185.

MAGDALINO, Paul, Aspects of Twelfth-Century Byzantine *Kaiserkritik*, in: Tradition and Transformation in Medieval Byzantium, hg. von Paul MAGDALINO (Variorum Collected Studies 343), Aldershot u. a. 1991, Tl. VIII S. 326-346.

———, Astrology, in: The Cambridge Intellectual History of Byzantium, hg. von Anthony KALDELLIS/ Niketas SINIOSSOGLOU, Cambridge 2017, S. 198-214.

———, Debunking Astrology in Twelfth-Century Constantinople, in: Pour une poétique de Byzance. Hommage à Vassilis Katsaros, hg. von Stephanos EFTHYMIADIS/ Charis MESSIS/ Paolo ODORICO, Paris 2015, S. 165-175.

———, The Empire of Manuel Komnenos 1143-1180, Cambridge 2002.

———, Manuel Komnenos and the Great Palace, in: BMGS 4 (1978), S. 101-114.

———, The phenomenon of Manuel I Komnenos, in: Byzantium and the West, c. 850-1200: Proceedings of the XVIII Spring Symposium of Byzantine Studies, Oxford 30 March-1 April 1984, hg. von James D. HOWARD-JOHNSTON (ByzF 13), Amsterdam 1988, S. 171-199.

———, Occult science and imperial power in Byzantine history and historiography (9th-12th centuries), in: The Occult Sciences in Byzantium, hg. von Paul MAGDALINO/ Maria MAVROUDI, Genf 2006, S. 119-162.

MAGDALINO, Paul/ MAVROUDI, Maria (Hrsg.), The Occult Sciences in Byzantium, Genf 2006.

MALAMUT, ÉLISABETH/ QUERFELLI, Mohamed (Hrsg.), Les échanges en Méditerranée médiévale: marqueurs, réseaux, circulations, contacts, Aix-en-Provence 2012.

MALECZEK, Werner, Art. „Lucius III.", in: Herders Lexikon der Päpste, Freiburg u. a. 2001, S. 127-128.

———, Philipp von Schwaben und die Eroberung von Konstantinopel 1203/04, in: Die Staufer und Byzanz. 25. Göppinger Staufertage, 9. bis 11. November 2012 (Schriften zur staufischen Geschichte und Kunst 33), Göppingen 2013, S. 110-140.

MANGO, Cyril, Art. „Augustaion", in: ODB 1, New York u. a. 1991, S. 232.

———, The Conciliar Edict of 1166, in: DOP 17 (1963), S. 315-330.

MARCOS HIERRO, Ernest, Die byzantinisch-katalanischen Beziehungen im 12. und 13. Jahrhundert unter besonderer Berücksichtigung der Chronik Jakobs I. von Katalonien-Aragon (Miscellanea Byzantina Monacensia 37), München 1996.

MARIANO, Ivan, Rôle des interprètes et interculturalité. Les négociations entre Latins et Grecs aux conciles de Bâle et de Ferrare-Florence (1431-1439), in: In principio fuit interpres, hg. von Alessandra PETRINA/ Monica SANTINI (The medieval translator 15), Turnhout 2013, S. 13-23.

MARKOPOULOS, Athanasios, In Search for ‚Higher Education' in Byzantium, in: ZRVI 50 (2013) S. 29-44.

MARQUIS DE LA FORCE, Jacques, Les conseillers latins du basileus Alexis Comnène, in: Byz 11 (1936), S. 153-165.

MATHIEU, Marguerite, Cinq poésies byzantines des XIe et XIIe siècles, in: Byz 23 (1954), S. 129-142.

MATTHEW, Donald, The Norman Kingdom of Sicily, Cambridge u. a. 1992.

MAVROUDI, Maria, A Byzantine Book on Dream Interpretation. The Oneirocriticon of Achmet and its Arabic Sources (The Medieval Mediterranean 36), Leiden u. a. 2002.

———, Occult Science and Society in Byzantium: Considerations for future research, in: The Occult Sciences in Byzantium, hg. von Paul MAGDALINO/ Maria MAVROUDI, Genf 2006, S. 39-95.

MAZAL, Otto, Byzanz und das Abendland. Ausstellung der Handschriften- und Inkunabelsammlung der Österreichischen Nationalbibliothek. Handbuch und Katalog, Graz 1981.

MCCOWN, Chester C., The Testament of Solomon, edited from manuscripts at Mount Athos, Bologna, Holkham Hall, Jerusalem, London, Milan, Paris and Vienna, Leipzig 1922.

MCNALLY, Robert E., The „Tres linguae sacrae" in early Irish Bible exegesis, in: Theological Studies 19 (1958), S. 395-403.

MCQUEEN, William B., Relations between the Normans and Byzantium, 1071-1112, in: Byz 56 (1986), S. 427-476.

MEIER, Mischa, Geschichte der Völkerwanderung. Europa, Asien und Afrika vom 3. bis zum 8. Jahrhundert n. Chr., München 2019.

MERSCH, Margit/ RITZERFELD, Ulrike (Hrsg.), Lateinisch-griechisch-arabische Begegnungen. Kulturelle Diversität im Mittelmeerraum des Spätmittelalters (Europa im Mittelalter 15), Berlin 2009.

METCALFE, Alex, Muslims and Christians in Norman Sicily. Arabic speakers and the end of Islam, London u. a. 2003.

MEYER, Ernst H. F., Geschichte der Botanik. Studien, Bd. 2, Königsberg 1855.

MEZEY, László, Ungarn und Europa im 12. Jahrhundert. Kirche und Kultur zwischen Ost und West, in: Probleme des 12. Jahrhunderts. Reichenau-Vorträge 1965-1967 (Vorträge und Forschungen/ Konstanzer Arbeitskreis für Mittelalterliche Geschichte 12), hg. von Theodor MAYER, Konstanz u. a. 1968, S. 255-272.

MICHEL, Karl, Das Opus Tripartitum des Humbert de Romanis, O.P.: ein Beitrag zur Geschichte der Kreuzzugsidee und der kirchlichen Unionsbewegung, Graz 1926.

MILLER, Dean A., The Logothete of the Drome in the Middle Byzantine Period, in: Byz 36 (1966), S. 438-470.

MINIO-PALUELLO, Lorenzo, Iacobus Veneticus Grecus. Canonist and Translator of Aristotle, in: Traditio 8 (1952), S. 265-304.

MITSIOU, Ekaterini, Untersuchungen zu Wirtschaft und Ideologie im ‚Nizänischen' Reich, Diss. masch. Vienna 2006.

MOATTI, Claudia/ KAISER, Wolfgang (Hrsg.), Gens de passage en Méditerranée de l'Antiquité à l'époche moderne: Procédure de contrôle et d'identification, Paris 2007.

MÖHRING, Hannes, Art. „Wilhelm von Tyrus", in: LexMA 9, München 1998, Sp. 191-192.

MÜLLER, Anne, Die dominikanische Mission inter infideles et scismaticos. Konzepte, Leitbilder und Impulse bei Humbert de Romanis, in: Die Bettelorden im Aufbau, hg. von Gert MELVILLE/ Jörg OBERSTE (Vita regularis 11), Münster 1999, S. 321-382.

MÜNKLER, Marina, Erfahrung des Fremden. Die Beschreibung Ostasiens in den Augenzeugenberichten des 13. und 14. Jahrhunderts, Berlin 2000.

MÜNKLER, Marina/ RÖCKE, Werner, Der *ordo*-Gedanke und die Hermeneutik der Fremde im Mittelalter: die Auseinandersetzung mit den monströsen Völkern des Erdrandes, in: Die Herausforderung durch das Fremde, hg. von Herfried MÜNKLER (Interdisziplinäre Arbeitsgruppen 5), Berlin 1998, S. 701-766.

MURRAY, Alan V., Finance and Logistics of the Crusade of Frederick Barbarossa, in: In laudem Hierosolymitani. Studies in crusades and medieval culture in honour of Benjamin Z. Kedar, hg. von Iris SHAGRIR/ Ronnie ELLENBLUM/ Jonathan S. C. RILEY-SMITH (Crusades/ Subsidia 1), Aldershot u. a. 2007, S. 357-368.

———, Franks and Eastern Christians in the Principality of Antioch 1099-1187: Ethnicity and Identity, in: Antioch from the Byzantine reconquest until the end of the crusader principality: acta of the congress held at Hernen Castle (the Netherlands) in May 2009, hg. von Krijnie N. CIGGAAR/ Victoria D. VAN AALST, Leuven u. a. 2018, S. 113-126.

———, Ethnic Identity in the Crusader States: The Frankish race and the settlement of Outremer, in: Concepts of National Identity in the Middle Ages, hg. von Simon N. FORDE/ Leslie Peter JOHNSON/ Alan V. MURRAY, Leeds 1995, S. 59-73.

NEOCLEOUS, Savvas, Greeks and Italians in Twelfth-Century Constantinople: Convivencia or Conflict, in: Negotiating co-existence: communities, cultures and „convivencia" in Byzantine society, hg. von Barbara CROSTINI LAPPIN/ Sergio LA PORTA (Bochumer altertumswissenschaftliches Colloquium 96), Trier 2013, S. 221-250.

———, Heretics; Schismatics, or Catholics? Latin Attitudes to the Greeks in the long twelfth century (Studies and Texts 216), Toronto u. a. 2019.

———, Tyrannus Grecorum. The image and legend of Andronikos I Komnenos in Latin Historiography, in: Medioevo Greco 12 (2012), S. 195-284.

NERLICH, Daniel, Diplomatische Gesandtschaften zwischen Ost- und Westkaisern 756-1002 (Geist und Werk der Zeiten 92), Bern u. a. 1999.

NESBITT, John W., Some Observations about the Roger Family, in: Νέα Ῥώμη 1 (2004), S. 209-217.

NEVILLE, Leonora A., Anna Komnene. The Life and Work of a Medieval Historian, New York, NY 2019.

NICOL, Donald M., Byzantium and Venice. A study in diplomatic and cultural relations, Cambridge u. a. 1988.

———, Symbiosis and Integration. Some Greco-Latin families in the 11th to the 13th centuries, in: Mouvements de population et problèmes de colonisation en Romanie Greco-Latine du Xe au XIIIe siècles. Symposion Byzantinon. Colloque international des Historiens de Byzance, Strasbourg, 27-30 septembre 1977, hg. von Freddy E. THIRIET (ByzF 7), Amsterdam 1979, S. 113-135.

NIEDERKORN, Jan Paul, Die Mitgift der Kaiserin Irene. Anmerkungen zur byzantinischen Politik König Konrads III., in: Römische Historische Mitteilungen 28 (1986), S. 125-139.

NORDEN, Walter, Das Papsttum und Byzanz. Die Trennung der beiden Mächte und das Problem ihrer Wiedervereinigung bis zum Untergange des byzantinischen Reiches (1453), Berlin 1903.

———, Prinzipien für eine Darstellung der kirchlichen Unionsbestrebungen im Mittelalter, in: HZ 102 (1909), S. 277-303.

NORWICH, John J., The Normans in Sicily. The magnificent story of ‚the other Norman conquest', London u. a. 1992.

NOVIKOFF, Alex J., Anselm of Havelberg's controversies with the Greeks. A moment in the scholastic culture of disputation, in: Dialogues and Debates from late Antiquity to late Byzantium, hg. von Averil M. CAMERON/ Niels GAUL, London u. a. 2017, S. 105-122.

VAN NUFFELEN, Peter, The End of open Competition? Religious Disputations in Late Antiquity, in: Religion and Competition in Antiquity, hg. von David ENGELS/ Peter VAN NUFFELEN (Collection Latomus 343), Brüssel 2014, S. 149-172.

OBERDORFER, Bernd, Filioque. Geschichte und Theologie eines ökumenischen Problems (Forschungen zur systematischen und ökumenischen Theologie 96), Göttingen 2001.

OBERSTE, Jörg, Der „Kreuzzug" gegen die Albigenser. Ketzerei und Machtpolitik im Mittelalter, Darmstadt 2003.

OBOLENSKY, Dimitri, The Bogomils. A Study in Balkan neo-manichaeism, Cambridge 1948, ND Twickenham u. a. 1972.

OESTERLE, Jenny R., Missionaries as Cultural Brokers at the Fatimid Court in Cairo, in: Cultural Brokers at Mediterranean Courts in the Middle Ages, hg. von Marc VON DER HÖH/ Nikolas JASPERT/ Jenny R. OESTERLE (Mittelmeerstudien 1), Paderborn 2013, S. 63-72.

OHNSORGE, Werner, Abendland und Byzanz. Gesammelte Aufsätze zur Geschichte der byzantinisch-abendländischen Beziehungen und des Kaisertums, Darmstadt 1958.

———, Konstantinopel und der Okzident. Gesammelte Aufsätze zur Geschichte der byzantinisch-abendländischen Beziehungen und des Kaisertums, Darmstadt 1966.

———, Die Legaten Alexanders III. im ersten Jahrzehnt seines Pontifikats (1159-1169), Berlin 1928.

———, Ost-Rom und der Westen. Gesammelte Aufsätze zur Geschichte der byzantinisch-abendländischen Beziehungen und des Kaisertums, Darmstadt 1983.

———, Das Zweikaiserproblem im früheren Mittelalter. Die Bedeutung des byzantinischen Reiches für die Entwicklung der Staatsidee in Europa, Hildesheim 1947.

OIKONOMIDES, Nicolas, Art. „Chrysobull", in: ODB 1, New York u. a. 1991, S. 451-452.

ORTALLI, Gherardo/ RAVEGNANI, Giorgio/ SCHREINER, Peter (Hrsg.), Quarta Crociata. Venezia, Bisanzio, Impero Latino. Proceedings, Venice, 2004, 2 Bde., Venedig 2006.

OSCHEMA, Klaus, Bilder von Europa im Mittelalter (Mittelalter-Forschungen 43), Ostfildern 2013.

OSTROGORSKY, Georg, Geschichte des byzantinischen Staates (Byzantinisches Handbuch 1,2), München ³1963.

PACAUT, Marcel, Les Légats d'Alexandre III (1159-1181), in: RHE 50,1 (1955), S. 821-838.

PAHLITZSCH, Johannes, Byzanz, in: Migrationen im Mittelalter. Ein Handbuch, hg. von Michael BORGOLTE, Berlin 2014, S. 93-106.

———, Cultural encounters and transfer. The case of pious foundations in the Islamicate world, in: The Routledge Companion to Cultural History in the Western World, hg. von Alessandro ARCANGELI/ Jörg ROGGE/ Hannu SALMI, London u. a. 2020, S. 83-95.

———, Graeci und Suriani im Palästina der Kreuzfahrerzeit: Beiträge und Quellen zur Geschichte des griechisch-orthodoxen Patriarchats von Jerusalem (Berliner historische Studien 33), Berlin 2001.

———, Der arabische Procheiros Nomos. Untersuchung und Edition der Übersetzung eines byzantinischen Rechtstextes (Forschungen zur byzantinischen Rechtsgeschichte 31), Frankfurt am Main 2014.

PAPADATOU, Daphne, Divorce by mutual consent and its customary application in Byzantium, in: Byzantinoslavica 58 (1997), S. 269-273.

PATETTA, Federico, L'epitafio di Burgundio Pisano, Catania 1909.

PENNA, Daphne, The Byzantine imperial acts to Venice, Pisa and Genoa, 10th-12th centuries: a comparative legal study, Den Haag 2012.

———, Legal Autonomy of Latin Christians in the Byzantine Empire, in: Kanon 21 (2010), S. 70-81.

———, From „douloi" to demanding negotiators: the case of the Venetians in 12th century Byzantium. An example on succession law from the chrysobull of Alexios III Angelos to Venice in 1198, in: Yearbook-Epeteris of the Research Centre for the History of Greek Law of the Academy of Athens 44 (2012), S. 209-225.

———, Venetian judges and their jurisdiction in Constantinople in the 12th century. Some observations based on information drawn from the chrysobull of Alexios III Angelos to Venice in 1198, in: Subseciva Groningana 8 (2008), S. 135-146.

PETERSOHN, Jürgen, Kaisertum und Rom in spätsalischer und staufischer Zeit. Romidee und Rompolitik von Heinrich V. bis Friedrich II. (Schriften der Monumenta Germaniae Historica 62), Hannover 2010.

PHILIPPS, Jonathan, Odo of Deuil's De profectione Ludovici VII in Orientem as a source for the Second Crusade, in: The experience of crusading. Presented to Jonathan Riley-Smith on his sixty-fifth birthday, Bd. 1: Western approaches, hg. von Marcus BULL/ Norman HOUSLEY, Cambridge u. a. 2003, S. 80-95.

PODOLAK, Pietro/ BUCOSSI, Alessandra, Per una futura edizione di Ugo Eteriano. Censimento della tradizione manoscritta e problemi di cronologia. Con un'appendice sui codici che conservano i frammenti greci di Alessandra Bucossi, in: Sacris erudiri 56 (2017), S. 274-346.

PODOLAK, Pietro/ ZAGO, Anna, Hvgonis Eteriani Epistolae, De sancto et immortali Deo, Compendiosa Expositio, Fragmenta Graeca (CCCM 298), Turnhout 2020.

———, Ugo Eteriano e la controversia cristologica del 1166. Edizione dell'opuscolo De minoritate. Appendice: Edizione della lettera ad Alessio, in: REB 74 (2016), S. 77-170.

PODSKALSKY, Gerhard, Theologie und Philosophie in Byzanz. Der Streit um die theologische Methodik in der spätbyzantinischen Geistesgeschichte (14./15. Jh.), seine systematischen Grundlagen und seine historische Entwicklung (Byzantinisches Archiv 15), München 1977.

PÖCHHACKER, Franz, Dolmetschen. Konzeptuelle Grundlagen und deskriptive Untersuchungen (Studien zur Translation 7), Tübingen ²2017.

———, Simultandolmetschen, in: Handbuch Translation, hg. von Hans G. HÖNIG/ Paul KUẞMAUL/ Peter A. SCHMITT/ Mary SNELL-HORNBY, Tübingen ²2006, S. 301-304.

———, Simultandolmetschen als komplexes Handeln (Language in performance 10), Tübingen 1994.

PONTANI, Filippomaria, Mosè del Brolo e la sua lettera da Constantinopoli, in: Aevum 72/1 (1998), S. 143-175.

POST, Werner, Acedia – Das Laster der Trägheit. Zur Geschichte der siebten Todsünde (Forschungen zur europäischen Geistesgeschichte 12), Freiburg u. a. 2011.

POWER, Amanda, Roger Bacon and the Defence of Christendom (Cambridge studies in medieval life and thought/ ser. 4 84), Cambridge 2013.

PRINZING, Günter, Das Antonioskloster und der Xenon bei der Vierzig-Märtyrer-Kirche in Konstantinopel. Zum Pisaner-Privileg Isaaks II. von 1192, in: Lithostroton. Studien zur byzantinischen Kunst und Geschichte. Festschrift für Marcell Restle, hg. von Birgitt BORKOPP/ Thomas STEPPAN, Stuttgart 2000, S. 217-221.

———, Epiros 1204-1261. Historical Outline – Sources – Prosopography, in: Identities and allegiances in the Eastern Mediterranean after 1204, hg. von Judith HERRIN/ Guillaume SAINT-GUILLAIN, Farnham u. a. 2011, S. 81-99.

———, Das Papsttum und der orthodox geprägte Südosten Europas 1180–1216, in: Das Papsttum in der Welt des 12. Jahrhunderts, hg. von Ernst-Dieter HEHL/ Ingrid H. RINGEL/ Hubertus SEIBERT, Stuttgart 2002, S. 137-183.

———, Vom Umgang der Byzantiner mit den Fremden, in: Der Umgang mit dem Fremden in der Vormoderne. Studien zur Akkulturation in bildungshistorischer Sicht, hg. von Christoph LÜTH/ Rudolf W. Keck/ Erhard WIERSING (Beiträge zur historischen Bildungsforschung 17), Köln u. a. 1997, S. 117-143.

RACCAGNI, Gianluca, The Lombard League, 1167-1225, Oxford u. a. 2010.

RAPP, Claudia, Sozialer Status und Hierarchie, in: Byzanz. Historisch-kulturwissenschaftliches Handbuch, hg. von Falko DAIM (DNP Supplemente 11), Stuttgart 2016, Sp. 355-357.

RASHED, Marwan/ VUILLEMIN-DIEM, Gudrun, Burgundio de Pise et ses manuscrits grecs d'Aristote: Laur. 87.7 et Laur. 81.18, in: L'héritage aristotélicien: textes inédits de l'antiquité, hg. von Marwan RASHED (Anagôgê 2), Paris 2007, S. 391-456.

REBENICH, Stefan, Hieronymus und sein Kreis. Prosopographische und sozialgeschichtliche Untersuchungen (Historia Einzelschriften 72), Stuttgart 1992.

———, Jerome, London u. a. 2002.

REILLY, Bernard F., The Contest of Christian and Muslim Spain: 1031-1157, Cambridge, Mass. u. a. 1992.

REINSCH, Diether R., Women's Literature in Byzantium? The Case of Anna Komnene, in: Anna Komnene and her times, hg. von Thalia GOUMA-PETERSON (Garland medieval casebooks 29/ Garland reference library of the humanities 2201), New York, NY u. a. 2000, S. 83-105.

RENTSCHLER, Michael, Griechische Kultur und Byzanz im Urteil westlicher Autoren des 10. Jahrhunderts, in: Saeculum 29 (1978), S. 324-355.

———, Griechische Kultur und Byzanz im Urteil westlicher Autoren des 11. Jahrhunderts, in: Saeculum 31 (1980), S. 112-156.

———, Liudprand von Cremona. Eine Studie zum ost-westlichen Kulturgefälle im Mittelalter, Frankfurt am Main 1981.

REUVEKAMP-FELBER, Timo, Experten und Expertenwissen am Fürstenhof des 12. und 13. Jahrhunderts, in: Höfe und Experten. Relationen von Macht und Wissen in Mittelalter und Früher Neuzeit, hg. von Marian FÜSSEL/ Antje KUHLE/ Michael STOLZ, Göttingen 2018, S. 19-38.

REXROTH, Frank, Fröhliche Scholastik. Die Wissenschaftsrevolution des Mittelalters, München 2018.

———, Systemvertrauen und Expertenskepsis. Die Utopie vom maßgeschneiderten Wissen in den Kulturen des 12. bis 16. Jahrhunderts, in: Wissen, maßgeschneidert. Experten und Expertenkulturen im Europa der Vormoderne, hg. von Björn REICH/ Frank REXROTH/ Matthias ROICK, München 2013, S. 12-44.

REXROTH, Frank/ SCHRÖDER-STAPPER, Teresa, Woran man Experten erkennt. Hinführende Überlegungen zur performativen Dimension von Sonderwissen während der Vormoderne, in: Experten, Wissen, Symbole. Performanz und Medialität vormoderner Wissenskulturen, hg. von Frank REXROTH/ Teresa SCHRÖDER-STAPPER (Historische Zeitschrift/ NF 71), München u. a. 2018, S. 7-27.

RICHTER, Michael, Concept and evolution of the tres linguae sacrae, in: Language of religion – language of the people: medieval Judaism, Christianity and Islam, hg. von Ernst BREMER (Mittelalter Studien 11), München 2006, S. 15-23.

RICKLIN, Thomas, Der Traum der Philosophie im 12. Jahrhundert. Traumtheorien zwischen Constantinus Africanus und Aristoteles (Mittellateinische Studien und Texte 24), Leiden u. a. 1998.

ROBERG, Burkhard, Das Zweite Konzil von Lyon (1274), Paderborn u. a. 1990.

ROCHETTE, Bruno, „Latinum est: non legitur": Lire le latin et traduire le latin en Grec en Orient, in: Scrivere e leggere nell'alto Medioevo: Spoleto, 28 aprile-4 maggio 2011, Bd. 1, (Settimane di studio della Fondazione Centro Italiano di Studi sull'Alto Medioevo 59), Spoleto 2012, S. 317-348.

———, Le latin dans le monde grec. Recherches sur la diffusion de la langue et des lettres latines dans les provinces hellénophones de l'Empire romain (Collection Latomus 233), Brüssel 1997.

RODRIGUEZ SUAREZ, Alex, From Greek into Latin: Western scholars and translators in Constantinople during the reign of John II, in: John II Komnenos, Emperor of Byzantium: In the shadow of father and son, hg. von Alessandra BUCOSSI/ Alex RODRIGUEZ SUAREZ (Centre for Hellenic Studies King's College London Publications 17), London u. a. 2016, S. 91-109.

———, The Western Presence in the Byzantine Empire during the Reigns of Alexios I and John II Komnenos (1081-1143) Diss. masch. London 2014.

RÖSCH, Gerhard, Onoma Basileias. Studien zum offiziellen Gebrauch der Kaisertitel in spätantiker und frühbyzantinischer Zeit (Byzantina Vindobonensia 10), Wien 1978.

RUNCIMAN, Steven, The Eastern Schism. A study of the Papacy and the Eastern Churches during the XIth and XIIth centuries, Oxford 1955, ND Oxford 1963.

RUWE, Andreas, Bekennen und Bekenntnis im Alten Testament, in: Bekennen – Bekenntnis – Bekenntnisse. Interdisziplinäre Zugänge, hg. von Thomas K. KUHN (Greifswalder theologische Forschungen 22), Leipzig 2014, S. 11-34.

SCHABEL, Chris, The Quarrel over unleavened bread in Western theology, 1234–1439, in: Greeks, Latins, and intellectual history 1204–1500, hg. von Martin HINTERBERGER/ Chris SCHABEL (Recherches de Théologie et Philosophie Médiévales. Bibliotheca 11), Leuven u. a. 2011, S. 85-127.

SCHEEL, Roland, Skandinavien und Byzanz. Bedingungen und Konsequenzen mittelalterlicher Kulturbeziehungen, 2 Teilbände (Historische Semantik 23), Göttingen 2015.

SCHELLER, Benjamin, Die Stadt der Neuchristen. Konvertierte Juden und ihre Nachkommen im Trani des Spätmittelalters zwischen Inklusion und Exklusion (Europa im Mittelalter 22), Berlin u. a. 2013.

SCHIEFFER, Rudolf, Byzanzbilder des Abendlandes vor 1204, in: Die Staufer und Byzanz. 25. Göppinger Staufertage, 9. bis 11. November 2012 (Schriften zur staufischen Geschichte und Kunst 33), Göppingen 2013, S. 43-57.

———, Die Einheit der lateinischen Welt als politisches und kirchliches Problem (8.-13. Jahrhundert), in: The idea of European Community in History. Conference Proceedings, Bd. 1, hg. von Evangelos K. CHRYSOS/ Paschalis M. KITROMILIDES/ Constantine SVOLOPOULOS, Athen 2003, S. 63-72.

———, Das Reformpapsttum seit 1046, in: Canossa 1077 – Erschütterung der Welt. Geschichte, Kunst und Kultur am Aufgang der Romantik im Erzbischöflichen Diözesanmuseum und in der Städtischen Galerie am Abdinghof zu Paderborn vom 21. Juli-5. November 2006, Bd. 1: Essays, hg. von Christoph STIEGEMANN, München 2006, S. 99-110.

SCHIEL, Juliane/ SCHNEIDMÜLLER, Bernd/ SEITZ, Annette, Hybride Kulturen im mittelalterlichen Europa – eine Einführung, in: Hybride Kulturen im mittelalterlichen Europa. Vorträge und Workshops einer internationalen Frühlingsschule

(Europa im Mittelalter 16), hg. von Michael BORGOLTE/ Bernd SCHNEIDMÜLLER, Berlin 2010, S. 9-24.

SCHMIDT, Josef, Des Basilius aus Achrida, Erzbischofs von Thessalonich, bisher unedierte Dialoge. Ein Beitrag zur Geschichte des griechischen Schismas (Veröffentlichungen aus dem Kirchenhistorischen Seminar München 7), München 1901, S. 34-54.

SCHMIEDER, Felicitas, Two unequal brothers split and reunited – The Greeks in Latin eschatological perceptions of politics and history before and after 1204, in: Quarta Crociata. Venezia, Bisanzio, Impero Latino. Proceedings, Venice, 2004, Bd. 2, hg. von Gherardo ORTALLI/ Giorgio RAVEGNANI/ Peter SCHREINER, Venedig 2006, S. 633-651.

———, Pragmatisches Übersetzen. Texttransfer zum Nutzen von Handel und Mission, in: Grenzräume und Grenzüberschreitungen im Vergleich. Der Osten und der Westen des mittelalterlichen Lateineuropa, hg. von Klaus HERBERS/ Nikolas JASPERT, Berlin 2007, S. 261-276.

SCHMINCK, Andreas, Zur Entwicklung des Eherechts in der Komnenenepoche, in: Το Βυζάντιο κατά τον 12ο αιώνα. Κανονικό δίκαιο, κράτος και κοινωνία, hg. von Nicolas OIKONOMIDES (Εταιρεία Βυζαντινών και Μεταβυζαντινών Μελετών 3), Athen 1991, S. 555-587.

SCHNEIDER, Reinhard, Vom Dolmetschen im Mittelalter. Sprachliche Vermittlung in weltlichen und kirchlichen Zusammenhängen (Beihefte zum Archiv für Kulturgeschichte 72), Wien u. a. 2012.

SCHNEIDMÜLLER, Bernd, Nomen Patriae. Die Entstehung Frankreichs in der politisch-geographischen Terminologie (10. – 13. Jahrhundert) (Nationes 7), Sigmaringen 1987.

SCHOLZ, Sebastian, Symbolik und Zeremoniell bei den Päpsten in der zweiten Hälfte des 12. Jahrhunderts, in: Stauferreich im Wandel. Ordnungsvorstellungen und Politik in der Zeit Friedrich Barbarossas, hg. von Stefan WEINFURTER (Mittelalter-Forschungen 9), Stuttgart 2002, S. 131-148.

SCHRAMM, Percy E., Die Ordines der mittelalterlichen Kaiserkrönung. Ein Beitrag zur Geschichte des Kaisertums, in: AUF 11 (1930), S. 285-390.

SCHREINER, Peter, Bilinguismus, Biliteralität und Digraphie in Byzanz, in: Orbis Byzantinus. Byzanz und seine Nachbarn: Gesammelte Aufsätze 1970-2011, hg. von Simon ALEXANDRU/ Christina SPINEI (Florilegium magistrorum historiae archaeologiaeque Antiquitatis et Medii Aevi 12), Bukarest 2013, S. 399-414.

———, Byzanz in Europa – Byzanz und Europa. Modelle der politischen und kulturellen Integration zwischen dem 6. und 15. Jahrhundert, in: The idea of European Community in History. Conference Proceedings, Bd. 1, hg. von Evangelos K. CHRYSOS/ Paschalis M. KITROMILIDES/ Constantine SVOLOPOULOS, Athen 2003, S. 123-132.

———, Diplomatische Geschenke zwischen Byzanz und dem Westen ca. 800-1200: eine Analyse der Texte mit Quellenanhang, in: DOP 57 (2004), S. 251-282.

———, Konstantinopel. Geschichte und Archäologie (Beck'sche Reihe 2364), München 2007.

———, Konstantinopel: Kaiserhof und Stadt, in: Space, landscapes and settlements in Byzantium: studies in historical geography of the Eastern Mediterranean presented to Johannes Koder, hg. von Andreas KÜLZER/ Mihailo POPOVIĆ, Wien u. a. 2017, S. 319-347.

———, Untersuchungen zu den Niederlassungen westlicher Kaufleute im Byzantinischen Reich des 11. und 12. Jahrhunderts, in: Mouvements de population et problèmes de colonisation en Romanie Greco-Latine du Xe au XIIIe siècles. Symposion Byzantinon. Colloque international des Historiens de Byzance, Strasbourg, 27-30 septembre 1977, hg. von Freddy E. THIRIET (ByzF 7), Amsterdam 1979, S. 175-191.

SCHÜTTE, Jana M., Medizin im Konflikt. Fakultäten, Märkte und Experten in deutschen Universitätsstädten des 14. bis 16. Jahrhunderts (Education and Society in the Middle Ages and Renaissance 53), Leiden u. a. 2017.

SCHWAB, Maren Elisabeth, Antike begreifen. Antiquarische Texte und Praktiken in Rom von Francesco Petrarca bis Bartolomeo Marliano (Quellen und Untersuchungen zur lateinischen Philologie des Mittelalters 22), Stuttgart 2019.

SCHWARZ, Jörg, Abkehr vom päpstlichen Krönungsanspruch. Die Kaiserkrönung Ludwigs des Bayern und der römische Adel, in: Ludwig der Bayer (1314-1347). Reich und Herrschaft im Wandel, hg. von Hubertus SEIBERT, Regensburg 2014, S. 119-146.

———, Herrscher- und Reichstitel bei Kaisertum und Papsttum im 12. und 13. Jahrhundert (Forschungen zur Kaiser- und Papstgeschichte des Mittelalters 22), Köln u. a. 2003.

SCIOR, Volker, Das Eigene und das Fremde. Identität und Fremdheit in den Chroniken Adams von Bremen, Helmolds von Bosau und Arnolds von Lübeck (Orbis mediaevalis 4), Berlin 2002.

SEGL, Peter (Hrsg.), Byzanz - das „andere" Europa (Das Mittelalter 6,2), Berlin 2002.

SEITZ, Annette, Das lange Ende der Kreuzfahrerreiche in der Universalchronistik des lateinischen Europa (1187-1291) (Historische Studien 497), Husum 2010.

SETTON, Kenneth M., The Papacy and the Levant (1204–1571), Bd. 1: The thirteenth and fourteenth centuries (Memoirs of the American Philosophical Society 114), Philadelphia 1976.

SHEPARD, Jonathan, Byzantium and the West, in: The New Cambridge Medieval History, Bd. 3: c. 900 - c.1024, hg. von Timothy REUTER, Cambridge 1999, S. 605-623.

———, Byzantine Diplomacy, A.D. 800-1204. Means and ends, in: Byzantine Diplomacy. Papers from the Twenty-Fourth Spring Symposium of Byzantine Studies,

Cambridge, March 1990, hg. von Jonathan SHEPARD/ Simon FRANKLIN (Society for the Promotion of Byzantine Studies Publications 1), Aldershot 1992, S. 41-71.

———, „How St James the Persian's head was brought to Cormery". A relic collector around the time of the First Crusade, in: Zwischen Polis, Provinz und Peripherie. Beiträge zur byzantinischen Geschichte und Kultur, hg. von Lars M. HOFFMANN/ Anuscha MONCHIZADEH (Mainzer Veröffentlichungen zur Byzantinistik 7), Wiesbaden 2005, S. 287-335.

———, Trouble-shooters and men-on-the spot: the emperor's dealings with outsiders, in: Le relazioni internazionali nell'alto medioevo: Spoleto, 8-12 aprile 2010, hg. von Fondazione CISAM (Settimane di Studio della Fondazione Centro Italiano di Studi sull'Alto Medioevo 58), Spoleto 2011, S. 691-724.

———, The uses of the Franks in Eleventh-Century Byzantium, in: Anglo-Norman Studies XV: Proceedings of the XV Battle Conference and of the XI colloquio medievale of the officina di studi medievali, Palermo; Carini 1992, hg. von Marjorie M. CHIBNALL, Woodbridge 1993, S. 275-305.

SIDERAS, Alexander, Zu den Theorien über die Herkunft der unteritalienischen Gräzität, in: Südost-Forschungen 38 (1979), S. 226-239.

SIEBEN, Hermann Josef, Anselm von Havelberg, Anticimenon, Über die eine Kirche von Abel bis zum letzten Erwählten und von Ost bis West. Anselm von Havelberg. Eingeleitet, übersetzt und kommentiert von Hermann Josef Sieben, Münster 2010.

———, Vom Apostelkonzil zum Ersten Vatikanum. Studien zur Geschichte der Konzilsidee, Paderborn u. a. 1996.

SIGLER, Sebastian, Anselm von Havelberg. Beiträge zum Lebensbild eines Politikers, Theologen und königlichen Gesandten im 12. Jahrhundert, Aachen 2005.

SIMPSON, Alicia J. (Hrsg.), Byzantium, 1180-1204. ‚The sad quarter of a century?' (International Symposium/ National Hellenic Research Foundation Institute of Historical Research/ Section of Byzantine Research, 22), Athen 2015.

———, Niketas Choniates, A historiographical study, Oxford u. a. 2013.

———, Niketas Choniates, Before and After 1204: The Versions of Niketas Choniates' „Historia", in: DOP 60 (2006), S. 189-221.

SMYTHE, Dion C. (Hrsg.), Strangers to Themselves. The Byzantine Outsider. Papers from the Thirty-Second Spring Symposium of Byzantine Studies, University of Sussex, Brighton, March 1998 (Society for the Promotion of Byzantine Studies Publications 8), Aldershot u. a. 2000.

SOUTHERN, Richard W., Scholastic Humanism and the Unification of Europe, 2 Bde., Oxford 1995/2001.

SPECK, Paul, Die Kaiserliche Universität von Konstantinopel. Präzisierungen zur Frage des höheren Schulwesens in Byzanz im 9. und 10. Jahrhundert (Byzantinisches Archiv 14), München 1974.

SPEER, Andreas/ STEINKRÜGER, Philipp (Hrsg.), Knotenpunkt Byzanz. Wissensformen und kulturelle Wechselbeziehungen (Miscellanea Mediaevalia Bd. 36), Berlin u. a. 2012.

STAGL, Justin, Grade der Fremdheit, in: Furcht und Faszination. Facetten der Fremdheit, hg. von Herfried MÜNKLER/ Bernd LADWIG, Berlin 1997, S. 85-114.

STAVRIDOU-ZAFRAKA, Alkmini, The Political Ideology of the State of Epiros, in: *Urbs Capta*. The Fourth Crusade and its Consequences, hg. von Angeliki E. LAIOU (Réalités Byzantines 10), Paris 2005, S. 311-323.

STAVROU, Michel, Les tentatives greco-latines de rapprochement ecclesial au XIIIe siècle, in: Reduire le schisme? Ecclesiologies et politiques de l'Union entre Orient et Occident (XIIIe–XVIIIe siècle), hg. von Marie-Hélène BLANCHET/ Frédéric GABRIEL (Monographies. Centre de Recherche d'Histoire et Civilisation de Byzance 39), Paris 2013, S. 41-56.

STIERNON, Lucien, Notes de titulature et de prosopographie byzantines. À propos de trois membres de la famille Rogerios (XIIe siècle), in: REB 22 (1964), S. 184-198.

———, Notes de titulature et de prosopographie byzantines. Sébaste et Gambros, in: REB 23 (1965), S. 222-243.

———, Le problème de l'Union gréco-latine vu de Byzance: De Germain II à Joseph 1er (1232–1273), in: 1274 Année charnière. Mutations et continuités. Lyon-Paris 30 septembre - 5 octobre 1974, hg. von Michel MOLLAT (Colloques internationaux de Centre national de la recherche scientifique 558), Paris 1977, S. 139-166.

STOLTE, Bernard, Desires denied: Marriage, adultery and divorce in early Byzantine law, in: Desire and Denial in Byzantium. Papers from the Thirty-first Spring Symposium of Byzantine Studies, University of Sussex, Brighton, March 1997, hg. von Liz JAMES (Society for the Promotion of Byzantine Studies Publications 6), Aldershot u. a. 1999, S. 77-86.

STOTZ, Peter, Handbuch zur lateinischen Sprache des Mittelalters, Bd. 1: Einleitung, lexikologische Praxis, Wörter und Sachen, Lehnwortgut (Handbuch der Altertumswissenschaft II, 5,1), München 2002.

STOURAITIS, Ioannis, Roman Identity in Byzantium: a critical approach, in: BZ 107 (2014), S. 175-220.

———, Krieg und Frieden in der politischen und ideologischen Wahrnehmung in Byzanz (7. - 11. Jahrhundert) (Byzantinische Geschichtsschreiber/ Ergänzungsband 5), Wien 2009.

STRITTMATTER, Anselm, „Missa Grecorum" „Missa Sancti Iohannis Crisostomi". The oldest Latin version known of the Byzantine liturgies of St. Basil and St. John Chrysostom, in: Traditio 1 (1943), S. 79-137.

STURLESE, Loris, Die deutsche Philosophie im Mittelalter. Von Bonifatius bis zu Albert dem Großen (748-1280), München 1993.

THEOTOKIS, Georgios/ YILDIZ, Aysel (Hrsg.), A military History of the Mediterranean Sea. Aspects of war, diplomacy, and military elites (History of warfare 118), Leiden u. a. 2018.

THIRIET, Freddy E. (Hrsg.), Mouvements de population et problèmes de colonisation en Romanie Greco-Latine du Xe au XIIIe siècles. Symposion Byzantinon. Colloque international des Historiens de Byzance, Strasbourg, 27-30 septembre 1977 (ByzF 7), Amsterdam 1979.

THORN-WICKERT, Lydia, Manuel Chrysoloras (ca. 1350-1415). Eine Biographie des byzantinischen Intellektuellen vor dem Hintergrund der hellenistischen Studien in der italienischen Renaissance (Bonner Romanistische Arbeiten 92), Frankfurt am Main u. a. 2006.

THORNDIKE, Lynn, A History of magic and experimental science, Bd. 2: During the first thirteen centuries of our era, New York u. a. ^{6}1964.

TINNEFELD, Franz H., Abendland und Byzanz: ein Europa?, in: Byzanz - das „andere" Europa, hg. von Peter SEGL (Das Mittelalter 6,2), Berlin 2002, S. 19-38.

———, Kategorien der Kaiserkritik in der byzantinischen Historiographie. Von Prokop bis Niketas Choniates, München 1971.

———, Translations from Latin to Greek, in: Never the twain shall meet?: Latins and Greeks learning from each other in Byzantium, hg. von Denis M. SEARBY (Byzantinisches Archiv/ Series Philosophica 2), Berlin u. a. 2018, S. 9-19.

TOCCI, Raimondo, Zur Überlieferung der sogenannten Epitome des Ioannes Kinnamos, in: Bulgaria Mediaevalis 2 (2011), S. 121-130.

TODT, Klaus-Peter, Bertha-Eirene von Sulzbach. Eine Deutsche auf dem byzantinischen Kaiserthron, in: Hellenika (1988), S. 113-147.

TOUNTA, Eleni, Το δυτικό sacrum imperium και η βυζαντινή Αυτοκρατορία: ιδεολογικές τριβές και αλληλεπιδράσεις στην ευρωπαϊκή πολιτική σκηνή του 12ου αιώνα (1135-1177), Athen 2008.

———, Saints, rulers and communities in Southern Italy: the Vitae of the Italo-Greek saints (tenth to eleventh centuries) and their audiences, in: JMH 42 (2016), S. 429-455.

———, Süditalien als Konflikt und Kontaktzone zwischen Staufern und Byzanz, in: Verwandlungen des Stauferreichs. Drei Innovationsregionen im mittelalterlichen Europa. Tagungsband zur Vorbereitung der Großausstellung „Die Staufer und Italien" Reiss-Engelhorn-Museen Mannheim, 19. Sept. 2010-20. Febr. 2011, hg. von Bernd SCHNEIDMÜLLER/ Stefan WEINFURTER/ Alfried WIECZOREK, Stuttgart 2010, S. 432-445.

———, Thessaloniki (1148) – Besançon (1157). Die staufisch-byzantinischen Beziehungen und die „Heiligkeit" des staufischen Reiches, in: HJb 131 (2011), S. 167-214.

TREITINGER, Otto, Die Oströmische Kaiser- und Reichsidee. Nach ihrer Gestaltung im höfischen Zeremoniell, Darmstadt ^{3}1969.

TSOUGARAKIS, Nickiphoros, The Latins in Greece: a brief Introduction, in: A Companion to Latin Greece, hg. von Nickiphoros TSOUGARAKIS/ Peter LOCK, Leiden u. a. 2015, S. 1-22.

TYERMAN, Christopher, God's War. A new History of the Crusades, Cambridge, Mass 2006.

VASILIEV, Alexander A., Pero Tafur, a Spanish Traveler of the fifteenth Century and his visit to Constantinople, Trebizond and Italy, in: Byz 7 (1932), S. 75-122.

VOLLRATH, Hanna, Konrad III. und Byzanz, in: AKG 59 (1977), S. 321-365.

VRYONIS, Speros jr., The Greek Identity in the Middle Ages, in: Études balkaniques 6 (1999), S. 19-36.

VUČETIĆ, Martin M., Zusammenkünfte byzantinischer Kaiser mit fremden Herrschern (395-1204). Vorbereitung, Gestaltung, Funktionen, Diss. masch. Münster 2013.

WADAUER, Sigrid, Historische Migrationsforschung. Überlegungen zu Möglichkeiten und Hindernissen, in: ÖZG 19 (2007), S. 6-14.

WALDENFELS, Bernhard, Das Eigene und das Fremde, in: Deutsche Zeitschrift für Philosophie 53 (1995), S. 611-620.

WALLMEYER, Gion, Wie der Kreuzzug marktfähig wurde. Überlegungen zur Anwendung des Marktbegriffs auf das höfische Ratgeberwesen des 13. und 14. Jahrhunderts, in: Wissen und Wirtschaft – Expertenkulturen und Märkte vom 13. bis 18. Jahrhundert, hg. von Nina ELSEMANN/ Marian FÜSSEL/ Philip KNÄBLE, Göttingen 2017, S. 279-312.

WEINFURTER, Stefan, Canossa. Die Entzauberung der Welt, München ^{3}2007.

———, Venedig 1177. Wende der Barbarossa-Zeit? Zur Einführung, in: Stauferreich im Wandel. Ordnungsvorstellungen und Politik in der Zeit Friedrich Barbarossas, hg. von Stefan WEINFURTER (Mittelalter-Forschungen 9), Stuttgart 2002, S. 9-25.

WEISWEILER, Heinrich, Drei unveröffentlichte Briefe aus dem christologischen Streit Gerhohs von Reichersberg. Dogmatische Würdigung und Ausgabe, in: Scholastik 13 (1938), S. 22-48.

———, Das wiedergefundene Gutachten des Magister Petrus über die Verherrlichung des Gottessohnes gegen Gerhoh von Reichersberg. Ein Beitrag auch zur Wesensbestimmung der Scholastik, in: Scholastik 13 (1938), S. 225-246.

WELTECKE, Dorothea, Bemerkungen zur Geschichte der religiösen Gewalt im Mittelalter, in: HZ 305 (2017), S. 621-656.

———, Minderheiten und Mehrheiten. Erkundungen religiöser Komplexität im mittelalterlichen Afro-Eurasien (Das mittelalterliche Jahrtausend 6), Berlin u. a. 2020.

WERNER, Ernst, Παταρηνοί – Patarini: Ein Beitrag zur Kirchen- und Sektengeschichte des 11. Jahrhunderts, in: Vom Mittelalter zur Neuzeit. Zum 65. Geburtstag von Heinrich Sproemberg, hg. von Hellmut KRETZSCHMAR (Forschungen zur mittelalterlichen Geschichte 1), Berlin 1956, S. 404-419.

WERNER, Ernst/ ERBSTÖßER, Martin, Ketzer und Heilige. Das religiöse Leben im Hochmittelalter, Berlin 1986.

WHITTOW, Mark, How the east was lost: the background to the Komnenian Reconquista, in: Alexios I Komnenos. Papers on the Second Belfast Byzantine International Colloquium, 14-16 April 1989, hg. von Margaret E. MULLETT/ Dion C. SMYTHE (Belfast Byzantine texts and translations 4,1), Belfast 1996, S. 56-63.

———, The Making of Orthodox Byzantium: 600-1025, Basingstoke 1996.

WICKERSHEIMER, Ernest, Un manuscrit non encore identifié de la traduction latine des Cyranides, in: Revue du Moyen Âge Latin 9 (1953), S. 261-266.

WILSON, Nigel G., From Byzantium to Italy. Greek Studies in the Italian Renaissance, London u. a. ²2017.

———, The Libraries of the Byzantine World, in: GRBS 8 (1967), S. 53-80.

———, New light on Burgundio of Pisa, in: Studi italiani di filologia classica 4 (1986), S. 113-118.

———, ‚Utriusque linguae peritus': How did one learn Greek and acquire the texts?, in: Italy and the classical tradition. Language, thought and poetry 1300–1600, hg. von Carlo CARUSO/ Andrew LAIRD, London 2009, S. 62-70.

———, The manuscripts of Greek classics in the Middle Ages and Renaissance, in: Classica et mediaevalia 47 (1996), S. 379-389.

———, Griechische Philologie in Byzanz, in: Einleitung in die griechische Philologie, hg. von Heinz-Günther NESSELRATH, Stuttgart u. a. 1997, S. 104-116.

WIRTH, Peter, Leon Styppes oder Styppeiotes?, in: Polychordia 3 (ByzF 3), Amsterdam 1968, S. 254-255.

WOHLMUTH, Josef, Kircheneinigung durch Konsens? Eine systematisch-historische Überlegung zu den Unionsverhandlungen auf dem Konzil von Ferrara – Florenz, in: Christian Unity. The Council of Ferrara–Florence 1438/39-1989, hg. von Giuseppe ALBERIGO (Bibliotheca Ephemeridum theologicarum Lovaniensium 97), Leuven 1991, S. 187-202.

WOLF, Kordula/ HERBERS, Klaus (Hrsg.), Southern Italy as contact area and border region during the Early Middle Ages. Religious-cultural heterogeneity and competing powers in local, transregional, and universal dimensions (Beihefte zum Archiv für Kulturgeschichte 80), Köln u. a. 2018.

ZACOS, Georges/ VEGLERY, Alexander, Byzantine lead seals, Bd. 1,3: Nos. 2672-3231, imperial and allied seals: Vth to XIVth centuries, non-imperial seals: VIth to IXth centuries, Bern 1972.

ZATSCHEK, Heinz, Wibald von Stablo. Studien zur Geschichte der Reichskanzlei und der Reichspolitik unter den älteren Staufern, in: MIÖG Ergänzungsband 10 (1928), S. 237-495.

ZEILLINGER, Kurt, Friedrich I. Barbarossa, Manuel I. Komnenos und Süditalien in den Jahren 1155/1156, in: Römische Historische Mitteilungen 27 (1985), S. 53-83.

ZEY, Claudia, Der Investiturstreit (C.H. Beck Wissen 2852), München 2017.

———, Vervielfältigungen päpstlicher Präsenz und Autorität: Boten und Legaten, in: Die Päpste. Amt und Herrschaft in Antike, Mittelalter und Renaissance, hg. von Bernd SCHNEIDMÜLLER/ Stefan WEINFURTER/ Michael MATHEUS/ Alfried WIECZOREK (Die Päpste 1), Regensburg 2016, S. 257-274.

ZUMHAGEN, Olaf, Religiöse Konflikte und kommunale Entwicklung. Mailand, Cremona, Piacenza und Florenz zur Zeit der Pataria (Städteforschung: Reihe A, Darstellungen 58), Köln u. a. 2002.

Orts-, Personen- und Sachregister

Aaron, *akolouthos, protonobelissimos* 151-155, 269; siehe auch unter Isaak Aaron
Achmet Ben Sirin 96, 123
Adralestos, Dolmetscher 259f.
Aimery von Limoges, Patriarch von Antiochia 1-3, 48f., 100, 111-113, 178, 182, 198, 200-202, 219f., 233f., 238f., 305, 327, 339, 345
Alamannien, Alamannen 331
Alberich von Mont St. Geneviève 54
Albert von Aachen 260f.
Historia Ierosolimitana 260
Alberto di Bolso 57, 186, 219f., 335, 345
Aleppo 219
Alexander III., Papst 2, 41-44, 72, 166, 172f., 183, 191, 198-201, 218, 234, 237-239, 246f., 254, 264, 304f., 313, 329f., 332, 337, 339-342, 348, 351, 365
Alexander von Conversano, Graf von Gravina 61, 63, 254-256, 261-263, 266-269, 355
Alexios I. Komnenos, byzantinischer Kaiser 14, 32, 62, 259f., 263, 281, 305, 316, 323
Alexios II. Komnenos, byzantinischer Kaiser 323, 343
Alexios III. Angelos, byzantinischer Kaiser 267
Alexis von St. Viktor 346
Amalrich I., König von Jerusalem 63
Ambrosius, Hl. 177, 203, 224, 226
Anastasios Sinaites, Hl. 203, 224, 211f.
Anastasius Bibliothecarius 150
Ancona 41, 305, 347
Andrea, Neffe des Moses von Bergamo 279
Andronikos I. Komnenos, byzantinischer Kaiser 155, 310, 313
Angeloi, Familie 79, 81
Angelos, Andronikos 63
Anonymus Latinus 1187-1193, Übersetzer 84f.
Anselm, Bischof von Havelberg, Erzbischof von Ravenna 49, 52, 56-58, 60f., 66f., 73, 86-91, 117, 119, 162, 184-189, 200, 214-217, 229, 232, 241, 243f., 248, 299-301, 355
Anticimenon 61, 66f., 86, 184f., 200, 215-217, 243, 300, 355
Antiochia 1f., 45, 48, 63, 75, 100, 111f., 147f., 154f., 178, 182, 198, 200-202, 219f., 224, 234, 238, 255f., 305, 339, 351
Antiphon 123
Araber, arabisch 22, 65, 71, 80, 92
Aragon, Krone von 113
Ardicio von San Teodoro 183
Arduin von Santa Croce in Gerusalemme 108f., 115, 138, 193, 341
Aristoteles 53, 57, 88, 95, 102, 123, 129, 181, 228, 277
Armenisch, armenischstämmig 80, 179, 200, 315, 339
Arnold, Erzbischof von Köln 61
Artemidoros von Daldis 123
Artemon von Milet 123
Artes liberales 50, 66, 222, 227
Astafortis, byzantinischer Steuereintreiber 302f.
Athanasios von Alexandria, Hl. 181, 241, 245
Augustaion 131
Augustinus, Hl. 137, 177, 189, 203, 207, 217, 224, 226, 276
Axouch, Alexios, *protostrator* 151f.
Azymen, Azymenfrage, Azymenkontroverse, Azymenstreit 108, 170, 185, 191, 193-196, 215, 239

Balduin III., König von Jerusalem 253
Balduin IV., König von Jerusalem 63, 219
Balduin Guercius 254-256, 279
Balkanraum 205
Basileios von Caesarea, Hl. 181, 203, 211, 224f., 241, 278
Basileios von Ochrid, Erzbischof von Thessaloniki 61, 117, 184f., 187-189, 342
Dialogi 184, 189
Benedikt von Santa Susanna 73
Benevent, Vertrag von 41
Bernhard von Porto und St. Rufina 180, 186, 340
Bertha-Irene, byzantinische Kaiserin 194, 266

Bithynien 131, 170, 173
Boethius 129
Bogomilen 205f.
Bohemund von Tarent, Fürst von Antiochia 62, 259f., 263
Boso, Kardinal 264f.
Bosporus 3, 35, 37, 41, 52, 54, 56, 61, 114, 171, 190, 281, 291
Britische Inseln 19, 98, 115, 345, 353
Bulgarisch 149
Burgundio von Pisa 14, 33, 49, 52, 56f., 60, 84, 88, 94, 97f., 102, 107, 111-114, 119f., 124-129, 132f., 137, 140f., 144, 147f., 186, 219, 276-279, 298, 335, 356, 358, 361
De fide orthodoxa 57, 114, 277
De natura hominis 57, 114, 137
Geoponiken 57
Homilien des Johannes Chrysostomos zum Johannesevangelium 49, 57, 97, 127, 132, 137, 140f.
Homilien des Johannes Chrysostomos zum Matthäusevangelium 56, 111, 113f., 127, 137, 141, 147, 277

Caciareda, Vertrauter des Hugo Etherianus 175, 218, 220
Capua 264
Cato 123
Cerbano Cerbani, Übersetzer 142, 305f.
Chalcidius 124
Chloros, Demetrios 103
Choniates, Niketas 32, 75, 104f., 150-156, 194, 247, 262, 293-297, 319f., 362
Historia 32, 150, 247, 293
Christian, Erzbischof von Mainz 41, 329, 347
Chrysobull 76, 78, 246
Chrysoloras, Manuel 67
Cicero 123, 228
Codex Iustinianus 211f.
Continuator der Chronik Siegfrieds von Gembloux 323

Dänen 21
Dalassenoi, Familie 62, 317f.
Dalmatien 309
Demetrios von Lampe 165-167, 213
Deutschland, Deutsche, deutsch 12, 21, 41, 51, 134, 165f., 209, 212, 274f., 291, 331
Devol, Vertrag von 62, 259
Digesten des Justinian 56
Dionysios, sizilischer Tyrann 231
Doukas [Kamateros], Johannes 63, 261f., 268
Doxopatres, N.N., Gesandter 72
Dyrrachion 259, 270

England, Engländer 21, 51, 257, 332
Enrico Dandolo, Doge von Venedig 309
Epiphanios, Mönch 60, 103, 113, 136
Epiphanios von Salamis, Hl. 181
Epiros 6
Eugen III., Papst 56, 61, 111, 113f., 137, 141, 147f., 185, 215f., 217, 267
Euphorbenos, Konstantin 259f.
Europa, europäisch 1, 3, 8, 18, 20, 24, 28, 35f., 38f., 49, 55, 57, 65, 67, 70, 73, 92, 101, 104-106, 111f., 130, 135-137, 145, 153f., 166, 169, 190, 198, 206, 234, 248, 258f., 261, 289-291, 334f., 344f., 351, 353, 360, 363f.
Lateineuropa, Lateineuropäer, lateineuropäisch 19, 33, 38, 46, 50, 65, 68, 84, 92, 100, 134, 213, 225, 250f., 346, 352, 360, 364; siehe auch unter West, Westen
Eustathios, Erzbischof von Thessaloniki 313f.
Eutyches 240

Fabricius, Neffe des Hugo Etherianus und des Leo Tuscus 279, 286f., 343
Filioque, *Filioque*-Frage, *Filioque*-Kontroverse, *Filioque*-Problematik 1-3, 108, 172, 178-180, 182, 185, 189, 191, 193, 196, 198f., 215, 225f., 234, 237, 239, 242, 351
Filippo Greco 309
Folmar von Triefenstein 209
Franken, fränkisch 17f., 21-23, 259-261, 316, 319f.
Frankreich, Franzosen, französisch, französischstämmig 14, 23, 51, 54, 63, 73, 184, 209, 254, 257, 264, 281, 291
Friedrich I. Barbarossa, römisch-deutscher König, westlicher Kaiser 36, 41-44, 60f., 63, 77, 113f., 137f., 184, 186, 208, 219, 247, 251, 255, 257, 261f., 265, 268f., 275, 307f., 325, 329-332, 336, 340f., 345, 347f., 365f.

Friedrich II., König von Sizilien, römisch-deutscher König, westlicher Kaiser 73, 93, 214
Froumund von Tegernsee 67
Frühscholastik, Frühscholastiker 162, 228

Gaetanus, Konsul Pisas und Sohn des Burgundio von Pisa 56
Galen 57, 95, 102, 114, 123, 125f., 129
Genua, Genuesen, genuesisch 21, 45f., 51f., 57, 73, 134, 253, 255, 257, 279, 291, 309, 311, 336
Gerardos Alamanopoulos, Dolmetscher/ Übersetzer 72, 77-79, 83, 133f., 317
Gerbert von Aurillac 36
Gerhoch von Reichersberg 166, 191, 209, 212f.
Tractatus contra Grecorum errorem negancium Spiritum Sanctum a Filio procedere 191
Gilbert, Dolmetscher/ Übersetzer 72, 77-79
Gilbert von Poitiers 54, 209f., 212
Gilbertiner 54; siehe auch unter Porretaner
Goibertus, Bruder des Guillelmus 281
Gottfried, Bischof von Langres 73f.
Gravina 263, 268
Gregor IX., Papst 214f.
Gregor der Große, Hl. 177, 226
Gregor von Nazianz, Hl. 168, 176, 181, 203, 207, 211, 224f., 275
Gregor von Nyssa, Hl. 57, 114, 181, 203, 207, 211, 224
Gregorios Thaumaturgos, Hl. 181
Griechenland, Griechen, griechisch, Griechischkenntnisse, griechischkundig, griechischsprachig 2f., 13, 19, 22f., 28-30, 33, 35-37, 47, 49, 52, 54-56, 59, 64-75, 79-85, 88, 92-95, 97, 99-102, 104, 107, 112f., 115-117, 119-123, 125-127, 129-132, 136, 139-141, 143, 146f., 150, 154, 165, 167, 170, 175-177, 180, 182, 187, 189-191, 194, 196, 198f., 201f., 204-207, 210-213, 215, 219, 223-226, 228-233, 236-239, 242-244, 246, 250f., 258, 260, 274, 276, 286f., 293-295, 303, 311, 315, 317f., 321, 329, 345, 348, 351-355, 359, 362-364; Altgriechisch 65, 95; Mittelgriechisch 65, 95
Guarino da Verona 67
Guido Spinula 253
Guillelmus, Bruder des Goibertus 281

Hadrian IV., Papst 41, 188, 265, 342
Hagia Sophia 149
Hauteville, Familie 41
Heinrich, Erzbischof von Benevent 183f., 253f., 264
Heinrich II., König von England 332
Heinrich VI., römisch-deutscher König, westlicher Kaiser 114
Heinrich Dandolo, Patriarch von Grado 60, 103, 114f.
Heinrich Jasomirgott, Herzog von Österreich 209
Heinrich der Jüngere von Diez 307
Hellenen 36
Hellenismus 29, 65
Hellespont 204
Hermann, Bischof von Münster 307
Hervé Frankopoulos 316
Hetaireia 54
Hieronymus, Hl. 59, 88, 94, 98, 115, 120f., 127f., 189, 203, 207, 224, 226, 275, 345
Hilarius, Hl. 226
Hildebrand, Gesandter 50, 258
Hippokrates 123
Hippolyt von Rom, Hl. 203
Hospiz des Johanniterordens in Konstantinopel 315
Hubald von Ostia, der spätere Papst Lucius III. 180, 184, 186, 334, 340, 343; siehe auch unter Lucius III.
Hugo, Abt des Theotokosklosters St. Maria in Adrianopel 256
Hugo Etherianus 1, 3, 5, 8, 14, 31, 36, 48-50, 53-56, 94-96, 100, 104, 108-110, 112f., 116, 120, 131, 138, 142-144, 162-180, 182f., 186f., 192f., 196-213, 218-221, 223-248, 274-276, 279, 281-286, 288, 297f., 300-306, 314, 317, 321f., 326-329, 332-343, 345-349, 352-355, 357-361, 363-366
Contra Patarenos 197, 202, 204, 206, 223f., 234f., 283-286, 327, 355
De anima corpore iam exuta 202f., 224, 234f., 282, 334, 355
De differentia naturae et personae 202, 208, 211f., 225, 230, 232, 234f., 355

Hugo Etherianus (fortges.)
De haeresibus quas in Latinos Graeci devolvunt 108, 110, 138, 197
De minoritate ac equalitate filii hominis ad Deum Patrem 175f., 182, 202, 233-235, 240, 244, 286, 326f., 329
De sancto et immortali Deo 1, 49, 110, 165, 175, 178-182, 192f., 198f., 202, 218, 220, 225, 228, 230-234, 237, 239f., 242, 282, 285f., 327, 339-341, 351
Hugo von Honau 36, 54, 173, 186, 208, 210, 212f., 218-220, 223, 225, 227, 229f., 275f., 340, 345, 347f., 353, 365
Liber de diversitate naturae et personae 54, 212, 229
Hugo von St. Viktor 67
Hugo von Vermandois 307
Hugolin, Sohn des Burgundio von Pisa 137, 279
Humbert von Romans 146f., 197
Opus Tripartitum 146

Iasites, Familie 136
Illyrien 274
Imperium Romanum 47
Innozenz III., Papst 50, 258, 267
Isaak Aaron, *akolouthos, protonobelissimos*, Dolmetscher 79, 104f., 148, 150-153, 155f., 356; siehe auch unter Aaron
Isaak II. Angelos, byzantinischer Kaiser 77, 134, 252f., 255, 307
Italien, Italiener, italienisch, italienischstämmig 10f., 19, 21, 23, 29, 38, 40-42, 45f., 51f., 55, 59, 61, 116, 122, 136, 170, 184, 247, 260f., 263f., 269f., 274, 291, 294, 304, 309, 311, 313f., 317, 320, 329, 333f., 338f., 345-347, 354
Italos, Johannes 260, 270, 294f.

Jakob (von Pisa), Dolmetscher/ Übersetzer und Gesandter 50, 77, 79, 83, 252, 257, 268
Jakob von Venedig, Übersetzer 53, 88, 119, 133, 186, 298
Jakobiten 200
Jerusalem 45, 63, 219, 253, 306
Johannes, Archidiakon in Tyros 191
Johannes, Evangelist 207, 137
Johannes, Kardinaldiakon von St. Angelo 313f.
Johannes Chrysostomos, Hl. 49, 56f., 88, 97, 101f., 111-115, 125-127, 131f., 137, 140f., 143, 147, 203, 207, 224, 276f.
Johannes von Damaskus, Hl. 57, 101f., 107, 114, 181, 203, 211f., 224, 277
Johannes Georgius, Gesandter 50, 258, 267
Johannes II. Komnenos, byzantinischer Kaiser 14, 43, 50, 59, 62, 87, 305f., 318, 320, 323
Johannes Romanus, Gesandter Mailands 345
Johannes von Salisbury 67, 277, 361
Metalogicon 67, 277
Policraticus 67
Johannes von SS. Johannis et Pauli 180, 186, 340
Johannes Scottus 128
Johannes III. Vatatzes, Kaiser von Nikaia 214
Jordan von Capua, *sebastos* 254, 256, 264f.
Justinian I., Kaiser 56, 131

Kaiserkanzlei 31, 55, 76-78, 92, 117, 122, 134, 143, 147, 257, 317, 330-332, 352, 355
Kallikles, Nikolaos, Dichter 62
Kamateros, Andronikos, *pansebastos sebastos, eparchos* und später *megas droungarios* 179
Kastamonites, N.N., Gesandter 72
Katharer 205f.
Kerkyra 151, 319
Kinnamos, Johannes 32, 46, 151-153, 165-167, 262f., 269, 309, 318, 320
Epitome 32, 151, 165
Kirchenspaltung, Schisma, Schismatiker 10, 56, 61, 113f., 158, 161, 197, 214, 340f.
Kirchenunion, Kirchenunionsbemühungen, Kirchenunionsverhandlungen, Unionsverhandlungen 28, 43f., 85f., 109f., 146f., 157f., 159f., 163f., 166, 169-174, 179, 183, 188-190, 197-200, 202, 214, 234, 239, 242, 245-248, 256, 264f., 267, 300f., 306, 313f., 329, 332, 339-342, 348f., 351, 357, 363, 365
Kleinasien 38
Komnene, Anna 32, 43, 259f., 263, 270, 294-296
Alexias 32
Komnene, Maria, Ehefrau des Johannes Rogerios Dalassenos 62, 256, 318, 320

Komnene, Theodora, Herzogin von Österreich 209
Komnenen, Familie 79, 81, 317, 319
Komnenisches System 256
Konrad III., römisch-deutscher König 42f., 63, 255f., 266f., 320, 330f.
Konstantinopel, konstantinopolitanisch 1, 4-7, 21, 30, 39f., 42f., 45-52, 55-61, 63f., 73, 78, 86f., 89, 93, 95-97, 100, 102, 104-107, 109f., 112f., 115, 119, 122, 130-132, 137, 140f., 143f., 149f., 158, 166, 172f., 176, 178, 180, 182-186, 191-193, 197, 199, 203-205, 208, 210, 212, 215f., 218f., 233-236, 241, 246, 249f., 254f., 257, 265, 268f., 275f., 279f., 287f., 292-294, 297-301, 303-306, 309-315, 322, 324, 326, 334-337, 339-341, 343-347, 353, 359f., 363f., 366
Konstanze von Antiochia 63, 256
Kontostephanos, N.N., Gesandter 72
Konzil, Konzilien 159, 243
  Konzil von Chalkedon (451) 240, 299
  Konzil von Konstantinopel (869/870) 149
  Konzil von Nikaia (325) 48, 112
  Drittes Laterankonzil (1179) 119, 205f., 277
  Zweites Konzil von Lyon (1274) 146
Korinth, Korinther 151, 153
Kreta 306
Kreuzfahrer, Kreuzfahrerherrschaften, Kreuzfahrerreiche 5, 16, 20, 22, 38, 40, 44f., 47f., 66, 69, 149, 158, 201, 234, 261, 293, 307, 344, 364
Kreuzzug, Kreuzzüge 10, 37-40, 42, 45, 324, 347
  Erster Kreuzzug 40, 260, 307
  Zweiter Kreuzzug 63, 73, 261, 267
  Dritter Kreuzzug 307
  Vierter Kreuzzug 6, 16, 32, 40, 249, 323
Kyrill von Alexandria, Hl. 181, 203, 211, 224f., 241

Laskaris, Konstantin 67
Lateinerpogrom 56, 287, 305, 310-312, 314, 344
Latium 22
Leo Tuscus 31, 50, 53-56, 60, 79, 94-97, 99, 104-106, 113, 115f., 123, 131, 133, 141-144, 164f., 169f., 172, 175, 177f., 192-198, 218, 223, 227, 229, 236, 239, 244-248, 278f., 281-288, 300f., 303f., 314, 321f., 326, 328-334, 338-341, 343-345, 347-349, 355, 357f., 360f., 363-366
  De haeresibus et praevaricationibus Graecorum 143, 164, 169, 192, 195f., 198, 229, 239, 284f., 300, 304, 321, 329f., 339
  Übersetzung der Chrysostomosliturgie 113, 131, 143, 164, 198, 278, 328
  Übersetzung des *Oneirocriticon* 96f., 104-107, 116, 131, 142, 177, 244f., 282, 284-287, 328
Leon Styppes, Patriarch von Konstantinopel 186
Leontios von Byzanz, Theologe 211, 225f.
Leopold V., Herzog von Österreich und der Steiermark 307
Liudprand von Cremona 74f.
  Legatio 74
Lombardenbund 41
Lothar III. von Supplinburg, römisch-deutscher König, westlicher Kaiser 60f., 87, 184
Lucius III., Papst 55, 143, 287, 305, 333f., 342f.; siehe auch unter Hubald von Ostia
Ludwig VII., französischer König 184, 253-255, 257, 263
Lüttich 60, 162
Lukas Chrysoberges, Patriarch von Konstantinopel 168
Lykien 131

Macrobius 123
Mailand 205, 331, 346
Makrembolites, Demetrios 63, 261
Mandylion von Edessa 205, 236
Manuel I. Komnenos, byzantinischer Kaiser 1f., 5, 32, 41, 43f., 47, 49-51, 54, 59, 62, 75, 105, 109, 130f., 152, 156, 165, 167-173, 176, 178-181, 184, 193, 197f., 205, 207, 213, 219f., 227, 235, 237, 246f., 251, 253-256, 261, 263, 265-267, 269, 281, 293-295, 301, 304f., 309, 311-313, 318, 320, 323, 325-333, 339, 341, 353, 363-366
Marcus Conti 57
Maria von Antiochia, byzantinische Kaiserin 75, 154-156, 312
Marinos, *sebastos* 259f., 263
Markward von Neuenburg 307

Maroniten 200
Martin von Laon 67
Mesarites, Johannes 149
Mesarites, Nikolaos 148f.
Miaphysitismus 240
Michael von Otranto 63
Michael VIII. Palaiologos, byzantinischer Kaiser 85f., 146
Mont Saint-Michel 68
Morgenländisches Schisma 44, 157
Moses von Bergamo 57-59, 73, 79, 87-89, 94, 97-100, 107f., 115f., 119-122, 124, 133, 139, 142, 186, 191, 279-281, 298, 326, 333, 338, 345f., 360
Expositio in Graecas dictiones quae inveniuntur in prologis Sancti Hieronymi 59, 94, 100, 115, 120f., 121
Liber Pergaminus 58, 124
Übersetzung der Liste der Apostel und Schüler Christi des Pseudo-Epiphanios 59
Übersetzung eines griechischen Trinitätstraktats 59, 88, 107, 122
Myriokephalon 246, 305, 385

Naher Osten 39f.
Nikaia, Kaiserreich/ Reich von 6, 73, 76, 214f.
Niketas, Erzbischof von Nikomedia 73, 86, 89-91, 181f., 184, 187f., 217, 241, 243, 299f.
Niketas von Byzanz, Theologe 241f.
Niketas von Maroneia, Erzbischof von Thessaloniki 180f., 189
Nikolaos, Bischof von Methone 181f., 226, 240
Nikolaos von Otranto, Abt von Casole 143, 278
Nikolaus I., Papst 191
Nilus der Märtyrer, Hl. 203, 224
Norbert von Xanten 61
Normannen, normannisch, normannischstämmig 15, 21, 40-42, 51f., 62f., 93, 114, 133, 135, 151, 254, 260f., 263, 265f., 269f., 280, 316-320, 339, 363f.

Odo von Deuil 73
De profectione Ludovici VII in Orientem 73
Odo Stigand 281
Okzident 16; siehe auch unter Europa und West
Orient, Orientalen, orientalisch 16, 18, 22f., 201, 339
Osten, östlich 11, 16, 18, 20, 22f., 35, 37f., 40f., 44, 52, 64, 66, 68, 148, 194, 200, 218, 327, 353
Oströmisches Reich, oströmisch 2, 19, 39
Otto III., römisch-deutscher König, westlicher Kaiser 36
Otto von Freising 33, 262
Gesta Friderici I. Imperatoris 33

Paganus, Kleriker 98, 115, 345
Palaiologos, Michael, *sebastos* 261f., 268
Palermo 92f.
Papsttum, päpstlich 40, 43f., 73, 109, 148f., 157, 162, 171, 183, 185f., 191, 199, 212, 214f., 237, 239, 242, 246, 287f., 314, 325, 329, 341f., 344, 352f., 363
Paris 54, 162, 172, 180, 222, 227, 346, 351, 354
Paschalis Romanus 59f., 94, 96, 98, 102-104, 106, 114f., 123f., 130, 133, 136, 142, 321, 326, 338, 347
Disputatio contra Judeos 60, 103, 114
Liber thesauri occulti 60, 94, 96, 98, 102, 104, 106, 123f., 130
Übersetzung der Kyraniden 60, 97, 102, 106f., 130, 326
Übersetzung des Marienlebens des Epiphanios 60, 97, 103, 114, 136
Patarener 204-207, 235f., 283f., 327
Paulus, Apostel 124, 207
Pelagius Galvani, Kardinalbischof von Albano 73
Pepagomenos, Nikephoros, *grammatikos* 73, 134
Pero Tafur 48
Peter Abaelard 217
Petraliphas/ Petraliphai, Familie 51, 62, 316, 318f., 320, 324
Petraliphas, Alexios, *sebastos, oikeios vestiarites* 265
Petrus, Apostel 194
Petrus ("Ιγγλινος), Gesandter 257
Petrus, Probst von St. Alexander in Bergamo 59, 89, 97, 116, 121, 142, 279f., 333, 345f.

Petrus Alemanus, Prior des Hauses der Johanniter in Konstantinopel 257
Petrus von Alipha 316
Petrus Capuanus, Kardinallegat 148f.
Petrus Pandolo, Gesandter 257
Petrus von Pavia, Kardinallegat 212
Petrus von Wien, *Scholasticus* an St. Stephan 164, 166f., 173, 208-213, 218, 223, 225, 230, 243f., 282, 285, 297, 303, 327, 339, 347f., 366
Philochorus 123
Philokales, Eumathios, *pansebastos sebastos* 77, 257, 268
Phokas, Leo, *kuropalates* 74
Photios, Patriarch von Konstantinopel 107, 182, 191f., 241
Pisa, Pisaner, pisanisch 1, 14, 21, 23, 45f., 51-57, 77, 87, 89, 94, 96, 104, 113, 120, 124, 126, 131f., 141, 165, 167-169, 173f., 178-180, 186, 199, 201, 203f., 207, 209-213, 218-220, 223-227, 229, 238-240, 252, 257, 275-278, 282, 287f., 291, 298, 301-303, 305, 311, 321f., 327f., 332-338, 340f., 344-346, 348, 354, 359, 361, 364-366
Platon 124, 181, 228, 231
Plotin 181, 228
Porretaner, porretanisch 173, 209f., 212f., 354
Priscian 129
Provenzalen 21
Psellos, Michael 294
Pseudo-Epiphanios 59, 88
Pseudo-Kodinos 76
Ptolemaios (Claudius Ptolemaeus) 47
Pupakes, byzantinischer Soldat 319

Rahewin, Geschichtsschreiber 308
Rainald von Chatillon 219f., 245
Ralph de Balneo 257
Ramon von Montcada, Seneschall von Aragon 113, 115, 131, 328, 345
Raoul/ Ralles, Familie 51, 62, 316, 318
Reformpapsttum 43
Reichersberger 173, 213, 354
Robert II., Fürst von Capua 256, 264, 320, 364
Robert II. von Bassonville 262
Robert Crispin 316
Robert von Grosseteste 107
Robert Guiskard, Herzog von Apulien und Kalabrien 62, 316
Robert Stigand 281
Robert von Torigni 119, 277, 313f.
Römisch-deutsches Reich 40-42, 61, 63, 255, 261, 266-269, 308, 320, 325, 347f., 355, 365
Roger, Sohn des Dagobert 62, 259-261, 263, 316, 318
Roger II., König von Sizilien 63, 151, 256, 261, 263
Roger Bacon 65, 68
Rogerios/ Rogerioi, Familie 133, 135, 316f., 319, 360, 364
Rogerios, Alexios, *sebastos, oikeios vestiarites* 265, 280
Rogerios, Johannes Dalassenos, *kaisar, despotes, panhypersebastos* 61f., 254, 256, 280, 318, 320, 364
Rogerios, Leo 79, 133, 135, 279, 317
Rom, Römer, römisch 1f., 9, 11, 13, 18f., 21f., 24, 36, 42, 44f., 47, 55, 59-61, 69, 73, 85-87, 91, 108-110, 112, 116, 138, 146, 149f., 157f., 161-165, 167-174, 177-189, 191, 193-204, 206, 213f., 217f., 222, 225, 234-239, 241-243, 246-248, 254, 256, 258, 264f., 267, 270, 289, 299f., 305, 314, 317, 321, 325, 328f., 331-333, 338-342, 344, 346f., 349, 351-354, 357, 359f., 363-366
Roussel de Bailleul 316
Rudegerus, Dolmetscher/ Übersetzer 79, 218-220
Rudolfus Peel de Lan 261
Rupert von Deutz 60, 137, 162
Rupert von Nassau 307

Saint-Pierre-le-Vif in Sens 68
San Paolo a Ripa d'Arno in Pisa 124, 276
Schisma, Schismatiker siehe unter Kirchenspaltung
Scholastik, scholastisch 91, 222, 226
Seldschuken 38
Signoretto 301-303, 335f.
Sinaites, Georgios 63
Sizilien, sizilisch 47, 63, 101, 151, 231, 254f., 261, 262

Skandinavien 19
Sokrates 228
Solon 129
Süditalien, süditalienisch 19, 41, 51f., 63, 66, 73, 81, 158, 254-256, 260-263, 266-269, 320; siehe auch unter Unteritalien
Synode 165, 245
Synode von Konstantinopel 1166 165-167, 169, 176-178, 244f., 248, 265, 297
Synode von Konstantinopel, Blachernenpalast 1147 63

Tantus Guercius 253, 279
Testamentum Salomonis 104
Theben 151
Theodor Abū Qurra 211, 225
Theodor Balsamon, Patriarch von Antiochia 299
Theodor von Gaza 67
Theodoret, Bischof von Kyros 181, 241
Theophanu, westliche Kaiserin 36, 194
Theophylaktos, *megas diermeneutes* 76
Theophylaktos Exubitos, *megas diermeneutes* 122
Theorianos 115
Theotokoskloster St. Maria in Adrianopel 256f.
Toledo 71, 92f.
Trapezunt 6
Triphilus, *megas diermeneutes* 76

Ungarn 19, 38
Unionsverhandlungen, siehe unter Kirchenunion
Unteritalien 262; siehe auch unter Süditalien
Urban II., Papst 38
Urban IV., Papst 85

Venedig, Venezianer, venezianisch 15, 21, 45f., 50-52, 59f., 76, 78, 97, 114f., 153, 258, 267, 269, 291, 298, 305f., 309-311, 336f., 346f.
Friede von 41, 179, 192, 200, 247, 329f., 332, 340, 342, 347
Vitale II. Michiel, Doge von Venedig 309

Walram von Nassau 307
Warägergarde 151
West, Westen, westlich 1, 3, 7-10, 14, 16-24, 27f., 36-40, 43, 47, 50, 55, 60, 64, 69f., 72f., 75, 77-81, 84-86, 89, 93-95, 101f., 105f., 109, 111, 117, 119, 123, 129f., 134, 139, 142, 145-147, 150, 153-156, 161-163, 165f., 173, 179, 183, 186, 190, 192, 194, 198, 200, 206, 214, 218-222, 226, 233-236, 238, 247-250, 252, 255-260, 264-266, 270, 273-275, 278f., 283, 289, 291, 294, 298f., 305-307, 310, 315, 324f., 327f., 330f., 334, 338f., 342, 344, 347-349, 351f., 354-356, 358-367
Westeuropa, Westeuropäer, westeuropäisch 17f., 22f., 225, 348, 352; siehe auch unter Europa und Okzident
Wibald von Stablo 61, 251, 308, 330f.
Wiedertaufe 196, 300f.
Wilhelm, Erzbischof von Otranto 278
Wilhelm I., König von Sizilien 47, 261
Wilhelm VIII. von Montpellier 255
Wilhelm Tornellus 253
Wilhelm von Tyros 33, 51, 76, 205f., 252f., 297, 311-314
Chronicon 51

Zweikaiserproblem 10, 42
Zypern 158